完美的防范难以达到但又必须追求,只有通过不懈地循环改进,才能使企业的风险管理行之有效且日趋完美。

(SECOND EDITION)

THE PERFECT PREVENTION

完美的防范 第二版

法律风险管理及合规管理的解决方案

吴江水 著

北京大学出版社
PEKING UNIVERSITY PRESS

图书在版编目(CIP)数据

完美的防范：法律风险管理及合规管理的解决方案（第二版）／吴江水著 —2 版. —北京：北京大学出版社，2021.4

ISBN 978-7-301-32009-9

Ⅰ.①完⋯　Ⅱ.①吴⋯　Ⅲ.①法律—研究—中国　Ⅳ.①D920.4

中国版本图书馆 CIP 数据核字（2021）第 032895 号

书　　　名	完美的防范——法律风险管理及合规管理的解决方案（第二版） WANMEI DE FANGFAN——FALÜ FENGXIAN GUANLI JI HEGUI GUANLI DE JIEJUE FANG'AN（DI-ER BAN）
著作责任者	吴江水　著
责 任 编 辑	陆建华　张文桢
封 面 摄 影	韩　雪
标 准 书 号	ISBN 978-7-301-32009-9
出 版 发 行	北京大学出版社
地　　　址	北京市海淀区成府路 205 号　100871
网　　　址	http://www.pup.cn　http://www.yandayuanzhao.com
电 子 信 箱	yandayuanzhao@163.com
新 浪 微 博	@北京大学出版社　@北大出版社燕大元照法律图书
电　　　话	邮购部 010-62752015　发行部 010-62750672　编辑部 010-62117788
印 刷 者	北京市科星印刷有限责任公司
经 销 者	新华书店
	730 毫米×980 毫米　16 开本　37 印张　663 千字
	2010 年 1 月第 1 版
	2021 年 4 月第 2 版　2022 年 10 月第 2 次印刷
定　　　价	118.00 元

未经许可，不得以任何方式复制或抄袭本书之部分或全部内容。

版权所有，侵权必究

举报电话：010-62752024　电子信箱：fd@pup.pku.edu.cn

图书如有印装质量问题，请与出版部联系，电话：010-62756370

第二版序

感谢神的恩典！让我有智慧、时间和毅力，在这段不平凡的日子里平安、顺利地完成本书的重写，并让自己有了一次闭关修炼般的提升。

转瞬间，自这本书的第一版于2010年1月1日与其姊妹书——《完美的合同》(增订版)一并在北京首发，已经过去了整整十年。在这十年里，承蒙广大读者抬爱，这本书至今已连续印刷了15次，并一度与《完美的合同》并列京东商城法律畅销书排行榜的前20名。而回顾其内容质量，感觉到几分责任、几分惭愧。

在《完美的合同》(第三版)于2019年6月30日准时交稿以后，对于这本书的重写便已开始。之所以称之为"重写"，是基于《完美的合同》再版的经验和对这本书前版内容和质量的回顾，如果只是简单地修订，这本书的再版将毫无意义。于是，笔者大刀阔斧地删除了很多原有内容，连仅存的原书基本理论框架都进行了大幅度的删改。

本书最大的变化是加入了合规管理的内容。2018年，因两部合规管理指引的发布，被业界誉为"中国合规管理元年"。合规管理与法律风险管理有着高度的相似性和重合性，同样少有成熟的工作方法，但更具可操作性。因此，无论是时代感还是实用性，都应是本书的必备内容。

这次重写意在对法律风险管理、合规管理的相关理论、方法等做一次尽可能详尽的收集、梳理和总结，并在操作层面给出对相关规定、指引的解读以及实际操作的思路、方法，以使本书成为高效、实用的工具书。相比前版，本书第二版仍然侧重中国法律环境下的实务操作，但主要有以下变化：

（1）章节合并

前版的法律风险理论、法律风险管理理论各占一章，本版经过内容上的提炼、删减并增加了合规风险、合规管理等内容后合并为一章，同时介绍了大量基础性的背景知识、基本理论。

（2）侧重实务

为了更好地理论结合实务，本版大量引用了相关指引、标准、法律中的内容，增设了定义、注释，有助于管理活动与外部规则环境紧密结合，并顺应相关的管理要求给出建议。同时，大量删除了陈旧、过时的内容，充实了新内容。

（3）表述调整

严格按照主题设立标题、段落。不同段落表述不同主题，每段首句为该段的主题，删除意义强调等缺乏理论及实践价值的内容，使本版层次、观点更分明、突出。

在本书交稿后的编辑、校对期间，针对《民法典》的颁布进行了一轮订正。至2020年底，又逢相关司法解释大调整，因此又进行了第二次修订调整，以确保内容的时效性，并使本书完全适用于新的法律环境。

本书篇幅过长、内容过多、变化过大，仅为抛砖引玉，望能推进这个领域的进步。受精力及资源的局限，书中的缺陷、谬误和出处未加标注的情形在所难免。广大读者如有发现，欢迎及时通过本人的电子邮箱（solothinker@msn.com）予以指正。

感谢读者朋友们多年来的大力支持和鼓励赋予了我不断进取的动力，感谢助理莫格林律师对我其他工作的积极分担留给了我宝贵的时间，感谢北大法宝的支持使我得到便捷、准确的法律数据，也感谢所有其他社会各界朋友们的支持、鼓励和帮助，让我有责任感和信念去完成这本书的全面重写。

在至高之处荣耀归于神！

2021年1月4日　于密歇根湖畔

编写说明

一、本书的结构

本书严格按照相同的模式编排整书和各部分的结构及内容,便于由浅入深地阅读、理解和查找内容。

章的设置从基础知识开始,然后按照风险管理活动的识别风险、评估风险、方案设计、实施与提高的顺序排列后续各章,各章以前一章为基础。

节的设置采用相同的模式,以引言作为每节、每个一级标题下主题的概括性导入以便于理解,同时按前因后果、前易后难的顺序排列。

一级标题下根据需要设置一到两级标题,采用同样的架构和表述方式,以层层按顺序展开,每级标题下的内容以其标题为写作范围。

段落基本按论文的要求来写,即首句为每自然段的主题,中间内容为相关问题的展开或论述,有时还以末句作为强调或总结。

二、本书的引用

本书引用的法律、标准、指引等,一般在书名号后注明其颁布年代,便于阅读时核对其是否已经失效,避免由有效性不明引起的混淆。

由于法律等规则体系始终处于变化之中,因此每版都会针对规则的有效性进行修订,这些标注的颁布年代可以帮助读者更好地识别规则的有效性。

对于引用的其他著作的观点,本书以括号或特殊字体的方式标明,并视需要以下划点线的方式提醒读者对部分词语的注意,同时以脚注的方式指明出处。

内容提要

法律风险、合规风险的内涵和外延如何、在整个风险大家族中的地位如何,以及中国本土企业如何实施有效的法律风险管理、合规管理,都是长期以来耳熟能详却又语焉不详的话题。而这些,正是本书所要比较和探讨的内容。

法律风险和合规风险都是基于规则的存在而产生的风险,因而可合称为规则风险。其中的法律风险是根本,因为法律更具强制性。而合规风险则是在法律风险的基础之上增加了其他规则方面的风险。二者的共同点是都可以通过主体、行为、环境的分析而确定具体的风险,完全可以一并讨论。

本书内容分为五章,按照从基础到应用以循序渐进的顺序讨论了法律风险及合规风险概述、尽职调查与风险识别、风险的评估与报告、风险应对与方案设计、风险管理的实施与提高五大主题。为便于阅读和查找所需内容,还设立了详细、精确的目录。

作为对法律风险管理和合规管理的经验总结和规则解读,本书定位的读者群是执业律师、从事法律风险管理或合规管理工作的企业管理人员、企业法务人员、国有企业主管部门,以及从事相关研究或有志于这两个领域的其他读者。因此,本书紧密结合相关法律、指引等内容,并以定义、注释等方式为这两个领域的研究和实践提供思路。

　　本书仅保留了第一版的基本理论框架，更像一部全新的作品。本书在全面扬弃前版内容而重新撰写的过程中，不仅加入了合规管理的内容，还引用了几乎所有相关的法律、指引、标准，以及相关的企业管理知识、方法等，并结合实际操作以更凝练、更实用的方式加以解读，使内容更切题，也更具可操作性。

目 录

第一章　法律风险及合规风险概述

本章提示　001

第一节　风险及其相关内容　002
　一、风险的概念及原理　002
　　（一）风险的基本概念　002
　　（二）风险的作用原理　003
　　（三）风险的相近概念　004
　二、风险的特征与分类　005
　　（一）风险的特征　005
　　（二）依据风险性质的分类　006
　　（三）依据主观标准的分类　007
　三、风险的度量　008
　　（一）风险研究的具体领域　008
　　（二）风险的度量方法　009
　四、风险的应对措施　011
　　（一）风险控制的难点　011
　　（二）风险的应对环节　012

第二节　法律风险的概念与要素　013
　一、法律——秩序与代价　013
　　（一）法律是基本社会秩序　013
　　（二）法律时常滞后于社会发展　014
　　（三）秩序需要付出代价　014
　二、法律风险的概念及要素　014
　　（一）法规中提及的法律风险　015
　　（二）法律风险的应有概念　016
　　（三）法律风险的三要素　017

三、法律风险与其他风险 017
　　（一）其他风险均涉及法律风险 017
　　（二）其他风险可转为法律风险 018
　　（三）法律风险是最终解决方式 018
四、法律风险的四大种类 019
　　（一）刑事责任风险 019
　　（二）行政责任风险 020
　　（三）民事责任风险 021
　　（四）权益丧失风险 021
五、法律风险的不同阶段 022
　　（一）法律风险因素 022
　　（二）法律风险形成 023
　　（三）法律风险事件 023
　　（四）法律风险后果 023

第三节　合规风险及其中国化 024
一、"合规"在美国的发起 024
　　（一）《反海外腐败法》 024
　　（二）《针对组织机构的联邦量刑指南》 025
　　（三）《公司合规管理程序评价》 026
二、合规领域的国际发展 027
　　（一）英国和法国的相关立法 027
　　（二）国际组织的相关规则 027
三、中国合规领域的发展 029
　　（一）中国"合规"的启动 029
　　（二）中国语境下的合规 031
　　（三）合规风险与法律风险 033

第四节　法律风险与合规风险 035
一、两类风险的共同点 036
　　（一）基于人为规则产生 036
　　（二）发生具有随机性 037
　　（三）风险后果难以确定 039
二、两类风险的不同点 040
　　（一）判断依据不同 040
　　（二）风险后果不同 041

（三）事件起因不同　　042
　　　（四）主动程度不同　　042
　三、两类风险的预见性问题　　043
　　　（一）风险事件的可预见度　　043
　　　（二）风险后果的可预见度　　044
　　　（三）可预见性与控制成本的平衡　　045

第五节　风险主体解析　　046
　一、法人风险主体　　047
　　　（一）法人风险主体的法定类别　　047
　　　（二）法人风险主体的风险类别　　049
　　　（三）法人风险主体的风险特征　　050
　二、非法人组织风险主体　　052
　　　（一）非法人组织的法律定位　　052
　　　（二）非法人组织的法定类型　　052
　　　（三）非法人组织的风险特征　　053
　三、自然人风险主体　　054
　　　（一）自然人主体的法律适用　　054
　　　（二）自然人主体的风险特征　　056

第六节　风险行为解析　　058
　一、各类主体的风险行为　　058
　　　（一）组织风险主体的行为　　058
　　　（二）自然人风险主体的行为　　060
　　　（三）组织与自然人的行为区分　　061
　二、风险主体的行为资格　　063
　　　（一）组织合法成立的依据　　063
　　　（二）组织相关活动的许可　　064
　　　（三）行为的资格或资质　　065
　三、风险主体的行为分类　　067
　　　（一）普遍性的基本行为　　067
　　　（二）行业性的专业行为　　068
　　　（三）个别性的特定行为　　069

第七节　风险环境解析　　070
　一、风险环境中的规则要素　　070
　　　（一）规则的完备程度　　070

（二）规则的执行情况　　071
　　（三）群体的规则意识　　071
二、风险环境中的几类规则　　072
　　（一）对于规则的各种表述　　072
　　（二）"合规"中的四类规则　　075
三、风险环境中的法律规则　　076
　　（一）法律规则及其层级　　077
　　（二）其他强制性规范　　079

第八节　风险后果解析　　081
一、刑事责任风险后果　　081
　　（一）刑事风险的主体及处罚原则　　081
　　（二）单位刑事责任风险的种类　　083
　　（三）个人刑事责任风险的种类　　089
二、民事责任风险后果　　091
　　（一）违约责任风险　　092
　　（二）侵权责任风险　　092
　　（三）其他责任风险　　093
　　（四）承担民事责任的方式　　093
三、行政责任风险后果　　094
　　（一）行政法律的种类　　094
　　（二）行政处罚法律风险后果　　096
　　（三）行政处分法律风险后果　　097
四、权益丧失风险后果　　099
　　（一）单方权益丧失风险的来源　　099
　　（二）单方权益丧失的风险后果　　100
五、违规的其他风险后果　　101
　　（一）直接利益损失　　101
　　（二）间接利益损失　　102

第九节　从法律风险管理到合规管理　　103
一、法律风险管理的由来　　103
　　（一）国内的法律风险管理概念　　104
　　（二）国内的法律风险管理探索　　105
　　（三）与法律顾问工作的主要差异　　106

二、企业的法律风险管理实践　　　　　　　　　　107
　　（一）法律风险管理的特点　　　　　　　　　107
　　（二）企业实施法律风险管理的动机　　　　　108
　　（三）法律风险管理带给企业的变化　　　　　109
三、从法律风险管理到合规管理　　　　　　　　　111
　　（一）合规管理的发展变化　　　　　　　　　111
　　（二）法律风险管理与合规管理　　　　　　　112
　　（三）合规管理的可能缺陷　　　　　　　　　113

第二章　尽职调查与风险识别

本章提示　　　　　　　　　　　　　　　　　　115
第一节　项目实施的环节及原则　　　　　　　　　116
一、对风险管理的相关表述　　　　　　　　　　　116
　　（一）COSO 对风险管理的表述　　　　　　　116
　　（二）全面风险管理方面的表述　　　　　　　118
　　（三）合规风险管理方面的表述　　　　　　　119
二、对合规管理步骤的概括　　　　　　　　　　　121
　　（一）尽职调查　　　　　　　　　　　　　　121
　　（二）风险识别　　　　　　　　　　　　　　121
　　（三）风险评估　　　　　　　　　　　　　　122
　　（四）方案设计　　　　　　　　　　　　　　122
　　（五）宣贯执行　　　　　　　　　　　　　　123
　　（六）循环改进　　　　　　　　　　　　　　124
三、对合规管理原则的总结　　　　　　　　　　　124
　　（一）对合规管理原则的相关表述　　　　　　124
　　（二）风险管理的相关原则　　　　　　　　　125
　　（三）对合规管理原则的总结　　　　　　　　127

第二节　从管理要求看风险点　　　　　　　　　　128
一、合规管理《指南》中的风险要点　　　　　　　128
　　（一）《指南》中的合规义务识别　　　　　　129
　　（二）对《指南》效力性的解读　　　　　　　131
二、合规管理《指引》中的风险要点　　　　　　　131
　　（一）合规管理职责风险　　　　　　　　　　131

（二）合规管理重点风险　　　　　　　　　　134
　　　（三）合规管理运行风险　　　　　　　　　　136
　　　（四）合规管理保障风险　　　　　　　　　　137
　三、全面风险管理中的风险要点　　　　　　　　139
　　　（一）收集风险管理初始信息　　　　　　　　139
　　　（二）进行风险识别　　　　　　　　　　　　140
　　　（三）制定风险管理策略　　　　　　　　　　141
　　　（四）风险管理解决方案　　　　　　　　　　142
　　　（五）风险管理的监督与改进　　　　　　　　144
　　　（六）风险管理组织体系　　　　　　　　　　145
　　　（七）风险管理信息系统　　　　　　　　　　148
　　　（八）风险管理文化　　　　　　　　　　　　149

第三节　常见风险与规则调研　　　　　　　　　　150
　一、风险项目尽职调查的特点　　　　　　　　　150
　　　（一）工作目标不同　　　　　　　　　　　　151
　　　（二）调查重点不同　　　　　　　　　　　　151
　　　（三）核查方式不同　　　　　　　　　　　　152
　　　（四）调查依据不同　　　　　　　　　　　　152
　二、企业常见风险概览　　　　　　　　　　　　153
　　　（一）普遍性的基本风险　　　　　　　　　　153
　　　（二）行业性的专业风险　　　　　　　　　　154
　　　（三）个别性的特定风险　　　　　　　　　　156
　三、尽职调查前的规则调研　　　　　　　　　　157
　　　（一）调查提纲基于规则调研　　　　　　　　157
　　　（二）相关规则法律调研实例　　　　　　　　159

第四节　尽职调查的清单及方法　　　　　　　　　166
　一、尽职调查清单的内容　　　　　　　　　　　166
　　　（一）专项尽职调查清单　　　　　　　　　　166
　　　（二）全面尽职调查清单　　　　　　　　　　168
　二、尽职调查的常用方法　　　　　　　　　　　171
　　　（一）调取资料　　　　　　　　　　　　　　172
　　　（二）问卷调查　　　　　　　　　　　　　　172
　　　（三）座谈访谈　　　　　　　　　　　　　　173
　　　（四）实地察看　　　　　　　　　　　　　　174

（五）取证核实	175
三、调查的启动及工作原则	175
（一）尽职调查的启动	175
（二）尽职调查的工作原则	176
第五节　项目组及项目实施	178
一、项目组的构成及要求	178
（一）企业内部参与人员	178
（二）企业外部参与人员	180
（三）专业外的能力要求	181
二、项目的内部、外部相关方	182
（一）项目的内部相关方	182
（二）项目的外部相关方	184
三、项目的实施管理	186
（一）常见的工作事项	186
（二）至关重要的文档管理	187
（三）需要强调的工作接口	188
第六节　信息处理与思维工具	189
一、信息的种类与理解	189
（一）企业基本信息	189
（二）项目相关信息	190
（三）企业所涉规则	192
（四）其他所需信息	192
二、资料的判读和整理	192
（一）资料的可能缺陷	192
（二）资料的常规整理	194
（三）资料中的风险类别	195
三、以逻辑工具提高严谨度	195
（一）概念划分原理中的概念	195
（二）按划分规则划分概念	197
四、从价值链理解企业运营	198
（一）基本活动	199
（二）辅助活动	200
（三）价值活动的类型	200

第七节　风险识别的原理与方法　　201
一、对风险识别的辨析　　202
　　（一）关于风险识别的表述　　202
　　（二）风险识别的应有定义　　204
二、规则调研与风险识别　　205
　　（一）不同层级的识别清单　　205
　　（二）规则调研与识别清单　　206
三、风险识别的原则与方法　　208
　　（一）风险识别的原则　　208
　　（二）常见的风险识别思路　　209
　　（三）通过比对识别风险　　211
四、两个层面的风险识别　　212
　　（一）管理要求的风险识别　　212
　　（二）具体事务的风险识别　　213

第八节　制度与流程的风险识别　　215
一、指引或标准中的相关表述　　215
　　（一）风险管理方面的表述　　215
　　（二）合规管理方面的表述　　217
二、衡量制度风险的尺度　　218
　　（一）合法合规的尺度　　218
　　（二）辅助的衡量尺度　　221
三、制度体系的流程风险识别　　224
　　（一）关于流程的相关理论　　224
　　（二）流程类风险的识别　　226

第九节　风险清单的确定　　229
一、风险清单的内容要求　　229
　　（一）法律风险管理的风险清单　　230
　　（二）管理会计应用指引中的清单　　233
二、风险清单的设计制作　　236
　　（一）制作风险清单的原则　　236
　　（二）风险清单的结构设计　　237
　　（三）清单必备的告知内容　　241

第三章　风险的评估与报告

本章提示 245

第一节　规则风险评估概述 246
 一、风险损失与管理缺陷 246
  （一）常见的风险管理缺陷 246
  （二）主观认识上的管理缺陷 247
  （三）资源投入上的管理缺陷 248
 二、风险评估的定义与方法 249
  （一）风险评估的一般定义 249
  （二）风险评估的技术方法 251
  （三）风险评估的工作方法 253
 三、评估视角下的风险分类 255
  （一）可预见性与可预防性 255
  （二）制度性风险与非制度性风险 256

第二节　评估的技术方法与表述方式 257
 一、需要注意的企业动因 257
  （一）推动整体变革 257
  （二）解决具体问题 258
 二、常用的分析工具 259
  （一）过程分析类技术方法 259
  （二）原因分析类技术方法 261
  （三）结果分析类技术方法 263
  （四）系统分析类技术方法 264
 三、常用的表述工具 267
  （一）数据分析展示表格 267
  （二）数据分析展示图形（Chart） 270

第三节　风险评估的维度设定 272
 一、对评估维度的相关表述 273
  （一）全面风险管理的坐标图法 273
  （二）合规管理指引中的表述 275
  （三）操作风险管理指引中的表述 276
  （四）法律风险管理指南中的表述 276

目录

二、风险评估的基本维度 　　　　　　　　　　279
　（一）理论上的风险后果 　　　　　　　　　279
　（二）不利后果的损害程度 　　　　　　　　282
　（三）风险事件的发生概率 　　　　　　　　283
三、维度的设定及操作 　　　　　　　　　　　284
　（一）具体维度的确定 　　　　　　　　　　284
　（二）风险分析的定性与定量 　　　　　　　286

第四节　评估时的风险点赋值 　　　　　　　　288
一、对赋值的理解和应用 　　　　　　　　　　289
　（一）赋值量化的优势 　　　　　　　　　　289
　（二）可借鉴的赋值方法 　　　　　　　　　290
二、为风险点赋值的依据 　　　　　　　　　　291
　（一）损失程度的赋值 　　　　　　　　　　292
　（二）发生概率的赋值 　　　　　　　　　　293
　（三）其他维度的赋值 　　　　　　　　　　294
三、风险点赋值的实际操作 　　　　　　　　　295
　（一）赋值的操作方式 　　　　　　　　　　295
　（二）赋值的实际过程 　　　　　　　　　　296

第五节　风险评估的模型与计算 　　　　　　　300
一、风险评估的计算种类 　　　　　　　　　　301
　（一）风险程度的度量 　　　　　　　　　　301
　（二）其他专业计算 　　　　　　　　　　　302
　（三）常规的统计分析 　　　　　　　　　　303
二、权重设置及风险计算 　　　　　　　　　　305
　（一）维度的权重设置 　　　　　　　　　　305
　（二）评估值的计算 　　　　　　　　　　　307
三、计算结果的修正与分级 　　　　　　　　　311
　（一）对计算结果的修正 　　　　　　　　　311
　（二）计算结果的排序与分级 　　　　　　　312

第六节　合同风险的识别与评估 　　　　　　　315
一、合同事务的风险领域 　　　　　　　　　　315
　（一）相关的表述或要求 　　　　　　　　　315
　（二）合同风险的范围及深度 　　　　　　　317

二、合同文本风险的评估 …… 318
（一）文本缺陷及由来 …… 318
（二）文本风险的评估角度 …… 320
三、合同管理风险的评估 …… 322
（一）风险管理的规则环境 …… 322
（二）风险管理的评估角度 …… 324
四、合同风险评估的操作 …… 325
（一）风险评估的准备 …… 325
（二）风险评估的实施 …… 327

第七节　决策风险的识别与评估 …… 329
一、决策风险与决策要素 …… 329
（一）决策风险的相关规定 …… 329
（二）决策风险的相关指引 …… 333
（三）决策要素及相关风险 …… 334
二、各决策要素涉及的风险 …… 335
（一）决策主体风险 …… 335
（二）决策客体风险 …… 336
（三）决策信息风险 …… 338
（四）决策路径风险 …… 339
（五）决策结果风险 …… 341

第八节　管理者个人风险的识别与评估 …… 342
一、管理者的职责及要求 …… 343
（一）风险管理中的管理者职责 …… 343
（二）合规管理中的管理者职责 …… 343
二、管理者的刑事责任风险 …… 344
（一）管理者刑事责任的特征 …… 344
（二）管理者刑事责任的种类 …… 345
三、管理者的行政责任风险 …… 352
（一）基于行政法律的行政责任 …… 352
（二）基于其他法律的类似责任 …… 352
四、管理者的民事责任风险 …… 353
（一）基于法律规定的民事责任 …… 353
（二）基于各类约定的民事责任 …… 354
（三）基于规章制度的民事责任 …… 355

五、管理者的其他责任风险　　356
　　　　（一）按公务人员处分　　356
　　　　（二）按非公务人员处分　　357
第九节　评估报告的原理与操作　　357
　　一、评估报告的要求与功能　　357
　　　　（一）评估报告的各类要求　　358
　　　　（二）评估报告的基本功能　　360
　　二、评估报告的结构安排　　362
　　　　（一）评估报告的结构原理　　362
　　　　（二）评估报告的必备内容　　365
　　三、评估报告的语言表述　　367
　　　　（一）评估报告的内容安排　　367
　　　　（二）评估报告的表述技巧　　368
　　四、提交报告的注意事项　　370
　　　　（一）正式提交的文本准备　　370
　　　　（二）提交报告的注意事项　　370

第四章　风险应对与方案设计

本章提示　　373
第一节　管理制度体系基本原理　　374
　　一、制度的内容及管理目标　　374
　　　　（一）制度的应有内容　　374
　　　　（二）制度化管理的目标　　375
　　二、制度中的要素平衡　　377
　　　　（一）制度的成本与收益　　377
　　　　（二）制度的刚性与柔性　　377
　　　　（三）制度的个体与整体　　379
　　　　（四）制度的并列与分层　　379
　　　　（五）制度的稳定与调整　　381
　　三、制度的决定性因素和要素　　382
　　　　（一）决定制度的各类因素　　382
　　　　（二）管理制度的应有质量　　383

第二节　风险应对策略辨析 384
一、风险应对策略的理解 384
（一）风险周期与应对时机 385
（二）事前、事中和事后管理 386
（三）风险三要素与应对策略 387
二、决策层面的风险应对 388
（一）完全承受风险 388
（二）部分承受风险 388
（三）完全不承受风险 390
三、操作层面的风险应对 390
（一）以合法化的方式降低风险 390
（二）以分散化的方式降低风险 391
（三）以分担规则降低风险 392
四、风险管理体系及环境风险应对 392
（一）以风险管理体系应对风险 392
（二）通过改变风险环境应对风险 394

第三节　可借鉴的风险管理思路 395
一、制度化管理的理念与要素 395
（一）制度化管理的相关理论 396
（二）COSO 的风险管理方案 397
二、全面风险管理的制度及方案 399
（一）全面风险管理的制度要求 399
（二）全面风险管理的应对要点 400
三、法律风险管理的要素及方案 402
（一）法律风险管理的基本要素 402
（二）制度等相关解决方案 403
四、合规风险管理的要素及方案 406
（一）合规管理指引中的要素及方法 406
（二）合规管理体系指南中的要素与方案 408

第四节　方案设计与企业状况 410
一、企业管理目标的确定 410
（一）管理目标的识别 410
（二）需要实现的管理目标 411
（三）常见的项目需求类型 412

二、解决方案的调整范围 ... 412
（一）解决方案的基本调整范围 ... 412
（二）管理目标的进一步甄别 ... 414
（三）管理活动的相关方 ... 415
三、解决方案与企业状况 ... 416
（一）企业的管理基础 ... 416
（二）企业的需求倾向 ... 417
四、解决方案的设计过程 ... 418
（一）基础资料与基本思路 ... 418
（二）工作内容及工作流程 ... 420

第五节 解决方案中的制度设计 ... 421
一、规章制度的几类缺陷 ... 421
（一）一般性制度缺陷 ... 422
（二）合法合规性缺陷 ... 423
二、理解制度的应有质量 ... 424
（一）企业基本制度 ... 425
（二）企业管理制度 ... 425
（三）企业业务规范 ... 426
（四）企业技术规范 ... 426
（五）个人行为规范 ... 427
三、从框架设计到嵌入制度 ... 428
（一）管理机制与制度框架 ... 428
（二）内容重组与制度再造 ... 430

第六节 解决方案中的流程设计 ... 433
一、流程图的原理与应用 ... 433
（一）流程图的功能原理 ... 433
（二）流程图的绘制规范 ... 436
二、流程优化的方式方法 ... 440
（一）流程的规范化 ... 440
（二）流程的优化 ... 442
三、风险管理流程的设计 ... 445
（一）流程深度甚于长度 ... 445
（二）具体流程的设计 ... 446
（三）流程中的技术问题 ... 450

第七节 解决方案中的文本设计 ... 451
一、文本体系与风险管理 ... 451
 （一）文本解决方案与标准化 ... 451
 （二）适合标准化的文本 ... 453
二、文本标准化的实施过程 ... 454
 （一）基本定位与体系设计 ... 454
 （二）文本设计的操作过程 ... 455
三、合同文本的设计质量 ... 456
 （一）合同文本的内在质量 ... 456
 （二）合同文本的外在质量 ... 459
四、表单等文本的设计 ... 460
 （一）常用表单的文本设计 ... 460
 （二）产品说明类文本设计 ... 461

第八节 组织风险管理的设计思路 ... 462
一、组织管理风险及解决思路 ... 462
 （一）组织管理风险原理 ... 462
 （二）常见组织管理风险状况 ... 464
 （三）组织管理风险的解决思路 ... 465
二、企业决策风险及解决思路 ... 471
 （一）常见决策风险类型 ... 471
 （二）决策风险的合法合规性管理 ... 474

第九节 非企业组织的风险管理 ... 476
一、非企业组织的基本特征 ... 476
 （一）非企业组织的范围 ... 476
 （二）非企业组织的风险特征 ... 477
二、非企业组织的经营风险 ... 478
 （一）事业单位的经营风险 ... 478
 （二）社会团体的经营风险 ... 479
 （三）捐助法人的经营风险 ... 480
 （四）民办非企业单位的经营风险 ... 481
三、机关法人的特有风险 ... 482
 （一）基本活动风险 ... 482
 （二）行政机关风险 ... 483
 （三）行政诉讼风险 ... 486

四、其他特别法人的风险 487
　　（一）经济组织法人风险 487
　　（二）基层群众性自治组织法人风险 488

第五章　风险管理的实施与提高

本章提示 491

第一节　解决方案的宣贯与培训 492
　一、企业的宣贯与培训 492
　　（一）对于培训的管理要求 492
　　（二）培训促进企业成长 493
　　（三）培训促进员工成长 494
　二、宣贯和培训的技术原理 495
　　（一）决定效果的技术细节 495
　　（二）影响效果的受众规律 497
　　（三）企业的培训制度设计 498
　三、解决方案的宣贯与培训 499
　　（一）宣贯的层次与需求 500
　　（二）宣贯的内容与重点 501
　　（三）宣贯后的管理措施 502

第二节　风险管理执行力的提高 503
　一、影响执行力的各类因素 503
　　（一）被管理者的原因 503
　　（二）管理制度的原因 504
　　（三）管理者的原因 505
　二、技术层面的执行力提升 507
　　（一）提升管理者的执行力 507
　　（二）提升被管理者的执行力 508
　三、体制层面的执行力提升 509
　　（一）经营管理系统与执行力 510
　　（二）绩效考核体系与执行力 511
　　（三）企业文化建设与执行力 512

第三节　解决方案的循环改进 513
　一、制度化管理之弊 514
　　（一）对企业的不利影响 514

（二）对员工的不利影响　　　515
　　　（三）制度滞后的不利影响　　　516
　二、风险要素变化与循环改进　　　517
　　　（一）风险管理的改进要求　　　517
　　　（二）循环改进的原理及策略　　　518
　三、管理方案的循环改进　　　522
　　　（一）循环改进的制度保障　　　522
　　　（二）循环改进的实施策略　　　524

第四节　风险管理中的文字表述　　　525
　一、专业表述的基本原理　　　525
　　　（一）管理规范的表述特征　　　525
　　　（二）文字表述的基本原则　　　527
　　　（三）布局谋篇的简单方法　　　528
　二、结构布局原理解析　　　529
　　　（一）结构布局基本原理　　　529
　　　（二）规章制度的结构原理　　　531
　　　（三）合同文本的结构原理　　　533
　三、语言文字运用要点　　　534
　　　（一）文字表述的规范化　　　534
　　　（二）语言歧义的消除　　　536

第五节　体系设计的合同管理实践　　　537
　一、合同风险管理的基本思路　　　537
　　　（一）风险来源和管理主题　　　537
　　　（二）合同风险管理的机制　　　538
　二、合同文本风险管理的思路　　　540
　　　（一）需要制度化的内容　　　540
　　　（二）需要文本化的内容　　　543
　三、合同行为风险管理的思路　　　545
　　　（一）合同管理制度体系　　　545
　　　（二）合同管理流程体系　　　546

第六节　风险管理的发展趋势　　　547
　一、时代变化与风险管理　　　547
　　　（一）经济的全球化　　　548

(二) 社会的信息化 549
　　(三) 管理的扁平化 551
二、新技术与风险管理 553
　　(一) 国外法律科技的发展 553
　　(二) 中国的法律技术实践 555
　　(三) 风险管理的技术运用 556
三、发展的趋势及反思 557
　　(一) 风险管理的工具化 557
　　(二) 制度管理的人性化 558

主题词索引 559
后　记 561

第一章　法律风险及合规风险概述

本章提示

自21世纪以来,法律风险一词开始在我国的法律界广为流行。虽然某些立法中也有提及,但法律风险的基本概念仍旧没有确切的内涵及外延。正因如此,以此冠名的许多事务仍是传统意义上的常规法律事务。

法律风险的客观存在是不争的事实。只要有法律存在,就存在着因作为或不作为而遭遇法律上某种不利后果的可能性。而主体、行为、环境的差异决定了不利后果的不同。因而法律风险的界定,固然直接与法律环境有关,也与行为有关、与行为主体有关。

对于法律风险最为简单的分类,是按现有法律框架将其分为刑事责任、行政责任、民事责任,以及因管理等问题导致的、在前述不利后果之外的单方权益丧失四类。这种分类方式或许并不理想,却是法律人最容易界定的分类。

合规管理在法律风险管理的基础上扩大了应用范围,其视野从法律规则延伸到了法律规则以外的其他规则,但其作用原理、工作方法等与法律风险管理并无二致。因此,法律风险、合规风险可以合称为规则风险。而中国在合规领域的发展,已经独树一帜,形成特有的模式。

如何低成本、高效率地应对风险是风险研究的永恒目标和主题,并因此而产生了风险管理的概念。为了更好地实现管理目标,规则风险管理在依据相关规则识别风险、设计解决方案之余,都强调将专业的解决方案化为企业管理规则的一部分,使企业的非专业人员只要依照规则处理工作事务即可规避各类风险。

因此,规则风险管理基于法律等规则但并非处理具体事务,而是面向未来设计、运行系统解决方案,通过完整的制度、流程、文本体系形成行之有效的管理系统,以综合手段实现企业风险的最小化和企业利益的最大化。

第一节 风险及其相关内容

风险,是一个非常古老的始终困扰着人们愿望实现的不确定因素。由于其是否发生、何时发生、影响程度等既不受人们主观愿望支配也无法准确预测,因而不仅会影响人们主观意愿的实现甚至会以随机事件的方式改变人类社会的历史。

正因为人们总是不得不考虑它的存在并不惜为排除其不利影响而付出代价,于是便产生了对风险和风险管理的研究。虽然绝对排除风险是个不可能完成的任务,但是对风险及风险管理的研究已大大提升了人们防范风险的能力。

一、风险的概念及原理

人们在日常生活中也经常提到风险,它既是名词也是形容词。无论是日常用语还是专业用语,风险都是指遭遇某种不利后果的可能性。但在不同的领域,风险有着不同的学说。

(一) 风险的基本概念

人们通常所说的风险,是指"可能发生的危险"[1]。而危险则有两种类似的解释,即形容词意义上的"有遭到损害或失败的可能"和名词意义上的"遭到损害或失败的可能性"[2]。这类解释建立在日常生活的语境之上,是人们的通常理解,因而并不精确也并不需要精确。而按照维基百科的解释,风险"是指事件发生与否的不确定性"。这一概念与前者类似,同样难以胜任对专业领域的描述。

按照智库百科的解释,"风险是指在某一特定环境下,在某一特定时间段内,某种损失发生的可能性。风险是由风险因素、风险事故和风险损失等要素组成。换句话说,是在某一个特定时间段里,人们所期望达到的目标与实际出现的结果之间产生的距离称之为风险"[3]。

这种解释虽相对专业,但许多风险很难说只是在特定环境、特定时间段内存在,而是长期存在。如律师行业及其他行业的职业风险,只要从事该职业,其便始终存在。

---

[1] 中国社会科学院语言研究所词典编辑室编:《现代汉语词典》(第7版),商务印书馆2016年版,第391页关于"风险"的词条。

[2] 中国社会科学院语言研究所词典编辑室编:《现代汉语词典》(第7版),商务印书馆2016年版,第1357页关于"危险"的词条。

[3] "风险",载智库·百科,https://wiki.mbalib.com/wiki/风险,访问日期:2020年2月12日。

本书所理解的风险,是指由于非主观意愿的原因,利益、安全等遭遇到损失、不利情形等负面后果的可能性。这一定义是基于近年来实践中的思考,以及对某些特殊情形的排除。在主观意愿方面,风险是基于不可控的原因而发生的,尽管该情况是否发生并不确定、发生的后果也不确定;而在结果影响方面,风险专指遭遇负面影响或不利后果的可能性,并不包括产生正面影响的可能性。

至于某种不利情形的发生在带来不利影响的同时也带来了某种机遇,例如假若遭遇不可抗力,虽会给企业的正常生产带来不利影响,但也为本就无法按时履行的订单提供了延期交付的理由。然而不可抗力与风险本身并无直接关系,只是风险事件一旦出现即会触发的另一事件。

(二) 风险的作用原理

风险发生概率无论多大也只是一种理论上的存在,经过不可控的风险事件的触发才能演变为现实中的损害,因此需要明确这一环节中的各个概念。

1. 风险因素

所谓风险因素,是指构成风险的原因或条件。通常情况下,随着关注点和定义方式的不同,风险因素可以只是一个非常具体的事项,也可以是比较广泛的一类事项,甚至是非常广泛的各类事项。但大多数情况下,风险都是由各种不同的因素共同构成,并由于风险事件的触发而导致风险因素转化为现实的损害。

例如,从结果角度区分,机动车行驶中爆胎的风险只是一个具体的现象,但引起爆胎的原因可以分为轮胎设计缺陷、制造缺陷、自然老化、自然磨损、气压异常、路面异物等。划分原因或条件的方式不同,得出的结果也不同。

分析风险的具体因素,是寻找应对方案必不可少的过程。通过系统性的多维度、多层次全面排查,才能发现并最终锁定真正的风险诱因以及诱因之间的相互关系并按风险的严重程度排序,从而利用有限的资源优先解决最大的问题。

2. 风险事件

风险只是一种理论上的受到损害的可能性,它并不直接造成现实的损害,需要由其他因素触发。直接导致理论上的可能性转变为现实中的实际损害的触发因素,我们一般称之为风险事件或风险事故。

风险事件(Risk Accidents),是指偶然发生的、导致潜在的风险通过不同因素间的交互作用而产生现实的人身、财产损害等不利后果的直接诱因或条件。它是将风险转化为不利后果的关键性媒介,若没有它的触发,风险只是一种未来可能发生也可能不发生的可能性事件,甚至始终未能造成现实的损失。

如果加以细分,风险事件可以是诸多风险因素中必然发生的情形中的一个,也可以是必然发生的各类情形之外的纯属"意外"的其他因素,或是各种风险因素交互作用的结果。前者如机动车轮胎的自然老化、自然磨损引起的爆胎,后者如意外情况下紧急制动引起的爆胎等。

例如,1986年1月28日,美国"挑战者号"航天飞机升空后爆炸解体,7名宇航员丧生。经事后分析,造成事故的主要原因有主密封圈在低温下失效、副密封圈因金属崩裂而未发挥作用、发射前未能及时检查、飞控人员对前期事故征兆的误判、加速时的负荷和振动加剧了破损、航天飞机缺乏升空失败时的自救系统等,这些风险因素的综合作用导致了空中解体这一风险事件的发生。

3. 风险损害

风险损害是由于风险事件触发而引起的后果,即由于风险事件触发所引起的利益、安全等遭遇到不希望发生的损失、不利情形等负面后果。从种类上说,这种负面后果既可能是直接的人身伤害、精神损失、财产损失,也可能是间接的名誉损失、机会损失等连锁反应。

某些损失可以因风险事件具体情形的不同而发生性质上的变化。例如,公众人物在公众视野下的不当行为导致的名誉损失是直接损失,而其违约行为所导致的名誉损失则是间接损失。

同时,是否属于风险损害、风险损害的程度如何等,在许多情况下并没有公认的、客观的判断标准,往往需要以主观定义的方式作为衡量的尺度,以完成损害的量化评估及索赔等后续事务。

(三)风险的相近概念

风险与许多其他概念紧密关联,以至于现代汉语中以"危险"解释风险。而且在现实生活中,风险也常与其他词混用。

1. 风险与危险

风险与危险的区别很难根据词典上的定义识别,而且在许多情况下可以通用。但在具体的使用场景方面,"危险"更为紧迫、直接且多被用于可直接造成人身财产损失的场景,尤其是容易造成人身伤害的场景。而"风险"则相对抽象、理性、笼统,只强调某种不利影响的可能性而并不强调具体的伤害或损失。

例如,只能说"股市有风险"而不能说"股市有危险",只能说"危险品"而不能说"风险品",这些约定俗成的表述在事实上划分了二者的界限。

又如,当描述具体的行为类型时用"危险驾驶行为",但在进行理性的统计分析、理论研究时则往往用"风险驾驶行为"。在这种用法方面,"风险"大多可以替代"危险",但"危险"则未必能够替代"风险"。

2. 风险与损害

风险与损害的区别:前者只是可能,后者则是现实。"风险"只是遭受损害等负面后果的可能性,它并不是已经发生的损害,损害是否发生、发生后的影响程度等均不确定。"损害"则是已经发生的某种负面后果,是一种已经现实存在的不利后果或负面影响。

例如,只要签订合同就存在着违约的可能性,但这种可能性并不会直接导致不利后果,只有当违约成为现实才会直接产生实际的违约损害。

3. 风险与意外事件

风险与意外事件的区别:风险事件的发生可以在意料之中也可以在意料之外,而意外事件的发生则完全是在意料之外。而且,意外事件的衡量标准只是根据其发生是否属于"意料"之外,并不在于其带来的是正面影响还是负面影响。二者有交集但各自独立,均有不包含于对方之处。

二者的共性之一是具有主体的相对性。某些可能性被非专业人员视为重大风险,但在专业人员看来并不存在风险。各行业的资深从业人员,由于见多识广,大多比新手能够预见到更多"意外",从而使之根本不算"意外"。

二、风险的特征与分类

风险与其他事物的最大不同在于,它既不是已经发生的事件,也不是必然发生的事件,只是作为一种可能性而客观存在。因而对于不同领域中的风险及风险管理的研究,也存在着诸多视角和不同理解。

(一) 风险的特征

风险是一种离任何人都非常近的客观存在,无论是生活中还是工作中我们都会与之不期而遇。而风险的特征中,最主要的是其不确定性。

1. 存在的客观性

风险并无有形的形体但却客观存在,而无论人们的主观好恶、是否察觉。甚至当今人类生活的各类形态,也都是诸多风险事件相互作用的结果。

人类通过技术手段减少不确定性的各种努力都只在部分具体问题上行之有效,"天有不测风云"仍是一种普遍的存在。而风险学说中的一种,就是将风险解释为主观意愿与客观结果之间的偏差。

2. 风险的普遍性

风险在各类事物上普遍存在。人们的日常生活秩序和工作秩序都存在着被某种意外因素影响和打破的可能性,任何计划都有失败或中途发生变故的可能性,任何危险或不利情形都有降临的可能性。这些都说明风险在任何时间、任何空间、任何事物上普遍存在,只是在发生的概率、影响程度、被预见程度上存在着一定的差异。

3. 发生的随机性

风险事件的发生不以人们的意志为转移、可能发生也可能不发生,损害程度可能严重也可能轻微,而那些必然发生的事件则并不属于风险。

由于认知能力的有限性和资源的有限性,人们可以在一定程度上降低风险的发生概率,却无法根除风险的存在。许多风险损害只能在事后分析发生的原因,以降低相关风险事件再次发生的概率。

4. 后果的负面性

风险后果的负面性主要是基于人们对其避犹不及的态度,以及因此而对风险内涵外延的约定俗成。只有当某种可能性成为现实才会带来不利后果,继而被称为风险。这种不利后果可能是人身、财产等有形损失,也可能是名誉、精神等无形损失。

虽然某些风险事件发生后也有可能带来正面的机遇,但是其是一个事物的另一面,而非风险本身的直接后果。

5. 预见的相对性

风险事件的发生同不可抗力的发生十分相似,同样不可预见、不可避免、不可克服。尤其是其中的不可预见,并非指根本无法预见而是指对其是否发生、实际程度无法预见。虽然人们对于极端天气等方面的预报能力已经有了长足的进展,但是仍旧无法避免、无法克服,因而仍旧属于不可抗力。

当然,不同专业领域和专业水平的预测,其准确性存在着巨大差异,无法一概而论。

(二) 依据风险性质的分类

依据风险性质划分,是指剥离具体风险所属的专业类别或具体领域,从总体上的、抽象的、普遍适用的角度对风险属性进行划分,主要用于厘清风险内在规律和原理的基础性理论研究。

1. 自然风险与社会风险

以产生风险的原因是否与人类活动有关为标准,风险大致划分为自然现象、自然规律等非人为因素形成的自然风险,以及由于人类的个人或社会行为所导致的社会风险。两类风险均十分普遍。前者如暴雨、龙卷风、地震、火山爆发、海啸等,后者如战争、种族冲突、社会动荡、不法侵害、违约等。

这两种风险均可按不同的标准细分。如社会风险,可以分为外交风险、政治风险、政策风险、经济风险等,以及涉及法律领域的刑事责任风险、行政责任风险、主要包含违约和侵权的民事责任风险等,还有合规领域强调的因违反法律等规则引起的规则风险等。

2. 纯粹风险与投机风险

根据风险后果的不同利益性,风险可以划分为只有损失的机会而没有获利的机会的纯粹风险,以及既有损失的机会也有获利的机会的投机风险。

前者如交通事故中的死者,只有损失而没有任何获利;后者如股市投资,既有可能受到损失也有可能从中获利。

3. 确定型风险与不确定型风险[1]

从人们对风险的认知程度出发,风险可以区分为风险的范围、程度大致确定的确定型风险和对其是否存在、发生概率等一无所知的不确定型风险。

例如,在人类刚开始进入太空领域探索时,由于没有先例而面临着诸多的不确定型风险。这些不确定型风险超出了人们能够预见的范围,我们因而付出了沉重的代价。但随着探索的不断增加,人们对航天领域的知识积累、经验积累日益丰富,相关领域已经基本属于确定型风险。

4. 静态风险与动态风险

按照影响风险的发生概率和发生程度的变量因素划分,风险可以分为发生概率、影响程度相对固定的静态风险,以及其发生概率、影响程度由于多种因素的综合作用而处于不断变化之中的动态风险。

例如,品质管理良好的企业可以将不良品率降低到万分之几,但对于个人消费者而言其购买到不良品的概率却始终为50%,属于静态风险。市场价格、货币汇率等始终处于变化之中,有时甚至变化剧烈、影响巨大,因而属于动态风险。

(三)依据主观标准的分类

由于风险很难度量,人们在尝试控制风险时往往不得不依据自己的主观标准对风险的性质加以判断、分类,以便于风险管理和决策。

1. 可控性风险与不可控性风险

可控性风险一般是指风险主体可以控制风险的发生概率、影响程度的风险。有些风险可以通过技术、行为加以控制,例如绝缘体的使用可以控制电流产生的意外损害、放弃交易可以避免不利的交易条件所带来的风险等。

不可控风险则一般是指风险主体无法控制的风险。例如,人们无法控制自然灾害的发生和它的破坏力,也无法控制交易的相对方能否严格遵守合同约定。

这种划分方式的依据是可控程度,但可控与不可控往往都是相对概念。如许多绝缘体在高压下会失效,某种程度上的人工降雨、人工防雹已经成为可能。

2. 可接受风险与不可接受风险[2]

这种划分方法的依据是人们的承受能力而非其风险的客观损害程度,主要依

---

[1] 参见"不确定型风险",载智库·百科,https://wiki.mbalib.com/wiki/不确定型风险,访问日期:2020年2月12日。

[2] 参见桑培东等主编:《建设工程经济与企业管理》,中国海洋大学出版社2006年版,第211页。

据是风险主体的价值判断。

可接受风险,一般是指预期的风险损害程度在风险主体的经济、心理等承受范围之内。不可接受风险,是指预期的风险损害程度超出了风险主体的经济或心理等承受限度。

事实上,绝对没有风险的事物并不存在,因而人们在决策时都是以可接受风险的程度作为衡量标准的。这是一种机遇与风险、收益与成本之间的平衡,决策的质量与相关信息的完整度、决策的水平密切相关。

3. 可管理风险与不可管理风险[①]

对于经常遇到的风险,按是否可以通过管理手段降低风险的发生概率和损害程度,可分为在一定程度上可以采用相对固定的方式预见、控制的可管理风险,以及无法准确预见、无法避免的不可管理风险。

例如,企业可以通过供应商管理制度的建立,将一些行之有效的管理手段固化为标准化的管理事项,使供应商的违约等不规范行为成为可管理风险。而自然灾害的发生、意外事故的发生即使能够预见也很难有效管理,因而属于不可管理风险。当然,二者均为相对概念,无法以绝对的标准衡量。

4. 主观风险与客观风险

主观风险一般是指由于人们的意识活动而产生的风险,是人为因素引起的风险,如故意行为、过失行为等引起的风险。

客观风险一般是指与人们的意识活动无关而客观发生的风险,如自然灾害风险、意外事故风险等。

相比之下,主观风险虽然涉及的因素较多,但是由于具有一定的可控制性,因而是风险研究的重点。尤其是如何将行之有效的管理手段标准化,更是主观风险研究的价值所在。

三、风险的度量

尽管人类一直在研究风险及其应对方法,但唯有现代科学才能对其进行系统和深入的分析,并用现代方法度量风险、确定解决方案,从而在风险领域中取得了长足的进展。

(一) 风险研究的具体领域

除了从相对宏观的风险性质、主观标准加以研究,具体风险的研究有着更明确

[①] 参见杨开明编著:《企业融资——理论、实务与风险管理》,武汉理工大学出版社2004年版,第342页。

的目标和主题。几乎每类风险都同时具备多重属性,可以划入不同的风险类别中,并可以细分为更多、更具体的风险点。在应用领域的风险研究非常多,因而只能简单提及其类别。

1. 研究专业领域

依据专业领域研究风险主要用于不同行业对所处领域的风险及管理手段的研究,而且某些提法也早已在相关领域中成为尽人皆知的术语。由于针对具体的领域,其主题集中、内容具体,研究的实用性也很高。

例如,人身损害风险与财产损失风险在损害赔偿中经常被提及,细分到更为具体的法律领域还有人力资源管理风险、合同风险、担保风险、违约责任风险、行政处罚风险、刑事责任风险、过失责任风险等,而整个法律专业视角下的风险又可统称为法律风险。

在其他领域也是一样,如合规风险、会计风险、技术风险、金融风险、市场风险、管理风险、价值链风险、流动性风险、环境风险等。

2. 研究发生环节

许多事务的处理有着基本独立、相对完整的工作流程和固定内容,因此风险研究也可依据重点关注的环节分类。相比根据专业领域划分风险,这种分类方式下内容更为集中、领域进一步缩小,更有利于精细化研究。

如决策风险、结算风险、交割风险、营销风险、招聘风险、票据贴现风险、推销风险、操作风险、技术引进风险等,均按事务处理的环节进行分类。

3. 研究具体事务

某些事务同样属于相对独立、完整的领域,但基本属于前面所述专业领域中的一个具体分支,其侧重点在于某类事务中各项事务的全面处理。这些事务往往包含了不同的工作领域和工作内容,并非一个完整的流程,或者说其流程性的特征不明显。研究这些事务比前一分类方式相对微观,但主题更为集中。如服务商管理风险、渠道管理风险、旅游风险、清算风险、人员流失风险、产品风险、工程建设风险、信誉风险、道德风险、国际贸易风险等。

当然,如前所述,以上分类均属为便于理解而展开的理论探讨,许多具体风险可能同时属于不同的风险类型。而且每类风险都可能有不同的理解和解释,在此仅供参考。

(二)风险的度量方法

按照通行的理解,风险等于风险损失额乘以发生概率,即"风险=风险损失额×概率"。因此风险损失额和概率是最基本的指标,并由此衍生出一系列术语。而风险应对措施,也是围绕降低风险发生概率、减少风险损失额而展开。

1. 风险概率

风险概率,是指在单位时间或单位数量内,发生风险事件的次数。前者如常见的"五十年一遇的严寒""百年一遇的洪水",分别指发生概率为 1/50 或 1/100。而"降水概率 70%",则是指有七成的可能性会降雨。概率越高,意味着风险发生的可能性越大。

概率虽然以量化的方式表示,但是其数值的来源既有主观方式也有客观方式。客观方式中,依据单位数量内的事件发生总量进行大数据分析所得出的概率较为准确,但只是反映了历史上曾经发生的概率,以及在其他变量不变的情形下未来发生的可能性。而主观方式则是根据经验等主观感受确定量化的概率,其准确度与客观方式得出的概率相比,依据并不那么充足,有时甚至只是聊胜于无。

2. 风险损失

风险损失是对风险损害的量化,数值越大则代表损失越大。风险损失的计量同样分为主观方式和客观方式两种。许多时候,不得不同时采用两种方式,因为某些损失并不直接体现为数值。

某些损失非常容易量化。如已灭失财产的价值、因风险事件减少的收入、处理风险事件多支付的成本等。但还有一些其他损失,如名誉损失、精神损失等,往往只能用主观估算的方式加以量化。

风险损失有时用损失率来衡量。例如以财产的价值及在风险事故中的损失率之乘积计量,其结果多用于特定的、价值明确的财产。

3. 风险值

风险值是将风险概率与风险损失经过量化计算后得出的数值。当然,这是一种理论值,而且仅是一种决策时的参考依据。现实生活对于风险的考量远没有计算公式那么简单,决策时还要考虑公式外的许多问题。

但风险值的思维模式已经具有相当高的实用价值,使得许多难以确定的风险程度有了全新的展示方法。例如,对于消费品生产企业而言,客户的质量投诉往往发生频率很高,或者说是风险概率很高,但其风险损失不高,因而风险值并不高。而那些几乎可以让企业遭受灭顶之灾的行为,大多几乎不会发生,因而其风险值同样不高。有了这些量化的数据,企业就可以集中使用有限的资源应对风险值高的各类风险。

在实际应用方面,风险的度量已经非常成熟。人们早已开始使用风险度量的基本原理,用于风险概率分析、风险损失度量、影响范围的度量等,以提高决策的精确度。

四、风险的应对措施

风险应对措施最基本的工作原理就是降低风险事件发生的概率、减少风险损失。而在具体应对措施方面,往往需要对风险有明确、足够的认识,并在平衡成本的基础上多方位寻找解决方案。

(一) 风险控制的难点

风险带来的最大困扰是其是否发生的不确定性和影响程度的不确定性,应对这些不确定性是风险研究及应对措施研究最为复杂的核心问题。所有需要制定计划的事务中,都需要考虑某些不利因素的不确定性即随机性,这始终是个难题。

1. 风险原因的多样性

现实生活中,许多计划都因某种未曾预见到的因素而失败,或者实施过程受到意外干扰而未能达到预期的效果。由于不确定因素多种多样,即使是在科学已经高度发达的现代,也难以划分清楚不确定性因素的种类。甚至某些战争的发生、重大发明的产生只能归结为随机事件,无法事先预料。

即使在特定领域,某些风险事件多发而易于预见,但仍难避开意外事件的影响。例如,买方虽然能够预见对方无法按时交货、无法按量交货、产品质量不符甚至受不可抗力影响等负面情形,但是很难预见五花八门的意外事件的风险。风险原因的多样性,正是应对风险的难点之一。

2. 风险是否发生的随机性

随着现代科技的广泛运用和经验积累以及对风险事件分析能力的提高,越来越多的风险已经能够被预见。但人类智慧和技术的进步只是大幅提高了具有可控性的人造物、人为行为的确定性,对不可控事物的不确定性仅是提高了预测水平,仍难掌控。

概率分析是一种非常有效的风险分析手段,对于决策有很大的帮助。但概率毕竟是一种理论值或是对已经发生的事实的统计,事物的发展并不受概率的约束,因而高概率事件并未发生、低概率事件成为"黑马"的情形屡见不鲜。

因此,正如风险原因的多样性一样,风险发生的随机性也使得风险是否发生、为何发生变得很难捉摸,也就很难控制。因此,许多计划都不得不设有备用方案,一旦受到意外干扰,即转而执行备用方案以实现目标或减少损失。

3. 风控成本的有限性

许多风险事件之所以被预见但仍旧发生,一方面是因为发生概率无法判断,更主要的另一方面是因为风险控制成本的无法承受。所有降低风险发生概率、减少风险损失的安全措施都需要成本投入,不仅是财力上的投入,还有人力、时间、物资等投入。而所有的资源投入都是有限的,尤其是从经济角度来说,当风险控制成本大于风险损失时,人们往往宁可不加控制。

例如,企业的生产经营事项几乎事事需要经济核算,风险控制成本如果投入过高则企业将没有利润,即使某些措施行之有效也会增加成本、降低利润。尤其是当采取了某些措施后,风险事件却并未发生,则就成本而言会感觉是一种"浪费"。因此,控制成本始终是困扰着风险管理能否高效的重要原因。

(二)风险的应对环节

应对风险以减少损失和不确定性的努力无处不在、无时不在。尤其是在技术领域,由训练有素的人员按照严谨的安全流程使用专业的设备操作的话,许多风险几乎可以完全被排除。

1. 风险识别

风险识别是风险管理的第一步,目的是确认风险点的客观存在和相关情形。这一环节需要以一定的科学知识和思维能力为基础,否则很有可能将毫无相关性的事物当成风险因素来对待。历史上,人们曾认为鼠疫与猫、狗有关,也曾认为自然灾害与祭祀不足有关,因果关系认识上的错乱必然导致应对措施的毫无作用。

相对于技术上的风险问题,社会行为的许多风险无法通过科学原理、技术实验的方式验证,但可以通过因果关系分析等方式找出原因,从而通过规则和模式的变更进行控制。

2. 风险评估

评估风险一般在识别风险之后,其目标是确定风险发生的概率、可能造成的损失,以及可采取的措施、应对措施的成本、哪些风险需要优先应对等。这一环节有些可以采用客观分析的方法,如根据历年积累的数据进行评估,有的只能通过主观赋值的方式进行定量分析,或只做定性分析。

风险评估最有价值的作用之一是为排查出的风险排序,找出需要优先应对的风险及最优的应对措施,使得有限资源可以最大化地发挥控制风险的作用。

3. 风险预测

风险预测一般用于预测风险的发生领域、发生时间、影响程度等,其目的是早做准备以避免损失发生或减少损失。

风险的预测贯穿着人类的整个历史。早期人类由于对事物的认知程度有限,求神问卜、占星术等都曾作为风险预测方法。而基于现代科技水平的风险预测,已经被广泛使用于跨领域建立数学模型的定量分析,包括计算机模拟等方法,并通过大数据分析大大提高了预测的准确性。

4. 风险应对

风险应对,是指投入资源以技术方法或规则修订等方式,排除风险因素、降低发生概率、限制损失程度等来减小风险损害。由于风险类型的不同,应对风险的措施也有多种。

例如,将交易模式从"货到付款"改为"款到发货"可排除卖方无法收到货款的风险,增强培训及作业环节的标准化可以有效降低因技术不熟练而导致的事故风险发生率,提高零部件的通用性和标准化可降低缺少配件的报废风险等。

第二节 法律风险的概念与要素

法律风险是风险中的一个类别。因立足于法律领域,其内涵更大、外延更小,也更容易让法律人理解。作为一种以国家力量强制执行的规则,法律规定了众多领域里人们的作为或不作为的义务,对社会秩序的建立、社会发展的方向等起着至关重要的作用。正因如此,人们的行为如与法律要求不符,就会产生法律风险。

一、法律——秩序与代价

法律是人类文明史上划时代的伟大发明,它以建立秩序的方式稳定社会环境、规范人们的行为,为人类文明的发展奠定了基础。经济、文化、科技、社会的发展,都与法律息息相关。但法律对于社会发展的影响较为间接和隐性,以至于常常被忽略。

(一)法律是基本社会秩序

从蛮荒时代到现代,人类文明的进步也是法律发展的结果。人类聚居主要是为了生存和安全,但需要建立规则、形成秩序才能更好地实现这一目标。法律应运而生,古今中外莫不如此。即使法律所建立的社会秩序并不理想,但稳定的社会秩序是繁荣的基础。

远古时代或较为原始的文明没有现代意义上的法律,其"习惯""风俗""禁忌"便是原始的"法律",同样作为一种人人必须遵守的基本规则用于规范个人行为、明确人际关系、分配各类资源,以此维护着部族的秩序。同法律类似,这种秩序也在族群里强制执行,从而为个体提供安全生存保障。

秩序关乎未来,法律体系的设立水平、文明程度直接影响着社会走向。通过立法,人们可以制止有害于社会公共利益、妨碍社会发展效率的行为,并通过减少"无序运动"来提高全社会的资源利用率和社会运行效率。同时,它还通过塑造价值观的方式从意识形态角度影响国家未来的兴衰。其既可以将一个国家的所有能量充分释放出来,也可以使一个国家错失一个又一个的发展良机。

正因如此,推动社会进步的变革要么是以法律体系的变革为起点,要么是以法律体系的变革为结局。

(二) 法律时常滞后于社会发展

法律的发达程度与文明的发达程度密切相关。社会的发达程度、文明程度越高,其"配备"的法律体系越精细、越科学合理,二者之间相互作用、共同提高。经济、社会的发展为法律提供了升级的需求,法律的完善让社会既有稳定的秩序又充满活力,使社会能够有序发展并充分发挥资源的效用。

当法律与社会发展不相适应时,便会出现法律规定与发展需求的冲突。这种冲突有时表现为法律过于超前以至于配套措施和发展的条件尚未成熟,但更多地表现为法律滞后不适应社会发展。对此,有的国家先立法、再做事,让事物的发展在法律规定的框架内进行。也有一些国家并不修改法律或立法,而是对"违法"行为睁一只眼闭一只眼,直到法律最终加以明确。

例如,电子商务中的在线支付手段,其实是发挥了传统意义上的银行的结算功能,如果银行相关的规定不突破,则电子支付难以发展,电子商务也难以发展。同样的情形还有网约车等,虽对社会资源的充分利用大有帮助,却与原有的法律体系产生冲突。

(三) 秩序需要付出代价

由于属地管辖和属人管辖的存在,人们都"浸泡"在法律规范的"海洋"之中。不同类型、功能的法律,规定了人们哪些行为可以作为、哪些行为不许作为,只能通过法律处理与他人之间的人身、财产关系,并以合法行为取得生活资料、从事社会活动。由此便产生一系列民法、刑法、行政法等法律规范要求,如有违反则必须面临法律的强制力所带来的不利后果。

这便是秩序的代价,即秩序制度增加了行为的难度和风险。如交通行为,人们在享受交通秩序带来的安全和便利的同时,也必须遵守交通法律的相关规定,并为之付出维护秩序的成本。这种秩序成本既防止他人的任意行为对某个个体带来危险或侵害,也限制该个体的任意行为带给其他人危险或侵害。由于人们只能以"合法"的方式实现自己的意愿,因而法律也可以阻断社会向某个方向发展的机会,使社会失去对某些新观点的尝试意愿。

因此,人类社会除了必须建立秩序也必须建立纠错机制,以便法律体系阻碍社会发展时能够及时得到纠正。

二、法律风险的概念及要素

正是因为享秩序需要付出代价,当人们的行为与法律规定不符时便容易产生违法等风险。法律方面的风险属于风险的一个分支,但其基本原理及控制原理与风险领域大致相同,只是其专业性带来了固有的特征。

(一)法规中提及的法律风险

20世纪末国外的法律词典以及《大英百科全书》中并无"legal risk"词条。在国内,北京大学出版社2003年版的《元照英美法词典》以及商务印书馆1997年出版的《牛津高阶英汉双解词典》中也均无"legal risk"或"法律风险"词条。因此,当时流行的"法律风险"一词大多是人们的望文生义及约定俗成,而非来自权威的立法或司法解释。

1. 法规中"风险管理"提法的出现

最早在标题中出现"风险管理"的部门规章是中国人民银行于2000年11月以银发〔2000〕344号文发布的《商业银行表外业务风险管理指引》(已失效),但未对"风险"加以解释。而从2002年至2018年,现行有效以"风险管理办法"命名的部门规章及规范性文件共有7篇、"风险管理指引"18篇。

最早对特定风险进行解释的部门规章是中国银行业监督管理委员会(已撤销)于2003年10月以2003年第5号文下发的《商业银行集团客户授信业务风险管理指引》(2010年修改)。该文第五条为:

> 本指引所称集团客户授信业务风险是指由于商业银行对集团客户多头授信、过度授信和不适当分配授信额度,或集团客户经营不善以及集团客户通过关联交易、资产重组等手段在内部关联方之间不按公允价格原则转移资产或利润等情况,导致商业银行不能按时收回由于授信产生的贷款本金及利息,或给商业银行带来其他损失的可能性。

较为权威的是国务院国有资产监督管理委员会于2006年6月6日以国资发改革〔2006〕108号文发布的《中央企业全面风险管理指引》。该指引将企业风险分为战略风险、财务风险、市场风险、运营风险、法律风险五个大类,但未对"法律风险"加以定义。

这些规范或是仅对具体领域的"风险"各有表述,或是回避提供"风险"的通用定义,因而这些解释并无普遍适用性和权威性。

2. 法规中对于"法律风险"的表述

最早在正文中出现"法律风险"的法律规范,是在1998年4月由中国人民银行发布的《贷款风险分类指导原则(试行)》(已失效)的附件"贷款风险分类操作说明"。但全文仅有一个"法律风险"的提法,并未对其进行解释。

随后,2005年11月,中国银行业监督管理委员会办公厅在其《外资银行衍生产品业务风险监管指引(试行)》(已失效)中规定,"法律风险是指由于合约在法律范围内无效,合约内容不合法律规定,或者由于税制、破产制度等法律方面的原因所造成的损失"。

2006年2月,由当时的财政部发布的《中国注册会计师审计准则第1632号——衍生金融工具的审计》(财会〔2006〕4号)规定,"法律风险,是指某项法律法规或监管措施阻止被审计单位或交易对方执行合同条款或相关总互抵协议,或使其执行无效,从而给被审计单位带来损失的风险"。

2006年4月,中国人民银行发布的《中国人民银行分支机构内部控制指引》(银发〔2006〕111号)将法律风险定义为:"指因执法不当、贯彻执行政策有偏差、制定细则或办法不正确、人员素质差异、差错、舞弊、管理监督不到位等原因,导致业务或事务违法的可能性。"

2007年5月,中国银监会在其发布的《商业银行操作风险管理指引》附录中提及:"法律风险包括但不限于下列风险:1.商业银行签订的合同因违反法律或行政法规可能被依法撤销或者确认无效的;2.商业银行因违约、侵权或者其他事由被提起诉讼或者申请仲裁,依法可能承担赔偿责任的;3.商业银行的业务活动违反法律或行政法规,依法可能承担行政责任或者刑事责任的。"

另外值得一提的,是由国家标准化管理委员会于2011年12月30日发布的《企业法律风险管理指南(GB/T27914-2011)》。作为一个推荐性的国家标准而非法律,依据其"3.1 企业法律风险"条款,企业法律风险是指"基于法律规定或合同约定,由于企业外部环境及其变化,或企业及其利益相关者的作为或不作为导致的不确定性,对企业实现目标的影响"。

由这些发文单位及内容可见,其定义的重点在于具体领域。

(二) 法律风险的应有概念

当前,随着"法律风险"一词在行政法规、部门规章中越来越频繁地出现,人们对它早已不再陌生。但它仍旧缺乏权威的定义以及明确的内涵和外延,这使得许多相关工作缺乏明确的内容范围及目标,甚至有名无实。

"法律风险"同样是指发生某种不利后果的可能性,只是聚焦于同法律相关的风险。只要人们的作为与不作为与法律规范的规定或民事法律行为中的约定存在差异,就存在造成不利法律后果的可能性,无论这种可能性是出于对法律规范的生疏、误读还是出于故意行为。

其在合同方面的体现是,如果履行合同义务的行为与双方合法约定的义务存在差异,而且合同本身合法有效,就存在构成违约并承担违约责任的可能性。除此之外,企业在正常的生产经营过程中未按税法的相关规定依法纳税,就存在偷税漏税的刑事责任法律风险、产品质量不符合强制性安全标准,就存在承担侵权责任的可能性等。

因此,"法律风险"是指在特定的法律体系管辖范围内,行为主体因其作为或不作为与各类法律规定不符,而存在的承担某种不利法律后果的可能性。

(三) 法律风险的三要素

根据前述定义可知,法律风险具备三个要素,即行为主体、法律环境和具体行为。通过特定的主体在特定法律环境下实施的特定行为,可以判断其是否存在法律风险。这种方法同样适用于合规风险的判断。

1. 法律风险主体

法律风险主体,是指实施某种作为或不作为而涉及法律风险的行为方,可以是自然人也可以是组织。而且不同的个人身份、组织性质足以导致法律风险性质的不同,甚至身份会决定法律风险的有无。在识别法律风险的过程中,往往需要首先确定行为主体的身份,以缩小识别范围。

2. 法律风险行为

法律风险行为,是指法律风险主体在特定的法律环境下所实施的具体的作为或不作为。可以是自然人的生活行为或工作行为、个人行为或集体行为,也可以是故意行为、过失行为或无意识行为。可以是法人、非法人组织的正常对外行为或内部管理行为,也可以是某些非常规、非经常性的行为。

3. 法律风险环境

法律风险环境,主要是指法律风险主体实施作为或不作为时所涉及的法律规范要求。由于法律体系可分为不同的法律部门,并可分为不同的层级,对于风险行为的定性有时需要经过全方位的法律调研方能得出准确的结论。有时,还要考虑具体法律环境下的法律执行状况,以判定具体行为的法律风险区间。

当以上三个要素齐备时,就可以判定具体的法律风险点,有时甚至是一系列、源于不同法律的风险点。

三、法律风险与其他风险

诸多风险管理部门规章出台后,国务院国有资产监督管理委员会于2006年6月面向中央直属企业发布《中央企业全面风险管理指引》,将企业风险分为战略风险、财务风险、市场风险、运营风险和法律风险五个大类。虽然并未定义法律风险,但是五种风险的划分足以说明风险之间的关系。

(一) 其他风险均涉及法律风险

上述五类风险,企业在任何法律环境下都会遭遇。因为企业行为无一不受所处法律环境的调整。虽然从宏观上看,法律风险与其他四类风险并驾齐驱,但是在其他四类风险之中却贯穿着法律风险,因为法律是从事经营管理活动的基本规则。

例如,战略风险中的一个重要内容便是企业的发展战略中是否存在着市场准入风险、投资风险、竞争风险等;财务风险中的主要内容往往直接涉及企业是否存在违约风险、财务管理合规风险、增值税法律风险等;市场风险的常见问题是结算条款对于市场波动时的价格调整有无明确的约定、市场行为是否符合法律规范要求,包括垄断问题、不正当竞争问题、侵权问题等;运营风险中必须考虑知识产权风险、人事管理风险、投融资风险、营销渠道风险等。

在当今世界,由于属地管辖和属人管辖同时存在,人们无论身在何处、从事何种行为,均存在法律风险问题。这是法律风险与其他风险的最大不同。

(二) 其他风险可转为法律风险

在法律体系的调整范围内,任何一种风险都可能最终转化为法律风险。作为一种基本规则,各类法律要求贯穿着各类行为的始终;而作为一种最终的救济手段,任何其他方式无法解决的问题都有可能最终通过法律途径解决,使之从其他类型的风险转变为法律风险。无论是刑事责任、行政处罚的确定,还是对行为合法性、赔偿金额的确认,均需要由法定机构依法进行,并因此最终确定法律风险后果。

例如,战略风险中的并购失败风险、财务风险中的税务风险、市场风险中的违约风险、经营风险中的产品合法性风险,如果未能通过其他途径妥善解决,最终都将转化为与其结果相关的债务、税务、违约、产品责任等风险。因此,其他类型的风险若从法律角度去看,均属法律风险。

(三) 法律风险是最终解决方式

当有争议产生时,不计是非地协商固然是一种解决之道,但主流的和解方案无不以相关法律规定作为妥协的基本尺度。这类参照既包括对消费者投诉的处理,也包括对交易相对方利益主张的妥协,甚至直接被作为解决方案的谈判依据。而当协商等方式仍旧无法解决争议时,其最终的解决方式只有人民法院的判决或仲裁机构的裁决。

例如,许多企业在与相对方达成和解前都需要由法务部门提供法定的利益保护尺度,以确定如果通过法院判决解决会出现何种结果。尤其是赔偿额度往往以法院判决的尺度为基准上下浮动,以便于既解决问题又不至于付出过分高于法院判决结果的代价。如果最终无法自行达成妥协,则只有通过法院判决或仲裁庭裁决,其解决途径仍是法律。

法律风险与其他风险的研究与应用各有侧重,取长补短更有利于解决之道的完善。根据《中央企业全面风险管理指引》第六条关于内部控制系统的解释,内部控制系统涉及企业战略、规划、产品研发、投融资、市场运营、财务、内部审计、法律事务、人力资源、采购、加工制造、销售、物流、质量、安全生产、环境保护等各项业务管理及其重要业务流程。这些管理活动,包括制定相关管理流程、规章制度的过程,都必须在法律规定的范围内进行,并符合法律的强制性规定,因而同时也属于法律风险管理活动。

正因为法律风险与其他风险如此不同,在整个风险管理中,法律风险管理占有举足轻重的地位。法律风险管理可以不去深究其他风险管理中的技术性问题,但任何解决方案都必须合法、有效。因此,好的管理行为同时也必然是法律风险管理行为。

四、法律风险的四大种类

围绕着法律风险的主体、行为和环境三大要素,法律风险存在着不同的分类方式。按法律人最熟悉的体例,法律风险可以分为刑事责任风险、行政责任风险、民事责任风险和比较特殊的单方面的权益丧失风险。

(一) 刑事责任风险

刑事责任,"是指犯罪人因实施犯罪行为应当承担的法律责任,按刑事法律的规定追究其法律责任"。[①] 按现行《中华人民共和国刑法》(2020年,以下简称《刑法》)第三十三条、第三十四条关于刑罚种类的规定,主刑分为管制、拘役、有期徒刑、无期徒刑和死刑,附加刑分为罚金、剥夺政治权利和没收财产。如果犯罪的是外国人,还可以独立或附加适用驱逐出境。

法律规范体系中大量存在着公权力对于社会秩序和社会行为的调整。主要可以归为刑事责任、行政责任两大类,其中刑事处罚是最为严厉的公权处罚。情节较重的违法行为一般列入刑事处罚的范围,情节较轻者则纳入行政处罚的范围。

刑事法律规范涉及国家安全、公共安全、公民的人身及民主权利、合法的财产权等诸多方面,从不断发布的刑法修正案也可以看出,刑法也在根据形势的变化不断地调整刑事犯罪的内涵与外延,以为经济、社会的健康发展提供基本秩序方面的保障。

刑事处罚的对象不仅包括自然人,还包括单位,即法人或非法人组织。单位可以构成单位犯罪并被追究刑事责任,一旦构成犯罪便对单位判处罚金、对其直接负责的主管人员和其他直接责任人员判处刑罚。如果刑法分则和其他法律对单位犯罪另有规定,则依照具体的规定进行处罚。

从实际情况看,如果对企业起决定作用的人员受到刑事处罚,或是单位及重要管理人员同时受到刑事处罚,则企业的正常运营会受到沉重打击,当单位犯罪行为

---

① "刑事责任"词条,载百度百科,https://baike.baidu.com,访问日期:2020年2月12日。

与其主营业务有着密切关系时尤其如此。

(二)行政责任风险

行政责任,是指"犯有一般违法行为的单位或个人,依照法律法规的规定应承担的法律责任。行政责任主要有行政处罚和行政处分两种方式。行政处罚是指行政机关或其他行政主体依法定职权和程序对违反行政法规尚未构成犯罪的行政管理相对人给予行政制裁的具体行政行为"①。

对于行政处罚,《中华人民共和国行政处罚法》(2017年,以下简称《行政处罚法》)第八条规定:

行政处罚的种类:

(一)警告;

(二)罚款;

(三)没收违法所得、没收非法财物;

(四)责令停产停业;

(五)暂扣或者吊销许可证、暂扣或者吊销执照;

(六)行政拘留;

(七)法律、行政法规规定的其他行政处罚。

行政处分是行政主体基于隶属关系而对其存在违法、过失等行为的工作人员进行的制裁,相关立法主要针对国家公务人员。根据《中华人民共和国公务员法》(2018年,以下简称《公务员法》)第六十二条规定:"处分分为:警告、记过、记大过、降级、撤职、开除。"而依据该法第二条第一款规定:"本法所称公务员,是指依法履行公职、纳入国家行政编制、由国家财政负担工资福利的工作人员。"因此,公务员并不仅限于国家机关工作人员,还包括事业单位、国有企业等机构工作人员。

企业的行政责任风险远高于刑事责任风险,因为企业经营中所涉及的法律、行政法规、部门规章、地方性法规、地方政府规章可谓"多如牛毛",稍不留意就可能因违反这些规定而受到行政处罚。特别是企业经营过程中的非经常性事务或新业务,往往会由于不熟悉相关法律规定而面临行政处罚。

由于行政处罚包括了取消经营资格等措施,因此行政处罚风险同刑事责任风险一样成为企业的"致命"风险。在某些极端情况下,如果企业的行为严重触犯禁止性法律,行政处罚不仅有可能与刑事处罚一并实施,也可以单独实施,直接取消行为主体的经营资格。即使未取消经营资格或许可,在某些严厉的行政处罚下,企业继续存续下去的必要性和可能性大大降低,进而会影响企业的正常发展。

---

① "行政责任"词条,载百度百科,https://baike.baidu.com 词条,访问日期:2020年2月12日。

(三)民事责任风险

民事责任,是指民事主体在民事活动中,因其作为或不作为违反了相关法律规定或合法有效的合同中的相关约定,而需要依法承担的违约、侵权等对其不利的民事法律责任。其承担方式依据《中华人民共和国民法典》(2021年,以下简称《民法典》)第一百七十九条,分为:(1)停止侵害;(2)排除妨碍;(3)消除危险;(4)返还财产;(5)恢复原状;(6)修理、重作、更换;(7)继续履行;(8)赔偿损失;(9)支付违约金;(10)消除影响、恢复名誉;(11)赔礼道歉。除这11种方式外,法律规定惩罚性赔偿的,依照其规定。

民事责任法律风险是最为常见的法律风险,主要包括违约、侵权两类。由于它并不涉及对人身自由权的限制或剥夺,承担民事责任比承担刑事责任处罚相对"温和"。但即使是这种"温和"的责任,也同样会由于超过了企业能够承受的限度,或由于其产生的连锁反应而断送一个企业的前途。

例如,某些起步阶段的企业,由于超出其履行能力签订合同,在冒险失败后面临巨额的经济赔偿,最后导致破产。又如,某些企业的产品由于侵犯知识产权,赔偿额度超过其承受限度,也只能关门了事。

某些情况下,民事法律风险中的连锁反应会比民事责任本身更有破坏力。某些民事责任不仅令最终用户失去信心,还令供应商失去长期合作的信心,并因此加剧企业的困难。如果此时包括银行在内的债权人同时主张债权,则这类企业很难逃脱破产的命运。

如果说违约法律风险是基于双方的约定,民事侵权责任的法律风险则是基于法定。以前,我国的民事赔偿制度一直未能摆脱"填平主义"的思路,使得总体的赔偿只能围绕另一方的损失进行。但随着新法和新的审判理论的出现,惩罚性的赔偿有逐渐增多的趋势,有望发挥更多的规范社会行为的作用。

(四)权益丧失风险

前述刑事、行政、民事三大类型的法律风险是基于违法或违约的相关法律规定来确定责任,或由利益受损方主张权益,或由国家机关行使权利。但作为一种例外,法律风险主体可以在没有任何一方提出主张的情况下由于自身的原因而丧失合法权益,即单方权益丧失,简称"权益丧失"。

这类情况的发生并无其他方受损,也无其他方提出权利主张,事实上却经常发生,俗称"权利未能用足"。究其原因,可以是企业的法律知识不足、工作经验不足、工作疏忽或失误等,其结果是由于自身的原因造成代价的增加或权益的减少等不利情况。

以民事法律体系为例,由于实体及程序法中规定了大量行使权益的期限和形式,若不注重或不能熟练运用这些细节,就非常容易因时效等问题导致合法权益的丧失。这类风险事实上大量存在,造成严重后果的情况也并不鲜见。

例如,某合资企业在经营多年后才发现其有资格享受税收优惠政策,但由于早已超过了申请期限,主张权利的各种努力最终无果而终。

从总体上看,虽然法律风险可有不同的种类划分方式,但是许多划分方式存在着风险种类在内涵、外延上的重叠或界限不清等问题。依据风险后果将法律风险分为刑事、民事、行政三类,并将因其自身原因造成的权益丧失作为例外的第四类,体系更简单、清晰。

五、法律风险的不同阶段

正如前文已经讨论过的问题,法律风险只是一种产生不利法律后果的可能性,从理论上的可能性到实际的不利后果之间,包括了法律风险因素、法律风险形成、法律风险事件和法律风险后果这四个顺序明确的环节,没有前"因"就没有后"果"。在这一周期内,越早介入越容易有效地阻止某些条件的成就以降低风险发生的概率或减少风险损失。

图1-1　法律风险阶段示意图

(一)法律风险因素

法律风险因素,是指法律风险主体在实施具体的行为前,由法律风险主体、环境、行为三要素所决定的,如果实施该行为可能面临的法律上的不利后果。由于行为尚未实施,因而它只是"可能性",属于一种理论上的存在,只有行为实施后才会使这些因素转为现实的法律风险。

在具体行为实施前,法律风险要素常被用于分析特定主体在相关法律框架下某种行为可能导致的不利后果。包括以自己的身份从事相关行为,是否存在违法、违约或权益丧失等风险。由于这些都只是假设,因此基于假设的不利后果均非法律风险而只是法律风险因素。例如,只要合同尚未生效,就不会因主体不合格而受到行政处罚、不会因履行能力不足而导致违约责任。

这一阶段是控制法律风险的最佳时机,在法律风险发生、发展的几个阶段中有着最多的机会通过不同的选择规避某些风险,控制成本也最低。

(二) 法律风险形成

法律风险的形成与主体、行为、环境三要素中的行为密切相关。当具体行为发生时，无论是未按法律要求作为还是未按法律要求不作为，遭受不利法律后果的可能性已经不再是假想的阶段，而是成为现实中的可能。法律风险因素仅仅是一种实施某种行为的设想，因此不可追究。而行为一经实施法律风险便已形成，行为主体已经可以被依法追究。

在合同未生效前风险尚未形成，而当合同签订后，主体资格上的缺陷、履行能力上的缺陷已经具有现实的、可被追究的可能性。企业的其他经营活动也是一样，所有的禁止性规定在没被触之前都还只是法律风险因素，唯有行为触及了相关规定才存在着被追究的法律风险。

这一阶段规避风险的主动权和可行性已经大大降低，但不利后果仍只是一种可能，虽然需要付出更高的成本，但是仍有避免或减少损失的余地。

(三) 法律风险事件

法律风险事件，是指客观发生的使作为或不作为的行为直接面临现实的不利后果的某种不可控情况。风险事件是从法律风险到风险后果之间的过渡，由某种不确定因素引发，使不利后果从一种可能性转化为现实的危险。

例如，企业由于故意或失误造成的违法行为已经被立案调查、合同对方当事人已经向企业提出赔偿违约损失的要求等，都是客观发生且不可控制或不能完全控制的情况。没有这些具体情况的触发，法律风险仍只是风险，而使之向风险损害转变的，正是风险事件。

风险事件的出现使不利后果更加现实、确切，但仍未成为定局。因此在这一阶段仍旧能够通过努力减轻危害，只是主动权和成功的机会更少。正因如此，许多公司都设有突发事件的紧急预案，或者设有危机公关的职能部门，在法律风险事件形成后及时采取措施，防止风险后果扩大。

(四) 法律风险后果

法律风险后果，是指由于法律风险事件引起的，风险主体并不希望其导致的现实的不利后果。这种不利后果可能是代价增加或收益减少，以及商业信誉损失、机会损失等，也可能是行政处罚甚至刑事责任，或仅仅是自身原因所造成的权益丧失。

例如，不规范的市场行为被曝光后企业被行政主管部门处罚、因违约行为被判令赔偿损失，以及因管理混乱失去了主张权利的时效等。

"后果"是主观上并不希望遇到的不利的结果。在风险事件爆发后、法律后果形成前，往往可以通过一定的努力减少损失，包括采取某种补救措施以避免后果的形成,如从法律或证据方面据理力争等。但此时解决问题的主动性和可能性已经很低。因而越早发现法律风险,越容易减少甚至避免损失。

第三节 合规风险及其中国化

合规风险是风险领域的另一种风险划分方式,但讨论起来有些复杂。因为它的产生初衷本是由美国政府主导的针对企业经营活动的反腐败行为,但随着其功能的扩大、要求的增多,它逐渐成为企业内部以反腐败为主的主动管理行为。而当这一理论到了中国,又发展成为包括但不限于法律风险管理的管理理念,并由政府部门推动实施,反腐败反而并非其重点。

一、"合规"在美国的发起

合规风险(Compliance Risk)一词源自20世纪美国对于企业合规管理的要求,原指各类违规行为带来的风险,但随着反腐败风潮的国际化以及银行业的推动,在其大力发展的过程中,内涵也在不断地发生变化。

(一)《反海外腐败法》

"合规"源自英文 compliance,有遵从、服从、符合之意。从字面上理解,有要求企业依法行事之意。但如今的合规早已不仅仅是依法行事,还加入了行业规范、内部规章制度、道德规范等。而其最早的发起,却是政府的反腐败要求。

早在1977年,美国颁布了《反海外腐败法》(Foreign Corrupt Practices Act,简称 FCPA,也有译为《反海外贿赂法》)。[1] 作为一部联邦法律,其主要内容有两项,即反贿赂要求和账目条款要求。该法的主旨是规定美国的个人或证券发行商通过支付国外政府官员来获得或保持业务,或使任何其他人获得业务,否则均为非法行为。

这部法律的适用对象包括与美国有一定程度的关联且参与了在美国以外腐败行为的任何个人,同时也适用于任何美国公司或在美国进行证券交易的海外公司,以及任何促进海外腐败行为的美国国民、公民及居民,而不论他(她)们是否身在美国。

其适用的行为,包括任何向海外官员、候选人或政党等提供的不当支付,包括货币支付或任何有价值之物的支付,只要该支付最终形成对政府官员的贿赂。海

---

[1] 参见"反海外腐败法",载智库·百科,https://wiki.mbalib.com/wiki/《海外反腐败法》,访问日期:2020年2月12日。

外政府官员的定义非常宽泛,包括向海外官员拥有的企业支付、向政府所辖医院的医生支付,甚至包括政府所辖企业或机构的职员以及国际组织的雇员。

同时,该法还要求在美国上市的公司遵守为制止海外反贿赂行为而配套设计的相关会计规定,包括凡是受该法案管辖的公司必须准确地记录和保存账目且账目应诚实反映公司的交易。

除此之外,该会计规定还要求公司设计并维护足够的内部会计控制系统,许多企业对于内控系统的重视,盖发源于此。

(二)《针对组织机构的联邦量刑指南》①

1991年11月1日,作为对《量刑改革法案》的延伸,美国联邦量刑委员会的《针对组织机构的联邦量刑指南》(The Federal Sentencing Guidelines for Organizations,简称FSGO)作为一套联邦法官对犯有联邦罪行的组织量刑时的指导性标准得以颁布,明确把组织的合规及道德计划作为判刑的依据。2004年,该委员会修正了该指南,使得合规和道德计划的标准更为严厉。

根据该委员会官方网站对于这份指南的概览"Overview of the Organizational Guidelines"介绍,"组织量刑指南(适用于公司、合伙、工会、养老基金、信托、非营利实体、政府单位)经过数年的听证和分析,于1991年11月1日生效。这些指南被设计用于促进量刑中的两个关键用途:公平处罚和威慑。在公平处罚项下,处罚基于违法者的责任程度,而威慑则被提供给组织去侦查和阻止犯罪"。

而在第八章则列举了"建立有效合规程序的七个关键标准":

> 合规标准和程序有合理的减少预计的犯罪活动的能力;
> 由高层监察;
> 慎于授予过多的自由裁量权;
> 对所有层级员工的有效沟通;
> 实现合规的合理步骤,包括监察、审计,以及免于恐惧和报复的报告涉嫌违规行为的系统;
> 对含有惩戒机制的合规标准的持续推行;
> 基于违规监察的回应及阻止类似违规的合理步骤。

组织量刑指南的标准体现了广泛的汇集在一起的原则,描述了公司的良好公民模范,但并未提供精确的细节用于实施。这是一种有意选择的方式,以便于鼓励组织在设计程序时的灵活性和独立性,那样会更好地适应他们特定的环境。

---

① 参见网站:https://www.ussc.gov/guidelines/organizational-guidelinesg violations,访问日期:2020年2月12日。

修正的指南规定了董事及高管采取积极行动管理合规及道德计划,以及推动了组织文化符合法律规定及伦理道德。修正后的指南阐述了对于合规和道德计划的最低要求,使 FSGO 几乎成为合规的同义词。

(三)《公司合规管理程序评价》

2017 年,作为对前述思路的延续和发展,美国司法部发布了《公司合规管理程序评价》(Evaluation of Corporate Compliance Programs),为评价合规体系的有效性、促进合规体系完善提供了依据。

在此基础之上,2019 年 4 月 30 日,美国司法部刑事司(U.S. Department of Justice Criminal Division)发布了升级版的《公司合规管理程序评价》。在其引言部分提出:

> 因为公司的合规程序必须在刑事调查特定语境下评价,而刑事司未使用任何严格的公式去评估公司合规程序的有效性。我们认识到,每个公司降低风险用的风险预测和解决方案保证了具体的价值。相应的,我们在每个案件中作出特定的决定。然而在作出具体决定的过程中我们常常问及普通的问题。正如司法手册所载,有公诉人应该问的三个基础问题:

1.公司的合规程序是否经过良好设计?(Is the corporation's compliance program well designed?)

这一问题又被细分为风险评估(Risk Assessment)、政策和规程(Policies and Procedures)、培训和沟通(Training and Communications)、保密报告机制和调查程序(Confidential Reporting Structure and Investigation Process)、第三方管理(Third Party Management)、兼并与收购(Mergers and Acquisitions)六个细分问题。

2.该程序被认真地善意执行?换言之,程序是否被有效地执行?(Is the program being applied earnestly and in good faith? In other words, is the program being implemented effectively?)

这一问题同样被细分,包括高层和中层管理人员的承诺(Commitment by Senior and Middle Management)、授权和资源(Autonomy and Resources)、激励和惩戒措施(Incentives and Disciplinary Measures)三个问题。

3.公司的合规程序是否在实际运行?(Does the corporation's compliance program work in practice?)①

这一问题同样细分为三个问题,分别为:持续改进、阶段性测试和复查(Contin-

---

① 参见 U.S. Department of Justice Criminal Division Evaluation of Corporate Compliance Programs。

uous Improvement, Periodic Testing, and Review);对不当行为的调查(Investigation of Misconduct);对任何不当行为的分析和补救(Analysis and Remediation of Any Underlying Misconduct)。

但这些还只是第二层问题,其下还有更多的要点,要点之下则又细分为更多的具体问题点。这种详细到具体问题的评估方式,使看似模糊不清的问题有了较为清晰的具体问题界限,为判断合规体系是否有效提供了依据。

二、合规领域的国际发展

美国推出合规管理后不久,随着其他国家和国际组织的跟进,合规管理已经成为国际上的普遍性经营要求。

(一)英国和法国的相关立法

紧随着1991年美国联邦量刑委员会颁布《针对组织机构的联邦量刑指南》并将"有效的合规机制"作为对公司量刑的重要因素,英国于2010年颁布、次年7月1日生效的《贿赂法》(Bribery Act 2010)[1]对公司提出了更为严格的合规要求,包括在英国注册的公司、合伙企业以及虽不在英国注册但全部或部分业务在英国的任何公司、合伙企业。

依据该法,商业组织疏于构建行贿预防机制导致行贿产生的行为犯罪,则构成"商业组织预防贿赂失职罪"(section7, failure of commercial organizations to prevent bribery)。即,若一个商业组织的"关联人员"为了获取或保留该组织的业务,或者为获取或保留组织在商业活动中的优势,而向他人行贿的,则该商业组织构成本罪,除非该组织能够证明其已制定了"充分程序"以预防"关联人员"从事行贿行为。

其中,"关联人员"是指为了或代表商业组织而提供服务的人员,该类人员包括但不限于商业组织的雇员、代理人或分支机构。而"充分程序",根据2011年3月颁布的 The Bribery Act 2010 Guidance 包括六项原则,即适当的程序原则、顶层努力原则、风险评估原则、合理谨慎原则、沟通(含培训)原则、监督和复审原则。

2017年5月,法国的反腐败法——《萨宾二法案》(Sapin II)正式生效,以类似的内容进一步壮大了美国《反海外腐败法》和英国《贿赂法》的声势。

(二)国际组织的相关规则

在国际组织层面,类似的反贿赂努力也一直在推进。随着相关公约、协议等法律文件的签署,国际间的反腐败、反贿赂已经成为共识。

---

[1] 参见钱小平:《英国〈贿赂法〉立法创新及其评价》,载《刑法论丛》2012年02期。

1. 国际经合组织的公约

1997年,国际经合组织(Organisation for Economic Co-operation and Development,简称 OECD)通过了《关于打击国际商业交易中行贿外国公职人员行为的公约》(Convention on Combating Bribery of Foreign Public Officials in International Business Transactions)。作为一份以反腐败为主旨的公约,其目的在于减少发展中国家的政治性腐败和单位犯罪,鼓励成员国公司在国际交易中对贿赂行为加以制裁。至2017年,43个国家批准了该公约,中国以观察员国身份参与活动。

2. 巴塞尔银行的相关文件

2004年,由银行业国际组织巴塞尔银行监管委员会修订的新《巴塞尔协议》开始实施。其后的一系列文件,在传统的信用风险、市场风险、操作风险之上,提出了合规风险的概念。

2005年4月29日,巴塞尔银行监管委员会发布了《合规与银行内部合规部门》的咨询文件,并在引言部分对各个概念作出了解释。包括:

3. 本文所称"合规风险"是指,银行因未能遵循法律法规、监管要求、规则、自律性组织制定的有关准则,以及适用于银行自身业务活动的行为准则(以下统称"合规法律、规则和准则"),而可能遭受法律制裁或监管处罚、重大财务损失或声誉损失的风险。

4. 合规法律、规则和准则通常涉及如下内容:遵守适当的市场行为准则、管理利益冲突、公平对待消费者,以确保客户咨询的适宜性等。

5. 合规法律、规则和准则有许多渊源,包括立法机构和监管机构发布的基本的法律、规定和准则;市场惯例;行业协会制定的行业规则以及适用于银行职员的内部行为准则等。基于上述理由,合规法律、规则和准则不仅包括那些具有法律约束力的文件,还包括更广义的诚实守信和道德行为的准则。①

3. 联合国的《反腐败公约》

2003年10月,联合国通过了《反腐败公约》(United Nations Convention Against Corruption),并于同年12月开放供各国签署。中国于2005年10月批准了该公约,2006年2月12日,该公约对中国生效。该公约将贿赂外国公职人员及国际公共组织官员等行为确定为犯罪。其中,"外国公职人员"系指外国无论是经任命还是经选举而担任立法、行政、行政管理或者司法职务的任何人员;以及为外国,包括为公共机构或者公营企业行使公共职能的任何人员"。同时,该公约还对贿赂本国公职人员、贿赂外国公职人员或者国际公共组织官员、公职人员贪污挪用或者以其他类

---

① 中国银监会:《合规与银行内部合规部门(巴塞尔银行监管委员会)》,载中国经济网(www.ce.cn/economy/bank/jg/yjh/zc/200506/09/t20050609_3992631.shtml),访问日期:2020年6月9日。

似方式侵犯财产、影响力交易、滥用职权、资产非法增加、私营部门内的贿赂、私营部门内的侵吞财产、对犯罪所得的洗钱行为等作出了规定。

4. 其他国际间组织的相关文件

作为有影响力的国际组织,世界银行也发布了《廉政合规指南》(World Bank Group Integrity Compliance Guidelines),并于 2010 年与其他几家国际多边发展银行共同签署了联动制裁协议,任何触发联动制裁机制的公司,都将受到这几家国际多边发展银行的共同制裁。

2014 年,亚太经合组织(APEC)北京会议通过了《北京反腐败宣言》,以及《亚太经合组织预防贿赂和反贿赂法律执行准则》《亚太经合组织有效和自愿的公司合规项目基本要素》等重要文件。

5. 合规管理体系国际标准

2014 年 12 月,国际标准化组织(International Organization for Standardization)发布了《ISO 19600:2014 合规管理体系指引》(Compliance management systems-Guidelines)。根据其官方网站(www.iso.org)上的介绍,该指引"为在一个组织内建立、发展、实施、评估、维护和改进高效和灵敏的合规管理体系提供指引。对合规管理体系的指引适用于各类组织。本指引的应用程度取决于组织的规模、结构、性质和复杂度"。2021 年,用于替代并升级该标准的 ISO37301:2021《合规管理体系 要求及使用指南》国际标准已经颁布实施,这一标准的国标化也在进行中。

经过四十余年的发展,美国发起的反腐败立法如今已经成为商业领域的国际共识,而且多年来已有诸多跨国公司因腐败问题而被处以巨额罚款,其执法的力度和处罚力度均十分惊人。

目前,国外的合规管理已经不再仅仅是被政府立法推动的强制性要求,而是越来越成为企业控制法律风险损失、杜绝内部人员犯罪活动的"内需",其内容也不再仅仅是符合所在国、经营行为发生国法律方面的法律规则、行业规则和公司内部规章制度、职业道德规范等。

三、中国合规领域的发展

中国的合规领域随着国际上的发展而发展,并在近年以政府推动的方式得到了大力发展和普及。但反腐败等合规领域的初始内容,并非本土化后的"合规"需要考虑的主要问题。

(一) 中国"合规"的启动

中国最早的关于"合规"的部门规章是民政部于 1989 年 11 月以民审发〔1989〕50 号下发的《民政部单位财会工作审计合规标准》,但其并非真正意义上的合规管理规章。

1. 金融业的指引

金融业最早的与合规相关的规定,是中国银行业监督管理委员会(现已并入"中国银行保险监督管理委员会")于2006年10月以银监发〔2006〕76号文件下发的《商业银行合规风险管理指引》第三条第一至三款对合规有如下规定:

> 本指引所称法律、规则和准则,是指适用于银行业经营活动的法律、行政法规、部门规章及其他规范性文件、经营规则、自律性组织的行业准则、行为守则和职业操守。
>
> 本指引所称合规,是指使商业银行的经营活动与法律、规则和准则相一致。
>
> 本指引所称合规风险,是指商业银行因没有遵循法律、规则和准则可能遭受法律制裁、监管处罚、重大财务损失和声誉损失的风险。

中国保险监督管理委员会(现已并入"中国银行保险监督管理委员会")于2007年9月以〔2007〕91号文件下发的《保险公司合规管理指引》(已失效)第二条对合规有如下描述:

> 本指引所称的合规是指保险公司及其员工和营销员的保险经营管理行为应当符合法律法规、监管机构规定、行业自律规则、公司内部管理制度以及诚实守信的道德准则。
>
> 本指引所称的合规风险是指保险公司及其员工和营销员因不合规的保险经营管理行为引发法律责任、监管处罚、财务损失或者声誉损失的风险。

2. 相关的部门规章

随着合规管理理念的传播,中国的金融行业率先将其纳入管理要求,并迅速向其他领域拓展,其他行业的部门规章中也逐渐体现出该合规要求。

例如,《证券公司合规管理试行规定》(已失效)、中国保监会(已撤销)《保险公司合规管理办法》(2016年)、中国证券监督管理委员会《证券公司和证券投资基金管理公司合规管理办法》(2020年)等,均为金融领域的合规管理规定。

而商务部《贸易政策合规工作实施办法(试行)》(2014年)、国家税务总局的《税收政策合规工作实施办法(试行)》(2015年)等,则是跨越到了其他的行业行政管理事务方面。

其中,《贸易政策合规工作实施办法(试行)》(2014年)第三条规定:"本办法所称合规,是指上述贸易政策应当符合《世界贸易组织协定》及其附件和后续协定、《中华人民共和国加入议定书》和《中国加入工作组报告书》。"其适用范围为世界贸易组织成员对中国贸易政策提出的合规问题和国务院有关部门和地方各级人民政府及其部门制定或拟定的贸易政策涉及的合规问题。

而其中提及的"贸易政策",按照该法第二条的解释,是指国务院各部门、地方各级人民政府及其部门制定的有关或影响货物贸易、服务贸易以及与贸易有关的知识产权的规章、规范性文件和其他政策措施,不包括针对特定的行政管理对象实施的具体行政行为。

而《税收政策合规工作实施办法(试行)》(2015年)第三条则规定:"本办法所称合规,是指税收政策应当符合世界贸易组织规则。世界贸易组织规则,包括《世界贸易组织协定》及其附件和后续协定、《中华人民共和国加入议定书》和《中国加入工作组报告书》。"

3. 合规管理体系标准

2017年12月29日,中国国家质量监督检验检疫总局与中国国家标准化管理委员会联合发布了国家标准《GB/T 35770—2017/ISO 19600:2014 合规管理体系指南》。其编号方式和"前言"均表明是"等同采用《ISO 19600:2014 合规管理体系指南》",即 GB/T 35770—2017 等同于 ISO 19600:2014。这一标准的发布,使合规管理体系建设有了更为具体的参考方法。

该标准的"引言"部分还规定:"本标准以良好治理、比例原则、透明和可持续性原则为基础,可指导未进行合规管理的组织建立、实施、评价和改进合规管理体系,也可对已建立合规管理体系的组织改进合规管理提供指导。本标准的合规管理体系流程图与其他管理体系一致,以持续改进原则为基础制定。"而2021年发布实施的国际标准 ISO 37301:2021《合规管理体系 要求及使用指南》(Compliance management systems —Requirements with guidance for use),则用于升级和替代这一标准。这一标准的国标化,目前也在进行中。

4. 合规管理指引

尤其值得一提的是2018年。由国务院国有资产监督管理委员会于2018年11月发布的《中央企业合规管理指引(试行)》(2018年),以及由国家发展改革委、外交部、商务部、人民银行、国资委、外汇局、全国工商联于2018年12月联合印发的《企业境外经营合规管理指引》(2018年),标志着风险管理领域已经从以前的强调法律风险管理转变为强调合规管理,而且工作重心已经从中央企业转为所有中国企业,而企业所需要遵守的也不再仅仅是法律。

这些由政府主管部门主导的集大成的规定或指引的出台,使合规从只有模糊的轮廓发展为已有明确的步骤和方法,必将全面促进中国企业在合规领域的大发展。正因为这些具有划时代意义的规定的出台,2018年被誉为"中国合规元年"。

(二) 中国语境下的合规

从以上发展历程和定义角度来看,合规在中国的发展无论是领域还是过程均

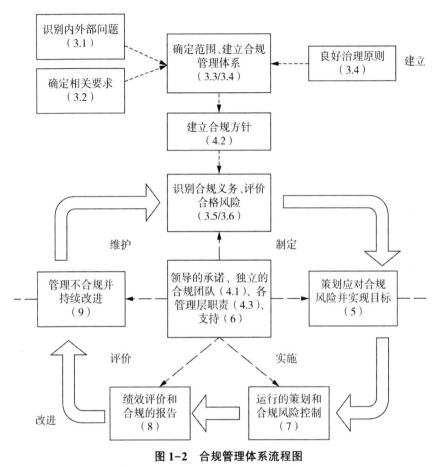

图1-2 合规管理体系流程图

可谓"丰富多彩",在不同的领域有着不同的定义和应用范围。

1. 指引中的表述

除了行业管理行政法规中的合规定义,相对通用的《中央企业合规管理指引(试行)》(2018年)第二条第二款规定:"本指引所称合规,是指中央企业及其员工的经营管理行为符合法律法规、监管规定、行业准则和企业章程、规章制度以及国际条约、规则等要求。"

由于对象和适用范围不同,略迟发布的《企业境外经营合规管理指引》(2018年,以下简称《境外经营合规管理指引》)第三条对于合规的解释则略有不同:"本指引所称合规,是指企业及其员工的经营管理行为符合有关法律法规、国际条约、监管规定、行业准则、商业惯例、道德规范和企业依法制定的章程及规章制度等要求。"

虽然并非强制执行的行政法规，但是这两个指引内容更为系统，也更有普遍意义。二者的定义，均包括了"企业及其员工的经营管理行为符合""法律法规、监管规定、行业准则和企业章程、规章制度以及国际条约、规则等要求"，只是前者的主体限定为"中央"企业、后者的"规"中增加了"国际条约"。

2. 合规标准中的定义

由于是等效采用国际标准 ISO 19600:2014，国家标准《GB/T 35770—2017/ISO 19600:2014 合规管理体系指南》完全译自英文原版，因而非常国际化。

依据其相关条文，"2.17 合规"（compliance）是指"履行组织的全部合规义务（2.16）"。"2.16 合规义务"（compliance obligation），是指"合规要求（2.14）或合规承诺（2.15）"。而"2.14 合规要求（compliance requirement）"是指"组织（2.1）有义务遵守的要求（2.13）"，"2.15 合规承诺（compliance commitment）"是指"组织（2.1）选择遵守的要求（2.13）"。

对于"2.13 要求（requirement）"，该标准中的定义为"明示的、通常隐含的有义务履行的需求或期望"。根据相关的注释，"通常隐含"是指"组织（2.1）和相关方（2.2）的惯例或一般做法，所考虑的需求或期望是不言而喻的"。"规定的要求是指在诸如文件化信息中明示的要求"。

这种表述方式不尽符合汉语表述习惯，语句间的频繁引用也增加了阅读理解的难度。但这属于国际标准中的常态，即使标准在手也会面临诸多困难。

综合以上合规定义可知，当下对"合规"可谓各有所表，但并不存在严重冲突。其中，两部指引均属于供参考执行的指导性文件，并不具有强制性。而国家标准 GB/T35770—2017/ISO19600:2014《合规管理体系指南》（该国际标准已升级为 ISO 37301：2021《合规管理体系 要求及使用指南》（Compliance management systems — Requirements with guidance for use））则由于是推荐标准（编号"GB/T"即代表国家鼓励采用的推荐性国家标准），同样不具有强制力。但各行业主管部门发布的"实施办法""管理办法"等，则属于强制执行的部门规章级的法律，他们对于相关行业"合规"的定义及强制性要求，对于相关行为完全合法有效。

（三）合规风险与法律风险

尽管中外对于"合规"有着许许多多不同的定义和适用范围，但在如今的中国语境内，主要的合规风险是法律风险。或者说，合规风险包括但不限于法律风险。但合规风险领域对于法律风险研究的专业化程度和深度还远远不够，因为合规管理更强调对于"规"的遵从而不是创造性的运用。

1. 合规风险与法律风险

如前所述,合规领域的发展本是为了反腐败,但在进入中国后随着政府的进一步普及和推动,其功能和领域早已不再是反腐败,而是成为了具有国资成分的大中型企业管理活动的有机组成部分。

根据《中央企业合规管理指引(试行)》(2018年)第二条第三款规定:"本指引所称合规风险,是指中央企业及其员工因不合规行为,引发法律责任、受到相关处罚、造成经济或声誉损失以及其他负面影响的可能性。"

根据《企业境外经营合规管理指引》(2018年)第二十二条规定:"合规风险,是指企业或其员工因违规行为遭受法律制裁、监管处罚、重大财产损失或声誉损失以及其他负面影响的可能性。"

根据国家标准《GB/T 35770—2017/ISO 19600:2014 合规管理体系指南》(升级、替代的国际标准为 ISO37301:2021《合规管理体系 要求及使用指南》,国标化正在进行),风险(risk)是指"不确定性对目标(2.9)的影响"。同时,"合规风险以组织合规义务(2.16)的不合规(2.18)发生的可能性和后果表述"。

其中的"2.16 合规义务(compliance obligation)",是指"合规要求(2.14)或合规承诺(2.15)。""2.18 不合规(noncompliance)",是指"不履行合规义务(2.16)"。并注释,"不合规能为单一或多项事件,且可为或可不为不合格(2.33)的结果"。而"2.33 不合格(nonconformity)"则指"不满足管理体系要求(2.13)"。另外还有一个注释,"不合格不一定是不合规(2.18)"。

由以上定义可知,合规风险与法律风险并无太大区别,均为遭受某种不利后果的可能性,只是依据法律要求还是依据合规要求来判断的问题。二者的目标和路径完全一致,也就是通过提高对规则的遵从度来降低企业风险,只是合规风险的范围包括但不限于法律风险。

2. 合规管理与法律风险管理

从法律风险管理到合规管理,虽然内涵、方法上有所区别,但是在沿革的过程中存在着一定的内在联系,而非简单的替代。合规管理更直观,更容易理解、执行、监督和检查。

根据《中央企业合规管理指引(试行)》(2018年)第二条第四款的规定:"本指引所称合规管理,是指以有效防控合规风险为目的,以企业和员工经营管理行为为对象,开展包括制度制定、风险识别、合规审查、风险应对、责任追究、考核评价、合规培训等有组织、有计划的管理活动。"

而在《企业境外经营合规管理指引》(2018年)和《GB/T 35770—2017/ISO 19600:2014 合规管理体系指南》中,虽多次提及"合规管理",但均未加以定义。对此,可理解为其采用了人们通常情况下理解的含义,即"合规方面的管理"。无独有偶,法律管理方面的国家推荐标准《GB/T 27914-2011 企业法律风险管理指南》中也只是反复提及"法律风险管理"却并无标准定义。

在判断依据方面,二者的判断依据因工作目标而不同。法律风险关注因违反法律强制性规定而引发的风险,其判断标准基于法律规定的必须承担责任的强制性义务,因而有明确的法律依据。而合规风险除了关注基于法律的"外规"之外还要关注包括公司章程、内部规章制度在内的各种规则、准则等"内规",即使法律并无强制性的规定、违反后也未必有处罚。

在工作目标方面,法律风险管理的目标是使企业以最有效的方式应对法律风险,甚至将法律作为资源用以达成企业目标;而合规管理的目标是使企业的行为不仅符合法律而且符合各种法律以外的规则。前者强调以各种积极手段对待法律风险,技术要求较高且操作不易;而后者只是强调是否符合规则,"守规矩"的要求相对容易理解和执行。

在工作环节方面,合规管理由于同企业管理更为密切,因而可以有更多、更复杂的环节,而法律风险管理则由于其更多的是涉及法律专业,因而主要需要借助外力完成。在《中央企业合规管理指引(试行)》中,合规管理是分阶段实施且内容交织、循环往复的复杂过程,按通常的逻辑顺序依次为风险识别、风险应对、制度制定、合规培训、合规审查、责任追究、考核评价七个部分。这远比《中央企业全面风险管理指引》中提及的收集风险管理初始信息、进行风险评估、制定风险管理策略、提出和实施风险管理解决方案、风险管理的监督与改进这五大措施更具体、细致。

例如,《中央企业合规管理指引(试行)》不仅仅要求"提出和实施解决方案",而是细化分解为"风险应对、制度制定、合规培训、合规审查"等流程,并强调从实施结果出发的责任追究,通过明确激励机制的方式促进措施的落实和执行到位。

总体而言,合规管理与法律风险管理在基于法律规定引发的风险方面高度重叠但又互不包含,或者说合规管理涉及面更广但又更"扁平",只涉及法律风险管理表层的内容。

另一方面,每个企业的"合规"本身也必须合法,而且现实中的企业不可能仅按照法律办事,还需顺应法律以外的行业规则、上级企业的管理要求以及某些"内规"的要求。二者之间的逻辑和内容在许多情形下可以通用。

第四节 法律风险与合规风险

法律风险与合规风险同属风险领域,既有风险的共同特点又因范畴不同而各具特色。前者是基于强制性的社会行为规则,后者是基于对各种规则的认知和遵从。

一、两类风险的共同点

法律风险与合规风险都属于风险领域,且又都是基于人为设置的规则而产生,因而存在许多共同点。

(一)基于人为规则产生

如果将风险划分为自然风险和社会风险,则法律风险与合规风险毫无疑问都属于社会风险,而且都是基于社会规则产生,因此也可合称为"规则风险"。

1. 依据规则识别风险

法律风险和合规风险均基于规则要求而产生,因而依据规则判断风险是关键。其中,法律是内容最为广泛、最具强制力的规范。虽然各个部门规章对于合规风险的解释各有不同,但是合规风险的识别却都包括但不限于法律规则。也正因如此,法律以外其他规则的范围、适用性有时不甚清晰。

法律风险的识别,主要基于法律的强制性规定,尤其是需要承担行政责任、民事责任、刑事责任的法律规定。这些规定从上到下分为全国人民代表大会及其常委会法律、国务院行政法规、国务院部门规章、地方性法规、地方政府规章几个层级,同时又按其管辖的领域分为各行业的通用规则以及不同行业的特有规则等。

合规风险的识别依据包括但不限于法律风险的识别依据。即某些行为并不违反法律、无法律责任也只是没有法律风险,但有可能因违反其他规则而存在合规风险。这些法律以外的其他规则的范围虽有不同的规定或解释,但 2006 年银监发〔2006〕76 号文件发布的《商业银行合规风险管理指引》第三条第一至三款最具代表性:

> 本指引所称法律、规则和准则,是指适用于银行业经营活动的法律、行政法规、部门规章及其他规范性文件、经营规则、自律性组织的行业准则、行为守则和职业操守。
>
> 本指引所称合规,是指使商业银行的经营活动与法律、规则和准则相一致。
>
> 本指引所称合规风险,是指商业银行因没有遵循法律、规则和准则可能遭受法律制裁、监管处罚、重大财务损失和声誉损失的风险。

2. 依据规则处理问题

对于法律风险或合规风险事件的处理,需要依据法律规则或其他规则进行,否则本身就构成新的法律风险或合规风险。至于某些法律规则存在的弹性过大、规定不明确等情形,则是技术问题而非原则问题。

在实际问题的处理方面,由于法律以外的其他规则很难有明确且得到法律支持的处罚规定,因而相对于法律规定而言,企业依据这些并无强制性的"经营规则、自律性组织的行业准则、行为守则和职业操守"等处理合规风险时,往往有更多的主动权和灵活性,甚至是随意性,只要其权利的行使和义务的承担不超出法律的框架。

有一个比较现实的问题,那些本身并没有强制力或违约责任只是以鼓励主动遵守为主的"经营规则、自律性组织的行业准则、行为守则和职业操守",或者是那些法律上仅有禁止性规定而并无处罚措施的规定,从法律风险角度而言可以不视为重要风险,甚至不认为是法律风险,但在合规角度则属于仍需处理的风险,对于如何执行需要有一个探索过程。

(二) 发生具有随机性

无论是产品责任事故还是业务人员的违规,法律风险事件与合规风险事件的发生均有随机性。在广义、宏观的层面上属于可预见的范围,但是否发生以及发生的具体时间、地点、事由,则完全与其他风险一样根本无法预见。所有风险管理的难点均在于此。

目前,人们已有许多方法可以预见风险,但仍旧存在预见的精确度问题。而且,还有防止风险损害发生的资源是否足够、防范措施的成本与收益如何平衡等问题。

在某些自然科学领域中,预见能力已明显提高。例如,人们对于天气变化的预测技术已经非常成熟,甚至可以比较精确地预报不同时间、不同城市在温度、风力、降水等方面的变化;利用成熟技术控制温度、压力、浓度等参数,可以有效阻止燃烧或爆炸的发生等。

但在社会科学领域中,由于许多事件的发生、发展取决于人的主观意志,影响的因素更多、更随机,往往比自然因素更加难以预测。

例如,现实交易中的违约情形并不少,但严格追究违约责任的占比不多。企业以谅解、协商甚至忽略的方式处理的情形远多于通过诉讼或仲裁解决,追究违约责任的成本固然是其中一个因素,但企业家的价值观也是很重要的因素。

违法行为的法律风险同样如此。企业经营中的各类违法行为,如未依法支付加班工资、带有虚假宣传的产品广告、未严格执行强制标准等情形时有发生,但由于没有投诉、举报、立案调查等风险事件发生,违法行为是否受到追究也存在着随机性。

1. 风险因素的多样性

法律风险的要素只有主体、行为、环境三个,但每个要素可以细分出诸多要素,而且它们之间的相互作用并非简单的一一对应而是交叉影响,因此进行法律风分析并不轻松。合规风险则完全可以用同样的思路分析。

以食品安全法律风险为例,根据《中华人民共和国食品安全法》(2018年,以下简称《食品安全法》)第三十三条的规定:

> 食品生产经营应当符合食品安全标准,并符合下列要求:
>
> (一)具有与生产经营的食品品种、数量相适应的食品原料处理和食品加工、包装、贮存等场所,保持该场所环境整洁,并与有毒、有害场所以及其他污染源保持规定的距离;
>
> (二)具有与生产经营的食品品种、数量相适应的生产经营设备或者设施,有相应的消毒、更衣、盥洗、采光、照明、通风、防腐、防尘、防蝇、防鼠、防虫、洗涤以及处理废水、存放垃圾和废弃物的设备或者设施;
>
> (三)有专职或者兼职的食品安全专业技术人员、食品安全管理人员和保证食品安全的规章制度;
>
> (四)具有合理的设备布局和工艺流程,防止待加工食品与直接入口食品、原料与成品交叉污染,避免食品接触有毒物、不洁物;
>
> (五)餐具、饮具和盛放直接入口食品的容器,使用前应当洗净、消毒,炊具、用具用后应当洗净,保持清洁;
>
> (六)贮存、运输和装卸食品的容器、工具和设备应当安全、无害,保持清洁,防止食品污染,并符合保证食品安全所需的温度、湿度等特殊要求,不得将食品与有毒、有害物品一同贮存、运输;
>
> (七)直接入口的食品应当使用无毒、清洁的包装材料、餐具、饮具和容器;
>
> (八)食品生产经营人员应当保持个人卫生,生产经营食品时,应当将手洗净,穿戴清洁的工作衣、帽等;销售无包装的直接入口食品时,应当使用无毒、清洁的容器、售货工具和设备;
>
> (九)用水应当符合国家规定的生活饮用水卫生标准;
>
> (十)使用的洗涤剂、消毒剂应当对人体安全、无害;
>
> (十一)法律、法规规定的其他要求。
>
> 非食品生产经营者从事食品贮存、运输和装卸的,应当符合前款第六项的规定。

仅从以上条文上也可以了解到,食品生产各个环节有着复杂的法律上的安全性要求,而且每一要求还可细化出更多的要求,识别不易,控制不易,排除风险也并不容易。其中最后一项为"法律、法规规定的其他要求",也更是容易让人不知所以。这些属于人们认知能力上受到的限制,无法准确识别或落实解决方案,也就难以应对。

2. 外部因素的不可控性

风险可分为可控性、可管理风险和不可控性风险、不可管理风险,前者在一定程度上可以控制和管理,后者则不然。

有些风险确实可以控制甚至完全避免。例如买卖合同由卖家直接向第三人履行则排除了买方验收的法律风险、约定了明确的通知地址可避免无法通知的法律风险等,只是这类方法大多会带来新的法律风险。

还有一些风险因素,如外部法律风险因素,则是风险主体鞭长莫及、不可控制的因素。对于这类法律风险,至多可以采取有效应对措施以最大限度地减少风险损害,却无法或很难抑制风险事件的出现。

以知识产权侵权为例,一方只能尽力发现和及时制止其他方的侵权行为并排除其不良影响。但侵权行为是否会发生、侵权的程度及危害程度如何,并非单方努力可以实现,因而这种风险始终存在。

3. 意外事件的不确定性

许多情况下,触发法律风险使之通过风险事件的形式造成损害的不仅仅是直接的违约或侵权问题,还有可能完全是意外事件。相对于外部因素引起的法律风险后果,意外事件引起的风险事件更加无法预测和控制,甚至无法事先采取应对措施以减少损失。

例如,油轮在海上的意外事故可能导致其无法按时、按量交付原油,而事故引起的油价波动又导致某些合同根本无法正常履行,并为签约方带来巨大的合同风险。在许多情况下,某些意外事件本身并没有导致十分严重的直接后果,但其连锁反应或人们的过度反应则会造成更大的损害,这同样是意外事件不确定性的一种形式。

因此,这两类风险均与随机性的主观决策密切相关,因而较难预见。而正是因为难以预见是否发生,也就难以采取有效措施。

(三)风险后果难以确定

在法律风险与合规风险之间,判定法律风险的后果相对容易。风险事件发生后,最大可能的法律风险后果是受到行政处罚或被追究民事责任。但在具体风险层面,因为涉及立法和司法上的具体问题,具体事件的法律后果有时同样难以直接确定。

由于立法对行政处罚、刑事处罚往往规定有浮动区间,因此往往难以确定具体额度。例如,《食品安全法》(2018年)第一百三十九条第一款前半段规定:"违反本法规定,认证机构出具虚假认证结论,由认证认可监督管理部门没收所收取的认证费用,并处认证费用五倍以上十倍以下罚款,认证费用不足一万元的,并处五万元以上十万元以下罚款。"即可以确定这些法定的倍数区间,但无法确定处罚的具体倍数。

而《民法典》(2021年)关于违约金调整的规定也带来了责任的不确定性,如:

> 第五百八十五条第一、二款 当事人可以约定一方违约时应当根据违约情况向对方支付一定数额的违约金,也可以约定因违约产生的损失赔偿额的计算方法。
>
> 约定的违约金低于造成的损失的,人民法院或者仲裁机构可以根据当事人的请求予以增加;约定的违约金过分高于造成的损失的,人民法院或者仲裁机构可以根据当事人的请求予以适当减少。

但某些有明确的固定金额或固定比例的赔偿或处罚,则可以有明确的损失界限。例如《食品安全法》(2018年)第一百四十八条第二款第一句规定:"生产不符合食品安全标准的食品或者经营明知是不符合食品安全标准的食品,消费者除要求赔偿损失外,还可以向生产者或者经营者要求支付价款十倍或者损失三倍的赔偿金;增加赔偿的金额不足一千元的,为一千元。"

除此之外,如果民事行为同时涉及两种甚至两种以上的法律关系竞合时,诉讼可以从不同的角度、不同的法律依据展开并得到不同的判决结果。而某些民事诉讼中的损失金额,需要专业机构进行评估才能确定实际损失。所有这些实际情况,都加大了法律风险后果的不确定性,使之难以直接自行确定。

二、两类风险的不同点

虽然合规风险的主要部分是法律风险,但是合规管理与法律风险管理有着不同的视角和目标,因而对于同一事物也有可能作出不同的判断。

(一)判断依据不同

判定法律风险依据不同层级的法律对于主体、行为、责任方面的规定,判断合规风险的方法与此相仿,但涉及面广且情况更为复杂。

例如,中国证券监督管理委员会2020年3月20日修正的《证券公司和证券投资基金管理公司合规管理办法》(2020年)第二条第二、四款规定:

> 本办法所称合规,是指证券基金经营机构及其工作人员的经营管理和执业行为符合法律、法规、规章及规范性文件、行业规范和自律规则、公司内部规章制度,以及行业普遍遵守的职业道德和行为准则(以下统称法律法规和准则)。
>
> ……
>
> 本办法所称合规风险,是指因证券基金经营机构或其工作人员的经营管理或执业行为违反法律法规和准则而使证券基金经营机构被依法追究法律责

任、采取监管措施、给予纪律处分、出现财产损失或商业信誉损失的风险。

因此,判断合规风险还需要依据"规范性文件、行业规范和自律规则、公司内部规章制度,以及行业普遍遵守的职业道德和行为准则"。这些规则的总量比法律规范要少,但其类型比较多样。

1. 部门规章类

这类"准则"实为部门规章,其处罚措施或不利后果体现在其他法规中,甚至直接规定"按照相关规定追究"。

例如,2017年实施的由财政部颁布的《政府会计准则——基本准则》属于部门规章,其本身并未规定处罚措施。

而2011年起实施的由审计署颁布的《中华人民共和国国家审计准则》同样如此,但其第一百八十七条规定:"审计机关对审计人员违反法律法规和本准则的行为,应当按照相关规定追究其责任。"

2. 行业规范类

这类规范不属于法律体系,而是各行业的自律性规范。但其内容涉及法律的可以依法追究责任,涉及行业内部规则的由行业协会处理。

例如,中华全国律师协会于2014年印发的《律师职业道德基本准则》,既涉及"保守在执业活动中知悉的国家机密、商业秘密和个人隐私"类如有违反则可能追究法律责任的部分,也包括"热爱律师职业,珍惜律师荣誉,树立正确的执业理念,不断提高专业素质和执业水平"等无处罚措施的倡导性内容。

3. 内部规定类

这类准则其实是某个企业体系或行政体系的内部纪律,即使没有明确的处罚措施,也会按照企业管理规则处理。

例如,最高人民法院于2010年印发的《中华人民共和国法官职业道德基本准则》(2010年),仅在全国的法院系统内实施,按各类外部及内部规定处理。

4. 倡导自律类

除此之外还有一些《倡议》《自律公约》之类的文件,大多属于倡议或自律性质,即无执行部门也无处罚措施,由响应或参与者自觉遵守。

(二)风险后果不同

法律风险,包括合规风险中的法律风险,判断其后果的依据是法律中的强制性规定,尤其是有明确民事责任、行政责任和刑事责任法律后果的相关规定,因而判断后果相对容易。而违背法律以外的其他规则的合规风险后果,大多是被监管或给予纪律处分、通报批评、谴责,或承担名誉、信誉、企业形象等方面的损失。需要根据不同情况判断。

1. 政府规范性文件

这类文件不属于法律,甚至只是某地方政府主官部门的管理性文件,虽然效力层级低,但是与风险主体和行政主管部门的关系却最为直接。违反这些规定可能会导致无法顺利得到许可、批准,甚至受到相关法律处罚。

2. 行业内部规范

这些行业内部规范,是指行业协会之类性质的社会团体所制定、对加入的成员有效的自律性规定。这些规范本身一般没有直接的惩罚性措施,但某些主张源自法律,违反这些规章可能会招致法律风险。

3. 企业管理制度

这类规则分为上级公司的规章制度要求和本公司的规章制度要求。违反上级公司的管理要求会由上级公司予以处理,违反本公司的管理制度要求会由本公司处理。由于这些情形属于企业内部事务,不利后果并不限于制度中的明文规定,还可能有其他措施。

4. 加入性自律规则

这类规则由加入方自行遵守,没有惩罚手段和强制性要求,只有道义上的责任,如果违反只有道义、形象上的损失。如《全国外汇市场自律机制自律公约》《"爱粮节粮从我做起"倡议书》等。

5. 职业道德规范

职业道德、行为准则多是针对特定职业的从业人员,某些行业也有行为准则。这些职业道德、行为准则之类的规则中,有些与法律规定相关联,若有违反,则会产生不利的法律后果;还有一些则近乎倡议性质。

(三)事件起因不同

法律风险事件的起因,是客观发生的使作为或不作为直接面临现实的不利后果的某种不可控情形。其源于"外部执法",包括公权力机关的查处及利益相关方提出权利主张等。

而合规风险事件,除上述情形之外,还有对各种外部规则及内部规则的违反。其可能源于内部合规部门的追查、政府部门的督促、社会组织的要求等,而且内部规则的执行多属于"自我执法"的范畴。

(四)主动程度不同

在法律风险事件面前,由于法律规定的客观存在,风险后果要由执法部门或审判部门决定,风险主体处于被动状态,除了运用证据、程序等规则外,对于不利法律后果的主动影响程度较弱。

而在法律风险以外的其他合规风险事件处理中,由于执行的力度不如法律,风险主体往往可以对最终后果有更多的主动权和影响力。甚至在执行自己制定的规章制度时,可以选择性地决定最终结果,或者自行修改规则。

三、两类风险的预见性问题

准确地预见风险事件是否会发生以及损害的程度,一直是风险防范领域孜孜以求的奋斗目标。但风险的不确定性和应对成本决定了风险损害的无法根除,只是在某些领域已经接近可预见、可管理的范畴。

(一) 风险事件的可预见度

尽管现代科技对于自然灾害的风险预见已经有了长足的进展,但在法律风险预见方面的进展却并不明显。合规风险与此类似。因此有必要引入现代的信息化方法并加大跨学科的研究力度。

1. 风险事件的类型

传统的风险事件划分方式,将风险事件起因大致分为自然现象、社会原因和意外事故三类,但从逻辑角度考虑可分为自然原因、社会原因、关联方原因、自身原因四类。

(1) 自然原因

自然现象类的风险事件,是指因大自然现象引发的不可控并直接引起各种风险损失的情形。例如,洪水冲垮桥梁导致运输合同无法按时履行等。

(2) 社会原因

社会行为类的风险事件,是指各类非针对主体的社会行为所导致的风险。例如,政府法律的变更使得某些合同已经无法继续履行等。

(3) 关联方原因

关联方原因,包括存在关联关系的个人或组织导致的与风险主体利益相关的风险事件的发生。例如,广告公司在设计广告时使用了侵权图片,导致广告主被追究责任。

(4) 自身原因

主要是指由于自身的决策、不当行为、疏忽等原因所导致的风险事件的发生。例如,规章制度违法、交易违约等,属于合规管理的重点。

这四类原因中,前三种可视为外部原因。进一步细分,其中的自然、社会原因是无直接关联的外部原因,包括各类巧合等偶发的意外事件原因,如高速行驶的车辆上的坠落物引发意外事故等。关联方原因是与风险主体直接关联的行为,甚至是直接针对风险主体的行为,如关联方因追求更高利润而违约或恶意挑讼、故意侵权等。

2. 预见风险事件的难点

对风险的预见，如果只是对行为后果分析，即基于对风险主体、行为和相关法律等规则规定，大致分析出行为的可能风险后果并不困难。例如，用思维导图、鱼骨图等，以逻辑推理等方法而非简单列举的方法，可以分析出可能存在的法律风险点甚至进一步分析出可能出现的风险事件。尤其是对高频率发生或已有发生的情形，几乎可以凭经验"想到"。

但这种"想到"式的预见的实际作用只是聊胜于无，而且无法应对诸多的"想不到"。例如，某房地产公司在出售商品房时，由于商品房的平面图与实际不符导致客户索赔。究其原因，居然是电脑软件版本存在问题，未能将电子文档图中的一条分隔线如实打印出来。

因此，问题不在于能否"想到"，而在于能够准确预见其发生，至少能够预见其发生的概率。而概率的得出，又有赖于信息的收集和大数据实证分析。由于基础数据的缺乏，准确预见极为困难。

(二) 风险后果的可预见度

合规风险后果和法律风险后果的可预见度，其实是对具体风险事件处理结果的预见程度。以法律风险为例，法律包括法律关系、责任性质、责任范围、责任幅度等。在民事、行政、刑事三大法律风险中，均有法定的承担责任的方式、种类和幅度。[①] 但事实上，只有少部分简单的诉讼事务能够准确预见到具体的法律后果。

1. 责任性质的可预见度

相对而言，具体法律问题的法律关系、责任性质等相对容易判断，因为法律体系对法律责任的划分相对清晰，如违约责任、侵权责任等。如果风险事件涉及的法律问题情节简单、证据充分、规定明确，则不难预见其最终的责任，包括法律的适用、责任性质的确定和责任的认定等。

例如，典型合同中最为常见的是买卖合同，相关法律规定详细、明确。因此不难判定内容、过程简单的买卖合同诉讼的违约责任种类、幅度等。而那些情节复杂、涉及多重法律关系，或涉及法律界限不清、冲突的买卖合同，由于其责任定性甚至法律关系都存在着不确定性，哪怕是经验丰富的专业人士也难以预见。

例如，《民法典》(2021年)第五百九十五条规定："买卖合同是出卖人转移标的物的所有权于买受人，买受人支付价款的合同。"同时，第七百七十条第一款又规定："承揽合同是承揽人按照定作人的要求完成工作，交付工作成果，定作人支付报酬的合同。"

二者看似不易混淆，但实际操作中许多买卖合同带有承揽的性质，许多承揽合

---

① 参见第一章第二节"四、法律风险的四大种类"。

同更像是买卖合同。例如，在成衣制造行业，买方往往在对服装厂的样品提出具体的面料、款型等要求后下单，此时的合同既有买卖性质又有承揽性质，在实际处理中这两种不同的定性方式也是单独存在的。

2. 责任幅度的可预见度

责任幅度的可预见度取决于证据事实与法律规定。某些法律规定有着明确的刚性界限，其责任后果甚至可以预见到具体的金额。而某些法律规范只是有了明确的下限和上限，责任后果无法精确到具体金额而只能是个幅度。还有一种法律规定只有定性而无定量要求，责任幅度难以精确预见。总体上，中国法律体系中，在赔偿金额上，仍旧大致存在着某种范围，不会像有限的惩罚性赔偿那样无法预测。

例如，《民法典》(2021年)第五百八十七条规定："债务人履行债务的，定金应当抵作价款或者收回。给付定金的一方不履行债务或者履行债务不符合约定，致使不能实现合同目的的，无权请求返还定金；收受定金的一方不履行债务或者履行债务不符合约定，致使不能实现合同目的的，应当双倍返还定金。"即属于刚性、清晰的法律界限。

而《民法典》(2021年)第五百八十四条规定："当事人一方不履行合同义务或者履行合同义务不符合约定，造成对方损失的，损失赔偿额应当相当于因违约所造成的损失，包括合同履行后可以获得的利益；但是，不得超过违约一方订立合同时预见到或者应当预见到的因违约可能造成的损失。"这只是一个大致的范围，其最终结果取决于证据及认定。

同时，由于目前既未明确实行判例法又难以及时通过各类司法解释弥补立法上的缺陷，以致对同样的或同类情节的案件会有不同的理解、不同甚至相反的处理结果，增加了判断确切法律风险的难度。这些使得法律风险责任性质、责任幅度很难预见，甚至使得预测本身也存在一定风险。

此外，法律执行方面的不确定性使得法律风险后果变得更加难以预见。甚至在某些案件中是否执法、如何执法，以及生效判决执行到何种程度均不确定，更加难以判定某一行为的法律风险实际后果。

(三) 可预见性与控制成本的平衡

风险领域的成本与收益，是指为降低风险而支付的成本与因此而取得的收益之间的关系。如何在风险控制成本与收益之间平衡，是法律风险管理、合规管理中的另一难题，也是可预见性的真正问题所在。

1. 风险预见与控制成本投入

所有的应对措施都需要投入资源，也就是付出控制成本。而资源永远是有限的，不可能无限投入。商务行为中，如果风险控制成本大于风险损失，一般的选择是放弃。只有提高预见的准确性,才能提高控制措施的有效性。

例如,货物运输途中的损失风险不难预见,并可以通过公路货物运输保险来应对。但这会增加运输成本,通常只对高价值货物采用。而通常的保险条款,均不赔偿因战争、敌对行为、军事行动、扣押、罢工、暴动、哄抢等情形引起的货物损失,因为这些行为连保险公司也难以预见。

此外,对车辆、人员被陨石击中的情形也有记录,但迄今为止未见人们采取措施,因为技术上暂难实现,成本上无法承受。可见,"万无一失"在实际操作中几乎是绝无可能。

2. 高法律风险不等于高回报

投资领域有"高风险等于高收益"之说,但在法律领域并非如此。冒着巨大的商业风险投资在新领域,一旦成功确实可以有丰厚的利润,但前提是必须取得成功。而在法律风险领域,高法律风险往往意味着违法或处于法律的"灰色地带"。这类"高风险",更容易因违法而非市场导致投资失败。

而且,违法、违约导致的刑事处罚、行政处罚、民事责任等都是在诉讼时效内可被追溯的法律风险。企业不仅有被追溯的风险,还有被处以违法所得一定倍数的罚款的可能,对于企业的可持续性发展尤其不利。

在众多企业败诉案例中,出现概率最高的是并不复杂的低级错误,甚至有时只是由于合同欠缺几个关键词,或者是合同履行、争议处理期间的不经意行为导致败诉。而有效的合规管理尤其是法律风险管理,可以帮助行为主体以合法有效的方式实现目标,降低风险损失并控制成本。违法经营属于铤而走险,不属于正常的法律风险应对措施。

总体上,引起合规风险和法律风险的因素多种多样,预见其发生概率、损害结果面临诸多困难。因此合规管理、法律风险管理均以风险主体的自身经常性行为为主要控制对象,使控制成本发挥出最大的效用。

第五节 风险主体解析

对于具体法律风险或合规风险的判断,都可根据判断法律风险时的主体、行为、环境三要素[①]进行,而风险主体则是三要素之首。对于同样的行为和规则,身份的不同直接影响着其风险的性质甚至有无。如同对限制流通物的经营,是否具备合法经营许可是风险主体的经营行为是否合法的分水岭。因而主体问题既是判

---

① 参见第一章第二节"二、法律风险的概念及要素"。

定风险的依据之一，也是应对风险的方法之一。

风险主体，可以简便地参照《民法典》对于民事主体的分类方式，并围绕其各类作为与不作为的可能后果划分为自然人、法人、非法人组织三类。合规风险和法律风险在许多方面可以合并表述。分清风险主体的基本特征，是设计解决方案的必由之路。

一、法人风险主体

在风险领域，最主要的风险主体是法人，尤其是其中的营利性法人。典型的营利性法人的经营活动不仅涉及民事责任和行政责任，如果违法行为情节严重还会涉及刑事责任。

(一) 法人风险主体的法定类别

按照《民法典》(2021年)第五十七条规定："法人是具有民事权利能力和民事行为能力，依法独立享有民事权利和承担民事义务的组织。"将法人分为营利法人、非营利法人和特别法人三类，并以归类列举的方式加入基金会等新型法人，使分类更专业、更清晰。

1. 营利法人

根据《民法典》(2021年)第七十六条规定："以取得利润并分配给股东等出资人为目的成立的法人，为营利法人。营利法人包括有限责任公司、股份有限公司和其他企业法人等。"

这类主体是风险主体中最为庞大、最为活跃且涉及的风险种类最多、最多样化的部分。由于所属行业众多、企业形态众多，以及经营范围、经营模式众多，而且经营活动大多需要同时跨越不同的法律领域，因而其风险损失的概率高、类型多、数额大。每一年的全国诉讼总量中，远超过半数的诉讼是合同诉讼，绝大部分在营利法人之间展开。无论是否使用法律风险这一术语，法律风险都是其经常在考虑和处理的问题。

正因如此，营利法人也是最为典型的风险主体、最需要风险管理的主体，其设立环节、经营环节甚至终止环节都充满了各类法律风险。而当这类法人发展到一定程度，无论是出于现代企业管理还是其他需要，都不得不主动采取一些措施进行风险管理，以减少其风险损失。

2. 非营利法人

依据《民法典》(2021年)第八十七条的规定："为公益目的或者其他非营利目的成立，不向出资人、设立人或者会员分配所取得利润的法人，为非营利法人。非营利法人包括事业单位、社会团体、基金会、社会服务机构等。"

这几种主体的成立方式各有不同。

(1) 事业单位

根据《事业单位登记管理暂行条例》(2004年)第二条第一款的规定，事业单位是指"国家为了社会公益目的，由国家机关举办或者其他组织利用国有资产举办的，从事教育、科技、文化、卫生等活动的社会服务组织"。

(2) 社会团体

根据《社会团体登记管理条例》(2016年)第二条第一款的规定，社会团体是指"中国公民自愿组成，为实现会员共同意愿，按照其章程开展活动的非营利性社会组织"。

(3) 基金会

依据《基金会管理条例》(2004年)第二条，基金会是指"利用自然人、法人或者其他组织捐赠的财产，以从事公益事业为目的，按照本条例的规定成立的非营利性法人"。

(4) 社会服务机构

社会服务机构有多种，并非都是法人。作为其中的一种，依据《民办非企业单位登记管理暂行条例》(1998年)第二条的规定，民办非企业单位，是指"企业事业单位、社会团体和其他社会力量以及公民个人利用非国有资产举办的，从事非营利性社会服务活动的社会组织"。

非营利法人其实与营利法人并无过多区别，只是增加了与其法定性质、成立宗旨等相关的法律要求，并在某些方面与营利法人有所区别。甚至其"非营利"并不等于不营利，更不等于不经营。其经营活动中的风险点、风险类型等与营利法人相同。

但在相关法律规定且由其特性决定的范围内，非营利法人面对着某些特定的法律要求，甚至四类非营利法人之间也彼此不同，因此有其特定的、独有的法律风险。只是这些专门规定相对较少，而且还有一些配套规定散见于其他法律、规定之中，识别其法律风险的过程略显复杂。

3. 特别法人

依据《民法典》(2021年)第九十六条的规定："本节规定的机关法人、农村集体经济组织法人、城镇农村的合作经济组织法人、基层群众性自治组织法人，为特别法人。"

这类法人均比较特殊。其中，机关法人的成立分为直接依据法律设立和依据审批设立，其法律依据分别是《宪法》《全国人民代表大会组织法》《国务院组织法》《地方各级人民代表大会和地方各级人民政府组织法》《人民法院组织法》《人民检察院组织法》等，大致分为以下几类：

(1) 国家权力机关

我国国家权力机关是人民代表大会,全国人民代表大会是最高国家权力机关,地方各级人民代表大会是地方各级国家权力机关。

(2) 国家行政机关

国务院和地方各级人民政府及其工作机构,即国务院各部委、地方政府的各委、办、局等。

(3) 国家审判机关和法律监督机关

即各级人民法院、人民检察院。

(4) 国家军事机关

即中央军事委员会和人民解放军各级机关或单位。

在包括法律风险在内的合规管理领域中,最主要的机关法人主体是各级国家行政机关、国家审判机关、法律监督机关,他们主要是以执法者的身份成为行政法律风险的一方主体,但当其为了自身的需要从事民事行为时则又是民事主体。而农村集体经济组织法人、城镇农村的合作经济组织法人原则上可以当成营利法人看待。基层群众性自治组织法人原则上可以按非营利法人看待。

(二) 法人风险主体的风险类别

作为风险主体的各类法人,都同样面临民事责任、行政责任、刑事责任和权益丧失四种法律风险,其中营利性法人最为活跃。但因现实中的具体法人活动领域有限,其实际面临的法律风险并没有理论上那么多样、复杂。

按照《民法典》中的定义及列举的法人分类,再根据法律风险的民事责任、行政责任、刑事责任和权益丧失四个大类的划分,三类法人可能面临的四类法律风险的组合情况大致如下表。

表 1-1 法人风险主体可能面临的风险类别

主体	类型细分	民事责任	行政责任	刑事责任	权益丧失
营利法人	有限责任公司	√	√	√	√
	股份有限公司	√	√	√	√
	其他企业法人	√	√	√	√
非营利法人	事业单位	√	√	√	√
	社会团体	√	√	√	√
	基金会	√	√	√	√
	社会服务机构	√	√	√	√

(续表)

主体	类型细分	民事责任	行政责任	刑事责任	权益丧失
特殊法人	机关法人	√	×	×	√
	集体经济组织	√	√	√	√
	合作经济组织	√	√	√	√
	基层自治组织	√	×	×	√

但这只是大致的理论上的归类。现实中,具体的法人由于其经营范围、业务模式、企业性质、企业文化等原因,只会遇到上表中法律风险的一小部分。例如,机关法人不可能存在非法经营类的刑事责任法律风险,贸易型企业也不可能存在安全生产类的法律风险,等等。因此,分析具体法人的法律风险,远比分析抽象法人的法律风险容易。

(三) 法人风险主体的风险特征

法人风险主体的共同特点是都需要按照法定的形式成立、在法定的范围内活动。除部分机关法人外,其他法人都需要有特定的许可证、执照等法律文件作为其依法成立的许可和依据。

《民法典》(2021年)对于法人成立的原则与条件有如下规定:

第五十八条 法人应当依法成立。

法人应当有自己的名称、组织机构、住所、财产或者经费。法人成立的具体条件和程序,依照法律、行政法规的规定。

设立法人,法律、行政法规规定须经有关机关批准的,依照其规定。

相对于自然人,法人多了一层法律上的规定,因而其民事责任、行政责任、刑事责任等法律风险与自然人相比略有不同。

1. 民事责任风险特征

法人的基本特点,是其"具有民事权利能力和民事行为能力"和"依法独立享有民事权利和承担民事义务"。因此,其民事责任的承担如无其他法律规定,则以法人自身的财产为限。

这方面的典型代表是有限责任公司。如果出资人完全依法履行了出资义务且无其他过错,即使有限责任公司的资产不足以承担民事责任,出资人的责任仍以其出资为限,债权人不得向出资人追索不足部分的债务。

当然,如果法人的设立、活动、终止、解散等环节中存在着投资人或其他人的过错,这些责任人有可能因法人的对外债务而承担民事责任,但这不属于法人的民事责任,而是这些责任人的民事责任。

2. 行政责任风险特征

行政责任包括了行政处罚和行政处分[①],前者可以针对自然人也可以针对法人,后者则只针对自然人。就概率而言,行政处罚风险是继民事责任风险后的第二大企业风险。

行政处罚是一种具体行政行为,即可诉的行政行为,主要是对违反行政法规但尚未构成犯罪的行政相对人予以行政制裁。其措施包括罚款、没收违法所得、没收非法财物、责令停产停业、暂扣或者吊销许可证、暂扣或者吊销执照等。如果相对人是自然人,还可以给予行政拘留等处罚。

但《行政处罚法》(2017年)只是对处罚作了程序性规定,具体的行政处罚措施散见于为数众多的各类实体法中。既有只针对单位的处罚,又有同时针对单位和个人的处罚。

3. 刑事责任风险特征

违反行政法规的情节严重到一定程度即可构成犯罪,属于刑事责任范围。刑事责任一般由自然人承担,但刑法专设了"单位犯罪"以制裁单位行为。

《刑法》(2020年)第三十条关于"单位负刑事责任的范围"的规定:"公司、企业、事业单位、机关、团体实施的危害社会的行为,法律规定为单位犯罪的,应当负刑事责任。"

《刑法》(2020年)第三十一条关于"单位犯罪的处罚原则"的规定:"单位犯罪的,对单位判处罚金,并对其直接负责的主管人员和其他直接责任人员判处刑罚。本法分则和其他法律另有规定的,依照规定。"

4. 权益丧失风险特征

对企业经营活动适用的法律规定、政策要求非常之多,而且不乏局部性、临时性的举措。如果企业由于管理能力等问题无法及时知悉这些信息,尤其是其中的优惠、扶持政策信息,则会由于信息不对称或错过机会而失去降低成本或增加收益等享受权益的机会。

这类权益丧失的情形有许多种,如丧失资金扶持项目申报机会、错过税收优惠政策窗口等。这类权益远比自然人所享有的种类多、金额大,信息闭塞的法人很容易失去机会。

由于法律风险管理、合规管理均以企业行为为研究对象,营利法人又是企业的主要存在形式,因而关于这两类风险的讨论事实上都以营利法人为重心。中国语境下的合规风险主体,虽然从其定义上看包括企业和员工,而法律风险主体一般是

---

① 参见本章第二节"四、法律风险的四大种类"。

指企业,但风险主体在法律适用上并无太大区别。

二、非法人组织风险主体

非法人组织是《中华人民共和国民法总则》中出现的新提法。相对于该法生效前普遍使用的"其他组织","非法人组织"的提法更为专业、明确。在营利性组织中,除了营利法人外,还有大量的非法人组织。

(一)非法人组织的法律定位

依照《民法典》(2021年)第一百零二条关于"非法人组织的定义和范围"的规定:"非法人组织是不具有法人资格,但是能够依法以自己的名义从事民事活动的组织。非法人组织包括个人独资企业、合伙企业、不具有法人资格的专业服务机构等。"

在作为民事主体时,非法人组织与法人在法律资格上并无太大区别。《民法典》(2021年)第四百六十四条第一款规定:"合同是民事主体之间设立、变更、终止民事法律关系的协议。"可见,非法人组织是合同主体之一,也是民事主体之一、风险主体之一。

在产生程序方面,非法人组织同样需要依法成立。依据《民法典》(2021年)第一百零三条的规定:"非法人组织应当依照法律的规定登记。设立非法人组织,法律、行政法规规定须经有关机关批准的,依照其规定。"

因此,非法人组织与法人的区别只是其并不具有法人资格,不能"依法独立享有民事权利和承担民事义务"。《民法典》(2021年)第一百零四条则规定:"非法人组织的财产不足以清偿债务的,其出资人或者设立人承担无限责任。法律另有规定的,依照其规定。"这一点才是非法人组织与法人的最大区别。

(二)非法人组织的法定类型

在《民法典》(2021年)第一百零二条第二款"非法人组织"的定义中,提及了"个人独资企业、合伙企业、不具有法人资格的专业服务机构等",作为其存在的基本形态。依据相关法律,三种主要的非法人组织界限、定位非常清晰。

1. 个人独资企业

依据《中华人民共和国个人独资企业法》(2000年,以下简称《个人独资企业法》)第二条,个人独资企业是指"依照本法在中国境内设立,由一个自然人投资,财产为投资人个人所有,投资人以其个人财产对企业债务承担无限责任的经营实体"。

登记机关予以登记的,向投资人发放《个人独资企业营业执照》。

2. 合伙企业

依据《中华人民共和国合伙企业法》(2006年,以下简称《合伙企业法》)第二条第一、二款,合伙企业是指"自然人、法人和其他组织依照本法在中国境内设立的普通合伙企业和有限合伙企业。普通合伙企业由普通合伙人组成,合伙人对合伙企业债务承担无限连带责任。本法对普通合伙人承担责任的形式有特别规定的,从其规定"。其依法成立,以批准设立时的《合伙企业营业执照》为准。

3. 不具有法人资格的专业服务机构

"不具有法人资格的专业服务机构"这一提法目前尚无专门的立法,但结合条款及词义理解,应该是指在"专业服务机构"中不具有法人资格的机构,而具有法人资格的"专业服务机构"则为法人。

例如,特殊的普通合伙企业的定义即为"以专业知识和专门技能为客户提供有偿服务的专业服务机构"。

4. 其他非法人组织

除了上述几类在《民法典》法条中提及的企业,以前作为"其他组织"大量存在的法人分支机构,目前仍是非法人组织的重要组成部分。虽然出于风险隔离考虑,许多巨型企业已经越来越多地将原来的分支机构转变为法律上的独立法人并通过独资、控股等方式控制,但没有法人资格的企业分支机构仍大量存在。

(三)非法人组织的风险特征

非法人组织是介于法人与自然人之间的一种民事主体,也因此是介于二者之间的风险主体。总体上,其面临的各类风险与法人所要面对的基本相同,但在民事责任风险方面有很大的不同。

1. 民事责任风险特征

由于《民法典》(2021年)第一百零四条规定了"非法人组织的财产不足以清偿债务的,其出资人或者设立人承担无限责任",因而当其财产不足以对外承担民事责任时,其出资人无法同法人的出资人一样将风险限制在出资范围之内,而是应承担无限责任。因此,非法人组织出资人的个人财产无法从风险上与企业的财产隔离。

除此以外,非法人组织与法人在民事权利、民事责任方面并无明显区别,尤其是《民法典》(2021年)第一百零八条还特别规定:"非法人组织除适用本章规定外,参照适用本法第三章第一节的有关规定。"

在现实的经济交往中,许多企业有着不得与非法人组织交易的内部规定。这作为企业的内部规定无可厚非,但事实上非法人组织并不必然欠缺履行能力或承担民事责任的能力,这类规定过于"一刀切"和武断,完全可以用其他风险控制措施替代。

2. 其他风险特征

除民事责任风险外,在行政责任风险、刑事责任风险、权益丧失风险方面,非法人组织与法人的法律、合规风险均相似甚至相同,不再赘述。

三、自然人风险主体

自然人是数量最为庞大的风险主体,自出生起享有民事权利、承担民事义务,而非其他主体那样依法设立。但自然人很难像企业那样实施复杂的风险管理行为,因而对自然人的法律风险、合规风险研究要么停留在单项的部门法领域,要么作为企业员工加以研究。

(一) 自然人主体的法律适用

虽然并未提及国籍问题,但《民法典》总则编中的"自然人"显然是中国籍的自然人,其条款中的"户籍"等表述足以说明这一点,但是从国际法的视角来看,在一个国家内受其法律管辖的自然人分为国民、外国人和无国籍人三类,因此也就有了这三类自然人风险主体。

1. 自然人主体的管辖权

对于自然人,各国法律一般都实行属地、属人的双重管辖。不仅对本国领土上发生的行为有管辖权,对本国人在国外的行为也有管辖权,尽管这些管辖权往往"内外有别"。当然,各国对法人、非法人组织也同样采取属地加属人的双重管辖。

对于属地管辖,最具代表性的是《刑法》(2020 年)第六条规定:"凡在中华人民共和国领域内犯罪的,除法律有特别规定的以外,都适用本法。凡在中华人民共和国船舶或者航空器内犯罪的,也适用本法。犯罪的行为或者结果有一项发生在中华人民共和国领域内的,就认为是在中华人民共和国领域内犯罪。"

该法第八条还进一步规定:"外国人在中华人民共和国领域外对中华人民共和国国家或者公民犯罪,而按本法规定的最低刑为三年以上有期徒刑的,可以适用本法,但是按照犯罪地的法律不受处罚的除外。"

而对于属人管辖,该法第七条也十分明确地规定:"中华人民共和国公民在中华人民共和国领域外犯本法规定之罪的,适用本法,但是按本法规定的最高刑为三年以下有期徒刑的,可以不予追究。中华人民共和国国家工作人员和军人在中华人民共和国领域外犯本法规定之罪的,适用本法。"

在民法领域的情形与此类似。例如,《民法典》(2021 年)第十二条也规定:"中华人民共和国领域内的民事活动,适用中华人民共和国法律。法律另有规定的,依照其规定。"

同理,行政处罚也适用于在中国境内的外国人、无国籍人,只是具体的适用和执行存在一些不同的规定。例如,《中华人民共和国行政诉讼法》(2017 年,以下简称《行政诉讼法》)第九十八条规定:"外国人、无国籍人、外国组织在中华人民共和国进行行政诉讼,适用本法。法律另有规定的除外。"

2. 自然人主体的身份合法性

对于身份的合法性,法人、非法人组织依法成立时的执照、许可证或批准文件等系其合法身份的证明,自然人则以其合法有效的身份证件为准。

(1)一般居民

根据《中华人民共和国居民身份证法》(2011年,以下简称《居民身份证法》)相关规定领取的居民身份证,是最为常见的证明自然人姓名的合法有效身份证件。因未满16周岁而没有申领居民身份证的公民,可依据《中华人民共和国户口登记条例》(1985年)的相关规定,以户口登记簿证明其姓名和身份。

香港同胞、澳门同胞、台湾同胞迁入内地定居或华侨回国定居,以及外国人、无国籍人在中华人民共和国境内定居并被批准加入或者恢复中华人民共和国国籍的,居民身份证均可作为合同身份证明。

(2)军人

《现役军人和人民武装警察居民身份证申领发放办法》于2008年生效后,在役的军人、武装警察可以居民身份证证明其合法身份,或以军官证、文职干部证、士兵证、学员证、军队离退休干部证等作为合法身份证明。

(3)港、澳、台居民

我国香港居民、澳门居民和台湾居民,其合法身份证明一般以其所在地颁发的身份证件和相关部门颁发的有效通行证为准。

这些居民进出内地需要持有"港澳居民来往内地通行证(港澳同胞回乡证)",或"台湾居民来往大陆通行证和其他有效旅行证件"等有关部门核发的有效证件。

(4)外国人

外国人进入中国,必须同时拥有合法护照和签证。其中,护照是一国发给本国国民用于证明公民国籍身份以合法出、返国境的法律文件,签证通常是由目的地国签发并直接加盖在护照空白页上的出入本国国境的许可证明。

同时,自然人是否存在某些法律风险同样取决于法定的某种身份、资格。例如,当自然人身为法定代表人时,就有权行使法律赋予法定代表人的权利,并有义务承担法律规定的相关义务;当具备了合法有效的机动车驾驶资格后,就有权驾驶机动车辆上路行驶;只有具备了合法的从医资格后,才可以合法从事医疗活动。

自然人所享有的权利有的属于宪法范畴内的政治权利,有的属于民法范畴内的民事权利,其分类方式多种多样,既包括基本的人身权利,也包括在民事活动中的权利。因此,自然人面临的法律规范体系分为多种类型,其法律风险也分为多种类型。总的来说,自然人无论是否参与经营性行为,都会面临前面所讨论过的民事责任、行政责任、刑事责任和权益丧失四类风险。

(二) 自然人主体的风险特征

自然人风险主体虽然与生俱来享有某些权利、承担某些义务,但其风险后果往往与其行为能力有关,使之与法人、非法人组织有很大的不同。

1. 自然人的民事责任风险

按照《民法典》(2021年)第十三条的规定:"自然人从出生时起到死亡时止,具有民事权利能力,依法享有民事权利,承担民事义务。"但其权利能力区分之外,还有行为能力方面的完全民事行为能力人、限制民事行为能力人以及无民事行为能力人之分,法律风险各不相同。

自然人行为能力不同,对民事行为的后果差异影响巨大。无民事行为能力人的民事行为无效、限制民事行为能力人的民事行为效力视具体情况而定,只有完全行为能力人的民事法律行为合法有效。

此外,与自然人人身相关的婚姻、家庭、继承等权利系自然人独有。自然人可以通过宣告失踪、宣告死亡的方式保护自己的权益,还可以通过放弃财产继承而摆脱债务继承等。

2. 自然人的行政责任风险

自然人所面临的行政责任法律风险大致来源于经营行为、非经营行为和职务行为三类,同时还要考虑行政责任年龄和行为能力问题。而且,某些行为可以依法从轻、减轻处罚,甚至免予处罚。

例如,《行政处罚法》(2017年)第二十五条规定:"不满十四周岁的人有违法行为的,不予行政处罚,责令监护人加以管教;已满十四周岁不满十八周岁的人有违法行为的,从轻或者减轻行政处罚。"

又如,《行政处罚法》(2017年)第二十六条规定:"精神病人在不能辨认或者不能控制自己行为时有违法行为的,不予行政处罚,但应当责令其监护人严加看管和治疗。间歇性精神病人在精神正常时有违法行为的,应当给予行政处罚。"

由于管理各类秩序的行政法规大量存在,无论是自然人的经营行为还是非经营行为,也无论是其个人行为还是职务行为,均有可能因作为或不作为而违反行政法规的相关规定。这些行政处罚往往与刑事处罚具有一定的对应性,也就是在行政处罚限度内予以行政处罚,超过限度的予以刑事处罚,有点类似"出礼入刑"。

3. 自然人的刑事责任风险

自然人所面临的刑事处罚的种类,比单位犯罪的刑事处罚种类要多得多。直接侵犯他人人身、财产权利和民主权利,以及暴力危害公共安全等直接故意犯罪虽然也属于法律风险范畴,但是不在法律风险研究范围之内。

或者说,自然人的刑事责任法律风险研究,主要面向其正常的合法行为可能涉及的刑事责任法律风险,尤其是围绕经营行为或职务行为中由于不了解相关法律或疏忽等非直接故意原因而构成的刑事责任风险展开。因此,绝大多数的自然人风险主体并不存在种类繁多的刑事处罚法律风险。

例如,劳动安全设施不符合国家规定,经有关部门或者单位职工提出后对事故隐患仍不采取措施,因而发生重大伤亡事故或者造成其他严重后果。其犯罪主体一般为工厂、矿山、林场、建筑企业或者其他企业、事业单位的直接责任人。

还有一些"生产经营"行为,如果违反了国家的强制性规定并超过了行政处罚的限度,也会构成犯罪。如非法生产、销售窃听、窃照等专用间谍器材的,以及非法生产、买卖人民警察制式服装、车辆号牌等专用标志、警械,情节严重的行为等。

此外,刑事责任同样存在着责任能力方面的限制,以及精神病人不能辨认或控制自己行为能力时的限制。例如,《刑法》(2020年)第十七条规定:

> 已满十六周岁的人犯罪,应当负刑事责任。
>
> 已满十四周岁不满十六周岁的人,犯故意杀人、故意伤害致人重伤或者死亡、强奸、抢劫、贩卖毒品、放火、爆炸、投毒罪的,应当负刑事责任。
>
> 已满十四周岁不满十八周岁的人犯罪,应当从轻或者减轻处罚。
>
> 因不满十六周岁不予刑事处罚的,责令他的家长或者监护人加以管教;在必要的时候,也可以由政府收容教养。

4. 自然人的权益丧失风险

权益丧失风险基于权益所具有的属性而产生,而自然人与生俱来地拥有不同程度的财产权、政治权利等权益。由于知识面、认知能力的限制,自然人难以对自身权益有十分全面、透彻的了解或理解,因而比较容易由于信息不对称或疏忽等原因,丧失其合法拥有的权益。例如,因对某些权利一无所知而未能及时主张、行使相关权利,或由于疏忽、过失而失去某些财产权益等。

相对而言,信息不对称是权益丧失法律风险的主要原因。自然人在社会生活中大多数属于相对弱势的群体,因此往往在立法方面、政策方面存在一定程度的保护,如法律对消费者权益、对妇女儿童等方面的特别保护,以及对残疾人群、贫困人群的扶助政策等。但通常情况下,自然人主体往往对这些信息熟悉程度不足,因而容易丧失相关的权益。

这类法律风险很难通过自然人的自身努力全面避免,因而基本无法以体系化、专业化的方式采取风险管理措施。

第六节 风险行为解析

在风险主体明确之后,确定具体风险的第二要素是风险行为,即风险主体在特定的规则环境下所实施的具体的作为或不作为。① 风险行为是识别风险的关键性要素,没有与法律等规则相冲突的作为或不作为,就不存在法律风险或合规风险。

需要界定的是,风险行为并非风险主体的所有行为,而是可能产生法律风险、合规风险的行为,如引发民事责任风险、行政责任风险、刑事责任风险和权益丧失风险的行为。这些行为往往需要结合主体性质及法律环境衡量才能得出法律风险结论,但本节仅探讨法律风险主体的行为规律。

由于法律风险和合规风险领域最活跃的主体和最主要的研究对象均为从事经营行为的法人或非法人组织,因此下文将以这类主体为主展开讨论。

一、各类主体的风险行为

如果将法人、非法人理解为"组织",则风险主体只有自然人与组织两类。作为风险主体,他们的行为之间存在着很大的不同。自然人的活动基本是围绕如何满足自己的生活需要开展,包括为了生活而工作。而组织的活动则是为了实现设立组织所要实现的目标,包括企业的经营行为、机关的管理职能等。

(一)组织风险主体的行为②

对于组织,管理学、社会学、组织行为学等多个学科有过深入研究。从狭义上说,组织就是指人们为了实现一定的目标,互相协作结合而成的集体或团体,如党团组织、工会组织、企业、军事组织等。在现代社会生活中,组织是社会从国家到个人之间不可或缺的过渡单元,起着在法律以外组织个体、管理个人行为的作用。

1. 组织风险主体的行为特征

组织的基本特征,是存在于一定的范围和条件的组织环境中,并有其目的性、整体性、稳定性和开放性。任何组织都需要不断地与外部进行物质、能量、信息等方面的交换,以实现其宗旨所决定的目标。因此组织必须依存于所处的外部环境,也就是必须按照外部的法律等规则行事,包括其对内的管理行为和对外的经营行为等活动。

从组织的性质来分,有政治组织、经济组织、文化组织、社会团体等,各有其成立的方式、活动的范围和界限。而且《民法典》意义上的法人和非法人组织,均为正式组织,即其内部有明确的组织机构、组织结构和组织制度。人们在各种组织里,围绕组织的章程等从事活动以实现组织的目标。尽管这种"组织目标"其实是组织设立者的目标而非组织本身的目标。

正因如此,组织的法律风险或合规风险其实是源于其成员所从事的各类活动

---

① 参见本章第二节"二、法律风险的概念及要素"。
② 参见许激:《效率管理——现代管理理论的统一》,经济管理出版社2004年版,第96页。

的风险,尤其是源自成立组织、开展活动过程中的作为与不作为和法律等规则存在的冲突。组织的活动在范围、影响力和复杂程度上远超自然人,因而涉及众多的法律风险和合规风险。

2. 组织主体的常态行为

组织风险主体的常态行为,一般是按其章程或成立宗旨在法定的范围内活动。由于组织性质的不同,如企业法人、事业法人、机关法人、社团法人,甚至进一步细分还有制造业、建筑业、农业、金融业、运输业等,其组织方式、行为内容和行为方式各不相同。

例如,绝大多数制造业组织的常态行为是基于经营需要而经常性进行的采购、生产、销售等行为,以及与之相关的人力资源管理、财务管理等内部管理行为。虽然行业的不同可能会使企业的经营活动与典型的制造业有所不同,但是其经常性的活动仍旧是经营行为及与之相应的内部管理行为。例如,咨询业并无为了生产而采购原料、销售产品的行为,建筑施工业提供的也不是产品而是完成工作,但他们经常性进行的仍旧是经营行为及管理行为。

这些行为涉及众多法律及其他规则。从最为基本的资格、许可的取得到整个经营过程,包括内部管理行为,均受到各类法律的调整并有一系列法律以外的规则与之相关。法律风险管理可以只关注其中的法律问题,合规管理则还需要关注更多的其他规则问题。

这些组织主体的常态行为,将在下文继续讨论。

3. 组织主体的非常态行为

随着企业生产规模的不断扩大,以及企业发展模式的不断改善,除了传统的发展模式外,许多企业在成长过程中不断通过联合、兼并、收购其他公司而壮大自己。这甚至成为一种非常简捷的营利模式。

(1)兼并与收购行为

兼并与收购是迅速获得拥有某种资源的目标公司的手段,可以快速增强自己的实力以便在竞争中处于优势地位。国际知名大型跨国企业大多都经历过兼并与收购,甚至某些著名的银行、风险投资机构专门以此为业且非常成功。某些企业甚至在一定时间内通过不断的兼并而迅速膨胀,并使兼并与收购几乎成为其常态行为。

并购行为最主要是从经济角度考虑,如为了充分利用目标企业的产能、业务渠道、市场等,有时也纯粹是为了包装重整那些价值被低估的企业后再行出售。在资本流动性的优势被发挥得淋漓尽致的今天,已有一些投资机构专门以收购和转让企业股权的方式营利,而不必去经营某个目标公司。

并购的过程中往往都会面对资金、商务、法律、税务等方面的安排,并存在资产及员工的取舍问题,因而与企业经营属于不同的法律行为,存在着不同的法律风险及合规风险。

(2)上市行为

事实上随着这些年来企业的频繁上市,通过上市募集资金开拓新业务已经成为企业资本运作的"常态"。但对于总体上的企业行为而言,即使偶有例外,日常经营仍是企业的常态行为,上市仍是非常态行为。

上市行为涉及诸多不同门类的法律规范,除了必不可少的证监会、交易所等相关法律规范等要求外,许多行政法规都对上市公司的财务、信息披露等另有要求。如果是海外上市,还会涉及国外的法律规范。

在这类活动中,企业自身往往处于弱势,资本运作机构往往通过对赌条款等方式对企业上市后的业绩提出要求,在为投资机构提供更多收益回报保证的同时,也加大了上市公司的自身风险。

(3)变更行为

组织依法成立后,大多会发生法定代表人等登记事项的变更。这类变更一般均需向主管部门办理变更登记,以对外发生法律效力。

变更行为有许多种。以公司为例,其变更大致分为三类:公司法意义上的股东、出资额、出资比例等事项变更;市场监督管理法意义上的经营范围、经营地点、企业名称等事项变更;行政许可意义上的资质等级、经营许可等事项变更。

例如,公司法意义上的股权收购并未改变目标公司本身,因此收购后可以控制及利用目标公司的不动产、知识产权、经营许可等资产或资格。

(4)终止行为

组织的终止是其法律上的主体资格的消失,例如机关法人的撤销及企业法人的撤销、解散、依法宣告破产等。以这些方式终止,一般都需要符合法定的形式,否则并不产生终止的法律效力并可能会引起其他法律后果。

对于这类行为,《民法典》《中华人民共和国公司法》(2018年,以下简称《公司法》)《中华人民共和国企业破产法》(2017年,以下简称《企业破产法》)《中华人民共和国民事诉讼法》(2021年,以下简称《民事诉讼法》)等均有相关规定。

(二)自然人风险主体的行为

自然人风险主体的行为大致可以分为作为生物人的一切个人生活活动,以及作为社会人与其他人的利益和行为发生关联的各类社会生活活动。但这只是一种理论上的划分方式,在现实的许多个人活动中二者是交集的。对自然人的法律风险和合规风险的研究基本限于后者,尤其是个人从事的民事活动以及作为组织成员参与的组织活动。自然人主体与组织主体的活动交集也在于此。

自然人主体的个人生活活动和社会生活活动都存在法律风险,但抽象的主体涉及面过于宽泛,因而主要以具体领域的具体行为的研究为主。例如,英语国家便有专门研究个人的赠与行为、继续行为等方面法律风险的专著。

从法律风险角度倒推自然人主体的风险行为,可以分为民事责任风险行为、行政责任风险行为、刑事责任风险行为和权益丧失风险行为。而对作为合规研究重点的企业经营行为的研究,则主要关注自然人主体作为组织成员从事活动时,其行为与组织之间的关系以及对组织产生的影响。

(三) 组织与自然人的行为区分

当自然人主体成为某个组织的成员时,便在组织中产生了"组织关系",即组织成员间的地位、职责等相互关系,涉及组织机构的设置以及管理权限划分、业务分工等。

"组织关系"的产生,有的是基于法律上的授权或要求而由法律规定,有的是出于企业管理上的需要而由公司规章制度确立。前者如《公司法》等要求对投资人的管理机构的设置、对投资性质及投资形式的规定,涉及法律风险;后者如各类只在企业内部适用的规章制度,主要涉及非法律部分的合规风险。

自然人主体与组织主体的风险后果的交集在于作为组织成员的自然人主体,其某些行为是否代表公司、是否由公司承担责任,或者是某种公司行为是否由自然人主体承担责任。这方面既涉及民事风险,也涉及刑事风险。

1. 民事责任的界限

作为组织成员的自然人主体,只有其行为具有法定授权或组织授权才能代表组织。对此,《民法典》等列有许多具体规定。

例如,《民法典》(2021年)第六十二条第一款规定了法定代表人执行职务时的代表权,即"法定代表人因执行职务造成他人损害的,由法人承担民事责任"。以及《民法典》(2021年)第一百七十条的规定:"执行法人或者非法人组织工作任务的人员,就其职权范围内的事项,以法人或者非法人组织的名义实施民事法律行为,对法人或者非法人组织发生效力。法人或者非法人组织对执行其工作任务的人员职权范围的限制,不得对抗善意相对人。"

又如,《民法典》(2021年)第一百七十一条第一款规定:"行为人没有代理权、超越代理权或者代理权终止后,仍然实施代理行为,未经被代理人追认的,对被代理人不发生效力。"

同时代表权方面还有例外规定以保护相对方的利益,即《民法典》(2021年)第一百七十二条中关于表见代理的规定:"行为人没有代理权、超越代理权或者代理权终止后,仍然实施代理行为,相对人有理由相信行为人有代理权的,代理行为有效。"

2. 行政责任的界限

在行政责任领域中,作为组织成员的自然人主体的职务行为大多由组织承担责任,但这并不排除自然人主体由于过错而承担行政责任。

例如,《中华人民共和国会计法》(2017年,以下简称《会计法》)第四十三条规定:"伪造、变造会计凭证、会计帐簿,编制虚假财务会计报告,构成犯罪的,依法追究刑事责任。有前款行为,尚不构成犯罪的,由县级以上人民政府财政部门予以通报,可以对单位并处五千元以上十万元以下的罚款;对其直接负责的主管人员和其他直接责任人员,可以处三千元以上五万元以下的罚款;属于国家工作人员的,还应当由其所在单位或者有关单位依法给予撤职直至开除的行政处分;其中的会计人员,五年内不得从事会计工作。"

《行政处罚法》(2017年)第六十条规定:"行政机关违法实行检查措施或者执行措施,给公民人身或者财产造成损害、给法人或者其他组织造成损失的,应当依法予以赔偿,对直接负责的主管人员和其他直接责任人员依法给予行政处分;情节严重构成犯罪的,依法追究刑事责任。"

3. 刑事责任的界限

自然人对其行为承担刑事责任是刑事法律体系中的基本原则。但由于组织的行为事实上是作为其组织成员的自然人的行为,因而在自然人作为组织成员从事某种行为时,便产生了行为性质和责任归属问题。其中最主要的判断原则,是其行为属于个人行为还是职务行为。

这也是合规管理的一个要点,即员工的行为如果明确属于违规的个人行为,则一般由其个人自行承担责任,如果是组织的管理制度禁止的职务行为,则往往需要组织承担一定的责任。例如,《刑法》(2020年)规定如下:

第三十条 【单位负刑事责任的范围】公司、企业、事业单位、机关、团体实施的危害社会的行为,法律规定为单位犯罪的,应当负刑事责任。

第三十一条 【单位犯罪的处罚原则】单位犯罪的,对单位判处罚金,并对其直接负责的主管人员和其他直接责任人员判处刑罚。本法分则和其他法律另有规定的,依照规定。

二、风险主体的行为资格

基于社会管理的需要,许多行为必须符合法定条件才可以从事,否则属于非法行为。这方面的法定条件既针对组织也针对自然人,既包括技术、技能方面的需要,也包括管理上的需求。在合同领域中,这些属于主体资格合格性问题。[①]

在现行法律框架下,主要体现为各类行政许可和职业资格要求,以及职业或行业管理方面的要求。

(一) 组织合法成立的依据

包括企业在内,任何法人、非法人组织均需通过法定的设立程序取得相应许可,才属于合法成立并具备了依法从事相关行为的基本资格。

1. 法人或非法人企业的成立

企业必须依法登记才能取得合法资格并开始经营。最为常见的企业形态是各类公司,但企业法人并不只是公司。

按照目前的《公司法》《外资企业法》等相关法律,以及《企业法人登记管理条例》(2019年)、《公司登记管理条例》(2016年)等法规,企业分为三类:

(1)内资企业,分为国有企业、集体企业、股份合作企业、联营企业、有限责任公司、股份有限公司、私营企业、其他企业。

(2)港、澳、台商投资企业,分为合资经营企业(港、澳或台资)、合作经营企业(港、澳或台资)、港、澳、台商独资经营企业、港、澳、台商投资股份有限公司,其他港、澳、台商投资企业。

(3)外商投资企业,分为中外合资经营企业、中外合作经营企业、外资企业、外商投资股份有限公司、其他外商投资企业。

依据《企业法人登记管理条例》(2019年)及《中华人民共和国企业法人登记管理条例施行细则》(2017年),企业登记分为法人登记与营业登记。此外还有外商投资企业办事机构登记。因此其登记的身份分为三类,即:①企业法人登记;②营业登记;③外国企业常驻代表机构登记。

企业行为的合法性与其经营范围密切相关。依据《企业经营范围登记管理规定》(2015年)第三条:"经营范围是企业从事经营活动的业务范围,应当依法经企业登记机关登记。

申请人应当参照《国民经济行业分类》选择一种或多种小类、中类或者大类自主提出经营范围登记申请。对《国民经济行业分类》中没有规范的新兴行业或者具体经营项目,可以参照政策文件、行业习惯或者专业文献等提出申请。

企业的经营范围应当与章程或者合伙协议规定相一致。经营范围发生变化的,企业应对章程或者合伙协议进行修订,并向企业登记机关申请变更登记。"

[①] 参见吴江水:《完美的合同——合同的基本原理及审查与修改》(第三版),第一章第七节"二、侧重法律问题的合同内在质量"中的"(一)主体资格的合格性",北京大学出版社2020年版。

2. 其他法人或非法人的成立①

在企业法人或非法人组织企业之外,还有大量的其他类型的法人或非法人组织需要通过法定的设立程序才能取得合法身份及合法活动资格。如设立事业单位法人需要依据《事业单位登记管理暂行条例》(2004 年)、设立社团法人需要依据《社会团体登记管理条例》(2016 年)等。只有机关法人的成立依据是各类组织法,有独立经费的机关自其成立之日起即具有法人资格,无需通过登记取得。

对于法人,《民法典》(2021 年)第五十八条规定:

> 法人应当依法成立。
> ……
> 设立法人,法律、行政法规规定须经有关机关批准的,依照其规定。

对于非法人组织,该法第一百零三条规定:

> 非法人组织应当依照法律的规定登记。
> 设立非法人组织,法律、行政法规规定须经有关机关批准的,依照其规定。

但企业以外的其他法人的设立或非法人组织的登记,得到的行政许可文件并非《营业执照》,而是《行政许可法》(2019 年)第三十九条的规定的,"(一)许可证、执照或者其他许可证书"中的"许可证"或"其他许可证书"。

例如,《事业单位登记管理暂行条例(2004 年)》第八条规定:"登记管理机关应当自收到登记申请书之日起 30 日内依照本条例的规定进行审查,作出准予登记或者不予登记的决定。准予登记的,发给《事业单位法人证书》;不予登记的,应当说明理由。"

又如,《基金会管理条例》(2004 年)第十一条规定:"登记管理机关应当自收到本条例第九条所列全部有效文件之日起 60 日内,作出准予或者不予登记的决定。准予登记的,发给《基金会法人登记证书》;不予登记的,应当书面说明理由。"

(二) 组织相关活动的许可

在《行政许可法》(2019 年)第三十九条中有着"许可证、执照或者其他许可证书"的表述,因而三者处于同类许可,但"许可"与"执照"有很大区别。

1. 许可经营项目和审批方式

但对于企业而言,如果是无须另行许可的"一般经营项目",则取得营业执照不仅能够证明其依法成立,还能证明其可以合法从事相关经营行为。但"许可经营项目"必须在取得特定的许可证后方可经营。其中,实施前置许可的项目取得营业

---

① 参见本章第五节"风险主体解析"。

执照即意味着已经得到许可并可以经营,后置许可的项目必须持营业执照办理并取得相关许可后方可经营。

这类行政许可多散见于不同的行政规章中,且不同行业有诸如经营许可证、排污许可证、安全生产许可证、工业产品生产许可证等不同名称,需要时必须按法规线索核对。这类许可一般针对限制经营、特许经营的交易,对此,《民法典》第一百五十三条规定:"违反法律、行政法规的强制性规定的民事法律行为无效。但是,该强制性规定不导致该民事法律行为无效的除外。违背公序良俗的民事法律行为无效。"

2. 行政许可的审批权分布

额外的行政许可,可以直接依据《行政许可法》,或是依据其第十二条规定的"法律、行政法规规定可以设定行政许可的其他事项"。例如,《渔业捕捞许可管理规定》所设定的《渔业捕捞许可证》是基于《中华人民共和国渔业法》(2013,以下简称《渔业法》)。

许多行业都在实行许可证管理制度,如《危险废物经营许可证管理办法》《药品经营许可证管理办法》《金融许可证管理办法》,以及《广告经营许可证管理办法》《烟草专卖许可证管理办法》等。只有查验相关企业的许可证,才能确定其是否具备合法的交易资格。未取得许可证而从事相关经营活动,直接后果是行政处罚,甚至有可能构成刑事责任,而且一般也会导致合同无效。

其中,国务院于2005年颁布的《工业产品生产许可证管理条例》及《工业产品生产许可证管理条例实施办法》(2014年)是工业企业接触最多的许可制度。

(三) 行为的资格或资质

资格资质管理属于《中华人民共和国行政许可法》(2019年,以下简称《行政许可法》)第十二条所规定的,"(三)提供公众服务并且直接关系公共利益的职业、行业,需要确定具备特殊信誉、特殊条件或者特殊技能等资格、资质的事项"。所颁发的为第三十九条所规定的"(二)资格证、资质证或者其他合格证书"。

而依据该法第五十四条:"实施本法第十二条第三项所列事项的行政许可,赋予公民特定资格,依法应当举行国家考试的,行政机关根据考试成绩和其他法定条件作出行政许可决定;赋予法人或者其他组织特定的资格、资质的,行政机关根据申请人的专业人员构成、技术条件、经营业绩和管理水平等的考核结果作出行政许可决定。但是,法律、行政法规另有规定的,依照其规定。"

1. 自然人的从业资格

资格证大多颁发给自然人主体以作为从事某种职业行为的合法资格证明。依照《中华人民共和国劳动法》(2018年,以下简称《劳动法》)第六十九条的规定:"国家确定职业分类,对规定的职业制定职业技能标准,实行职业资格证书制度,由经备案的考核鉴定机构负责对劳动者实施职业技能考核鉴定。"

一般而言,设置准入类职业资格的职业(工种)均涉及公共利益或国家安全、公共安全、人身健康、生命财产安全,且必须有法律法规或部门规章等作为依据。而设置水平评价类职业资格的,其所涉职业(工种)应具有较强的专业性和社会通用性,技术技能要求较高,行业管理和人才队伍建设确实需要。

根据 2017 年由人力资源社会保障部颁布的《国家职业资格目录:清单公示》,职业资格分为准入类、水平评价类两类,共 151 项。其中,直接由法律规定并推行《职业资格证书》制度的行业,如医生、律师、教师等,即为准入类的专业技术人员职业资格,不再另行制定职业标准。除此之外的技能人员职业资格,主要是针对有技术、技能要求的操作人员,如游泳救生员、消防设施操作员等。

2. 法人或非法人组织的资质

对法人或非法人组织的"资格证、资质证或者其他合格证书"①管理,是为了确保经营者具备某些特定的履行条件或履行能力,只是针对某些特定行业。

对法人或非法人组织实行经营资格证管理的行业较少,远少于对自然人职业资格证的管理。

例如,由原商务部、住房和城乡建设部于 2009 年颁发的《对外承包工程资格管理办法》(已失效)第三条规定:"对外承包工程的单位依据本办法取得对外承包工程资格,领取《中华人民共和国对外承包工程资格证书》(以下简称《资格证书》)后,方可在许可范围内从事对外承包工程。"

又如,由原对外贸易与经济合作部以〔2001〕370 号文下发的《关于进出口经营资格管理的有关规定》中对"资格证书"的表述为:"对准予登记的,发给《中华人民共和国进出口企业资格证书》。"

实行资质证管理的行业相对较多,多是针对那些技术要求高或控制严格,以及其他需要具备一定条件才能经营的领域,而且往往还分为不同等级。建筑、广告、房地产等是典型的资质管理行业。没有相关资格资质或超越其资格资质签订的合同,一般会被认定为无效。

例如,《房地产开发企业资质管理规定》(2022 年)第三条规定:"房地产开发企业应当按照本规定申请核定企业资质等级。未取得房地产开发资质等级证书(以下简称资质证书)的企业,不得从事房地产开发经营业务。"

以上风险主体行为资格均为不同类型的行政许可,属于不同领域行为合法性的界限。未经许可或超越许可范围进行活动的,一般均有受到行政机关予以行政处罚的风险,构成犯罪的还要被依法追究刑事责任。

---

① 《中华人民共和国行政许可法》(2019 年)第三十九条。

三、风险主体的行为分类

组织风险主体自其依法成立至终止，在其生命周期内按照设立宗旨展开活动，可分为基本行为、专业行为、特定行为三类。这些分类对从整体上考虑风险类别、制度体系颇有现实意义。

由于篇幅及研究方向所限，除了前面讨论过的企业非常态行为以及事实上属于登记行为的行为资格问题，这里仅简要讨论组织主体的常态行为。

(一) 普遍性的基本行为

组织风险主体的基本行为，主要指组织风险主体无论从事何种活动都必须具有的基础性、常规性但与其成立宗旨基本无关的行为。这类基础性、常规性的行为系各类组织所必需，包括取得活动场所使用权、设立治理结构、取得和使用资金、聘用员工等。无论是企业还是事业单位、机关、社团，莫不如此。

1. 建立和运行组织机构

建立起包括管理层级和管理分工的组织机构，是组织能够有效地运用资源开展活动并实现组织目标的基础。组织机构是管理体制的主要内容，而管理体制对于组织发展有着重大的影响，不能与时俱进的管理体制会产生"体制病"等影响组织效率和发展的问题。

法律往往对组织机构有所规定，其中最为详尽的当属《公司法》及相关法律法规。而要求的详细程度，尤以对上市公司为甚。

2. 建立和维护基本秩序

组织都在以书面、口头或其他约定俗成的方式建立其规章制度体系，以标准化处理某些事务来确保组织的安全和行为效率。组织规模越是庞大，越是需要标准的工作秩序，即制度、流程、标准等。除了组织机构以外，组织的制度化水平对组织的行为效率及合规程度影响甚大。

同样，法律法规对组织的规章制度建设也有提及，而合规工作最有意义的有形成果，便是企业的规章制度体系建设。

3. 管理和运用基本资源

组织一经设立，便有一定的人员、财产、权益等资源或事务需要管理，如聘用人员、租赁场地、采购基本办公设备、管理财务、支付水电费用等。

这类行为与组织的宗旨无关，也不涉及行业行为。但它属于维系其存在而必须完成的工作，并涉及各类法律等规范。

(二) 行业性的专业行为

风险主体的专业行为，是指由所在行业决定的活动以及相关事务管理等行为。

对于制造型企业,原材料采购、产品生产或服务提供、销售及售后服务、广告宣传、技术开发等便是其常态化的行业行为。其他组织围绕设立宗旨展开活动时,情况与此类似。

1. 行业行为的多样性

行业行为取决于企业所处的行业。根据权威的国家推荐标准《GB/T 4754-2017 国民经济行业分类》,中国的行业共分为 20 个门类、97 个大类。该 20 个行业门类分别为:

A. 农、林、牧、渔业

B. 采矿业

C. 制造业

D. 电力、热力、燃气及水生产和供应业

E. 建筑业

F. 批发和零售业

G. 交通运输、仓储和邮政业

H. 住宿和餐饮业

I. 信息传输、软件和信息技术服务业

J. 金融业

K. 房地产业

L. 租赁和商务服务业

M. 科学研究和技术服务业

N. 水利、环境和公共设施管理业

O. 居民服务、修理和其他服务业

P. 教育

Q. 卫生和社会工作

R. 文化、体育和娱乐业

S. 公共管理、社会保障和社会组织

T. 国际组织

行业的不同决定了常态化行为的不同。如企业的常态行为是经营,社团的常态行为是社会活动,而机关的常态行为是行政管理和执法等。

即使属于同一门类,不同大类的行业也存在着主营业务和经营模式方面的较大差异。例如,制造业分为 31 个大类,占行业大类分类数量的三分之一,足以说明制造业大类之多、大类间差异之大。

2. 行业内的基本活动与辅助活动

行业行为属于"专业化"行为,涉及行业管理的相关法律规范体系。例如,消费品生产企业不仅涉及产品质量、消费者权益、广告等诸多法律及规则的要求,还涉及法律、行政法规、部门规章,以及地方性法规、地方政府规章的要求,同时涉及国家标准、行业标准、地方标准、团体标准、企业标准的限制。许多法律和标准交叉引用,增加了合规的难度。

如果细分,企业类组织的行业行为可再分为基本活动(Primary Activities)和辅助活动(Support Activities)。前者包括内部后勤、生产作业、外部后勤、市场和销售、服务等,后者则包括采购、技术开发、人力资源管理和企业基础设施等。[①] 二者各有一系列相关的规则体系,稍有疏忽即容易违规或导致单方丧失权益。

(三) 个别性的特定行为

个别性的特定行为,是指在基础行为、行业行为之外由于企业自身原因导致的非普遍性、行业性的个性化行为。这种行为是企业的状况、环境等因素交互作用的结果,每个企业都会存在,包括特有的管理模式、风险偏好、价值观等。

1. 偏好性行为

组织的许多行为难分对错,只是取决于其偏好,或者说是投资者或管理者的偏好。例如,投资比例及管理权设置、显名股东与实际控制人,作风简单、粗犷还是谨慎、精细等,喜欢循规蹈矩还是喜欢另辟蹊径等。

总体上,简单、粗犷可以有更高的决策效率但也有更多的风险。谨慎、精细是精细化管理的特征,虽然更为安全但是会丧失效率。

2. 历史性问题

某些企业的个性化行为与其自身的发展历程、历史遗留问题、治理结构有关,包括一些特殊管理程序、管理模式和基于历史教训产生的经营模式等。

虽然始于历史性原因,但是这类行为已经成为制度的一部分并成为企业的经常性的个性化行为,并因此而存在着与众不同的风险点。

由于组织的自有行为非常"个性化",因此虽然需要识别其风险,但是只要不是经常性发生就可以一般按个案处理,不列入风险管理的重点。

第七节 风险环境解析

所谓风险环境,实则为规则环境。尤其是在合规风险领域中,首先需要明确"规"的范围才能进而讨论"合"的问题。因此,法律风险环境与合规风险环境,其

[①] 参见"价值链"词条,载百度百科,https://baike.baidu.com/item/价值链/4766235?fr=aladdin,访问日期:2020年2月12日。

实都是指所处的规则环境。

风险环境是主体、行为、环境三大风险要素中的最后一个。将特定主体的特定行为与相关的法律等规则环境要求相比对，就可以判定出具体的风险，包括法律风险和合规风险。

一、风险环境中的规则要素

法律风险、合规风险均为规则风险，因而风险环境涉及各类规则以及他们的实际施行情况，如规则的严格程度、惩罚力度、事件发生概率等。风险之所以称其为风险，是因为其有不确定性，也就是不利后果可能发生也可能不发生，具体情况与执法情况及法治观念密不可分。其所涉及的环节与20世纪提出的法制建设理念大致相同，即包括关于"有法可依、有法必依、执法必严、违法必究"中的各个环节。

当然，在合规风险的风险环境中除了法律规则还有其他规则，而且也不仅仅是被动的因受到强制而遵从，还包括基于道德和社会责任、商业信誉等方面的考量而自觉地遵从。但在法律风险领域中，对于法律风险的抽象分析可以只考虑法律强制性规定，而对于具体风险行为的后果的分析还要考虑执法状况、法制观念等因素，以更准确地判断风险后果的类型、影响、概率等。

(一) 规则的完备程度

规则是判断风险是否存在的依据，其完备程度越高则越容易判断和控制相关风险。规则有着众多的门类，有法律规则和其他规则之分，也有外部规则与内部规则之分。即使是法律规则，也有全国性与地方性之分。

所谓的完备程度，主要是判断其完整性和明确性。前者关注规则是否已经形成完整的体系并覆盖所有可能的行为；后者关注规则是否明确无误而不被人为操控或任意解释。

1. 体系化程度

以法律体系为主体的规则体系，大致限定了风险主体的行为范围和方式，体系越是完整、边界越是清晰，则越容易判定行为的风险。以投资行为为例，投资地的选择并非生产经营成本越低越好，还要考虑法律体系的完备程度，因为这涉及经营和发展的空间以及不确定性。

2. 明确化程度

规则的明确性，是准确地判断风险性质、后果及程度的基础，既涉及具体权益方面的实体性规定，又涉及诉讼程序类的程序性规定。立法上的界限过于宽泛等技术问题，会引发执法不公、违法成本过低等现象，会引发法律秩序的不确定性并影响到风险主体的安全。

在整体层面上,由于法律的功能是建立和维护某种秩序,因而在客观上存在着制约社会、向脱离既有秩序发展的作用。如果法律体系偏于保守或过于落后,则会对社会、经济、文化等方面的发展产生阻碍。但这些属于选择风险环境时需要考虑的问题。

(二) 规则的执行情况

规则体系只是一种静态、基本的存在,如果需要准确判断风险后果,还需了解动态的规则执行情况。就法律规则而言,规则的执行情况就是司法机关、行政主管部门对于法律的理解和执行。

1. 法律理解的影响

尽管司法、执法系统都在通过在职培训等方式提高整个系统对于法律的正确理解和适用,但是由于地域文化、经济、社会等方面发达程度的不同,以及相关人员对于法律的理解的不同,同类事件在执法结果上的差异客观存在。

甚至某些民族自治地方的人民代表大会,有权依据《中华人民共和国立法法》(2015年,以下简称《立法法》)的相关规定,并依照当地民族的政治、经济和文化的特点,制定自治条例和单行条例。并且"自治条例和单行条例可以依照当地民族的特点,对法律和行政法规的规定作出变通规定,但不得违背法律或者行政法规的基本原则,不得对宪法和民族区域自治法的规定以及其他有关法律、行政法规专门就民族自治地方所作的规定作出变通规定"①。

2. 执法理念的影响

同样基于社会、经济、文化等方面的地域差异,不同地域间也存在着执法理念的差异,体现在执法范围、执法力度等方面。甚至在规模较大的城市,不同的区级行政单位都会存在某种程度上的司法、行政执法差异。

以《道路交通安全法》(2021年)为例,虽然该法在全国范围内施行,但各地执法存在差异。而某些部门规章,也存在着在某些地区实际上不为人知的情形。

(三) 群体的规则意识

群体的规则意识,是指在特定社会范围内人们对于法律规则、社会规则和承诺的规则的认识程度以及是否认真遵从或运用的态度。规则意识包括了对规则的熟悉程度和对规则的利用程度,社会上相对主流的规则意识决定了风险事件的总体发生概率。

1. 规则意识差异

对于规则的认识程度差异,主要体现在对于规则的知悉程度和理解程度的不

---

① 参见《中华人民共和国立法法》(2015年修正)第七十五条。

同。由于社会规则的普遍存在,以及风险主体的活动范围、知识范围和理解能力不同,不同的个体对于规则的认识程度存在着不小的差异。

例如,对于法律规则的认识不足或权利行使观念上的不同,使许多消费者未能充分维护其作为消费者的合法权益。但对于规则的充分认识和对权利的充分行使,也产生了以维权、索赔为主要谋生手段的"维权产业",使经营者因其故意或疏忽而为违规行为付出更高的成本。

2. 权利行使意识

权利行使意识决定了在清楚地知道自己的权利时所采取的行动,无论是放弃权利的行使、以和解的方式行使,还是要求严格执行的行使,都是其选项。对于规则意识的认识存在着个体差异,在分析具体风险主体时,具体风险事件属于必须考虑的因素,并需要大量收集和分析背景信息才能确定风险发生的概率等情形。

社会规则意识可以被视为社会法制观念的一部分,它与教育程度、社会发达程度等密切相关。规则意识越强的地区往往文明程度越高,在民事活动中的违约、侵权等行为越少,更适合风险主体依法活动。而且,规则意识强的地区往往执法情况较好,使得各类法律限度内的行为更有秩序。

由此可见,风险环境不仅仅是规则环境问题,而且由于社会主流价值观的不同以及规则执行情况的不同,任何规则环境都会存在理论上的风险环境与实际的风险环境的区别。因为前者仅仅是依据规则体系要求进行判断的结果,而后者则是依据现实情况而得出的结果。这种偏离在任何规则体系下都有不同程度的体现,增加了违规后果的不确定性和分析的难度。但也正因如此,事件引发的首先是遭受不利后果的可能性,也就是风险。而且,只有一部分风险引发现实的不利后果,即风险损失。

二、风险环境中的几类规则

法律规则以外的其他合规风险也有强制性、倡导性和自律性之分,但这些规则的强制力基本来自国家以外的其他组织或自身,甚至没有强制力。

(一) 对于规则的各种表述

合规管理虽然已经日益普及,但是却并未出台普遍适用的相关法律。除了用于行业管理的部门规章属于法律以外,相关的指引和推荐标准均不具备强制力。因此,对于合规管理中"规"的范围需要探讨。

在现行有效的各类规范性法律文件和推荐标准中,对于合规之"规"分别表述如下:

1. 金融业的指引

中国的金融业是最早发起合规管理的行业,不仅与国际发展保持同步,还结合行业特点和地域环境有所创新,并引领了合规领域的后续发展。

作为最早的合规风险管理相关文件,《商业银行合规风险管理指引》(2006年)第三条提出:

> 本指引所称法律、规则和准则,是指适用于银行业经营活动的法律、行政法规、部门规章及其他规范性文件、经营规则、自律性组织的行业准则、行为守则和职业操守。

而在2008年颁布的《保险公司合规管理指引》(已失效)的第二条,对于合规有如下描述:

> 本指引所称的合规是指保险公司及其员工和营销员的保险经营管理行为应当符合法律法规、监管机构规定、行业自律规则、公司内部管理制度以及诚实守信的道德准则。

值得注意的是,两部指引均将涉及企业商业信誉和企业道德的原则作为合规准则的一部分,因而有"行为守则和职业操守""诚实守信的道德准则"等提法。

2. 金融业的部门规章

随着金融业合规管理理念的发展,部分推荐性的指引已经转化为强制性的部门规范性文件,也可理解为行业监管规定。其中,《保险公司合规管理办法》更是直接替代了先前的《保险公司合规管理指引》。《保险公司合规管理办法》(2016年)第二条规定:

> 第二条 本办法所称的合规是指保险公司及其保险从业人员的保险经营管理行为应当符合法律法规、监管规定、公司内部管理制度以及诚实守信的道德准则。

而金融业的另一部门规章《证券公司和证券投资基金管理公司合规管理办法》(2017年)也有类似规定,其中的第二条规定:

> 本办法所称合规,是指证券基金经营机构及其工作人员的经营管理和执业行为符合法律、法规、规章及规范性文件、行业规范和自律规则、公司内部规章制度,以及行业普遍遵守的职业道德和行为准则(以下统称法律法规和准则)。

从两个部门规章的具体内容上看,后者比前者更为详尽,尤其是明确将"规范性文件""自律规则""行业普遍遵守的职业道德和行为准则"列入了需要遵守的规则的范围。

3. 其他领域的合规要求

除了金融业,贸易领域、税收领域也颁布了涉及合规管理的部门规章,但其范围局限于世界贸易组织规则方面。

其中,《贸易政策合规工作实施办法(试行)》(2014年)第三条规定:"本办法所称合规,是指上述贸易政策应当符合《世界贸易组织协定》及其附件和后续协定、《中华人民共和国加入议定书》和《中国加入工作组报告书》。"

第二年颁布的《税收政策合规工作实施办法(试行)》(2015年),也在其第三条中规定:

> 本办法所称合规,是指税收政策应当符合世界贸易组织规则。
> 世界贸易组织规则,包括《世界贸易组织协定》及其附件和后续协定、《中华人民共和国加入议定书》和《中国加入工作组报告书》。

由于这两部部门规章的适用范围有限,因此其对于合规规则的描述不具有普遍意义。

4.《合规管理体系指南》

作为合规领域的推荐性国家标准,《GB/T 35770—2017/ISO 19600:2014 合规管理体系指南》(该国际标准已被 ISO 37301:2021《合规管理制度——要求与使用指南》取代)对于"合规"也有表述。

按该指南,"合规"是指"履行组织的全部合规义务",包括"合规要求或合规承诺",即"组织有义务遵守的要求"和"组织选择遵守的要求"。

而"要求"是指"明示的、通常隐含的或有义务履行的需求或期望"。其中,"通常隐含"是指"组织和相关方的惯例或一般做法,所考虑的需求或期望是不言而喻的"。

事实上这一指南中对于合规规则的表述并不复杂,只是层层引用的表述方式使其显得复杂。概括起来,其"合规"之规,就是指"组织有义务遵守的要求"和"组织选择遵守的要求"。

5.两部合规管理指引

2018年颁布的《中央企业合规管理指引(试行)》和《企业境外经营合规管理指引》集中反映了近年来对于合规管理不断摸索的结果。虽然并非强制性的法律规范,但是其近乎于集大成式的内容代表了合规管理的方向。

依据《中央企业合规管理指引(试行)》(2018年)第二条的表述,"本指引所称合规,是指中央企业及其员工的经营管理行为符合法律法规、监管规定、行业准则和企业章程、规章制度以及国际条约、规则等要求"。

而依据《企业境外经营合规管理指引》(2018年)第三条的表述,"本指引所称合规,是指企业及其员工的经营管理行为符合有关法律法规、国际条约、监管规定、行业准则、商业惯例、道德规范和企业依法制定的章程及规章制度等要求"。

这两部指引虽然在适用范围上存在较大的差异,但是其对于合规规则的表述在思路上则完全一致,只在适用的规则范围上略有差异,尤其是后者强调了"商业惯例"和"道德规范"作为规则。

(二)"合规"中的四类规则

结合以上相关内容对于合规规则的描述,尤其是基于2018年的两个合规管理指引和金融业的两个合规管理办法,合规规则的内涵已经不难理解。

两部合规管理指引中的"规"分别为"法律法规""监管规定""行业准则""企业章程""规章制度""国际条约""规则""商业惯例""道德规范",而且除后两项外,其他项在两部指引中通用。

而两部合规管理办法中对于"规"的描述,则包括"监管规定""管理制度""诚实守信的道德准则",以及"法律""法规""规章""规范性文件""行业规范""自律规则""行业普遍遵守的职业道德和行为准则"。

虽然表述方式和列举措词各有不同,但是通过比对、分析,可知其"规"中包含的内容与通行的关于合规的解释基本一致,分为四部分。

1. 法律规则

上述表述中所采用的"法律""法规""规章""监管规定""规范性文件""国际条约""规则"等,毫无疑问属于不同层级、来源的法律规范。这类规范即使不加列举,也因其强制性而必须遵守。

其中,"规则"有可能是法律,例如《中华人民共和国全国人民代表大会常务委员会议事规则》(2009年),以及《外国民用航空器飞行管理规则》(2019年)等;也有可能是某种技术要求、程序要求,例如最高人民法院颁布的《中华人民共和国人民法院法庭规则》(2016年)交通运输部颁布的《民用航空人员体检合格证管理规则》(2018年)等。

2. 社会规则

"商业惯例""道德规范""行业规范""自律规则""行业普遍遵守的职业道德和行为准则"等,均为无法律强制力的社会规则。这些社会规则有的来自行业、有的来自社会主流价值观、有的来自政府部门的倡导。其中的"自律规则",多为多个主体共同达成并共同遵守的规则,只是没有相对方或其他方的强制力强迫其执行,也没有惩罚措施。

如前所述,这里的"规则"不仅包括以"规则"命名的法律,还包括一些管理性或技术性的"规则"。如果回溯到巴塞尔银行监管委员会发布的《合规与银行内部合规部门》,这个"规则"最主要是指行业的自律性或推荐性的监管规则。

但这些规则并非与法律毫无牵连。《民法典》(2021年)第八十六条即规定:"营利法人从事经营活动,应当遵守商业道德,维护交易安全,接受政府和社会的监督,承担社会责任。"某些"商业道德"也可被理解为合同法意义上的"交易习惯",而被用于解释合同或确定责任。

3. 内部规则

"企业章程""规章制度"均为股东或企业自行制定的内部规则,但法律对这些规则的制定有一定的实体及程序上的要求。在合规管理领域中,这些规则对内是实施有效管理的依据,对外是判断企业有无责任、管理者有无责任的重要依据。

这些规章制度既包括企业自身制定、对本企业实施的规章制度,也包括上级企业制定、本企业有义务遵守的规章制度,以及身为上级企业为下级企业制定的制度,属于企业的"内规"。

4. 对外承诺

两部合规管理指引和两部合规管理办法均未明确将对外承诺列为应守之"规",但《合规管理体系指南》中将其列为"履行组织的全部合规义务"中的"合规要求或合规承诺",即"组织选择遵守的要求"。

但对外承诺大致可分为在合同或其他文件中向特定对象的承诺,以及面向社会群体中不特定对象的承诺。前者构成合同义务,需要依法、依约履行;后者构成社会义务,属于单方对外的"自律规则",或者依据"诚实守信的道德准则"而需要遵守的内容。

回顾合规发展的历程,可以发现这几类"规"其实与国际巴塞尔银行监管委员会发布的《合规与银行内部合规部门》的引言中的定义部分极为相似,即:合规风险是指"银行因未能遵循法律、监管规定、规则、自律性组织制定的有关准则,以及适用于银行自身业务活动的行为准则(以下统称"合规法律、规则和准则")而可能遭受法律制裁或监管处罚、重大财务损失或声誉损失的风险"。

而从另外一个角度看,这四种规则覆盖了企业可能涉及的所有规则体系。其中虽然包括了法律规则,但是由于合规的用意是遵守各类规则,因此表面上看合规管理只是在法律规则之外增加了两类规则,实质上却降低了法律风险管理方面的要求,只强调遵守而非充分利用法律规则。而法律风险管理事实上也并非无视另两类规则,只是将其视为另外一个领域需要解决的问题,而且法律风险管理措施本身也是通过企业规章制度执行。

三、风险环境中的法律规则

在风险环境的各类规则中,最为复杂也最为"刚性"的是法律规则体系。这一体系庞大到调整着企业的方方面面,同时又以公权力为后盾强制执行,因而是风险环境中最为重要的规则体系。

(一)法律规则及其层级

作为在规则风险管理中最有影响力的要素,中国的法律体系并非人们常说的

"法律法规"那么简单,而是分为不同的层级和类型。除了全国通用的法律、行政法规、部门规章,还有只在地方有效的地方性法规及地方政府规章,以及与法律同等重要的司法解释。

1. 全国人大及其常委会的法律

按照《宪法》及《立法法》的规定,全国人民代表大会及其常务委员会行使国家立法权,因而这一层级的法律规范处于最高层面。全国人民代表大会制定和修改刑事、民事、国家机构的和其他的基本法律,全国人民代表大会常务委员会制定和修改除应由前者制定的法律以外的其他法律,并在前者闭会期间对前者制定的法律进行部分补充和修改。

这一层面的法律是狭义的法律,除《民法典》等个别情况外,均以"法"来命名,如《公司法》《商标法》《反不当竞争法》《广告法》《环境保护法》等。这一层面的法律涉及了宪法以及具体的民事、刑事、行政三大领域,涵盖了司法、行政、财政、民政、经济、教育、科学、卫生、文化、城乡建设等各个行业,数量十分庞大。

根据《立法法》(2015年)第八条规定:

下列事项只能制定法律:
(1)国家主权的事项;
(2)各级人民代表大会、人民政府、人民法院和人民检察院的产生、组织和职权;
(3)民族区域自治制度、特别行政区制度、基层群众自治制度;
(4)犯罪和刑罚;
(5)对公民政治权利的剥夺、限制人身自由的强制措施和处罚;
(6)税种的设立、税率的确定和税收征收管理等税收基本制度;
(7)对非国有财产的征收、征用;
(8)民事基本制度;
(9)基本经济制度以及财政、海关、金融和外贸的基本制度;
(10)诉讼和仲裁制度;
(11)必须由全国人民代表大会及其常务委员会制定法律的其他事项。

2. 国务院的行政法规

依据《立法法》(2015年)第六十五条的规定:

国务院根据宪法和法律,制定行政法规。
行政法规可以就下列事项作出规定:
(一)为执行法律的规定需要制定行政法规的事项;
(二)宪法第八十九条规定的国务院行政管理职权的事项。

行政法规多用于国家法律尚未覆盖的领域,或虽有上位法但某些方面未曾涉及的部分。国务院制定的行政法规是狭义的行政法规,而日常生活中人们常说的行政法规则包括了国务院各部门及地方政府的规章,属于对行政法规的扩大及不规范的表述,在风险管理活动中应注意识别及避免。

鉴于《民法典》(2021年)第一百五十三条已经规定"违反法律、行政法规的强制性规定的民事法律行为无效。但是,该强制性规定不导致该民事法律行为无效的除外"。和"违背公序良俗的民事法律行为无效"。因此在判断合同无效风险时,只能以国务院行政法规为限,而不能将国务院颁布的非行政法规内容甚至部门规章作为依据。

3. 地方性法规、自治条例和单行条例、规章

这四类广义的法律属于同一层级,由相关地方立法机构制定并在当地颁布施行,以作为国家法律、行政法规的补充,解决地方上的某些具体问题。

(1)地方性法规

《立法法》(2015年)第七十二条第一款规定:"省、自治区、直辖市的人民代表大会及其常务委员会根据本行政区域的具体情况和实际需要,在不同宪法、法律、行政法规相抵触的前提下,可以制定地方性法规。"

该法第七十三条第一款第一、二项还规定了地方性法规的调整范围为:

(一)为执行法律、行政法规的规定,需要根据本行政区域的实际情况作具体规定的事项;

(二)属于地方性事务需要制定地方性法规的事项。

此外,第七十四条还规定:"经济特区所在地的省、市的人民代表大会及其常务委员会根据全国人民代表大会的授权决定,制定法规,在经济特区范围内实施。"

(2)自治条例和单行条例

这两类地方性的法律主要用于民族自治地方的各类变通性规定,只在民族自治地方区域内施行。

《立法法》(2015年)第七十五条规定:"民族自治地方的人民代表大会有权依照当地民族的政治、经济和文化的特点,制定自治条例和单行条例。自治区的自治条例和单行条例,报全国人民代表大会常务委员会批准后生效。自治州、自治县的自治条例和单行条例,报省、自治区、直辖市的人民代表大会常务委员会批准后生效。

自治条例和单行条例可以依照当地民族的特点,对法律和行政法规的规定作出变通规定,但不得违背法律或者行政法规的基本原则,不得对宪法和民族区域自治法的规定以及其他有关法律、行政法规专门就民族自治地方所作的规定作出变通规定。"

(3)规章

规章分为国务院各部门的规章和地方政府规章。虽然从法律体例上属于同一层级,但是前者在全国范围内施行,后者只在地方政府行政区域内施行。

依照《立法法》(2015年)第八十条:"国务院各部、委员会、中国人民银行、审计署和具有行政管理职能的直属机构,可以根据法律和国务院的行政法规、决定、命令,在本部门的权限范围内,制定规章。

部门规章规定的事项应当属于执行法律或者国务院的行政法规、决定、命令的事项。没有法律或者国务院的行政法规、决定、命令的依据,部门规章不得设定减损公民、法人和其他组织权利或者增加其义务的规范,不得增加本部门的权力或者减少本部门的法定职责。"

而该法第八十二条规定,"省、自治区、直辖市和设区的市、自治州的人民政府,可以根据法律、行政法规和本省、自治区、直辖市的地方性法规,制定规章。

地方政府规章可以就下列事项作出规定:

(一)为执行法律、行政法规、地方性法规的规定需要制定规章的事项;

(二)属于本行政区域的具体行政管理事项。

设区的市、自治州的人民政府根据本条第一款、第二款制定地方政府规章,限于城乡建设与管理、环境保护、历史文化保护等方面的事项。已经制定的地方政府规章,涉及上述事项范围以外的,继续有效"。

虽然修订后的《立法法》(2015年)将部门规章置于地方性法规、自治条例和单行条例之后,并在第九十一条规定了"部门规章之间、部门规章与地方政府规章之间具有同等效力,在各自的权限范围内施行",但是在实际操作中人们往往仍按适用范围和行政级别理解其权威性,如果出现冲突则由国务院裁决。

(二) 其他强制性规范

除《立法法》层面的法律外,还有一些其他类型的强制性规范需要从法律体系的角度去理解。这些规范有的是法律的延伸,有的是法律的适用。

1. 司法解释与判例

按照《立法法》(2015年),法律的解释权为全国人民代表大会常务委员会所独有,是谓立法解释。但在实践中,最高人民法院对于具体法律规定如何适用而进行的司法解释,对于全社会的各类相关行为都有约束作用。因而司法解释虽在法律体系之外,但在判断法律风险方面与立法解释同等重要。

此外,最高人民法院所下发的指导性案例虽然没有必须遵照执行的效力,但是往往代表了最高人民法院的主流观点并对地方人民法院的判决有重大影响,因此也是判断法律风险时的重要参考依据。

2. 强制性质量标准

为了确保人身财产安全,国家制定了大量的强制性技术标准,以规范产品质量或服务质量管理。这些标准关系到各行各业并强制施行,虽非直接的法律但却是

《标准化法》《产品质量法》等法律的延伸。这些法律规定了这些标准的强制执行效力,虽侧重于技术问题但同样属于法律环境中的强制性规则。

依据《中华人民共和国标准化法》(2017年,以下简称《标准化法》)第二十五条的规定:"不符合强制性标准的产品、服务,不得生产、销售、进口或者提供。"因此,无论是产品还是服务,强制性标准是不可逾越的"红线",也是走向市场所必须满足的条件。

3. 国际条约及国际惯例

中央政府与外国或国际组织签订的国际条约等,同样在法律上对风险主体有约束力,这在中国民事法律体系中有明确的规定。例如:

《民事诉讼法》(2021年)第四编"涉外民事诉讼程序的特别规定"中的第二百六十七条　中华人民共和国缔结或者参加的国际条约同本法有不同规定的,适用该国际条约的规定,但中华人民共和国声明保留的条款除外。

4. 政府部门的规范性文件

在《立法法》规定的立法层级之外,没有立法权的地方政府或政府部门有时也会针对本辖区某些具体事务的管理出台相关的管理规定。这些规定并非法律规范中的地方政府规章,因而不属于法律规范。

按照《立法法》(2015年)第八十二条的规定,"没有法律、行政法规、地方性法规的依据,地方政府规章不得设定减损公民、法人和其他组织权利或者增加其义务的规范"。因此,这类规范性文件更不应该存在"减损公民、法人和其他组织权利或者增加其义务的规范"的规定,否则属于与法律相冲突。但这类规范性文件如与法律并无冲突,虽非强制性规范但近乎于"准强制"性的规则,仍旧需要在处理相关事务时加以遵守。

在实际操作中经常会遇到法律的修订问题。为了避免新旧规定之间的冲突,《立法法》(2015年)作了如下规定:

第九十二条　同一机关制定的法律、行政法规、地方性法规、自治条例和单行条例、规章,特别规定与一般规定不一致的,适用特别规定;新的规定与旧的规定不一致的,适用新的规定。

第九十三条　法律、行政法规、地方性法规、自治条例和单行条例、规章不溯及既往,但为了更好地保护公民、法人和其他组织的权利和利益而作的特别规定除外。

第八节 风险后果解析

风险后果是指风险事件的最后结果,尤其是指不利、负面的结果。在众多的风险后果中,法律风险的后果最为确定,可分为刑事责任、民事责任、行政责任、权益丧失四类。而法律规则以外基于其他规则的合规风险后果,多为商业信誉和机会、资格的丧失,以及其他间接不利后果。

与此同时,某些风险后果还有可能带来直接负责的主管人员和其他直接责任人员的个人不利后果。

一、刑事责任风险后果

在基于法律而产生的风险后果中,最为不利的莫过于刑事责任法律风险。这不仅仅是由于刑事责任的处罚最为严厉,也由于这种惩罚必须由责任人直接承受,这也是刑事责任的威慑作用之所在。

因企业活动而引起的企业刑事责任主要分为单位刑事责任风险和个人刑事责任风险两类,而单位既包括法人也包括非法人组织。

(一)刑事风险的主体及处罚原则

在众多的刑事责任风险中,与企业最为直接相关的是其经营行为牵涉到刑事犯罪,这类行为的风险后果是由单位和特定人员承担刑事责任。其他刑事责任因与企业法律风险或合规风险的关系比较远,故不在此讨论。

1. 单位犯罪的主体

根据《刑法》(2020年)第三十条的规定:"公司、企业、事业单位、机关、团体实施的危害社会的行为,法律规定为单位犯罪的,应当负刑事责任。"这一条款是对单位犯罪最为直接的规定,犯罪主体、犯罪种类等相关条款由此展开。

虽然法条本身未加解释,但是单位犯罪显然是与经营活动有关的单位行为,而非单位中个别人的私下行为。为了进一步明确单位相关概念,最高人民法院在《关于审理单位犯罪案件具体应用法律有关问题的解释》(法释〔1999〕14号)中作了进一步的解释。即:

第一条 刑法第三十条规定的公司、企业、事业单位,既包括国有、集体所有的公司、企业、事业单位,也包括依法设立的合资经营、合作经营企业和具有法人资格的独资、私营等公司、企业、事业单位。

第二条 个人为进行违法犯罪活动而设立的公司、企业、事业单位实施犯罪的,或者公司、企业、事业单位设立后,以实施犯罪为主要活动的,不以单位犯罪论处。

第三条 盗用单位名义实施犯罪,违法所得由实施犯罪的个人私分的,依照刑法有关自然人犯罪的规定定罪处罚。

由此可见,单位犯罪既不包括为了从事犯罪活动而设立的公司,也不包括盗用单位的名义实施犯罪并由个人私分违法所得的行为,而且基本是与单位的经营活动有关,即使法定代表人的个人行为也并不属于单位犯罪。

2. 单位犯罪的处罚原则

《刑法》(2020年)对于单位犯罪实施双罚制,既惩罚单位也惩罚直接的相关人员。《刑法》(2020年)第三十一条规定:"单位犯罪的,对单位判处罚金,并对其直接负责的主管人员和其他直接责任人员判处刑罚。本法分则和其他法律另有规定的,依照规定。"

例如,《刑法》(2020年)第二百八十一条规定:"非法生产、买卖人民警察制式服装、车辆号牌等专用标志、警械,情节严重的,处三年以下有期徒刑、拘役或者管制,并处或者单处罚金。

单位犯前款罪的,对单位判处罚金,并对其直接负责的主管人员和其他直接责任人员,依照前款的规定处罚。"

对于"直接负责的主管人员"和"直接负责人员",并无相关权威解释。可供参考的是最高人民法院研究室于1994年1月27日回复公安部法制司的《关于如何理解"直接负责的主管人员"和"直接责任人员"问题的复函》中的解释,即:

所谓"直接负责的主管人员",是指在企业事业单位、机关、团体中,对本单位实施走私犯罪起决定作用的、负有组织、决策、指挥责任的领导人员。单位的领导人如果没有参与单位走私的组织、决策、指挥,或者仅是一般参与,并不起决定作用的,则不应对单位的走私罪负刑事责任。

所谓"直接责任人员",是指直接实施本单位走私犯罪行为或者虽对单位走私犯罪负有部分组织责任,但对本单位走私犯罪行为不起决定作用,只是具体执行、积极参与的该单位的部门负责人或者一般工作人员。

对于这些人员的刑罚,可以分为主刑与附加刑。《刑法》(2020年)中的相关规定为:

第三十三条 主刑的种类如下:
(一)管制;
(二)拘役;
(三)有期徒刑;

(四)无期徒刑；
(五)死刑。
第三十四条　附加刑的种类如下：
(一)罚金；
(二)剥夺政治权利；
(三)没收财产。
附加刑也可以独立适用。

(二)单位刑事责任风险的种类

单位因犯罪行为而承担刑事责任的种类、罪名都比较多。依据《刑法》(2020年)中关于单位犯罪的相关规定，共分为二十一类、一百四十余种。这类刑事责任风险的起因多是基于单位的"经营行为"，而非其法定代表人、主管人员、负责人员或员工的个人行为。

相关的犯罪类别、罪名和法律依据见下表：

表1-2　单位刑事责任风险的犯罪类别、罪名和法律依据

类别	罪名	法律依据
01 危害公共 安全罪	帮助恐怖活动罪	《刑法》第一百二十条之一
	非法制造、买卖、运输、邮寄、储存枪支、弹药、爆炸物罪	《刑法》第一百二十五条
	非法制造、买卖、运输、储存危险物质罪	
	违规制造、销售枪支罪	《刑法》第一百二十六条
	非法出租、出借枪支罪	《刑法》第一百二十八条
02 生产、销售 伪劣商品罪	生产、销售伪劣产品罪	《刑法》第一百四十条
	生产、销售假药罪	《刑法》第一百四十一条
	生产、销售劣药罪	《刑法》第一百四十二条
	生产、销售不符合安全标准的食品罪	《刑法》第一百四十三条
	生产、销售有毒、有害食品罪	《刑法》第一百四十四条
	生产、销售不符合标准的医用器材罪	《刑法》第一百四十五条
	生产、销售不符合安全标准的产品罪	《刑法》第一百四十六条
	生产、销售伪劣农药、兽药、化肥、种子罪	《刑法》第一百四十七条
	生产、销售不符合卫生标准的化妆品罪	《刑法》第一百四十八条

(续表)

类别	罪名	法律依据
03 走私罪	走私武器、弹药罪，走私核材料罪，走私假币罪	《刑法》第一百五十一条
	走私文物罪，走私贵重金属罪，走私珍贵动物、珍贵动物制品罪	
	走私国家禁止进出口的货物、物品罪	
	走私淫秽物品罪	《刑法》第一百五十二条
	走私废物罪	
	走私普通货物、物品罪	《刑法》第一百五十三条
04 妨害对公司、企业的管理秩序罪	虚报注册资本罪	《刑法》第一百五十八条
	虚假出资、抽逃出资罪	《刑法》第一百五十九条
	欺诈发行股票、债券罪	《刑法》第一百六十条
	隐匿、故意销毁会计凭证、会计账簿、财务会计报告罪	《刑法》第一百六十二条之一
	对非国家工作人员行贿罪	《刑法》第一百六十四条
	对外国公职人员、国际公共组织官员行贿罪	
	背信损害上市公司利益罪	《刑法》第一百六十九条之一
05 破坏金融管理秩序罪	擅自设立金融机构罪	《刑法》第一百七十四条
	伪造、变造、转让金融机构经营许可证、批准文件罪	
	高利转贷罪	《刑法》第一百七十五条
	骗取贷款、票据承兑、金融票证罪	《刑法》第一百七十五条之一
	非法吸收公众存款罪	《刑法》第一百七十六条
	伪造、变造金融票证罪	《刑法》第一百七十七条
	伪造、变造国家有价证券罪	《刑法》第一百七十八条
	伪造、变造股票、公司、企业债券罪	
	擅自发行股票、公司、企业债券罪	《刑法》第一百七十九条
	利用未公开信息交易罪	《刑法》第一百八十条

(续表)

类别	罪名	法律依据
	编造并传播证券、期货交易虚假信息罪	《刑法》第一百八十一条
	诱骗投资者买卖证券、期货合约罪	
	操纵证券、期货市场罪	《刑法》第一百八十二条
	背信运用受托财产罪	《刑法》第一百八十五条之一
	违法运用资金罪	
	违法发放贷款罪	《刑法》第一百八十六条
	吸收客户资金不入账罪	《刑法》第一百八十七条
	违规出具金融票证罪	《刑法》第一百八十八条
	对违法票据承兑、付款、保证罪	《刑法》第一百八十九条
	逃汇罪	《刑法》第一百九十条
	洗钱罪	《刑法》第一百九十一条
06 金融诈骗罪	集资诈骗罪	《刑法》第一百九十二条
	票据诈骗罪	《刑法》第一百九十四条
	金融凭证诈骗罪	
	信用证诈骗罪	《刑法》第一百九十五条
	保险诈骗罪	《刑法》第一百九十八条
07 危害税收征管罪	逃税罪	《刑法》第二百零一条
	逃避追缴欠税罪	《刑法》第二百零三条
	骗取出口退税罪,逃税罪	《刑法》第二百零四条
	虚开增值税专用发票、用于骗取出口退税、抵扣税款发票罪	《刑法》第二百零五条
	虚开发票罪	《刑法》第二百零五条之一
	伪造、出售伪造的增值税专用发票罪	《刑法》第二百零六条
	非法出售增值税专用发票罪	《刑法》第二百零七条
	非法购买增值税专用发票、购买伪造的增值税专用发票罪	《刑法》第二百零八条
	非法制造、出售非法制造的用于骗取出口退税、抵扣税款发票罪	《刑法》第二百零九条
	持有伪造的发票罪	《刑法》第二百一十条之一

(续表)

类别	罪名	法律依据
08 侵犯知识产权罪	假冒注册商标罪	《刑法》第二百一十三条
	销售假冒注册商标的商品罪	《刑法》第二百一十四条
	非法制造、销售非法制造的注册商标标识罪	《刑法》第二百一十五条
	假冒专利罪	《刑法》第二百一十六条
	侵犯著作权罪	《刑法》第二百一十七条
	销售侵权复制品罪	《刑法》第二百一十八条
	侵犯商业秘密罪	《刑法》第二百一十九条
09 扰乱市场秩序罪	损害商业信誉、商品声誉罪	《刑法》第二百二十一条
	虚假广告罪	《刑法》第二百二十二条
	串通投标罪	《刑法》第二百二十三条
	合同诈骗罪	《刑法》第二百二十四条
	组织、领导传销活动罪	《刑法》第二百二十四条之一
	非法经营罪	《刑法》第二百二十五条
	强迫交易罪	《刑法》第二百二十六条
	伪造、倒卖伪造的有价票证罪	《刑法》第二百二十七条
	非法转让、倒卖土地使用权罪	《刑法》第二百二十八条
	提供虚假证明文件罪	《刑法》第二百二十九条
	逃避商检罪	《刑法》第二百三十条
10 侵犯公民人身权利、民主权利罪	强迫劳动罪	《刑法》第二百四十四条
	私自开拆、隐匿、毁弃邮件、电报罪	《刑法》第二百五十三条
	侵犯公民个人信息罪	《刑法》第二百五十三条之一
	打击报复会计、统计人员罪	《刑法》第二百五十五条
	虐待被监护、看护人罪	《刑法》第二百六十条之一
11 侵犯财产罪	拒不支付劳动报酬罪	《刑法》第二百七十六条之一

(续表)

类别	罪名	法律依据
12 扰乱公共秩序罪	非法生产、买卖警用装备罪	《刑法》第二百八十一条
	非法生产、销售专用间谍器材、窃听、窃照专用器材罪	《刑法》第二百八十三条
	非法侵入计算机信息系统罪	《刑法》第二百八十五条
	非法获取计算机信息系统数据、非法控制计算机信息系统罪	
	提供侵入、非法控制计算机信息系统程序、工具罪	
	破坏计算机信息系统罪	《刑法》第二百八十六条
	拒不履行信息网络安全管理义务罪	《刑法》第二百八十六条之一
	非法利用信息网络罪	《刑法》第二百八十七条之一
	帮助信息网络犯罪活动罪	《刑法》第二百八十七条之二
	扰乱无线电通讯管理秩序罪	《刑法》第二百八十八条
13 妨害司法罪	虚假诉讼罪	《刑法》第三百零七条之一
	披露、报道不应公开的案件信息罪	《刑法》第三百零八条之一
	掩饰、隐瞒犯罪所得、犯罪所得收益罪	《刑法》第三百一十二条
	拒不执行判决、裁定罪	《刑法》第三百一十三条
14 妨害国(边)境管理罪	骗取出境证件罪	《刑法》第三百一十九条
15 妨害文物管理罪	非法向外国人出售、赠送珍贵文物罪	《刑法》第三百二十五条
	倒卖文物罪	《刑法》第三百二十六条
	非法出售、私赠文物藏品罪	《刑法》第三百二十七条
16 危害公共卫生罪	妨害传染病防治罪	《刑法》第三百三十条
	妨害国境卫生检疫罪	《刑法》第三百三十二条
	采集、供应血液、制作、供应血液制品事故罪	《刑法》第三百三十四条
	妨害动植物防疫、检疫罪	《刑法》第三百三十七条

(续表)

类别	罪名	法律依据
17 破坏环境 资源保护罪	污染环境罪	《刑法》第三百三十八条
	非法处置进口的固体废物罪	《刑法》第三百三十九条
	擅自进口固体废物罪	
	非法捕捞水产品罪	《刑法》第三百四十条
	非法猎捕、杀害珍贵、濒危野生动物罪	《刑法》第三百四十一条
	非法收购、运输、出售珍贵、濒危野生动物、珍贵、濒危野生动物制品罪	
	非法狩猎罪	
	非法占用农用地罪	《刑法》第三百四十二条
	非法采矿罪	《刑法》第三百四十三条
	破坏性采矿罪	
	非法采伐、毁坏国家重点保护植物罪	《刑法》第三百四十四条
	非法收购、运输、加工、出售国家重点保护植物、国家重点保护植物制品罪	
	盗伐林木罪	《刑法》第三百四十五条
	滥伐林木罪	
	非法收购、运输盗伐、滥伐的林木罪	
18 走私、贩卖、 运输、制造 毒品罪	走私、贩卖、运输、制造毒品罪	《刑法》第三百四十七条
	非法生产、买卖、运输制毒物品、走私制毒物品罪	《刑法》第三百五十条
	非法提供麻醉药品、精神药品罪	《刑法》第三百五十五条
19 制作、贩卖、 传播淫秽 物品罪	制作、复制、出版、贩卖、传播淫秽物品牟利罪	《刑法》第三百六十三条
	为他人提供书号出版淫秽书刊罪	
	传播淫秽物品罪	《刑法》第三百六十四条
	组织播放淫秽音像制品罪	
	组织淫秽表演罪	《刑法》第三百六十五条

（续表）

类别	罪名	法律依据
20 危害国防利益罪	故意提供不合格武器装备、军事设施罪	《刑法》第三百七十条
	非法生产、买卖武装部队制式服装罪	《刑法》第三百七十五条
	伪造、盗窃、买卖、非法提供、非法使用武装部队专用标志罪	
	战时拒绝、故意延误军事订货罪	《刑法》第三百八十条
21 贪污贿赂罪	单位受贿罪	《刑法》第三百八十七条
	对有影响力的人行贿罪	《刑法》第三百九十条之一
	对单位行贿罪	《刑法》第三百九十一条
	单位行贿罪	《刑法》第三百九十三条

（三）个人刑事责任风险的种类

由于企业的各类活动均由不同身份的人员操作完成，因而企业刑事责任法律风险的主体也当然包括个人主体。根据个人在单位中的身份、行为的不同，刑事责任法律风险也分为不同类型。

1. 基于单位犯罪的刑事责任风险

如前所述，对于单位犯罪的刑事惩罚实行双罚制，既惩罚单位也惩罚相应的主管人员或责任人员。即《刑法》（2020年）第三十一条所规定的："单位犯罪的，对单位判处罚金，并对其直接负责的主管人员和其他直接责任人员判处刑罚。本法分则和其他法律另有规定的，依照规定。"

单位犯罪的种类及罪名参见前述讨论，这里不再展开。

2. 基于非法经营的刑事责任风险

经营的合法性问题同时涉及民事、行政、刑事三大法律领域。在民法领域，它可能导致民事行为无效并因此而承担民事责任；在行政法领域，它可能因其违法行为招致行政处罚；在刑法领域，情节超过了行政处罚限度的违法经营还会涉及刑事处罚。

依照《刑法》（2020年）第二百二十五条关于非法经营罪的规定："违反国家规定，有下列非法经营行为之一，扰乱市场秩序，情节严重的，处五年以下有期徒刑或者拘役，并处或者单处违法所得一倍以上五倍以下罚金；情节特别严重的，处五年以上有期徒刑，并处违法所得一倍以上五倍以下罚金或者没收财产：

（一）未经许可经营法律、行政法规规定的专营、专卖物品或者其他限制买卖的物品的；

（二）买卖进出口许可证、进出口原产地证明以及其他法律、行政法规规定的经营许可证或者批准文件的；

（三）未经国家有关主管部门批准非法经营证券、期货、保险业务的，或者非法从事资金支付结算业务的；

（四）其他严重扰乱市场秩序的非法经营行为。"

这一规定可视为扰乱市场秩序中的特别规定，同时也仍旧属于单位犯罪的范畴。因为作为对单位犯扰乱市场秩序罪的处罚规定，《刑法》（2020年）第二百三十一条规定："单位犯本节第二百二十一条至第二百三十条规定之罪的，对单位判处罚金，并对其直接负责的主管人员和其他直接责任人员，依照本节各该条的规定处罚。"

3. 基于职务身份的刑事责任风险

基于职务或特定身份的刑事责任风险，是建立在特定职务或身份所负有的特定责任的基础之上。这类风险还可细分为不同类型。

（1）基于管理义务

当基于所有权或管理权而产生了管理义务，未尽相应的管理义务则有可能导致责任风险。

例如，《刑法》（2020年）第一百三十三条之一对危险驾驶罪的规定为：

在道路上驾驶机动车，有下列情形之一的，处拘役，并处罚金：

……

（三）从事校车业务或者旅客运输，严重超过额定乘员载客，或者严重超过规定时速行驶的；

（四）违反危险化学品安全管理规定运输危险化学品，危及公共安全的。

机动车所有人、管理人对前款第三项、第四项行为负有直接责任的，依照前款的规定处罚。

此外，《刑法》（2020年）第二百八十六条之一的拒不履行信息网络安全管理义务罪，也是基于网络服务提供者未尽网络安全管理义务并导致不利后果，从而产生的管理责任方面的风险。

（2）基于管理职务

这类刑事责任风险是基于违背某些职务身份所必备的职业操守，并因此而带来某种社会危害。

例如，对于背信损害上市公司利益行为，《刑法》（2020年）第一百六十九条之一规定：

上市公司的董事、监事、高级管理人员违背对公司的忠实义务，利用职务便利,操纵上市公司从事下列行为之一,致使上市公司利益遭受重大损失的,……

上市公司的控股股东或者实际控制人,指使上市公司董事、监事、高级管理人员实施前款行为的,依照前款的规定处罚。

(3) 基于职业操守

这类刑事责任风险,是基于某些职业不能利用工作之便为自己或他人牟利的原则。

例如,对于证券交易所、期货交易所、证券公司、期货经纪公司、基金管理公司、商业银行、保险公司等金融机构的从业人员,《刑法》(2020年)第一百八十条专门规定了内幕交易、泄露内幕信息罪,利用未公开信息交易罪。

4. 基于国企身份的刑事责任风险

基于国有企业的特殊性,刑法对国有企业工作人员的行为有许多专门的规定,而且仅对国有企业工作人员有些规定。例如《刑法》(2020年)的下列规定:

第一百六十五条规定了国有公司、企业的董事、经理利用职务便利,自己经营或者为他人经营与其所任职公司、企业同类的营业的非法经营同类营业罪;

第一百六十六条规定了国有公司、企业、事业单位的工作人员,利用职务便利为亲友非法牟利罪;

第一百六十七条规定了国有公司、企业、事业单位直接负责的主管人员,在签订、履行合同过程中失职被骗罪;

第一百六十八条规定了国有公司、企业的工作人员,由于严重不负责任或者滥用职权,造成国有公司、企业破产或者严重损失的国有公司、企业、事业单位人员失职罪,以及国有公司、企业、事业单位人员滥用职权罪;

第一百六十九条规定了国有公司、企业或者其上级主管部门直接负责的主管人员的徇私舞弊低价折股、出售国有资产罪。

除此之外,《刑法》(2020年)第九十三条还特别规定,"国有公司、企业、事业单位、人民团体中从事公务的人员和国家机关、国有公司、企业、事业单位委派到非国有公司、企业、事业单位、社会团体从事公务的人员,以及其他依照法律从事公务的人员,以国家工作人员论"。进一步提高了对这类身份人员的要求。

二、民事责任风险后果

企业的经营活动属于民事行为,由于这种行为在企业存续期间周而复始地出现,因违约或侵权等原因带来的民事责任风险始终存在。因而企业的民事责任风险远大于刑事责任、行政责任和权益丧失的风险。但民事责任的类型和承担方式类型均十分有限,因而比刑事责任风险简单。

民事责任主要可以分为违约责任、侵权责任、其他责任三种。对于企业而言,最为常见的是违约责任和侵权责任,无因管理等其他民事责任的发生概率较低。

(一)违约责任风险

事实上可以简单地将企业的运营概括为不断地签订和履行合同的过程,因而违约风险始终存在,与合同相关的风险是企业最大的风险源。关于违约责任,现行有效的法律规定为《民法典》(2021年)的合同编,其中的相关条款是对违约责任最为基本的原则性规定。

对于是否违约的判断标准,还涉及合同的履行原则。对此,《民法典》第一百七十六条规定:"民事主体依照法律规定或者按照当事人约定,履行民事义务,承担民事责任。"《民法典》(2021年)第五百零九条第一款也规定:"当事人应当按照约定全面履行自己的义务。"以及该条第二款规定:"当事人应当遵循诚实信用原则,根据合同的性质、目的和交易习惯履行通知、协助、保密等义务。"尤其是后者,明确地表述了"全面履行"原则。

而违约所需要承担的法律责任,《民法典》(2021年)第五百八十四规定:"当事人一方不履行合同义务或者履行合同义务不符合约定,造成对方损失的,损失赔偿额应当相当于因违约所造成的损失,包括合同履行后可以获得的利益;但是,不得超过违约一方订立合同时预见到或者应当预见到的因违约可能造成的损失。"

因此在违约责任法律风险领域中,是否违约、如何承担违约责任往往取决于双方当事人的具体约定,没有法律的明确规定又无合同的明确约定,则不存在违约的依据,一般也就不存在违约责任。由于合同双方在交易中的风险类型、责任范围等方面均不相同,因而违约的方式、后果等也不同。如果需要明确、细致地控制法律风险,首先需要从不同的角度分析合同履行各个阶段的法律风险点,从而对违约行为的范围、责任后果等进行适当而又周密的安排。

(二)侵权责任风险

民事责任风险的第二大来源是侵权。其中企业最容易面临的是自己产品的侵权责任风险。与违约责任风险不同的是,侵权责任风险更容易与行政责任风险和刑事责任风险关联,也就是侵权行为可能同时涉及民事、刑事、行政三种责任的风险。例如,某些交通肇事行为涉及的不仅仅是民事责任风险,还可能同时涉及刑事责任风险和行政责任风险。

在侵权问题上,《民法典》(2021年)第一千一百六十五条规定,"行为人因过错侵害他人民事权益造成损害的,应当承担侵权责任"。而当几种责任同时产生时,依据《民法典》第一百八十七条的规定:"民事主体因同一行为应当承担民事责任、行政责任和刑事责任的,承担行政责任或者刑事责任不影响承担民事责任;民事主体的财产不足以支付的,优先用于承担民事责任。"

侵权行为与违约行为均为主要的法律风险源。二者的区别在于,侵权行为所侵犯的是其他主体的绝对权,违约行为所侵犯的只是其他主体的相对权,而且侵权行为的法律责任中既有财产责任又有非财产责任,违约责任则仅限于财产责任。

(三) 其他责任风险

所谓其他责任风险,这里是指基于《民法典》(2021年)的相关规定,除了前述的违约责任风险、过错侵权责任风险外应当承担的其他民事责任。

根据一般的理解,这一条款的规定延伸出了无过错原则和公平原则两类处理民事损害的原则,可以理解为两种广义的侵权行为。而《民法典》(2021年)侵权责任编的内容,无疑包括了广义的侵权责任。

对于无过错责任原则,《民法典》(2021年)第一千一百六十五条第二款规定,"依照法律规定推定行为人有过错,其不能证明自己没有过错的,应当承担侵权责任"。《民法典》(2021年)第一千二百五十三条则规定,"建筑物、构筑物或者其他设施及其搁置物、悬挂物发生脱落、坠落造成他人损害,所有人、管理人或者使用人不能证明自己没有过错的,应当承担侵权责任"。

对于公平责任原则,《民法典》(2021年)第一千一百八十六条规定:"受害人和行为人对损害的发生都没有过错的,依照法律的规定由双方分担损失。"

(四) 承担民事责任的方式

对于承担民事责任的方式,《民法典》(2021年)第一百七十九条规定:

> 承担民事责任的方式主要有:
> (一)停止侵害;
> (二)排除妨碍;
> (三)消除危险;
> (四)返还财产;
> (五)恢复原状;
> (六)修理、重作、更换;
> (七)继续履行;
> (八)赔偿损失;
> (九)支付违约金;
> (十)消除影响、恢复名誉;
> (十一)赔礼道歉。

法律规定惩罚性赔偿的,依照其规定。

本条规定的承担民事责任的方式,可以单独适用,也可以合并适用。

除此之外,《民法典》(2021年)合同编对于违约责任有专门的规定,侵权责任编对于侵权责任有专门的规定。依据《立法法》(2015年)第九十二条的规定:"同一机关制定的法律、行政法规、地方性法规、自治条例和单行条例、规章,特别规定与一般规定不一致的,适用特别规定;新的规定与旧的规定不一致的,适用新的规定。"在违约问题上和侵权问题上优先适用各编的相关规定。

值得注意的是,在民事责任承担方面,《民法典》(2021年)总则编有两条特别的规定。其中,第一百八十六条规定了责任竞合时的处理,即"因当事人一方的违约行为,损害对方人身权益、财产权益的,受损害方有权选择请求其承担违约责任或者侵权责任"。而第一百八十七条则规定了财产承担民事责任的优先权,即"民事主体因同一行为应当承担民事责任、行政责任和刑事责任的,承担行政责任或者刑事责任不影响承担民事责任;民事主体的财产不足以支付的,优先用于承担民事责任"。

三、行政责任风险后果

刑事、民事、行政三大法律体系在不同的层面建立和维系着社会稳定运行、发展所需要的秩序。而行政法律体系是其中的中坚力量,它以行政处罚作为强制手段维系着民事行为等社会行为的基本秩序,而超出这个体系调控范围的行为则落入刑事处罚的调控范围,将受到刑事法律更为严厉的惩罚。

行政责任的法律风险后果主要包括行政处罚和行政处分两类,前者可以对单位也可以对个人,而后者只针对个人。行政处罚属于行政机关等有执法权的主体对于违反行政法规但尚未构成犯罪的违法行为的制裁;行政处分则多为对存在隶属关系且存在违法、过失等行为的工作人员所进行的制裁。

(一) 行政法律的种类

相较集中处于法律层面的刑法、民法体系,作为各行业、各领域行为规范的行政法体系不仅门类繁多、体系庞大,还分布于从法律到规章的不同法律层级,因而无法形成刑法、民法体系那样的法典。

这类法律尚无权威的分类方式,但从其调整对象来看,大致可以分为以下几类:

1. 组织管理法

这类法律主要用于规范各类组织的设立、活动、终止等行为,既包括政府机关类的行政组织,又包括企业、事业单位以及各类的社会团体,而且既适用于法人组织又适用于非法人组织。

例如,《中华人民共和国人民法院组织法》《中华人民共和国人民检察院组织法》等用于机关组织;《中华人民共和国城市居民委员会组织法》《中华人民共和国村民委员会组织法》等用于基层自治组织;《公司法》《中华人民共和国全民所有制工业企业法》等用于经营性组织;《事业单位登记管理暂行条例》等用于事业单位组织;《社会团体登记管理条例》等用于社会组织,规范了各类组织的活动界限。

2. 行业管理法

这类法律用于规范某一行业的各类活动,而非针对从事某行业的组织如何设立、变更及活动、终止。其内容有时也会具体涉及从事该行业的组织如何设立、运行,但并非其重点内容。

例如,《中华人民共和国电信条例》(2016 年)的立法目的是规范从事电信活动或者与电信有关的活动,虽然也规定了从事某些电信业务所需要的审批,但是主要内容是电信行业的市场管理、服务管理、建设管理、电信安全等。

3. 职业管理法

这类行政法律主要用于规范各类职业特征相对而言比较明显、从业人员相对较多且行业运营模式相对成熟的职业,其往往规定了从业资格的取得、职业要求、处罚等。《中华人民共和国教师法》(以下简称《教师法》)、《中华人民共和国律师法》等即属于此类法律,这些职业也因此成为法定职业。

以《教师法》为例,该法规定了教师的权利和义务、资格和任用、培养和培训、考核、待遇、奖励、法律责任等,规范了这一职业的方方面面。

4. 事务管理法

这类法律也可以理解为某类事务的管理法,用于调整某类事务的程序要求、行为规范、法律责任等,而不以组织、行业、职业作为规范对象标准。《中华人民共和国公益事业捐赠法》《中华人民共和国兵役法》(以下简称《兵役法》)等,均属针对某类事务而制定的法律。

例如,《兵役法》规定了士兵、士官、民兵的来源、训练、动员、待遇、法律责任等,除了涉及人员之外还涉及政府机构管理等内容。

5. 行政程序法

这类法律并不规定或并不直接规定具体的实体内容,而只是规定某类事务的处理程序以及在履行程序过程中遇到的各类问题的处理,因此只解决程序问题而不解决实体问题。行政法律体系中的三方法律,如《行政许可法》(2019 年)、《中华人民共和国行政复议法》(2017 年)、《行政处罚法》(2017 年)、《中华人民共和国国家赔偿法》(2012 年)等,均为这类法律的典型代表。

以2019年修正的《行政许可法》为例,该法律详细规定了行政许可的设定、实施机关、实施程序、申请与受理、审查与决定,以及期限、听证、变更与延续、行政许可费用、监督检查、法律责任等,但并不规定具体的实体事务如何处理。

由于分类方式各不相同,这些只是对行政法律体系的大致分类,目的是便于从行政管理的角度识别可能存在的行政责任风险及后果。

(二)行政处罚法律风险后果

行政处罚风险的后果是从警告、罚款到行政拘留等各类行政处罚。这类处罚的相关法律同刑事处罚高度类似,分为程序和实体两个部分。前者是处理的程序,规定了作出最终处罚前所必经的环节和各环节的内容;后者则是经过相关环节的审理后所给予的处罚及其相关的证据依据和法律依据。

1. 行政处罚的种类

对此,《行政处罚法》(2017年)第三条规定:

> 公民、法人或者其他组织违反行政管理秩序的行为,应当给予行政处罚的,依照本法由法律、法规或者规章规定,并由行政机关依照本法规定的程序实施。
>
> 没有法定依据或者不遵守法定程序的,行政处罚无效。

对于行政处罚的种类,《行政处罚法》(2017年)第八条规定:

> 行政处罚的种类:
> (一)警告;
> (二)罚款;
> (三)没收违法所得、没收非法财物;
> (四)责令停产停业;
> (五)暂扣或者吊销许可证、暂扣或者吊销执照;
> (六)行政拘留;
> (七)法律、行政法规规定的其他行政处罚。

这里所说的"法律、行政法规规定的其他行政处罚"散见于不同部门法中,而且不在列举的前六项之内。例如,根据2004年由国务院颁布并于同年开始实施的《海关行政处罚实施条例》第二十条便包含了《行政处罚法》(2017年)以外、海关行政处罚所独有的规定:"责令退回""销毁或者进行技术处理"。其原文为"运输、携带、邮寄国家禁止进出境的物品进出境,未向海关申报但没有以藏匿、伪装等方式逃避海关监管的,予以没收,或者责令退回,或者在海关监管下予以销毁或者进行技术处理"。

2. 设定行政处罚的权限

从警告到行政拘留,从法律到地方政府规章,不同的行政处罚有着不同的设定权限。根据《行政处罚法》(2017年),相关规定如下:

第九条 法律可以设定各种行政处罚。

限制人身自由的行政处罚,只能由法律设定。

第十条 行政法规可以设定除限制人身自由以外的行政处罚。

法律对违法行为已经作出行政处罚规定,行政法规需要作出具体规定的,必须在法律规定的给予行政处罚的行为、种类和幅度的范围内规定。

第十一条 地方性法规可以设定除限制人身自由、吊销企业营业执照以外的行政处罚。

法律、行政法规对违法行为已经作出行政处罚规定,地方性法规需要作出具体规定的,必须在法律、行政法规规定的给予行政处罚的行为、种类和幅度的范围内规定。

第十二条 国务院部、委员会制定的规章可以在法律、行政法规规定的给予行政处罚的行为、种类和幅度的范围内作出具体规定。

尚未制定法律、行政法规的,前款规定的国务院部、委员会制定的规章对违反行政管理秩序的行为,可以设定警告或者一定数量罚款的行政处罚。罚款的限额由国务院规定。

国务院可以授权具有行政处罚权的直属机构依照本条第一款、第二款的规定,规定行政处罚。

第十三条 省、自治区、直辖市人民政府和省、自治区人民政府所在地的市人民政府以及经国务院批准的较大的市人民政府制定的规章可以在法律、法规规定的给予行政处罚的行为、种类和幅度的范围内作出具体规定。

尚未制定法律、法规的,前款规定的人民政府制定的规章对违反行政管理秩序的行为,可以设定警告或者一定数量罚款的行政处罚。罚款的限额由省、自治区、直辖市人民代表大会常务委员会规定。

除了这些行政处罚以外,在各类诉讼过程中,人民法院有权依法对妨害诉讼等行为直接进行罚款、拘留等处罚。这类处罚并非一般意义上的行政处罚,一般认为是由诉讼法所直接规定的其他行政处罚,属于行政处罚风险的一个特殊组成部分。

(三)行政处分法律风险后果

行政责任风险范畴的行政处分,是行政主管部门依法对存在违法、过失等行为的国家公务人员以及其他人员所进行的行政制裁。其制裁对象主要为国家公务人员,风险后果是相关人员的业绩、职级等受到不利影响。《行政处罚法》(2017年)即在规定了行政处罚的措施、程序等内容外,还在其第七章"法律责任"中多处规定对有不当行为的行政机关执法人员进行行政处分。除此之外,还有多部其他法律规定了对有不当行为的机关工作人员等予以行政处分。

依据《公务员法》(2018年)第二条,"本法所称公务员,是指依法履行公职、纳入国家行政编制、由国家财政负担工资福利的工作人员"。因此,公务员并不仅限于国家机关,还包括事业单位、国有企业等组织内的某些人员。

在具体的处分种类上,根据《公务员法》(2018年)第六十二条:"处分分为:警告、记过、记大过、降级、撤职、开除。"而不同的处罚,对应不同的后果。该法的相关规定如下:

第六十四条　公务员在受处分期间不得晋升职务、职级和级别,其中受记过、记大过、降级、撤职处分的,不得晋升工资档次。

受处分的期间为:警告,六个月;记过,十二个月;记大过,十八个月;降级、撤职,二十四个月。

受撤职处分的,按照规定降低级别。

第六十五条　……

解除处分后,晋升工资档次、级别和职务、职级不再受原处分的影响。但是,解除降级、撤职处分的,不视为恢复原级别、原职务、原职级。

除了这些规定上的行政处分外,该法所规定的辞退制,事实上也是某种意义上的处分。该规定为:

第八十八条　公务员有下列情形之一的,予以辞退:
(一)在年度考核中,连续两年被确定为不称职的;
(二)不胜任现职工作,又不接受其他安排的;
(三)因所在机关调整、撤销、合并或者缩减编制员额需要调整工作,本人拒绝合理安排的;
(四)不履行公务员义务,不遵守法律和公务员纪律,经教育仍无转变,不适合继续在机关工作,又不宜给予开除处分的;
(五)旷工或者因公外出、请假期满无正当理由逾期不归连续超过十五天,或者一年内累计超过三十天的。

从功能划分的角度来看,行政法律对于具体事务的调整处于一种"立体"的纵横交错状态。既有横向的以行业为主线的行政主管职责划分,也有纵向的以不同行为阶段的行政执法职责划分。因此行政责任风险的识别并不轻松。

四、权益丧失风险后果

前述刑事、民事、行政三大法律风险不利后果,都直接基于相对方提出主张而产生,如公诉人提起公诉、行政机关作出处罚决定、相对方提起诉讼等。但风险主体也可能在没有任何其他方提出主张的情况下,由于作为或不作为而导致单方权益丧失。

(一) 单方权益丧失风险的来源

之所以将权益丧失单独作为一种风险,是因为这种风险普遍性地客观存在,除法律领域外也分布于其他合规风险中,而且同样会造成风险主体的各类损失。这类风险与刑事、民事、行政三种风险存在本质区别,其他三种风险均由其他方来主动追究,而这种权益丧失的风险后果并不是由其他方的追究而引起,其结果也不会引起其他方的追究。因此,对这种风险更为确切的说法是单方权益丧失风险。

这种风险的产生原因可以是作为或不作为,无关故意还是过失,而且也不会引起刑事、行政、民事三方面的法律后果,只是导致某种现实或预期利益的丧失或减少。其中最为典型的,是企业由于某种原因而丧失了享受优惠政策的机会,或丧失了某种受法律保护的合法权益。主要情形有:

1. 风险信息不对称

防范风险的前提是对相关风险有清醒的认识。既要认识到该类风险的存在,又要深知该类风险的状况。但在现实中,尤其是在法律风险领域中,尚未见到企业能够仅凭自身的力量达到所应该达到的认识水平。

一方面,许多企业对于可能面临的各类风险并无清晰的认识,由于绝大多数企业都只专注于生产经营管理,而对于法律与经营管理在专业背景、知识储备上均有一定的距离,因而大多企业对所面临的法律风险一无所知;另一方面,即便企业具备一定的法律事务管理水平,也并不具备系统识别法律风险的能力。因为识别法律风险是一个综合性的系统工程,并非仅凭法律知识即可实现,因此企业自行识别法律风险往往只会采用不完整的简单列举方式。

正是由于这种不对称的信息存在,大多数企业的法律安全纯粹基于幸运而非基于有效的风险管理。因此现实中的企业往往在生产经营环节的制度、流程和实际做法中存在着大量的含有极高风险度的低级错误,企业深陷风险而不自知。

2. 管理程度不理想

虽然企业的经营管理几乎都与风险管理相关,但是狭义的风险管理是一项专业性的工作,需要以专业化、系统化的眼光看待风险并设计解决方案,这同样超出了企业通常的能力范围。

第一,合规管理面对着庞大的规则体系所具有的各类规则要求,这些体系独立于企业的规章制度体系之外,唯有将其一一识别出来并转化为各部门的行为规范、业务规范才能真正发挥作用。而企业各部门通常只是依照分工履行日常管理职责、解决具体问题,一般并无相应职能或资源去完成此类工作。

第二,风险解决方案的设计需要结合危害程序、时间紧迫性、控制成本等因素评估所识别出的风险,并在筛选出亟待应对的风险后设计综合解决方案,以使解决方案既行之有效又不影响管理效率,同时还要平衡风险应对成本。完成这些工作,同样需要企业运用通常并不具备的专业化视角。

正是由于企业一般并不具备这类专业的工作手段,因而其合规工作的系统化程度和工作深度无法达到更高的标准,因而容易产生单方权益丧失风险。

(二) 单方权益丧失的风险后果

单方权益丧失的风险后果只是权益上或机会上的损失,并不会因此受到相对方的追究或公权力的追究。只有当损失较大时,才有可能导致监事会、投资人、上级公司等对法定代表人或责任人等发起责任追究。但这些均为追究管理者的个人责任,并非风险主体的风险后果。

综合企业的法律风险环境,单方权益丧失可分为以下两类:

1. 丧失额外利益

这类法律风险主要体现在由于信息不对称等而未能及时办理相关的申请、审批手续,从而丧失获得除正常利益以外的优惠政策等"额外"利益的可能性。

由于经济发展具有区域性、行业性、周期性和阶段性特点,有时中央或地方政府会通过税收减免、政策性贷款、补贴、产业政策等方式给予企业一定的额外利益,以在一定时期内扶持某些行业的发展或某些企业在特定地区的发展。不了解或未充分享受这类政策,就会导致相关利益的丧失。

例如,当年为了吸引外资,《中华人民共和国外商投资企业和外国企业所得税法》(1991年,现已失效)第八条的第一款、第三款分别规定:

> 对生产性外商投资企业,经营期在十年以上的,从开始获利的年度起,第一年和第二年免征企业所得税,第三年至第五年减半征收企业所得税,但是属于石油、天然气、稀有金属、贵重金属等资源开采项目的,由国务院另行规定。外商投资企业实际经营期不满十年的,应当补缴已免征、减征的企业所得税税款。
>
> ……
>
> 从事农业、林业、牧业的外商投资企业和设在经济不发达的边远地区的外商投资企业,依照前两款规定享受免税、减税待遇期满后,经企业申请,国务院

税务主管部门批准,在以后的十年内可以继续按应纳税额减征百分之十五至百分之三十的企业所得税。

上述权益需要经过申请并被批准后才能享受。未申请或因申请时提交的文件不符合要求而无法得到批准,则无权享受。

2. 丧失既有权益

这类法律风险,是指除依法可以豁免的事由以外,未能按法律要求行使权利,从而失去相关合法权益的可能性。这类单方权益丧失风险在诉讼领域和非诉讼领域都普遍存在。

例如,在非诉讼领域中,《中华人民共和国商标法》(2019年,以下简称《商标法》)第四十条规定,"注册商标有效期满,需要继续使用的,商标注册人应当在期满前十二个月内按照规定办理续展手续;在此期间未能办理的,可以给予六个月的宽展期。每次续展注册的有效期为十年,自该商标上一届有效期满次日起计算。期满未办理续展手续的,注销其注册商标"。

在诉讼领域,诉讼法和实体法中均有这类规定。例如,《民法典》(2021年)合同编第五百四十一条规定:"撤销权自债权人知道或者应当知道撤销事由之日起一年内行使。自债务人的行为发生之日起五年内没有行使撤销权的,该撤销权消灭。"此外,行政法律体系中也存在大量的关于办理各类手续或许可的期限、条件、程序方面的具体规定,未能充分了解或按要求行使,就会丧失这些合法权益。

总体上,单方权益丧失法律风险的产生与企业管理能力的关系更加密切。法律风险的产生是基于法律的明文规定,其风险后果并非难以预见。良好的管理,包括良好的法律风险管理,可以充分发现和利用各种资源。

五、违规的其他风险后果

除法律规则外,合规管理还要考虑大量的其他规则,包括社会规则、内部规则、对外承诺。这三类法律以外的规则不具备法律规则的"刚性",风险后果的范围和程度也因此而存在着更大的不确定性。

这些损失同法律风险损失一样,大致可用直接利益损失和间接利益损失来加以解读。

(一)直接利益损失

直接利益损失,简单说就是直接的权益上的减少。其中,法律风险损失大致可依据法律规定判断,而其他规则的风险损失则视规则的类型、明确程度和强制程度而定。例如,根据合法有效且细致严谨的内部规章制度,大多可以相对准确地判断风险后果。而一些并无强制力的公约等,则难以判断其风险后果的范围和程度。

风险后果既包括诉讼风险后果又包括其他风险后果,因而其利益损失范围无法像民事诉讼那样只计算受损害方的直接损失,而是要同时考虑支出的增加和收益的减少。如果是民事责任,则直接利益损失等于双方的直接损失。

1. 直接支出的增加

风险的不利后果大多直接体现在权益方面,尤其是直观地体现在财产方面。直接的刑事责任风险后果是罚金;直接的行政责任风险后果包括了罚款、没收;直接的民事责任风险后果是相对方的损失;单方权益丧失的直接后果是多支付的费用或成本。

2. 直接收益的减少

风险后果中的收益减少对风险主体而言也是一种直接损失,主要体现为风险事件所导致的部分甚至全部的预期收益无法实现。其中最为典型的例子,是风险主体逾期交付时需方因已不再需要而拒收相关产品,或是存在质量缺陷而不得不降价处理,甚至是达不到强制性标准的产品被直接作销毁处理。

现实中的直接利益损失往往同时发生。例如,被限令停业整顿的企业在停业期间既要继续承担基本维持费用又无法取得经营利润,违法经营的企业往往既被罚款又无法按原合同收取报酬。其中,由于"填平主义"原则的存在,民事责任的承担一般只是补偿性而非惩罚性,因此利益损失相对容易预见。

(二) 间接利益损失

风险后果中的间接损失与风险后果并无直接因果关系,往往并非风险后果所直接导致,大多是直接后果的延续后果。如果是逾期交付的民事责任风险,则除逾期交付的直接不利后果外发生的其他利益损失为间接损失。

1. 处理成本

处理风险事件往往需要额外的投入,包括实体上的安抚性的额外补偿,以及处理程序上的额外支出等成本。处理程序上的额外支出包括了处理风险事件可能会涉及的诉讼费、代理费、差旅费、公关费等。但在处理民事风险后果时,实体上的损失可能超过相对方的直接损失。

例如,某企业在提供自动化控制元器件并负责安装的过程中,整个工程由于采购件不合格而无法通过验收。后该企业决定以"继续履行"的方式承担违约责任,最终以采购高价合格元器件替换不合格品并承担工程延期违约责任的方式履行了合同,但其工程收益已是负数。

2. 信誉损失

违反任何规则都会造成风险主体信誉不同程度的降低。这种降低的最大影响,往往是企业信誉评级的降低以及因此丧失某种名誉、某种资格,并导致目标市场上的客户流失。而名誉、资格的丧失也同样会直接影响企业今后的商业前景,因此许多企业宁可牺牲商业利益也要维护商业信誉。

在前面所举的案例中,该企业不计代价地继续履行合同,也正是为了维护其在新业务领域的商业信誉,以确保进入一个广阔的新市场。

3. 机会损失

因违规而产生的不良记录和不信任感,也会导致企业丧失未来的投标等商业机会,从而带来商业利益损失。

尤其是在信息时代,随着社会管控力度的增强和失信被执行人清单、失信企业名单等制度的建立,失信信息已无法隐藏,也有越来越多的企业将没有不良记录作为选择合作商的刚性标准。即便未列入上述清单或名单,只要企业有任何的不良记录,就有可能导致商业机会的丧失。

4. 个人责任

创建合规管理制度的初衷是促进企业管理者通过建立合规管理制度、加强合规管理的方式维护投资人的利益。作为回报,实施了有效的合规管理的企业,在出现风险事件时可以减轻甚至免除管理者的管理责任。

因此,未能建立和推行有效的合规管理制度本身也是一种违规。这种违规不仅会给企业带来巨大风险,还会给管理者自身带来个人风险,虽然这种损失主要是管理者个人的损失。

正是由于违规存在着如此之多的风险,企业只有以专业的方式建立和推行合规管理制度体系,才能给企业和其管理以安全、效率,以及风险成本的降低。

第九节　从法律风险管理到合规管理

尽管法律风险管理起步较晚,但是随着经济、社会的快速发展,以及人们的认识水平和企业对管理的要求的不断提高,其理念也随之得到广泛的认同和发展。而从法律风险管理到合规管理,其越来越具体的发展路径值得深思。

一、法律风险管理的由来

"法律风险管理"一词自 21 世纪初开始流行,但由于其内涵、外延尚未标准化而常被泛化用于所有的法律事务处理。与之类似的概念还有"法律风险控制""法律风险防范"等,但国内外使用最多的仍是 Legal Risk Management,也就是法律风险管理。

(一) 国内的法律风险管理概念

风险管理早已有之,但作为独立的学科却是在经历了工业革命和两次世界大战之后,出于对更高效率和安全的追求,到了 20 世纪 50 年代才逐渐形成。如今,风险管理已成为一门成熟的学科并已深入到企业管理领域,甚至成为高端企业管理不可或缺的内容。而法律风险管理大致在 20 世纪末才开始在国外流行。

1. 法律风险管理的渊源

国内何时开始流行"法律风险管理"这一概念难以全面考证,但总体上晚于"法律风险"一词的流行,甚至晚于各种法律风险管理尝试,而且初期与"法律风险防范"的提法并用。虽然早在 2005 年,由当年中国银行业监督管理委员会办公厅印发的《外资银行衍生产品业务风险监管指引(试行)》(已失效)中两次提及"法律风险管理",但是只是使用了这一概念而并无相关解释。

迄今为止,中国法律体系中仍无"法律风险管理"的确切概念。国务院国有资产监督管理委员会(以下简称"国务院国资委")于 2006 年颁布的《中央企业全面风险管理指引》虽将法律风险列为风险之一,但并未使用"法律风险管理"的措词。2011 年由国家标准管理委员颁布的《企业法律风险管理指南(GB/T 27914-2011)》虽然反复提及"法律风险管理",但是未对其定义加以解释。其他各类规章、通知等也是如此,只是提及但未下定义。

根据《中央企业全面风险管理指引》第四条:"本指引所称全面风险管理,指企业围绕总体经营目标,通过在企业管理的各个环节和经营过程中执行风险管理的基本流程,培育良好的风险管理文化,建立健全全面风险管理体系,包括风险管理策略、风险理财措施、风险管理的组织职能体系、风险管理信息系统和内部控制系统,从而为实现风险管理的总体目标提供合理保证的过程和方法。"

2. 法律风险管理的定义

基于上述内容及业务实践,我们可以做出如下归纳:

> 法律风险管理,是基于法律风险主体的自身状况、行为特征、法律环境,在通过法律调研和尽职调查等手段系统地识别、评估法律风险的基础上,根据企业的发展目标和发展战略,结合企业的行业特点、管理偏好、既有管理体系、管理成本、管理效率等要素,系统化地设计解决方案并将其嵌入企业原有的制度、流程、文本等体系中,从而使企业的生产经营管理具备法律风险管理功能、化专业的法律风险管理为日常经营管理的事前管理理念。

这种意义上的法律风险管理,是将法律风险管理解决方案转化为具体的事务性操作规范,避免了法律风险管理与企业经营管理"两层皮"的误区,更便于理解和执行,以实现企业利益的最大化和法律风险的最小化。管理措施的系统性、平衡性和经济性,是法律风险管理和企业管理的共同解决方案中不可或缺的要求。

究其本质,法律风险管理是针对已经发现及可能出现的风险事件设计解决方案并将其转化为标准化的管理措施,从而最终通过管理手段解决法律问题,使风险事件难以发生或难以造成重大损失,属于典型的面向未来、系统主动的事前管理措施。

(二)国内的法律风险管理探索

中国企业和法律界的"法律风险管理"这一措辞早于立法出现。由于企业在发展到一定程度后,传统的法律顾问服务无法面向未来主动发现和解决企业存在的风险,因而存在着服务供需的缺口。而当法律界同样认识到这一问题,并尝试从传统的"事后诸葛亮"服务模式转为防患于未然的模式时,法律风险管理便在两个行业间产生。尤其是对风险最为敏感的金融行业,在这一领域更是先行了一步。

1. 前期的法律风险管理尝试

我国的早期法律风险管理尝试始于20世纪90年代,但当时还只是零星的粗浅尝试。21世纪初,这种尝试已开始进入应用阶段。同期在各地究竟有哪些尝试尚无相关资料,但至少浙江省某通信企业于2002年开展了企业法律风险评估的管理创新活动,从而引起整个中国移动集团的重视并得到大力发展,其后也引起了中央企业的重视。各个中央企业的不同实践为法律风险管理系统、深入的发展提供了思路。

与此同时,在浙江省经济中最为活跃的上市公司、民营企业跨入了这一领域。出于提高管理水平、提高工作效率的需要,部分企业分别完成了对管理制度体系的整合、对企业常用标准合同文本体系的整合,这些尝试最终都成为法律风险管理项目工作成果的组成部分。2003年,某化纤行业的巨型集团企业开展了法律风险评估工作,成为最早开展法律风险评估的大型民营企业。对该集团的法律风险评估前后持续了半年之久,平均以每周两人两天的工作频率进行尽职调查,最后形成的调查报告长达数万字,系统地分析了企业各个领域的法律风险。

其后,浙江省某大型珠宝企业也于2005年开展了对于自身法律风险的全面评估并根据评估结果对管理制度体系进行了整改。同时,还在反复调研的基础上建立了符合自己实际情况的合同标准文本体系。通过这些实践,法律风险管理从最初简单的对企业进行全面"体检",到最后基本形成有理论基础、有工作原则的独立活动。这些活动极有可能就是中国企业最早的法律风险管理实践,自此以后有许多律师加入到这一业务领域中。

2. 后期的法律风险管理推动

法律风险管理概念在中国逐渐被接受,最大的推手是某外国律师事务所在中国开展的一系列风险评估、业务培训及宣传推介。该所拥有遍布全球的分支机构,能够以国际化的视角观察问题、分析问题,并提供国际上常见的解决方案。因此他们的推动使法律风险管理这一概念广为流传,部分央企也参与了相关实践。但由于文化传统和法律体系等方面存在一定差异,法律风险管理的概念在中国被逐渐本土化。

到了 2006 年,随着国务院国资委一再强调中央企业的法律风险管理,并颁布了《中央企业全面风险管理指引》,以及中国移动集团公司在全国范围内展开的法律风险管理实践,法律风险管理得到广泛的认可和发展。除律师参与外,某些咨询公司也涉身其中。而咨询公司的运营模式,既对律师的传统业务模式产生了巨大的冲击,又为律师行业提供了可借鉴的新的运营模式。

总的来说,所有在法律风险管理方面的实践对于法律风险管理的理念、工作方法、工作成果、工作目标等理论的最终形成起到了重要作用。从此,法律风险管理定位于以"事前管理"的方式系统、主动地发现问题,其将解决方案"嵌入"企业管理制度体系、流程体系、文本体系的模式也得到广泛认可。

(三) 与法律顾问工作的主要差异

中国的律师制度随着 1980 年颁布的《中华人民共和国律师暂行条例》(已失效)得以恢复,1996 年颁布的《律师法》和 1997 年颁布的《企业法律顾问管理办法》围绕着企业的法律事务处理方式形成了律师和企业法律顾问两个庞大的体系。2004 年颁布的《国有企业法律顾问管理办法》更是强化了国有企业法律顾问制度,明确了企业法律顾问、企业总法律顾问的职责,从而提高国有资产的安全性。

在为企业处理法律事务的工作中,企业法律顾问与律师各有所长。律师的优势在于其专业化,不仅其职业属于专业化职业,其内部也在不断地细分成不同的专业。这不但抬高了行业的专业化门槛,而且拉大了业内的专业化差距。而企业法律顾问的优势则在于更熟悉企业、更理解企业的需求,除像律师那样关注法律问题外还更加关心企业利益与法律风险之间的平衡。

但在总体上,由于角色定位的不同,企业法律顾问与律师的工作内容仍是常规的具体法律事务的处理,并未上升到侧重于管理的法律风险应对。因而二者在工作范围、介入时机、工作对象、工作重心、工作目标、优化对象、直接成果、最终结果等方面均有很大的不同。尤其就介入时机而言,法律风险管理是一套事前介入的、面向未来和整个体系的系统解决方案。

正因如此,企业的法律事务处理往往与企业的法律风险管理并行不悖,前者注重未来的风险控制,后者注重现实问题的处理,主要区别如下:

表 1-3　法律事务处理与法律风险管理的功能对照表

对照项 区别	法律事务处理	法律风险管理	对照项 区别	法律事务处理	法律风险管理
工作范围	具体事务	管理体系	工作目标	法律安全	综合平衡
介入时机	事中事后	事前事中	优化对象	具体方案	整体方案
工作对象	具体个案	整体体系	直接成果	完成工作	改进系统
工作重心	法律事务	风险管理	最终结果	档案归档	闭环管理

二、企业的法律风险管理实践

狭义的法律风险管理及合规管理才是真正的法律风险管理或合规管理，本书所要探讨的风险识别、风险评估、解决方案设计等均在这一范围之内。而广义的法律风险管理及合规管理，往往只是专业概念下的传统相关事务处理。但在狭义的法律风险管理领域中，其基本理念和企业的实施动机等均突出专业化。

(一) 法律风险管理的特点

法律风险管理以管理手段解决法律风险问题，因而与传统的法律事务处理区别明显。而所有的法律事务处理都可以理解为广义的"管理法律风险"，这也是广义的"法律风险管理"的由来。

发达国家对于法律风险管理的研究比较早，其中从部门法层面研究者居多，尤其集中在银行、保险等金融行业。中国在这一领域虽然起步较晚，但是已经发展出了自己的特色。概括起来，法律风险管理有以下特点：

1. 强调事前管理

从介入时机和管理理论来说，常规的法律事务处理主要是法律风险的事后管理和事中控制，因此多是"消防员"角色。而法律风险管理则强调事先预见法律风险并事先采取应对措施以主动应对甚至排除法律风险，其扮演的角色是企业的高级参谋和军师。

2. 重视系统平衡

法律风险管理以系统的眼光分析风险、设计解决方案，尤其强调以综合解决方案来应对常见风险，同时还强调控制成本与收益的平衡、安全与效率的平衡。因此不是"头痛医头、脚痛医脚"，而是具有前瞻性，从根本上解决问题。

正因如此，法律风险管理立足于法律又采用了管理的方法，属于交叉学科的范畴。

3. 立足制度建设

法律风险管理的重心在管理,而对于更需要法律风险管理的大中型企业而言,管理所强调的是制度化。因而法律风险管理是以建立或优化制度体系的方式,提出法律风险管理的解决方案,从而以标准化、制度化的方法降低企业的法律风险、减少风险损失。因此它更需要前瞻性的眼光和管理理念的运用。

4. 融入企业管理

法律风险管理的最终结果是将法律风险解决方案融入企业的管理制度体系之中,并随着企业管理制度循环改进,使企业只需要执行嵌入了法律风险解决方案的管理制度体系即可避免不必要的风险损失。既避免增加企业执行两套制度体系的管理压力,又提高管理及执行的效率。

(二)企业实施法律风险管理的动机

企业不满足于传统的律师事务处理模式而转向主动、系统地发现和解决问题的法律风险管理模式,最主要的原因是企业家们发现企业的高速发展带来了前所未有且传统模式难以掌控的风险,原有的法律事务处理模式只针对暴露出的现实问题而不针对潜在问题,因而需要以新的模式排查风险、防患于未然。企业主动实施法律风险管理的动机主要有以下几类:

1. 避免蒙受致命损失

在经济高速发展的过程中,许多企业的前车之鉴让一些企业家清醒地认识到了风险管理的重要性。自21世纪初经济的加速发展给许多企业提供了难得的发展机遇,许多企业的快速发展是基于历史机遇和战略眼光而非精细化管理。正因如此,许多企业由于管理不善甚至是无暇管理,而在快速扩张的过程中轰然倒地。因此,更多企业希望排查重大风险、强化制度建设,以避免步其后尘。

企业的快速发展大多与机遇有关,而管理经验的匮乏使得许多快速发展的企业存在大量的不合规问题,甚至存在严重违规的低级错误。而随着企业总资产的不断增加、企业经营规模的逐渐扩大以及媒体影响力的持续提高,风险事件所造成的负面影响也越来越大,传播速度越来越快,其连锁反应已足以使问题企业受到重创。因而原来并不受到重视的风险问题已经越来越成为企业家的关注点。

2. 彻底根除长期困扰

企业所面临的许多法律风险都是历史遗留问题,无力自行解决。这类问题产生的原因,一方面是企业的资源有限,缺乏系统、全面地梳理潜在风险的能力;另一方面许多历史遗留问题因涉及不同的利益主体和利益格局而难以解决。尤其是企业的常规法律事务处理一般并不解决潜在的问题和遗留的问题,只是疲于应付已经发生的问题,如此更容易积累问题并形成长期困扰。

解决争议成本的不断增加,催生了人们从源头上解决风险问题的意识。许多企业频繁发生的诉讼等争议只是不断重复某些低级错误,而解决这些争议所花费的诉讼费、代理费、差旅费等成本的不断增长和重复支出,使许多企业认识到了从源头上解决问题、避免重犯低级错误的重要性。法律风险管理的理念正是系统地发现问题、系统地解决问题,恰好能够充分满足企业的需求。

3. 主动实现自我完善

借助法律风险管理发现"软肋"、提升管理能力以保持竞争优势,是企业的另一动机。法律风险管理属于主动型的防守,及时发现易受攻击的"软肋"并有效地加以防护,可提升企业在激烈的市场竞争中的安全系数,实现其利益最大化和风险最小化。企业可借此强化来之不易的竞争优势,维护其"第一梯队"甚至行业领袖的地位。这些地位可使企业拥有更强的议价能力、更多的发言权和优质资源,以及商誉优势、成本优势,甚至可以参与制定行业标准、引导产业发展方向。

尤其是法律风险管理兼顾着法律事务管理和企业管理,有着更高的费效比。在优化法律事务处理方式的同时,法律风险管理大多需要优化企业原有的制度管理体系以完善其管理,这有助于同时提升企业的法律风险管理水平和企业管理水平,可谓事半功倍。

4. 借力完成体制变革

大中型企业往往都有一定程度的"大企业病",需要借助外力推动变革。无论是国有企业还是民营企业抑或是外资企业,只要规模达到一种程度且经营期限较长,便会在一定程度上出现人浮于事、因循守旧、效率低下等"大企业病"问题,管理机构、管理制度逐步失去实际作用或效率逐渐降低。法律风险管理可以从第三方视角揭示问题、更新观念,从而有利于企业提高认识、推动变革。

独立的第三方视角可以让企业发现许多易被熟视无睹的风险,清醒认识经营管理中所存在的风险。尤其是因业务需要而设立的管理制度、管理流程、合同文本等大多存在许多法律上的低级错误,而且企业长期对此置之不理,法律风险的识别和评估可让企业充分认识到这些风险,促进其自我完善。

(三) 法律风险管理带给企业的变化

从总体案件发生情况来看,大多数败诉是出于低级错误,如合同条款约定不当、证据保存不当、合同履行不当等。即便许多企业早已设有法务部门或外聘律师,但传统的管理机制和管理模式仍不足以避免系统性错误的重复发生。而法律风险管理,则可以在传统的法律事务处理模式以外,给企业带来明显的变化。

1. 认清自身法律风险状况

由于法律专业能力的缺乏及对自身经营模式问题的熟视无睹,企业很难发现自身存在的法律风险。而法律风险管理过程中的识别、评估,则可以从企业以外的法律专业视角审视企业各个环节中存在的足以导致不利后果的制度缺陷、流程缺陷、文本缺陷,并就风险状况形成整体的评估报告,使得企业有机会充分了解其法律风险全貌。尤其是企业从未意识到的风险,以及从未加以运用的资源。

由于身处企业的体制之外,律师参与的法律风险尽职调查可以更直接、更全面、更客观。而许多企业也正是在经过全面评估后,才发现以前的财务处理方式、出资方式、治理结构均存在重大问题,并及时亡羊补牢。

2. 降低法律风险影响程度

法律风险发生、发展的规律决定了越早采取措施,主动性越强、控制成本越低、成功概率越高。例如,行为尚未实施,不同的行动方案均只是存在法律风险因素而非法律风险,因此有极大的余地通过选择方案的方式降低法律风险。方案一经实施法律风险即得到确定,但只要法律风险事件尚未出现,仍有较大的空间降低风险。如果风险事件已经出现,则损失在所难免。因此法律风险管理,正是强调以未雨绸缪的事前管理降低风险、防患于未然。

尤其是许多解决方案并不需要成本或只需要很低的成本就可以大幅度减小重大风险,更受企业欢迎。例如,通过优化合同管理环节消除合同管理中的重大缺陷;通过合同文本的优化降低合同履行风险等。这些简单有效的方法都有助于企业将法律风险控制在可接受的范围之内。

3. 提升整体风险管理水平

大中型企业的管理水平在很大程度上体现为规章制度体系的水平,但企业的管理制度往往只注重管理而不注重法律风险,甚至其管理制度本身就存在巨大的法律风险。法律风险管理在系统识别、评估法律风险后,将解决方案嵌入企业的原有管理体制中,并视需要从法律风险管理角度全面优化企业的制度、流程、文本三大体系,使专业的法律风险应对措施转换成标准化的制度、流程、文本,从法律风险管理的角度解决了企业的管理制度建设问题。

这种转换使得非专业人员只要按规定的制度、流程使用规定的文本即可充分避免不必要的法律风险,解决了提升员工法律专业素养的难题。事实证明,仅凭培训只能提升员工的法律理念却无法将其培养为法律专业人员,只有以这种方式将解决方案制度化、标准化,才能使法律风险管理落到实处。

4. 充分利用相关法律资源

法律风险管理的另一个作用是将法律规范当成资源加以充分开发利用。通过对合法权益行使状况的调查,在排查单方权益丧失法律风险的同时,也会同时发现有哪些法律上的权利利益,包括各级政府对相关法律、政策进行调整等所带来的权利利益,可以充分加以利用以减少企业的运营成本,获得更多的收益。例如,某企业在实施法律风险管理项目时,发现多个工程项目可以享受科技扶持政策,便及时申报享受了相关资金扶持,减少了成本支出。

除此之外,实施法律风险管理项目时还能充分发现许多在合同签订履行中尚未用足的权利,尤其是法律赋予的约定权、抗辩权等,从而为合同文本的优化以及合同签订、履行管理制度的优化打下基础、明确方向。

三、从法律风险管理到合规管理

国内的法律风险管理和合规管理的发展,基本上依赖政府推动。尤其是合规管理,除了银行业为了加强自身风险管控外,还有一个起因是越来越多的中国企业选择在美国上市,必须满足美国的合规要求并确保自身安全。

(一)合规管理的发展变化

在安然(Enron)等公司的欺诈事件发生后,为了保护投资者的利益,美国颁布了由美国参议院银行委员会主席萨班斯(Sarbanes)和众议院金融服务委员会主席奥克斯利(Oxley)联合提出的《2002年公众公司会计改革和投资者保护法案》,即《2002年萨班斯—奥克斯利法案》(Sarbanes-Oxley Act,通常简称为"SOX法案")。

该法案要求企业完善其内部控制并提高向公众披露信息时的质量和透明度,同时还对公司管理层的责任提出了明确的要求。所有在美国上市的公司,无论是在美国注册并上市的公司还是在美国以外注册而在美国上市的公司,均需遵守该法案的规定,包括强制性要求上市公司管理层关注内控,以保证其内部控制系统的有效性并对其有效性提供报告以供监督。这些规定在改善这些公司投资者的投资环境的同时,也促使这些公司的管理和内部控制发生了质的变化,甚至改变了这些公司的商业习惯。

国内金融业也在美国建立合规管理制度后不久,开始建立自己的合规管理制度体系。其中最具代表性的是中国银行业监督管理委员会(现已并入"中国银行保险监督管理委员会")于2006年颁布的《商业银行合规风险管理指引》、中国保险监督管理委员会(现已并入"中国银行保险监督管理委员会")于2008年下发的《保险公司合规管理指引》(已失效)等。此后,金融行业还颁布了部分强制性的部门规章推动合规管理的实施,但中外的合规性管理在内涵及外延方面不尽一致。

随着国家质量监督检验检疫总局与中国国家标准化管理委员于2017年12月联合发布了国家标准《GB/T 35770—2017/ISO 19600:2014合规管理体系指南》、国务院国有资产监督管理委员会于2018年11月颁布了《中央企业合规管理指引(试行)》,以及国家发展改革委、外交部、商务部、人民银行、国资委、外汇局、全国工商联于2018年12月联合下发《企业境外经营合规管理指引》,国内的合规管理掀起了新的高潮。

从技术上解读,合规有"小合规""大合规"和"中国式合规"之分。其中:

"小合规"是最为接近本源的合规管理,重点在于建立企业防范商业贿赂类犯罪的制度体系和管理机制。

"大合规"是在"小合规"的基础之上,经过各国立法和国际组织的立约、立规而增加了反洗钱、反垄断、反金融欺诈、数据保护等内容。[1]

而"中国式合规",则是将"规"的范围扩大到了包括但不限于刑事责任领域的行政责任、民事责任领域,而且延伸到了行业准则、道德规范的范畴,可谓"超大合规"。

从强调法律风险管理到强调合规管理,就操作层面而言合规管理更易理解和操作,而且与国际上的合规理念更加合拍。尽管"中国式合规"早已突破了合规原有的范畴,但却保留了其基本理念。或许正因如此,法律风险管理在逐渐淡出人们的视野,而合规管理则正式登场,尽管如此,法律风险管理仍旧作为合规管理中最为重要的组成部分在延续、发展。

(二)法律风险管理与合规管理

合规管理在法律风险管理的基础之上增加了对法律规则以外的社会规则、内部规则、对外承诺等内容,使得规则环境复杂、关注点繁多、工作对象扩大、工作量加大、工作成本增高。尤其是各类合规管理要求本身也是合规规则的一部分,因此合规管理包括了对合规要求本身的遵守。

两相比较,从法律风险管理到合规管理,主要发生了如下变化:

1. 管理范围有所扩大

合规管理与法律风险管理都是以加强行为管理为手段,规避不规范行为带来的法律风险、减少不必要的风险损失。但法律风险管理只强调对相对刚性的不利法律后果的管理,而中国式的合规管理包罗万象,希望借此同时防范因违反其他规则而带来的不利后果。或者说,法律风险管理侧重于相对刚性的对外关系中的法定和约定义务的管理,而合规管理则包揽了对内、对外规则的管理。

2. 管理难度有所降低

合规管理强调企业、员工对于各种规则的遵从,法律风险管理则强调充分利用法律规范实现利益最大化、风险最小化,因此合规管理的要求实际上是略有降低。但也正是因为这种降低,使合规管理更容易理解和操作。

相对而言,合规管理更倾向于认真遵守和执行各类规则,而法律风险管理则更倾向于"活学活用"各类法律规则来实现企业利益的最大化。

---

[1] 参见陈瑞华:《企业合规制度的三个维度——比较法视野下的分析》,载爱思想网,http://www.aisixiang.com/data/116530.html。访问日期:2019年10月21日。

3. 管控成本显然增加

法律风险管理主要关注可以直接带来不利法律后果的法律规则,甚至忽略那些只有原则性规定而没有具体法律责任的法律规则,法律以外的其他规则由于不具刚性而不在其关注范围之内,属于其视野之外的企业管理范畴。

但合规管理包括但不限于对法律规则的遵守,包括对自律性规则、内部规则等法律以外规则的遵守。这类遵守可以树立良好的企业信誉等形象,企业也确实理应如此,但义务范围的扩大显然会加大承担义务的成本。

4. 管理目标略有区别

法律风险管理的目标是充分利用法律规则实现企业法律方面利益的最大化,而合规管理则强调避免招致各类不合规行为而导致的不利后果。因而法律风险管理的出发点是通过积极的主动行为维护企业利益,而合规管理更侧重于通过合规秩序、合规文化的建立确保投资人的权益不受企业、员工的违规行为的影响。

(三) 合规管理的可能缺陷

相对于法律风险管理,合规管理更容易让企业和员工"循规蹈矩"。从法律风险管理到合规管理的转变顺应了当下落实监管措施、规范企业行为的需求,但任何制度的设立都会既带来积极影响也带来消极影响,而合规管理在国外的推行过程中,也已经暴露出它的一些问题。

1. 合规成本问题

由于涉及内容繁多而且横跨法律和管理领域,同时也由于合规要求大多为抽象、原则性的要求,要切实遵从合规管理要求、落实管控措施、提高员工素质、形成合规文化,就必须增加管理措施、细化操作规则、强化监督管理,这些都会增加管理成本甚至生产、运营成本。而且建立健全合规管理体系本身,往往也要消耗资源、付出成本。正因如此,个别的美国企业由于合规要求过严、遵从成本过高而最终选择退市。

此外,对合规要求的遵从程度的不同意味着企业运营成本的差异,如果差异过大则意味着权利相当、义务不一致的不公平竞争,并因此而影响竞争格局。

2. 未来发展问题

合规管理有建立秩序、规范行为的积极作用,也有不利于创新、偏向于保守的倾向。新型交易领域、新型交易模式等创新往往首先以"违规"的方式出现,如果立法技术不能解决,则合规很容易成为创新和新兴行业发展的阻力。

回顾尚未远去的国有企业发展历程,由于企业的"循规蹈矩"和管理机制的落后,当年的"全民所有制企业"一直处于"一管就死,一放就乱"的境地。合规管理提出了更多、更具体的管理要求,如果管理机制、激励机制和权利义务边界不能很好地界定,则合规管理很容易产生偏向于保守的负面影响。

风险管理领域的法律风险管理、合规管理仍处于不断的发展、变化之中,而且会随着社会的发展产生新的趋势。尽管两种管理均已初步定型,但仍需进一步的深入探索以使其成熟。

第二章 尽职调查与风险识别

本章提示

尽职调查和风险识别是风险管理的前期工作,同时又是整个风险管理工作的基础,决定了风险管理的质量及效率。充分、深入地识别风险需要依靠系统、全面的尽职调查,而高效率、高质量的尽职调查则往往依靠细致的规则调研和周到的计划安排。

尽职调查以通过综合的调查手段取得项目所需的全部基础信息为目标,所采用的方式包括资料收集、现场调查、调查问卷、人物访谈等,全方位、多层次地得到所需信息。所收集的信息,包括目标客户的企业信息、组织架构以及管理制度、管理流程、文本表单等所有与项目有关或可能有关的信息。

而风险识别,则是将尽职调查所收集到的资料作为证据,从主体、行为、环境三个基本要素出发,通过分析、比对证据信息和规则要求,以识别出企业所存在的刑事责任、行政责任、民事责任、单方权益丧失以及违反法律以外其他规则的各类风险。风险识别以系统、全面地发现各类风险为目标,包括制度及制度体系风险、流程及流程体系风险、文本表单及其体系风险等。

出于效率和成本的考虑,尽职调查需要详尽的尽职调查清单,风险识别需要风险清单,二者都需要基于周密的法律等规则的调研以确保工作的顺利完成。而在识别风险过程中,还涉及更多管理工具、思维工具、信息处理方式的采用。对于法律以外其他规则风险的调查、识别,基本方法均相同。

随着社会、经济的发展,企业的商业模式、经营行为、经营方式已经越来越多样化、复杂化,风险行为的种类越来越多、复杂程度越来越高。加之立法和法律修订活动频繁,识别风险的难度和质量要求已经越来越高。

第一节　项目实施的环节及原则

虽然合规管理方面的部门规章和指引都提及合规管理的架构、职责、管控等内容,但是并未述及合规管理如何启动、进行。因为这些规章或指引都要求企业将合规作为企业经营管理中的常态行为,需要企业无休止地同步完成。但实现合规管理比较现实的办法是以咨询项目或内部项目的方式完成,在建立起完整的架构和制度体系后再将其纳入常态管理活动。

以项目方式运营的风险管理至少包括风险识别、风险评估、方案设计等环节,每个环节还有更细的不同内容。这些环节看似有些复杂,但方法成熟且整个过程环环相扣,是工作质量和效率的保证。"中国式合规管理"虽有不同的要求和理念,但许多现有的风险管理经验和理念可供借鉴。

一、对风险管理的相关表述

虽然合规管理方面的规章和指引并未提及合规工作的流程及环节,但是国际组织 COSO(The Committee of Sponsoring Organizations of the Treadway Commission)的《企业风险管理框架》及国务院国有资产监督管理委员会的《中央企业全面风险管理指引》等均可借鉴为合规项目管理的工作思路。

(一)COSO 对风险管理的表述

在企业风险管理方面,COSO 是一个打击企业欺诈的联合组织,由五个私营组织在美国建立,致力于指导企业的组织治理、商业道德、内部控制、风险管理和反欺诈方面的具体执行。该组织于 2004 年颁布的《企业风险管理——整体框架》(Enterprise Risk Management Framework)(以下简称《框架》),早已成为操作企业风险管理时的参考依据。

在该《框架》中,COSO 提出了一个通用的内部控制模型,将企业风险管理的主要工作分为以下八项:①内外环境;②目标设定;③事项识别;④风险评估;⑤风险应对;⑥控制活动;⑦信息与沟通;⑧监控。

随着时间的推移,在 2017 年,该组织结合十多年间企业风险所发生的变化以及自身的进一步理解,发布了《企业风险管理——与战略和业绩的结合》(Enterprise Risk Management-Integrating with Strategy and Performance)。这次修订增加了战略的规划和嵌入以及绩效方面的考虑,并将相关内容整理后,归类为五个容易理解的要素,并形成了新的框架。

第一节　项目实施的环节及原则　117

图2-1　《企业风险管理——与战略和业绩的结合》的结构

框架内容包括五个要素共20个原则,分别如下:

1. 治理和文化

(1)董事会执行风险监督(Exercises Board Risk Oversight)

(2)建立运营机构(Establishes Operating Structures)

(3)定义崇尚的文化(Defines Desired Culture)

(4)展示对核心价值的承诺(Demonstrates Commitment to Core Values)

(5)吸引、发展和保留有能力的个体(Attracts, Develops and Retains Capable Individuals)

2. 战略和目标设定

(6)分析业务环境(Analyzes Business Context)

(7)定义风险偏好(Defines Risk Appetite)

(8)评估替代策略(Evaluates Alternative Strategies)

(9)制定业务目标(Formulates Business Objectives)

3. 执行

(10)识别风险(Identifies Risk)

(11)评估风险的严重程度(Assesses Severity of Risk)

(12)风险排序(Prioritizes Risks)

(13)实施风险响应(Implements Risk Responses)

(14)建立风险组合观(Develops Portfolio View)

4. 回顾和修正

(15)评估实质性变化(Assesses Substantial Change)

(16)评估风险和绩效(Reviews Risk and Performance)

(17)企业风险管理持续改进(Pursues Improvement in Enterprise Risk Management)

5.信息、沟通和报告

（18）利用信息和技术（Leverages Information and Technology）

（19）沟通风险信息（Communicates Risk Information）

（20）风险、文化和绩效报告（Reports on Risk, Culture and Performance）

由这五个要素来看，第一个要素是组织机构的设立和企业文化的建设；第二个要素其实是合规战略规划；第三个要素是对规划的具体执行；第四个要素是对执行情况的循环改进；第五个要素是整个过程中的信息流转。虽然在理解方式上略有文化差异，但是这个框架无疑清晰地表述了风险管理的要点。

（二）全面风险管理方面的表述

作为国有企业的监管部门，国务院国有资产监督管理委员会在 2006 年 6 月颁布的《中央企业全面风险管理指引》中，对全面风险管理的基本流程和工作内容有过简要的描述，可以作为完成合规管理项目时的基本思路。

1.风险管理流程

作为一部指导性的文件，该指引的第五条以文字的形式描述了风险管理的流程，具体内容如下：

> 本指引所称风险管理基本流程包括以下主要工作：
> （一）收集风险管理初始信息；
> （二）进行风险评估；
> （三）制定风险管理策略；
> （四）提出和实施风险管理解决方案；
> （五）风险管理的监督与改进。

从内容上看，这一文字表述的流程所包括的事项与 COSO 所表述的大体相同，因为这些内容是风险管理中的必备活动和客观规律，并有着特定的逻辑顺序。

2.法律风险管理的信息收集

虽然并未加以定义，但是法律风险被指引第三条解释为"企业风险"之一，即："本指引所称企业风险，指未来的不确定性对企业实现其经营目标的影响。企业风险一般可分为战略风险、财务风险、市场风险、运营风险、法律风险等；也可以能否为企业带来盈利等机会为标志，将风险分为纯粹风险（只有带来损失一种可能性）和机会风险（带来损失和盈利的可能性并存）。"

而对于法律风险信息的收集，该指引的特别规定如下：

> 第十六条 在法律风险方面，企业应广泛收集国内外企业忽视法律法规风险、缺乏应对措施导致企业蒙受损失的案例，并至少收集与本企业相关的以下信息：

(一)国内外与本企业相关的政治、法律环境;
(二)影响企业的新法律法规和政策;
(三)员工道德操守的遵从性;
(四)本企业签订的重大协议和有关贸易合同;
(五)本企业发生重大法律纠纷案件的情况;
(六)企业和竞争对手的知识产权情况。

从该条内容可以看出,虽然该条意在指导如何收集"法律风险信息",但是"员工道德操守的遵从性"等显然不属于法律方面的信息,属于合规风险信息。

(三)合规风险管理方面的表述

《中央企业合规管理指引(试行)》(2018年)和《企业境外经营合规管理指引》(2018年)中都没有描述合规管理的流程,但对于合规管理内容方面的表述,却体现了相似的内容,因为这也同样属于规律性的内容和顺序。

1.《中央企业合规管理指引(试行)》中的表述

在《中央企业合规管理指引(试行)》(2018年)的第四章"合规管理运行"中,用从第十七条到第二十二条的内容描述了运行合规管理时的工作内容,如果按照风险识别、解决方案设计、执行、回顾的前后因果规律,除审计、问责条款外各条款的顺序应当如下:

第十七条 建立健全合规管理制度,制定全员普遍遵守的合规行为规范,针对重点领域制定专项合规管理制度,并根据法律法规变化和监管动态,及时将外部有关合规要求转化为内部规章制度。

第十八条 建立合规风险识别预警机制,全面系统梳理经营管理活动中存在的合规风险,对风险发生的可能性、影响程度、潜在后果等进行系统分析,对于典型性、普遍性和可能产生较严重后果的风险及时发布预警。

第十九条 加强合规风险应对,针对发现的风险制定预案,采取有效措施,及时应对处置。对于重大合规风险事件,合规委员会统筹领导,合规管理负责人牵头,相关部门协同配合,最大限度化解风险、降低损失。

第二十二条 开展合规管理评估,定期对合规管理体系的有效性进行分析,对重大或反复出现的合规风险和违规问题,深入查找根源,完善相关制度,堵塞管理漏洞,强化过程管控,持续改进提升。

由此可见,虽然并未直接规定运行合规管理的环节和各环节的内容,但是对于运行环节的表述仍旧包含了这些具有规律性的必备内容。

2.《企业境外经营合规管理指引》

这部指引的发布时间较前者迟,专门设置了第六章"合规风险识别、评估与处置",规定合规风险的定义、识别、评估和处置。而自第二十六条起的第七章"合规评审与改进",则完全是循环改进方面的内容。这两章内容涵盖了合规管理的基本流程和各环节的工作内容,具体内容如下:

第二十三条　合规风险识别

企业应当建立必要的制度和流程,识别新的和变更的合规要求。企业可围绕关键岗位或者核心业务流程,通过合规咨询、审核、考核和违规查处等内部途径识别合规风险,也可通过外部法律顾问咨询、持续跟踪监管机构有关信息、参加行业组织研讨等方式获悉外部监管要求的变化,识别合规风险。

企业境外分支机构可通过聘请法律顾问、梳理行业合规案例等方式动态了解掌握业务所涉国家(地区)政治经济和法律环境的变化,及时采取应对措施,有效识别各类合规风险。

第二十四条　合规风险评估

企业可通过分析违规或可能造成违规的原因、来源、发生的可能性、后果的严重性等进行合规风险评估。

企业可根据企业的规模、目标、市场环境及风险状况确定合规风险评估的标准和合规风险管理的优先级。

企业进行合规风险评估后应形成评估报告,供决策层、高级管理层和业务部门等使用。评估报告内容包括风险评估实施概况、合规风险基本评价、原因机制、可能的损失、处置建议、应对措施等。

第二十五条　合规风险处置

企业应建立健全合规风险应对机制,对识别评估的各类合规风险采取恰当的控制和处置措施。……

第二十七条　合规管理体系评价

企业应定期对合规管理体系进行系统全面的评价,发现和纠正合规管理贯彻执行中存在的问题,促进合规体系的不断完善。合规管理体系评价可由企业合规管理相关部门组织开展或委托外部专业机构开展。

企业在开展效果评价时,应考虑企业面临的合规要求变化情况,不断调整合规管理目标,更新合规风险管理措施,以满足内外部合规管理要求。

第二十八条　持续改进

企业应根据合规审计和体系评价情况,进入合规风险再识别和合规制度再制定的持续改进阶段,保障合规管理体系全环节的稳健运行。

企业应积极配合监管机构的监督检查,并根据监管要求及时改进合规管理体系,提高合规管理水平。

从上述内容可以看出,两部合规管理方面的指引中要么规定了合规管理的内容,要么既规定了相关内容又规定了顺序,可见合规工作在内容、顺序上存在着客观规律。

二、对合规管理步骤的概括

依据前面对各类相关内容的分析,我们不难发现合规管理的工作过程及工作内容虽然并无明确、直接的规定,但仍旧可以总结出应有的步骤及相应工作内容。经过综合和概括,合规管理应当包括如下环节和内容:

(一)尽职调查

尽职调查在两部合规指引中出现得并不多,且基本是指调查合作伙伴。但离开了收集信息环节,风险管理将是无米之炊。原中国保险监督管理委员会下发的《保险公司合规管理办法》(2016年)第十七条也规定,"保险公司应当保障合规负责人、合规管理部门和合规岗位享有以下权利:(一)为了履行合规管理职责,通过参加会议、查阅文件、调取数据、与有关人员交谈、接受合规情况反映等方式获取信息……"。

尤其是当以项目的方式启动合规管理时,项目组必须在短时间内大量收集所涉领域的相关详细信息以识别风险、得出结论。例如,营业场所设施安全风险管理项目需要现场查验设施安全状况,客户接待风险管理项目需要观察接待环节,这些领域的细节收集远远超过日常经营的注意范围,只有调查才能获得。

由于后续的每步工作都是基于这些信息,为了避免被不完整、不真实的信息误导,这一步工作需要企业密切配合"敞开供应",包括管理制度、管理流程、文本表单、案例记录等所有信息,往往还要辅以对相关人员的问卷调查或访谈等以便了解相关信息以外的现实情况,尽最大可能深入了解相关事务的全貌。

在此之前,详细调研合规规则并制作调查清单非常重要。如果项目的重心为法律风险,则这一步骤便是法律调研。尽职调查提纲围绕着规则要求展开,依据提纲收集证据来证明实际情况是否与要求相符。周详的提纲可使调查尽可能一步到位,减少因返工而带来的时间消耗。

(二)风险识别

风险识别,是将收集到的各类信息通过内容归类、分析整理、核实比对等方法从中筛选出风险点的过程。这一过程从文件整理开始,中间过程是进行各类信息的分析比对,最终的输出是风险点清单。其过程类似于《中央企业合规管理指引(试行)》(2018年)第十八条的规定,即:"建立合规风险识别预警机制,全面系统梳理经营管理活动中存在的合规风险,对风险发生的可能性、影响程度、潜在后果等进行系统分析,对于典型性、普遍性和可能产生较严重后果的风险及时发布预警。"

对具体风险点的识别包括书面资料与实际做法的比对、企业当前状况与规则要求的比对、现实状况与理想状况的比对、企业自有规则与自有规则之间的比对，以及风险点与风险点之间的比对等。只要比对的结果是发现了不符合项，则不符合项即为风险点。这一阶段需要消耗大量时间进行文档管理，尤其要在工作团队中建立标准的文件命名、处理等规则，以保证效率、质量和防止混淆。

风险识别的输出成果是风险点清单，可以用单独的清单体现，也可以直接在风险评估报告中列举而不再另行制作。由于企业缺乏足够的比对数据，现实中的风险清单往往比理论上存在的风险清单要简练。

(三) 风险评估

风险评估的作用，是从项目所需要的不同维度评价已经识别出来的各个风险点，并结合发生概率、风险损失、管控成本、风险偏好等因素，评估其不利影响程度并以此确定采取应对措施的优先级。对于风险评估，《银行业金融机构全面风险管理指引》(2016年)、《保险公司合规管理办法》(2016年)、《证券公司和证券投资基金管理公司合规管理办法》(2020年)等均有多处提及。

评估可以采用定量分析的方式也可以采用定性分析的方式，具体方式以项目需求和工作要求为准。如果需要进行定量分析，则需建立数学模型并引入不同的维度、系数以及不同的赋值方式等，最终依据计算结果评价出风险系数。但许多风险并不需要以定量分析的方式评估，因而可以只依据风险性质、规则要求等直观地加以判断并得出结论。

这一阶段的输出成果是风险评估报告，其作用是让企业对所处的风险状况有个清晰的认识，并了解初步的具有方向性的风险应对措施，以及得出优先处理的风险点。这里所建议的风险应对方法并非具体的解决方案，只供进行方向性的考虑。但处理风险时的优先级别，则可以按严重程度、重要程度、发生概率等排序，以便决定哪些问题需要优先整改。

(四) 方案设计

解决方案设计阶段需要根据风险评估的结果，在满足或平衡各种客观限制条件的基础上，设计出不同风险点的解决方案，并将其嵌入企业的制度体系、流程体系、文本体系等。而在这一步之前，首先要基于评估结果从战略层面和战术层面确定风险管理目标，然后再根据目标和资源寻找最适合的方案。

对于应对措施的设计，两部合规管理指引都强调了将所需要执行的规则转变为规章制度，即解决方案的"回嵌"。

为此，《中央企业合规管理指引(试行)》(2018年)第十七条规定："建立健全合规管理制度，制定全员普遍遵守的合规行为规范，针对重点领域制定专项合规管理制度,并根据法律法规变化和监管动态,及时将外部有关合规要求转化为内部规章制度。"

而《企业境外合规管理指引》(2018年)第十四条规定了"企业应在合规行为准则的基础上,针对特定主题或特定风险领域制定具体的合规管理办法"。第十五条更是规定:"企业可结合境外经营实际,就合规行为准则和管理办法制定相应的合规操作流程,进一步细化标准和要求。也可将具体的标准和要求融入到现有的业务流程当中,便于员工理解和落实,确保各项经营行为合规。"

这些做法都是"回嵌"的具体体现。将风险管理纳入企业日常管理体系,更符合风险管理原理,更有实际价值,也更具可操作性。

在实际操作中,并非所有风险都能得到有效解决,也并非所有的解决方案都可以简单地"回嵌"。有些问题在现有条件下无解,只能尽量将其控制在可承受的限度之内。有时也不得不对企业原有的制度、流程、文本三大体系进行全面的优化升级,以提升其系统性、整体性和严谨性,并使三大体系相互配合、融为一体,组成完整的风险应对体系。

同时,还需要考虑如何降低操作难度、如何标准化以利于贯彻执行。甚至需要考虑是否可以用商业模式优化、流程再造等方式,直接从源头上避开相关风险,以及如何充分利用各类规则,结合企业的资源情况,充分用足规则所赋予的权利去实现企业利益的最大化。

(五) 宣贯执行

宣贯执行,是指以宣讲、培训等方式普及系统解决方案的设计理念、理解方法、操作模式等以提高企业人员执行力,同时全面、深入地实际执行相关解决方案以使新的秩序化为现实并形成新型合规文化。在两部合规管理指引中,均有多处提及"合规培训",以确保员工理解、遵循企业合规目标和要求。

事实上大多数企业存在着执行力偏低的问题,有章不循甚至有法不依的情况在不同程度上存在着。也正因如此,两部指引都提及了合规培训、合规审核、合规问责、合规考核等配套保障措施的建设问题,所有这些制度的建立和施行都会对提高合规要求的执行力起到明显的作用。

而《中央企业合规管理指引(试行)》(2018年)第二十四条则更是强调"强化合规管理信息化建设,通过信息化手段优化管理流程,记录和保存相关信息",以及"运用大数据等工具,加强对经营管理行为依法合规情况的实时在线监控和风险分析"等,这样会产生切实的效果。

优化后的管理体制只能由企业自行实施,帮助企业完成合规管理项目的外部专家无法越俎代庖,他们更适合对设计理念、操作方法做宣贯、培训。但培训只能提升相关的理念,实际操作仍需依照制度、流程、文本等要求完成。

(六) 循环改进

循环改进是现代管理的一个基本原则,也是两部指引都以不同形式提及的重要合规管理举措。《中央企业合规管理指引(试行)》(2018年)第二十二条将其表述为"定期对合规管理体系的有效性进行分析",《企业境外合规管理指引》(2018年)第二十七条的表述为"企业应定期对合规管理体系进行系统全面的评价,发现和纠正合规管理贯彻执行中存在的问题,促进合规体系的不断完善"。

由于企业经营的法律环境、市场环境等均处于不断的变化中,循环改进的做法可以确保风险解决方案与时俱进、贴近需求,主动适应内部和外部环境的变化,使解决方案与企业同步成长。每种制度都是基于特定的背景和需求而设计,并随着企业自身的人员素质、经营理念、运作模式、外部环境等变化而逐渐降低效能。唯有适时调整解决方案,才能不断自我完善、最大化地利用资源。

三、对合规管理原则的总结

合规管理原则是从事合规管理的总体性、方向性的判断标准,脱离了这些原则往往导致合规管理有其形而无其神。虽然各种规范性文件各有不同的表述,但是综合现行部门规章、指引、标准中的表述,可以看清合规管理中规律性的原则。

(一) 对合规管理原则的相关表述

对于合规管理原则,两部合规管理指引均有明确的条款,而三部部门规章则并未明示工作原则,但分别表述了类似的内容。

1.《中央企业合规管理指引(试行)》的表述

该指引的表述是"建立健全合规管理体系"的原则,即:

第四条 中央企业应当按照以下原则加快建立健全合规管理体系:

(一)全面覆盖。坚持将合规要求覆盖各业务领域、各部门、各级子企业和分支机构、全体员工,贯穿决策、执行、监督全流程。

(二)强化责任。把加强合规管理作为企业主要负责人履行推进法治建设第一责任人职责的重要内容。建立全员合规责任制,明确管理人员和各岗位员工的合规责任并督促有效落实。

(三)协同联动。推动合规管理与法律风险防范、监察、审计、内控、风险管理等工作相统筹、相衔接,确保合规管理体系有效运行。

(四)客观独立。严格依照法律法规等规定对企业和员工行为进行客观评价和处理。合规管理牵头部门独立履行职责,不受其他部门和人员的干涉。

这四项原则可以概括为全覆盖原则、职责化原则、一体化原则和独立性原则。

2.《企业境外经营合规管理指引》的表述

该指引中则直接表述了"合规管理原则",即:

> 第五条　合规管理原则
> (一)独立性原则。企业合规管理应从制度设计、机构设置、岗位安排以及汇报路径等方面保证独立性。合规管理机构及人员承担的其他职责不应与合规职责产生利益冲突。
> (二)适用性原则。企业合规管理应从经营范围、组织结构和业务规模等实际出发,兼顾成本与效率,强化合规管理制度的可操作性,提高合规管理的有效性。同时,企业应随着内外部环境的变化持续调整和改进合规管理体系。
> (三)全面性原则。企业合规管理应覆盖所有境外业务领域、部门和员工,贯穿决策、执行、监督、反馈等各个环节,体现于决策机制、内部控制、业务流程等各个方面。

该指引同样提出了全覆盖原则、独立性原则,而且提出了平衡成本与效率的经济性原则,但并未提及职责化原则、一体化原则。

3.证券监管部门规章的表述

《证券公司和证券投资基金管理公司合规管理办法》(2020年)系原中国证券监督管理委员会于2017年颁布的部门规章,虽然其内容中并未提及合规管理原则,但是第三条实为管理原则。即:

> 第三条　证券基金经营机构的合规管理应当覆盖所有业务,各部门、各分支机构、各层级子公司和全体工作人员,贯穿决策、执行、监督、反馈等各个环节。

这一规定基本上是强调了全覆盖原则、一体化原则,明确了合规管理需要覆盖证券基金经营机构各个层级在各类工作环节中的工作内容。

除此以外,原中国银行业监督管理委员会于2006年印发的《商业银行合规风险管理指引》以及原中国保监会于2016年颁布的《保险公司合规管理办法》,均未对合规管理的原则加以规定。

(二)风险管理的相关原则

除了合规管理,风险管理的相关部门规章、指引或标准中对管理原则也有一定的描述。这些原则有的是针对风险管理、有的是针对合规管理,均可借鉴。

1.保险业的风险管理原则

国务院国资委于2006年颁布的《中央企业全面风险管理指引》并未对风险管理的原则加以明确,但原中国保险监督管理委员会于2007年印发的《保险公司风险管理指引(试行)》则对"风险管理原则"作了如下规定：

  第六条 保险公司风险管理应当遵循以下原则：

  (一)全面管理与重点监控相统一的原则。保险公司应当建立覆盖所有业务流程和操作环节，能够对风险进行持续监控、定期评估和准确预警的全面风险管理体系，同时要根据公司实际有针对性地实施重点风险监控，及时发现、防范和化解对公司经营有重要影响的风险。

  (二)独立集中与分工协作相统一的原则。保险公司应当建立全面评估和集中管理风险的机制，保证风险管理的独立性和客观性，同时要强化业务单位的风险管理主体职责，在保证风险管理职能部门与业务单位分工明确、密切协作的基础上，使业务发展与风险管理平行推进，实现对风险的过程控制。

  (三)充分有效与成本控制相统一的原则。保险公司应当建立与自身经营目标、业务规模、资本实力、管理能力和风险状况相适应的风险管理体系，同时要合理权衡风险管理成本与效益的关系，合理配置风险管理资源，实现适当成本下的有效风险管理。

该指引提出的风险管理原则包括了全覆盖原则、独立性原则、职责化原则、一体化原则，且同样强调了平衡成本与效率的经济性原则。

2. 推荐国家标准的相关原则

2011年颁布的国家推荐标准《企业法律风险管理指南(GB/T 27914-2011)》在其第4条"企业法律风险管理原则"中规定，"为了有效管理法律风险，支持企业的决策和经营管理活动，企业进行法律风险管理时可遵循以下原则"。其八项原则分别为：

  (1)审慎管理的原则；
  (2)以企业战略目标为导向的原则；
  (3)与企业整体管理水平相适应的原则；
  (4)融入企业经营管理全过程的原则；
  (5)纳入决策过程的原则；
  (6)纳入企业全面风险管理体系的原则；
  (7)全员参与的原则；
  (8)持续改进的原则。

这份国家标准中的"原则"有八个之多，但归纳起来除了第二项的以战略目标为导向和第八项的持续改进原则以外，其他内容在此前提及的原则之内均有体现。

3. 银行业的全面风险管理原则

中国银行业监督管理委员会(以下简称中国银监会)于2016颁布的《银行业金

融机构全面风险管理指引》虽然并非合规管理的指引,但是其第三条的规定为:

第三条 银行业金融机构应当建立全面风险管理体系,采取定性和定量相结合的方法,识别、计量、评估、监测、报告、控制或缓释所承担的各类风险。

各类风险包括信用风险、市场风险、流动性风险、操作风险、国别风险、银行账户利率风险、声誉风险、战略风险、信息科技风险以及其他风险。

……

从以上内容可以看出,其对于"全面风险管理"的规定与合规管理类似。而更为具体的原则为:

第四条 银行业金融机构全面风险管理应当遵循以下基本原则:

(一)匹配性原则。全面风险管理体系应当与风险状况和系统重要性等相适应,并根据环境变化进行调整。

(二)全覆盖原则。全面风险管理应当覆盖各个业务条线,包括本外币、表内外、境内外业务;覆盖所有分支机构、附属机构,部门、岗位和人员;覆盖所有风险种类和不同风险之间的相互影响;贯穿决策、执行和监督全部管理环节。

(三)独立性原则。银行业金融机构应当建立独立的全面风险管理组织架构,赋予风险管理条线足够的授权、人力资源及其他资源配置,建立科学合理的报告渠道,与业务条线之间形成相互制衡的运行机制。

(四)有效性原则。银行业金融机构应当将全面风险管理的结果应用于经营管理,根据风险状况、市场和宏观经济情况评估资本和流动性的充足性,有效抵御所承担的总体风险和各类风险。

通过比较可以看出,这些规定与合规管理原则基本一致但增加了匹配性原则,强调管理体系与风险状况、重要性的匹配性及循环改进。

由此可见,风险管理、法律风险管理与合规管理在管理原则上并无实质区别,因为均属风险管理的范畴。

(三)对合规管理原则的总结

综合以上规定并借鉴风险管理相关观点,同时结合风险管理业务实践及对各原则间逻辑关系的分析,合规管理应有以下原则:

1. 全覆盖原则

风险管理面向未来、面向全局,因而所要解决的并非孤立的具体问题,而是要完善管理体系。因此需要将问题及相关管理制度等当成整体来看待,覆盖至各个层级、各个环节。

2. 职责化原则

将合规管理措施转化为具体、明确的各岗位职责,尤其是企业各管理部门、各管理职位的职责,并最终落实为管理者的可识别、可问责的职责,以提高责任明确性和问责制的方式强化合规管理的到位执行。

3. 一体化原则

合规管理必须与其他的法律风险管理以及监察、审计、内控、风险管理等统筹规划、一体化运行,同时保证与企业经营管理的各项管理举措一体化运行,以减少系统的复杂程度,确保运行的效率和执行力。

4. 有效性原则

合规管理的相关措施应当与企业的现行合规需求相匹配,能够解决实际问题并行之有效。同时,为了保证其有效性,还必须定期或根据需要实时评估其有效性并予以循环改进。

5. 经济性原则

合规管理措施需要与企业规模、风险状况、企业目标、管理水平、资源状况等相适应,兼顾控制措施、控制成本与运营效率的平衡,争取管理效能的提升和风险的最小化以及收益的最大化。

6. 独立性原则

基于合规管理的特殊地位及作用,以及政府部门主导合规管理的目标,合规管理虽需要与企业管理一体化运营,但也具有一定的独立性,不受其他部门和人员干预,客观地依据证据和规则分析问题得出结论、处理问题。

这六项原则包括了合规管理的各个方面,既包括了对其体系的内在要求,又包括了循环改进和经济性的考虑,并满足了保持客观的独立性要求。

第二节　从管理要求看风险点

除了纯学术性的理论研究,实务中的风险识别大都同时涉及不同领域,如法律领域的全面风险视角、合规领域的规章制度视角等。其中,合规风险或法律风险的识别,大多需要首先调研相关规则并从中细分出具体的管理要求,尤其是带有惩罚措施的管理要求,以制作尽职调查清单供调查取证及识别风险之用。

为此,笔者分解了《中央企业合规管理指引(试行)》和《中央企业全面风险管理指引》并将其具体化,作为规则识别的范例。

一、合规管理《指南》中的风险要点

由国家质量监督检验检疫总局与中国国家标准化管理委员会于 2017 年 12 月

联合发布的国家标准《GB/T 35770—2017/ISO 19600:2014 合规管理体系指南》(以下简称《指南》ISO 19600:2014《合规管理体系 指南》已被 ISO 37301:2021《合规管理体系 要求及使用指南》替代。)同时采用了两个编号,即 GB/T 35770—2017 等同于 ISO 19600:2014。这一标准较早提出了合规管理体系的建设要点,并以等同于合规风险识别的"合规义务的识别",给出了明确的识别建议。

(一)《指南》中的合规义务识别

作为推荐性标准,该《指南》以远比其他各类指引更为详细的方式,系统地描述了合规义务的具体范围、维护方法和识别方法。相关部分原文如下:

3.5 合规义务

3.5.1 合规义务的识别

组织宜系统识别其合规义务及这些合规义务对组织活动、产品和服务的影响。组织在建立、制定、实施、评价、维护和改进合规管理体系时,宜考虑这些合规义务。

组织宜以适合其规模、复杂性、结构和运行的方式记录其合规义务。

合规义务的来源宜包括合规要求,并能包含合规承诺。

示例 1:合规要求的例子包括:

——法律和法规;

——许可、执照或其他形式的授权;

——监管机构发布的命令、条例或指南;

——法院判决或行政决定;

——条约、惯例和协议。

示例 2:合规承诺的例子包括:

——与社会团体或非政府组织签订的协议;

——与公共权力机构和客户签订的协议;

——组织要求,如方针和程序;

——自愿原则或规程;

——自愿性标志或环境承诺;

——与组织签署合同产生的义务;

——相关组织的和产业的标准。

3.5.2 合规义务的维护

组织宜有适当的过程识别新的和变更的法律、法规、准则和其他合规义务,以确保持续合规。组织宜有过程评价已识别的变更和任何变更的实施对合规义务管理的影响。

示例:获取关于法律和其他合规义务变更信息的过程包括:
——列入相关监管部门收件人名单;
——成为专业团体的会员;
——订阅相关信息服务;
——参加行业论坛和研讨会;
——监视监管部门网站;
——与监管部门会晤;
——与法律顾问洽商;
——监视合规义务来源(如:监管声明和法院判决)。

3.6 合规风险的识别、分析和评价

组织宜识别并评价其合规风险。该评价能建立在合规风险评估或其他替换方法的基础之上。合规风险评估构成了合规管理体系实施的基础,是有计划地分配适当和充足的资源对已识别合规风险进行管理的基础。

组织识别合规风险,宜把合规义务和它的活动、产品、服务和运行的相关方面联系起来,以识别可能发生不合规的场景。组织宜识别不合规的原因及后果。

组织宜通过考虑不合规的原因、来源、后果的严重程度、不合规及其后果能发生的可能性进行合规风险分析。后果能包括,例如:个人和环境伤害、经济损失、声誉损失和行政责任。

风险评价涉及组织合规风险分析过程中发现的合规风险等级与组织能够并愿意接受的合规风险水平的比较。基于这个比较,能设定优先级,作为确定需要实施的控制及其程度的基础(见5.1)。

发生以下情形,宜对合规风险进行周期性再评估:
——新的或改变的活动、产品或服务;
——组织结构或战略改变;
——重大的外部变化,例如金融经济环境、市场条件、债务和客户关系;
——合规义务改变(见3.5);
——不合规。

注1:合规风险评估细节的程度和水平取决于组织的风险情况、环境、规模和目标,并能随着具体细分领域(如:环境、财务和社会)变化。

注2:基于风险的合规管理方法并不意味着在低合规风险情况下组织接受不合规。它有助于组织集中主要注意力和资源优先处理更高级别风险,最终涵盖所有合规风险。所有已识别的合规风险/情况受制于监视、纠正和纠正措施。

注3:GB/T 24353 提供了风险评估的详细指导。

(二) 对《指南》效力性的解读

《GB/T 35770—2017/ISO 19600:2014 合规管理体系指南》(ISO 19600:2014《合规管理体系 指南》已被 ISO 37301:2021《合规管理体系 要求及使用指南》替代)发布于 2017 年,早于《中央企业合规管理指引(试行)》一年,共有九条内容。分别为范围、术语和定义、组织环境、领导作用、策划、支持、运行、绩效评价、改进。其中第 1 条明确了范围,即:

> 1 范围
> 本标准提供了组织内建立一套有效和及时响应的合规管理体系,并予以制定、实施、评价、维护和改进的指导。
> 本标准适用于所有类型的组织。本标准的应用程度取决于组织的规模、结构、性质和复杂性。

因此,这一标准并不具有刚性内容,只是供组织在建立合规管理体系时结合自身的情况和需求参考。同时,该标准开头的拼音缩写为"GB/T",说明它仅为国家推荐标准。根据《标准化法》(2017 年)第二条"强制性标准必须执行。国家鼓励采用推荐性标准"的规定,该标准并非要求企业必须执行,只是鼓励企业执行。

二、合规管理《指引》中的风险要点

从合规视角审视企业,除了普遍适用的合规管理指引中推荐的事项外,金融领域更需要遵从相关监管部门制定的部门规章。而行业协会等社会团体所制定的自律性或倡导性的合规要求,也是所属行业企业应当遵从的合规规则。但这类规则以及企业的对外承诺等,往往只有结合具体个案才能讨论。

具有普遍指导意义的《中央企业合规管理指引(试行)》(2018 年,以下简称《指引》),依据《公司法》和"国有资产管理法"的相关要求,强调了合规风险的四个类别,同时也是实际执行两部法律时的指导性部门规范性文件,对非国有企业同样具有指导意义。

(一) 合规管理职责风险

该《指引》的第二章"合规管理职责"共七条内容,第五条至第十一条分别列举了董事会、监事会、经理层、合规委员会、合规管理负责人、合规管理牵头部门、业务部门的合规管理职责,其核心是推动合规管理体系的建立和执行,具体职责分布如下表:

表 2-1　组织机构合规管理职责表

机构	合规管理职责	备注	条款
1. 董事会	（1）批准企业合规管理战略规划、基本制度和年度报告； （2）推动完善合规管理体系； （3）决定合规管理负责人的任免； （4）决定合规管理牵头部门的设置和职能； （5）研究决定合规管理有关重大事项； （6）按照权限决定有关违规人员的处理事项。		第五条
2. 监事会	（1）监督董事会的决策与流程是否合规； （2）监督董事和高级管理人员合规管理职责履行情况； （3）对引发重大合规风险负有主要责任的董事、高级管理人员提出罢免建议； （4）向董事会提出撤换公司合规管理负责人的建议。		第六条
3. 经理层	（1）根据董事会决定，建立健全合规管理组织架构； （2）批准合规管理具体制度规定； （3）批准合规管理计划，采取措施确保合规制度得到有效执行； （4）明确合规管理流程，确保合规要求融入业务领域； （5）及时制止并纠正不合规的经营行为，按照权限对违规人员进行责任追究或提出处理建议； （6）经董事会授权的其他事项。		第七条
4. 合规委员会	（1）与企业法治建设领导小组或风险控制委员会等合署； （2）承担合规管理的组织领导和统筹协调工作； （3）定期召开会议，研究决定合规管理重大事项或提出意见建议； （4）指导、监督和评价合规管理工作。		第八条

(续表)

机构	合规管理职责	备注	条款
5.合规管理负责人	(1)组织制订合规管理战略规划； (2)参与企业重大决策并提出合规意见； (3)领导合规管理牵头部门开展工作； (4)向董事会和总经理汇报合规管理重大事项； (5)组织起草合规管理年度报告。	相关负责人或总法律顾问担任。	第九条
6.合规管理牵头部门	(1)研究起草合规管理计划、基本制度和具体制度规定； (2)持续关注法律法规等规则变化，组织开展合规风险识别和预警，参与企业重大事项合规审查和风险应对； (3)组织开展合规检查与考核，对制度和流程进行合规性评价，督促违规整改和持续改进； (4)指导所属单位合规管理工作； (5)受理职责范围内的违规举报，组织或参与对违规事件的调查，并提出处理建议； (6)组织或协助业务部门、人事部门开展合规培训。	法律事务机构或其他相关机构牵头组织、协调和监督合规管理工作，为其他部门提供合规支持。	第十条
7.业务部门	(1)负责本领域的日常合规管理工作； (2)按照合规要求完善业务管理制度和流程； (3)主动开展合规风险识别和隐患排查； (4)发布合规预警； (5)组织合规审查； (6)及时向合规管理牵头部门通报风险事项； (7)妥善应对合规风险事件； (8)做好本领域合规培训和商业伙伴合规调查等工作； (9)组织或配合进行违规问题调查并及时整改。		第十一条
8.相关部门	监察、审计、法律、内控、风险管理、安全生产、质量环保等相关部门，在职权范围内履行合规管理职责。		第十一条

基于业务经验中的实例验证,企业存在的各种风险确实可以归结到其管理机构和管理职责的设计问题,甚至许多企业的机构职能设置属于没有文字依据的"糊涂账"。没有明确的部门职能设定、没有明确的部门配合接口,使得企业只是按照历史形成的习惯在运行,不具备合规管理功能也就不足为奇。

因此,该指引强调管理体系建设、明确企业机构职责的做法,能够促进包括合规管理在内的各类风险管理乃至企业管理水平的提升,确有实际意义。

(二) 合规管理重点风险

对于合规管理的重点,该指引第十二条内容是:"中央企业应当根据外部环境变化,结合自身实际,在全面推进合规管理的基础上,突出重点领域、重点环节和重点人员,切实防范合规风险"。由于强调要"结合自身实际",因此后续第十三条到第十六条所说的重点领域、重点环节、重点人员、海外投资经营合规管理等,只是参考。

表 2-2　合规管理重点

类别	合规事项	合规要求	条款
1.重点领域	(1)市场交易	完善交易管理制度	第十三条
		严格履行决策批准程序	
		建立健全自律诚信体系	
		突出反商业贿赂、反垄断、反不正当竞争	
		规范资产交易、招投标等活动	
	(2)安全环保	严格执行安全生产、环境保护法律法规	
		完善企业生产规范和安全环保制度	
		加强监督检查,及时发现并整改违规问题	
	(3)产品质量	完善质量体系	
		加强过程控制	
		严把各环节质量关	
		提供优质产品和服务	
	(4)劳动用工	严格遵守劳动法律法规	
		健全完善劳动合同管理制度	
		规范劳动合同签订、履行、变更和解除	
		切实维护劳动者合法权益	

（续表）

类别	合规事项	合规要求	条款
	（5）财务税收	健全完善财务内部控制体系	
		严格执行财务事项操作和审批流程	
		严守财经纪律	
		强化依法纳税意识，严格遵守税收法律政策	
	（6）知识产权	及时申请注册知识产权成果	
		规范实施许可和转让	
		加强对商业秘密和商标的保护	
		依法规范使用他人知识产权	
		防止侵权行为	
	（7）商业伙伴	对重要商业伙伴开展合规调查	
		通过签订合规协议、要求作出合规承诺等方式促进商业伙伴行为合规	
	（8）其 他	其他需要重点关注的领域	
2. 重点环节	（1）制度制定环节	强化对规章制度、改革方案等重要文件的合规审查，确保符合法律法规、监管规定等要求	第十四条
	（2）经营决策环节	严格落实"三重一大"决策制度，细化各层级决策事项和权限，加强对决策事项的合规论证把关，保障决策依法合规	
	（3）生产运营环节	严格执行合规制度，加强对重点流程的监督检查，确保生产经营过程中照章办事、按章操作	
	（4）其他环节	其他需要重点关注的环节	
3. 重点人员	（1）管理人员	促进管理人员切实提高合规意识	第十五条
		带头依法依规开展经营管理活动	
		认真履行承担的合规管理职责	
		强化考核与监督问责	
	（2）重要风险岗位人员	根据合规风险评估情况明确界定重要风险岗位，有针对性加大培训力度，使重要风险岗位人员熟悉并严格遵守业务涉及的各项规定，加强监督检查和违规行为追责	
	（3）海外人员	将合规培训作为海外人员任职、上岗的必备条件，确保遵守我国和所在国法律法规等相关规定	
	（4）其他人员	其他需要重点关注的人员	

(续表)

类别	合规事项	合规要求	条款
4.海外投资经营行为的合规管理	(1)研究投资所在国法律法规及相关国际规则	全面掌握禁止性规定	第十六条
		明确海外投资经营行为的红线、底线	
	(2)健全海外合规经营的制度、体系、流程	重视开展项目的合规论证和尽职调查	
		依法加强对境外机构的管控	
		规范经营管理行为	
	(3)定期排查梳理海外投资经营业务的风险状况	重点关注重大决策、重大合同、大额资金管控和境外子企业公司治理等方面存在的合规风险	
		妥善处理、及时报告,防止扩大蔓延	

一般而言,在上述管理重点中合规重点环节更为重要。制度制定、经营决策、生产运营三者分别对应企业的合规体系建设、管理层的经营决策合规以及企业赖以生存的正常生产经营合规。而合规管理的重点领域则会因企业而异,合规重点人员问题通常情况下也是管理重点且在其他部分也有明确要求。至于海外投资经营合规管理,则只是大致提及了工作中的某些要点。

(三)合规管理运行风险

《指引》第四章为"合规管理运行",从第十七条至第二十二条共有六条内容,从合规管理角度概括了合规机制的设立及维护方面的具体工作要求。

表2-3 合规管理运行事项表

运行事项	具体工作内容	条款
1.建立健全合规管理制度	制定全员普遍遵守的合规行为规范	第十七条
	针对重点领域制定专项合规管理制度	
	根据法律法规变化和监管动态,及时将外部有关合规要求转化为内部规章制度	

（续表）

运行事项	具体工作内容	条款
2.建立合规风险识别预警机制	建立合规风险识别预警机制	第十八条
	全面系统梳理经营管理活动中存在的合规风险	
	对风险发生的可能性、影响程度、潜在后果等进行系统分析，对于典型性、普遍性和可能产生较严重后果的风险及时发布预警	
3.加强合规风险应对	针对发现的风险制定预案	第十九条
	采取有效措施，及时应对处置	
	对于重大合规风险事件，合规委员会统筹领导，合规管理负责人牵头，相关部门协同配合，最大限度化解风险、降低损失	
4.建立健全合规审查机制	将合规审查作为规章制度制定、重大事项决策、重要合同签订、重大项目运营等经营管理行为的必经程序	第二十条
	及时对不合规的内容提出修改建议	
	未经合规审查不得实施	
5.强化违规问责机制	完善违规行为处罚机制，明晰违规责任范围，细化惩处标准	第二十一条
	畅通举报渠道	
	针对反映的问题和线索，及时开展调查	
	严肃追究违规人员责任	
6.开展合规管理评估	开展合规管理评估，定期对合规管理体系的有效性进行分析	第二十二条
	对重大或反复出现的合规风险和违规问题，深入查找根源	
	完善相关制度，堵塞管理漏洞，强化过程管控，持续改进提升	

从内容上看，这些运行事项首先是要求制度体系的完善，然后是完善制度体系所包括的四项具体内容、相关事务的处理原则，并对系统本身的评估、维护和改进提出了要求。这些具体要示，囊括了合规管理的核心内容。

(四)合规管理保障风险

《指引》的第五章"合规管理保障"中，从第二十三条至第二十八条共六条内容，描述了从物质基础、管理机制等方面为合规管理的真正落实提供的保障。

表 2-4　合规管理需落实事项

运行事项	具体工作内容	备注
1.加强合规考核评价	把合规经营管理情况纳入对各部门和所属企业负责人的年度综合考核,细化评价指标	第二十三条
	对所属单位和员工合规职责履行情况进行评价,并将结果作为员工考核、干部任用、评先选优等工作的重要依据	
2.强化合规管理信息化建设	通过信息化手段优化管理流程,记录和保存相关信息	第二十四条
	运用大数据等工具,加强对经营管理行为依法合规情况的实时在线监控和风险分析	
	实现信息集成与共享	
3.建立专业化、高素质的合规管理队伍	根据业务规模、合规风险水平等因素配备合规管理人员	第二十五条
	持续加强业务培训,提升队伍能力水平	
	海外经营重要地区、重点项目应当明确合规管理机构或配备专职人员,切实防范合规风险	
4.重视合规培训	结合法治宣传教育,建立制度化、常态化培训机制,确保员工理解、遵循企业合规目标和要求	第二十六条
5.积极培育合规文化	通过制定发放合规手册、签订合规承诺书等方式,强化全员安全、质量、诚信和廉洁等意识,树立依法合规、守法诚信的价值观,筑牢合规经营的思想基础	第二十七条
6.建立合规报告制度	发生较大合规风险事件,合规管理牵头部门和相关部门应当及时向合规管理负责人、分管领导报告	第二十八条
	重大合规风险事件应当向国资委和有关部门报告	
	合规管理牵头部门于每年年底全面总结合规管理工作情况,起草年度报告,经董事会审议通过后及时报送国资委	

在这些条款要求中,前两项及最后一项即加强合规考核评价、合规管理信息化、合规报告制度,是引进了对合规管理制度体系执行情况的监督机制并直接与个人业绩挂钩,为企业落实合规管理制度提供了推动力。

虽然该《指引》是面向中央企业,但是由于各级国有企业均属于"国有资产管理法"、《公司法》等法律的调整范围,因而各级企业所要面对的合规要求与中央企业基本一致,该《指引》也同样适用于地方国有企业的合规管理。对此,该《指引》的第六章"附则"里规定:

第二十九条　中央企业根据本指引,结合实际制定合规管理实施细则。

第二节 从管理要求看风险点

地方国有资产监督管理机构可以参照本指引,积极推进所出资企业合规管理工作。

三、全面风险管理中的风险要点

法律风险管理基于法律规则的规定而实施,其基本依据除了《中央企业全面风险管理指引》(2006年)中的法律规定外,某些行业还有一些专业化的指引及部门规章。

由于该规范性文件出台于2006年,相比《中央企业合规管理指引(试行)》(2018年)要早出许多,而且"全面风险"包括诸多内容,因而其体例相对复杂。按照《中央企业全面风险管理指引》(2006年)第五条的内容,全面风险管理基本流程包括五项主要工作:

(一)收集风险管理初始信息;
(二)进行风险评估;
(三)制定风险管理策略;
(四)提出和实施风险管理解决方案;
(五)风险管理的监督与改进。

《中央企业全面风险管理指引》(2006年)的第二章至第六章,也正是按这些内容展开。但事实上,除了这些内容还有其他的相关要求。

(一)收集风险管理初始信息

按照《中央企业全面风险管理指引》第十六条的内容,企业应当收集忽略法律风险管理而导致损失的案例,并至少收集与本企业相关的下表中所列的信息。

表2-5 风险管理调查需收集的信息

工作阶段	工作内容	备注	条款
(一)收集风险管理初始信息	1.国内外与本企业相关的政治、法律环境;	广泛收集国内外企业忽视法律风险、缺乏应对措施导致企业蒙受损失的案例。	第十六条
	2.影响企业的新法律法规和政策;		
	3.员工道德操守的遵从性;		
	4.本企业签订的重大协议和有关贸易合同;		
	5.本企业发生重大法律纠纷案件的情况;		
	6.企业和竞争对手的知识产权情况。		

上述六个方面是风险管理尽职调查中通常都要收集的信息,但其中的第六项并非所有的企业都具备或需要收集,而且这里的列举并不完整,遗漏了第十八条所

描述的法律风险识别包括的"企业各业务管理及重要业务流程"。

(二)进行风险识别

风险评估是整个《中央企业全面风险管理指引》(2006年)第三章从第十八条至第二十五条的内容,笔者进行了相关内容的概括和归类,其中与实际操作密切相关的内容见下表。

表2-6 风险评估的内容

工作内容	工作内容		条款
(二)进行风险评估	1.评估要求	职能部门和业务单位评估初始信息和企业业务管理及重要业务流程中的风险。包括: 辨识各业务单元、各重要经营活动及其重要业务流程中有无风险,有哪些风险。 分析并明确定义、描述辨识出的风险及其特征、风险发生概率高低、风险发生条件。 评估、评价风险对企业实现目标的影响程度、风险的价值等。	第十八至二十条
		根据调查方式、信息的不同,分别以定性及定量的方式辨识、分析、评价风险。	第二十一条
		分析应包括风险间的关系,以便发现风险间的自然对冲、风险事件发生的正负相关性等组合效应,从风险策略上对风险进行统一集中管理。	第二十三条
		动态管理风险管理信息,定期或不定期辨识、分析、评价,评估新风险及原风险变化。	第二十五条
	2.评估技术	定量评估应统一度量单位和度量模型,并测试确保前提、参数、数据来源和评估程序的合理性和准确性。	第二十二条
		根据环境变化定期复核和修改假设前提和参数,并将定量评估系统的估算结果与实际效果对比,据此调整和改进有关参数。	
		评估多项风险时应根据发生可能性高低和对目标影响程度绘制风险坐标图,初步确定对各项风险的管理优先顺序和策略。	第二十四条

从以上内容可以看出,评估的工作方法为辨识、分析、评估,而评估分为定量分析与定性分析以及定期与不定期的评估,其中的定量评估涉及一系列的数学模型和统计。评估的最后输出结果是风险坐标图和风险排序。但在实际操作中,许多

项目只需要定性分析和基于定性分析的风险排序。

(三) 制定风险管理策略

《中央企业全面风险管理指引》(2006年)的第四章包括从第二十六至第三十条共五条,其基本内容是关于风险管理策略的定义、方法。由于该内容是针对全面风险而非仅指法律风险,因而某些内容离法律风险管理较远。

表2-7 风险管理策略的内容

工作阶段	工作内容	条款
(三)制定风险管理策略	1.风险管理策略 指企业根据自身条件和外部环境,围绕企业发展战略,确定风险偏好、风险承受度、风险管理有效性标准,选择风险承担、风险规避、风险转移、风险转换、风险对冲、风险补偿、风险控制等适合的风险管理工具的总体策略,并确定风险管理所需人力和财力资源的配置原则。	第二十六条
	2.风险应对方法 一般情况下,对战略、财务、运营和法律风险,可采取风险承担、风险规避、风险转换、风险控制等方法。对能够通过保险、期货、对冲等金融手段理财的风险,可以采用风险转移、风险对冲、风险补偿等方法。	第二十七条
	3.明确风险限度 企业应根据不同业务特点统一确定风险偏好和风险承受度,即企业愿意承担哪些风险,明确风险的最低限度和不能超过的最高限度,并据此确定风险预警线及相应采取的对策。确定风险偏好和风险承受度,要正确认识和把握风险与收益的平衡,防止和纠正忽视风险,片面追求收益而不讲条件、范围,认为风险越大、收益越高的观念和做法;同时,也要防止单纯为规避风险而放弃发展机遇。	第二十八条
	4.风险管理顺序 企业应根据风险与收益相平衡的原则及各风险在风险坐标图上的位置,进一步确定风险管理的优选顺序,明确风险管理成本的资金预算和控制风险的组织体系、人力资源、应对措施等总体安排。	第二十九条
	5.有效性及合理性 企业应定期总结和分析已制定的风险管理策略的有效性和合理性,结合实际不断修订和完善。其中,应重点检查依据风险偏好、风险承受度和风险控制预警线实施的结果是否有效,并提出定性或定量的有效性标准。	第三十条

上述工作内容中,制定风险策略所要考虑的因素、风险的应对方法等在法律风险领域同样适用。例如,可以通过结合企业需求的风险管理策略设计,使交易以不同的合同法律关系完成,从而实现风险的规避、转换等。而对于风险限度的设定、风险管理顺序以及管理策略的有效性及合理性分析,往往更容易采用定性分析的方式完成。

(四)风险管理解决方案

按照《中央企业全面风险管理指引》(2006年)的表述方式,制定风险管理策略属于战略层面的风险管理解决方案设计。而本部分从第三十一条至第三十五条则是关于全面风险的具体的、"战术层面"的解决方案设计。除了风险解决外包方案管理,具体设计时涉及的内容见下表。

表 2-8　风险管理解决方案的内容

工作阶段	工作内容		条款
(四)风险管理解决方案	1.管理方案	企业应根据风险管理策略,针对各类风险或每一项重大风险制定管理方案。方案一般包括风险解决的具体目标,所需的组织领导,所涉及的管理及业务流程,所需的条件、手段等资源,风险事件发生前、中、后所采取的具体应对措施以及风险管理工具(如:关键风险指标管理、损失事件管理等)。	第三十一条
	2.内控方案	企业制定风险解决的内控方案,应满足合规的要求,坚持经营战略与风险策略一致、风险控制与运营效率及效果平衡的原则,针对重大风险所涉及的各管理及业务流程,制定涵盖各环节的全流程控制措施;对其他风险所涉及的业务流程,要把关键环节作为控制点,采取相应的控制措施。	第三十三条
	3.内控措施应有内容	(1)建立内控岗位授权制度 对内控所涉及的各岗位明确规定授权的对象、条件、范围和额度等,任何组织和个人不得超越授权做出风险性决定。	第三十四条
		(2)建立内控报告制度 明确规定报告人与接受报告人,报告的时间、内容、频率、传递路线、负责处理报告的部门和人员等。	
		(3)建立内控批准制度 对内控所涉及的重要事项,明确规定批准的程序、条件、范围和额度、必备文件以及有权批准的部门和人员及其相应责任。	

(续表)

工作阶段	工作内容	条款
	(4)建立内控责任制度 按照权利、义务、责任相统一的原则,明确规定各有关部门和业务单位、岗位、人员应负的责任和奖惩制度。	
	(5)建立内控审计检查制度 结合内控有关要求、方法、标准与流程,明确规定审计检查的对象、内容、方式和负责部门等。	
	(6)建立内控考核评价制度 具备条件的企业应把各业务单位风险管理执行情况与绩效薪酬挂钩。	
	(7)建立重大风险预警制度 对重大风险进行持续不断的监测,及时发布预警信息,制定应急预案,并根据情况变化调整控制措施。	
	(8)建立健全以总法律顾问制度为核心的企业法律顾问制度 大力加强企业法律风险防范机制建设,形成由企业决策层主导、企业总法律顾问牵头、企业法律顾问提供业务保障、全体员工共同参与的法律风险责任体系。完善企业重大法律纠纷案件的备案管理制度。	
	(9)建立重要岗位权力制衡制度 明确规定不相容职责的分离。主要包括:授权批准、业务经办、会计记录、财产保管和稽核检查等职责。对内控所涉及的重要岗位可设置一岗双人、双职、双责,相互制约;明确该岗位的上级部门或人员对其应采取的监督措施和应负的监督责任;将该岗位作为内部审计的重点等。	
4.实施	企业应当按照各有关部门和业务单位的职责分工,认真组织实施风险管理解决方案,确保各项措施落实到位。	第三十五条

在上述四项要求中,第三项与法律行业的专业知识最为接近。尤其是其中对建立健全企业法律顾问制度的要求,涉及一系列解决方案中的法律风险应对措施的制定和完善,是法律人充分发挥作用的用武之地。

(五)风险管理的监督与改进

风险管理的监督与改进要求体现在管理策略和管理方案的执行阶段。监督、督促相关措施的执行,以及检查、检验措施的有效性并循环改进,是这一阶段的主要工作内容。

表2-9 风险管理监督改进的内容

工作阶段		工作内容	条款
(五)风险管理监督改进	1.监督与改进	以重大风险、重大事件和重大决策、重要管理及业务流程为重点,监督各项活动及解决方案的实施情况,采用各类风险控制自我评估等方法检验风险管理的有效性,根据变化情况和存在的缺陷及时改进。	第三十六条
	2.信息沟通保障	企业应建立贯穿于整个风险管理基本流程,连接各上下级、各部门和业务单位的管理信息沟通渠道,确保信息沟通的及时、准确、完整,为风险管理监督与改进奠定基础。	第三十七条
	3.自查及检验	企业各有关部门和业务单位定期对风险管理工作进行自查和检验,及时发现缺陷并改进,其检查、检验报告应及时报送企业风险管理职能部门。	第三十八条
	4.定期检查和检验	企业风险管理职能部门应定期对各部门和业务单位风险管理工作实施情况和有效性进行检查和检验,要根据本指引第三十条要求对风险管理策略进行评估,对跨部门和业务单位的风险管理解决方案进行评价,提出调整或改进建议,出具评价和建议报告后,及时报送总经理或其委托分管风险管理工作的高级管理人员。	第三十九条
	5.工作监督评价	企业内部审计部门应至少每年一次对包括风险管理职能部门在内的各有关部门和业务单位能否按照有关规定开展风险管理及其工作效果进行监督评价,监督评价报告直接报送董事会或下设的风险管理委员会和审计委员会。此项工作也可结合年度审计、任期审计或专项审计工作一并开展。	第四十条
	6.报告内容要求	企业可聘请有资质、信誉好、风险管理专业能力强的中介机构对企业全面风险管理工作进行评价,出具风险管理评估和建议专项报告,报告一般包括以下几方面的实施情况、缺陷和改进建议: (1)风险管理基本流程与风险管理策略; (2)企业重大风险、重大事件和重要管理及业务流程的风险管理及内部控制系统的建设; (3)风险管理组织体系与信息系统; (4)全面风险管理总体目标。	第四十一条

这一阶段的工作以非法律方面的管理咨询内容为主,但并未涉及太多非常专业化的内容,因此相应的自查、检查、监督、检验等工作,即便非管理专业的人员包括法律专业人员,也大多可以胜任。

(六) 风险管理组织体系

同《中央企业合规管理指引(试行)》(2018年)类似,《中央企业全面风险管理指引》(2006年)中也提及了组织体系建设问题,并同样希望借助于组织体系建设促进全面风险管理的落实。但组织体系并未将五项主要工作列入全面风险管理基本流程,因而可视为一种保障措施。

表 2-10 风险管理组织体系及管理职责

机构	风险管理职责	条款
(一)董事会	国有独资公司和国有控股公司应建立外部董事、独立董事制度,外部董事、独立董事人数应超过董事会全部成员的半数,以保证董事会能够在重大决策、重大风险管理等方面作出独立于经理层的判断和选择。 董事会对全面风险管理工作的有效性向股东(大)会负责。	第四十四条 第四十五条
	1.审议并向股东(大)会提交企业全面风险管理年度工作报告;	第四十五条
	2.确定企业风险管理总体目标、风险偏好、风险承受度,批准风险管理策略和重大风险管理解决方案;	
	3.了解和掌握企业面临的各项重大风险及其风险管理现状,做出有效控制风险的决策;	
	4.批准重大决策、重大风险、重大事件和重要业务流程的判断标准或判断机制;	
	5.批准重大决策的风险评估报告;	
	6.批准内部审计部门提交的风险管理监督评价审计报告;	
	7.批准风险管理组织机构设置及其职责方案;	
	8.批准风险管理措施,纠正和处理任何组织或个人超越风险管理制度做出的风险性决定的行为;	
	9.督导企业风险管理文化的培育;	
	10.全面风险管理其他重大事项。	

（续表）

机构	风险管理职责	条款
（二）风险管理委员会	具备条件的企业，董事会可下设风险管理委员会。该委员会的召集人应由不兼任总经理的董事长担任；董事长兼任总经理的，召集人应由外部董事或独立董事担任。 该委员会成员中需有熟悉企业重要管理及业务流程的董事，以及具备风险管理监管知识或经验、具有一定法律知识的董事。	第四十六条
	1.提交全面风险管理年度报告；	第四十七条
	2.审议风险管理策略和重大风险管理解决方案；	
	3.审议重大决策、重大风险、重大事件和重要业务流程的判断标准或判断机制，以及重大决策风险评估报告；	
	4.审议内部审计部门提交的风险管理监督评价审计综合报告；	
	5.审议风险管理组织机构设置及其职责方案；	
	6.办理董事会授权的有关全面风险管理的其他事项。	
（三）总经理	企业总经理对全面风险管理工作的有效性向董事会负责。总经理或总经理委托的高级管理人员，负责主持全面风险管理的日常工作，负责组织拟订企业风险管理组织机构设置及其职责方案。	第四十八条
（四）专职或职能部门	企业应设立专职部门或确定相关职能部门履行全面风险管理的职责。该部门对总经理或其委托的高级管理人员负责。	第四十九条
	1.研究提出全面风险管理工作报告；	
	2.研究提出跨职能部门的重大决策、重大风险、重大事件和重要业务流程的判断标准或判断机制；	
	3.研究提出跨职能部门的重大决策风险评估报告；	
	4.研究提出风险管理策略和跨职能部门的重大风险管理解决方案，并负责该方案的组织实施和对该风险的日常监控；	
	5.负责对全面风险管理有效性评估，研究提出全面风险管理的改进方案；	
	6.负责组织建立风险管理信息系统；	

（续表）

机构	风险管理职责	条款
	7.负责组织协调全面风险管理日常工作；	
	8.负责指导、监督有关职能部门、各业务单位以及全资、控股子企业开展全面风险管理工作；	
	9.办理风险管理其他有关工作。	
（五）审计部门	企业应在董事会下设立审计委员会，企业内部审计部门对审计委员会负责。	第五十条
	审计委员会和内部审计部门的职责应符合《中央企业内部审计管理暂行办法》（国资委会第8号）的有关规定。	
	内部审计部门在风险管理方面，主要负责研究提出全面风险管理监督评价体系，制定监督评价相关制度，开展监督与评价，出具监督评价审计报告。	
（六）其他职能部门及各业务单位	企业其他职能部门及各业务单位在全面风险管理工作中，应接受风险管理职能部门和内部审计部门的组织、协调、指导和监督。	第五十一条
	1.执行风险管理基本流程；	
	2.研究提出本职能部门或业务单位重大决策、重大风险、重大事件和重要业务流程的判断标准或判断机制；	
	3.研究提出本职能部门或业务单位的重大决策风险评估报告；	
	4.做好本职能部门或业务单位建立风险管理信息系统的工作；	
	5.做好培育风险管理文化的有关工作；	
	6.建立健全本职能部门或业务单位的风险管理内部控制子系统；	
	7.办理风险管理其他有关工作。	
其他	企业应通过法定程序，指导和监督其全资、控股子企业建立与企业相适应或符合全资、控股子企业自身特点、能有效发挥作用的风险管理组织体系。	第五十二条

上述组织机构要求与《中央企业合规管理指引（试行）》（2018年）十分类似，但层级略少，尤其是没有监事会环节。尤其是其第四十九条规定了"企业应设立专职部门或确定相关职能部门履行全面风险管理的职责"，并未强调设立专职部门。但法律风险管理如果与合规管理同时运行并同时调整其组织架构，会使企业的运

行显得复杂。

(七)风险管理信息系统

《中央企业全面风险管理指引》(2006 年)比起《中央企业合规管理指引(试行)》(2018 年),对于风险管理信息管理有着更为详细的要求,其第八章总共有六项条款,描述了涉及信息技术应用方面的要求。

同样,风险管理信息系统也未列入全面风险管理基本流程中的那五项主要工作,因而也可以视为一种贯彻实施用的保障措施。

表 2-11　风险管理信息系统内容

领域	工作内容	条款
(一)信息技术应用	企业应将信息技术应用于风险管理的各项工作。	第五十三条
	建立涵盖风险管理基本流程和内部控制系统各环节的风险管理信息系统,包括信息的采集、存储、加工、分析、测试、传递、报告、披露等。	
(二)数据输入	企业应采取措施确保向风险管理信息系统输入的业务数据和风险量化值的一致性、准确性、及时性、可用性和完整性。对输入信息系统的数据,未经批准,不得更改。	第五十四条
(三)信息系统功能	风险管理信息系统应能够进行对各种风险的计量和定量分析、定量测试;能够实时反映风险矩阵和排序频谱、重大风险和重要业务流程的监控状态;能够对超过风险预警上限的重大风险实施信息报警;能够满足风险管理内部信息报告制度和企业对外信息披露管理制度的要求。	第五十五条
(四)信息使用	风险管理信息系统应实现信息在各职能部门、业务单位之间的集成与共享,既能满足单项业务风险管理的要求,也能满足企业整体和跨职能部门、业务单位的风险管理综合要求。	第五十六条
(五)信息系统	企业应确保风险管理信息系统的稳定运行和安全,并根据实际需要不断进行改进、完善或更新。	第五十七条
(六)系统建设	已建立或基本建立企业管理信息系统的企业,应补充、调整、更新已有的管理流程和管理程序,建立完善的风险管理信息系统;尚未建立企业管理信息系统的,应将风险管理与企业各项管理业务流程、管理软件统一规划、统一设计、统一实施、同步运行。	第五十八条

上述内容虽然涉及广泛,但是基本上属于原则性的管理要求。可能是受当时信息技术水平不高的影响,信息安全等领域并未展开也未提出更为具体的要求。

(八)风险管理文化

文化建设同样也是全面风险管理的保障措施。《中央企业全面风险管理指引》(2006年)第九章以七条内容对风险管理文化建设提出了相对具体的要求。

表2-12 风险管理文化内容

领域	工作内容	条款
(一)文化建设	企业应注重建立具有风险意识的企业文化,促进企业风险管理水平、员工风险管理素质的提升,保障企业风险管理目标的实现。	第五十九条
(二)文化要求	风险管理文化应融入企业文化建设全过程。 大力培育和塑造良好的风险管理文化,树立正确的风险管理理念,增强员工风险管理意识,将风险管理意识转化为员工的共同认识和自觉行动,促进企业建立系统、规范、高效的风险管理机制。	第六十条
(三)文化氛围	企业应在内部各个层面营造风险管理文化氛围。 董事会应高度重视风险管理文化的培育,总经理负责培育风险管理文化的日常工作。 董事和高级管理人员应在培育风险管理文化中起表率作用。 重要管理及业务流程和风险控制点的管理人员和业务操作人员应成为培育风险管理文化的骨干。	第六十一条
(四)素质教育	企业应大力加强员工法律素质教育,制定员工道德诚信准则,形成人人讲道德诚信、合法合规经营的风险管理文化。 对于不遵守国家法律法规和企业规章制度、弄虚作假、徇私舞弊等违法及违反道德诚信准则的行为,企业应严肃查处。	第六十二条
(五)文化传播	企业全体员工尤其是各级管理人员和业务操作人员应通过多种形式,努力传播企业风险管理文化,牢固树立风险无处不在、风险无时不在、严格防控纯粹风险、审慎处置机会风险、岗位风险管理责任重大等意识和理念。	第六十三条
(六)薪酬制度	风险管理文化建设应与薪酬制度和人事制度相结合,有利于增强各级管理人员特别是高级管理人员风险意识,防止盲目扩张、片面追求业绩、忽视风险等行为的发生。	第六十四条

（续表）

领域	工作内容	条款
（七）管理培训	企业应建立重要管理及业务流程、风险控制点的管理人员和业务操作人员岗前风险管理培训制度。 采取多种途径和形式，加强对风险管理理念、知识、流程、管控核心内容的培训，培养风险管理人才，培育风险管理文化。	第六十五条

上述内容提及了企业风险管理文化建设过程中从文化建设到培训、考核的全过程，其用意在于以此作为全面风险管理的保障措施，促进全面风险管理的落实。但就总体而言，这些要求仍旧略显笼统，难以直接指导实际操作。

经过对比可以看出，全面风险管理中的许多内容均在合规管理的相关指引中有所体现。尤其是风险管理基本流程五项主要工作内容以外的组织体系建设、管理信息系统、风险管理文化三方面内容，更是直接在合规管理的相关指引中以保障措施的方式体现。

上述内容是全面风险管理的工作要求，借此理解全面风险管理的整体状况的同时，也可以作为风险识别前制作尽职调查提纲时的参考依据。除此之外，《中央企业全面风险管理指引》还以附件的形式提出了全面风险管理所涉及的一些定义及技术方法，但其中的某些方法离法律风险工作较远，也不被作为识别风险点的依据。

第三节　常见风险与规则调研

如前所述，锁定风险点的基本方式是按照主体、行为、环境三要素的组合分析，并且根据风险点的分布特征大致可以分为普遍性风险、行业性风险和个别性风险三个大类。[①] 但合规管理项目或法律风险管理项目大多是综合性的，需要在设计解决方案时考虑成本与收益的平衡、安全与效率的平衡等，因而需要调查更多的内容以便提供判断依据，把所需要的资料全部纳入尽职调查清单。

一、风险项目尽职调查的特点

尽职调查（Due Diligence）的原意是"适当或应有的勤勉"，本意是对相关法律事务具有法律意义的背景资料进行应有的调查，使相关法律事务的处理建立在客

---

① 参见本书第一章第六节"风险行为解析"之"三、风险主体的行为分类"。

观、全面的信息基础之上,以避免相关法律事务的结论或解决方案因相关信息存在真实性、完整性、全面性、合法性等方面的缺陷而有失准确。

合规项目或法律风险项目虽然也需要通过尽职调查以取得充分的第一手资料,但是其尽职调查的思路与其他尽职调查有着很大的区别。

(一) 工作目标不同

合规管理、法律风险管理的工作目标,是在项目指定的范围内了解企业的相关实际运行情况、风险控制方式,用于结合相关的法律等规则来判断其对各类规则要求的遵从度或符合度,并通过收集来的证据得出企业的整体风险水平、风险状况以及具体风险的严重程度等结论。而后续工作则是以此为基础找出问题根源和最为适合的解决之道。因此,它几乎只用于证明某种状况是否存在,与判断企业的价值无关。

例如,合同法律风险管理项目涉及企业的合同管理制度体系及实际执行情况、合同管理流程体系及实际执行情况、合同文本体系及实际使用情况、合同相关争议发生及解决状况等,该项目旨在系统、全面地发现问题及产生问题的原因,并最终帮助企业优化其合同管理制度体系、管理流程体系、文本体系。

而以收购为目的对目标公司展开的尽职调查,则侧重于全面了解目标公司的各类情况,包括其法律风险状况,以便于准确地判断其实际价值和投资风险。至于其他类型的调查,有的是为了证明某种事实,有的只为了解真相,并借助调查情况作出某种决策而不是试图去解决问题、提升管理水平。

(二) 调查重点不同

此类尽职调查侧重于发现问题以及找出问题的原因,或收集足够的证据以分析原因,并以此为基础探索消除缺陷、控制风险、解决问题之道。而其他类型的尽职调查,几乎全部只重视其真实、完整的状况如何,并不需要探究其产生的原因及解决方法。

虽然在调查中收集的大量信息比较"外围",并不能直接作为判定风险的依据,但是这些信息可用于辨识主体在法律上的定位以及主体所处的规则环境,进而分析主体的各种行为所面临的法律风险或合规风险。

例如,许多项目都需要了解目标企业的注册登记等基本信息,这些信息对于风险识别大多并无直接关系。但唯有基于这类信息,才能判定企业的性质、所属行业、主营业务、经营方式等主体信息,从而明确企业属于哪一类法人或非法人组织以及其所属行业需要遵守哪些法律规定、各类具体企业行为涉及哪些法律规则或其他规则等环境信息,再结合企业的经营活动信息了解其行为,进而从主体、行为、环境三个维度锁定其风险领域以及各具体环节上的风险点。

(三)核查方式不同

在尽职调查中,合规项目或法律风险项目与其他项目的最大不同,是对证据真实性的核查。在其他项目的尽职调查中,往往需要在调查过程中及完成后不断分析所获信息的真实性、完整性和全面性,以便确保基于证据所作出的判断的准确性。而合规项目或法律风险项目,基本以企业自行提供的信息为主,并不需要过多的真实性核查。

之所以并不需要太多的核查,是项目性质使然。这类项目毕竟是企业自行实施的管理提升项目,属于企业的内部调查,而且一般并不涉及业绩等指标,不涉及过错追究,相关部门或职位只需要如实反映状况、提供现有资料即可,而且多为企业的牵头管理部门提出要求,一般不存在真实性和完整性问题。尤其是企业的管理层更希望借此全面了解企业的真实状况,且大多能够识别相关资料是否存在问题,为所获资料的真实性和全面性提供了基础。

但这并不意味着所有情况都不需要核实,因为某些部门或下属企业往往因担心会被问责而提供不真实的信息或不完整的信息。这些不真实或不完整的信息容易误导风险的辨识,并最终影响到企业应对措施的有效性。因此许多企业在尽职调查开始前,都会强调"反映问题免责"的承诺,以打消顾虑、得到真实全面的风险信息。

(四)调查依据不同

合规及法律风险方面的尽职调查都围绕相关法律规则或其他规则展开,以衡量其"合规"程度和法律风险状况。除非是狭小的专项检查,如不正当竞争风险、垄断风险等,往往会涉及大量的法律规则或其他规则。

例如,对于广告法律风险的尽职调查,所涉及的远远不止广告领域的法律、法规、部门规章、地方性法规、地方政府规章,还有可能涉及消费者权益、反不正当竞争、物价、产品质量等方面的法律规定。除此之外,还可能因广告内容而涉及知识产权、肖像权以及因宣传内容而涉及不同行业的相关法律规范要求,如食品安全等。

这些法律规则体系已经足够庞大,但如果进行全面的广告合规审查还要涉及其他规则。例如,最为常见的是行业规则、企业内部规章制度等。合规管理、法律风险管理都涉及庞大、复杂的规则体系,每次一一核对,执行既低效又容易出错,因此两种管理都强调化"外规"为"内规",将所有规则转换为内部管理的规章制度,以便于理解和执行。

其他领域的尽职调查依据虽也可能种类繁多,但往往并不如此"单纯"。例如,收购企业时的尽职调查既涉及大量经营活动的合法性问题,又会涉及大量资产、负债、赢利能力等关于企业价值的内容。

二、企业常见风险概览

企业面临的法律风险或合规风险"丰富多彩"。企业风险管理的研究重点是其中常态性的经营行为的风险,包括普遍性、行业性、个别性三类。

(一)普遍性的基本风险

普遍性的基本行为风险,是每个企业在从事基本行为时必然面临的风险,具有普遍性。其中,因员工的存在而产生的人力资源管理风险和因交易而产生的合同领域风险是最常见的企业基本风险,主要包括四种。

1. 劳动领域风险

劳动领域风险是指企业因雇佣员工而涉及的劳动法律关系方面的风险。现代企业的劳动者管理多被列入人力资源管理,源自将人作为一种资源进行开发、利用并充分发挥其潜力,而不是像某些企业那样单纯地将员工工资当成成本去压缩、克扣。这类法律风险,主要有《劳动法》(2018年)和《劳动合同法》(2012年)以及其他相关的法律法规、地方性法规、规章等。

从企业招聘时起,劳动合同的签订、变更、解除、终止以及劳动合同存续期间的试用、培训、加班、支付劳动报酬、违反规章制度处理等,既涉及一系列的法律规定又涉及许多形式要求,往往并非人力资源专业人员完全能够掌握的,因而其相关的制度、流程、文本表单体系存在较大合法性、合规性缺陷。

如果从合规角度审视,人力资源管理还要涉及更多的规则,如人员任免、决策权限等。尤其是国有企业,更是涉及大量其他相关规定。

2. 合同领域风险

企业在合同领域发生的风险事件,在总量上一般少于人力资源领域,但涉及的总金额和影响程度远大于后者。这一领域的法律风险主要分为合同本身和合同管理两个方面,前者是合同内容上是否存在明显缺陷的问题,后者则是合同签订履行期间的管理是否存在法律缺陷的问题。

合同文本本身的缺陷包括但不限于《民法典》(2021年)的合同编。不仅涉及法律上的无效、效力待定、可撤销等问题,还包括商务层面的重要条款缺失、交易模式不安全、约定不明确、法律权益未充分利用等影响交易安全或合同正常履行的缺陷。

而合同管理缺陷则是合同文本以外,在签订、履行过程中存在的管理上、行为方式上的缺陷,包括对相对方签订履行合同的资格资质审查等方面。这类缺陷的风险不亚于合同文本缺陷的风险,大量合同诉讼的败诉是由于证据保存不当或履行不合约定,均为管理问题。而现实中的大量企业存在着明显的重业务、轻管理倾向。甚至其合同审批管理、印章管理、档案管理等制度体系都存在着明显的漏洞,很容易使企业蒙受风险损失。

如果从合规角度考虑,合同风险还包括合同的签订、履行以及文本内容是否符合上级公司、本公司的各项规章制度、管理流程、管理标准等要求。

3. 市场竞争风险

市场竞争风险,主要包括因市场行为违反《中华人民共和国反不正当竞争法》(2019年,以下简称《反不正当竞争法》)、《反垄断法》(2008年)和《广告法》(2018年)而侵犯其他竞争者利益的法律风险。前两部法律互为补充,分别限制了不正当竞争行为和垄断两种损害竞争者利益的行为,而许多不正当竞争行为发生在广告领域。

不正当竞争行为内容广泛。例如,擅自使用与他人相同或者近似的有一定影响力的名称、包装、装潢等标识,或企业名称、社会组织名称、姓名、域名主体部分、网站名称、网页等"混淆行为";商业贿赂行为、侵犯商业秘密行为、不当的有奖销售行为;虚假或者引人误解的商业宣传行为,损害竞争对手的商业信誉、商品声誉行为;妨碍、破坏其他经营者合法提供的网络产品或者服务正常运行的行为等。其中,如何界定商业秘密、如何有效地保护,是企业的常见问题。

除此之外,垄断行为也日益凸显。例如,滥用行政权力排除、限制竞争行为以及涉及垄断协议、滥用市场地位、经营者集中等相关案例也越来越多,并已被越来越频繁地提上企业风险防控日程。

4. 财务管理风险

企业的财务管理涉及融资、投资、资产购置、资金运营、利润分配、纳税筹划等方面的安排和运作。在法律所允许的范围内,充分利用各项权利实现利益最大化,可以为企业发展提供更为有利的资本条件。而在法律规定的范围内合理安排税务承担方式,是其中的重要内容。许多经营管理比较好的企业,在投资决策阶段已经加入了税务安排方面的考虑。

财务管理很少能直接创造价值,但能有效地控制成本并促进资产的保值、增值。随着税收已越来越成为各级政府调节产业发展方向的重要工具,而征收体制的日益完善也使账簿、凭证、增值税发票的管理以及纳税申报、税务检查管理日益严格,充分利用法律所允许的方式以及产业政策,可有效地降低企业成本、促进企业发展。运用不当则存在着行政处罚风险、单方权益丧失风险。

这类风险还涉及各类动产、不动产、知识产权有无按法律要求登记、过户其资产以及是否按法律要求注册、申请权益和使用的名义是否与现实相符等。

(二)行业性的专业风险

除了每个企业都必然面临的普遍性风险以外,企业还会因所属行业的不同而面临行业性的专业风险。这类风险因行业不同而各不相同,在此仅列举较大的三类。

1. 环境保护风险

环境保护风险在生产环节中产生,以钢铁行业、化工行业、火力发电行业、制造业为代表。这类风险来自于生产过程中产生的各类污染物,在污染环境的同时也影响员工身体健康,并引发行政责任、民事责任甚至刑事责任。

依据《中华人民共和国环境保护法》(2014年,以下简称《环境保护法》)第二条:"本法所称环境,是指影响人类生存和发展的各种天然的和经过人工改造的自然因素的总体,包括大气、水、海洋、土地、矿藏、森林、草原、湿地、野生生物、自然遗迹、人文遗迹、自然保护区、风景名胜区、城市和乡村等。"

而依据该法第四十二条,"排放污染物的企业事业单位和其他生产经营者,应当采取措施,防治在生产建设或者其他活动中产生的废气、废水、废渣、医疗废物、粉尘、恶臭气体、放射性物质以及噪声、振动、光辐射、电磁辐射等对环境的污染和危害"。可见虽未定义污染物,但其范围相当广泛。

环境保护近年来日益引起关注。从合规角度来说,相关法律等规范的要求越来越明确、严格,既涉及可持续发展问题又涉及企业的社会责任。

2. 安全生产风险

安全生产风险几乎遍布各个行业,涉及生命安全和财产安全,而且相关的法律不仅仅有《中华人民共和国安全生产法》(2021年,以下简称《安全生产法》)。依据《安全生产法》第二条:"有关法律、行政法规对消防安全和道路交通安全、铁路交通安全、水上交通安全、民用航空安全以及核与辐射安全、特种设备安全另有规定的,适用其规定。"可见除此之外还有大量法律法规涉及安全生产。而生产过程中的劳动保护问题,既涉及劳动法律风险又涉及生产过程风险。

按照该法第二章"生产经营单位的安全生产保障"第二十条:"不具备安全生产条件的,不得从事生产经营活动。"同时还从不同层面分别规定了各级管理人员或管理部门对本单位安全生产工作的责任。如第二十一条规定的"生产经营单位的主要负责人";第二十五条规定的"生产经营单位的安全生产管理机构以及安全生产管理人员"以及生产经营单位在安全生产所需资金、安全生产责任制、管理机构和管理人员、主要负责人和安全生产管理人员的安全生产知识及管理能力、安全生产教育和培训、特种作业人员资格等方面的安全生产责任要求等。

这类风险的产生总体上是由于企业的实际情况与法律等规则的要求不符。例如,适用面广泛的消防安全风险还涉及厂房设计、车间布置、安全培训、器材配备、物资堆放等方面。

3. 质量责任风险

质量责任风险既体现在产品质量方面又体现在服务质量方面,风险后果可能是民事责任、行政责任,甚至是刑事责任。以产品质量为例,法律规定了产品质量举证责任倒置,即由生产者举证证明其产品不存在某种缺陷或某种免责事由,这种责任制度使生产者面临着更多、更大的法律风险。

尤其是在产品质量及产品标识方面的法律规定中存在着诸多主观标准,容易导致生产者承担意想不到的产品责任。例如,在产品质量方面,《中华人民共和国产品质量法》(2018年,以下简称《产品质量法》)第二十六条规定,生产者应当对其生产的产品质量负责,包括"不存在危及人身、财产安全的不合理的危险""具备产品应当具备的使用性能"等。

因此,质量责任风险涉及质量标准、质量说明、质量控制、市场营销、售后服务甚至开发设计等多个方面。即便不是制造型企业,如建筑企业、服务业等,其实也同样存在着交付标的物的质量责任风险。

上述风险只在某些行业较具代表性,在实际经营中不同行业还会存在大量的其他风险,如广告宣传、运输、技术开发、建设工程、服务外包等,甚至捐赠行为也会存在法律风险。对此,不再一一列举。

(三) 个别性的特定风险

个别性的特定风险不具有普遍性和行业性,完全是基于企业的特定行为、特定情况而产生。即使某类风险较为常见,也与企业基本行为或行业行为无关。

1. 知识产权风险

知识产权包括商标权、专利权、著作权等,但知识产权风险主要集中在商标和专利领域。并非每个企业都拥有自己的知识产权或在经营活动中涉及知识产权,因而将其归为个别性的特定风险。当然,为自己的产品或服务申请商标的企业已经较为常见,但大多并非是按照法律要求而只是满足经营上的需要。

知识产权可以充分保护企业自身的智慧成果。以申请、注册的方式保护知识产权本身就是一项非常专业的活动,许多企业因认识不足导致了单方权益丧失。而不同程度的知识产权侵权行为可导致民事责任、行政责任甚至刑事责任。例如广告中使用的图片、口号可能涉及他人的知识产权等。此外,商标和外观设计还可能涉及《反不正当竞争法》中的不正当竞争行为。

同时,知识产权也可以作为一种竞争战略。研发技术并申请专利可以使企业在特定领域处于领先地位,从而形成竞争中的优势地位甚至合法"垄断"的态势。而前瞻性地申请专利或注册商标,则可避免企业因后发劣势而受限于其他企业的知识产权保护从而使企业发展受到限制。

2. 投资融资风险

企业在经营及发展过程中,往往需要一定量的资金以维持正常经营周转,并通过投资扩大经营规模或抓住市场机遇,于是便产生了投资、融资等合法、合规性风险。其中的合规风险,以强调遵从公司内部管理规定为主。

最早的企业融资基本只有银行贷款一种方式,现在已经增加了社会集资和内部集资,另有股权融资、引进风险投资、上市融资、债券融资等方式,在某些具体项目上还有可能采用特许经营权、国际财团、出口信贷、政府资金资助、外国政府贷款等融资方式。

在这类风险中,投资风险集中在对项目不确定性的控制上,融资风险主要在融资的合法性上。前者的失误会导致投资失败或收益减少,后者的合法性不足则容易导致刑事责任。

3. 担保责任风险

担保责任风险是指因为其他方提供担保而产生的担保责任风险。在法律层面,担保有保证、抵押、质押、留置、定金五种方式,并因此有着不同的担保责任。其中,保证还可分为一般保证与连带责任保证。而在合规方面,违规对外提供担保即使并未造成损失也应承担一定的责任,如果造成损失则应当承担更重的合规责任。

现实中的担保一般由债权人、债务人、担保人三方以合同的形式确定具体的法律关系。由于法律上的身份不同,各方在担保合同的签订及履行中会有不同的风险。加之相关法律、司法解释均有较多的规定,因此担保合同条款是否违法、是否存在漏洞、特定情况的处理等,是担保责任风险的主要关注点。

上述风险划分方式与以前讨论过的按常态行为与非常态行为划分略有不同,而且还有许多风险并未列举。例如,从合规风险的角度衡量,许多企业的管理机构、管理制度建设本身就存在严重问题。而上市风险、并购重组风险、国际化风险、诉讼及争议处理等风险,按此处的划分均为企业个别性的特定风险。

三、尽职调查前的规则调研

如前所述,设计尽职调查提纲是必不可少的一个环节,是围绕项目目标、项目范围等,通过调研所涉及的各类规则找出企业需要遵守的各类要求,并以取得企业相关实际情况为目的设计尽职调查清单。其中,法律风险管理项目或合规管理项目都需要针对相关法律进行调研,即法律调研。

(一) 调查提纲基于规则调研

规则调研是指在项目目标、项目范围所限定的范围内,通过检索、研究企业所必须遵守的相关规则而识别出各项具体要求的过程。这一过程是设计尽职调查提纲的重要环节,也是具体法律风险点识别的预演。风险点识别,正是将这个调研结果与尽职调查中取得的反映实际情况的证据进行比对。

1. 法律调研①

法律调研(Legal Research),是指针对具体的法律问题通过检索相关的法律规定、案例等信息并加以分析、筛选,从而对问题的性质作出判断或给出问题的解决方案的工作过程。

这一工作是所有法律职业的基础性工作。在一些国际性律师事务所中,年轻律师的工作一般都从法律调研开始。无论是起草合同、法律意见书、诉讼文件还是提供给当事人的各种诉讼报告,资深律师在遇到一些一时不清楚的法律问题时,一般都会请律师助理做一个法律调研,写一个调研报告,以此为律师的工作提供支持。

从律师自身能力发展的角度看,进行法律调研是律师的一项基本功,律师只有掌握这个基本功,才有可能做出其他漂亮的法律文书。

2. 规则体系的识别

根据项目的不同,法律风险管理项目的尽职调查提纲围绕相关法律、强制标准的规定,合规管理项目还要包括法律以外的主管部门要求、行业协会规范、上级企业及本企业的规章制度等。

两类项目的规则调查的技术方法完全相同。以对法律规定展开的调研为例,最为严谨的法律调研是梳理相关法律中的全部法定义务、权利并将其分门别类后列入尽职调查提纲,以便调查时收集反映企业遵从实际情况的证据。

这类规则往往是一个或数个体系,而不仅仅是一部法律规则或规章制度。例如,食品安全法律风险管理项目涉及的法律调研,在专业领域中的核心法律为《食品安全法》(2018年)。以此为基础向外延伸,还包括《产品质量法》《中华人民共和国消费者权益保护法》(2013年,以下简称《消费者权益保护法》)等。

3. 调查内容的取舍

由于法律风险管理或合规管理项目均为企业内部的"自查"项目,因而具体的范围、内容等均可由项目组与企业共同商定。某些企业的项目,尤其是合规管理项目,往往企业的主管部门或上级企业对其内容等设有具体要求。这些要求是设计尽职调查清单所必不可少的内容,加入相关内容才可能使调查一步到位并同时使企业的工作成果满足相关具体需求,一举两得。

但这类法律调研有时不得不针对企业的具体情况"抓大放小"。这首先是因为需要调查的信息内容繁多,甚至企业基本信息部分就包括了企业登记情况等一系列行政许可,而且许多法律的相关内容雷同。其次,许多企业从未仔细对照过各

---

① 参见中华全国律师协会编:《律师执业基本素养(修订版)》,北京大学出版社2009年版,第121页。

类规则的具体要求,也并不具备提供各类详细情况的资料甚至相关能力。因此在某些企业中,过细的调查可能会事倍而功半,甚至企业也认为过于复杂、繁琐。

但有些问题可以通过问卷调查的方式解决。即通过问卷中的选项,直接由企业人员回答相关情况的有无、相关资料的有无等。如果每份问卷的相同选项都得到同样的回答,则直接可以作为识别风险、撰写报告的依据。

4. 调查提纲的处理

尽职调查的目的,是通过系统地收集能够证明企业各类历史或现实行为真实情况的证据,将其用于同规则要求并进行比对,以发现由于企业的作为或不作为而产生的各类风险。因而这类调查大多是围绕着"规则—证据"展开。

几乎所有的调查提纲都会涉及综合性的内容。例如,企业生产经营行为的合法性取决于企业登记等行政许可,管理行为的合规性取决于公司章程、董事会、上级公司等层面的授权。因而在设计调查提纲时,往往需要举一反三,从一个调查事项中拆分出规则与证据两个部分,以使调查更全面、结论更充分。

由于规则需要顾及方方面面,因而在设计调查内容时可以剔除某些不适用的规则,以减少无效工作量。对于基础比较薄弱的企业,更可以重点调查、评估后果严重的违法、违规行为,并在后续处理中将法律等外部规则的主要要求转化为企业的规章制度,通过"外规"的内规化、制度化提高企业的理解、执行能力。

(二)相关规则法律调研实例

以生产普通食品的大中型工业化食品生产企业的法律风险管理或合规管理项目为例,仅依据《食品安全法》(2018年),该企业可能涉及的法律风险不但范围广泛而且规则要求复杂。

1. 食品安全风险环节

依据该法第二条,食品安全涉及的领域远远不止成品,而且几乎每项要求都会涉及一整个系列的相关法规及强制性标准。该条内容为:

在中华人民共和国境内从事下列活动,应当遵守本法:

(一)食品生产和加工(以下称食品生产),食品销售和餐饮服务(以下称食品经营);

(二)食品添加剂的生产经营;

(三)用于食品的包装材料、容器、洗涤剂、消毒剂和用于食品生产经营的工具、设备(以下称食品相关产品)的生产经营;

(四)食品生产经营者使用食品添加剂、食品相关产品;

(五)食品的贮存和运输;

(六)对食品、食品添加剂、食品相关产品的安全管理。

供食用的源于农业的初级产品(以下称食用农产品)的质量安全管理,遵守《中华人民共和国农产品质量安全法》的规定。但是,食用农产品的市场销售、有关质量安全标准的制定、有关安全信息的公布和本法对农业投入品作出规定的,应当遵守本法的规定。

2. 食品安全强制标准

依据该法第二十五条的规定:"食品安全标准是强制执行的标准。除食品安全标准外,不得制定其他食品强制性标准。"而第二十六条则规定了这些强制性标准的范围,即:

食品安全标准应当包括下列内容:
(一)食品、食品添加剂、食品相关产品中的致病性微生物,农药残留、兽药残留、生物毒素、重金属等污染物质以及其他危害人体健康物质的限量规定;
(二)食品添加剂的品种、使用范围、用量;
(三)专供婴幼儿和其他特定人群的主辅食品的营养成分要求;
(四)对与卫生、营养等食品安全要求有关的标签、标志、说明书的要求;
(五)食品生产经营过程的卫生要求;
(六)与食品安全有关的质量要求;
(七)与食品安全有关的食品检验方法与规程;
(八)其他需要制定为食品安全标准的内容。

除此以外,该法第三十条、第三十二条还分别规定"国家鼓励食品生产企业制定严于食品安全国家标准或者地方标准的企业标准,在本企业适用,并报省、自治区、直辖市人民政府卫生行政部门备案",以及"食品生产经营者、食品行业协会发现食品安全标准在执行中存在问题的,应当立即向卫生行政部门报告"。这两条可用以检视食品生产企业有无单方权益丧失风险及行政责任风险。

3. 生产经营产品风险

该法第四章"食品生产经营"是食品安全风险管理的重点内容,包括第一节"一般规定"、第二节"生产经营过程控制"、第三节"标签、说明书和广告"、第四节"特殊食品"四个组成部分,是判定生产经营者责任风险的主要依据。为便于表述,此部分仅为其第一节"一般规定"的内容。

第三十四条为禁止性事项,是风险调查的重中之重,原文为:

禁止生产经营下列食品、食品添加剂、食品相关产品:
(一)用非食品原料生产的食品或者添加食品添加剂以外的化学物质和其他可能危害人体健康物质的食品,或者用回收食品作为原料生产的食品;
(二)致病性微生物,农药残留、兽药残留、生物毒素、重金属等污染物质以及其他危害人体健康的物质含量超过食品安全标准限量的食品、食品添加剂、食品相关产品；

（三）用超过保质期的食品原料、食品添加剂生产的食品、食品添加剂；

（四）超范围、超限量使用食品添加剂的食品；

（五）营养成分不符合食品安全标准的专供婴幼儿和其他特定人群的主辅食品；

（六）腐败变质、油脂酸败、霉变生虫、污秽不洁、混有异物、掺假掺杂或者感官性状异常的食品、食品添加剂；

（七）病死、毒死或者死因不明的禽、畜、兽、水产动物肉类及其制品；

（八）未按规定进行检疫或者检疫不合格的肉类，或者未经检验或者检验不合格的肉类制品；

（九）被包装材料、容器、运输工具等污染的食品、食品添加剂；

（十）标注虚假生产日期、保质期或者超过保质期的食品、食品添加剂；

（十一）无标签的预包装食品、食品添加剂；

（十二）国家为防病等特殊需要明令禁止生产经营的食品；

（十三）其他不符合法律、法规或者食品安全标准的食品、食品添加剂、食品相关产品。

该法第三十三条是食品生产经营各环节的具体要求，需要细分、详查：

食品生产经营应当符合食品安全标准，并符合下列要求：

（一）具有与生产经营的食品品种、数量相适应的食品原料处理和食品加工、包装、贮存等场所，保持该场所环境整洁，并与有毒、有害场所以及其他污染源保持规定的距离；

（二）具有与生产经营的食品品种、数量相适应的生产经营设备或者设施，有相应的消毒、更衣、盥洗、采光、照明、通风、防腐、防尘、防蝇、防鼠、防虫、洗涤以及处理废水、存放垃圾和废弃物的设备或者设施；

（三）有专职或者兼职的食品安全专业技术人员、食品安全管理人员和保证食品安全的规章制度；

（四）具有合理的设备布局和工艺流程，防止待加工食品与直接入口食品、原料与成品交叉污染，避免食品接触有毒物、不洁物；

（五）餐具、饮具和盛放直接入口食品的容器，使用前应当洗净、消毒，炊具、用具用后应当洗净，保持清洁；

（六）贮存、运输和装卸食品的容器、工具和设备应当安全、无害，保持清洁，防止食品污染，并符合保证食品安全所需的温度、湿度等特殊要求，不得将食品与有毒、有害物品一同贮存、运输；

（七）直接入口的食品应当使用无毒、清洁的包装材料、餐具、饮具和容器；

（八）食品生产经营人员应当保持个人卫生，生产经营食品时，应当将手洗净，穿戴清洁的工作衣、帽等；销售无包装的直接入口食品时，应当使用无毒、清洁的容器、售货工具和设备；

（九）用水应当符合国家规定的生活饮用水卫生标准；

（十）使用的洗涤剂、消毒剂应当对人体安全、无害；

（十一）法律、法规规定的其他要求。

非食品生产经营者从事食品贮存、运输和装卸的，应当符合前款第六项的规定。

除上述两条外，该节还规定了食品生产经营许可制度、新型食品原料或食品添加剂新品种及食品相关产品新品种、食品添加剂的生产许可制度、食品添加剂的使用、食品相关产品的法律法规和食品安全国家标准要求、食品安全追溯体系等。这些要求有的可用于企业自查，有的可用于审查供应商及其产品的合法性。

4. 生产经营过程风险

本部分的主要内容来自第四章"食品生产经营"的第二节"生产经营过程控制"。对于大中型工业化食品生产企业，其风险点包括：

(1) 该法第四十四条要求的，食品生产经营企业应当建立健全的食品安全管理制度及对职工进行食品安全知识培训、加强食品检验工作力度。

(2) 该法第四十五条要求的，食品生产经营者应当建立并执行的从业人员健康管理制度以及从事接触直接入口食品工作的食品生产经营人员的健康检查制度。

(3) 该法第四十六条规定的，食品生产企业为保证食品符合食品安全标准而必须实施的控制要求，即：

（一）原料采购、原料验收、投料等原料控制；

（二）生产工序、设备、贮存、包装等生产关键环节控制；

（三）原料检验、半成品检验、成品出厂检验等检验控制；

（四）运输和交付控制。

(4) 该法第四十七条规定的，食品生产经营者应当建立的食品安全自查制度、生产经营条件不再符合食品安全要求时的整改措施、存在食品安全事故潜在风险时停止食品生产经营活动等要求。

(5) 该法第四十八条鼓励的，食品生产经营企业符合良好生产规范要求、实施危害分析与关键控制点体系以及不再符合时的处理举措。

(6) 该法第五十条规定的，食品生产者对于食品原料、食品添加剂、食品相关产品供货者的许可证和产品合格证明审查；对无合格证明的食品原料的食品安全标准检验;对不符合食品安全标准的原料和添加剂及食品相关产品不得采购或使用以及审查有无建立进货查验制度;记录和凭证保存期限是否达标。

(7)该法第五十一条、第五十二条所规定的,食品生产企业应当建立食品出厂检验记录制度;记录和凭证保存期限以及是否检验合格。

(8)该法第六十三条规定的,食品生产者是否建立和执行食品不符合食品安全标准或者有证据证明可能危害人体健康时的立即停止生产并召回已经上市销售的食品、通知相关生产经营者和消费者、记录召回和通知情况的食品召回制度。

召回的食品是否采取无害化处理或销毁等措施防止其再次流入市场,对因标签、标志或者说明书不符合食品安全标准而被召回的食品是否在采取补救措施且能保证食品安全时才继续销售,并在销售时向消费者明示补救措施。

对于食品召回和处理情况是否向食品安全监督管理部门报告;是否提前向食品安全监督管理部门报告对召回食品无害化处理或销毁的时间、地点以供监督。

该节的其他法律规定因与调研对象不一致,因此不再提及。

5. 对外产品信息风险

此类风险是指该法第四章第三节"标签、说明书和广告"的相关内容,均为用于产品销售的对外信息。

对于食品标签,该法第六十七条有如下明确规定:

> 预包装食品的包装上应当有标签。标签应当标明下列事项:
> (一)名称、规格、净含量、生产日期;
> (二)成分或者配料表;
> (三)生产者的名称、地址、联系方式;
> (四)保质期;
> (五)产品标准代号;
> (六)贮存条件;
> (七)所使用的食品添加剂在国家标准中的通用名称;
> (八)生产许可证编号;
> (九)法律、法规或者食品安全标准规定应当标明的其他事项。
> 专供婴幼儿和其他特定人群的主辅食品,其标签还应当标明主要营养成分及其含量。
> 食品安全国家标准对标签标注事项另有规定的,从其规定。

除此之外,该法第六十八条、第六十九条还规定了食品经营者销售散装食品时对于产品信息的标注方式,以及生产经营转基因食品应当按照规定显著标示。

对于标签、说明书,该法第七十一条、第七十二条分别规定了"不得含有虚假内容,不得涉及疾病预防、治疗功能""应当清楚、明显,生产日期、保质期等事项应当显著标注,容易辨识""食品和食品添加剂与其标签、说明书的内容不符的,不得上市销售"以及"应当按照食品标签标示的警示标志、警示说明或者注意事项的要求销售食品"。

对于食品广告,该法第七十三条第一款规定:"食品广告的内容应当真实合法,不得含有虚假内容,不得涉及疾病预防、治疗功能。食品生产经营者对食品广告内容的真实性、合法性负责。"这意味着即使是第三方提供的广告内容设计,如果出现问题同样由食品生产企业负责。

6. 食品安全检验风险

该法第五章"食品检验"主要规定了检验机构和检验人员的责任,同时也明确了食品生产企业的权利。这些规定可用于检验企业是否因未能行使相关权利而导致单方权益丧失。

例如,该法第八十九条第一款规定:"食品生产企业可以自行对所生产的食品进行检验,也可以委托符合本法规定的食品检验机构进行检验。"

又如,该法第八十八条规定:

> 对依照本法规定实施的检验结论有异议的,食品生产经营者可以自收到检验结论之日起七个工作日内向实施抽样检验的食品安全监督管理部门或者其上一级食品安全监督管理部门提出复检申请,由受理复检申请的食品安全监督管理部门在公布的复检机构名录中随机确定复检机构进行复检。复检机构出具的复检结论为最终检验结论。复检机构与初检机构不得为同一机构。复检机构名录由国务院认证认可监督管理、食品安全监督管理、卫生行政、农业行政等部门共同公布。
>
> 采用国家规定的快速检测方法对食用农产品进行抽查检测,被抽查人对检测结果有异议的,可以自收到检测结果时起四小时内申请复检。复检不得采用快速检测方法。

7. 安全事故处理风险

该法第七章为"食品安全事故处置",规定了政府、医疗等机构及食品生产经营企业在处理食品安全事故时的职责。根据该法第十章"附则"第一百五十条中所下的定义,"食品安全事故,指食源性疾病、食品污染等源于食品,对人体健康有危害或者可能有危害的事故"。

第七章主要规定了各级政府部门的分工及职责,对于食品生产经营企业的要求基本以配合为主。例如,该法第一百零二条除了规定国务院、县级以上地方人民政府制定食品安全事故应急预案的职责外,还规定"食品生产经营企业应当制定食品安全事故处置方案,定期检查本企业各项食品安全防范措施的落实情况"。

又如，该法第一百零三条的规定中，与食品生产经营企业相关的内容有"发生食品安全事故的单位应当立即采取措施，防止事故扩大。事故单位和接收病人进行治疗的单位应当及时向事故发生地县级人民政府食品安全监督管理、卫生行政部门报告"以及"任何单位和个人不得对食品安全事故隐瞒、谎报、缓报，不得隐匿、伪造、毁灭有关证据"。

此外，该法第一百零八条规定：

食品安全事故调查部门有权向有关单位和个人了解与事故有关的情况，并要求提供相关资料和样品。有关单位和个人应当予以配合，按照要求提供相关资料和样品，不得拒绝。

任何单位和个人不得阻挠、干涉食品安全事故的调查处理。

8. 政府监管配合风险

此类风险主要集中在该法第八章"监督管理"，其内容以规定政府部门的职责和权力为主，同时涉及食品生产经营企业的权利义务。

(1) 监督检查措施

依照该法第一百一十条，县级以上人民政府食品安全监督管理部门履行食品安全监督管理职责，有权采取下列措施，对生产经营者进行监督检查：

(一) 进入生产经营场所实施现场检查；

(二) 对生产经营的食品、食品添加剂、食品相关产品进行抽样检验；

(三) 查阅、复制有关合同、票据、账簿以及其他有关资料；

(四) 查封、扣押有证据证明不符合食品安全标准或者有证据证明存在安全隐患以及用于违法生产经营的食品、食品添加剂、食品相关产品；

(五) 查封违法从事生产经营活动的场所。

(2) 对约谈的回应

该法第一百一十四条规定："食品生产经营过程中存在食品安全隐患，未及时采取措施消除的，县级以上人民政府食品安全监督管理部门可以对食品生产经营者的法定代表人或者主要负责人进行责任约谈。食品生产经营者应当立即采取措施，进行整改，消除隐患。责任约谈情况和整改情况应当纳入食品生产经营者食品安全信用档案。"

(3) 举报人的保护

该法第一百一十五条第二款规定："有关部门应当对举报人的信息予以保密，保护举报人的合法权益。举报人举报所在企业的，该企业不得以解除、变更劳动合同或者其他方式对举报人进行打击报复。"

(4) 有权投诉举报

该法第一百一十六条规定,"食品生产经营者、食品行业协会、消费者协会等发现食品安全执法人员在执法过程中有违反法律、法规规定的行为以及不规范执法行为的,可以向本级或者上级人民政府食品安全监督管理等部门或者监察机关投诉、举报"。

(5) 禁止虚假信息

该法第一百二十条第一款规定:"任何单位和个人不得编造、散布虚假食品安全信息。"

9. 其他相关法律风险

《食品安全法》(2018年)对于食品生产经营企业的强制性要求远不止上述几个部分,但并非每个企业都涉及。因并不涉及本范例,故不予提及。

例如,该法第七十四条仅针对"保健食品、特殊医学用途配方食品和婴幼儿配方食品等特殊食品";该法第六章仅针对"食品进出口",因此均未在此展开。

第四节　尽职调查的清单及方法

"尽职调查"一词虽在不同领域被广泛应用,且早在1997年便已出现在当时的国务院证券委员会发布的《证券业从业人员资格培训与考试大纲(试行)》中,但迄今仍旧难以统一其定义、范围、方式等内容,因而调查的内容及方式各有不同。

侧重于企业风险的尽职调查并不关注企业的价值,而且尽职调查属于企业的"自查",因而其工作范围更集中于发现风险且工作方式更灵活多样,同时也更加关注深层的原因分析。

一、尽职调查清单的内容

尽职调查清单并不仅仅是一个调查内容目录,其重在涵盖所需要了解的领域内的所有类型的风险。当然,尽职调查清单涵盖的风险范围越大、越细,工作量就越大、管理成本也会越高,因而做到没有遗漏并不容易。

(一) 专项尽职调查清单

相对于全面性的尽职调查,某些专项风险的尽职调查由于目标更具体、主题更集中而更容易锁定工作范围。许多企业对于全面展开的项目心存顾虑,也希望通过专项活动尝试或集中力量解决突出的问题。因此,这类项目比较容易被企业接受,也便于实际操作。

例如，针对合同风险的尽职调查可以分为以下几个方面：

1. 合同管理类

此类调查旨在了解企业的合同管理制度体系状况，内容包括书面的管理制度、管理流程以及管理制度的实际执行情况，未尽事宜的实际做法。

（1）涉及主体合法性的营业执照、许可证、资格证书、资质证书等行政许可证书或文件；

（2）涉及合同签订、履行的交易合规性的公司章程、董事会决议、行业管理要求、上级公司要求、本公司管理制度、交易立项依据、授权证书等文件；

（3）涉及合同管理体制的现有或实际的合同管理组织结构图以及现有或实际的有权对外签订合同的部门及所签合同类型、权限的清单；

（4）地方性法规或地方政府部门企业交易活动的特别要求、许可，包括交易内容、交易模式、交易额度、合同文本等要求；

（5）涉及合作商管理的管理制度、管理流程及其实际执行情况，包括但不限于供应商管理和分销商管理的合作商选择标准、审查、决策程序、管理模式等；

（6）涉及合同签订管理的管理制度、管理流程及其实际执行情况，包括但不限于合同审查、审批、文本管理、签订标准、签订程序、档案管理；

（7）涉及合同履行管理的管理制度、管理流程及其实际执行情况，包括但不限于合同履行管理、履行异常管理、争议管理；

（8）其他与合同管理相关的文件及实际操作情况。

2. 合同文本类

（1）合同文本管理体制，包括垂直及横向职责、权限分配，规定相关职责、权限的现行制度及实际做法；

（2）交易及合同的分类方式，不同类别交易或合同的管理方式；

（3）经常性交易中使用的我方主导的合同文本及表单样本，以及经常性交易中对方主导的合同文本及样本；

（4）企业自行制定标准化合同文本/合同模板的质量控制、使用、修订等管理制度的相关要求；

（5）企业自行制定的全部标准合同文本/合同模板样本文档；

（6）授权或被授权使用知识产权、加盟或授权连锁等签订频率低但长期履行的合同文本；

（7）其他非经常性使用的交易文本，或准备投入使用的文本。

3. 现实状况类

（1）已结合非正常履行情况汇总，含协商解决、仲裁、诉讼的相关档案，包括其处理情况、原因分析资料；

(2)未结合非正常履行情况汇总,包括债权债务清单及交涉记录、原因分析等相关资料;

(3)因合同相关事务,如交易、文本、广告等,而受到行政处罚的相关完整过程资料;

(4)因交易、合同相关事务,如诉讼、协助执行、发票问题等,而与法院、检察院、公安部门产生接触及被追究的情况记录;

(5)对外担保情况汇总及各担保合同样本;

(6)合同管理制度执行情况分析。

上述清单相对理想化,其范围、内容、要求对于许多企业的合同管理是个不小的挑战,大多数企业出于管理方式和业务模式的原因而无法全面提供。如果无需满足其他方的要求,尽职调查清单的内容完全可以结合企业需求进行取舍。

(二)全面尽职调查清单

当企业需要全方位地展开管理项目时,由于其调查范围完全"敞开",往往更需要针对企业情况设计整体性的尽职调查清单。这种清单应尽可能涵盖到所有行为和所有部门,以确保风险信息的完整性和工作效率。同时需要组建有企业人员参加的工作团队,以保持沟通的顺畅和信息渠道的畅通。

这类尽职调查对于企业所提供的信息的信赖度更高,必须在对企业有了一定程度的了解之后才能制作出便于操作的调查清单,而且对于那些档案管理程度比较低的企业,有时不得不首先确认相关资料存在于哪个部门才能顺利取得。某些资料过于敏感且并非项目所必需,如果企业不愿提供或不宜主动调查,均可在确定调查清单时加以排除,但应申明结论、措施仅对取得的资料负责。

在设计尽职调查清单时,一个比较容易的方法是依据企业的组织结构设计。这样做的好处是易于理解风险的整体架构和部门间工作配合的风险,并易于安排对口部门集中调取资料和工作访谈等事务。

例如,对于典型的直线职能型组织结构[1]的生产型企业,可依据其组织结构中的综合行政部、财务部、采购部、生产部、销售部、人力资源部、技术部、行政部采用如下尽职调查清单:

---

[1] 参见"直线职能型组织结构",载智库·百科,https://wiki.mbalib.com/wiki/直线职能型组织结构,访问日期:2019年11月18日。直线职能型组织结构是现代工业中最常见的一种结构形式,而且在大中型组织中尤为普遍。这种组织结构的特点是:以直线为基础,在各级行政主管之下设置相应的职能部门(如计划、销售、供应、财务等部门)从事专业管理,作为该级行政主管的参谋,实行主管统一指挥与职能部门参谋、指导相结合。在直线职能型结构下,下级机构既受上级部门的管理,又受同级职能管理部门的业务指导和监督。各级行政领导人逐级负责,高度集权。因而,这是一种按经营管理职能划分部门,并由最高经营者直接指挥各职能部门的体制。

1. 企业整体信息

(1) 总公司自身及与所投资企业间的投资关系图(含金额、出资比例);

(2) 总公司自身及所投资企业的组织结构图(含管理人员姓名);

(3) 总公司及所投资企业的章程、营业执照;

(4) 总公司及项目范围内所投资企业的许可证、资格证、资质证书等行政许可文件;

(5) 总公司及项目范围内所投资企业的各项规章制度;

(6) 总公司及项目范围内所投资企业涉及的司法机关或行政机关立案调查或行政处罚的情况;

(7) 总公司及项目范围内所投资企业涉及的各类诉讼、仲裁情况;

(8) 总公司及项目范围内所投资企业涉及的,除前述情况以外的各类事故、争议事件、赔偿事件;

(9) 总公司及项目范围内所投资企业认为存在或可能存在的风险情形。

2. 资产及财务管理风险

(1) 总公司及所投资企业的股本到位情况(含各方的金额、比例、期限);

(2) 总公司及所投资企业的重大资产分布情况(含权属分配或证明情况);

(3) 项目范围内,除股权投资外总公司及所投资企业的对外投资情况;

(4) 项目范围内,总公司及所投资企业的纳税情况;

(5) 项目范围内,总公司及所投资企业的对外担保及被担保情况;

(6) 项目范围内,总公司及所投资企业的逾期债权债务情况;

(7) 项目范围内,总公司及所投资企业坏账及应转销往来款情况;

(8) 项目范围内,总公司及所投资企业拥有或注册、申请中的知识产权;

(9) 项目范围内,总公司及所投资企业其他资产及财务管理风险;

(10) 资产及财务管理环节发生过的争议、违规等风险事件;

(11) 相关管理制度、流程以及文本、表单中的已知或潜在缺陷及改进建议;

(12) 其他资产及财务管理环节中存在或可能存在的风险情形。

3. 采购管理风险

(自本部分起,调查范围仅限于项目范围内的总公司相关部门及所投资企业的相关管理部门)

(1) 采购管理制度、流程;

(2) 原、辅材料采购合同、表单样本;

(3) 建设工程、机械设备、备品备件、维修服务类的采购合同样本;

(4) 其他物品、服务等采购合同样本;

(5) 采购环节发生过的争议、违规等风险事件;

(6)采购管理制度、流程以及合同文本中的已知或潜在缺陷及改进建议;
(7)其他采购环节中存在或可能存在的风险情形。

4. 生产管理风险
(1)生产管理所涉及的强制性安全生产技术标准等要求;
(2)安全生产管理制度;
(3)生产管理所涉及的强制性环境保护技术标准等要求;
(4)环境保护管理制度;
(5)生产管理所涉及的强制性劳动保护技术标准等要求;
(6)劳动保护管理制度;
(7)生产管理所涉及的强制性产品质量技术标准等要求;
(8)产品质量管理制度;
(9)生产环节发生的各类事故、违规、争议等事件;
(10)相关管理要求、管理制度、管理流程、管理表单的已知或潜在缺陷及改进建议;
(11)其他生产环节中存在或可能存在的风险情形。

5. 销售管理风险
(1)销售管理制度、流程、表单;
(2)销售合同、销售代理合同;
(3)物流配送及仓储管理制度、流程及相关合同(如有)、表单;
(4)售后服务管理制度、流程、合同(如有)、表单;
(5)产品交付争议(延迟及数量、质量不符等)处理制度、流程;
(6)应收款管理制度及流程、表单;
(7)销售环节发生过的争议、违规等风险事件;
(8)销售管理制度、流程以及合同文本中的已知或潜在缺陷及改进建议;
(9)其他采购环节中存在或可能存在的风险情形。

6. 人力资源管理风险
(1)地方政府或其相关部门的劳动者权益保护要求;
(2)人力资源招聘、培训、绩效等管理的相关制度、流程、表单;
(3)员工手册等员工行为、劳动纪律、商业秘密管理规范;
(4)各类劳动管理制度的制定、生效管理制度及程序;
(5)各类劳动合同样本以及处理劳动合同事务的相关表单;
(6)薪酬、福利待遇、工作时间、休假等员工权益管理制度及实际做法;
(7)追究员工违约金、赔偿责任直至解除合同等的管理制度及实际做法;
(8)人力资源管理领域发生过的争议、违规、劳动仲裁等风险事件;

(9)各类制度、流程以及合同文本、表单中的已知或潜在缺陷及改进建议;
(10)其他人力资源管理环节中存在或可能存在的风险情形。

7. 技术管理风险
(1)企业产品的相关强制性法律要求及质量标准等要求;
(2)产品及原料、新产品开发等方面的质量标准管理;
(3)生产过程中各类质量标准、技术规范的实际执行情况;
(4)原料及成品质量检验管理标准及管理制度,以及执行情况;
(5)生产技术开发、产品技术开发、企业技术改造的管理制度及执行情况;
(6)企业专利、专有技术等知识产权管理;
(7)发生过的争议、违规等风险事件;
(8)各类制度、流程以及合同文本、表单中的已知或潜在缺陷及改进建议;
(9)其他人力资源管理环节中存在或可能存在的风险情形。

8. 综合行政管理
(1)发展战略研究管理制度及实际执行情况;
(2)投资管理制度、流程及实际执行情况;
(3)公共关系事务管理制度、预案等,以及实际执行情况;
(4)厂区安全、信息安全、消防安全等安全保障管理制度及实际执行情况;
(5)商标、域名、著作权、企业识别系统的管理制度及实际执行情况;
(6)发生过的争议、违规等风险事件;
(7)各类制度、流程以及合同文本、表单中的已知或潜在缺陷及改进建议;
(8)其他企业行政事务管理中存在或可能存在的风险情形。

9. 其他相关事务
(1)企业历史沿革中遗留的疑难问题;
(2)其他不在前述范围内的争议、违规等风险事件;
(3)其他不在前述范围内的制度、流程及合同、表单中的已知或潜在缺陷及改进建议;
(4)其他不在前述范围内的存在或可能存在的风险情形。

上述清单只是针对某一具体行业中具体企业进行尽职调查时的抽象需求清单,实际清单需结合实际需求增减内容,而且可以结合第一轮资料所反映的信息及时调整调查方向及内容,拟定第二轮尽职调查清单。

二、尽职调查的常用方法

尽管从企业和各行政主管部门调取资料是最为常见的尽职调查方法,但是在法律风险管理或合规管理中的尽职调查不限于此。不同的调查方式有着不同的优点和不足，某些信息唯有通过特定的调查方式才能获得，因此需要以不同的方式展开调查才能得到各方面充分的信息。在实际工作中，大多企业会结合质量要求及工期要求、效率需要而采取综合的调查方法。

(一) 调取资料

各类行政许可文件、管理制度、合同、表单、记录、档案等纸质资料最适合通过向企业调取的方式取得。按照尽职调查清单交接资料并登记移交资料的时间、地点、文件内容、经手人，是尽职调查过程中的标准操作内容。

纸质资料数量最多也最有信息量。这些纸质资料的性质和功能如诉讼中的证据，可以比"传来证据"更为准确和可靠地证明某种事实的存在与否，而且可供反复查询、核实。至于这些资料与实际执行情况的差异则是另外一个问题，而且本身也反映了执行力风险，属于风险中的一个重要类别。

通常情况下，很少有企业能够全面提供清单上的内容。一是尽职调查清单是按法律风险管理或合规管理的需要而设计，许多内容并非日常的企业经营管理所需，因此企业可能根本就不存在相关资料；二是许多企业的档案资料管理并未达到及时、集中、统一管理的程度，以至于某些资料未能及时归档甚至未能妥善保管。因此需要准备一份清单，由企业注明没有哪些资料、哪些资料无法提供。

(二) 问卷调查

问卷调查适合用于制度、流程等纸质资料上无法反映的内容，尤其是人们的主观看法、感受等价值判断。例如，通过问卷可以了解相关制度被熟知的程度、实际执行度以及对制度体系或合同文本质量的认可度等主观感受。但更详细、具体的信息则需要通过座谈或访谈才能取得。

设计调查问卷时，需要考虑问题的相关性和体系的完整性。前者要切中要害，以从答案中得到高价值的信息，后者要完整地覆盖各种可能性以避免被设计缺陷所误导。但问题的明确性是最为基础性的要求。如果以明确的、涵盖了各种可能性选项的方式提问，则更容易得到明确且易于统计的答案。

在这一方面，需要考虑采用封闭式提问还是开放式提问。封闭式提问大多以从预设的答案中选择的方式回答，或可明确以"是""否"回答，因而简单、明确且易于回答、易于统计，但不太容易反映深刻、复杂的问题，而且更像是在盘问。同时在技术上，所提供的答案必须穷尽可能性，相互之间既无重叠又无遗漏。而开放式提问则是让对方完全按自己的意愿"自由发挥"，以得到丰富的信息。但其答案往往各不相同，需要花更多的时间研读、分析，而且有时问题太大会让人一时难以回答。

有些调查问卷还可广泛用于概括性地了解某一事物，以便缩小调查范围并在第二轮调查中进一步锁定目标。有时也以封闭问题与开放问题相结合的方式，争取获得更多的信息。

例如,英国路伟律师事务所(Lovells LLP)对某企业展开的问卷调查表包含如下问题:

公司董事会和/或高级管理层已对所有管理人员和员工制定了以下哪些制度和做法:
(1)整体监管合规项目
如果有,该制度在实际运作中是否得到遵守?
(2)内部交易制度
如果有,该制度在实际运作中是否得到遵守?
(3)公司治理制度
如果有,该制度在实际运作中是否得到遵守?
(4)交易行为准则/伦理制度
如果有,该制度在实际运作中是否得到遵守?
(5)媒体危机处理制度
如果有,该制度在实际运作中是否得到遵守?
(6)相关证券法规要求的披露制度
如果有,该制度在实际运作中是否得到遵守?
(7)数据保护方面的合规制度
如果有,该制度在实际运作中是否得到遵守?
(8)健康和安全方面的合规制度
如果有,该制度在实际运作中是否得到遵守?
(9)环境方面的合规制度
如果有,该制度在实际运作中是否得到遵守?
(10)反贿赂/反腐败方面的合规制度
如果有,该制度在实际运作中是否得到遵守?
(11)反垄断/反不正当竞争方面的合规制度
如果有,该制度在实际运作中是否得到遵守?
(12)产品安全方面的合规制度
如果有,该制度在实际运作中是否得到遵守?
(13)违反相关制度的非公开举报制度
如果有,该制度在实际运作中是否得到遵守?

(三)座谈访谈

座谈和访谈都是以现场语言交流的方式进行的尽职调查,都更适合讨论开放式问题。前者适合有较多人员参加且有共同主题的场合,以形似"自由漫谈"的方式围绕主题交换和收集信息。而后者则适合封闭的、针对特定职位或领域、问题的单独交流,有利于取得不便以书面方式反映或不便在公开场合谈及的信息。随着现代通信技术的发展,许多座谈或访谈已可通过异地、远程的方式实现。

其中,针对内容复杂的开放式问题,访谈具有许多其他任何方式都无法替代的优势。

1. 更为畅通的来源

对于风险的尽职调查尽管是内部调查,但是仍旧是在反映管理缺陷,因而有些内容不便在公开场合谈论,更不适合书面谈论,以免造成上下级之间或同事之间的矛盾。而面对面的访谈则可以打消这种顾虑,甚至可以令人畅所欲言。

由于管理体制的原因,许多管理人员对所处岗位的问题、风险心知肚明,但唯有在一对一访谈时才有机会和可能加以披露。尤其是在某些领域,相关管理人员能够提供更生动、具体且更具价值的事例指出管理上的盲区或违规之处,甚至可以提供深思熟虑的解决方案以及可充分加以利用的资源等高价值信息。

2. 更有效率的交流

在面对面的访谈中,由于没有了其他因素的影响,访谈者可以及时、有效地将话题转移到有效的领域,并可以根据受访者提供的信息及时调整问题的深度和方向,以得到希望得到的高价值信息。

而面对面沟通,也可以减轻受访者的工作量,使之更容易回答问题。相比先阅读、理解问题再提供资料、答案,直接口头回答更为容易、更有效率。许多信息之所以难以通过书面方式获得,正是因为企业管理人员忙于其他事务而无暇准备。

例如,在对某企业进行环境污染状况调查时,书面资料几乎反映不出实际情况。但改为访谈后,相关部门管理人员提供了从污染源到环保措施的历史沿革信息和当前无法解决的问题,甚至直接去污染现场讲解。

3. 更为认真地对待

对于具体负责人员的一对一访谈,能够体现对他们的知识、经验、努力的尊重,因而容易得到更为认真地对待和更为丰富的信息,尤其是那些可谈可不谈的信息、不便公开谈论的信息。如果能够通过良好的沟通建立信任,后续的工作配合和补充调查也会变得非常容易。

但以访谈的方式取得的信息有时并不一定准确,仍需加以核实。

(四)实地察看

实地察看的方式适合对特定环境或某一过程中的现实状况进行尽职调查。前者如营业场所的人身安全措施等合规风险,后者如业务办理流程之类的合规风险。这类调查无需企业提供许多资料,只是需要亲临现场进行全面地察看或耐心地观察。然后再根据察看或观察的结果提出问题、听取解释,以确保所发现问题的客观性、真实性。

例如,通过对某零售企业营业场所的实地考察、拍照和核实,发现了玻璃柜台棱角过于尖锐容易造成划伤、局部灯饰温度过高容易造成烫伤、玻璃墙没有明显标志容易发生误撞、进户电线安装不规范容易造成事故等隐患。

又如,通过对某营业厅集中办理公众业务前的流程检查发现,流程的不通畅导致客户要往返不同的柜台、客户需要签署多份不同的文件等严重影响效率的情况,而且营业厅温度过高、空气质量较差、没有排除路线,这些因素都会给顾客造成不便并影响顾客情绪。后经连夜调整流程和表单、增加设备,有效地保障了次日的巨大客流量业务办理的效率和便利性,避免了无谓的争议及投诉的发生。

以这种方式取得的调查成果往往令企业焕然一新,且能直观、生动地披露风险,有效地解决问题,具有更高的实用价值,因此更受欢迎。

(五)取证核实

由于风险管理或合规管理是企业的内部项目,企业自行提供的本企业信息一般并不需要核实。但当企业无法提供真实、完整、有效的外部的信息时,则需要通过调查取证核实了解其真实状况。

这类尽职调查需要取证核实的信息主要是企业无法提供也无法自行调取提交的信息,例如以前企业不能自行查询的某些信息,但现在这类信息已经不多。如果具体的业务部门不愿提供某些应有信息,一般也仅需注明实情而无需调查。

三、调查的启动及工作原则

尽职调查的启动是为了调查顺利进行而增加的"工序",工作原则用于遇到不明事项时明确方向。因企业、项目的情况不同,并非所有的法律风险项目或合规项目都需要理解这两个内容。

(一)尽职调查的启动

简单的或涉及面小的项目并不需要特别的启动,只要企业的项目负责人通知相关部门配合即可。但涉及面广、调查程度深的项目,却需要考虑企业对外部人员以及各部门暴露问题的关注,才能减少工作阻力、确保顺利完成调查工作。

1. 商业秘密保护

当项目中有律师、专家等外部人员参与时,企业对外的顾虑是其商业秘密是否会泄露。要想切实地发现问题、找到应对方法,企业必须开放相关信息才能查明"病因"并"对症下药"。但企业存在的法律风险或合规风险毕竟是其"软肋",任何企业都不希望被外界所知,尤其是不希望被竞争对手知悉。

对于这个顾虑,一般可以通过选择项目范围、签订保密协议解决。事实上,外部人员一般也并不愿意涉身企业的敏感问题以免遇到某种麻烦,如果双方尚未建立起足够的信任则完全可以在选择项目范围时加以排除。但这样做的缺点是相关风险无法识别及解决,并可能影响对其他问题的判断。如果双方已经建立起一定程度的信任,则可以通过书面约定保密的范围、方式、期限等,打消企业的安全顾虑、排除外部人员的额外责任,并使项目得以顺利进行。

而在保密协议的基础之上,还可以约定许多技术方法以保守企业的商业秘密。例如,规定某些文件仅供阅读、摘录而不得以任何方式复制,在报告中以只有双方才能理解的方式表述等,以避免相关信息外泄而给企业及项目参与人员带来不必要的职业影响,尤其应避免带来律师的执业风险。

2. 项目启动仪式

商业秘密保护是消除企业对外部人员的顾虑,而项目启动会则是用于消除企业内部下级人员对于上级人员的顾虑。企业中几乎每个部门或职位都存在着某种并不希望上级知道的情形,同时也担心尽职调查中所暴露出的问题会成为"秋后算账"的依据,因而许多人并不愿意对项目所关注的管理缺陷多做介绍,以免引起人际关系冲突或引发对自己的问责。这些担忧完全在合理范围之内,因而需要予以打破才能确保工作的深度和质量。

企业所存在的各种管理缺陷,事实上完全可以归结为企业最高管理者的工作缺陷。具体而言,企业管理缺陷和风险的存在,是由于最高管理者并没有提出具体的管理要求,因而其各层管理人员无从下手。许多企业的最高管理者对于企业的风险及无序状况熟视无睹,甚至其本身就是企业规则的带头破坏者,追究下级人员的管理责任显失公允。

因此,项目的启动仪式实际上是"破冰"之举。一般情况下,启动会的使用方式是由最高管理者明确项目的目标是发现问题、改进企业管理,并明确各部门有全力配合之责、承诺对项目暴露出的问题免除具体管理人员责任,以打消其顾虑。甚至有的企业由董事长亲自表态,称现存的问题都是他本人的责任并因此免除各级员工的管理责任,如果隐瞒问题则以后都是具体管理者的责任。事实证明,这一表态为项目的顺利进行、重大问题的深入发现起到了重要作用。

(二)尽职调查的工作原则

充分的尽职调查是充分识别风险的前提,同时也是后续工作的效率、质量的根本保障,而且还是控制企业风险和项目风险的重要保障,除了技术方法外还要从工作原则角度加以支撑。

1. 勤勉尽责原则

勤勉尽责原则是尽职调查的根基,因为其词源"Due Diligence"的本意便是"应有的勤勉"。但"勤勉"只用中文语境中的"勤奋"解读未免意犹未尽,理解为"勤奋"加"自勉"比较合适,包括两个方面的穷尽可能性。

一是穷尽思维上的可能性,也就是在设计调查内容、分析风险原因、设计解决方案时,穷尽各种可能性以确保得到所需的信息、准确的结论,想出实用的方案。落实到操作层面,在设计调查方案时需要结合项目目标更多地思考所需调查的内容,识别风险时需要核对更多的资料和规则,设计解决方案时需要综合考虑合规性以及成本、效果、效率等方方面面。

二是穷尽调查上的可能性,也就是面对需要调查的事项不能仅依据主观判断而缩小调查的范围、深度。例如,对于企业提供的规章制度有时需要核对版本是否正确,对企业提供的其他信息如果存疑也需要核实。

例如,某企业在销售管理调查问卷上回复称企业采用即时结清方式进行现货交易,因而没有销售合同。但该企业的年销售额数以亿计,不太可能没有销售合同。经进一步调查发现,该企业虽然没有正式的书面销售合同,但是销售时的表单实际上是简易的书面合同。因此企业面临的不是没有书面合同的风险,而是书面合同内容不完善、流程不严谨的风险。

企业需要另有明确的指示,尽职调查只能从有而不能从无,只能从深而不能从浅。只有在排除了存在某种证据的假设后,才能结束该具体事项的调查。而且,经过调查证明某一情况并不存在,本身也是一种工作成果。

2. 系统整体原则

这一原则强调事物之间的关联性和系统的整体性,因而注重规则之间、证据之间、结论之间、方案之间的相互关系,既要求举一反三地发现更多的问题,又要求抽丝剥茧深入地分析问题、找出原因并避免问题的遗漏或误判。

依据这一原则判断调查清单及调查结果,可有效增加工作的深度并扩展广度。而深度和广度决定了识别的全面性和解决方案的适用性,并可弥补尽职调查清单与企业实际情况的结合漏洞,避免尽职调查上的蜻蜓点水、模棱两可,并有助于发现新问题时及时调整调查的内容和方向,得到全面的项目基础信息。

3. 依据充分原则

依据充分原则强调以充分的依据去证明某种事实的存在与否,包括规则上的依据和证据上的依据。这类似于"以事实为依据,以法律为准绳"原则,尤其适用于风险识别及风险评估报告。

例如,某企业在接受委托对某蓄电池制造公司进行生产过程中的法律风险调查时,该公司声称各类管理制度和质量标准齐全、完备,而当要求其立即提供这些

"现有"文件时该公司却无法提供,故其"声称"的内容并不足以证明其措施的到位。

4. 客观中立原则

这一原则是指以客观、中立的心态设计调查清单、展开尽职调查,而无关个人好恶、工作量的多寡和其他人的影响,以掌握客观、全面的实际情况。

在实际操作中,企业人员提供的信息更容易影响调查的方向和判断,甚至某些部门间的微妙关系也会对调查产生一定的影响。但需要明确的是,项目调查应以项目委托方及其指定的代表人的意愿为准,并以此为基准保持客观中立。

第五节　项目组及项目实施

实施项目的企业以及项目成员都是由具体的个人组成,相互关系的定位和处理影响着企业的发展和项目的进展。了解这些关系的作用并建立起和谐、协作的工作团队,才能减少工作阻力、提高工作效率。

一、项目组的构成及要求

如果企业尚未建立风险管理或合规管理体系,则通过项目的方式在短期内建立起所需的管理架构和制度体系更为现实、有效。以这种方式建立管理体系需要成立项目组,分别由企业内部参与人员和外部参与人员构成。两部分人员的紧密配合和分工合作,是保证工作效率和项目质量的重要前提。

(一)企业内部参与人员

企业内部参与人员可分为决策、执行、配合三个层次,分别对应企业高级主管人员、执行部门人员、配合部门人员。配合部门人员只是配合工作,并不属于固定的项目组成员。

1. 高级主管人员

项目组中的企业高级管理人员,属于企业在做出开展相关项目的决策后在高级管理人员中所指定的具体负责人。作为项目组中级别最高的企业管理人员,其职责是主持项目的开展、明确项目的目标及范围、协调各部门的配合、决定项目的重大工作事项。

高级主管人员对于各部门在项目上的配合至关重要,一般职级为副总经理或总经理助理之类。在许多企业中,唯有如此才能督促各部门充分配合,遇到的工作方向、方案选择等问题也可以及时得到决策性解决方案。

个别情况下,不同层级的企业管理人员对于项目的内容、方向等会存在一定的不同意见,应以其内部协调后的决定为准。其他具体事务应以高级主管人员的决定为准,因为这一职位身份代表着企业。

2. 执行部门人员

项目执行部门一般是企业的法务部门或合规部门,某些企业还会由总经理办公室、风控部、人力资源部等部门执行具体项目。如果是企业法务部,则其部门人员身份可能是公司律师也可能是具备资格的企业法律顾问,甚至是依据服务合同派驻现场办公的外部律师。

由于身属公司员工,这些部门人员往往身兼数职,甚至拥有一定的管理职级。因此他们更熟悉企业的管理状况和项目意图且熟悉企业各部门的机构设置及工作习惯,加之他们熟悉企业的法律事务或合规事务管理,因而是项目顺利实施、沟通有效开展的关键。其作用主要体现在以下几个方面:

(1)提供企业信息

项目组的外部人员只能事先通过公开信息了解到企业的大致情况,而执行部门人员则可以提供丰富且与项目直接相关的信息,如各部门的基本情况、此前发生过的风险事件、企业的管理风格、同业竞争者的情况、管理者的风险偏好以及许多所需的资料等,这对于有效地实施尽职调查以及识别风险都大有帮助。

尤其是在企业所提供的文件资料之外,各类规章制度的实际执行情况仅凭资料本身几乎无法得知,而基本情况的提供有助于明确尽职调查的方向和重点。

(2)协调日程安排

由于这些部门人员熟悉企业的机构设置和管理人员,因而有着极大的沟通便利,可以顺利地协调项目的日程安排、工作进度。尤其是可以方便地安排座谈或访谈的时间、地点、对象、主题等,有效地保障项目的顺利进行。

在项目实施过程中往往还需要许多其他类型的会议,包括方案讨论会、进展说明会、成果说明会、宣贯会议等,都需要通过这些部门人员安排。

(3)确定项目工作

外部人员起草的调查清单、工作方案、评估结论、解决方案等往往会因缺乏企业信息而与实际情况存在一定的偏差,定稿前征求执行部门人员的意见可以充分避免偏离实际情况,有效地弥补外部人员对企业情况及管理需求方面的不足。而且,这些配合部门人员大多是解决方案的执行人员,他们的参与可以使解决方案更具实际意义和实用价值,也能更好地满足企业的项目需求。

3. 配合部门人员

配合部门基本上是尽职调查的对象部门,这些部门人员的工作一般只是配合相关的工作、如实提供资料以及接受访谈等。在某些情况下,某些工作记录、阶段性成果等,也需要配合部门对其中的客观性、准确性加以确认。

如果需要访谈这些人员,则一般以管理人员或业务骨干为对象,因为他们更熟悉管理环节,更了解企业发生过的问题和当前存在的问题,甚至能够基于实际工作而提出有价值的解决方案。

(二)企业外部参与人员

企业外部的项目参与人员主要包括两类:一类是项目专家,如法律风险管理专家、合规管理专家;另一类主要是熟悉企业所属行业或项目所涉领域的专业规则的行业专家。但项目需要的是能够提供相关行业法律等规则要求以及实际解决方案方面的专家,而非工程技术、生产技术方面的专家。

例如,参与食品安全法律风险管理项目的人员可分为两类:一类是法律风险管理的项目专家;另一类是食品安全管理方面的行业专家。

1. 项目专家

外部参与人员中的项目专家负责整个项目的开展和项目成果的架构设计,以及相对"常规"的法律等规则的法律调研、风险识别、风险评估等工作。就知识背景而言,项目专家以具备法律专业背景且熟悉法律风险管理或合规管理的专业人员为主,因为即使是合规管理项目,其最为主要的内容也是法律规则的合规管理。但项目专家必须具备一定的企业管理知识和组织能力,否则面对工作的开展以及对企业组织机构的风险识别等与企业管理有关的工作时难以胜任。

如果是律师参与法律风险管理、合规管理项目,擅长传统专业领域业务的律师可能更适合担任具体领域的行业专家。例如,擅长民事、行政诉讼的专业律师适合担任这两个领域项目的行业专家,擅长刑事辩护的律师适合担任刑事责任风险项目的行业专家,唯有熟悉法律风险管理或合规管理的律师才适合担任项目专家。

2. 行业专家

外部参与人员中的行业专家以熟悉企业所属行业的法律环境、行政管理的资深人士为主,也包括所涉行业风险领域的专业律师等。他们的工作任务是基于对相关领域规则体系、规则实际执行情况、通常的解决之道等方面的经验积累和了解,使项目工作更专业、更深入、更具体,并使风险评估、解决方案设计等工作更贴切、更具实际意义和实用价值。

例如,从事多年食品安全研究或管理的专业人士对于食品安全行业的法律环境、执法环境以及企业的现实情况等更加了解,可以为尽职调查、风险识别、解决方案设计提供更有价值的信息或建议。而这些信息或建议的内容或细节,仅通过法律调研以及常规的尽职调查根本无法得到。

由于企业既涉及普遍性风险又涉及行业性风险,因而有时需要由不同领域的项目专家或行业专家共同组成专家团队,以确保所涉领域的工作质量和工作深度。

由于专业领域的局限性,各个专家只有在其专业领域内从事风险的识别、评价、解决方案设计等工作时,才会有更专业的工作成果和更高的工作质量。

3. 执行团队

执行团队是指外部参与人员中除项目专家、行业专家外,其他负责执行工作计划、完成辅助工作的助理性团队成员。项目专家一般在整个项目中起主导作用,而执行团队则往往需要按其工作指令完成工时消耗最多的基础性工作,如尽职调查中的资料收集、访谈笔录的整理以及制度缺陷的初步分析、报告的起草等。

为了确保整个团队的工作效率和工作质量,由项目专家、行业专家、执行团队共同组成的外部人员项目团队必须有明确的职责分工和工作流程,以及标准的工作接口。而在项目运行过程中还不止于此,外部人员与企业人员的界面、专家与企业的界面、专家与执行人员的界面等都必须清清楚楚。企业必须有明确的责任部门、联系人和资料交接等工作安排且必须有明确、详细的书面记录,团队内也必须有明确的联络、调查,以及整理、保管资料等分工,甚至要有明确、科学的文件命名及传输方式,以确保效率和质量。

(三) 专业外的能力要求

对于外部参与人员,尤其是对于其中的项目专家及行业专家,除了要有法律风险管理或合规管理的项目工作经验及专业功底外,为了更好地完成与企业管理密切相关的项目内容,最好具备足够的相关基础知识或工作能力。

1. 企业管理知识

法律风险管理或合规管理的重心最终都在于管理,而且在工作中要大量分析企业的管理缺陷,因而必须具备一定的企业管理知识才能胜任相应工作。管理与法律毕竟是两个不同的专业,如果没有企业管理方面的专业知识或工作经验,在进行风险识别、风险评估或解决方案设计时就会无所适从或不切实际,甚至导致方案不是为企业量身定做而是让企业削足适履,无法帮助企业实现其利益最大化和风险最小化。而且,熟悉企业管理更有利于与企业管理层进行沟通,因为相对来说企业更为熟悉的是管理语言,而不是法律语言。

2. 行业环境知识

行业环境知识是指企业所属行业的法律环境、政策环境、市场环境、社会环境等方面的信息。这些知识有助于理解行业特征、行业交易习惯、经营环节及交易特点,从而有利于识别其法律或合规等风险,也可以使解决方案设计等工作更具有可行性、针对性。

行业环境知识往往仅凭"恶补"并不能够满足项目所需,行业专家的角色设计正是为了解决这一问题。在他们的帮助下,可以充分地了解各个环节中存在的风险,以及最经济、有效的解决之道。

3. 语言沟通能力

项目实施过程中有大量的工作需要通过口头或书面的方式相互沟通,沟通的质量和效率取决于语言沟通能力的高低。企业的许多情况仅凭资料或问卷调查根本无法得到,而企业各部门往往会对来自项目之外的调查心存顾虑,因而需要有足够的语言沟通能力以取得第一手资料、发现潜在的风险、找出解决方案,同时也保证整个项目可以通过良好的沟通而得到充分的支持。

语言沟通能力并不仅仅是表达方式问题,还受多方面因素影响。例如,越是专业的人员、资深的人员、阅历丰富的人员,在沟通时越会有说服力,让人有依赖感,也就越容易与人顺畅地沟通,并及时得到所需要的信息。

二、项目的内部、外部相关方

项目的内部及外部相关方,是指在项目实施过程中可能接触到的企业内部的各类相关方以及企业外的各类相关方。前者主要是企业内部不同管理层级的管理人员或员工,后者是指项目实施过程中可能需要面对的政府部门、供应商、分销商等。二者在访谈过程中所提供的信息均有可能影响到对企业风险状况的判断和解决方案的设计,因而需要了解其各自的特征和可能产生的影响。

(一)项目的内部相关方

现实中的许多企业,特别是那些知名企业,往往示人以整个企业万众一心的形象。但事实上,即使是在各方面都非常优秀的企业,其内部也存在着不同的利益相关方,企业是多种利益关系的结合体。秩序良好、人员稳定的企业只是利益关系相对平衡,而不是没有利益冲突。

从最为基本的管理理论出发,企业对外存在着与社会、政府、供应商、分销商、终极客户之间的利益关系,对内存在着拥有者、管理者、员工三种主体之间的利益关系,因而企业内部很难做到"铁板一块"。

利益相关者的概念于1963年由斯坦福大学首次提出,后由不同的学者不断加以论证和解释,其内涵外延已经莫衷一是。但其最为宽泛也最能令人接受的是将利益相关者定义为凡是能够影响企业活动或被企业活动所影响的人或组织,对外通常包括市场、政府、顾客、债权人、供应者、竞争者、公众等,对内则主要包括拥有者、管理者、员工等。而这些内部利害关系,对企业的决策有着重大的影响。

1. 企业拥有者

企业拥有者既包括了股东又包括了实际控制人。《公司法》(2018年)第一条所列的制定目的,即为"保护公司、股东和债权人的合法权益"。公司治理的主要目标是在充分授权管理者实施企业经营管理行为、获取盈利的同时,监督和制衡管理

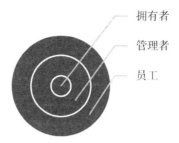

图2-2 企业内部利益关系图

者的职权以防止其损害股东利益。法律风险管理或合规管理的工作目标,也正是降低企业的各类风险,并最终维护企业拥有者的利益。

受股东或实际控制人的影响,企业的对外、对内决策均有可能影响企业员工的利益及管理者的利益,造成企业拥有者与管理者、员工间的利益冲突。而在实际操作中,无论企业拥有者是否与企业管理者存在意见冲突,均首先应以相应的服务合同规则为准。

2. 高级管理者

除非既是企业拥有者又是企业管理者,高级管理者属于被股东或实际控制人授予了企业管理权的雇佣人员。这些高级管理者代表着企业拥有者的意志,承担着比企业拥有者更多的具体管理责任,他们通过综合利用现有资源和解决各类矛盾以实现企业的营利目标。

这种既非企业拥有者却又代表企业拥有者意志的特定角色,使得他们除了履行职责外还有着自己的利益,甚至与企业拥有者的利益相冲突。而许多企业复杂的激励机制,也正是为了调动他们积极性的同时予以约束。

这类问题在国有企业更加明显,如何平衡企业拥有者与高级管理者的利益直接关乎企业的发展。高级管理者与企业拥有者的利益共同点越多、企业营利与高级管理者的利益越是相关,企业就越容易在拥有者与管理者之间形成利益共同体,也就越容易调动管理者的积极性并使企业得到更好的发展。

3. 企业员工

这里的企业员工是指与企业存在劳动关系的除了企业拥有者及高级管理人员以外的所有企业人员。通常情况下,企业员工的利益在于如何从企业获得更多的劳动报酬,以及升迁和发展的机会。

由于员工与企业拥有者的利益更为间接,因而需要更为复杂的机制去平衡他们的利益。一方面,需要更为复杂的制度、流程、绩效指标等措施以使他们的利益与企业拥有者的利益、高级管理者的利益尽可能同步;另一方面,他们是各类风险管理措施的具体执行者,因而任何措施都需要考虑他们的利益和措施的可操作性,以确保他们不仅要留在企业,还要最大化地发挥作用。

4. 非正式组织

组织,通常是指人们基于某种共同愿望而相互协调各自行为所结合而成的群体。组织内的人们,一般有共同的特点、目标,或是存在利益关系。按照是否具有成立组织的目的性以及组织机构和成员设置的正规性、长期存在的稳定性三个基本特征区分,组织分为正式组织与非正式组织。

正式组织,是根据一定的目标或宗旨而设立的、有意识地协调人们的活动与力量以达成某种目的的群体。因此,正式组织以提高某种行为的效率并形成合力为目标,并具有正式的组织结构。企事业单位、机关等都是正式组织,有明确的目标、机构、成员,并具有一定的稳定性。

非正式组织,是人们出于价值观念上的共同点或利益关系,未经正式筹划和设立而在人们的交往中自发形成的群体。由于成员关系并非基于正式组织的设立或安排,而是基于爱好、情感、观念、情趣等而自然产生,其既容易形成又容易散去。因此,非正式组织具有自发性、内聚性和不稳定性。

正式组织与非正式组织之间差异明显却并非完全排斥。正式组织侧重于权威安排,非正式组织侧重于人际关系,因而正式组织的结构、层级和职责范围等比较清晰,而非正式组织并不清晰。而且,正式组织中可以存在着非正式组织,并往往使得正式组织的管理目标无法实现,或轻松实现正式组织无法实现的目标。因此,现代管理学也越来越重视非正式组织在正式组织中的正、反面作用,甚至有意利用非正式组织的积极作用去实现某种企业目标。

例如,基于老乡关系或同学关系等形成的非正式组织,比正式组织更具稳定性和凝聚力,人际关系也更为融洽并更能满足人们情感上的需要,甚至可以被用来改善正式组织的信息沟通状况。但同时,非正式组织与正式组织间、非正式组织之间,也有可能因产生冲突而影响组织成员间的团结和协作、影响组织目标的实现。

此外,正式组织有时也会"非正式化",并干扰项目的进程。许多企业的正式组织,如职能部门、下属企业等,会由于利益等方面的因素而对尽职调查和制度执行存在一定程度的抵触,起着事实上的非正式组织的作用。对于这类问题,需要以打消顾虑、强调纪律、平衡利益等方式加以消除。

(二) 项目的外部相关方

项目的外部相关方是指风险主体之外在风险因素、风险、风险事件和风险后果等方面与风险主体相关的其他方。既包括企业各类民事行为的相对方,又包括较为间接的政府部门、审判机构等。除了单方的权益丧失以及与外部相关方的利益或职责冲突是风险的起因,每种相关方都可能带来不同的风险。

1. 直接相关方

直接利益相关方是指其利益直接受到风险主体影响的自然人或法人、非法人组织。后两者既可以是企业又可以是事业单位或政府机关。风险,则既可以是民事、行政、刑事责任风险,又可以是其他风险。

最为普遍和普通的相关方是产生利害关系的民事行为的其他方,主要包括合同相对方、侵权事件的另一方等。这种相关方既可以是合同关系一类的平等主体,又可以是单位与员工之类的不平等主体,但都是基于相互间发生的某种情形而产生法律意义上的权利义务或负有民事责任。但某些行为也有可能涉及刑事责任、行政责任以及单方权益丧失。

2. 间接相关方

风险的间接相关方,一般是指与风险主体并无直接利害关系却对风险损害最终后果有着直接影响的第三方。这类相关方一般为政府主管部门、审判机构或仲裁机构等。

(1) 政府主管部门

各级政府主管部门是各类行政法律规范的执法者,也是风险主体行为的监管者、行政许可的审批者,与风险主体之间是不平等关系。

政府部门通常属于裁判员,在法律规定的范围内要求风险主体依照法律的规定作为或不作为,或对符合条件的申请予以许可,并有权处罚那些违反相关行政法规的行为。但政府部门同时也是风险主体,可能由于其不当的行政行为而成为行政诉讼的被告。

(2) 审判机关或仲裁机构

作为审判机关,人民法院是刑事、民事、行政三类法律风险后果的最终、最主要的裁决者,只有少部分的民事争议由仲裁机构裁决。之所以是间接相关方,是因为这些机构并不主动追究法律风险主体的某种责任,也并非直接发生法律关系的主体,唯有某一方提起诉讼、公诉或仲裁才会与其产生关联。

虽然只是间接相关方,但是风险主体的各种行为往往需要依据他们对于事实和法律的理解方式去考虑行为的法律后果。例如,在著名的云南白药收购案中,虽然收购方于 2009 年已经支付了高达 22 亿元人民币的转让款,但是由于相关转让未经政府批准,因而最高人民法院的终局裁决是由出让方归还其本金及同期贷款利息。而在作出终局裁决的 2015 年,如果转让有效则该部分的市值已经超过百亿。[1]

同理,衡量某一业务模式、某一合同条款是否合法有效,同样需要按照审判或

---

[1] 参见最高人民法院(2015)民申字第 1 号"陈发树与云南红塔集团有限公司股权转让纠纷申请再审案"判决书。

仲裁的逻辑去考量。能够得到法院的支持则可以避免无谓的风险损失,否则必须采取措施将风险控制在自己能够预期且能够承受的范围之内。

3. 相关第三方

风险的相关第三方,主要是与风险主体间的风险行为并无直接关系,同时也并不具备间接相关方那样的直接决定法律风险不利后果的权力,但对风险后果有着重大影响的第三方。这类相关方虽置身事外,但往往会直接触发风险事件或扩大其影响,从而使风险事件的处理变得更为复杂。

(1)第三方媒体

每个风险主体承受风险损失的能力都是相对的、有限的。即使那些体量巨大的企业,如果风险事件同时对其产业链的上游和下游产生重大影响,同样会超过其可承受程度,如同银行即使执行了存款准备金等制度也并不足以应对所有储户的同时挤兑。

媒体带来的不利后果严重程度一般取决于信息的不利程度、传播程度以及社会的反应程度。某些企业的重大危机,便源于某些质量问题等事件被媒体快速、广泛传播进而直接影响其产业链上、下游的通畅。当上游停止供应,尤其是下游停止购买时,企业便受到致命打击甚至由此而万劫不复。当然,其中的大部分事件确实归咎于企业的严重经营管理过错,甚至危害社会的犯罪行为。

(2)其他相关方

其他相关方是指行业协会、消费者权益保护等组织,以及存在着竞争关系的其他方,是一个复杂的集合体。这些相关方随机产生影响,一般情况下很难主动采取措施消除其影响。

这些相关方通常很难对风险主体形成足够的影响。毕竟他们既非可以直接诉诸法律的当事人,又不是有权直接决定风险后果的行政机构。但这些利益相关方,尤其是行业协会或消费者协会等,往往足以在一定程度上施加影响,并以支持或反对等方式引发风险事件,或影响法律风险后果,对企业造成不利。

三、项目的实施管理

由企业内部人员和外部专家等人员共同组成的项目组属于临时性的项目合作机构,为了保证工作的质量及效率,需要在这些彼此并不熟悉的成员之间建立起明确的分工和工作接口,并按计划分头履行不同的职责。

(一)常见的工作事项

项目组中的企业内部和企业外部两部分人员均有各自的牵头负责人。在管理属于自己一方的人员及工作的同时,牵头负责人或其授权的助理们还需持续保持工作日程、工作事项、工作成果等方面充分、及时的沟通。

1. 日程安排

对企业相关人员的访谈或双方间会议的时间、地点、参与人等,一般在双方沟通后由企业方负责联络、预约、确定、通知,外部专家方负责具体工作的开展和工作的进度及质量。

2. 日常联络

日常联络一般由各自一方的助理负责,包括对日程的确认、问题的澄清、文本的确认、文件的发送、修改意见的转达等。至于联络方式,如邮件联系可在咨询服务合同中注明,其他联络方式也以能够长期保存对话记录的形式为宜。联络中确定的事项需要及时告知各自的牵头人以及相关部门或专家,某些重大事项还需要通知全组成员。

3. 资料管理

尽职调查以及事项联络中会有许多文档相互传送,甚至还可能有音频、视频资料。对于项目中的这些资料最好全部以无纸化的方式分门别类保存,即使没有电子文档的文件等也可以扫描为电子文件后保存,节省空间、便于检索和调阅以及作为资料归档。

对于同一文件的不同版本,需要通过文件名管理——保存并避免重复。具体方法详见后续讨论。

4. 工作会议

尽管工作事项一般在合同中已有约定,但是在项目实施过程中双方往往仍旧需要以工作会议的方式讨论确定具体的工作内容、工作方向、质量标准、进度安排以及工作例会等。访谈也可以视为一种工作会议,纳入会议安排。只要双方达成一致,某些会议、访谈完全可以在线举行,以省去在途时间成本。

会议结果需以会议纪要的方式固化,如果做出的决定相对重大,如变更工作内容等,则还需要双方对载明变更事宜的会议纪要予以书面或邮件认可。

(二) 至关重要的文档管理

项目实施过程中往往会进行大量的文档交换。企业按照尽职调查清单将大量的电子文档或纸质文档交给项目专家方审查,项目专家方则将大量完成的工作文档交还给企业。由于文档数量大、文档收发频繁,妥善的文档管理已经必不可少。项目组里的双方均需要文档管理,尤其是对外部专家的执行团队来说。

1. 文档登记管理

双方均需指定一名文档管理员,负责所有接收到的文档的登记管理,但其职责并不是简单的登记收发文档。

对于收到的文档,尤其是企业提供的制度、流程、合同、案例等样本的电子文档,必须一一打开以审核内容与文件名是否一致,并将文件名改成标准的、可直接识别其内容及所经环节的文件名。同时还需要列表登记这些文件名的变化情况,以便随时核对并向企业方解释文档的对应关系。

与之对应,所有已完成的工作文本、对外提交成果发出的文档也需要纳入统一登记,以便任何时间都能找出初始文档以供比对。

2. 文档命名管理

包括文档登记管理过程中的文件改名,所有的文件命名是为了以标准化的文件名体现文件内容、处理日期、经办人、经过的环节等信息,这对于项目专家团队成员尤其重要,因为可以只看文件名就能知悉文档的内容。避免对文件来源、处理环节、经手人、完成日期等产生混淆。

通常情况下,标准的文档名包括以下几个组成部分:

企业字号+企业性质+文件内容+文件性质+来文日期+来源人代码+完成时间1+完成人代码1+完成时间2+完成人代码2……

例如,文件名"北方电网超高压公司技术服务简化版标准合同161206Z161210W"代表该合同于2016年12月6日由代码Z的企业人员提供,并于同月10日由代码为W的项目专家组成员处理完毕。

3. 文档保存管理

这类管理分为文档处理管理和日常工作管理两类,分别用于保护处理中的文档和处理后的文档。

前者是为了避免卡机后重新启动导致文档内容损失,而将电脑内的自动保存时间从默认的十分钟改为三分钟等较短的时间,使得文档损失以三分钟甚至更短时间内的文字输入为限。同时还应修改临时文件夹,以便在文档出现异常时可以便捷地找到临时文档加以恢复。

后者是指根据客户的不同、主题的不同、项目的不同而设立不同的文件夹,而且用标准化的、如实反映文件内容的名称命名,以便于保管和查找。同时,还需要及时对文档加以备份。

(三)需要强调的工作接口

在项目实施过程中,及时、明确、顺畅的沟通是工作质量和效率的保障。为此,企业往往要在双方间设立标准的"工作接口"。其目的是使各项事务有专人负责,也使各项问题得到及时、明确的答复。这些问题可在合同中约定,也可以在着手合作时"有言在先"。

1. 一站式原则

某些企业存在着一定程度的人浮于事情况,以至于一个并不复杂的工作任务也可能涉及多个"二传手",不仅需要反复介绍工作背景、工作目标,最终执行人也会因为任务的临时性而难以重视。因此,项目双方各自指定具体的联系人,任何事项由联系人接手后经办到底,有利于工作的落实和决策的执行。

2. 明确答复原则

对于提出的问题、建议、方案等,另一方有时迟迟没有答复或没有明确答复,这也是项目中可能遇到的足以导致项目停滞或返工的顽疾。这类问题的解决方案是在双方的合同中约定答复的时限、方式、送达等事宜,以便于提高工作效率并明确双方责任。

第六节　信息处理与思维工具

通过尽职调查得来的信息可能包括企业的管理制度、业务流程、诉讼案卷、合同文本、工作表单以及访谈笔录、实地察看记录等。在识别风险的过程中,需要依据项目的维度或角度,从这些资料中发现各个风险点。

对于这些信息的整理是进行风险识别前的"粗加工"环节,并不直接进行风险识别,只是为了便于风险识别而进行资料的整理。

一、信息的种类与理解

风险管理及合规管理的尽职调查往往都会收集到大量的资料,这些资料是精准分析企业风险并"对症下药"的基础。而从尽职调查到方案设计,既是对企业"望闻问切"的过程,也是为企业"煎药"的过程,每类资料都包含着特定的信息,有着不同的利用价值。虽然基于丰富的工作经验有时可以不经详细调查、无需细节分析就能找出原因、给出解决方案,但是这种工作方式只适合非常熟悉的企业,并不推荐广泛采用。

项目涉及的资料种类、数量取决于项目内容、工作目标,但总体上资料的种类并不算多,而且只有较大的项目才有可能涉及各类资料。

(一)企业基本信息

尽职调查中收集的企业信息包括企业设立时的公司章程、出资状况、设立许可等设立登记资料以及合法生产经营所需的各类资格证、许可证等行政许可信息,有时还涉及企业的土地、房产、知识产权等各类权证,视工作范围而定。

这类信息的主要作用是核实企业设立过程、生产经营活动、各项财产等权益有无法律瑕疵,包括合法性问题、相关行政许可或权证的实际情况等。这方面如果存在瑕疵则属于重大的结构性风险,其后果的严重性往往要比具体事务中的风险大得多。

此外,这类信息往往需要在报告中予以简单描述,作为理解项目、判断需求、提出报告的信息基础。但某些具体业务方面的项目,如单纯的知识产权风险管理项目等,可能并不涉及企业的设立和经营许可等信息,因而通常情况下这类信息并非工作的重点。

(二) 项目相关信息

这类信息是项目工作的重点,用于围绕项目目标,发现企业存在的管理缺陷和风险点,以供后续设计解决方案采用。

1. 管理制度

管理制度是企业为了建立所需的秩序而制定并在企业内运行的所有规则的总和,主要包括管理目标、职责分工、管理权限、工作内容、管理环节、监督检查、罚则等。由于数量多、分布广,企业管理制度的总和往往被称为管理制度体系,广义的管理制度还包括管理流程、配套表单。

理论上,企业管理制度包括公司治理结构层面的基本制度、主要事务管理类的管理制度、具体业务或技术措施的业务规范或技术规范,以及规范员工行为的个人行为规范,但在实际工作中的界限大多并不清晰。

收集和审查管理制度的目的是发现制度中的管理缺陷并找出消除缺陷的方法。而管理缺陷是所有的风险管理都要关注的内容,可大致分为体系缺陷和内容缺陷两类。风险管理离不开从管理制度缺陷入手,因为这种缺陷会源源不断地"制造"风险。

因此,对于收集到的管理制度,往往既需要分析其制度体系是否完整,如管理职能是否已覆盖项目所涉业务、部门职责是否清晰明确、部门配合是否流畅合理等,又要分析具体的管理细节是否严谨、合理或是否存在某种不足甚至功能缺失。

2. 管理流程

管理流程绍终是管理制度的一部分,但主要用于多环节流转、多部门配合事务中,因其特征鲜明且越来越被广泛采用,因而时常被单列出来加以论述。

两相比较,管理制度更适合于以文字或简单的图表描述静态的职责、权限、关系、方法等内容,而流程则主要以流程图的方式描述管理事务流转过程中涉及的部门及其管理职责、不同情形的处理。由于是以流程图的方式表述管理内容,如果表述同样的管理事项,流程图会远比管理制度里的文字更直观、更易懂,因而也更受企业管理界欢迎。

除了用于直观地表述事项管理上的事项、顺序、部门职责、工作内容等要求外,流程分析是流程图的反向应用,即用于分析流程是否合理、是否存在管理事项的缺失、是否管理要求不明等,并既可用于已有流程图又可用于实际存在但并未绘制的管理流程。

3. 合同文本

收集和分析合同文本的目的,是发现条款中的功能缺失、内容违法、约定不足、语言歧义等法律及非法律风险点,以便在优化设计时加以改进。尽职调查所要收集的合同文本,有时是企业的标准化模板,有时是使用量较大的经常性交易的文本,有时仅是企业认为的问题文本,具体情况视项目要求而定。

不同行业的企业在合同文本方面的差异,并不像人们想象得那样大。一般而言,不同行业的企业,除了其专业领域独有的某些合同外,还有大量的买卖合同法律关系等其他类合同以及企业日常经营所需的服务合同,因而不同行业的企业所用的合同,就合同类别而言总体上大同小异。因而工作重心是如何发现并不熟悉的专业合同中的风险点以及如何结合企业的实际交易特点发现最经常使用的合同中的缺陷。

但除了合同文本中的风险外,合同风险还存在于合同的签订、履行管理过程之中,因而必须二者同时提升才能从根本上解决合同风险问题。因此,对于合同风险,还需要深入了解交易背景、交易习惯、营利模式、管理资源配置等信息,从企业的实际需要出发去识别。

4. 争议资料

尽职调查所要收集的企业争议资料,其内容包括但不限于企业自身作为当事人的民事、行政、刑事诉讼或仲裁资料。如果不受项目工作范围、工作目标限制,争议资料还包括以和解方式解决的争议,如与供应商或分销商之间的争议以及与终极客户之间的争议。

收集这些资料的目的并非为了解决争议,而是从发生的争议中寻找制度管理、流程管理、文本管理中的缺陷,并通过解决这类问题而避免企业不断地重复发生相同的问题。因而并不需要仔细研读每起争议的所有资料,而是从已经定性的结论中查找管理上的缺陷。如果是诉讼案件,甚至可以简单地仅仅分析终审判决的"本院认为"部分,以分析该案的发生是否基于某种管理上的缺陷,只有当信息不足时才需要延伸阅读其他相关资料。

但某些事件可能并不具有代表性,因而需要认真甄别。一般而言,唯有通过对某个阶段的资料进行全样本实证研究并通过统计得出结论,才能使分析结论更具代表性、说服力和现实意义。

5. 调查记录

这类信息是通过问卷调查后收集到的问卷,或是座谈、访谈后得到的座谈纪要、访谈笔录以及现场观察、实地察看、调查取证等取得的相关资料。这些调查结果所包含的信息,同样需要从所需角度分析、解读后才有实际意义。

其中,调查问卷的结论、调查取证的结果相对客观,基本属于客观问题的客观"答案"。而座谈、访谈、观察、察看等往往需要带着一定的尺度从事,或在记录时自然地"过滤"某些关联度不高的内容。因而有效信息的含量相对较高,但也容易带有更多的主观性。

(三) 企业所涉规则

除了上述各类企业信息,往往还需要企业提供政府主管部门、上级公司以及所参加的行业协会等社会组织的相关规则。这些规则在法律风险管理项目中一般作为参考,而在合规管理中则作为必备的内容,因为合规管理涉及大量法律以外的规则。

法律规范、强制性标准等作为公开、可查询的信息,一般并不需要由企业提供。但当企业属于相对陌生的行业且项目专家对其知之不多,也可要求企业提供与其行业生产经营合法性密切相关的法律法规、地方性法规、各类规章以及相关的强制性标准等,以提高工作效率并及时进入角色。如果项目组中设有熟悉企业情况的行业专家,则这类内容应由行业专家收集及提供。

(四) 其他所需信息

因某些项目有特殊要求,或因企业存在特殊情况,项目负责人在尽职调查阶段会收集某些通常情况下并不需要的信息。这类信息的作用是分析某些特定的风险或管理缺陷,或是为了从另一个角度确定某种情形的存在以形成证明体系上的闭环,大多是专业领域中的细节信息。

例如,涉及财务合规管理的项目,因财务管理涉及的法律及法律以外的规则甚多,加之企业存在某些历史遗留问题,在尽职调查中会收集许多其他项目中根本不需要的资料。

二、资料的判读和整理

当收集到的资料数量庞大或种类众多时,便需要对其进行不同程度的整理,包括收发登记、清单制作、文件名管理等。整理的同时也是对资料的初步判读和归类,能够为后续工作提供效率和准确性的保证。如果整理是由不同的团队成员完成,则必须以标准的格式和文件名、备注等方式,提醒下一工序人员注意某些内容或问题。

(一) 资料的可能缺陷

一般情况下对这类项目的尽职调查中所收集到的各类资料并不需要完整性、

真实性等方面的审查,因为调查属于企业内部项目中的自查,资料的完整性、真实性完全由企业自行负责。但为了确保风险识别和风险评估的准确性,当信息存在以下问题且足以影响判断结果时,仍需要一定的核实工作。

1. 完整性问题

资料的完整性取决于企业的档案管理水平和各个环节的工作态度。企业提供的某些资料可能并不完整,如用于识别合同文本风险的资料缺少足以影响判断的附件、关联文件,以及用于判断合同管理缺陷的案件虽有判决书但缺少事件发生的细节说明等。

对于这类问题的判断,有的可以从文本中提及的附件或文件,以及得出结论所依据的事实或文件是否存在来进行判断。

2. 真实性问题

真实性分析一般只用于针对某些提供的信息相对异常的资料。例如,当某些管理制度或合同标准化文本大大超出或过分低于企业总体经营管理水平,或其体裁风险、严谨度、精细度异常于其他文本的平均水平时,往往需要核实其真实性以防被误导出错误的结论。

这类问题也有多种途径可供判断。例如从起草人、经手人、管理者、原始档案、流转过程、有无实际执行等环节加以印证。

3. 准确性问题

准确性问题一般体现在文件名或发文单位的张冠李戴以及发文日期、文件版本上的错误。在档案管理相对随意或制度等变动相对频繁的企业,经常会遇到的问题是企业所提供的版本并非最新的版本,或是在项目执行过程中已经有了更新的版本。

还有一种比较普遍的现象,是文件资料与现实状况不符,尤其是管理制度的要求与实际操作上的不同。这类情况未必是真实性问题,更可能是制度的执行率问题,需要通过访谈的方式加以弥补。

4. 关联性问题

关联性问题主要涉及某些资料的内容是否与项目相关,以及某些资料虽与项目相关但是否与风险识别和制度设计相关。对于并不涉及后续工作的文档资料,有时只需要在描述工作过程时提及而并不需要展开,以缩小工作范围、减少无谓的工作量。

关联性问题还涉及资料的分类管理问题以及制度体系设计、合同文本体系设计时的归类问题。当可以用多种关联性标准划分文档类别时,往往需要从管理的便利性角度考虑归类方式。

(二) 资料的常规整理

对调查得来的资料所进行的整理,一般是通过归类、列表、核对、标注等方式,这是为了清晰地了解文档的总体情况,如资料的总量、来源、内容、层级、归类等,以确保在后续工作中能够充分利用资料。无论以何种方式整理资料,其工作目标均大同小异。

1. 归类列表

通过尽职调查所获得的各类基础资料是支持项目结论的证据,登记列表更容易掌控全局,甚至按不同的维度分类、分级、列表。不仅是收集到的基础资料,工作分工、日程安排及阶段性成果等也需要以列表的方式加以记录和管理,以保证工作的效率和质量。甚至那些在尽职调查中由企业确认并不存在或无法提供的文件,同样也是识别风险、撰写报告和排除工作责任的依据。

2. 核实内容

如前所述,这类"内部项目"中需要核实的内容并不多。只有当存在明显的真实性、完整性、准确性、关联性问题而且足以影响结论时才需要核实,包括文件的版本号是否有误、内容是否完整、文件名与内容是否相符、尽职调查清单中的资料的实际提供情况等。尤其是文件名与文件内容是否相符,几乎是文档管理中工作量最大的整理工作,且关乎后续工作的效率。

3. 标注事项

梳理基础资料时可能发现某些问题,或对资料的利用产生某种想法,这时应当以备注的形式标明问题或想法以备后续工作注意或借鉴。

例如,在整理资料时可能会发现某些制度的搭配上存在某种常规审核容易遗漏的风险点;或者在对合同样本进行归类分析时发现可能有更好的归类方式;或者在整理工作记录时发现需要写进报告的某个细节等。这时一个简单的标注,可以节省后续工作中用于查找、核实的时间。

4. 形成体系

形成体系,是在整理收集到的资料时,通过分析、细分这些资料的主题、类别、性质等方面的区别而将其归为不同的主题,再将各个主题按照其性质、类别、因果、概念大小等方面的关联度归并为有顺序、有层级的内容体系。因为企业风险很少是孤立存在的,所以企业的风险是一个风险系统,解决方案也必然是一个解决方案系统。

这一过程的前半部分是细分,后半部分是概括,因而在梳理内容、发现问题的同时有助于了解风险全貌,不至于只见树木、不见森林。

(三) 资料中的风险类别

企业所面临的风险从普遍性角度可以分为三个大类[①]，即所有企业都会面临的基于基本行为而产生的普遍性风险、同一行业都会面临的基于专业行为而产生的行业性风险以及由于其特定行为而产生的个别性风险。在整理资料和风险识别时，有时需要从这三个角度划分风险以体现风险的结构和层级，而不是各类风险混为一谈。

1. 普遍性风险

普遍性风险是基于企业生产经营中普遍存在的基本行为而面临的风险。例如，无论何种企业均存在劳动生产、合同签订及履行、资产管理等风险，因而这些风险是企业的普遍性风险。

2. 行业性风险

行业性风险基于企业所属行业的业态、主管部门及法律等规则环境要求而产生。不同的行业往往在企业的开办、经营等方面受不同法律规则调整，从而造就了不同行业的特定风险。例如建筑业与房地产行业虽联系紧密，但由于行业不同、法律要求不同，因而其风险特征存在着极大的不同。

3. 个别性风险

个别性风险与普遍性风险、行业性风险无关，只是因企业某种不具代表性或普遍性的个别性行为而产生。这类风险如果只是个案则并不需要从制度层面考虑解决方案，如果经常发生则需要在设计或优化制度时考虑加以规范。

例如，某企业家以其父母的名义出资办企业，以至于当父母身故时，存在着父母名下的股权被当成遗产与其他继承人分割的法律风险。但这只是该企业的个案，并不具备代表性。

三、以逻辑工具提高严谨度

从尽职调查开始，甚至从设计尽职调查清单开始，排查遗漏的调查项、遗漏的风险点等已成经常性的工作。工作思维越是严谨，就越能避免问题遗漏、避免返工。基于经验的思维能力提升十分有限，借助逻辑工具才能事半功倍。

(一) 概念划分原理中的概念

逻辑学中最为基础的内容是概念。但概念并不等同于定义，而是一种可以反映事物本质属性及特有属性的思维方式。

[①] 参见本书第一章第六节"风险行为解析"之"三、风险主体的行为分类"。

1. 属概念与种概念

在逻辑学中,外延较大的概念被称为属概念,外延较小而且又真包含于属概念的概念则被称为种概念。这类种概念完全真包含于属概念的关系,在逻辑上被称为种属关系。属概念与种概念的划分是相对的,属概念有可能是某一更大概念的种概念,种概念有时还可以划分出更多的种概念。

例如,"采购法律风险"是属概念、"生产资料采购法律风险"是种概念,后者包含于前者。但"采购法律风险"又仅仅是企业法律风险的一部分,企业法律风险还包括销售的法律风险、人力资源管理法律风险等。同时,"生产资料采购"又包括对原料、对设备、对元器件的采购等情况。属概念和种概念,都只是一种相对的存在。

2. 特有属性与共同属性

基于逻辑学原理而进行的判断,是根据事物之间都存在共同点和不同点以及与其他事物之间的关系,因而在判断的精确度、严谨度上远远胜过基于经验进行的简单罗列。这种异同点及关系又被称为事物的属性,分为某个事物所特有的、区别于其他事物的特有属性以及同一属的概念都含有共同的属性。或者说,属概念就是共同具有某种属性的种概念的集合体。

例如,生产型企业无论购买原材料、辅料、元器件还是购买设备零部件、交通工具、基本建设、办公用品、服务等,其本质特征都是以支付货币的方式获得所需要的产品、服务或工作成果等。因而某些企业将支付货币换取产品、服务、工作的经营活动称为"大采购"。

3. 普遍概念与单独概念

根据概念外延的不同,可以将概念分为普遍概念与单独概念。某些概念的外延只有一个特定的事物,如某位特定的人、特定的艺术品原作、特定的地名等,这类概念被称为单独概念。而还有许多概念的外延为一类特定事物,它所反映的事物的具体数量是需要一一列举的,甚至可能是无限、无法列举的。

风险清单上的各类风险绝大多数是普遍概念,所指的并非某一具体风险点而是一类风险点。例如,违约风险可分为诸多更为具体的情形,而每种情形又是普遍适用于符合其特征的行为。但由于判断依据是各类法律等规则的要求,因此普遍概念的外延仍旧十分有限。

4. 共同性属性与差异性属性

当一个普遍概念可细分为若干个种概念时,这些种概念中共同拥有的、由其属概念所决定的属性被称为共同属性,而这些种概念各自拥有的、彼此各不相同的属性则被称为差异性属性。差异性属性是从属概念中划分出不同的种概念的依据,共同属性则是这些种概念维系于属概念之下的纽带。

从一个属概念依据差异性属性不断划分,就能得到一个分层的、延伸到种概念不可再分为止的树状结构,各概念之间有着固定的连接和层次关系。以这种方式分析问题,其完整性和系统性是简单罗列的方式根本无法比拟的。

(二)按划分规则划分概念

概念间的这层属种关系并不仅仅是一种划分概念的方法,还可被用作思维工具以根据已知项和事物的结构而判断出未知项。其基本原理,便是属种概念的层级关系以及种概念的差异化属性。

1. 按属种概念的层级关系划分

按属种概念的划分原理可从归纳和演绎两个方向判断出潜在的事物。采用归纳的方法时,可根据已知的若干个种概念去发现属概念,并从中划分出所有的种概念,然后再将划分结果与已知的种概念进行比较,多出来的种概念即为判断所得。采用演绎的方法时,是从某个属概念出发划分出全部种概念,以发现被简单列举所忽略的种概念。二者之间的共同点,是利用属种概念间的层级关系。概念的可划分程度不同,概念的可划分层级也就彼此不同。但划分的极限都是将普遍概念划分为单独概念为止。

例如,"法律风险"作为需要划分的属概念,可细分出刑事责任、民事责任、行政责任、权益丧失四类种概念。将每个种概念当成属概念加以细分,则可以得到更多的细节性的种概念。其中,需要被划分的属概念被称为母项,划分后得到的种概念被称为子项。

2. 同层级划分必须严守同一标准

概念划分的原则之一,是在同一层级用同一标准划分,以得出既不重叠又无遗漏的相互并列的种概念。如果划分不按照同一标准,则不同种概念的层级关系被打破后就会造成"越级划分""不当并列"的情况,使得子概念的外延之和大于或小于母项的外延之和,逻辑判断便无法继续。

例如,因损害消费者利益而导致的产品责任可分为产品、产品说明、售后服务三大并列的类别。如果将另一划分标准的消费者知情权、安全权等与之并列,就会因层级错乱而造成逻辑混乱,难以发现遗漏的问题。

3. 种概念的外延之和须等于属概念的外延

概念划分的另一原则,是划分后种概念的外延之和等于属概念的外延。如果大于属概念的外延,说明划分过程中某一种概念的外延被扩大,从而"多出子项"。如果种概念外延之和小于属概念的外延,则说明未能识别出足够多的差异性属性,并因"划分不全"而遗漏内容。

例如,家电零售企业的"消费者权益法律风险"可根据企业产生法律责任的各类差异性属性和外延的不同,将种概念分为广告宣传、告知说明、销售过程、货品及交付、费用结算、售后服务、争议处理等几类,以供进一步划分。而"销售过程"又可分为销售场所安全、销售服务合规、销售条件合法等。

4. 种概念之间必须外延互相排斥

概念之间存在全异、交叉、属种、同一这四种基本关系,有些基本关系还有更细的变种。而在以概念划分的方法分析法律风险时,被划分出的各个种概念之间必须是全异关系,即其外延之间没有任何相容之处,否则得出的结论仍旧不够严谨,属于"子项相容"的错误,也就是划分时误将具有交叉关系或具有属种关系的概念并列使用,从而导致了种概念的外延之间相互重叠。

例如,消费合同同时受《民法典》(2021年)和《消费者权益保护法》(2013年)保护,保护范围间存在交叉关系。如果将二者简单地并列在同一属概念下的同一层级,则二者的外延必然重叠。又如,消费者权益纠纷绝大多数发生在销售之后,但在销售行为完成前甚至尚未消费时也有可能发生争议,如知情权、人身财产安全权等争议。因此,这类法律风险不能一概归入售后服务法律风险。

总之,概念划分原理既是逻辑原理也是工作方法,可广泛用于分析各类复杂问题,尤其是用于发现事物间的树状结构及未知项。

四、从价值链理解企业运营

价值链理论于1985年由美国哈佛商学院著名战略管理学家迈克尔·波特(Michael Porter)提出。① 根据该理论,企业每项生产经营活动都是其创造价值的经济活动的一部分,所有互不相同但又相互联系的生产经营活动共同构成了创造价值的过程,即价值链。当企业价值链所创造的价值超过成本,则企业处于盈利状态。

该理论将生产经营活动分为基本活动和辅助活动两大类。其中,基本活动是指直接从事商品实体加工的生产经营活动,一般可以分为内部(进货)后勤、生产、外部(发货)后勤、市场营销和售后服务五种,是企业的基本增值活动。而辅助活动则是指为基本活动提供辅助且各活动之间相互辅助的活动,一般包括企业的采购管理、技术开发、人力资源管理和基础设施四个内容。

这一理论与风险管理并无直接关系,但它揭示了企业生产运营中的各类内部关系,也反映了生产经营活动的特点、重点等重要信息,有利于据此理解企业、分析风险、设计解决方案。虽然企业所处的行业、经营方式千差万别,但是其价值链却基本相同。理解了价值链,更容易理解企业、发现问题。

---

① 参见"产业价值链",载百度百科,https://baike.baidu.com/item/产业价值链,访问日期:2020年1月3日。

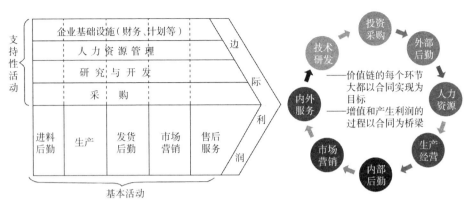

图 2-3 价值链原图与变形图

(一) 基本活动

基本活动的五项内容其实是以生产型企业为样本,反映了生产活动中从原料到产品、到售后的过程。这五项内容并非一成不变,而且可以根据企业所处的行业或企业营利模式不同而细分出更多的具体活动。

1. 内部后勤

主要指与产品相关的投入品的接收、仓储和分配有关的活动,如原材料的卸货、入库、盘存、分配以及退货等。

2. 生产加工

主要指将各种投入品转化为最终产品的各种关联活动,包括将投入品转换成最终产品的加工、装配、检测、包装,以及设备维修等。

3. 外部后勤

主要指将成品集中、仓储、分送至买方的相关活动,如最终产品的入库、接受订单、送货等。

4. 市场营销

主要指提供可供购买的方式并引导客户购买产品的各类关联活动,如广告宣传、定价策划、销售渠道建设等。

5. 售后服务

主要指向购买产品的客户所提供的,能够使产品保持或提高价值的各种有关活动,如培训、安装、调试、维修、零部件供应等。

以上每个内容均以前一个内容为出发点,存在一定的时间顺序关系,属于典型的生产型企业的基本价值活动过程,具有普遍的规律性。不同行业的价值链和侧重面各不相同,如商业企业没有生产环节但更重视内外部后勤及市场营销等,这些活动仍旧符合价值链的基本规律。

(二) 辅助活动

价值链中的辅助活动,顾名思义是那些在传统意义上并不直接产生价值,但为产生价值服务的一系列活动。无论是在哪个行业,只要不是个人独自完成所有工作,任何经营活动中都会或多或少地存在辅助活动。甚至在一些全新的产业模式中,某些企业以研发为代表的辅助活动不但直接产生价值,而且成为企业最主要的盈利手段,而生产加工活动甚至完全被取消。

1. 采购管理

主要指企业购买生产经营所需投入品的活动,但并不包括被采购的投入品本身。采购活动的范围很广,只要是通过支付款项而获得产品或服务的行为均为采购,包括原材料、辅料、广告策划、办公设备、各类咨询等。

2. 技术开发

主要指企业为了改善产品和工艺而在技术方面进行的各种努力,包括生产性或非生产性技术,以及各类技术诀窍、程序等。技术在企业中无处不在,开发及应用的程度也各不相同,但技术无论如何都是企业实力的体现。

3. 人力资源管理

主要指将员工作为资源而进行的一系列的招聘、培训、考核,以及相关的提供工资、福利待遇的各种活动。这类活动贯穿着企业的每项活动,支撑着整个价值链。而且,其中的激励功能对企业竞争力水平至关重要。

4. 基础设施

主要指企业的组织结构、管理体制以及企业文化等基础性活动。包括计划、管理、财务、法律、质量等管理行为,一般对整个价值链起辅助作用。

(三) 价值活动的类型

前述的基础活动和辅助活动,如果从特点来分,又可以划分为直接活动、间接活动、质量保证活动三类。这三类活动有着各自不同的使命。

1. 直接活动

专指直接创造价值或提升价值的活动,如加工原料、设计产品、发布广告、装配成品等活动。

2. 间接活动

是指对直接活动产生影响的外围活动,如生产运作管理、销售管理、研究开发管理等活动。

3. 质量保证活动

是指确保其他活动达到预期质量的活动,如监督、指导、测试、检验、考核、调试等活动。

这三类活动在企业内部同时存在,直接影响着其他活动的成本或效能,但不同的企业侧重点不同。结合这三类活动以及前面已经讨论过的基本活动与辅助活动理论,价值链如以立方图表示,在三个方面的逻辑关系如图2-4:

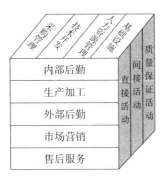

图 2-4　企业价值链所涉内部关系立方图

以这种立方图的方式描述价值链的基本活动、辅助活动及价值活动的类型三者间的交错关系十分直观。其中,正面代表了基本活动的五个方面、顶部代表了辅助活动的四个方面、侧面代表了价值活动的三个类型。

价值链显然是以最具代表性的制造业为标杆,但其他行业即使并不具备其中的某些内容,如服务型企业一般没有生产、技术开发、外部后勤等环节,但仍有类似的功能被类似的行为替代。例如,企业用于"出售"的既可能是产品也可能是财产、服务,其目标都是为了营利,因而形式虽有不同但殊途同归。

第七节　风险识别的原理与方法

风险识别属于风险管理活动的首个实质工作内容,也是至关重要的一个工作环节。[①] 其工作成果是后续的风险评估、解决方案设计等工作的基础,决定着后续工作的质量和深度,因此有许多工作经验、工作方法值得讨论。

企业间由于行业、主营业务、组织形态、发展阶段、管理水平、人员素质等差异,即使处于同一风险环境之下应对风险的侧重点也会有所不同。因而这一过程的难

---

① 参见本章第一节之"二、对合规管理步骤的概括"中的相关解释。

点并非识别风险,而是如何系统、周全、有针对性地识别风险。

一、对风险识别的辨析

识别,有辨别、辨认之意。在风险识别环节,需要鉴别企业中潜在但尚未发生的不利后果,包括某种情形是否属于风险、属于何种风险。至于发生概率、损失程度等,则是这一过程中需要确定的进一步的内容。因此,需要讨论风险识别的应有定义及其目标、方法、原则等主题。

(一)关于风险识别的表述

"风险识别"虽在多部与风险管理相关的各类指引、部门规范性文件和规章中被反复提及,甚至设立专门条款规定相关内容,但目前尚无统一定义。但根据其被反复提及的语境,仍可分析出其大致含义。

1.《中央企业合规管理指引(试行)》中的相关表述

按照国务院国有资产监督管理委员会于2018年11月印发的《中央企业合规管理指引(试行)》的第二条第四款,风险识别是合规风险管理的一个环节。即:

> 本指引所称合规管理,是指以有效防控合规风险为目的,以企业和员工经营管理行为为对象,开展包括制度制定、风险识别、合规审查、风险应对、责任追究、考核评价、合规培训等有组织、有计划的管理活动。

除此以外的条款中,风险识别都与具体工作有关。例如:

> 第十一条　业务部门负责本领域的日常合规管理工作,按照合规要求完善业务管理制度和流程,主动开展合规风险识别和隐患排查,发布合规预警,组织合规审查,及时向合规管理牵头部门通报风险事项,妥善应对合规风险事件,做好本领域合规培训和商业伙伴合规调查等工作,组织或配合进行违规问题调查并及时整改。
>
> 监察、审计、法律、内控、风险管理、安全生产、质量环保等相关部门,在职权范围内履行合理管理职责。
>
> 第十八条　建立合规风险识别预警机制,全面系统梳理经营管理活动中存在的合规风险,对风险发生的可能性、影响程度、潜在后果等进行系统分析,对于典型性、普遍性和可能产生较严重后果的风险及时发布预警。

由此可见,该指引中的合规风险识别属于合规管理活动中的日常性管理手段和工作内容。

2.《企业境外经营合规管理指引》中的表述

国家发展改革委、外交部、商务部等于2018年12月印发的《企业境外经营合规管理指引》中对于"风险识别"只有两处规定。

第一处规定为第四条"合规管理框架",内容为:

> 企业应以倡导合规经营价值观为导向,明确合规管理工作内容,健全合规管理架构,制定合规管理制度,完善合规运行机制,加强合规风险识别、评估与处置,开展合规评审与改进,培育合规文化,形成重视合规经营的企业氛围。

除此之外,第六章的章名为"合规风险识别、评估与处置",其中的第二十三条"合规风险识别"所描述的应用场景为:

> 企业应当建立必要的制度和流程,识别新的和变更的合规要求。企业可围绕关键岗位或者核心业务流程,通过合规咨询、审核、考核和违规查处等内部途径识别合规风险,也可通过外部法律顾问咨询、持续跟踪监管机构有关信息、参加行业组织研讨等方式获悉外部监管要求的变化,识别合规风险。
>
> 企业境外分支机构可通过聘请法律顾问、梳理行业合规案例等方式动态了解掌握业务所涉国家(地区)政治经济和法律环境的变化,及时采取应对措施,有效识别各类合规风险。

因此,《企业境外经营合规管理指引》同样将风险识别视为一种经常性的工作以不断"识别新的和变更的合规要求",并同时列举了通过内部途径、外部途径识别风险的方法。

3.《中央企业全面风险管理指引》中的表述

该指引颁布于2006年,其第十八条的表述为,"风险评估包括风险辨识、风险分析、风险评价三个步骤"。

而在第二十条作出的定义为,"风险辨识是指查找企业各业务单元、各项重要经营活动及其重要业务流程中有无风险,有哪些风险"。而"风险辨识"其实就是风险识别。

此外,由原中国保险业监督管理委员会(以下简称"中国保监会")于2010年印发的《人身保险公司全面风险管理实施指引》在其"附则"部分描述了三种风险识别方法,分别是:

(一)流程图法

指将公司的各项经营活动按照其内在的逻辑联系建立一系列的流程图,针对流程图中的每一个环节逐一进行调查、研究和分析,从中发现潜在风险的一种风险识别方法。

(二)组织图分析法

指通过规范化结构图来分析公司的内部组成、财务状况及职权、功能关系等,从中发现风险及潜在损失威胁的一种风险识别方法。

（三）现场检查法

指直接深入到公司各个职能部门和业务单位、分支机构现场，通过核实和查清公司生产经营中的问题和疑点进行风险判断和分析，达到全面深入了解和判断公司风险状况进行实地检查的一种风险识别方法。

4. 部门规范性文件和规章中的相关规定

部门规章中一般并无"风险识别"这一专用措词，只有在合规风险管理语境下提及"识别"这一措词。

例如，原中国保监会于2016年12月印发的《保险公司合规管理办法》规定：

第三条 合规管理是保险公司通过建立合规管理机制，制定和执行合规政策，开展合规审核、合规检查、合规风险监测、合规考核以及合规培训等，预防、识别、评估、报告和应对合规风险的行为。……

又如，中国证券业监督管理委员会于2017年6月发布的《证券公司和证券投资基金管理公司合规管理办法》规定：

第十条 证券基金经营机构各部门、各分支机构和各层级子公司（以下统称下属各单位）负责人负责落实本单位的合规管理目标，对本单位合规运营承担责任。

证券基金经营机构全体工作人员应当遵守与其执业行为有关的法律、法规和准则，主动识别、控制其执业行为的合规风险，并对其执业行为的合规性承担责任。

……

由以上表述可以看出，这些部门规范性文件和规章中的"识别"并无特殊涵义，完全可以按通常的方式理解。

（二）风险识别的应有定义

合规风险识别显然是企业循环往复的经常性工作，因为不断需要"识别新的和变更的合规要求"[1]。而且，其基本工作是识别出风险点，更进一步的工作则是系统分析"风险发生的可能性、影响程度、潜在后果"[2]。而从法律风险管理、合规风险管理的实践来看，按通常方式理解风险识别并无问题。但为了含义清晰，可为之设定通用的定义。

风险识别，是根据尽职调查等活动所获得的原始资料，通过分析确认企业因作

---

[1] 《企业境外经营合规管理指引》第二十三条。
[2] 《中央企业合规管理指引（试行）》第十八条。

为或不作为与法律等规范要求或合同等约定之间的差距,并结合主体及环境的情况判定企业所面临的风险的过程。

同时,为了在表述上加以区别,在此将用于风险识别的风险点、风险点清单称为风险识别点、风险识别清单,而将风险识别的结果及形成的清单称为风险点及风险点清单。

法律风险、合规风险这两种基于规则而产生的风险,识别依据最主要来自规则中的相关规定。通过对收集到的各类信息进行内容归类、分析整理、核实比对等方法,确定其制度、流程、文本、行为中存在的风险点。而确定是否为风险点的工作方法,可以是凭借经验甚至直觉的感知,也可以是通过引经据典的分析,以及按照设计好的数据库加以比对。

在这两种规则风险中,最为刚性的风险属于法律风险中的刑事责任风险、民事责任风险、行政责任风险和权益丧失风险。如果是合规管理风险识别,识别的结果除了上述四类外,还包括基于其他规则要求而产生的"其他责任风险"。

二、规则调研与风险识别

风险识别从最基本的依据经验简单列举到按照一定的思维模式梳理,再到按系统的风险点检查清单逐一比对,分别对应着不同的风险管理层次和需求,也对应着不同复杂程度的用于识别风险的规则体系。

风险识别与以法律调研为主的规则调研密不可分,通常的做法是先有通过调研而设定的风险点检查清单,然后才能依据清单识别风险。但就技术水平和系统化程度而言,以经过精心整理的风险点数据库来辅助完成风险识别,是解决大中型企业规则风险控制的必由之路。

(一) 不同层级的识别清单

风险识别需要按照一定的依据进行。不同项目的风险识别的工作宽度、工作深度以及识别依据的精细度等,都有很大不同。其中最为简单的可能只需要依据经验判断,而最为复杂的则只有通过数据库的方式才能解决,规则调研的工作量也随之不同。

1. 基于个人经验

某些要求不高的"简易"风险识别,基本上可以依据个人的经验判断来完成。依据个人经验进行的风险识别简单易行,日常的合同审查实际上就是针对具体合同的风险识别。但这种基于经验的风险识别会在不同的个人间存在着不小的差异,甚至不同情形下能够发现的问题也不相同。

这类风险识别往往基于从诉讼中得来的经验。尤其是对于有诉讼经验的律师来说,将诉讼经验反向应用于风险识别更加得心应手,这种做法事实上存在着一定的合理性。因为任何非诉讼解决方案的设计是否足够安全,诉讼是其终极考验。至少在合同领域中,任何通过合同条款设置的风险应对措施,唯有经过诉讼的检验其有效性才不容置疑。

在以这种方式进行风险识别时,有时同样继续需要法律调研。这种调研是通过检索和分析相关法律条文或案例等,结合分析、比对等手段确定风险的类别、性质等。其调研结果,有的用于判断某一行为会面对多少种类的法律风险,有的用于判断某个确切的法律风险是否存在。

2. 基于专项调研

对于较小领域的风险识别,如单纯的专利管理风险、合同管理风险等,可依靠针对该领域展开的以法律调研为主的规则调研来发现相关规则要求,然后将规则要求转化为检查清单,并将同类企业的制度、流程、文本、实际做法进行比对并发现风险。

一般而言,专项领域里的规则信息已经超过了仅凭经验可以列举的范围,因而只有通过调研将相关规则要求全部罗列出来,才可能实现相对系统、全面的风险识别。

3. 基于风险数据

对于总体内容相对较多、涉及规则比较复杂的风险管理项目,使用专门设计的风险数据库进行风险的识别相对比较方便、高效,而且数据安全、更新及时。这类比对风险用的数据库一般需要专业公司支持,或者小范围内的自行开发。

这种数据库一般包括了普遍性的基本风险、行业性的专业风险和个别性的特定风险,也从不同角度涉及民事责任、行政责任、刑事责任和权益丧失四类法律风险。如果是合规管理项目,还会涉及法律以外的其他规则风险。

(二) 规则调研与识别清单

识别法律风险、合规风险之类的规则风险,最为基本的依据是规则本身,其次是基于经验和后果假设进行的补充。通常情况下,仅依靠规则调研选定风险识别点会与企业实际存在一定的距离,需要通过补充调查企业实际情况、向行业专家请教常见问题等方式解决,但一般并不需要也难以从网上搜索出先例答案。

1. 规则调研的范围

一般的规则风险项目首先会涉及相关领域的法律调研,法律条文上的每个禁止事项,尤其是有明确的处罚等法律后果的禁止事项,都是一个用于识别企业行为是否存在法律风险的法律风险点。所有这些点的总和,便是用于识别法律风险的法律风险清单。由于许多法律事务会同时涉及不同的法律,因而为了便于清单的实际使用,这种清单大多设计成有着不同分支和层级的树状结构。

如果是合规风险项目,则除了法律调研外还要进行其他规则的调研。包括《中央企业合规管理指引(试行)》(2018年)第二条中提及的"监管规定、行业准则和企业章程、规章制度以及国际条约、规则等要求"等。由于这些规则大多不具备法律规范的强制性,甚至没有任何的制裁性条款,因而需要列入风险清单的往往既包括禁止性要求也包括倡导性要求。这些义务性条款中的一个个责任点汇集在一起,便成为合规风险清单。

但这些清单往往存在着与企业实际情况及需求的切合度问题,也就是清单中并未列举出企业迫切想知道或想解决的问题。因此,在上述清单之外,往往需要结合项目工作要求以及尽职调查中了解到的问题点、痛点、需求等,在上述清单之外补充列举其他需要检查的风险点。

2. 复杂程度的把握

设计风险识别清单时经常要在精细和实用之间取舍和平衡。精细,意味着可以系统、精确地识别风险、显示出问题之所在并设计出完整的解决方案,但许多列出来的风险识别点事实上并无实际意义。实用,意味着只提及那些"看得见、摸得着、想得到、用得上"的风险识别点,但有时会因缺乏系统性而遗漏某些风险点并导致制度体系存在漏洞。

例如,原《合同法》总则部分可能影响合同合法权益的法律风险点约有五百个,但以数量如此庞大的法律风险点作为合同文本质量的检查依据没有任何意义,因为大部分风险点涉及的领域在实际交易中很少存在。甚至合同管理涉及的大约一百五十个法律风险点实用价值也不足,因为没有哪个企业有如此详细的记录或统计可供风险识别,甚至没有足够的资源配合调查。

因此,对于风险点的选择仍以"充分、足够"为宜。"充分",是指在相关领域列举出的风险点足够满足项目需求,即足以满足企业的需求并适合企业的管理资源状况、管理习惯,不需要企业或项目组投入过多的资源降低工作效率。"足够",是指所列举的风险识别点足以全面、系统地发现企业所存在的各类风险并反映出全貌,且完全覆盖企业的主要风险。

3. 风险识别清单的制作

制作风险识别清单的过程是梳理规则体系、确定风险识别点的过程,也是增加和减少风险识别点的过程。前者用于弥补依据规则设立风险识别点的不足,后者是对不同规则涉及的同一识别点进行归并。

虽然依据法律等规则要求设定风险识别点可解决绝大部分问题,但是仍有一些实务中非常重要的风险识别点需要自行补充。例如,《民法典》虽然集合同领域法律规范之大成,但是并未涉及合同实务中极为敏感的管辖问题。合同中的管辖条款可以因任何原因而不予约定,但作为合同法律风险识别点则必须具备。

这些既实用而又未在法律等规则中体现的风险识别点并不完全基于经验判断才能得到。一方面它们存在于企业的各类档案、记录中，诉讼案例、事故记录、事件处理记录、客户投诉记录等都能发现极具实用价值的风险识别点；另一方面，作为风险管理措施的印章管理、归档管理、授权管理等也不会出现在法律规则中，但会出现在以规章制度为代表的企业"内规"中。所有这些，都是确定风险识别点的丰富来源，而且对企业的管理提升极具实用价值。

由于风险识别清单涉及不同的风险门类，有些风险门类内部还存在着风险内涵和外延上的层级关系，因而风险识别清单中的风险识别点会呈树状结构，有分支、有层级。为此，值得推荐的清单编排是用代表层级关系的数字序号，如"1.""1.1""1.11"及"2.""2.1"等，便于判断其归属和层级，为工作提供便利。

三、风险识别的原则与方法

风险识别的实际操作远比理论复杂，需要以不同的方式处理不同来源的信息。尽职调查所获资料的不同以及项目目标、范围的不同，都会导致企业识别具体风险时无所适从。因此有必要探讨风险识别的工作原则及针对不同素材的不同处理方法。

(一) 风险识别的原则

企业是以营利为目的的社会组织，其实际运营及规章制度设计均围绕着经营管理展开而不是围绕着遵守法律或合规而展开。加之企业情况各不相同，因此在识别风险时会遇到一些风险识别清单尚未囊括的问题，需要按工作原则处理。

1. 范围适度原则

范围适度原则是指在识别风险时，需要将工作的宽度和深度控制在合适的范围内。这一原则所强调的，是根据企业的管理精细化水平、风险发生概率、风险管理目标等确定工作的范围和工作的精细度，以使风险管理具有可操作性。

风险识别存在精度问题，识别方式越精细，需要检查的点、识别出的风险点越多，后续的配套工作也就越复杂、管理成本越高。但过多的风险点识别会远远超过企业的风险可能性和风险管理需要；过少的风险点识别又不足以全面发现企业面临的风险，因而需要在二者之间取得平衡，一般以"充分足够"为宜。

2. 客观中立原则

客观中立原则是指风险识别需要站在第三方立场上，通过客观证据确定是否为风险、属于何种风险。尽职调查中取得的各类信息经过分析、确认后均可作为得出结论的证据，无论这些证据来自案例分析结论、调查问卷统计，还是访谈记录、企业书面资料。

尤其是需要分析风险的发生频率、危害结果的风险识别,以及更需要深入的分析、论证,包括进行量化的统计分析,才能使结论证据充分、有力。

3. 全面系统原则

规则风险往往不会单独存在,而是基于某种规则成系列地存在,而且一个风险往往也可能由多个风险点引发,因而风险点的分布也是一种有着层级关系的树状结构。由于管理缺陷而产生的风险,大多属于这种情况。

例如,笼统的产品责任风险可细分为产品标准风险、产品质量风险、产品说明风险、产品服务风险等,需要全面得到有效识别,在设计解决方案的环节时才能形成严密的应对措施体系。缺少任一环节,都可能导致应对措施失效。

4. 后果导向原则

对照一定的目录、标准去检查、核实各种风险固然相对方便,但忽视常识性判断会遗漏许多风险。例如,先付款后交货会加大买方的收货风险,先发货再收款则会加大卖方的收款风险。两种方式均不违反法律规定,但存在客观风险。

因此,风险识别常以后果作为识别依据对风险作扩大解释,只要客观上存在着蒙受不利后果的可能性就属于法律风险或合规风险,而不仅仅判断某一行为是否违反规则。如同法律并未强制规定交付产品时必须签署交接单,但没有交接单则无法证明交付情况,足以认定存在证据缺失的风险。合规风险由于规则范围更广且风险种类更多,更需要根据后果判断。当然,某些"扩大解释"后划入的"合规风险"是源于制度缺陷,更可以表述为"合规管理风险"。

(二) 常见的风险识别思路

识别风险的方法受项目需求和资料素材的影响。前面所提及的树状结构的风险识别清单,多依据规则的分类或风险的分类而产生,适合多种规则调整下的规则风险识别。而就其他的分类方式而言,风险还有多种识别方式可供借鉴。

1. 依据法律体系识别

法律风险的四大基本类型,也就是民事法律风险、刑事处罚法律风险、行政处罚法律风险以及单方权益丧失法律风险,是理论上的法律风险基本分类。当涉及一个具体的法律风险领域时,可将前三种作为主要梳理思路,第四列入"其他类法律风险"。因此,除了用于罗列风险识别点,这种思路还是划分风险类别、丰富识别点清单的方法。

例如,企业管理者的合规管理责任比较宏观,但从法律责任和合规管理要求来看,企业管理者可能涉及单位犯罪的刑事责任、基于管理责任的民事赔偿责任、经营活动违法的行政责任以及基于合规管理要求产生的其他合规管理责任。

2. 依据规章制度识别

针对规章制度的风险识别是风险管理的重点工程,其着重审查制度内容的合法性、存在风险的制度缺陷等。包括各部门职责界面的清晰度、部门配合的流畅度、工作流程中有无嵌入风险管理措施等,都是风险识别的内容。因而这类识别是以可能存在不利后果为导向,并不强调某一风险是否有明确的规则要求,核对制度内容是否符合规则要求只是工作中相对简单的部分。

这类风险识别往往需要结合访谈结果、案例分析等信息进一步判断哪些属于违反制度的个案、哪些属于制度缺陷使然,更侧重于管理风险的识别。

3. 依据合同文本识别

对于合同文本的风险识别主要是针对法律风险,包括合同主体的合法性、交易内容的合法性,以及交易方式条款、问题处理条款中涉及的以不利后果为导向去发现的各类法律风险。而法律规则以外的合规风险只是辅助问题,大多只是涉及上级公司、本公司的合同管理制度等问题且涉及对外的不具"刚性"的非法律性要求。

从更大的概念来说,合同风险管理除了针对合同文本风险,合同管理风险其实更需要重视,因为合同文本缺陷可以通过合同管理制度加以排除。

4. 依据访谈结果识别

对个别人的访谈和多人参与的小型座谈都是在通过直接交流收集风险信息、识别风险,大多比收集、整理书面资料更高效、更直接、更灵活。在交流过程中,可根据现场得到的信息及时调整方向和深度以挖掘出更多更有价值的信息,而且可以得到许多书面资料中无法反映的内容。但由于信息的收集主要依据口头表达,因而收集到的信息可能并不准确、完整。

这种模式可用于收集主观评价也可用于调查,主题以曾经发生过的问题和很可能发生的问题、现实中遇到的管理缺陷、制度执行情况等为主,通过交流、引导而收集风险信息、个人看法、个人意见,甚至是企业风险管理的解决方案。

5. 依据案例资料识别

这里所说的案例,包括但不限于企业因解决争议而形成的诉讼或仲裁案例、客户投诉记录、非诉讼争议解决记录、行政处罚记录等。研究这些案例最为主要的作用是分析各类争议、缺陷的管理学起因,从而在解决方案设计阶段通过制度、流程、合同、说明等体系的改进而避免同类情形的重复发生。

除了用于分析具体的管理缺陷,对总体情况的统计也能揭示出许多问题。如投诉总量的案由分布、业务分布、金额分布、地区分布等,都能为"对症下药"提供精准的目标。

6. 依据现场观察识别

这类风险识别多用于实地观察特定场所的风险状况以及某些工作具体流程中存在的风险。例如,某项目针对零售企业营业场所各个角落、各种设施所进行的安全风险现场检查,发现的安全风险包括柜台玻璃棱角尖锐容易使顾客受伤、局部灯饰温度过高容易造成烫伤、部分玻璃隔断没有明显标志容易发生碰撞、进户电线安装不规范容易造成事故等风险隐患。

通常情况下,这类工作只是基于法律的原则性规定,具体的检查项细节往往是基于技术问题和管理问题,而且需要以摄影等方式保留证据。因此无法理解企业的经营管理行为,也就无法充分地识别风险并实现有效的风险管理。

7. 依据问卷调查识别

问卷调查多用于收集各类主观评价和看法,如重要程度、满意程度、可接受程度、优先处理级别等。现代的问卷调查,大多直接以评分的方式量化主观感受以便于横向比较,并可在线完成且自动生成统计结果。某些在线调查甚至可以根据回答的情况变换后续问题,有着更系统、更完善的调查功能。

以问卷调查的方式识别风险,其重点其实是对问卷的设计而非对调查结果的解读,也就是说在设计问卷时已经需要考虑如何使问题更贴近需求、更具有实用价值。许多调查结果本身已是答案,根本无需进一步解读。但结论的准确性直接与答卷人的认真态度有关,如果样本数量不足则容易产生偏差。

(三)通过比对识别风险

如果说前面介绍的都是"纵向"的风险识别,则以文档间的比对、以文档内相关内容的比对进行的风险识别可视为一种"横向"的风险识别。这种风险识别方式,其实可用于对任何文档所载内容的风险识别。

1. 资料与实际的比对

这种比对主要用于了解文档所载内容与实际执行状况之间的差异,涉及企业的规章制度执行力问题。如果需要做进一步的了解,还可以顺便了解企业的执行力整体水平以及产生执行力问题的制度性原因。执行力问题存在一定的普遍性,许多大中型企业都存在这种问题,只是程度不同。

例如,某企业由于频繁修改其管理制度,造成员工不关心管理制度的实际规定而我行我素,导致企业的制度执行度极低。

2. 现状与规则的比对

这种比对是将企业的制度、流程、文本、实际做法等实际情况与法律等规则要求进行比对,包括与法律规定、监管规定、行业准则、规章制度、上级公司管理要求等规则以及合同承诺等进行比对,从而识别出制度、流程、文本、实际做法中存在哪些风险点。

例如,某些企业的人力资源管理制度体系未经专业人员认真梳理,因此在进行风险识别时发现了许多违法条款。

3. 现实与理想的比对

现实与理想的比对是以理想状况作为尺度去衡量现状,从而发现存在的风险点以及可改进的空间。其实这种比对在其他法律事务处理中也经常在用,合同审查中的内容之一便是这种比对。这种比对适合用于识别文档中的表述风险以及设计解决方案阶段的修改、优化。

例如,某些企业的商标注册范围未能覆盖相关业务领域,存在着企业在新领域开发业务时无法继续使用原有商标的风险。

4. 资料与资料的比对

这种比对是将收集到的制度、流程、文本等书面文档进行内容上的横向比对,包括不同文档中相关内容的比对、同一文档中不同条款相关内容的比对。前者用于发现制度体系内不同制度、流程间的匹配性风险,后者用于发现同一文档中存在的冲突、重叠、缺失等。

例如,许多企业的组织结构图与实际执行情况不一致、制度规定不完善,究其原因是存在着制度缺陷风险。

四、两个层面的风险识别

风险识别的方向、重点取决于企业实施风险管理的目标。如果只是解决实际问题,则风险识别的工作目标完全可以围绕所要管控的风险展开并自行设定识别范围等工作内容,如合同法律风险、知识产权法律风险、应收账款法律风险等。如果企业实施风险管理项目的过程及成果必须符合其政府主管部门或上级公司的某种要求,则还需要根据这些要求设定识别范围、识别深度等目标。

从这个角度来看,风险识别大致可以分为对是否符合管理要求的风险识别和对具体事务的风险识别两个层面,前者类似于笼统的程序性要求、后者则类似于具体的实体性要求。

(一)管理要求的风险识别

合规管理虽是一种国际上流行的常见做法和成熟理念,但在中国的法律环境之下,合规管理主要是基于国有企业主管部门的管理要求或倡导,或某些行业主管部门的行政规章要求。前者如 2018 年 12 月由国务院国有资产监督管理委员会颁布的《中央企业合规管理指引(试行)》(2018 年),以及由国家发展改革委、外交部、商务部等于同期联合印发的《企业境外经营合规管理指引》(2018 年)等。后者如中国证券业监督管理委员会于2017年6月颁布的《证券公司和证券投资基金管理公司合规管理办法》、原中国保监会于2016年12月印发的《保险公司合规管理办法》、国家税务总局于2015年11月印发的《税收政策合规工作实施办法(试行)》等。

以《中央企业合规管理指引(试行)》(2018年，以下简称《指引》)为例。根据前面章节讨论的结果，中央企业的企业管理是否符合合规管理要求，其风险识别可从以下方面入手[①]：

1. 合规管理职责风险

这部分内容对应该《指引》的第二章"合规管理职责"的七条内容，包括列举了董事会、监事会、经理层、合规委员会、合规管理负责人、合规管理牵头部门、业务部门的合规管理职责的设置和履行情况的风险识别。

2. 合规管理重点风险

这部分风险对应《指引》第十二条至第十六条的重点领域、重点环节、重点人员、海外投资经营合规管理。同时，由于第十二条强调要"结合自身实际"，这些内容以及其他所需的内容可根据企业实际需要加以调整、设定。

3. 合规管理运行风险

这部分内容对应《指引》第四章"合规管理运行"中第十七条至第二十二条的六条内容，包括建立健全合规管理制度、建立风险识别预警机制、加强合规风险应对管理、建立健全合规审查机制、强化违规问责机制、开展合规管理评估六项具体的标准。

4. 合规管理保障风险

这部分风险对应《指引》第五章"合规管理保障"中第二十三条至第二十八条的六条内容，包括加强合规考核评价、合规管理信息化建设、建立专业化高素质管理队伍、重视合规培训、培育合规文化、建立合规报告制度六项内容，每项内容下有更为具体的要求。

上述内容可作为检查清单，逐项核实企业对合规管理要求的执行情况。但这还只是对指引项下的合规管理要求的遵从情况的风险识别，还有大量的管理要求需要另设清单加以风险识别。

(二) 具体事务的风险识别

对于具体事务的管理由于有更为具体、明确的要求，其风险识别较为容易。其风险识别点完全可以来自相关法律的强制性规定。

例如，基于《产品质量法》(2018年)，产品责任风险的识别点清单呈由四个部分组成的树状结构，具体内容如下：

---

① 参见本章第二节之"一、合规管理《指南》中的风险要点"。

表 2-13 产品责任风险识别点清单

类别	风险识别点
1.质量缺陷	1.1 不具备产品应当具备的使用性能而事先未作说明
	1.2 不符合在商品或者其包装上注明采用的产品标准
	1.3 不符合以产品说明、实物样品等方式表明的质量状况
	1.4 质量状况与广告宣传表明的不符
	1.5 包装不合法定要求或无法有效保护产品
2.产品违法	2.1 销售失效、变质产品
	2.2 生产明令淘汰产品、销售明令淘汰并停止销售产品
	2.3 产品不符合保障人体健康和人身、财产安全的国家标准、行业标准
	2.4 无保障人体健康和人身、财产安全的国家标准、行业标准的产品,存在危及人身、财产安全的不合理危险
	2.5 产品未经检验合格
	2.6 产品中掺假,以假充真、以次充好、以不合格品冒充合格品
	2.7 伪造产品产地的,伪造或者冒用他人厂名、厂址的,伪造或者冒用认证标志等质量标志
3.表述不当	3.1 产品无质检合格证明,无中文产品名称、生产厂厂名、厂址
	3.2 未根据产品的特点和使用要求,以中文标明产品规格、等级、主要成分的名称和含量
	3.3 未预先提供资料或在外包装标明消费者需要事先知晓的产品的特点和使用要求
	3.4 限期使用的产品,未在显著位置清晰标明生产日期和安全使用期或者失效日期
	3.5 使用不当容易造成产品本身损坏或者可能危及人身、财产安全的产品,未有警示标志或者中文警示说明
	3.6 易碎、易燃、易爆、有毒、有腐蚀性、有放射性等危险物品以及储运中不能倒置和其他有特殊要求的产品,包装质量不符合相应要求,未依照国家有关规定作出警示标志或者中文警示说明,未标明储运注意事项
	3.7 对不完全具备应当具备的使用性能的产品,未对产品存在使用性能瑕疵作出说明
	3.8 在广告中对产品质量作虚假宣传,欺骗和误导消费者

(续表)

类别	风险识别点
4.服务不当	4.1 未依法或未按约定负责修理、更换、退货或赔偿购买产品的消费者损失
	4.2 因产品存在缺陷造成人身、缺陷产品以外的其他财产损害的,未承担赔偿责任

以上清单仅依据单一的法律要求制作,尚未包括司法解释以及其他层级法律的相关规定,因此仅供参考。

第八节 制度与流程的风险识别

规章制度的风险识别是风险管理中非常重要的工作内容,几乎所有的企业风险都与规章制度缺陷有关。这些存在设计缺陷的规章制度,既不能有效地全面控制风险,又会批量地产生风险。而所有的风险管理解决文案,又无一不是以相关规章制度体系的建成或完善作为工作目标和项目完成的标志。

任何风险解决方案,如果不能将其制度化并在管理活动中遵守,就很难避免同类风险损失的再次发生。因此,规章制度风险在风险管理中举足轻重。

一、指引或标准中的相关表述

以制度规范经营管理行为,是企业达到一定规模、"人治"效用递减之后的唯一选择。唯有以规章制度固化管理要求,才能提高企业的运行效率、降低运行成本,并排除各类因不当行为所带来的风险并让企业有序运行。因此,法律风险管理和合规管理等都强调以规章制度为中心,从根本上应对规则风险。

(一) 风险管理方面的表述

对于规章制度的强调一直没有停过,无论其是发自政府部门还是企业。而随着法律风险管理在中国较早得到政府部门的推行,这类表述首先出现在相关的指引、标准等文件中。

1.《中央企业全面风险管理指引(试行)》中的表述

在2006年颁布的《中央企业全面风险管理指引(试行)》中,大量内容围绕着制度的作用、制度的设立要求等展开。例如:

第六条 本指引所称内部控制系统,指围绕风险管理策略目标,针对企业战略、规划、产品研发、投融资、市场运营、财务、内部审计、法律事务、人力资源、采购、加工制造、销售、物流、质量、安全生产、环境保护等各项业务管理及其重要业务流程，通过执行风险管理基本流程，制定并执行的规章制度、程序和措施。

第七条　企业开展全面风险管理要努力实现以下风险管理总体目标：

……

（四）确保企业有关规章制度和为实现经营目标而采取重大措施的贯彻执行，保障经营管理的有效性，提高经营活动的效率和效果，降低实现经营目标的不确定性；

而在其第三十四条"企业制定内控措施，一般至少包括以下内容"中，更是直接列举了需要建立的九类制度，包括：内控岗位授权制度、内控报告制度、内控批准制度、内控责任制度、内控审计检查制度、内控考核评价制度、重大风险预警制度、以总法律顾问制度为核心的企业法律顾问制度、重要岗位权力制衡制度。

由此可见，在全面风险管理领域，内部控制系统的成果和依托是各类规章制度。唯有制度化，才能将切实可行的风险控制措施固化并落地执行。

2. 推荐性国家标准中的表述

在于2011年颁布、2012年开始实施的推荐性国家标准《企业法律风险管理指南（GB/T 27914-2011）》中，大量涉及制度风险及制度建设。例如：

5.2.3　内部法律风险环境信息

内部法律环境信息是指企业内部与企业法律风险及其管理相关的各种信息，包括但不限于：

……

——企业的主要经营管理流程/活动、部门职能分工等相关信息；

——企业在法律风险管理方面的使命、愿景、价值理念；

——企业法律风险管理工作的目标、职责、相关制度和资源配置情况；

——企业法律事务工作及法律风险管理现状；

5.3.3.2　法律风险可能性分析

对法律风险发生可能性进行分析时，可以考虑但不限于以下因素：

……

——现有法律风险管理体系的完善与执行力度，包括企业内部用以控制相关法律风险的策略、规章、制度的完善程度及执行力度等；

……

6.4　企业法律风险管理的制度流程

企业应根据其法律风险管理的目标,建立完善适当的配套制度和行为规范,确定法律风险管理的工作程序,同时结合企业内部控制管理工作,将法律风险纳入到流程控制中,确保法律风险管理工作切实融入到企业的日常管理工作中,确保法律风险管理在企业内部的统一理解和执行。

3. 其他管理要求中的表述

除了前述内容,建立健全管理相关规章制度的要求几乎遍布各类风险管理指引和作为监管规则的管理办法之中。例如:

原中国银行业监督管理委员会于2016年9月颁布的《银行业金融机构全面风险管理指引》第七条规定:"银行业金融机构应当承担全面风险管理的主体责任,建立全面风险管理制度,保障制度执行,对全面风险管理体系进行自我评估,健全自我约束机制。"

中国银行保险监督管理委员会于2018年5月23日颁布的《商业银行流动性风险管理办法》第三十六条规定:"商业银行应当建立规范的流动性风险报告制度,明确各项流动性风险报告的内容、形式、频率和报送范围,确保董事会、高级管理层和其他管理人员及时了解流动性风险水平及其管理状况。"

(二) 合规管理方面的表述

近年来,随着政府相关部门对于合规管理的提倡,规章制度建设的表述或规定在各类指引或部门规章中均有体现。因内容较多,在此仅举两例。

1.《证券公司和证券投资基金管理公司合规管理办法》中的表述

中国证券业监督管理委员会于2017年6月颁布的该办法第二条对于合规管理的解释,即为制定和执行合规管理制度,其原文为"本办法所称合规管理,是指证券基金经营机构制定和执行合规管理制度,建立合规管理机制,防范合规风险的行为"。其中的"建立合规管理机制",同样需要以规章制度的形式实现。

除此之外,该办法对于制度管理还提出了进一步的要求,即:

第十二条　证券基金经营机构合规负责人应当组织拟定合规管理的基本制度和其他合规管理制度,督导下属各单位实施。

合规管理的基本制度应当明确合规管理的目标、基本原则、机构设置及其职责,违法违规行为及合规风险隐患的报告、处理和责任追究等内容。

2.《中央企业合规管理指引(试行)》中的表述

同样,2018年颁布的该指引也大量提及规章制度建设,而且同样以建立和完善相应的制度作为合规管理的必要手段。

第一,该指引第二条对于合规管理的定义说明,规章制度的制定是合规管理活动的重要组成部分。即"本指引所称合规管理,是指以有效防控合规风险为目的,以企业和员工经营管理行为为对象,开展包括制度制定、风险识别、合规审查、风险应对、责任追究、考核评价、合规培训等有组织、有计划的管理活动"。

第二,在其第二章"合规管理职责"的第十条明确的"法律事务机构或其他相关机构为合规管理牵头部门"中,其管理职责就包括"研究起草合规管理计划、基本制度和具体制度规定"以及"组织开展合规检查与考核,对制度和流程进行合规性评价,督促违规整改和持续改进"。其他的各个管理层级也同样对合规制度负有不同的责任。

第三,在第三章"合规管理重点"中再次强化管理制度要求。例如,第十三条所规定的"加强对以下重点领域的合规管理"中,首先提到"(一)市场交易。完善交易管理制度,严格履行决策批准程序,建立健全自律诚信体系,突出反商业贿赂、反垄断、反不正当竞争,规范资产交易、招投标等活动"。

第四,在第四章"合规管理运行"中,第十七条的表述为"建立健全合规管理制度,制定全员普遍遵守的合规行为规范,针对重点领域制定专项合规管理制度,并根据法律法规变化和监管动态,及时将外部有关合规要求转化为内部规章制度"。而这项工作,几乎囊括了合规项目中的所有文字工作。

因此,合规管理同样以制度建设作为基础、以制度执行为手段。在这一点上,全面风险管理中的内部控制要求与合规管理要求在内容和方法上完全一致。

二、衡量制度风险的尺度

建立制度是为了设立某种所需的秩序,以摆脱事事需要亲力亲为所带来的管理压力和随机性、不稳定性。而大中型企业的制度建立,所要考虑的远不止建立秩序,还要考虑诸多管理问题等并避免制度性的违法或违规。

(一)合法合规的尺度

对于制度风险,最基本的衡量尺度是其合法性和合规性,其中合法性要求更具强制性。尤其是其具有明确的处罚措施的法律要求,更是风险识别的重点。

1. 合法性问题

管理制度的合法性涉及的不仅是实体内容上的合法性,还包括生效程序上的合法性。这一问题对于大中型企业尤其重要,因为其实施制度的规模和力度通常更大,因而违法风险更大、风险损失更严重。

制度的合法性问题在各个法律领域都存在,以劳动法领域最为典型,而且同时涉及实体上和程序上的合法性问题。

(1) 内容合法性

在实体内容方面,规章制度违反法律强制性规定即有可能承担民事赔偿责任、行政责任,情节严重还可能承担刑事责任。这类内容涉及面比较广泛,比如工作时间和休息休假的规定、最低工资保障的规定,以及劳动安全卫生保障、妇女职工和未成年职工保护、社会保险和福利等规定。违反这类规定,就会面临《劳动合同法》(2012年)第七章"法律责任"中规定的赔偿损失、行政处罚以及责任人员刑事责任的法律风险。

例如,对于试用期问题,《劳动合同法》(2012年)第十九条规定:

> 劳动合同期限三个月以上不满一年的,试用期不得超过一个月;劳动合同期限一年以上不满三年的,试用期不得超过二个月;三年以上固定期限和无固定期限的劳动合同,试用期不得超过六个月。
>
> 同一用人单位与同一劳动者只能约定一次试用期。
>
> 以完成一定工作任务为期限的劳动合同或者劳动合同期限不满三个月的,不得约定试用期。
>
> 试用期包含在劳动合同期限内。劳动合同仅约定试用期的,试用期不成立,该期限为劳动合同期限。

同时该法第八十三条规定:"用人单位违反本法规定与劳动者约定试用期的,由劳动行政部门责令改正;违法约定的试用期已经履行的,由用人单位以劳动者试用期满月工资为标准,按已经履行的超过法定试用期的期间向劳动者支付赔偿金。"

为制止规章制度内容上的违法行为,《劳动法》(2018年)第八十九条更是明确规定:"用人单位制定的劳动规章制度违反法律、法规规定的,由劳动行政部门给予警告,责令改正;对劳动者造成损害的,应当承担赔偿责任。"而《劳动合同法》(2012年)第三十八条也规定,"用人单位的规章制度违反法律、法规的规定,损害劳动者权益的","劳动者可以解除劳动合同"。

(2) 效力合法性

在生效程序方面,企业制定的规章制度无论是制定过程还是生效过程均应符合法律规定,否则存在效力问题。为此,《劳动法》(2018年)第四条规定:

> 用人单位应当依法建立和完善劳动规章制度,保障劳动者享有劳动权利、履行劳动义务。
>
> 用人单位在制定、修改或者决定有关劳动报酬、工作时间、休息休假、劳动安全卫生、保险福利、职工培训、劳动纪律以及劳动定额管理等直接涉及劳动者切身利益的规章制度或者重大事项时,应当经职工代表大会或者全体职工

讨论,提出方案和意见,与工会或者职工代表平等协商确定。

在规章制度和重大事项决定实施过程中,工会或者职工认为不适当的,有权向用人单位提出,通过协商予以修改完善。

用人单位应当将直接涉及劳动者切身利益的规章制度和重大事项决定公示,或者告知劳动者。

与之相对应,最高人民法院《关于审理劳动争议案件适用法律问题的解释(一)》(2021年)第五十条也规定:"用人单位根据劳动合同法第四条规定,通过民主程序制定的规章制度,不违反国家法律、行政法规及政策规定,并已向劳动者公示的,可以作为确定双方权利义务的依据。"由此可见,必须内容合法、程序合法、公示告知方为合法有效的管理制度。

对此,最高人民法院在该司法解释的第五十条第二款还规定:"用人单位制定的内部规章制度与集体合同或者劳动合同约定的内容不一致,劳动者请求优先适用合同约定的,人民法院应予支持。"

由此可见,在规章制度的制定过程中,其内容、生效程序均需经过合法性审查以确保其合法性。尤其是许多规章制度都涉及劳动者权益,必须经过合法程序并告知劳动者,才合法有效。

2. 合规性问题

这里所说的合规性是指确保规章制度符合法律规则以外的其他规则,也就是除法律风险以外的其他合规风险。这方面涉及的规则较多,正如《中央企业合规管理指引(试行)》(2018年)第二条中对于合规管理的定义那样,包括了"监管规定、行业准则和企业章程、规章制度以及国际条约、规则等要求"。除"监管规定"可理解为行业主管部门的部门规章、"国际条约"可列为法律要求外,"行业准则和企业章程、规章制度"是比较典型的合规规则。企业行为与这些规则不符,即为不合规的情形。

但企业章程、规章制度唯有以具体企业为样本才能展开,在此只能围绕《中央企业合规管理指引(试行)》(2018年)加以讨论。由于指引本身也是一种合规要求,与这些要求不符也是一种违规。

首先,该指引第四条要求的"中央企业应当按照以下原则加快建立健全合规管理体系"中,除了第四项"客观独立"原则外,其他均与规章制度建设有关。具体为:

(一)全面覆盖。坚持将合规要求覆盖各业务领域、各部门、各级子企业和分支机构、全体员工,贯穿决策、执行、监督全流程。

(二)强化责任。把加强合规管理作为企业主要负责人履行推进法治建设第一责任人职责的重要内容。建立全员合规责任制,明确管理人员和各岗位员工的合规责任并督促有效落实。

（三）协同联动。推动合规管理与法律风险防范、监察、审计、内控、风险管理等工作相统筹、相衔接，确保合规管理体系有效运行。

其次，该指引第十四条所表述的"加强对以下重点环节的合规管理"，除执行层面的第三项"生产运营环节"、第四项的"其他需要重点关注的环节"外，都只能以制度建设的方式完成，具体为：

（一）制度制定环节。强化对规章制度、改革方案等重要文件的合规审查，确保符合法律法规、监管规定等要求；

（二）经营决策环节。严格落实"三重一大"决策制度，细化各层级决策事项和权限，加强对决策事项的合规论证把关，保障决策依法合规；

最后是该指引的第十七条，直接规定："建立健全合规管理制度，制定全员普遍遵守的合规行为规范，针对重点领域制定专项合规管理制度，并根据法律法规变化和监管动态，及时将外部有关合规要求转化为内部规章制度。"

除此之外，某些政府部门在地方政府规章以外自行制定的规范性文件，如果涉及企业的生产经营也同样需要作为合规规则。因为这些文件是各行政主管部门行政审批、行政执法的依据，直接影响到企业运营。

(二) 辅助的衡量尺度

除了合法性、合规性，其他方面的风险识别可带给企业更多价值，也使管理措施更具实用性。这些内容基本上是推荐性或倡议性的，与合法性、合规性的关系也较远，但对于提高风险管理水平和管理措施的落地执行更有帮助。

1. 明确性问题

以微观的标准衡量，规章制度所涉及的规则、章程、规程、准则等，均必须有明确的行为准则、行为主体、行为程序、行为内容、行为标准、行为时限，既要让人能够明白、确定地理解，又能清晰、准确地判断相关行为是否已经实施、是否符合要求。规章制度的模棱两可不足以设立明确的行为界限和判断标准，也就无法实现管理目标。

对于规章制度明确性的要求，《中央企业全面风险管理指引（试行）》（2018年）有大量提及。其中包括对风险定义、风险承受度的明确等。尤其是在第三十四条提出的"企业制定内控措施，一般至少包括以下内容"中，九项措施中的六项提出了明确性的要求。《中央企业合规管理指引（试行）》（2018年）对此也有多处提及。

规章制度的明确性是基于制度的精细化和表述的精确化。当前，企业规章制度的常见问题，便是由于精细化和精确化的不足而导致只有笼统、原则性的要求，或是令人无法准确理解需要完成的工作以及质量标准，从而导致无法判断行为是否符合规章制度要求,也就无从对违规行为进行处罚,导致制度的有效性降低。

例如,合同管理制度需要关注一系列的细节才能有效地防范合同的文本、签订、履行中的风险。但就七家中央企业的合同管理制度的横向比较实证研究来看,管理制度不但质量差异大而且均存在不同程度的缺陷,如部门责任不明确、部门分工不明确、应有事项未列明等。

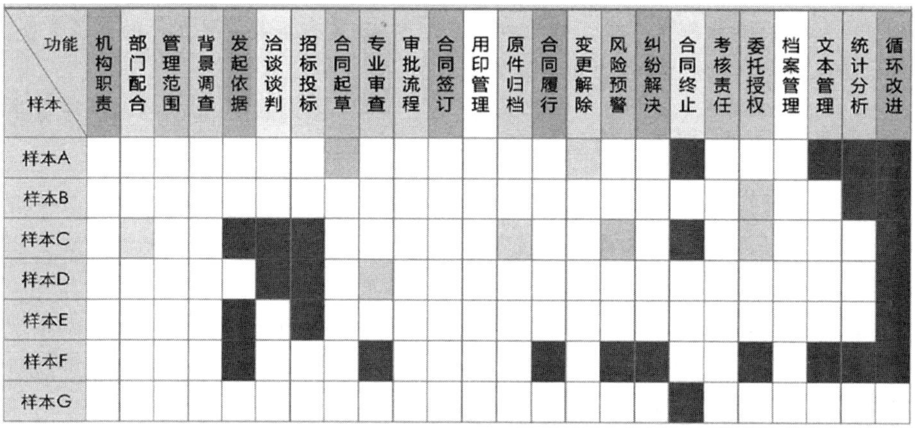

图 2-5　七份《合同管理制度》样本的功能缺陷比较图 1①

因此,识别规章制度明确性方面的风险虽非严格意义上的法律风险或合规风险,但可以被当作"合规管理风险",而且这类识别对改进合规管理大有帮助。

2. 系统性问题

规章制度的系统性问题分为不同的层次。包括规章制度体系覆盖企业经营管理的各个方面、具体的规章制度覆盖管理领域的各个方面、规章制度之间对相关事务的规定彼此协调一致、具体的管控措施细分对应不同情形的处理办法等。应该说,管理事项的缺失和管理规定相冲突,都是系统性问题的标志。而对于规章制度的系统性风险,也正是从这四个层面进行识别。

理想状况下,规章制度应当如《中央企业合规管理指引(试行)》(2018 年)第四条所提倡的那样"全面覆盖",即"坚持将合规要求覆盖各业务领域、各部门、各级子企业和分支机构、全体员工,贯穿决策、执行、监督全流程"。但事实上,这一要求只能在较为笼统的程度上做到,即使是那些实施过管理咨询项目的企业,也会由于资源投入量问题和需求迫切性等原因难以真正实现"全覆盖"。制度化管理程度低的企业,甚至也未能从制度上对已经出现过的严重问题亡羊补牢。

---

① 图中黑色部分表示存在内容缺失。

对于系统性风险的识别,最基本的方法是比对。首先是将规章制度现有的功能与应有的功能加以比对,发现其覆盖面上的缺陷、内部相互冲突或表述不一致等缺陷。然后是横向比对,发现规章制度间的匹配性缺陷,包括对规章制度"结合部"的覆盖状况以及相互间的冲突等。其根本目的就是防止因系统性问题而导致的功能缺陷,避免导致风险损失。

前图提及的不同企业合同管理制度的功能缺陷,就是通过不同样本的横向比较,将应有条款汇总成"最佳阵容",再与各企业的合同管理制度比较,从而一目了然的。

3. 效率性问题

所谓效率性问题,是指规章制度与企业经营管理效率的相互关系问题。从微观角度看,在经营管理活动中加上风险控制或合规管理的环节,无疑会降低具体环节上的工作效率、增加管理成本。而从宏观角度来看,将成熟、科学的工作程序及工作内容标准化,可以大大提高工作的正确率并降低因失误等造成的物质、时间等损失,以"整体最优"的方式提高总体上的工作效率。

因此,从效率性的角度审视规章制度的建立健全,其重点是如何在效率与安全之间保持平衡,考虑是否能以化繁为简的方式抵消增加风险管理措施所带来的工作量增加、工作效率降低等后果,"多快好省"地完成工作、实现目标。其具体做法大致分为四类:

一是尽可能将各类处理方式成熟的常规事务及少量非常规事务的处理标准化,节约管理资源用于完善系统;

二是树立"零缺陷"的理念,在标准化、目标导向的基础之上尽可能使各项工作一次性正确地完成,提高工作任务流转环节上的配合效率;

三是在充分论证的基础上尽可能减少不必要的管理环节和管理活动,降低不必要的管理消耗、物质消耗和时间消耗;

四是最大程度地利用信息化管理软件等现代办公手段提高信息共享水平、提高工作效率。

识别效率性风险同样并非符合常规合规管理的要求,《中央企业全面风险管理指引》也只有第三十三条提及"企业制定风险解决的内控方案,应满足合规的要求,坚持经营战略与风险策略一致、风险控制与运营效率及效果相平衡的原则"。但从实际工作效果来看,只有投入而没有收益的管理行为在企业里不受欢迎,减轻企业的管理压力、减轻管理者的工作压力,才是正确的合规管理解决之道。

4. 科学性问题

科学性问题大致分为两个方面:一是规章制度设计的科学性,二是信息管理系统的科学性。对此,《中央企业全面风险管理指引(试行)》(2006年)表述得非常具体:

第四十一条 企业可聘请有资质、信誉好、风险管理专业能力强的中介机构对企业全面风险管理工作进行评价,出具风险管理评估和建议专项报告。报告一般应包括以下几方面的实施情况、存在缺陷和改进建议:

(一)风险管理基本流程与风险管理策略;

(二)企业重大风险、重大事件和重要管理及业务流程的风险管理及内部控制系统的建设;

(三)风险管理组织体系与信息系统;

(四)全面风险管理总体目标。

而该指引的第八章"风险管理信息系统"更是明确了信息技术的运用:

第五十三条 企业应将信息技术应用于风险管理的各项工作,建立涵盖风险管理基本流程和内部控制系统各环节的风险管理信息系统,包括信息的采集、存储、加工、分析、测试、传递、报告、披露等。

同样,《中央企业合规管理指引(试行)》(2018年)也强化了信息化手段的运用:

第二十四条 强化合规管理信息化建设,通过信息化手段优化管理流程,记录和保存相关信息。运用大数据等工具,加强对经营管理行为依法合规情况的实时在线监控和风险分析,实现信息集成与共享。

正因如此,对于科学性的要求既是衡量规章制度水平的尺度,也是各类风险管理的要求。是否符合相关要求,本身就可以作为一类风险加以识别。

通过以上讨论可知,虽然理论上只要不与法律法规及涉及人身财产安全的技术标准等强制性规范冲突,且内容及生效符合法律要求,规章制度的安全性就足以得到保障。但是事实上,许多既合法又合规的规章制度却同样存在着重大风险并足以导致重大损失,因此风险评估不能仅在法律和合规两个视野里进行。

三、制度体系的流程风险识别

流程管理是20世纪末在全球范围内兴起的管理理念。它注重实现管理目标的过程、顺序和每个过程的内容,并通过流程的识别、分析和优化提高工作效率、保障工作质量、降低工作成本,还可以反向通过流程分析的方式发现许多通过其他方式难以发现的问题。

广义上的规章制度包括了流程,但流程由于在体现形式和使用方式上与以文字表述为主的规章制度差异较大,常被与规章制度同等对待。

(一)关于流程的相关理论

流程管理是非常重要的现代管理手段,流程图能以直观、形象、简洁的图体现工作事项的内容及任务的流转,远比单纯文字表述的规章制度更受欢迎,甚至理解和使用流程图的水平代表了企业的管理水平。

但即使到了目前阶段,许多企业仍旧缺乏流程管理的概念,且仍在以文字表述更适合用流程图表述的管理内容,流程图既不规范又未被广泛应用,往往仅作为管理制度中的示意图。

1. 对流程的解读

"流程"的英文为"Flow Process",也译作"过程"。在大多情况下,可以将其理解成为了实现某一目标,通过投入某种资源而实施的一系列活动的过程。在 ISO 9000 质量管理体系标准中,"流程"被解释为一组将输入转化为输出的相互关联或相互作用的活动。这一解释虽然抽象,但是反映了管理的本质。

从内涵及要素来看,流程是为了实现某个目标而动态实施的一系列行为。这些行为涉及资源的投入、行为顺序、行为层次以及子系统之间的串联、并联、反馈等相互关系。而从总体上看,所有事物或行为中都存在着流程,这是事物发生、发展中普遍的内在规律。只要有了明确的输入要求及明确的输出目标,实现的过程也是流程。

2. 对流程图的解读

流程图是对流程管理解决文案的物化。企业生产经营过程越复杂就越需要由不同专业、职责的人共同完成工作,尤其是跨职位、跨部门地完成。如果希望在保障工作质量的前提下提高工作效率,就必须将需要协作的事项及分工、顺序加以固化,于是便形成了流程。将流程以标准化的图形加以表示并辅以文字说明时,便出现了流程图。

在规则风险管理领域中,比较常见的流程分为业务、管理两大类,包括了各种审批流程、操作流程。即使没有书面流程的企业,也往往存在习惯性的未成文流程。尽管流程图的绘制方法并不统一,但以下几种符号已经成为基本的共识:

流程符号	图形名称	所示功能
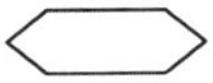 ⬡	六角形	表示准备作业,一般用于流程的开始
 →	箭头线	代表流程运行的方向和起始,可以是折线
 ▭	长方形	表示活动事项,常用于注明工作事项或要求
 ◇	菱 形	代表决策事项,常分出"是""否"两个流程
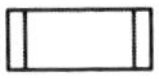 ▯	子流程	代表某事项进入另一流程
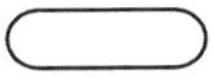 ⬭	椭圆形	表示流程的开始或结束

图 2-6 流程图常用符号

3. 对流程管理的解读

流程管理（Process Management）的理念伴随着管理学产生和发展。早期的流水线作业是初始阶段的流程管理，20世纪60年代日本质量管理方面的突飞猛进代表着流程管理的精细化。到了20世纪90年代，以业务流程再造和流程管理理论为代表的深度发展，有力地提升了组织的运行绩效。现代企业管理已离不开流程管理。

从目前企业的实际情况来看，流程管理已越来越受重视，流程图的应用也越来越广泛。但由于流程图中的工作事项即使配有说明信息量也偏少，因此还不能完全取代企业的文字型规章制度，二者相互补充才能充分发挥各自的作用。其中，其他规章制度侧重于建立基本秩序，而流程图则侧重于描述多部门配合时的分工及工作顺序以及针对不同情形的不同处理方式。

(二) 流程类风险的识别

同其他规章制度风险一样，流程缺陷也包括了合法性、合规性问题以及明确性、系统性、效率性、科学性等问题。

1. 合法性风险的识别

合法性风险主要存在于两个方面：一是流程违反了法律上的规定；二是对流程未设置法律风险管理措施。两种情况的共同原因是大多企业在经济活动中想当然地办事，只注意了交易中的商务性、技术性和财务性条款却忽视了专业性的法律问题，也可以说是企业的法律风险管理理念和法律资源配置理念出现了问题。

例如，某些企业的合同管理流程不加区分地将签订后的合同移交执行部门履行。这在一般情况下没有问题，尤其是对流通物的经常性买卖而言。但对于某些特殊合同或有特殊约定的合同，双方签署完成未必等于生效。要解决这一问题，要么增加生效审查流程、要么细化履行管理。《民法典》(2021年)的相关规定分别为：

> 第五百零二条　依法成立的合同，自成立时生效，但是法律另有规定或者当事人另有约定的除外。
> 依照法律、行政法规的规定，合同应当办理批准等手续的，依照其规定。未办理批准等手续影响合同生效的，不影响合同中履行报批等义务条款以及相关条款的效力。应当办理申请批准等手续的当事人未履行义务的，对方可以请求其承担违反该义务的责任。
> 依照法律、行政法规的规定，合同的变更、转让、解除等情形应当办理批准等手续的，适用前款规定。
> 第一百五十八条　民事法律行为可以附条件，但是根据其性质不得附条件的除外。附生效条件的民事法律行为，自条件成就时生效。附解除条件的

民事法律行为,自条件成就时失效。

第一百六十条 民事法律行为可以附期限,但是根据其性质不得附期限的除外。附生效期限的民事法律行为,自期限届至时生效。附终止期限的民事法律行为,自期限届满时失效。

而后一种情况的出现主要是由于对法律风险控制的认识不足。流程本身并无违反法律的问题,但由于流程中缺乏法律风险控制手段,因而在执行环节容易导致法律风险失控。

例如,某管理水平较高的企业在广告发布管理方面设有清晰、完整的流程,但只关注了策划方案、设计制作质量的考核,却根本没有针对广告内容的合法性、发布方式的合法性等加以审核,并引发了虚假广告、侵犯知情权之类的投诉。

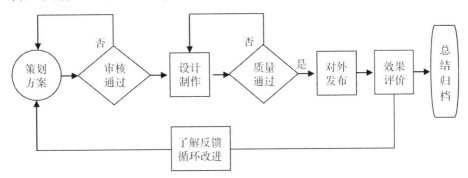

图 2-7 缺失法律风险控制环节的广告发布流程图

广告所涉及的法律规范非常之多。从最高层面的国家法律到最为基层的地方政府规章都有针对广告内容、发布方式等方面的强制性规定,而且不同类别的广告有时还会涉及广告法以外的法律规定。

例如,除须符合广告类的法律规定外,房地产广告须符合《房地产广告发布规定》、医疗广告须符合《医疗广告管理办法》(2006 年)等。而且广告本身还涉及用语是否违法、使用的图片是否侵犯他人知识产权、使用肖像有无经过授权等,只从商务角度审查合同存在着极大的风险。

但按现行《中华人民共和国广告法》(2018 年,以下简称《广告法》)第四十六条的规定,发布广告前提交审查即可,即"发布医疗、药品、医疗器械、农药、兽药和保健食品广告,以及法律、行政法规规定应当进行审查的其他广告,应当在发布前由有关部门(以下称广告审查机关)对广告内容进行审查;未经审查,不得发布"。

2. 合规性风险的识别

合规性审查除了审查合法性之外,还审查法律规则之外的监管要求、规章制度等其他规则的遵从性。这些"其他规则",最主要的是上级公司及本企业的相关管理制度以及政府主管部门在法律以外的其他规定。

合法性审查后的"合法不合规"现象,作为一种合规风险在实务中并不罕见。其中最为典型的是某些集团企业为了管控风险,对下属企业提出了超出法律允许范围的要求。例如,按照《民法典》(2021年)第四百六十四条的规定,"合同是民事主体之间设立、变更、终止民事法律关系的协议"。因而合法的合同主体可以是法人也可以是其他组织、自然人,但许多公司的合同管理规定,严格地限定下属企业只能与法人签订合同,因而与自然人、其他组织交易均属违规,大大缩小了交易主体范围。

政府主管部门对于企业的要求,也是合规性审查的重点。例如,国务院国有资产监督管理委员会对于中央企业的"三重一大"要求,即"重大事项决策、重要干部任免、重要项目安排、大额度资金的使用,必须经集体讨论作出决定",已成为中央企业必须执行的合规制度。而且该要求已经被写入了《中央企业合规管理指引(试行)》(2018年)第十四条列举的"加强对以下重点环节的合规管理",即"(二)经营决策环节。严格落实'三重一大'决策制度,细化各层级决策事项和权限,加强对决策事项的合规论证把关,保障决策依法合规"。

另外一种合规管理风险则更为普遍,主要与规章制度的系统性、明确性有关。许多企业已经将风险管理措施嵌入经营管理环节,但由于细节不清、职责不明,使得相关管控措施仍旧处于较低水平,管控是否到位全凭相关管理人员的主观判断。这种管理模式之下,风险并未被有效管控反而被表面的管控措施所隐藏。

例如,某些法律风险管理能力薄弱的企业会采用以下合同管理流程:

图 2-8　简单、粗放型合同管理流程图

这一流程简单、粗放到没有细节,以至于无论哪一个环节的员工都并不清楚自己的工作内容、判断标准,因而这一流程完全流于形式。而管理规范的企业,已经能够以检查清单的方式,分别规定部门审核、法务审查、经理审批的检查项、判断标准,使流程管理落实到位、起到实效。

对此,《中央企业合规管理指引(试行)》(2018年)第二十二条特别强调管理措施的有效性,即"开展合规管理评估,定期对合规管理体系的有效性进行分析,对重大或反复出现的合规风险和违规问题,深入查找根源,完善相关制度,堵塞管理漏洞,强化过程管控,持续改进提升"。

3. 其他流程风险的识别

企业初始的管理流程、业务流程等往往以工作质量和工作效率为主，因此除了合法、合规方面的不足，大多还存在着流程体系未完全覆盖经常性的事务处理，以及体系和各流程的明确性、系统性、科学性、效率性等问题，流程图的绘制也十分随意。许多企业甚至连经常性发生的合同管理及劳动合同的签订、变更、延续、解除等事务，都未能实现成熟的流程管理。这些缺陷的识别均与制度风险的识别方式相同。

尤其需要强调的是，流程分析本身也是一种行之有效的缺陷识别方法。2010年由原中国保险业监督管理委员会颁布的《人身保险公司全面风险管理实施指引》在其附则中将流程图列为风险识别方法之首，并将其解释为"指将公司的各项经营活动按照其内在的逻辑联系建立一系列的流程图，针对流程图中的每一个环节逐一进行调查、研究和分析，从中发现潜在风险的一种风险识别方法"。

许多企业并没有书面的流程图，但可以从其规章制度及实际操作中分析出事实上存在的流程，并进而识别其流程缺陷。流程是一种客观存在，虽然一些企业没有正式的书面流程图甚至毫无流程的概念，但是那些基于制度或约定俗成而形成的办事程序也是事实上的流程。但这样的流程存在着极大的随意性并因此缺乏可执行性，本身也是一种缺陷，必须经过固化、书面化、制度化才能起到规章制度的应有作用。

总之，法律风险、合规风险、合规管理风险的风险识别，都摆脱了依照规则"按图索骥"的方法，先将可能出现的不利后果定义为风险，然后再分析其风险来源、产生原因、后果及严重程度等。因此，风险识别需要通过学习、交流、咨询来开阔视野，以具备辨识风险的"慧眼"。

第九节　风险清单的确定

通过不同维度的风险识别，尽职调查资料中的各类风险得以显现。为便于看清风险的全貌和后续工作中的资料调用，这些识别出的风险点需要整理成风险清单，作为设定管理目标、设计解决文案的依据。

风险清单可以是风险识别阶段的工作成果，但更多的情况下是出现于风险评估完成后提交的风险评估报告中。

一、风险清单的内容要求

风险清单在内容方面并没有统一的标准。法律风险管理、合规管理各有不同的推荐性清单样本,但实施项目的企业往往会有自己的需求。

(一)法律风险管理的风险清单

在法律风险管理方面,由国家标准化管理委员会于2012年2月发布的《企业法律风险管理指南(GB/T 27914-2011)》对于法律风险识别、法律风险清单的制作都有推荐性的建议,企业可以酌情各取所需。

作为推荐性标准,该指南言明"本标准在GB/T 24353-2009《风险管理 原则与实施指南》的指导下,结合我国企业法律风险管理的实践经验编制而成"。而且本标准是通用指南,不作为行业性专用标准使用,企业应根据行业特点,结合自身情况和实际需要应用本标准实施法律风险管理。

1. 法律风险识别框架

对于法律风险识别,该指南提出了"法律风险识别框架"的概念,实际上是列举了供参考的法律风险识别的可选角度。具体表述如下:

5.3.2 法律风险识别

5.3.2.1 概述

法律风险的识别,首先是查找企业各业务单元、各项重要经营活动、重要业务流程中存在的法律风险,然后对查找出的法律风险进行描述、分类,对其原因、影响范围、潜在的后果等进行分析归纳,最终生成企业的法律风险清单。

……

5.3.2.2 构建法律风险识别框架

为保证法律风险识别的全面性、准确性和系统性,企业应构建符合自身经营管理需求的法律风险识别框架,该框架提供若干识别法律风险的角度,包括但不限于以下方面:

——根据企业主要的经营管理活动识别,即通过对企业主要的经营管理活动(如生产活动、市场营销、物资采购、对外投资、人力资源管理、财务管理等)的梳理,发现每一项经营管理活动可能存在的法律风险。

——根据企业组织机构设置识别,即通过对企业各业务管理职能部门/岗位的业务管理范围和工作职责的梳理,发现各机构内可能存在的法律风险。

——根据利益相关者识别,即通过对企业的利益相关者(如股东、董事、监事、高级管理人员、一般员工、顾客、供应商、债权人、社区、政府等)的梳理,发现与每一利益相关者相关的法律风险。

——根据引发法律风险的原因识别,即通过对法律环境、违规、违约、侵权、怠于行使权利、行为不当等引发法律风险原因的识别,发现企业存在的法律风险。

——根据法律风险发生后承担的责任梳理,即通过对刑事、行政、民事等法律责任的梳理,发现不同责任下企业存在的法律风险。

——根据法律领域识别,即通过对不同的法律领域(如合同、知识产权、招投标、劳动用工、税务、诉讼仲裁等)的梳理,发现不同领域内存在的法律风险。

——根据法律法规识别,即通过对与企业相关的法律法规的梳理,发现不同法律法规中存在的法律风险。

——根据以往发生的案例识别,即通过对本企业或本行业发生的案例的梳理,发现企业存在的法律风险。

企业可以根据自身的不同需要,选择以上不同的角度或组合,构建法律风险识别框架。

2. 法律风险的识别方法

在操作方法层面,该指南提出了法律风险的识别、命名、编号的建议,以及法律风险清单中的内容可选项。但这一过程工作量较大,企业自行操作时往往只能简化后使用。具体表述为:

5.3.2.3　查找法律风险事件

根据构建的法律风险识别框架,可采用问卷调查、访谈调研、头脑风暴法、德尔菲法、检查表法等方法查找法律风险事件。

......

5.3.2.4　形成法律风险清单

对查找出的法律风险事件进行归类,确定法律风险,并对每个法律风险设置相应的编号和名称。然后将这些法律风险事件及法律风险统一列表,并列示每一法律风险事件及法律风险适用的法律法规可能产生的法律后果、相关的案例、法律分析意见及其涉及的业务单元和部门、经营管理流程等信息,形成企业的法律风险清单……

3. 示例中的框架和清单

除了文字说明,该指南还以两个附件的形式给出了不同的示例并提供了简要的说明,可供实际工作中参考。

(1)附录 A 的风险识别框架示例

对于风险识别框架示例,附录中的相关解释为:

法律风险的识别框架可以从"引发法律风险的原因"和"企业主要经营管理活动"两个角度来构建。引发企业法律风险的原因,可分为法律环境、违规行为、违约行为、侵权行为、不当行为和怠于行使权利六种。

具体如表 A.1 所示:

表 2-14 法律风险识别框架示例表

经营活动	引发原因					
	法律环境	违规行为	违约行为	侵权行为	不当行为	怠于行使权利
经营管理活动 1						
经营管理活动 2						
经营管理活动 3						
……						

由于对六种引发原因未加说明,因此各原因之间的界限并不清晰。根据原因的性质及实际工作中的理解,实际运用中可按如下标准区分:

法律环境:可定义为"违法行为",即作为或不作为违反法律法规、司法解释、强制性国家标准等法律强制性规定的行为;

违规行为:可定义为除违法行为以外,违反社会组织章程、公司章程、规章制度等规则的行为;

违约行为:即违反合法有效的合同、对外承诺,未履行相关义务的行为;

侵权行为:违反法律规定侵犯他人合法权益的各种行为;

不当行为:指前述行为以外,并未违反各类行为准则但会受到道义或道德指责或造成声誉损失的行为;

怠于行使权利:等同于本书所定义的"单方权益丧失",因未能按时、按要求行使权利而导致不涉及其他方的自身利益损失。

(2)附录 B 的法律风险清单示例

按照文字说明,法律风险清单可以划分为三个信息区:

基础信息区,用于风险行为分类及代码设定;

法律信息区,用于描述判断风险的法律依据及法律后果;

管理信息区,锁定所涉企业部门、外部主体、经营管理活动或流程等。

表 2-15 法律风险清单示例表

基础信息区			法律信息区					管理信息区		
风险代码	风险名称	行为代码	引发法律风险的行为	涉及的法律法规	涉及的法条	引发的法律责任和后果	案例	法律建议	涉及的部门	涉及的法律主体	涉及的业务/管理活动

(续表)

基础信息区				法律信息区					管理信息区		
×××	×××	×××	×××	×××	×××	×××	×××	×××	×××	×××	×××
		×××	×××								
		×××	×××								
×××	×××	×××	×××	×××	×××	×××	×××	×××	×××	×××	×××
		×××	×××								
		×××	×××								
×××	×××	×××	×××	×××	×××	×××	×××	×××	×××	×××	×××
		×××	×××								
……	……	……	……	……	……	……	……	……	……	……	……

从内容上看,这张清单示例包含的项目已经足够详细、实用。但编制清单乃至填表都需要耗费精力,因此更适合大型企业集团的长期使用。

(二) 管理会计应用指引中的清单

2018年12月,为了促进企业加强会计工作管理、提升内部管理水平,财政部根据《管理会计基本指引》印发了《管理会计应用指引第702号——风险清单》。虽然只是一个狭窄的风险管理领域,但是该文所附的示范清单仍足以为清单的制作提供参考。

1. 风险清单的适用

在第一章"总则"部分的第一条,有如下定义:"风险清单,是指企业根据自身战略、业务特点和风险管理要求,以表单形式进行风险识别、风险分析、风险应对措施、风险报告和沟通等管理活动的工具方法。"因此,该清单具有综合使用功能而不仅限于风险识别。

在该文的第七条,对于风险清单的层级有着如下规定:

> 企业一般按企业整体和部门两个层级编制风险清单。企业整体风险清单的编制一般按照构建风险清单基本框架、识别风险、分析风险、制定重大风险应对措施等程序进行;部门风险清单的编制可根据企业整体风险清单,梳理出与本部门相关的重大风险,依照上述流程进行。

中小企业编制风险清单,也可不区分企业整体和部门。

在该文的第八条,还规定了对风险清单基本框架的要求,即:

企业风险清单基本框架(见附录)一般包括风险识别、风险分析、风险应对三部分。风险识别部分主要包括风险类别、风险描述、关键风险指标等要素;风险分析部分主要包括可能产生的后果、关键影响因素、风险责任主体(以下简称"责任主体")、风险发生可能性、风险后果严重程度、风险重要性等级等要素;风险应对部分主要包括风险应对措施等要素。企业构建风险清单基本框架时,可根据管理需要,对风险识别、风险分析、风险应对中的要素进行调整。

2. 两级风险清单

该文附件中的两个示范用的清单内容相差无几,只是整体风险清单的左侧用于列举整个企业存在的风险类别以描述整体性风险,而部门风险清单的左侧用于列举该部门业务的类别以描述各个业务的具体风险。这种表述方式在实际工作中也经常用到,但往往需要更多的文字。

表 2-16 企业整体风险清单

风险识别						风险分析						风险应对
风险类别					风险描述	关键风险指标	可能产生的后果	关键影响因素	风险责任主体	风险发生可能性	风险后果严重程度	风险重要性等级	风险应对措施
一级风险		二级风险		……									
编号	名称	编号	名称	编号	名称								
1	战略风险	1.1											
		1.2											
		…											
2	劳动风险	2.1											
		2.2											
		…											
3	财务风险	3.1											
		3.2											
		…											
……													

表 2-17 部门风险清单

风险识别						风险分析						风险应对
风险类别				风险描述	关键风险指标	关键影响因素	可能产生的后果	风险责任主体	风险发生可能性	风险后果严重程度	风险重要性等级	风险应对措施
一级风险		二级风险										
编号	名称	编号	名称									
1	业务1	1.1	流程1									
		1.2	流程2									
		...	……									
2	业务2	2.1										
		2.2										
		...										
3	业务3	3.1										
		3.2										
		...										
	……											

3. 督查的主要内容

重点督查"三重一大"制度是否建立、决策方式是否明确、权限是否清楚、程序是否规范、执行是否严格有效、监督是否有力、违规是否纠正等内容。具体督查以下三个方面：

（1）"三重一大"制度的建立情况。

①"三重一大"制度是否建立；

②"三重一大"制度规定的决策范围、事项和权限（包括资金额度）界定是否恰当和清楚；

③决策程序是否规范，各参与决策的主体是否进入程序，决策方式是否明确；

④决策责任是否落实到人；

⑤"三重一大"制度是否便于操作；

⑥"三重一大"制度是否存在重大遗漏。

（2）"三重一大"制度的执行情况。

①决策前是否按规定进行相应酝酿、讨论、论证、研究和方案比较；

②决策时是否充分发扬民主，按规定程序和方式形成决策；

③决策过程有无记录，记录是否完整；

④决策有无重大失误，有无决策后的评价制度及纠错机制；

⑤执行"三重一大"制度是否一贯坚持,并规范操作。
（3）"三重一大"制度的监督情况。
①"三重一大"制度有无相关的监督规定;
②监督过程是否能保证有效制约;
③监督结果是否能落实责任追究。

二、风险清单的设计制作

风险清单的内容、形式主要取决于企业的需求。管理规范、人员素质高的大型企业往往要求尽可能详细、透彻,因为他们有足够的信心实施风险管理。而对于管理基础相对较弱的企业,他们只希望清单"看得懂、做得到"。因而清单列举的风险点数量,从简单列举的十几个到分门别类的数百、上千不等。

(一) 制作风险清单的原则

风险清单的内容也取决于制作目标。仅在一次性的项目中使用则无需太复杂的清单;用于建立风险数据库并长期反复使用的,则需要精益求精。但两者之间有一些技术方法可以共用。

1. 体系完整

体系的完整性,是指以系统的方法进行风险识别,通过横向举一反三、纵向环环相扣的方式,使得对风险点、风险起因的排查层级清晰、没有遗漏。

由于规则都存在一定的体系性,每个风险点的形成往往也有多种可能,将所有可能性穷尽才可能避免风险防控体系出现漏洞。为此,需要借用从归纳到演绎的逻辑方法,以推导的方式排查漏洞。

2. 结论严谨

结论的严谨性,是指以专业的审慎态度对待根据原始资料识别风险点以及将风险点和结论写入清单的过程。务必在从调查资料中识别风险时没有遗漏,在将风险点和结论写入清单时证据充分、依据充足。

为此需要在识别风险、得出结论的过程中仔细推敲证据与结论、结论与依据的对应关系,以使清单中的内容和结论毋庸置疑。

3. 适应企业

适应企业,是指将风险清单作为风险管理的一部分,与企业的规章制度水平、管理水平、信息化水平、管理人员素质等基本相适应。这是理想状态与现实条件之间的平衡,过于理想化的质量水平如果超出了企业的接受能力,会严重影响实施效果。

为此,一般做法是将质量标准定位于企业能够理解、略有难度的水平,企业可接受且通过努力完全能够实现。过分高于企业水平,则企业无法操作,适得其反。

4. 宁缺毋滥

宁缺毋滥,是指在风险识别过程中,对于那些似是而非、难以取舍且一时无法界定清楚的风险点,应本着宁缺毋滥的原则加以保留以供后续工作参考或处理,而不能轻易地从清单上删除。这类情形主要是涉及那些发生概率微乎其微的风险,同时也是为了体系完整才加以保留。

这类操作视工作质量要求和工作范围而定,而且一般在清单中另加说明。

(二) 风险清单的结构设计

只要不是仅针对狭窄的领域,风险清单的结构设计便十分重要。结构性强的风险清单一来便于阅读、理解和查找,二来可以通过结构规律判断风险清单是否有遗漏。

而要提高清单的结构性,就要有意识地安排风险的分类使之更具体系性、推敲对风险的表述使之更为准确。因此,风险清单的制作并不是简单的识别成果汇总,而是透彻理解后的精心安排。

1. 按照部门安排清单结构

如果设计尽职调查清单时参考了企业的组织机构、部门设置,则风险清单可以以此为基础。这种结构的好处是便于企业将清单下发到各个部门,由各部门责无旁贷地参与或完成整改任务。例如,对某企业的尽职调查清单依据企业的部门设置而分为九个组成部分:

　　第一部分　集团公司基本文件
　　第二部分　集团的资产及财务管理
　　第三部分　集团的采购管理
　　第四部分　集团的生产管理
　　第五部分　集团的销售管理
　　第六部分　集团的人力资源管理
　　第七部分　集团的技术开发管理
　　第八部分　集团的综合行政管理
　　第九部分　集团的其他情况

以此为基础,结合尽职调查中得到的企业内部职能分工、管理机制、发生过的问题等情况,可将其调整成如下风险清单框架:

　　第一部分　企业的整体性风险
　　第二部分　资产及财务管理风险
　　第三部分　采购管理风险

第四部分　生产运营过程风险
第五部分　销售活动风险
第六部分　人力资源管理风险
第七部分　知识产权管理风险
第八部分　综合后勤管理风险
第九部分　其他具体风险

这一框架来自生产型企业。在总体框架之下，各部分再对识别出的风险作进一步的细化、分类后按类型及层级展开，并加设序号和标题，使最终的详细目录成为可以直观地判断风险分布及风险类型的"结构图"，便于检查、调整和阅读、理解。其中：

"第一部分　企业的整体性风险"包括了企业设立、变更、历史遗留，以及机构设置、管理功能、管理模式等方面的总体性风险。

"第三部分　采购管理风险"属于"大采购"概念，包括了装卸、运输、仓储、检验等方面的具体风险，基建部分按企业分工归入第八部分。

"第五部分　销售活动风险"不仅包括销售，按其功能还包括运输、交接、售后服务等风险。

"第九部分　其他具体风险"则主要以其他无法归入其他类别的具体风险为主，以尚无具体部门负责的各类事务风险为主。

2. 根据顺序安排清单结构

如果风险项目是针对具体领域，且风险类别的结构性并不明显，则可以按事物的发生发展顺序，或是逻辑上的先后顺序设计清单结构。使用这种方法的优势，同样是将一个大的主题分解为若干个并列的分主题，只是其排列方式是按照时间顺序或逻辑顺序。这样形成的结构，同样便于根据目录精细化地进行后续判断，以发现内容有无缺失、主题间有无冲突或重叠等问题。

以消费者权益保护风险领域为例，依据《消费者权益保护法》(2013年修正)第二章"消费者的权利"，消费者有如下权利：

(1)购买、使用商品和接受服务时人身、财产安全不受损害；
(2)知悉其购买、使用的商品或者接受的服务的真实情况；
(3)自主选择商品或者服务；
(4)公平交易；
(5)依法获得赔偿；
(6)依法成立维护自身合法权益的社会组织；
(7)获得有关消费和消费者权益保护方面的知识；
(8)人格尊严、民族风俗习惯得到尊重和个人信息依法得到保护；

(9)对商品和服务以及保护消费者权益工作进行监督。

而根据该法第三章"经营者的义务",经营者对于消费者的义务共有十四条之多而且主题表述得比较随意、分散甚至凌乱,概括起来分别为:

(1)依照法律、法规、约定、社会公德履行义务,诚信经营;

(2)听取消费者意见、接受监督;

(3)商品或服务符合保障人身、财产安全的要求,依法说明、警示,经营场所尽到消费者安全保障义务;

(4)商品或服务存在危及人身、财产安全危险的应立即报告和告知消费者并采取停止销售、警示、召回等措施,并承担必要费用;

(5)质量、性能、用途、有效期限等信息应真实、全面,真实、明确地回答消费者的问题。提供商品或服务应明码标价;

(6)经营者经营或租赁柜台、场地经营,应标明真实名称和标记;

(7)按照国家有关规定或者商业惯例向消费者出具发票等购货凭证或者服务单据;消费者索要的,经营者必须出具;

(8)商品或服务具有正常消费时应有的质量、性能、用途和有效期限,实际质量应与表明的质量状况相符,耐用商品或者装饰装修等服务六个月内发现瑕疵或发生争议由经营者承担举证责任;

(9)除另有规定外,商品或服务不符合质量要求,消费者可依照国家规定、当事人约定退货或要求更换、修理等;没有规定和约定的可按新增规定退货、更换、修理并由经营者承担运输等必要费用;

(10)网络、电视、电话、邮购等方式销售的商品,消费者有权在法定期限内无理由退货;退回商品的运费由消费者承担,另有约定的除外;

(11)使用格式条款的,应以显著方式提请消费者注意规定的事项并按消费者的要求予以说明;格式条款、通知、声明、店堂告示等必须依法使用;

(12)不得侮辱、诽谤、搜查消费者、侵犯消费者人身自由;

(13)采用网络、电视、电话、邮购等方式提供商品或服务以及提供证券、保险、银行等金融服务的经营者,应向消费者提供法律列举的信息;

(14)收集、使用消费者个人信息,应明示收集、使用的目的、方式和范围,未经同意不得收集;收集、使用的规则应公开,对收集的个人信息严格保密;未经同意或请求,不得向消费者发送商业性信息。

由于上述消费者权利、经营者义务信息十分庞杂,如果按照法律条文顺序设定风险框架会十分凌乱,不便于阅读、理解和使用。但换一种思维,从商品或服务与消费者产生关联的事实顺序或逻辑顺序分门别类,则其分类、层次会清晰得多,也便于企业落实风险管理措施。

例如,家电生产企业的消费者权益保护风险清单,可按经营者与消费者之间关系发展的逻辑顺序,按如下框架编制:
(1)产品设计安全风险(符合强制标准、产品标准合规等);
(2)产品质量风险(原料、制造、储运等);
(3)产品说明、宣传体系风险(产品说明、产品广告、产品网页等);
(4)消费者个人信息保护风险(收集个人信息、发送商业信息等);
(5)线上销售风险(依法披露、收集信息,依法使用格式条款、告示等);
(6)线下销售风险(介绍、说明、告知、场所安全、收款、交付等);
(7)售后服务风险(依法接受退货、更换、修理、承担费用等);
(8)消费者争议处理风险;
(9)其他消费者权益保护风险。

3.根据类别确定清单结构

按照类别确定清单结构适合于表述时间顺序或逻辑顺序关系不明显、呈"并列"状态的各类风险。或者说,按时间顺序是一种以时间为轴的"纵向"分类方式;而按类别则是时间轴线不够明显时所用的"横向"分类方式。这种分类方式或多或少会借助属种概念的划分原理,有时甚至需要在几个并列的类别之上增加一个类别,并将这几个类别下降为新增类别的下一级类别,以使分类更有逻辑或更实用。

例如,企业的采购按照合同类别可以简单地分为产品与服务,以及包括房地产类在内财产和建设施工类别,但这种分类方式并不适合企业的业务管理,因而可以根据企业实际经常发生的交易分为不动产、生产设备、原辅材料、办公设备、服务、租赁等大类,再以此为基础进一步细分以便于管理。如果以结构图表示,则更便于直观地判断采购的类别以及类别间的界限关系、层级关系。用这种方式建立框架,其结构如下图所示:

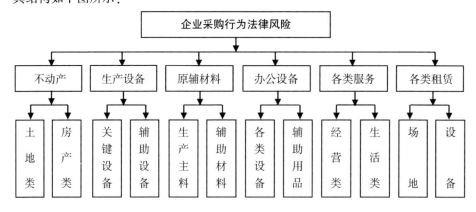

图 2-9 企业采购行为法律风险大致分类图

而对于领域更为狭窄、内容更为具体的风险，则可以直接用简单的矩阵图表示。例如，某企业的风险管理项目涉及其产品包装法律风险识别。识别的方法是将每种包装上标准的内容与法定的要求相比对。这种识别结果最适合以简单的表格加以表述，即左侧栏目标注不同的包装面、上边的栏目标注法定要求，坐标交叉的方格标注是否符合。（标注后的表格见图 2-10）

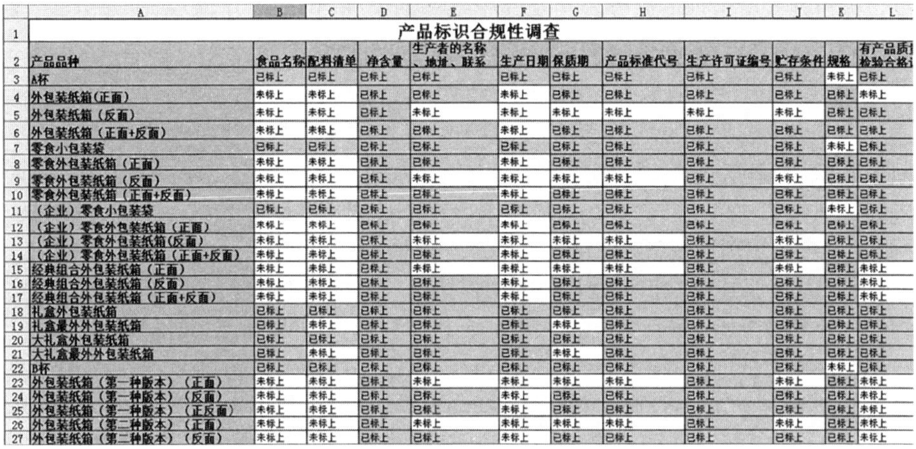

	A	B	C	D	E	F	G	H	I	J	K	L
1	产品标识合规性调查											
2	产品品种	食品名称	配料清单	净含量	生产者的名称、地址、联系	生产日期	保质期	产品标准代号	生产许可证编号	贮存条件	规格	有产品质检验合格
3	A杯	已标上	已标上	已标上	已标上	已标上	已标上	已标上	已标上	已标上	未标上	已标上
4	外包装纸箱(正面)	未标上	未标上	已标上	已标上	未标上	已标上	已标上	已标上	已标上	已标上	未标上
5	外包装纸箱（反面）	未标上	未标上	已标上	未标上	未标上	未标上	未标上	未标上	未标上	已标上	已标上
6	外包装纸箱（正面+反面）	未标上	未标上	已标上	已标上	未标上	已标上	已标上	已标上	已标上	已标上	已标上
7	零食小包装袋	已标上	已标上	已标上	已标上	已标上	已标上	已标上	已标上	已标上	未标上	已标上
8	零食外包装纸箱（正面）	未标上	未标上	已标上	已标上	未标上	已标上	已标上	已标上	已标上	已标上	已标上
9	零食外包装纸箱（反面）	未标上	未标上	已标上	未标上	未标上	未标上	未标上	已标上	未标上	已标上	已标上
10	零食外包装纸箱（正面+反面）	未标上	未标上	已标上	已标上	未标上	已标上	已标上	已标上	已标上	已标上	已标上
11	（企业）零食小包装袋	已标上	已标上	已标上	已标上	已标上	已标上	已标上	已标上	已标上	未标上	已标上
12	（企业）零食外包装纸箱（正面）	未标上	未标上	已标上	已标上	未标上	已标上	已标上	已标上	已标上	已标上	已标上
13	（企业）零食外包装纸箱(反面)	未标上	未标上	已标上	未标上	未标上	未标上	未标上	已标上	未标上	已标上	已标上
14	（企业）零食外包装纸箱（正面+反面）	未标上	未标上	已标上	已标上	未标上	已标上	已标上	已标上	已标上	已标上	已标上
15	经典组合外包装纸箱（正面）	未标上	未标上	已标上	未标上	未标上	未标上	未标上	已标上	未标上	已标上	未标上
16	经典组合外包装纸箱（反面）	未标上	未标上	已标上	已标上	未标上	已标上	已标上	已标上	已标上	已标上	未标上
17	经典组合外包装纸箱（正面+反面）	未标上	未标上	已标上	已标上	未标上	已标上	已标上	已标上	已标上	已标上	未标上
18	礼盒外包装纸箱	已标上	已标上	已标上	已标上	已标上	已标上	已标上	已标上	已标上	已标上	已标上
19	礼盒最外外包装纸箱	已标上	未标上	已标上	已标上	已标上	未标上	已标上	已标上	已标上	已标上	已标上
20	大礼盒外包装纸箱	已标上	已标上	已标上	已标上	已标上	已标上	已标上	已标上	已标上	已标上	已标上
21	大礼盒最外外包装纸箱	已标上	未标上	已标上	已标上	已标上	未标上	已标上	已标上	已标上	已标上	已标上
22	B杯	已标上	已标上	已标上	已标上	已标上	已标上	已标上	已标上	已标上	未标上	已标上
23	外包装纸箱（第一种版本）（正面）	未标上	未标上	已标上	未标上	未标上	未标上	未标上	已标上	未标上	已标上	未标上
24	外包装纸箱（第一种版本）（反面）	未标上	未标上	已标上	已标上	未标上	已标上	已标上	已标上	已标上	已标上	未标上
25	外包装纸箱（第一种版本）（正反面）	未标上	未标上	已标上	已标上	未标上	已标上	已标上	已标上	已标上	已标上	未标上
26	外包装纸箱（第二种版本）（正面）	未标上	未标上	已标上	未标上	未标上	未标上	未标上	已标上	未标上	已标上	未标上
27	外包装纸箱（第二种版本）（反面）	未标上	未标上	已标上	已标上	未标上	已标上	已标上	已标上	已标上	已标上	未标上

图 2-10 产品包装法律风险识别示意图

4. 其他方式确定清单结构

除上述三种方法外，还有按重要性排列、按发生频率排列等建立结构的方法。如果没有其他的结构性安排的需要，无论是内容在目录中的排序还是展开风险点时的排序，都应该将发生概率高、影响大的风险类型及法律风险点放在风险清单中较前的位置。而那些发生概率低、风险损失小的风险类型则往往放在相对次要或较后的位置。切忌将冗长而又无足轻重的内容占据风险清单的前半部分。

其他安排结构的方式因无助于内容分析且大多在撰写报告时使用，在此不再一一列举。

（三）清单必备的告知内容

风险清单一般都以风险识别报告的形式提交，不论其仅作为整个项目的阶段性工作成果还是整个项目的最终成果。提交时除了清单本身，以及以电子邮件方式发送时必备的商务函，还要包含其他告知性的内容。这些内容有助于对清单的正确理解，且可防范不必要的风险，同时使清单显得更加正式。

1. 项目情况概述

项目概况用于简单地介绍项目的依据、工作要求以及实施情况等，以使阅读者能够完整地了解项目情况，属于提交时必备的内容。如果作为项目中间的阶段性成果，则内容更不需要太多文字。一般包括如下信息：

(1) 项目依据及要求

项目开展所依据的服务合同及其中描述的工作目标、工作内容、工作方式、工作计划、工作成果、时间节点等，以使人了解项目来源及计划。

(2) 尽职调查情况概述

主要用于描述项目何时、何地、何种方式开始尽职调查。包括但不限于所调查的文件量，访谈的对象、数量及时长，召开的工作会议等。同时，还要包括尽职调查中的计划调整、内容调整等情况，便于阅读者了解相关数据情况。

(3) 风险识别情况概述

主要用于描述风险识别过程中的工作情况。包括但不限于阅读的文件量、核实的信息量、相关的会议量、完成的成果量等，以及描述识别的工作量及成果的来源。

在这一部分，应描述清楚哪些企业的资料在尽职调查清单中不存在或不完整或未能提供，尤其是当这些文件非常重要时。基础资料情况决定了风险识别结果的总体情况，如果由于企业未能提供相关资料而导致风险识别存在偏差，即便对风险识别结果造成了不利影响，也属于企业自身的问题。

2. 风险识别情况

这部分也是一种概述，但内容集中在识别风险的依据、识别风险的判断方式以及对疑难问题或模棱两可问题的最终处理方法。这种说明的作用，是通过过程披露而进一步说明成果的性质、产生方式等。在提高公信力的同时，也在披露识别结果于适用领域的有限性，避免被扩大理解。

(1) 识别依据

合同中的要求、实施过程中的工作指示也都是风险的识别依据，但更直接的识别依据是项目所决定的规则范围。列明适用的规则，有助于了解工作当中是否存在遗漏，也便于理解风险清单的应用范围。

如果是法律风险管理项目，则识别风险以法律规定为主，包括相关的法律规范、立法及司法解释，甚至延伸到强制性标准等规范。如果是合规管理项目，则适用的规则更为庞杂，除了法律以外还涉及对其他规则的违规风险的识别。

例如，某些企业在风险尽职调查阶段会要求调查企业规章制度的实际执行情况。这些要求无论是作为法律风险管理项目的附属内容还是合规管理内容均无不可。既无法律冲突又是合同约定，予以风险识别当然没问题，所需要做的只是在清单中列明识别依据。

(2)识别方法

识别方法就是规则与证据事实之间的比对方式,一般问题只需要笼统的一带而过而无需介绍技术方法。但对于判断模糊不清的问题,有时需要加以说明避免误读。而对于判断方法比较专业或比较技术化的识别,往往需要加以解读以便使不具备专业知识但具备一般文化程度的人能够理解。

尤其是对处于"灰色地带"的法律风险或其他规则的定性问题,当没有直接的规则规定时,某些行为是否存在风险只能从理论上判断,这时尤其需要申明保留事项舍弃的依据。一般处理是说明后保留,而不是简单的删除。

例如,当以企业的案例作为基本资料进行风险识别时,除了需要说明包括采样范围、数量、年代等情况外,还要介绍识别出管理风险的依据,说明基于判决书中认定的企业行为所反映出的管理缺陷,以及相关管理制度的规定情况,得出是规章制度不完善所致,还是制度执行不力或是制度未能有效宣贯、未组织培训所致等。

如果企业的工作目标或工作指示与识别方法有关,也需要在此说明。

3. 风险清单说明

对于风险清单的说明属于对责任性质、责任范围的简要善意提醒。一般包括两个方面:一是风险清单本身;二是企业可能误读或忽略的内容。

(1)清单情况

这类内容基本上是介绍清单的结构安排、内容安排,起到整体上的导读作用。例如共包括了多少个大类、多少个中类、多少个小类及其排序方式,以及每个层级的风险类别数量、风险点数量,每个风险类别的划分标准,每个风险点的描述分为几项等。如果目录下的内容与标题名称之间并不怎么对应,则还应当说明设定标题的原因、方式等。

如果层级或类别较多,则应将风险清单目录分为不同层级并详细到具体风险点,并细致标注页码以便于阅读、查阅和引述。这样做首先是便于在撰写时检查、优化,其次才是便于企业使用,包括分拆后由各部门研读。

(2)责任范围

清单的责任范围,主要是申明清单制作者所承担责任的范围,以及清单适用的使用范围。

前一类一般只是基于申明合同约定、企业的工作指示并基于企业提供的资料、列出清单时有效的法律法规等规则而得出结论,因而对此条件下的结论负责。除此之外,如企业以合同以外、工作指示以外的尺度衡量后认为与其期望值不符等,均不在责任范围之内。

后者则比较简单,只是提醒仅为本项目的目标而制作,不适用或可能不适用于本项目。

(3)阅读提醒

这类内容主要是提醒企业避免因望文生义或想当然而误读。如果需要,应提醒需要被关注和不在责任范围之内的内容。

此外,还可以提醒企业如清单中存在遗漏或错误,应及时反馈以便及时补正或在后续工作中改进等。

上述内容可多可少、可增可减,具体实施方法以实际需要为准。提交时的注意事项,参见本书第三章第九节。

第三章 风险的评估与报告

本章提示

风险清单提示了企业基于各类规则要求而面临的规则风险,但企业仍旧难以对症下药。因为清单在列举风险点时一般并未提示发生概率、处理的优先等级等信息,而且许多企业并无能力以专业、系统的方式应对这些风险。除此之外,所有的风险控制措施都需要平衡控制成本与收益。企业很难付出比风险损失还要大的控制成本,也很难以巨大的代价去防范几乎不可能发生的风险损失。

在现代的技术方法和管理理念出现之前,人类全凭个体经验和认知去决策是否采取风险应对措施以及采取何种措施。而建立在现代科学技术基础之上的风险管理理论,已经对风险要素及风险损失的不确定性进行了深入研究,并提出了多种应对风险的解决方案。这些方法同样适用于法律风险管理或合规风险管理,并使规则风险管理从经验型管理上升为跨学科的综合性管理。

对风险的评估采用了统计学、运筹学等学科中用以发现规律、筛选解决文案或工作目标的方法和理念,根据风险后果的严重程度、发生概率等情况评估各个风险点的重要程度和分批应对时的应有顺序,为是否采取应对措施或采取何种应对措施提供决策的依据。基于这些源自其他学科的成熟理论及有效方法去找寻风险管理活动中的目标及方法,才能破解企业的犹豫不决或投鼠忌器,从而将有限的资源充分地运用于急需的领域。

相对于尽职调查和风险识别,本阶段的工作不像是法律专业的工作而更像是咨询业的工作,因为其与法律等规则的关联度已经很低。但正是由于法律界很少关注应用技术问题,才使得风险管理未尽如人意。引入这一环节,就会发现法律风险管理和合规风险管理在企业经营管理活动中有着更大的作用空间。

第一节　规则风险评估概述

以法律等规则的要求为尺度去衡量企业,企业无不"沉浸"在作为或不作为与规则要求不一致的风险"海洋"之中。但风险的不确定性,使得有些企业长期"满载风险"却平安无事,有些企业稍有违规便万劫不复。于是除了那些不得不防的和几乎零成本设防的风险,防与不防成为难题:严阵以待可能是种巨大的浪费,不加防范又可能因小失大。

风险评估所走的则是二者之间的"第三条道路",即通过分析得出是否设防、哪些设防、如何设防的结论,为风险管控提供决策依据。这条道路并不足以完全排除风险,但提高了决策的科学性和资源利用的有效性。

一、风险损失与管理缺陷

企业的经营管理活动始终在面对风险的不确定性,因而理论上更希望了解并控制风险。但是,许多企业却对风险熟视无睹,未采取足够的措施,并因为长期的"风平浪静"而认为"不设防"完全合理,以至于犯下低级错误从而造成重大损失。从另一个角度分析,风险损失大多也确实可以归因于管理上的缺陷。而管理缺陷的产生,又主要是由于主观认识上的不足,而非管理资源上的不足。

(一) 常见的风险管理缺陷

风险管理缺陷可分为管理制度、管理行为两个部分的缺陷。但管理行为难以固化,因此风险管理缺陷一般是指规章制度中存在的无法有效控制风险,甚至产生风险的功能欠缺或不完备之处。

这些缺陷类型大同小异,可以存在于组织的基本制度、管理制度、业务规范、技术规范、个人行为规范等各个方面,但主要集中于后四者之中。

1. 管理资源配置不足

管理资源配置不足,是指企业内未设置相应的机构或岗位专职负责风险管理事务,或相关管理人员不具备风险管理的知识背景,以及身兼数职无法正常履行风险管理职责等情形。

2. 管理缺乏制度保障

管理缺乏制度保障,是指风险管理的目标、职责、权限、措施等不到位或不清晰,包括对风险管理职责没有明确授权、对风险管理工作质量缺乏要求、对工作完成情况缺乏考核等,这些使得风险管理部门或岗位难以发挥作用。

3. 风险管理实力薄弱

缺少风险管理所具备的专业理念、工作方法,缺乏足够的敏感度,不足以从专业角度有效地识别风险、评估风险、设计或优化解决方案。

4. 风险信息双向衰减

由于机构设置、制度设计、职责安排、宣贯培训等原因,管理层和风险管理部门或人员难以取得企业内部的风险信息,而其他部门及具体执行人员又难以得到风险管理方面的决策和建议。

5. 管理系统实用性差

缺乏切实可行的风险管理解决方案,或其解决方案由于系统性不足而与其他制度存在冲突,以及解决方案实际效果不佳、操作过于复杂、成本过高等。

6. 管控措施执行度低

由于解决方案操作性差或对实际执行缺乏有效监督,或是对解决方案缺乏宣贯、培训等原因,管控措施的实际执行度低,从而影响风险管理效果。

以上情形基本属于国内企业在管理上的通病,与企业的整体素质等相关,同时也与决策层的重视程度相关。

(二) 主观认识上的管理缺陷

风险管理是建立于日常经营管理之上的高级管理活动,通常只有那些管理相当完善且具有前瞻性眼光,并善于借助外部资源完善管理体制的企业,才能够走在风险管理的前列。部分企业未实行风险管理的主要原因,是对风险管理缺乏足够的认识。

1. 规则认知不足

企业运营所必须遵循的规则体系高度复杂,通常需要具备专业的知识背景才能充分理解和运用。甚至由于法律等规则环境变化越来越频繁、变化幅度越来越大,即使是某一行业的资深管理者,乃至专业律师,也难以全面熟知经营管理涉及的所有规则。对于相关规则也只有出现问题时才进行研究、处理,这种工作方式便决定了其难以全面认识管理上的缺陷。

2. 管理模式滞后

全面审视企业所面临的风险,尤其是规则风险中最为重要的法律风险,只有在实施风险管理时才会考虑。传统的风险应对,是出现问题再就事论事地加以研究、处理,属于事后管理模式,并不包括全面研究所面临的风险环境。因而,传统的法律事务管理模式下,并不需要熟知企业的整体风险状况。

3. 风险管控偏好

由于风险后果可能发生也可能不发生,而且企业的大部分行为并不会与法律等规则存在严重的冲突,甚至某些违法、违约、违规行为并未受到追究,以至于风险损失与管理缺陷并非是直接对应关系,不具刚性。因此,许多企业抱有出现问题再处理的心态,宁可在风险事件出现后支付更高的成本解决问题。

但随着法律规定越来越细化、执法越来越严格,而且自媒体日益发达,使得问题的曝光和传播越来越难以控制,这种思维势必会增大企业发生风险损失的概率与幅度。

4. 成本意识不同

风险的不确定性也导致了风险控制成本的收益不明。为可能受到的损失支付现实成本,让许多企业将风险控制成本视为可有可无的支出,并归入压缩对象之列。

事实上风险控制投入类似于提高产品合格率,其收益是减少不必要的物质、时间等资源上的各种浪费。同时也类似于购买机动车商业保险,发生事故时可以转嫁损失,可以用固定的风险控制支出换取企业的平安。

5. 理解程度有限

风险管理需要专业化、精细化、系统化,但是许多企业的风险控制由于缺乏专业的培训和交流,完全是基于自己的理解进行制度建设和实施,以至于管理碎片化,既缺乏深度又缺乏系统性。

例如,某些企业的规章制度体系看似已经初具规模,但其具体的管理环节、控制标准设置以及规章制度的配套等都存在严重的表面化、简单化倾向,再加之措施不到位导致的执行力低下,使其风险管理浮于表面。

(三)资源投入上的管理缺陷

风险控制方面的资源投入不足,有的是由于企业资源有限,有的其实仍是决策层的主观认识问题。某些企业的实际情况也是如此,企业的风险管理存在缺陷并非企业缺乏专业人员,而是缺乏能够使之充分发挥作用的机制。

或者说,企业在风险管理方面的资源投入不足是导致管理存在缺陷的另一主因。尽管有的是由于财力和人力问题,有的是由于决策维度问题。

1. 风控成本投入不足

风险管理的成本投入因企业而异,取决于企业的管理基础以及风险管理的目标和手段。最为简单的是临时性投入,即派遣管理人员参加外部培训。深入一些的投入,则是设定专门的岗位、管理制度并由专业人员负责,或者是聘请外部专家识别风险、设计解决方案。某些行业由于同质化竞争激烈等原因而导致利润率偏低,企业生存已经不易,风险控制投入方面更是难有作为。

而最为彻底的投入,则是增加设备、软件和技术人员的投入,将风险管理纳入现代办公自动化系统。不同的投入,决定了不同的质量水平和管理能力,因此只有实力雄厚的企业才会将风险管理进行得有声有色。

2. 解决方案执行不力

规章制度执行不力是企业长期存在的顽疾。虽然制度上的不足会导致许多风险,但是许多企业即使能将现有制度执行下去也会出现许多漏洞。二者的危害很难分出孰轻孰重,但一般企业都会二者兼有。

而执行力问题事实上与绩效考核制度的建立和实施有关。在这一方面,合规管理所强调的管理者问责制以及合规考核,能够有效纠正这一常见缺陷。其中,《中央企业合规管理指引(试行)》(2018年)第二十三条的要求为:"加强合规考核评价,把合规经营管理情况纳入对各部门和所属企业负责人的年度综合考核,细化评价指标。对所属单位和员工合规职责履行情况进行评价,并将结果作为员工考核、干部任用、评先选优等工作的重要依据。"

总体上说,由于分属不同的法律体系且发达程度、管理基础不同,国内企业的法律事务管理和合规管理往往比国外企业需要投入更多的资源。尤其是在合规管理方面,由于理念、范围、作用等大不相同,需要更多的资源用于运转。

二、风险评估的定义与方法

风险评估是设计解决方案前的准备工作,其作用是确认风险的各方面特征并从中筛选出需要优先处理的风险点。面对识别出来的众多风险点,风险管理不可能不计成本地投入资源,因而这是个评估目标并"瞄准"的过程。事无巨细地全部应对,只会增加成本,摊薄利润,有违经济规律。

(一) 风险评估的一般定义

对于风险评估,有观点认为风险评估包括风险识别、风险分析和风险评价三个步骤。但为了便于讨论,本书已将风险识别与风险评估分开,各自形成独立的内容。其中,"风险辨识"事实上就是风险识别,而风险分析、风险评价相当于本书中的"风险评估"。

1. 全面风险管理方面的表述

国务院国有资产监督管理委员会于2006年发布的《中央企业全面风险管理指引》(2006年)也采用此说,其第十八条的表述为:"企业应对收集的风险管理初始信息和企业各项业务管理及其重要业务流程进行风险评估。风险评估包括风险辨识、风险分析、风险评价三个步骤。"

同样在该指引中,第二十条的相关定义如下:

> 风险分析是对辨识出的风险及其特征进行明确的定义描述,分析和描述风险发生可能性的高低、风险发生的条件。风险评价是评估风险对企业实现

目标的影响程度、风险的价值等。

2. 法律风险管理方面的表述

《企业法律风险管理指南(GB/T 27914-2011)》发布于2012年,其中的定义及方法与《中央企业全面风险管理指引》(2006年)基本相同。在"5.1 概述"中,同样称"法律风险评估包括法律风险识别、法律风险分析和法律风险评价等三个步骤"。其中的"法律风险分析""法律风险评价"相当于本书的"法律风险评估",在"5.3.3 法律风险分析""5.3.4 法律风险评价"中分别表述为:

法律风险分析是指对识别出的法律风险进行定性、定量的分析,为法律风险的评价和应对提供支持。法律风险分析要考虑法律风险事件的原因、法律风险事件的发生的可能性及其后果、影响后果和可能性的因素等。

法律风险评价是指将法律风险分析的结果与企业的法律风险准则相比较,或在各种风险的分析结果之间进行比较,确定法律风险等级,以帮助企业做出法律风险应对的决策。

3. 合规风险管理方面的表述

在合规管理领域的相关指引和部门规章中,基本上是将风险识别与风险评估并列。

例如,由原中国银行业监督管理委员会(现中国银行保险监督管理委员)于2006年印发的《商业银行合规风险管理指引》第三章"合规管理部门职责"第十八条规定:

合规管理部门应在合规负责人的管理下协助高级管理层有效识别和管理商业银行所面临的合规风险,履行以下基本职责:

……

(六)积极主动地识别和评估与商业银行经营活动相关的合规风险,包括为新产品和新业务的开发提供必要的合规性审核和测试,识别和评估新业务方式的拓展、新客户关系的建立以及客户关系的性质发生重大变化等所产生的合规风险;

又如,原中国保险业监督管理委员会(现中国银行保险监督管理委员会)于2016年印发的《保险公司合规管理办法》第三条也规定:

合规管理是保险公司通过建立合规管理机制,制定和执行合规政策,开展合规审核、合规检查、合规风险监测、合规考核以及合规培训等,预防、识别、评估、报告和应对合规风险的行为。

印发于2018年的《企业境外经营合规管理指引》则未使用"风险分析"和" 风

险评价",而只是使用"风险评估"。而且其第二十三条的标题为"合规风险识别"、第二十四条的标题为"合规风险评估"。

4. 对风险评估定义的归纳

综合以上信息及实务中的操作,符合本书观点的风险评估定义如下:

风险评估,是指针对以风险识别的方式得出的风险点所具备的要素、特征等进行定性或定量的分析、评价,并得出其发生概率的高低、风险的构成要件、不利后果、影响程度、风险等级等结论,以供采取风险对策时参考的过程。

(二)风险评估的技术方法

尽管不同风险、不同要求下的评估会有不同的角度和方法,并涉及与法律完全不同的术语,但评估所采用的技术和理念基本相同。各类风险评估的共同目标,是通过对风险性质、特征、不利影响等方面的深入分析,给出风险的全貌,并为设计解决方案提供基础。

1. 严重程度与发生概率

维度(Dimension),是指在特定时空范围内分析、评判某一事物时所采用的出发点、角度、层面以及衡量依据等。我们日常所说的三维、二维、一维,实际上就是在使用这一概念。从不同的维度分析可以得出不同的结论,因为每个事物都集合了多种不同的属性,基于同一属性才能比较出事件之间的区别程度,而比较时所基于的属性即为维度。

作为对风险的基本度量方法,分析法律风险的不利影响,可以从后果的严重程度、发生的概率这两个基本维度进行区分,并据此决定哪些需要优先处理。

严重程度用于衡量损害结果的程度大小。它可以是定性的结论,如"严重""轻微"等;也可以是定量的结论,如具体的损失金额。

发生概率是指发生事件的数量占整个数量的比例。如果1000件产品中出现了3起产品事件,其发生的概率就是3‰。

这些数据有助于预测风险事件发生的可能性以及不利影响的大小。如果具有或被赋以数值,则代入数学模型就可进行量化分析。但这些仅是一个理论上的参考数值,未必与实际情况一致。而且维度并不仅限于此,可根据实际需要增加。

2. 定性分析与定量分析

作为风险评估的基本方法,定量分析和定性分析二者之间为互补关系。没有定性的定量分析毫无实际意义,而缺乏定量的定性分析则无法具有科学性、准确性。[①] 当前,定性分析也已同样采用数学工具,定量分析则已经成为定性分析的具

---

① 参见"定量分析",载百度百科,https://baike.baidu.com/item/定量分析,访问日期:2020年1月28日。

体化,二者经常结合使用,并可以在评价时通过数值与程度词的互换而相互转换。

在原理方面,定量分析是基于数据,通过建立数学模型计算出分析对象的各项指标及其数值的分析方法;定性分析则是主要基于分析者的直觉、经验,通过分析对象过去和现在的延续状况及最新的状况信息,判断分析对象的性质、特点、规律等信息的分析方法。相比之下,前一种方法更科学但需要较高的数学基础,后一种方法较为简单但只适合数据资料不充分或相对简单的判断。

对于法律行业而言,定性分析在法律工作中十分常见。违约、违法、违规的判断都是定性分析,解决了性质上"是"和"否"的问题。但这一方法的主观随意性较强,不同判断主体可能会得出不同结论,而且多个不同的定性结论难以通过统计的方式得出准确的分析结论。即使有程度上的判断,如对程度上"高""中""低"的判断,若不加以量化也难以划清明确的界限。

但定性分析与定量分析在某些分析中可以转换。例如以数值的大小体现风险点之间在程度上的差异,远比用笼统、尺度不明的程度词更直观、更精确。而从定性分析到定量分析的转换,是以数值大小作为评价程度区别的方法,使得区分程度可以简单、直观地通过数量上的区别加以比较和体现。

当把风险排序作为评估成果输出时,定量分析的排序依据是分析所得到的由高至低的数值,定性分析的排序依据是分析得出的由严重到轻微的程度。两种方式都有利于后一阶段根据企业需要设定的"录取分数线",决定哪些风险点需要优先处理。但只要以数字代替程度,就可以从定性分析输出转为定量分析输出。

基于上述分析过程可知,无论是定性分析还是定量分析,均带有一定的主观性。甚至当定量分析所用的数学模型不切实际时,还会得出非常荒谬的结论。例如,某电信企业进行法律风险评估时,未经调整而自动生成的结论,使得该公司最大的法律风险是营业厅里没有提供由客户自行输入密码的小键盘,因而容易造成密码泄露,直到调整具体的评估参数后,其结果才最终"符合逻辑"。

3. 赋值与权重

如前所述,当需要以数量值显示风险评估结果时,常用的办法是给需要评价的程度打分。例如,在线调查经常以 0 到 9 的分值代表从极不满意至极满意的态度范围,然后通过汇总即可得出不同客服人员的客户满意度值,进而评价不同人员的业绩。这种将一定的数值赋予某个变量的行为,便是赋值。

在风险评估的过程中,对于程度差异的评估也普遍采用赋值的方法。通过对数学模型中的多个变量赋值,再经过统计即可得出各个风险点的最终风险值。当每个法律风险点都被赋予了一定的分值,就可以按分值的高低排列风险点顺序,也就筛选出了需要优先处理的风险点。

但各个变量在数学模型中的重要性可能并不相同,因此需要加设系数予以调整,以使统计结果更加合理。这一点如同招标过程中对于技术标、商务标、经济标可以设定不同的权重,例如在总分中技术标占50%、商务标占30%、经济标占20%,以此体现对投标单位技术能力的重视。而这个系数也就是该变量的权重。此外还有一些权重,比如发生诉讼的概率等。如果没有这类资料,其权重就并不代表实际情况,评估结果也就会偏离实际。

通过赋值和权重调整,风险评估数学模型可以将后果极为严重但几乎不可能发生的风险与频繁发生且影响极为轻微的风险合并加以评估,从而通过定量分析为两种截然相反的极端情形在同一组结果中排出优先处理的顺序,将资源用于解决威胁最大的风险。

(三) 风险评估的工作方法

风险评估的工作方法影响着工作的效率和质量,成熟的工作方法可以在同等资源投入的情况下以更高的效率取得更高质量的工作成果。在这一方面,全面风险管理,法律风险管理,合规管理相关的指引、标准等,均可借鉴。

1. 全面风险管理的工作方法

《中央企业全面风险管理指引》(2006年)虽然发布时间较早,但是提及的方法仍行之有效。其相关内容为:

> 第二十一条 进行风险辨识、分析、评价,应将定性与定量方法相结合。定性方法可采用问卷调查、集体讨论、专家咨询、情景分析、政策分析、行业标杆比较、管理层访谈、由专人主持的工作访谈和调查研究等。定量方法可采用统计推论(如集中趋势法)、计算机模拟(如蒙特卡罗分析法)、失效模式与影响分析、事件树分析等。
>
> 第二十四条 企业在评估多项风险时,应根据对风险发生可能性的高低和对目标的影响程度的评估,绘制风险坐标图,对各项风险进行比较,初步确定对各项风险的管理优先顺序和策略。

2. 法律风险管理的工作方法

由国家标准化管理委员会发布的《企业法律风险管理指南(GB/T 27914-2011)》(2011年)同样给出了风险评估的工作方法,其中风险分析、风险评价方面的建议分别为:

> 5.3.3.2 法律风险可能性分析
>
> 对法律风险发生可能性进行分析时,可以考虑但不限于以下因素:
>
> ——外部监管的完善程度和执行力度,包括相关法律法规的完善程度,以及相关监管部门的执行力度等;
>
> ——现有法律风险管理体系的完善与执行力度,包括企业内部用以控制

相关法律风险的策略、规章、制度的完善程度及执行力度等；

——相关人员法律素质，包括企业内部相关人员对相关政策、法律法规、企业规章制度以及法律风险控制技巧的了解、掌握程度等；

——利益相关者的综合状况，包括利益相关者的综合资质、履约能力、过往记录、法律风险偏好等；

——所涉及工作的频次，即与法律风险相关的工作在一定周期内发生的次数。

对于不同类型的法律风险来说，影响其发生可能性的因素会有所不同。各种因素对可能性影响程度的权重也是不同的，并且各因素之间的权重比会因法律风险类型的不同而有所差异。……

5.3.3.3 法律风险影响程度分析

对法律风险影响程度进行分析时，可以考虑但不限于以下因素：

——后果的类型，包括财产类的损失和非财产类的损失等；

——后果的严重程度，包括财产损失金额的大小、非财产损失的影响范围、利益相关者的反应等。

……

5.3.4 法律风险评价

法律风险评价是指将法律风险分析的结果与企业的法律风险准则相比较，或在各种风险的分析结果之间进行比较，确定法律风险等级，以帮助企业做出法律风险应对的决策。在可能和适当的情况下，可采取以下步骤进行法律风险评价：

——在法律风险分析的基础上对法律风险进行不同维度的排序，包括法律风险事件发生可能性的高低、影响程度的大小以及风险水平的高低，以明确各法律风险对企业的影响程度。

——在法律风险水平排序的基础上，对照企业法律风险准则，可以对法律风险进行分级，具体等级划分的层次可以根据企业管理的需要设定。

——在法律风险排序和分级的基础上，企业可以根据其管理需要，进一步确定需要重点关注和优先应对的法律风险。

3. 合规风险管理的工作方法

国家标准《GB/T 35770—2017/ISO 19600：2014 合规管理体系指南》（ISO 19600：2014《合规管理体系 指南》已被 ISO 37301：2021《合规管理体系 要求及使用指南》替代）同样提出了风险评估的方法。由于沿用 GB/T 24353 等风险管理标准的提法，其中的"分析和评价"相当于这里所说的"风险识别"，具体内容为：

3.6 合规风险的识别、分析和评价

组织宜识别并评价其合规风险。该评价能建立在合规风险评估或其他替换方法的基础之上。合规风险评估构成了合规管理体系实施的基础,是有计划地分配适当和充足的资源对已识别合规风险进行管理的基础。

组织识别合规风险,宜把合规义务和它的活动、产品、服务和运行的相关方面联系起来,以识别可能发生不合规的场景。组织宜识别不合规的原因及后果。

组织宜通过考虑不合规的原因、来源、后果的严重程度、不合规及其后果能发生的可能性进行合规风险分析。后果能包括,例如:个人和环境伤害、经济损失、声誉损失和行政责任。

风险评价涉及组织合规风险分析过程中发现的合规风险等级与组织能够并愿意接受的合规风险水平的比较。基于这个比较,能设定优先级,作为确定需要实施的控制及其程度的基础(见5.1)。

……

注1:合规风险评估细节的程度和水平取决于组织的风险情况、环境、规模和目标,并能随着具体细分领域(如:环境、财务和社会)变化。

注2:基于风险的合规管理方法并不意味着在低合规风险情况下组织接受不合规。它有助于组织集中主要注意力和资源优先处理更高级别风险,最终涵盖所有合规风险。所有已识别的合规风险/情况受制于监视、纠正和纠正措施。

以上三个领域的风险管理工作方法虽各有侧重,但其基本思路和工作内容事实上并无本质区别,因而在工作中可以相互借鉴,综合运用。

三、评估视角下的风险分类

对于规则风险,评估的视角与识别的视角几乎完全不同。识别是从规则角度出发,重点在于审视其是否合法、合规。而评估是从风险学角度出发,侧重于可否预见、发生概率和损害程度。因而在风险评估工作中,风险分析与风险识别在思维方式上几乎没有关联,但风险评价与风险识别至少有一半的关联。

(一)可预见性与可预防性

对于可预见性,随着人类知识的积累和分享,几乎没有什么可能性属于纯粹的"不可预见"。因而,现在所说的"不可预见"只是指无法预见其是否发生。正如不可抗力中的自然灾害,人们虽然早已熟知,而且预报水平、抵御水平都有了长足的进展,但是其仍旧属于"不可预见"的范畴。同理,"可预防性"也是相对的,理论上和技术上的可预防并不等于在资源、成本上可以实现。

但这两个角度是结合实际情况分析风险性质的重要连接点,对于是否防范、如何防范意义重大。两个维度的排列组合如下:

表 3-1 可预见性与可预防性组合矩阵

	可预防	不可预防
可预见	A1 可预见　可预防	A2 可预见　不可预防
不可预见	B1 不可预见　可预防	B2 不可预见　不可预防

1. 可预见、可预防的风险

这种风险多为经常性发生且原因、后果已被熟知的,而凭借企业的管理能力和管理资源足以主动采取措施避免不利后果的发生。

例如,对交易相对方主体资格的核查、条款缺陷的完善、流程缺陷的改进等。

2. 可预见、不可预防的风险

这类风险虽然基于经验或常识可以预见,但是由于资源、能力等原因而不在可控制范围之内所以无法避免后果的发生。

例如,相对方违约是常见的可预见的风险,但即使在合同中约定了严厉的违约责任,仍旧无法保证对方绝对不会违约。又如,虽然存在移动通信客户欠费的问题,但是不可能要求所有客户都对支付能力提供担保。

3. 不可预见、可预防的风险

对于这类风险,人们大多已经认识到了它的客观存在且具有一定的应对能力,但因发生概率不高而无法判断是否会有风险事件发生,不可抗力即为这种情形的典型。

例如,难以预见下一年是否会洪水泛滥,但可以通过改善防洪设施来防范洪水,也可通过加设合同条款、购买财产保险作为抵御风险损失的手段。财务上的"不可预见费",也是一种应对不可预见风险的手段。

4. 不可预见、不可预防的风险

这类风险同样"不可预见",在正常情况下人们无法预见其发生,而且因超出了正常的控制能力范围或资源范围而无法预防。当然,预见能力存在巨大的个体差异,专家的可预见范围远大于其他人员,因而许多预见需要专家来完成。

这里的不可预见是指无法预见其是否发生。例如,因意外事件影响了合同的正常履行而违约、因疏忽导致重要证据遗失而败诉等。经过当年的"非典",人们对类似疫情早有认识也具备一定的应对手段,但既无法预见其是否发生也没有足够的资源去阻止其发生。

风险管理的侧重点是对于可预见、可预防的风险的控制,并视应对成本、效率损失等决定是否处理不可预见但可预防的风险。

(二)制度性风险与非制度性风险

制度性风险与非制度性风险,是为了便于表述规章制度体系质量与风险的相关性而设定的定义。

制度性风险，是指由于规章制度缺陷直接引起的风险。其中，规章制度既包括成文的也包括事实上的规章制度。而由此产生的风险，则既包括规章制度本身违法、违规而导致的风险，也包括因其存在漏洞、不明确、相冲突、不合理等原因引起的风险。非制度性风险，是指与规章制度的缺陷无关的风险，包括因企业人员个人违法、违规等引发的风险，以及企业外部人员行为引发的风险、意外事件等原因引发的风险。

各类规则风险的研究对象基本都是制度性风险，并努力通过规章制度的建立健全而避免风险事件的发生，或减少发生时造成的不利影响。至于非制度性风险，则一般都需个性化、针对性地"就事论事"解决。但实用、有效的解决方案，可以补充到规章制度体系之中以防止其再度发生。通过减少制度性风险，可以最大限度地降低企业风险，但制度的完善解决不了非制度性风险。

第二节 评估的技术方法与表述方式

在风险的识别和评估过程中，包括部分风险识别过程中，大量的信息需要整理、分析。如果使用成熟的技术方法处理和表述，会使处理过程更加高效、输出结果更加优质，也会使工作成果更加直观、生动。尤其将成熟的技术方法用于表述评估报告，能够极大地提高报告的质量感和趣味性。

一、需要注意的企业动因

技术方法的运用、项目工作的展开，只有切合企业的真实动机去量体裁衣，才能使工作成果的价值最大化。企业最需要的一般是"最需要"的成果而不是最节省的成果或质量最高的成果，从满足企业需求的角度运用技术方法、确定工作质量，才可能达到最好的效果。而企业的动机一般分为两个方面：

(一) 推动整体变革

某些企业十分关注管理的作用，也愿意尝试以管理的提升来解决企业中存在的问题，并给企业的经营管理带来积极的影响。这些企业关注自身存在的深度问题，关注解决方案的系统性，但需要借助外力来推动企业的变更、升级。

1. 推动企业变革

企业发展壮大到一定程度都会出现"大企业病"。具体体现在企业的机构及管理层次增多、整体管理效率下降。尤其是其决策、经营管理等方面都存在着人浮于事、尾大不掉的混乱局面。而出现这些情形的一个重要原因,就是规章制度和管理流程未能随着企业的发展、环境的变化而及时调整,尤其是涉及企业的组织结构、管理模式等深层次问题。

借助于外部人员实施的全方位的风险管理项目,企业可以充分了解所面临的各类风险及可能的不利后果,从而提高整体上的危机意识,并借以进行系统上的改革。这类项目大多需要重点关注组织机构设置、部门分工及职责、员工个人行为规范、执行力管理、内部监管等方面的问题。

2. 继续保持领先

已经处于领先地位的企业往往有着更多的资源和更强的竞争意识,他们希望通过风险管理项目主动发现潜在的各种风险,并将风险管理融入日常管理之中,以提升其各类规则风险应对能力,减少风险损失。因此,需要将风险管理措施嵌入到原有的规章制度、流程、文本等环节,以最大限度地减少风险损失,提高管理效能,并利用风险管理优势保护行业领先地位。

这类企业的战略目的极为明确,且往往已经具备较好的管理基础。因而需要从更深的层面、更宽的视野、更细的环节识别其存在的风险,并通过评估找出其中最需要解决的问题,且在后期将解决方案嵌入企业的管理制度体系之中。

(二)解决具体问题

这类企业认识到自己存在着某些问题,但往往没有能力找到合适的解决方案,或者是既没有能力系统地发现问题也没能力系统地解决问题,同样也没有专业能力发现深度问题和解决方案。而且他们的目标只停留在解决现实问题的层面,并未意识到风险管理的战略性意义。

1. 解决长期困扰

还有一些企业长期被某类问题所困扰,却始终无法仅依靠自己的力量解决那些问题,甚至无法系统地发现问题。这些问题大多与企业在规章制度、管理模式、组织机构等方面存在的缺陷有关,正是这些方面的问题才导致企业反复遇到同类风险问题。

对于这类情形,企业更希望能够从其重点关注的问题入手,通过分析发现问题,如研究相关问题产生的客户投诉、合同诉讼等,从而找出风险损失与制度缺陷的关联,并通过解决方案的优化设计从根本上杜绝类似事件的重复发生。

2. 补上管理短板

许多企业通过艰难的努力终于初具规模且管理上并无重大问题,但对于企业管理心中无数。为了避免风险管理缺陷使企业多年经营的成果毁于一旦,出于安全的考虑,企业希望通过风险管理项目及时发现问题、补上管理上的短板。这些企业除了关注现实发展中的风险,还关注其历史过程中存在的遗留问题的风险。

这些企业往往有着超前的战略眼光,提升风险管理水平也是面向未来发展的战略性举措。随着法律体系的日益完善、执法力度和监管力度的不断加强,企业已越来越难于通过法律、合规方面的冒险行为取得利益,因此首先就需要通过有针对性的风险评估发现管理上的短板并加以弥补。

以上两类企业都希望借助法律风险管理或合规管理来解决企业的实际问题、为企业带来变化,只是需求的层面不同。相对于并不重视或并未从实际出发重视风险管理的企业,以上两类企业有着更为真实和迫切的风险管理需求。

二、常用的分析工具

在长期的管理实践中,逐渐发展出了许多成熟的分析方法,或称之为思维工具。这些工具将成熟的思维模式工具化,使得使用这些工具的人不再需要重新进行逻辑推导,只需掌握原理和使用方法即可达到相当高的工作水准。虽然离法律专业比较远,但是这类方法大多是逻辑规律的工具化,易于理解和应用。

这些管理工具可以用来弥补人们思维能力的不足并提高工作效率、成果质量。同时也由于它们是"管理语言",因而其方法与结论也更容易被企业所接受。由于其过程、方法和科学性不同,所以结论更具质量感和可信度。

(一)过程分析类技术方法

过程分析类的技术方法,重在通过对经营管理活动中某一过程的分析、检验,发现整个过程的各个环节中可能存在的缺陷或风险点。这类分析方法以流程图法最为普遍、直观和方便,有时也用穿行测试来模拟运行以测试风险或缺陷。

1. 流程图(Flow Charts)

关于流程图和流程管理的原理、作用以及如何识别流程风险,此前已有详细讨论[①],其原理虽不复杂但实际制作却并不容易。例如,有的"流程图"没有开始与结束、有的工作要求不明令人无所适从、有的除"是"和"否"外还存在着第三种可能等,这些缺陷都使工作无法顺利完成。

合格的流程图应涵盖所有的可能性并有明确的处理环节、处理内容要求,而其制作本身也是发现流程管理漏洞的过程。如果对于某项工作无法制作出规范的流程图,大多说明相关工作内容和工作程序处于"混沌"状态,这本身就存在着极大的风险。例如,某大型珠宝零售企业的采购流程如下:

这一流程虽然不够规范但是基本还算细致,然而从环节"G自带外送到公司"起开始紊乱。主要有以下几点问题:

[①] 参见本书第二章第八节之"三、制度体系的流程风险识别"。

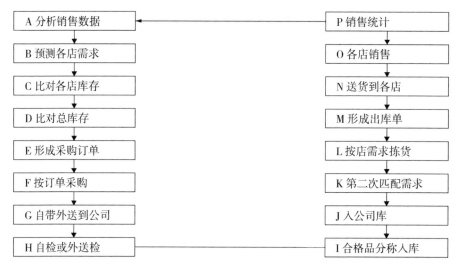

图 3-1　某大型珠宝零售企业采购流程图

(1) G环节缺少供应商选择及送货流程,难以界定货损风险、送货义务;
(2) G环节多种配送方式混在一起,未针对不同风险设定不同管理要求;
(3) 配送的交接环节无标准化要求,出现问题后难以确定原因及责任方;
(4) 未确定自检及送检的判断标准及工作内容,货品质量控制弹性较大;
(5) 缺少不合格产品的交接及处理环节及要求,存在管理盲区;
(6) 未充分利用采购中的优势地位制定、推行标准合同,优势未充分发挥。

上述问题既是管理问题也是法律风险问题、合规风险问题。其中,某些环节的责任界限不明、保留履行证据环节的缺失、未通过标准合同文本控制合同风险等,用流程分析方式可以更为简单、直观地发现。

2. 穿行测试(Walk Through Test)

"穿行测试"也叫全程测试、了解性测试、摇篮-坟墓测试(Cradle to Grave Tests),在风险管理中是指"在正常运行条件下,将初始数据输入内控流程,穿越全流程和所有关键环节,把运行结果与设计要求对比,以发现内控流程缺陷的方法"。即在内控过程中将一笔或数笔具有典型代表性的业务投入交易循环中,以验证内控信息的客观性和准确性。但这一术语当下已经被广泛借用到其他领域和行业,用以表述通过实际运行来验证流程设计、发现流程缺陷的分析方法。

如果不去考虑这个术语和其原来的应用范围,制度、流程、合同中只要涉及过程的内容其实都可以借用这种思路去验证是否存在缺陷,也就是通过想象中的虚拟运行来验证,包括检查法律风险管理和合规管理中涉及过程的设计是否存在无法衔接、不尽明确、不够通畅、无法落实之处。

例如,对于采购付款环节的风险,可以按照样本合同中对于正常履行情况下的预付款或定金、产品交付手续、验收证明、入库、付款审核、发票、支付等合同约定,以及出现质量、数量、批次等非正常履行情形时如何支付等方面的约定,对整个履行过程进行详细的推演。如果存在流程不畅、约定不足、缺乏证据、要求不明、无法配合等情况,均说明这一环节存在着不同程度的风险或缺陷。这些发现,均可用于完善采购管理、供应商选择、合同谈判及签订管理,以及文本质量、检验要求、验收后质量责任、质量鉴定、索赔、付款等方面的制度、流程、约定。

(二)原因分析类技术方法

这类技术方法主要用于分析某一种状况产生的原因、包含的要素等,尤其适合深入挖掘产生某种风险后果的综合性原因。

1. 原因分析型鱼骨图(Cause & Effect Fishbone Diagram)[①]

鱼骨图(Fishbone Diagram)又称"鱼刺图""因果图""因果关系图""特性要因图"等,最早用于生产运作中的质量管理,但现在已经被公认为分析问题、发现问题根本原因的有效工作方法。该图是由日本管理大师石川馨先生所发展出来的,故又被称为"石川图"。

这种图又分为整理问题型、原因分析型和决策分析型三类,后两者较为常见。其工作原理是将某种现象或结果作为一种存在,并通过分析、调研等分别找出产生这一现象或结果的各种因素,并根据这些因素的相互关联性整理成层次分明、条理清楚、要素明确的图形。因图形状如鱼骨,故俗称"鱼骨图"。

原因分析型鱼骨图的鱼头在右,代表需要分析的现象或结果,带箭头的水平横线被称为鱼脊。与鱼脊呈60度连接并"射向"鱼脊的斜线代表形成现象或结果的主要原因,代表这些主要原因的斜线构成图形中的大骨。构成主要原因的原因为子原因,属于构成大骨的中骨。如果还有原因可以构成子原因,则这类原因被称为孙原因,构成鱼骨图中的小骨。具体示例及解释见图3-2。

其中,大要因(大骨)是最为基本的分类,例如将生产运作管理问题划分为"人、机、料、法、环"五大要因,并中性地客观描述;中要因(中骨)视需要而采用客观描述或带有主观判定的价值描述;如有小要因(小骨),则一般均用价值判断描述,如"经验缺乏""资源投入不足"等。但每层分析都需要逻辑严谨、思维缜密,穷尽一切可能性后再加以归纳,以免产生重大的原因遗漏。

---

① 参见"鱼骨图",载智库·百科,https://wiki.mbalib.com/wiki/鱼骨图,访问日期:2020年2月8日。

262 第三章 风险的评估与报告

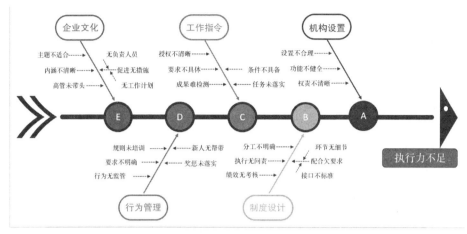

图 3-2 原因分析型鱼骨图①

在风险评估中,这类鱼骨图非常适合作为分析工具和表述手段用于个案的分析和研究成果的展示,以直观、生动的方式展示问题所在以及产生问题的原因分类、层级分类。即使仅仅用这种图形展示分析结论,也会大大增加成果的可读性和可信度。

2. 对策分析型鱼骨图

这种鱼骨图与前一种基本相同,在图形上的主要区别在于鱼头在左并代表问题的解决,与鱼脊呈 60 度连接的"大骨"代表解决问题的几个基本要素,每个"大骨"上的"中骨"为各基本要素的细分,并可以视需要进一步细分。其他方面的规则与原因型鱼骨图相同,甚至在实际使用中人们已经不在意箭头的方向而将原因分析型鱼骨图用于决策。

事实上,两种鱼骨图在实际使用功能上也确实并无本质区别。以图 3-3 为例,该图既可以是对于投资风险的分析结果,也可以是风险管理的措施分类。在风险管理领域,尤其是法律风险管理,如果借用"人、机、料、法、环"的理念,可以从法律规则规定、其他规则要求、经营管理行为模式、文本约定承诺内容、事件证据记录这几个角度考虑问题,并根据各要素之间的因果关系、层级关系,穷尽各种可能,细分后再归纳出各级要因。

---

① 标有 A、B、C、D 的中心线为鱼脊,其两侧分别为鱼尾和鱼头;指向鱼脊的箭头线为大骨、指向大骨的箭头线为中骨、指向中骨的箭头线为小骨。

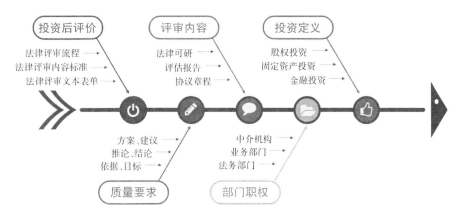

图3-3 使用原因分析型鱼骨图的对策分析型鱼骨图

(三)结果分析类技术方法

这类技术方法的使用目的与前一种相反,不是为了分析既成事实或某一结果的形成原因,而是用以判断某些因素相互作用后会出现何种结果。将其用于分析现行制度、流程、文本可能导致的情形时,同样可以发现风险和缺陷。

1. 幕景分析法(Scenarios Analysis)①

幕景分析法用于研究当引发风险的某种条件或因素变化时,会产生怎样的风险和后果。作为一种识别关键因素及其影响的方法,幕景分析法常被用来预测未来的状况以及变化的过程,包括未来最好、最坏的前景以及不同情况下可能发生的事件和风险等。

这种方法将未来可能发生的情景一幕幕地展现出来,尤其侧重于描述引发风险的条件和因素发生变化时,会产生怎样的风险、导致怎样的后果等。信息化程度高的领域可以用图表、曲线等简述,来分析、评价当规则环境或管理流程等发生变化时,可能遇到的风险及不利后果。

2. 德尔菲法(Delphi Method)②

德尔菲法(Delphi Method)又称专家调查法,是一种主观预测方法。其名称源

---

① 参见"幕景分析法",载智库·百科,https://wiki.mbalib.com/wiki/幕景分析法,访问日期:2020年2月8日。
② 参见"德尔菲法",载智库·百科,https://wiki.mbalib.com/wiki/德尔菲法,访问日期:2020年2月8日。

自古希腊有关太阳神阿波罗的神话,因为传说中的阿波罗具有预见未来的能力。①这一方法于20世纪40年代由美国专家提出,然后由世界著名的兰德智库集团广泛运用到各个领域的预测和综合评价中,并因此作为比较可靠的评估和预测工具而得到推广。

这一方法的运用过程,是以书面、背对背的方式征求专家意见,并通过中间人或协调员将专家意见集中归纳后反馈给他们,然后再次征求意见。如此循环反复多次后,将专家们趋于一致的意见作为识别、评价和预测的依据。由于征集专家意见的过程是匿名、背对背的方式,因而专家们的判断不易受其他人的影响。而经过多轮的征询、归纳、修改、汇总,专家们对问题的看法逐次变得周到、成熟,因此结论的准确性可以大大提高。

当某一趋势没有固定、成熟的方法、规则、模式可以预测,或由于因素过于复杂而难以分析、预测时,德尔菲法就是一种简便易行的解决方案和方法依据。尤其是用于预测那些本身就无法准确预测的趋势时,这种方法能够最大化地利用专家的知识、经验和智慧,在解决非结构化问题时具有一定的科学性和实用性。

(四) 系统分析类技术方法

这类技术方法侧重于按不同的分类及层级解释或展示事物的构成要素及整体结构,或是用于全方位地识别某一主题所涉及的各类要素。同时,作为一种有效、实用的思维工具,这类分析方法也可用于分析原因或预测结果。

1. 思维导图(Mind Map)②

思维导图又被称为心智图、脑图、心智地图、概念地图、思维地图等,是一种借助于具体的图像进行分析和表达的思维工具。它用一个中央关键词或想法引起形象化的构造和分类的想法,并以延伸辐射的线形连接所有的代表概念、想法、任务或其他关联项目,并以整体图解的方式展现中央关键词或想法与其各个分支在层级和内涵上的关联。因此,该方法可用于分析某一关键词或想法所涉及的各类其他概念、事物等信息的关联关系,以及由这些关联关系形成的结构体系,同时也可用于原因分析和结果预测。

按照相关条目的解释,"心智图是一张集中了所有关联资讯的语义网路或认知体系图像。所有关联资讯都是被辐射线形及非线性图解方式接连在一起,以脑力激荡法为本去创建一个适当或相关的概念性组织任务框架。但脑力激荡法并非以制式的方式去互相连接语义网路或认知体系,亦即是可以自由相连接使用的。元

---

① 但这一说法未必准确。因为德尔菲是古希腊著名的神庙,希腊人常去那里通过里面的预言家求得面向未来的"神谕"。庙里供奉着阿波罗,他通过预言家传话给世人。

② 参见"思维导图",载智库·百科,https://wiki.mbalib.com/w/index.php?title=思维导图&oldid=108826,访问日期:2020年2月9日。

素是直接地以概念的重要性而被安排及组织入分组、分支或区域中的。会集知识方法能够支持现有的记忆,去思考语义的结构资讯"。

思维导图充分利用了视觉引导的优势,通过结构上的关联将关键词、色彩、图像等连接在一起。简言之,心智图法就是将中心概念与关联概念连接起来的一种思维方法。但它不同于人们通常已经习惯了的直线性思考方法,而是以全脑思考的方式来激发想象力和创造力。①

在具体使用上,首先要将主概念或主想法置于图的中心位置作为开始,然后分别用不同的颜色标出第一层的关联分支,再以每个分支为中心通过进一步的细化建立起各级次分支,直到完成。但目前,已有许多成熟的软件可用于直接绘制思维导图。例如,图3-4②以"头脑风暴"为主概念,分别连接筹备会议、详细计划、设置规则、想法呼求、评估想法、解释问题六个分支,并按层次不断延伸。

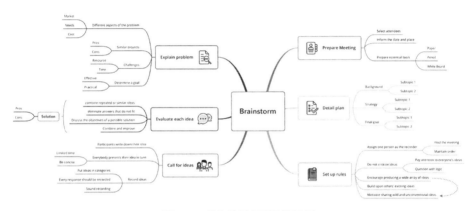

图3-4 "头脑风暴"思维导图

2. 六顶思考帽(Six Thinking Hats)

六顶思考帽是英国学者爱德华·德博诺(Edward de Bono)博士开发的一种思维训练模式,或者说是一个全面思考问题的模型。它提供了"平行思维"的工具,避免将时间浪费在互相争执上,并使每个人都富有创造性、使团体从并无意义的争论变成集思广益的创造,以避开谁是谁非的争论而寻求向前发展的道路。

这种技术方法认为,任何人都有能力进行以下六种基本思维活动,以六顶不同颜色的帽子作为比喻则分别是:

(1)黑色思考帽:象征着谨慎、批评以及对于风险的评估,以发现缺点、做出评

---

① 参见"心智图法",载智库·百科,https://wiki.mbalib.com/wiki/心智图法,访问日期:2020年2月9日。

② 参见 XMind 公司网站 https://www.xmind.net。

价作为黑帽思维的主要目的。

（2）白色思考帽：象征着信息、事实和数据的中立、客观，白帽思维的注意力在于现在拥有的信息、未来需要的信息、如何得到所需信息。

（3）红色思考帽：象征热烈与情绪，表现为对事物或观点的预感、直觉和印象等主观感受，而不是理性的逻辑思考。

（4）黄色思考帽：象征阳光和乐观，代表事物合乎逻辑性、积极性的一面，追求利益和价值以及解决问题的可能性。

（5）蓝色思考帽：象征蓝天和纵观全局的气概，常在思维的开始、中间和结束时使用，以定义目的、制定思维计划，观察和做结论，决定下一步。

（6）绿色思考帽：象征充满生机的生命，不以逻辑性为基础，不拘一格地允许人们思考其他方法、其他可能、其他方案，不断进行充满创造力的尝试。

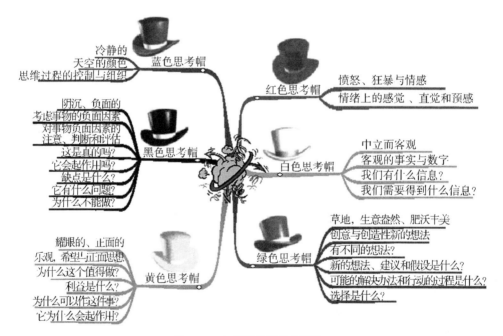

图3-5　六项思考帽示意图①

就原理而言，六项思考帽将思维分为不同的六个方面，即便不是六个人完成而只是一个人完成，也可以弥补直线式思维的严重不足，会大幅度提高思维的全面

---

① 参见"六项思考帽"，载智库·百科，https://wiki.mbalib.com/wiki/六项思考帽，访问日期：2020年2月9日。

性。典型的六项思考帽团队在实际思考过程中,基本应用步骤如下:
(1)陈述问题事实(白帽);
(2)提出如何解决问题的建议(绿帽);
(3)评估建议的优缺点:列举优点(黄帽)、列举缺点(黑帽);
(4)对各项选择方案进行直觉判断(红帽);
(5)总结陈述,得出方案(蓝帽)。

三、常用的表述工具

当向企业提供统计、评估的数据时,仅以文字、数字来表述属于人们普遍能够接受的"传统"方式会让阅读变得枯燥乏味,也使数据间的关系不够引人注目。在强调"可视化"的信息时代,以简洁、直观、醒目、便于比较的现代图表准确、直观地展示数据信息,不仅便于阅读和理解还会使数据更具可读性和趣味性。

图表,是用于同时记载或表述事物的不同属性、数值及相互关系等内容的图形和表格的统称。现代的图表大多用于表述数据的类型、量值以及相互关系,但也可以只用文字表述事物的某种性质、特征、类别、关系等,应用领域广泛。操作简单的图表软件的普及也使图表日益成为常见的数据信息表述方式,在使图表更容易表述数据间关系的同时,也使数据表述更专业、更高效。

(一)数据分析展示表格

表格,是将内容分门别类填入设定好的格子、强调内容属性的一种表述方式,从最简单的矩阵到成百上千的数据都是其体现方式。相对于图表所包括的图形,表格非常"传统"而且早就出现于图形之前。其结构分为表头和表体两部分,在编辑文档时可以用文字处理软件自带的辅助功能简单地生成、处理,简单实用且易于理解和操作。

1. 普通表格(Form)

在日常工作中经常会遇到或使用的传统表格其实是其他图表的数据基础。最简单的表格只是以行和列的方式对数据进行列举,其表头部分用于设定列举的项目、序号,表体部分用于罗列所要列举的事物的分类内容、属性,以及数据等。为了进一步说明表格的主题或其中的事项,或为了弥补表格文字量偏小的不足,某些表格还会附有注解或备注。

普通表格可以直观、简洁地展示统计结果,同时也因此成为重要的分析工具和表述工具。有些表格可以加上不同的颜色等,使版面显得丰富、生动、活跃,便于阅读,也使统计结果显得更为"专业"。例如,下表是最常见的分类统计表,其内容来自对应收账款逾期情形的统计分析,既列举了可能的情形类别又列举了相关的统计数据。

表 3-2　常见应收账款逾期原因分类统计表

	拖欠原因	金额比例
A	合同内容欠缺	8%
B	交接程序缺陷	12%
C	销售违约	9%
D	产品质量瑕疵	28%
E	履行内容变更	8%
F	收款手续不齐	11%
G	后期管理不善	16%
H	其他原因	8%
总　计		100%

同样的内容，仅仅以这种方式表述就已经比单纯的文字表述要直观、简洁得多，改用其他图表表述则会更加直观、生动，并提高表述的"质量感"。

2. 检查表(Check Sheets)[1]

检查表又称调查表、统计分析表，也有人称之为"清单"或 Checklist。按照柯林斯在线词典的英文解释，checklist[2] 是用于比较、识别、确认物品、情况、名字或其他内容的清单。这种清单里的数据简单明了、直观易懂，可在必要时记上检查记号以供后续统计整理或进一步分析之用。正因如此，它被列为质量管理的七大手法之一，但其用途远不止质量管理。

在结构上，检查表一般由检查内容、审核记录两部分组成。检查内容主要包括查什么、怎么查，可作为标准的工作内容及工作标准清单；审核记录包括检查结果的"是""否""不确定"等，可作为工作环节记录或者作为检查结论使用。除此之外，还应视目的需要或管理需要而加入检查人及身份、检查时间、检查地点、检查对象、备注等信息。

在用途上，检查表既是一种简单实用的工具也是一种工作方法。将工作中所要涉及的事项设计成标准化的清单并逐项检查，可大幅度地弥补工作人员技能熟练程度上的不足，并降低脑力劳动在应对复杂工作环节、工作层次时管理能力波动

---

[1] 参见"检查表"，载智库·百科，https://wiki.mbalib.com/wiki/检查表，访问日期：2020年2月7日。
[2] "checklist"，载柯林斯在线词典，https://www.collinsdictionary.com，访问日期：2020年2月7日。

的不利影响,使工作质量和工作流程的控制标准化、稳定化。

以风险管理工作为例,检查表既可以用于对尽职调查清单内容的检查、尽职调查完成情况的检查、资料收集情况的检查,以及评估报告内容及质量等方面的检查,还可以作为得出风险识别结论的依据。例如,如果将合同风险管理的尽职调查内容①简化为一张检查表,其内容节选如下：

表3-3 尽职调查简表

检查事项	序号	检查事项	检查结果			
			符合	不符合	不适用	其他/备注
1. 主体合法性	1.1	营业执照				
	1.2	许可证				
	1.3	资格证书				
	1.4	资质证书				
	1.5	其他行政许可				
2. 交易合规性	2.1	公司章程				
	2.2	董事会决议				
	2.3	行业管理要求				
	2.4	上级公司要求				
	2.5	公司管理制度				
	2.6	交易立项依据				
	2.7	签订人员授权				
3. 合同管理分工	3.1	组织结构图				
	3.2	签订管理分工				
	3.3	签订部门分工				
……						
检查地点			检查人身份			
检查对象			在场人身份			
检查时间			检查人签名			

---

① 参见本书第二章第四节之"一、尽职调查清单的内容"中的第一部分之"1.合同管理类"。

(二)数据分析展示图形(Chart)

除了普通的表格外,折线图、长条图、圆饼图等也被大量用于数据的分析、统计,以发现和展示数据相互间的变化、比例、对比等关系,是不可忽略的现代数据表述方法。这些图形也都可以在编辑文档时,简单地通过 Word 等文字处理软件上附带的功能完成。

1. 折线图(Line chart)

折线图的典型用法是表述一个或多个变量随着固定的时间间隔演进时发生的数值变化。由于各时间点上的数值被按邻近关系使用直线连接起来而形成了折线,故被称为折线图。但依据英语直译,则指"线图"。如果图中同时出现几条代表不同变量的折线,则可对同一周期内不同变量的变化情况进行比较,甚至可以分析变化之间的相互关系。

在技术上,折线图尤其擅长显示某一变量在各个时间间隔点上发生的变化,因此非常适用于显示在相等时间间隔下的数据变化情况,例如进行历史趋势分析。其中,时间间隔按水平轴均匀分布,各时间点的数值数据则沿垂直轴分布,相邻的数据点用直线加以连接。

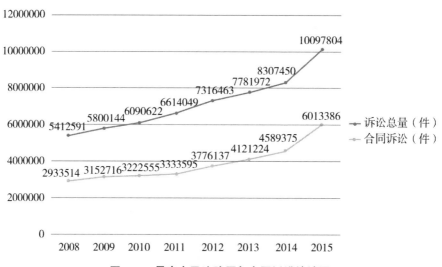

图3-6 最高人民法院历年合同诉讼统计图

2. 长条图(Bar Chart)

长条图又被称为条图(Bar Graph)、柱图、条形图,是以长方形的"条"的长度或高度为变量,直观地显示两个或多个数值间的差距的图形。它既可以用来表示两个或多个不同事物在某一共同属性方面的数值差距,也可以用于表述同一事物在不同的时间或环境等条件下的数值差距。

这类图形既可纵向排列也可横向排列,多用于同一属性下多个来源的数值的比较,并可以替代折线图显示指定时间间隔下的同一数值的变化。例如,历年合同诉讼总量、每月诉讼问题、每周客户投诉总量等,或数个样本企业同年诉讼总量比较、导致同一不利后果的各种原因占比等。

此外,还可以按时间轴将几组数据进行比较,例如历年来合同诉讼量与全部诉讼量的比较等。例如,某企业特定年度内的诉讼结果分析柱图如下:

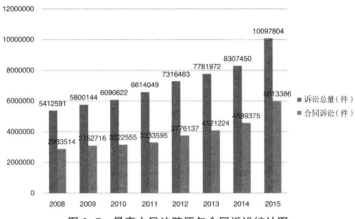

图3-7 最高人民法院历年合同诉讼统计图

3. 圆饼图(Pie Chart)

圆饼图也称馅饼图、饼图,主要用途是直观地表示一组数据在总数据中所占的份额或比例。它将一组相加之和为100%的数据视为一张圆饼,并按比例将不同数据所代表的百分比,从共同的圆心起分割成不同的扇形,并用图例加数字的方式标明不同扇区所占的百分比。

这种图能够以平面的形式体现不同数据的占比,也能够以立体的方式体现。两种方式都可以直观地体现各种情形所占的比例,远比原始的表格易懂、易读。

以立体的方式体现应收账款逾期原因的分类,则得到圆饼图,如下:

图3-8是以立体、分裂的方式展示了与前面相同的数据。但这类图形如果内容项目较多会显得比较琐碎,并不方便阅读。

图3-9则是饼图比较常见、"标准"的表示方式。虽然只是平面,但是增加的图例和直观的平面,更利于阅读、理解和查找。

从以上介绍可以看出,同样的数据用不同的方式表述有着不同的视觉效果,并对阅读理解有着不同的影响。但各种表述方式之间存在着某种共性和通用性,比

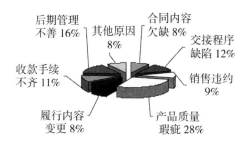

图 3-8　应收账款逾期原因分类图(1)

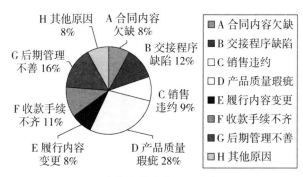

图 3-9　应收账款逾期原因分类图(2)

如折线图与长条图有时可以互换,但都是分析和表述的成熟方法。

第三节　风险评估的维度设定

风险识别中经常遇到的两个极端现象是,致命的风险事件几乎难以发生,而频繁发生的风险事件又多为并无重大影响力的琐事,哪一个应该优先处理也因此成为难题。如何将按照发生概率排序与按照严重程度等各种排序方式有机地结合起来形成统一的排序,便是风险评估要解决的问题。

要想评估不同风险点对于企业的实际风险程度,需要从不同的角度分析、评价。而从哪些角度出发,则正是维度问题。

一、对评估维度的相关表述

对于风险评估的维度①，全面风险管理、法律风险管理的相关指引中提及较多。合规管理方面的指引几乎都没有详述，但风险评估的方法其实相通。

(一) 全面风险管理的坐标图法

由国务院国有资产管理委员会(以下简称"国资委")于2006年印发的《中央企业全面风险管理指引》在其附录"风险管理常用技术方法简介"中列举了风险坐标图、蒙特卡罗方法、关键风险指标管理、压力测试四种技术方法，其中的"风险坐标图"其实是一种既涉及维度又涉及评估方法的评估工具。

该图将风险按发生可能性、影响程度两个维度，并按高低顺序排列在同一个直角坐标图上。对于两个维度的程度评估既可以用定性的方法也可以用定量的方法。前者用文字描述程度，如"极低""低""中等""高""极高"等；后者用有实际意义的数量描述。

其中，对于风险发生可能性的定量评估、定性评估，提供了如下参考示范：

表3-4 风险发生可能性的定量、定性评估

定量方法一	评分	1	2	3	4	5
定量方法二	一定时期发生的概率	10%以下	10%～30%	30%～70%	70%～90%	90%以上
定性方法	文字描述一	极低	低	中等	高	极高
	文字描述二	一般情况下不会发生	极少情况下才发生	某些情况下发生	较多情况下发生	常常会发生
	文字描述三	今后10年内发生的可能少于1次	今后5～10年内可能发生1次	今后2～5年内可能发生1次	今后1年内可能发生1次	今后1年内至少发生1次

而风险事件对于目标影响程度的定性评估、定量评估，提供了如下参考示范：

---

① "维度"的定义参见本章第一节"规则风险评估概述"。

表 3-5　风险事件对于目标影响程度的定性、定量评估

			1	2	3	4	5
	定量方法一	评分	1	2	3	4	5
	定量方法二	企业财务损失占税前利润的百分比(%)	1%以下	1%～5%	6%～10%	11%～20%	20%以上
适用于所有行业	定性方法	文字描述一	极轻微的	轻微的	中等的	重大的	灾难性的
		文字描述二	极低	低	中等	高	极高
		文字描述三 企业日常运行	不受影响	轻度影响(造成轻微的人身伤害,情况立刻受到控制)	中度影响(造成一定人身伤害,需要医疗救援,情况需要外部支持才能得到控制)	严重影响(企业失去一些业务能力,造成严重人身伤害,情况失控,但无致命影响)	重大影响(重大业务失误,造成重大人身伤亡,情况失控,给企业造成致命影响)
		文字描述三 财务损失	较低的财务损失	轻微的财务损失	中等的财务损失	重大的财务损失	极大的财务损失
		文字描述三 企业声誉	负面消息在企业内部流传,企业声誉没有受损	负面消息在当地局部流传,对企业声誉造成轻微损害	负面消息在某区域流传,对企业声誉造成中等损害	负面消息在全国各地流传,对企业声誉造成重大损害	负面消息流入世界各地,政府或监管机构进行调查,引起公众关注,对企业声誉造成无法弥补的损害
		文字描述三 安全	短暂影响职工或公民的健康	严重影响一位职工或公民健康	严重影响多位职工或公民健康	导致一位职工或公民死亡	导致多位职工或公民死亡

(续表)

适用于开采业、制造业	定性与定量结合	营运	①对营运影响微弱 ②在时间、人力或成本方面不超出预算1%	①对营运影响轻微 ②受到监管者责难 ③在时间、人力或成本方面超出预算1%~5%	①减慢营运 ②受到法规惩罚或被罚款等 ③在时间、人力或成本方面超出预算6%~10%	①无法达到部分营运目标或关键业绩指标 ②受到监管者的限制 ③在时间、人力或成本方面超出预算11%~20%	①无法达到所有的营运目标或关键业绩指标 ②违规操作使业务被迫中止 ③时间、人力或成本方面超出预算20%
		环境	①对环境或社会造成短暂的影响 ②可不采取行动	①对环境或社会造成一定的影响 ②应通知政府有关部门	①对环境造成中等影响 ②需一定时间才能恢复 ③出现个别投诉事件 ④应执行一定程度的补救措施	①造成主要环境损害 ②需要相当长的时间来恢复 ③大规模的公众投诉 ④应执行重大的补救措施	①无法弥补的灾难性环境损害 ②激起公众的愤怒 ③潜在的大规模的公众法律投诉

(二)合规管理指引中的表述

《企业境外经营合规管理指引》(2018年)仅对风险评估维度作了简单的原则性描述,并未提供具体的方法。

第二十四条 合规风险评估

企业可通过分析违规或可能造成违规的原因、来源、发生的可能性、后果的严重性等进行合规风险评估。

企业可根据企业的规模、目标、市场环境及风险状况确定合规风险评估的标准和合规风险管理的优先级。

企业进行合规风险评估后应形成评估报告,供决策层、高级管理层和业务部门等使用。评估报告内容包括风险评估实施概况、合规风险基本评价、原因机制、可能的损失、处置建议、应对措施等。

(三) 操作风险管理指引中的表述

在具体事项的风险管理中,原中国银行业监督管理委员会(现中国银行保险监督管理委员会)印发的《商业银行操作风险管理指引》(2007年)列举的两种方法值得借鉴:

> 二、自我风险评估、关键风险指标
> 商业银行用于识别、评估操作风险的常用工具。
> (一)自我风险评估
> 自我风险评估是指商业银行识别和评估潜在操作风险以及自身业务活动的控制措施、适当程度及有效性的操作风险管理工具。
> (二)关键风险指标
> 关键风险指标是指代表某一风险领域变化情况并可定期监控的统计指标。关键风险指标可用于监测可能造成损失事件的各项风险及控制措施,并作为反映风险变化情况的早期预警指标(高级管理层可据此迅速采取措施),具体指标例如:每亿元资产损失率、每万人案件发生率、百万元以上案件发生比率、超过一定期限尚未确认的交易数量、失败交易占总交易数量的比例、员工流动率、客户投诉次数、错误和遗漏的频率以及严重程度等。

(四) 法律风险管理指南中的表述

国家标准化管理委员会颁布的国家推荐标准《企业法律风险管理指南(GB/T 27914-2011)》(2012年)将风险评估分为风险识别、风险分析、风险评价三个部分,对于后两者的描述为:

> 5.3.3 法律风险分析
> 5.3.3.1 概述
> ……
> 对于法律风险事件发生的可能性和影响程度的分析应综合采用建模和专家意见以及经验推导来确定,要注意与企业利益相关者的沟通,同时也要考虑模型和专家意见本身的局限性。
> 5.3.3.2 法律风险可能性分析
> 对法律风险发生可能性进行分析时,可以考虑但不限于以下因素:
> ——外部监管的完善程度和执行力度,包括相关法律法规的完善程度,以及相关监管部门的执行力度等;
> ——现有法律风险管理体系的完善与执行力度,包括企业内部用以控制相关法律风险的策略、规章、制度的完善程度及执行力度等;

第三节 风险评估的维度设定

——相关人员法律素质,包括企业内部相关人员对相关政策、法律法规、企业规章制度以及法律风险控制技巧的了解、掌握程度等;

——利益相关者的综合状况,包括利益相关者的综合资质、履约能力、过往记录、法律风险偏好等;

——所涉及工作的频次,即与法律风险相关的工作在一定周期内发生的次数。

对于不同类型的法律风险来说,影响其发生可能性的因素会有所不同。各种因素对可能性影响程度的权重也是不同的,并且各因素之间的权重比会因法律风险类型的不同而有所差异。附录 C 中给出了法律风险可能性分析的示例。

表 C.1 法律风险可能性分析示例

分析维度	得分				
	5	4	3	2	1
内控制度的完善与执行	内部控制规章制度/业务流程很不完善,内部控制规章制度/业务流程很难得到执行	内部控制规章制度/业务流程较完善,内部控制规章制度/业务流程较难得到执行	内部控制规章制度/业务流程较完善,内部控制规章制度/业务流程执行程度一般	内部控制规章制度/业务流程很完善,内部控制规章制度/业务流程执行比较准确	内部控制规章制度/业务流程很完善,内部控制规章制度/业务流程执行非常准确
我方人员相关法律素质	不了解相关法律及企业内部制度	对相关法律及企业内部制度有一定了解,但不能有效执行	了解相关法律及企业内部制度,且基本能够执行	理解相关法律及企业内部制度,并能够较好执行	我方人员非常熟悉相关法律及企业内部制度并能够完全有效执行
风险对方综合状况	履约能力很弱或侵权可能性很大,信誉很差	履约能力较弱或侵权可能性较大	履约能力一般或侵权可能性一般,信誉一般	履约能力较强或侵权可能性较小,信誉较好	履约能力很强或侵权可能性很小,信誉很好

(续表)

分析维度	得分				
	5	4	3	2	1
外部监管执行力度	无法律规定,有监管部门,但监管部门经常不履行职责	有法律规定,有监管部门,但监管部门经常不履行职责	有法律规定,有监管部门,但违法行为并未都得到及时查处	有法律规定,有监管部门,违法行为一般都能得到及时查处	有法律规定,有监管部门,违法行为总是能得到及时查处,且处罚严厉
工作频次	风险行为所涉及的工作每天至少发生一次	风险行为所涉及的工作每周至少发生一次	风险行为所涉及的工作每月至少发生一次	风险行为所涉及的工作每季度至少发生一次	风险行为所涉及的工作每年至少发生一次

5.3.3.3 法律风险影响程度分析

对法律风险影响程度进行分析时,可以考虑但不限于以下因素:
——后果的类型,包括财产类的损失和非财产类的损失等;
——后果的严重程度,包括财产损失金额的大小、非财产损失的影响范围、利益相关者的反应等。

附录 D 给出了法律风险影响程度分析的示例。

此外,法律风险与其他风险在一定条件下具有伴生性和相互转化性,企业要对法律风险与其他风险之间的关联性进行分析,明确各风险事件之间的影响路径和传递关系,明确法律风险与其他风险之间的组合效应,从而在风险策略上对法律风险和其他相关风险进行统一集中的管理。

表 D.1 法律风险影响程度分析示例

分析维度	得分					
	0	1	2	3	4	5
财产损失大小	无	10万元以下	10万元~100万元	100万元~500万元	500万元~5000万元	5000万元以上
非财产损失大小	无	商誉、企业形象、知识产权等损失很小	商誉、企业形象、知识产权等损失较小	商誉、企业形象、知识产权等损失一般	商誉、企业形象、知识产权等损失较大	商誉、企业形象、知识产权等损失很大

(续表)

分析维度	得分					
	0	1	2	3	4	5
影响范围	无	很小范围的区域,如企业内部	较小范围的区域,如若干企业间	中等范围的区域,如全市范围内	较大范围的区域,如全省范围内	很大范围的区域,如全国范围内

注:财产损失大小的区间界定,根据企业自身情况确定。

5.3.4 法律风险评价

法律风险评价是指将法律风险分析的结果与企业的法律风险准则相比较,或在各种风险的分析结果之间进行比较,确定法律风险等级,以帮助企业做出法律风险应对的决策。在可能和适当的情况下,可采取以下步骤进行法律风险评价:

——在法律风险分析的基础上,对法律风险进行不同维度的排序,包括法律风险事件发生可能性的高低、影响程度的大小以及风险水平的高低,以明确各法律风险对企业的影响程度。

——在法律风险水平排序的基础上,对照企业法律风险准则,可以对法律风险进行分级,具体等级划分的层次可以根据企业的管理需要设定。

——在法律风险排序和分级的基础上,企业可以根据其管理需要,进一步确定需要重点关注和优先应对的法律风险。

二、风险评估的基本维度

以法律风险评估为例,典型的法律风险评估是以受管辖的法律体系所形成的法律环境为背景,基于企业活动所涉及或可能涉及的法律强制性规定,在通过比对识别出行为或即将发生的行为的法律风险的基础之上,分析和评价这些法律风险的不利后果和发生概率等情形,以便采取相应对策。

(一) 理论上的风险后果

风险的损害后果是所有风险评估的基本维度之一。如果从法律风险角度考量,企业的不利后果有刑事责任、行政责任、民事责任和单方权益丧失四类。合规风险评估虽然采用同样的思路增加了对已经识别出的合规风险点的分析、评价,但是由于其典型性不足,因此仍以法律风险为例加以讨论。由于相关内容已有详细讨论①,这里只简单提及。

1. 刑事责任法律风险

企业涉及的刑事责任风险主要是单位犯罪,以及由于单位犯罪而引起的对直接负责的主管人员和其他直接责任人员的刑事处罚。对于单位,刑事责任主要是处以罚金,而对相关人员则可以同时处以自由刑和罚金以及没收财产。如果犯罪行为并非单位所为,则只处罚具体的责任人员,不构成企业的刑事责任。

单位可能涉及的刑事犯罪往往可大致分为与主营业务相关的行业化犯罪、与经营管理活动相关的共性化犯罪,以及与前两者均无关的个性化犯罪。例如,普通工业品生产企业可能会涉及"生产、销售伪劣产品罪",食品生产企业可能涉及"生产、销售有毒、有害食品罪"等,都与其主营业务、所在行业相关。而在经营管理活动中,企业可能涉及共性化的与行业无关的虚报注册资本罪、对非国家工作人员行贿罪、虚开发票罪等。除此之外,与正常的行业行为、经营管理行为无关的个性化犯罪,如洗钱罪、信用证诈骗罪等则较为少见。

从实际情况来看,无论是否为单独犯罪,只要是追究单位经营管理主要负责人的刑事责任,都会对企业的正常经营产生巨大影响,甚至是企业最需要避免的法律风险、风险管理的重中之重。而刑事责任中的罚金金额,有的视情节决定;有的在法定范围内决定,因而增加了不确定性风险。

2. 行政责任法律风险

行政责任基于行政处罚而产生,其法律风险的"透明度"比较高。依照《行政处罚法》(2017年),行政处罚分为七类,即:①警告;②罚款;③没收违法所得、没收非法财物;④责令停产停业;⑤暂扣或者吊销许可证、暂扣或者吊销执照;⑥行政拘留;⑦法律、行政法规规定的其他行政处罚。

行政处罚的类型、力度决定了对企业的不利影响程度。所有行政处罚中最为严厉的当属吊销执照及吊销许可证,前者是直接丧失所有的经营资格,后者影响到经营某些业务的合法性。而暂扣证照、责令停产停业只是临时性行为,待违法行为得到有效的纠正后可以恢复。同时,罚款等处罚的额度范围、比例或倍数等大多依据法律规定执行,因而预测行政责任的不利后果范围相对容易。

但行政法律体系的门类和层级远比刑事法律体系复杂。《行政处罚法》仅是作出行政处罚时的程序法,何种行为需要处罚、处以何种处罚、处罚的幅度范围等,从国务院的行政法规到国务院所属行政主管部门的部门规章,以及省、自治区、直辖市的地方性法规、地方政府规章均可设置。因而门类众多、层级复杂,稍有不慎

---

① 参见本书第一章第二节"法律风险的概念与要素"、第一章第八节"风险后果解析"的相关部分。

就容易出现合法性漏洞。

此外,行政处罚与刑事处罚还具有一定的相关性。同类行为中,行政处罚针对情形较轻的行为;刑事处罚针对情节较重的行为。但某些行政处罚会与刑事处罚联动,即基于同一行为同时触犯刑事和行政两大法律体系,并受到两大法律体系的不同处罚。

3. 民事责任法律风险

依据《民法典》(2021年)第一百七十六条:"民事主体依照法律规定或者按照当事人约定,履行民事义务,承担民事责任。"因此民事责任可分为法定和约定两类。法定义务有违约、侵权两种责任,约定义务主要是违约责任。

同样依据该法第一百七十九条规定:

> 承担民事责任的方式主要有:
> (一)停止侵害;
> (二)排除妨碍;
> (三)消除危险;
> (四)返还财产;
> (五)恢复原状;
> (六)修理、重作、更换;
> (七)继续履行;
> (八)赔偿损失;
> (九)支付违约金;
> (十)消除影响、恢复名誉;
> (十一)赔礼道歉。
> 法律规定惩罚性赔偿的,依照其规定。
> 本条规定的承担民事责任的方式,可以单独适用,也可以合并适用。

这些民事责任承担方式既包括了侵权责任也包括了违约责任。但《民法典》(2021年)第五百七十七条还规定了"当事人一方不履行合同义务或者履行合同义务不符合约定的,应当承担继续履行、采取补救措施或者赔偿损失等违约责任",如果进一步细分还有适用定金及违约金、赔偿可得利益损失、承担对方防止损失扩大而支出的合理费用等。同时由于中国立法体系一般持"填平主义"原则,所以惩罚性的违约金和赔偿金的幅度有限。

企业对于侵权风险和违约风险,可以采用设定规章制度类的加强管理、增设合同条款的加强约定等综合方式加以有效防控。一方面避免违法、违约情形的发生;另一方面则通过约定界定与相对方或第三方的责任范围。但在总体上,民事责任范围存在着更多的定性要求,因而不像行政责任那样容易确定损失范围。

4. 权益丧失法律风险

单方权益丧失风险起因于企业未能知悉相关的法律权利或未能及时行使相关的法律权利,从而导致不会被其他方追究的合法权益丧失。如未能充分享受税、费的减免;未能享受相关的扶助、补贴;超过诉讼或举证时效等。

这类情形的产生多是由于管理人才的缺乏或严重的管理不善,导致未能及时知悉和利用或行使相关权利。此外还有可能由于企业内部的股东之间的矛盾而导致的管理秩序混乱,例如股东之间的侵权行为或公司陷入僵局等。

(二) 不利后果的损害程度

在理论上的风险后果已经得到有效识别之后,若要风险损失具体和精确,还需要进一步分析风险事件的性质、企业对风险事件的止损能力以及承受力等。这些因素相互作用,决定了风险事件发生后的实际风险损失程度,并成为度量风险的一个维度。

1. 从预计损失到实际损失

风险损失可以分为预计损失与实际损失。前者是指根据法律规定、证据事实及类似判决等预估的风险损失金额或风险损失幅度。后者是指风险事件处理完毕后,最终的实际处理结果。基于法院的判决、双方的和解、行政机关的生效处罚决定等,可以确定具体的直接实际损失。但对于间接损失,如败诉会丧失多少市场销售额等,往往难以计算而只有估算幅度。

而预计损失与实际损失之间的差距,是各种因素综合作用的结果。这些综合因素包括事件性质、企业止损能力以及各种企业外部因素,有时还包括随机事件的影响。例如,当年的三株口服液由于媒体大量宣传了一个负面案件而遭遇了大批退货,虽付出了大量努力但企业仍旧毁于一旦。

2. 风险事件的严重程度

风险事件的严重程度对风险损失程度起着非常重要的作用。大多数的风险事件只是给企业带来损失,但某些直接与企业的资金链、产业链相关联并影响到企业生态的事件,则足以产生致命影响。

例如,三鹿集团因其生产有毒奶粉并造成大量结石婴儿的行为完全超出了消费者容忍的底线,销量为零后只能从市场上消失。巴林银行、安然等国际知名机构的假账行为同样让人们失去了起码的信任,因而其结局只能是破产。

3. 对于风险的止损能力

企业的止损能力由多种能力构成,如危机公关能力、快速反应能力、资源调配能力等。这些能力有的可用于及时、有效地投入到解决自然灾害等造成的物理损害、避免违约等损失的扩大方面;有的可以及时、有效地用于防止不利社会影响的扩大和加重。

这些能力多与管理水平、经济实力相关。良好的管理和足够的实力才有可能建立完整的危机管理体系,培育专业的公关能力,以及及时投入技术力量、人力资源、物资等以防止各类损失扩大的能力。

4. 规则执行的严格程度

违法、违约的不利后果除了取决于法律规定和合同约定,还取决于执法的严厉程度和执行的严格程度。如果对法律或合同的执行存在着不确定性,则严格执行时未必能够得到充分的保护,违反时又可能被追究责任。

由于立法滞后及立法技术、执法力量问题,许多法律并未或无法严格执行,从而使风险损失存在着不确定性。而违约责任也是如此,现实交易中的许多合同都存在着不同程度的违约,但相对方并未追究或通过协商解决。

综合以上可能需要考虑的细分维度,在实际评估时可根据需求和实际情况而增设不同的维度以实现评估的目标。

(三)风险事件的发生概率[①]

概率是度量风险、决定对策时最为重要的工作方法。在人类社会和自然界中,如果某些事件可能发生也可能不发生,便属于"随机事件",度量其发生可能性大小的方式便是概率。其中,必然发生的概率被定为1,不会发生的概率被定为0,随机事件的概率大多介于二者之间。

1. 概率与频率

频率是在单位时间内所发生的事件总数,用于计量单位时间内风险事件发生量或风险行为发生量而形成的概率。它又被称为频度,并可细分为风险事件频度及风险行为频度。

概率一般以百分比表示,例如销售一千件产品后发生了一起由产品质量原因导致的人身伤害事件,则产品质量责任的风险发生概率为1‰。如果细分,还可以分为按照金额的发生概率、按照时间的发生概率等。频率一般以次数表示,如每周N次、每月N次等。

无论是概率还是频率,数值越大遭受不利后果的可能性越高。对于低频率发生的事件,人们一般并不采取措施。正如被陨石击中虽然致命但是概率极低,因而无人防范。

2. 概率的产生方式

风险事件的发生概率在实务中有两种产生方式。一种来自实证研究,分为基于大数据统计出的全社会或全行业的风险事件发生概率,以及基于企业历史数据

[①] 参见本章第一节"规则风险评估概述"之"三、评估视角下的风险分类"。

统计结果的发生概念；另一种来自于主观判断，包括主观的程度判断以及主观的数字化赋值。

风险发生概率可以揭示过去的事件发生规律，但对预测未来、决定是否采取措施更有意义。风险发生概率越高越值得重视，但一般只对高概率同时又后果严重的风险采取措施，因为任何防范措施都会带来经营成本的增加和工作效率的降低，不可能事无巨细统统不计血本地加以防范。如果高概率发生的都是损害后果轻微的事件，同样可以暂不处理。

三、维度的设定及操作

从以上的多角度讨论可以看出，风险评估维度虽然可以各取所需，但是最为基本的内容仍旧是损害结果和发生概率，只是在具体风险评估时会有更多的细分或权重调整，以得到统一的评估标准下的风险严重程度排序。

由于对合规风险的评估并无复杂的要求，且许多评估基本上以定性分析的方式即可解决，因而需要相对复杂的评估时可以通用法律风险评估的方式、方法。

(一)具体维度的确定

在实务操作中，并非每个项目都需要用定量分析的方式评估。许多风险评估只是简单列举若干个风险点及法律依据、后果，甚至有些企业并不在意是否评估而只要解决方案。这样的工作模式当然无需考虑维度和赋值、计算，但只适合主题集中、法律风险点为数不多的特定领域，如知识产权法律风险、劳动法律风险等，不适合综合性、多领域的风险评估。

1. 可供参考的各种维度

在讨论如何为评估设定维度、设定哪些维度的问题之前，我们不妨看一下相关的指引、标准等所提及的维度。根据本节第一部分讨论的内容，将各类维度合并进一个表格，如下表：

表 3-6　可供参考的维度及其依据

维度依据	所涉维度	备注
《中央企业全面风险管理指引》	发生可能性 影响程度	
《企业境外经营合规管理指引》	规模、目标、市场环境及风险状况	亿元资产损失率、万人案件发生率、百万元以上案发比率、错报和遗漏的频率及严重程度等

(续表)

维度依据	所涉维度	备注
《商业银行操作风险管理指引》	代表某一风险领域变化情况并可定期监控的统计指标	
《企业法律风险管理指南（GB/T 27914-2011）》	内控制度的完善与执行；我方人员相关法律素质；风险对方综合状况外部；监管执行力度工作频次	

从以上简单列举可以看出，各类风险评估的维度设定视其需求不同而各取所需。可以像《中央企业全面风险管理指引》那样只用最基本的发生可能性、影响程度，也可以像《企业法律风险管理指南》那样设置内控制度的完善与执行、我方人员相关法律素质、风险对方综合状况、外部监管执行力度、工作频次，还可以像《商业银行操作风险管理指引》那样设置一系列的统计指数。

2. 确定维度的方式

从以上内容可以看出，如果并不需要最终统一排序，或只需要凭借主观判断排序，则可以用任意维度。如果需要为风险点排序，最不需要讨论的是包括损害结果和发生概率的基本维度，离开这两个维度几乎就失去了评估的意义。但基于评估目的的需要，可以增加其他维度。例如增加员工对于制度的遵从度和企业制度的完善度两个维度，以发现员工遵从度和制度完善度的影响。

项目评估的确切维度可以基于企业需求由项目组讨论决定。还可以征求高级管理层的意见，以及召集相关部门业务骨干、管理骨干就相关领域存在的问题、关注的焦点、企业风险偏好等展开讨论或交换意见，以使维度的设定更实用、更切题。

这种方式往往只有在需要了解切实情况时才采用，但有时非常有益。例如对于企业的对外违约情形，资料只能反映外在的事实却无法反映问题的原因是业务培训不足、管理不善还是沟通不畅、违规操作，了解情况才能有的放矢。

至于基本维度中的发生概率，除了直接通过讨论会主观判断确定外，还有许多方法可以借鉴。例如[①]：

（1）历史资料法

根据风险事件在一定时期内的发生次数估计其发生概率。

（2）理论概率分布法

当没有足够的历史信息和资料来确定风险事件的概率时，可根据理论上的某

---

① 参见胡义东、吴财郁主编：《科技计划项目管理》，江苏科学技术出版社2007年8月版。

些概率分布来补充或修正。

(3)主观概率

根据经验、项目情况、风险事件情况而主观估计风险事件发生的概率。

(4)风险事件后果的估计

根据风险事故损失的性质、损失范围大小和损失时间分布估计。

但过多的维度不仅会增加评估的难度,还会使结论变得不够鲜明。如果是定量分析,过多的维度还可能淡化关键因素的影响力和相关性,使得统计结果令人茫然。例如,某巨型企业集团的法律风险评估维度分布如下:

发生可能性维度——外部监管力度、内部制度完善度、内部制度的执行力度、公司人员的法律素质、风险相关方的综合状况、风险行为频次等;

损失程度维度——不利后果影响范围、财产损失程度、非财产损失程度等。

上述诸多维度加权运算后虽有清晰的风险点严重程度排序,但清单中的最终排序结果无法令一线的管理人员信服,部分内容更令人有不分轻重缓急之感。

(二)风险分析的定性与定量

如果维度设定并不复杂而且采用最简单的风险度量方式,即"风险=损失×概率"的数学模型,则定性分析与定量分析的差距并不明显而且原理、操作也都不复杂,其风险排序的结果也直观易懂。

1. 风险定性分析矩阵

按照基本的计算方式,风险等于损失乘以概率。由于风险的度量主要是用于分析未来可能发生的事件,因而风险损失大多只是预估,而发生概率可以是基于数据统计,也可以是人们的主观赋值。

如果将风险损失分为较轻、一般、较重三级并从下往上按严重程度递增排列,再将发生概率分为低、中、高三级并从左向右按发生概率递增排列,则可得到以下九种可能组合的矩阵:

表3-7 法律风险严重程度与发生概率矩阵表(1)

A1 损失较重　发生概率低	A2 损失较重　发生概率中	A3 损失严重　发生概率高
B1 损失一般　发生概率低	B2 损失一般　发生概率中	B3 损失一般　发生概率高
C1 损失较轻　发生概率低	C2 损失较轻　发生概率中	C3 损失较轻　发生概率高

去掉文字后简化矩阵,可以看到从左下的最轻到右上的最重,随着向外扩散而逐渐加重的矩阵图:

由于后果程度越重、发生概率越高则风险越大,这一矩阵从右上角至左下角沿对角线方向分为五个区域,其风险程度依次降低,呈中间大、两头尖的橄榄型。其

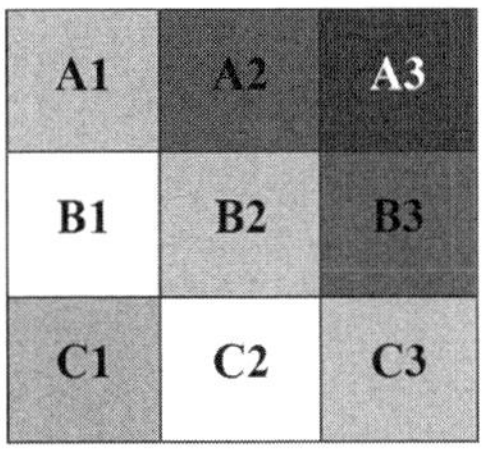

A1	A2	A3
B1	B2	B3
C1	C2	C3

图 3-10　法律风险严重程度与发生概率矩阵图(1)

中,右上角对应的"A3 损失严重　发生概率高"是企业最需要应对的风险,而左下角的"C1 损失较轻　发生概率低"则是最可以暂时搁置的风险。以另一张表来体现这一排列组合,则风险的严重程度及应当采取的措施分别如下:

表 3-8　法律风险应对措施表

严重程度	"损失×概率"类型	应对措施
严重	A3 损失严重　发生概率高	必须采取措施
较重	A2 损失较重　发生概率中 B3 损失一般　发生概率高	应当采取措施
中等	A1 损失较重　发生概率低 B2 损失一般　发生概率中 C3 损失较轻　发生概率高	适当采取措施
较轻	B1 损失一般　发生概率低 C2 损失较轻　发生概率中	酌情采取措施
轻微	C1 损失较轻　发生概率低	可以关注

其中,"严重"与"较重"都属于程度较重的风险,"较轻"与"轻微"都属于程度较轻的风险,应对力度从上到下依次降低。程度较重的两个都需要积极采取措施,程度较轻的可以只是关注并在资源充沛时再予以处理。而"适当采取措施"则是指可以根据投入产出比等,采取简单、低成本的应对措施。

这个排列组合及应对方针是分析、评价风险程度的主要关注点,有意识地从这些角度分析、评价风险,更有利于有针对性地设计解决方案。

2. 风险定量分析矩阵

同样是上一矩阵,如果用具体的数值代替程度,就可以用数字的方式进行定量分析。例如,以"3""2""1"分别代表"较重""一般""较轻",以及"概率高""概率中""概率低",则上面的"法律风险严重程度与发生概率矩阵表"可以表现为:

表 3-9　法律风险严重程度与发生概率矩阵表（2）

	发生概率 1	发生概率 2	发生概率 3
损失 3	A1 损失 3　发生概率 1	A2 损失 3　发生概率 2	A3 损失 3　发生概率 3
损失 2	B1 损失 2　发生概率 1	B2 损失 2　发生概率 2	B3 损失 2　发生概率 3
损失 1	C1 损失 1　发生概率 1	C2 损失 1　发生概率 2	C3 损失 1　发生概率 3

按"损失×概率"的公式代入数字后，可以看到从左下最轻的数值"1"到右上最重的数值"9"，随着向外扩散而数值逐渐升高的矩阵。而这一张图已经无需定性分析或解读，其数值已经足以显示哪里需要优先处理。

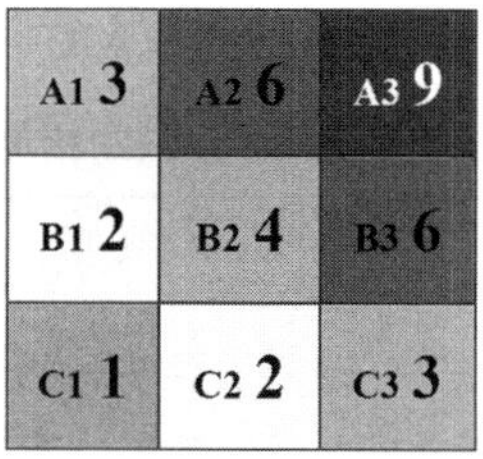

A1 3	A2 6	A3 9
B1 2	B2 4	B3 6
C1 1	C2 2	C3 3

图 3-11　法律风险严重程度与发生概率矩阵图（2）

综上所述，评估的目的是揭示现实中并未直接显示出来的事物属性，定性分析和定量分析都只是主观判断下的评价或估测工具，所以评估的维度及逻辑离不开对于企业终极需求的分析和评估手段的理解。但加入评估环节的精细化管理是大中型企业的必由之路，甚至一些中小型企业也由于企业家对于制度化、精细化的重视而走在风险管理的前列，因而大有发展前途。

第四节　评估时的风险点赋值

以量化、公式化的方法得出结论或支持结论是大数据时代的常用做法，在咨询行业更是如此。这些方式有助于人们度量事物的程度、比较事物的属性差异、衡量属性间关系的强弱等，基于历史数据统计而来的量化相对准确，而基于主观赋值的量化则始终带有不同程度的偏差，并不代表真正的未来。

尽管主观赋值带有一定的主观性和偏差，但通过维度、权重等方面的精心设置，可以使赋值更合理、结论更接近于实际、决策质量更高。

一、对赋值的理解和应用

赋值是将某一数值赋给某个变量的过程。[1] 这本是计算机领域广泛采用的术语,如今被借用,从不同的维度赋予风险点一定的分值,以便于通过量化的方式衡量风险的严重程度,且可通过风险模型的运算而得出风险评估值。

(一)赋值量化的优势

所有的主观赋值都存在着标准的合理性。由于风险程度并没有权威性的基础数据,因而许多赋值只能依据主观判断。但赋值量化毕竟是解决多维度、多数据前提下的综合决策问题的重要手段,有些方法也确实更接近事物的规律、更便于预测发展趋势,有其独有的优势。

1. 直观体现程度差异

赋值对于我们并不陌生,是衡量差距的有效方法。对于本身没有量化的质量标准的论文质量,以及跳水、体操等比赛的成绩,其分值都是对质量评价的量化。即人们基于一定的定性标准,以数值表示某一事物的质量程度。例如,以5分代表优秀,以4分代表良好,以4.5分代表质量介于二者之间。

但在以数值表示的差距中,实证统计的数据可以代表差异幅度,主观赋值的数值则未必。例如,A企业基于历史数据统计出每销售千件产品发生三起质量投诉,就意味着比每销售千件产品发生二起的B企业,其发生投诉的概率高出50%。而通过主观赋值后行业风险系数为120的A行业,则并非比风险值为100的B行业多出20%的法律风险,只是说明前者比后者有着更多的风险。

2. 程度可供量化分析

定性分析基于人们的主观判断,甚至仅凭主观印象,因而标准既不统一也不稳定。例如,论文质量、比赛动作质量本身都没有量化的衡量标准,不同的人或同一人在不同时间都会有不同的评价结果。仅用宽泛的"优秀""良好"等难以细分程度上的差距,而用数字体现差距则细致得多、容易得多。虽然这些数字同样带有主观性,但是用以评价这些本就无法精确度量的事物已是优势明显。

定量分析有着更为精确的"刻度",并可以随时根据需要定义衡量标准的"刻度",利于复杂的比较、统计。相对于笼统程度的定性则无法实现这一点,当同一质量级别的论文、成绩有多个时,定性分析已很难衡量彼此的差距,但赋值后的定量分析不但容易做到而且可以代入数学模型加以计算。

3. 便于得出统一结论

定性分析可以胜任各个维度内的程度评价,但很难同时采纳各个维度的评价

---

[1] 参见"赋值"词条,载百度百科,https://baike.baidu.com/item/赋值,访问日期:2020年2月9日。

结果,并用统一的标准为所有的风险点进行统一的排序。例如,经常发生但损失不大的风险与很少发生但损失极大的风险分属不同维度下的极端情形,如果按统一的标准对这两个极端情形的风险严重程度排序,定性分析则很难解决。

但对于赋值后的定量分析,一切不过是将不同维度的风险值代入维度之间有权重之分的数学模型而已。经过复杂的运算,所有的程度均以数值体现,易于直观比较,所需考虑的无非是赋值、权利和模型的合理性问题。这就是定量分析的优势,但只有经过赋值才能实现。

(二)可借鉴的赋值方法

对于赋值的方法,已有学者提出了主观赋值法和客观赋值法,并提出可借鉴的问卷调查法、层次分析法、德尔菲法[1]等方法,并依据主观评判赋值。这些方法确实值得学习,但主观赋值的依据、方法是有据可循的,而不是迷信其评估、预测结果。

1. 问卷调查法(Questionnaire Survey)[2]

问卷调查法也称问卷法,是调查者运用统一设计的问卷向被选取的调查对象了解情况或征询意见的调查方法。以前的问卷调查是以书面形式当面提出问题、搜集答案,现在已经越来越多地被远程在线问卷调查所取代。营销领域针对消费者或广告专家采用"直接评价法",其实也是一种问卷调查法。

现代的调查问卷大都要求评价者以打分的方式评价满意度、有效性等,分值越高则满意度、有效性越高。这一点与风险维度赋值性质、目的相同,分数越高则发生概率越高或损害后果越严重,所有分值都是为了后续的定量分析。从不同的维度为各个风险点打分就形成了风险点在不同维度的分值,代入数学模型即可评估出该风险点的总分值。

这种工作方法简单易行,但其工作模式仍旧依赖于答卷者的主观判断。由于需要判断的事项都没有严格、量化的标准,因而判断结果取决于答卷者的经验和思维方式,以及最终的统计方式。以这种方法赋值,其赋值的质量取决于问卷设计及统计模型的精准化程度,以及评分人员的认知能力和经验值、责任心。

这类问卷往往都会给定具体的分值区间,由评价者根据自己的判断为各个风险点的各个维度给出分值。如果具体的分值可以通过对历史数据的统计得到,或是可以直接引用经权威机构统计的社会基础数据,则不必使用这种方法。但企业所需要的风险点维度值大多不可能存在社会基础数据,或是根本无法取得可供统计的全面数据,很多企业根本没有精力去提取和统计数据,因此这种赋值方法几乎

---

[1] 参见本章第二节"评估的技术方法与表述方式"之"二、常用的分析工具"。
[2] 参见"问卷调查法"词条,载智库·百科,https://wiki.mbalib.com/wiki/问卷调查法,访问时间:2020年2月10日。

是唯一的取得数值的方法。

而进行这一操作的基础,是已经完成了风险点的识别和分类,而且能够调动企业相关领域的管理人员对自己负责或熟悉的领域进行风险点赋值。

2. 层次分析法①(the Analytic Hierarchy Process)

层次分析法简称 AHP,于 20 世纪 70 年代中期由美国运筹学家托马斯·塞蒂(T.L.Saaty)正式提出。这种方法结合定性分析和定量分析进行系统化、层次化的分析,非常适合从多个维度考虑复杂、模糊的问题,并做出决策以解决复杂问题,尤其适合那些难以单独依靠定量分析或定性分析的情况。由于该方法处理复杂决策实用、有效,因而很快在世界范围内得到重视并被广泛应用到计划和管理、公共事务管理、行为科学、军事指挥、人才管理等领域。

该分析法的基本原理是将所需要达成的目标设定为目标层,再将实现目标必须掌握的原则、必须处理的事务设定为准则层,如果需要进一步细分,则准则层下还有作为具体要求的指标层或措施层,最下一层为对象层或方案层,即需要做出选择的对象。② 对层次分析法的运用可有多种方式,包括以赋值的方式分析问题找出答案。

例如,有三个旅游胜地 A、B、C 可供选择,而做出选择需要根据景色、费用高低、住宿条件、饮食条件、交通条件等决策准则,依据这一方法的决策程序如下:

(1)根据自身条件、需求确定各准则的分值,越重要则分值越高。比如有人优先考虑自然景色、有人优先考虑费用成本、有人优先考虑生活起居的便利。

(2)使用上述分值去衡量每个景点的各个准则,从而得出体现三个景点不同准则分值的三组分值。

(3)比较不同景点的总分,并从中选定最为适合的景点。

风险赋值可以采用同样的思路。在层面的设定上,可将"风险评估"作为目标层,将需要赋值的不同维度作为准则层,而将风险点作为对象层,然后依照主观判定的程度为风险点的各个维度赋值。最后通过兼顾各个维度的统一数学模型,统计出代表各个风险点的风险程度的分值,并依此完成排序、得出结论。

二、为风险点赋值的依据

在前一节已经讨论过,评估风险最为基本的维度万变不离其宗,只有风险损失与发生概率两个,但在此基础之上可以根据需要增加其他的维度。对风险点的赋值,不同的维度有着不同的特色。

---

① 参见"层次分析法"词条,载智库·百科,https://wiki.mbalib.com/wiki/层次分析法,访问日期:2020 年 2 月 10 日。

② 参见吴江水:《完美的合同——合同的基本原理及审查与修改》(第三版),北京大学出版社 2020 年版,第 400、401 页。

(一)损失程度的赋值

包括法律规则引发的风险在内的规则风险,其赋值高低的依据是规则中的违规责任条款,包括处罚条款、违约责任条款等。其中,由法律规则引发的风险损失有刑事责任、民事责任、行政处罚责任和单方权益丧失四类,合规风险损失视其违反的规则而定。但在实际赋值时,规则表述的多样性影响着程度的判定。

1. 规定固定标准

许多法律条款有明确、唯一的责任标准,责任的种类、标准确定且没有浮动空间。这类规则的违规责任非常容易判断,并易于相互比较后确定赋值大小。

例如,《劳动合同法》(2012年)规定:

> 第八十二条 用人单位自用工之日起超过一个月不满一年未与劳动者订立书面劳动合同的,应当向劳动者每月支付二倍的工资。
> 用人单位违反本法规定不与劳动者订立无固定期限劳动合同的,自应当订立无固定期限劳动合同之日起向劳动者每月支付二倍的工资。

2. 规定一定幅度

以这种方式表述的不利后果存在一定的上下幅度,因此除了参考当地最为类似的情形的处理结果外,可将上限作为最不利的后果。

例如,《劳动合同法》(2012年)第八十四条规定,"用人单位违反本法规定,以担保或者其他名义向劳动者收取财物的,由劳动行政部门责令限期退还劳动者本人,并以每人五百元以上二千元以下的标准处以罚款;给劳动者造成损害的,应当承担赔偿责任"。

3. 规定不同后果

以这类形式表述的规则混合了不同类别或不同程度的损失后果,难以简单地同其他不利后果比对严重程度,但大多可以进一步定位到具体的类别或程度后再做比较。

例如,《劳动合同法》(2012年)第九十二条规定,"劳务派遣单位、用工单位违反本法有关劳务派遣规定的,由劳动行政部门责令限期改正;逾期不改正的,以每人五千元以上一万元以下的标准处以罚款,对劳务派遣单位,吊销其劳务派遣业务经营许可证。用工单位给被派遣劳动者造成损害的,劳务派遣单位与用工单位承担连带赔偿责任"。

4. 规定处理原则

这类表述只明确了处理的原则而没有具体的种类、标准、幅度等。如果需要,则按照其指向的规则进一步研究可能适用的范围,然后再进行比较。

例如,《劳动合同法》(2012年)第八十六条规定:"劳动合同依照本法第二十六条规定被确认无效,给对方造成损害的,有过错的一方应当承担赔偿责任。"

(二) 发生概率的赋值

事件发生概率的赋值,如果能够找到企业的统计数据或行业相关数据、国家统计数据就可直接引用。如果没有这些数据,或收集、统计环节无法实现,则仍旧需要主观赋值。

1. 企业自有统计数据

企业的自有统计数据对于企业的自身情形最有说服力。但多数企业由于并不重视自身数据的采集与分析,往往需要专门去收集、整理才能取得自身的数据。而且统计数据中的某些指标易受偶发因素的干扰,影响其准确性。如果数据积累的时间足够长,或并无偶发因素影响,则足以作为发生概率数据用于赋值。

例如,企业在风险管理项目中根据档案资料分析统计的拖欠账款事件发生率、拖欠金额占总销售金额的比例、拖欠情形容易发生的交易金额区间、拖欠主体的集中分布区间以及拖欠原因分布、各原因在应收货款中的占比等,企业依据这些数据采取措施、提供方向,并将其作为不同维度赋值时的依据。

2. 行业统计数据

行业的统计数据有的来自主管部门或其他政府部门,有的来自行业协会。这些数据都有可能提及某类风险事件的发生率或某类事件的损失额等信息,或者通过各类数据统计出所需要的数据,并在赋值过程中直接采用。

例如,根据最高人民法院历年公报中的数据可以统计出历年合同诉讼在全部民事诉讼中的占比,并通过这一比例的变化趋势大致预测未来的发生率。这类数据仅可用于宏观法律环境分析,而具体行业的数据对企业会更有价值。

3. 社会公共数据

由政府部门统计并公布的社会公共数据包罗万象,如果同企业的风险管理内容相关,则许多数据对于发生概率的判定极具意义。此类数据有的以报告的形式体现;有的以年鉴的形式体现;有的则在政府部门网站上不定期发布。这些数据有时也能反映特定时间、特定范围内某个行业的总体情况,可供概率赋值时采用。

例如,根据国家统计局公布的国家数据,2018 年的道路交通事故统计[①]为:

交通事故发生数总计 244937 起。其中,机动车交通事故 216178 起、非机动车交通事故 25556 起、自行车交通事故 1840 起、行人乘车人交通事故 3045 起、其他交通事故 158 起。

交通事故死亡人数总计 63194 人。其中,机动车交通事故死亡 58091 人、非机动车交通事故死亡 3741 人、自行车交通事故死亡 372 人、行人乘车人交通事故死

---

① 参见"交通事故",载国家统计局国家数据 https://data.stats.gov.cn/search.htm? s=交通事故,访问日期:2020 年 2 月 10 日。

亡 1325 人、其他交通事故死亡 37 人。

交通事故直接财产损失总计 138456 万元。其中,机动车交通事故直接财产损失 131024 万元、非机动车交通事故直接财产损失 5466 万元、自行车交通事故直接财产损失 377 万元、行人乘车人交通事故直接财产损失 1905 万元、其他交通事故直接财产损失 61 万元。

这些公共数据对于大多数企业并无直接意义,但从事道路交通运输的企业却可以借此估算发生的概率及可能的损失,甚至得出更多的结论。例如,结合同年度的机动车保有量,可以大致知道发生交通事故的概率、交通事故损失的平均幅度等情况,作为相关风险维度的赋值依据。

(三) 其他维度的赋值

除了前述基本维度,某些企业还根据自己的需要设立了其他维度,但大多是对基本维度的细化。例如前一节提及的,将发生可能性维度细分为外部监管力度、内部制度完善度、内部制度的执行力度、公司人员的法律素质等,以及将损失程度维度细分为不利后果影响范围、财产损失程度、非财产损失程度等。① 这方面的维度不具代表性,因此仅供参考。

1. 风险后果控制能力

风险后果控制能力是风险事件爆发后,企业综合运用危机公关、法律资源、物质资源的减损能力,包括阻止风险损害的严重化、扩大化和减少损失及其不利影响的能力。还包括在制度、合同层面的分散风险、转移风险设定所形成的控制风险后果的能力。

这类能力越强,则削减风险损失的能力越强、风险损失率越低,相当于为风险损失加上了小于 1 的"损失率"系数。这类系数很难统计出来,只能通过主观赋值的方式形成。如果不需要另设这一维度,也可在估算风险损失时估算企业可以减损的部分,并直接从总损失额里扣除,得出修正后的总损失额。

2. 风险损失承受能力

这一维度并非用于度量风险值,而是从另一角度衡量风险损失的影响程度,或者说是为风险损失设定不同的限度,即在何种限度之下对企业并无明显影响;超过何种限度会严重影响企业正常经营;超过何种限度则企业无法承受。通常情况下,这个维度不是用于评估风险值而是用于衡量具体的重大决策的风险。

风险承受能力值越大,则承受风险损失能力越强。这种能力与企业的体量、现金流、调动社会资源的能力、核心竞争力等密切相关,经济实力只是其中的一个要素但并不绝对。如果风险事件对供应链、资金链、合法性没有重大影响,说明企业

---

① 参见本章第三节"风险评估的维度设定"之"三、维度的设定及操作"。

具备一定的承受能力。一旦关键物资供应链或资金断裂,或企业合法经营资格丧失,或者因风险事件引起销售停滞、退货等,则任何企业都无法承受。而这类风险大多与重大决策失误相关。

三、风险点赋值的实际操作

赋值的实际操作,在内容和过程上既可以很复杂也可以很简单。大多数的赋值过程其实并非高深莫测,而且从实用角度出发也并不会特别复杂。

(一) 赋值的操作方式

需要再次强调的是,可以简单地把赋值理解成对无法量化的事物给出主观上的程度评价,而评价的方式是在给定的数字区间内选取代表主观印象的程度值。以经常遇到的服务满意度评价为例,最高分为非常满意、次高分为满意,一直到最低分表示不满意。

1. 在线评分

以在线表格的方式赋值既"现代"又便捷,因为可以不受工作时间和工作地点的限制,而且表格可以设计成随着评价者的答案而不断变动内容的形式,使赋值过程也成为调查的过程。

以美国的企业、机构为例,他们都非常注重在线调查。如果通过在线的方式咨询问题或购买商品、预约服务,随之而来的往往就是在线调查,而且许多调查表不仅仅是简单地评分而且带有动态调查的功能。例如,当某一事项的满意度评分较低时,调查表会立即中断原来的调查,刷新内容询问不满意的原因,自动为问题的分析改进收集信息。

还有一些跨国企业,其管理人员在完成每周工作甚至每日工作后,最后一个工作事项就是为管理系统列出的风险事项打分。当某一事项的风险系数较大或突然变大,便极有可能触发对相关风险的分析和应对程序。

2. 小组会议

小组会议是在风险管理项目中经常采用的赋值方式。其运作形式是选取和召集熟悉本岗位实际情况的管理人员到一起,集中对每个风险点的不同维度各自赋值。如果需要,可以当场对描述得不够清楚的事项加以澄清,也可以对某些界限模糊的主题展开讨论。但这只是确保理解上的准确,而非要求统一认识、确保各评分人员的独立性。参与的人员越多、越熟悉企业情况,则结论越准确。

在以前的小组会议中,参加人员以口头报数的方式赋值,然后由统计人员记录和统计,其缺陷是由于参加人员分别来自不同的部门,对其他部门的公开评价会受到部门间关系的干扰,而且会存在记录甚至统计误差。而依托现代技术后,赋值过程完全可以各自独立、自动统计,更高效准确。

当然,最为原始的以问卷调查赋值的方式仍旧有效,但只适合工作量小、内容简单的赋值。

(二) 赋值的实际过程

对具体风险点的赋值同样可以非常简单。例如,某日用手动机械制造企业需要对消费者权益法律风险点赋值,且该企业的经营模式涉及的风险范围、风险点有限。其赋值过程如下:

1. 风险事件发生概率赋值

在排除因内容交叉而划入其他法律风险范畴的风险点,且在当地并无消费者权益保护方面的地方性法规、地方政府规章的情况下,通过梳理该企业产品涉及的《消费者权益保护法》(2013年)及《产品质量法》项下的法律风险点,识别出企业所涉及的法律风险点共分为四大类、二十五个风险点。

赋值的数值区间依据概率的高低设定为从1到9。即对最低的发生概率赋值为1,对最高的发生概率赋值为9,且1至3为低概率、4至6为中等概率、7至9为高概率。假定各个风险点的概率程度赋值分别如下:

表 3-10 法律风险事件发生频率赋值表

类别	风险识别点	分值
1.质量缺陷	1.1 不具备产品应当具备的使用性能而事先未作说明	1
	1.2 不符合在商品或者其包装上注明采用的产品标准	3
	1.3 不符合以产品说明、实物样品等方式表明的质量状况	2
	1.4 质量状况与广告宣传表明的不符	1
	1.5 包装不合法定要求或无法有效保护产品	2
2.产品违法	2.1 销售失效、变质产品	1
	2.2 生产明令淘汰产品、销售明令淘汰并停止销售产品	1
	2.3 产品不符合保障人体健康和人身、财产安全的国家标准、行业标准	2
	2.4 无保障人体健康和人身、财产安全的国家标准、行业标准的产品,存在危及人身、财产安全的不合理危险	2
	2.5 产品未经检验合格	2
	2.6 产品中掺杂、掺假,以假充真、以次充好、以不合格品冒充合格品	1
	2.7 伪造产品产地的,伪造或者冒用他人厂名、厂址的,伪造或者冒用认证标志等质量标志	1

(续表)

类别	风险识别点	分值
3.表述不当	3.1 产品无质检合格证明,无中文产品名称、生产厂厂名、厂址	1
	3.2 未根据产品的特点和使用要求,以中文标明产品规格、等级、主要成分的名称和含量	1
	3.3 未预先提供资料或在外包装标明消费者需要事先知晓的产品的特点和使用要求	4
	3.4 限期使用的产品,未在显著位置清晰标明生产日期和安全使用期或者失效日期	1
	3.5 使用不当容易造成产品本身损坏或者可能危及人身、财产安全的产品,未有警示标志或者中文警示说明	3
	3.6 易碎、易燃、易爆、有毒、有腐蚀性、有放射性等危险物品以及储运中不能倒置和其他有特殊要求的产品,包装质量不符合相应要求,未依照国家有关规定作出警示标志或者中文警示说明,未标明储运注意事项	3
	3.7 对不完全具备应当具备的使用性能的产品,未对产品存在使用性能瑕疵作出说明	3
	3.8 在广告中对产品质量作虚假宣传,欺骗和误导消费者	1
4.服务不当	4.1 未依法或未按约定负责修理、更换、退货或赔偿购买产品的消费者损失	2
	4.2 因产品存在缺陷造成人身、缺陷产品以外的其他财产损害的,未承担赔偿责任	1

如果将上述风险点按分值从高到低排列,就可以看出哪些风险事件的发生概率较为普遍并应引起关注。但这种主观赋值的结果只是代表程度上的高低,其分值并不代表精确的数学意义。例如,分值为 9 的风险点并不意味着其风险是分值为 6 的风险点的 1.5 倍,但足以表示有着更高的风险。

2. 风险后果损失程度赋值

延续前面的赋值过程,将风险后果的损失程度区间设定为从最低值 1 到最高值 9,其中 1 至 3 为较轻、4 至 6 为中等、7 至 9 为严重。假定赋值结果如下:

表 3-11　法律风险后果损失程度赋值表

类别	风险识别点	分值
1.质量缺陷	1.1　不具备产品应当具备的使用性能而事先未作说明	9
	1.2　不符合在商品或者其包装上注明采用的产品标准	9
	1.3　不符合以产品说明、实物样品等方式表明的质量状况	6
	1.4　质量状况与广告宣传表明的不符	3
	1.5　包装不合法定要求或无法有效保护产品	3
2.产品违法	2.1　销售失效、变质产品	7
	2.2　生产明令淘汰产品、销售明令淘汰并停止销售产品	6
	2.3　产品不符合保障人体健康和人身、财产安全的国家标准、行业标准	9
	2.4　无保障人体健康和人身、财产安全的国家标准、行业标准的产品,存在危及人身、财产安全的不合理危险	9
	2.5　产品未经检验合格	9
	2.6　产品中掺杂、掺假,以假充真、以次充好、以不合格品冒充合格品	8
	2.7　伪造产品产地的,伪造或者冒用他人厂名、厂址的,伪造或者冒用认证标志等质量标志	6
3.表述不当	3.1　产品无质检合格证明,无中文产品名称、生产厂厂名、厂址	3
	3.2　未根据产品的特点和使用要求,以中文标明产品规格、等级、主要成分的名称和含量	3
	3.3　未预先提供资料或在外包装标明消费者需要事先知晓的产品的特点和使用要求	3
	3.4　限期使用的产品,未在显著位置清晰标明生产日期和安全使用期或者失效日期	5
	3.5　使用不当容易造成产品本身损坏或者可能危及人身、财产安全的产品,未有警示标志或者中文警示说明	5
	3.6　易碎、易燃、易爆、有毒、有腐蚀性、有放射性等危险物品以及储运中不能倒置和其他有特殊要求的产品,包装质量不符合相应要求,未依照国家有关规定作出警示标志或者中文警示说明,未标明储运注意事项	6
	3.7　对不完全具备应当具备的使用性能的产品,未对产品存在使用性能瑕疵作出说明	6
	3.8　在广告中对产品质量作虚假宣传,欺骗和误导消费者	9

(续表)

类别	风险识别点	分值
4.服务不当	4.1 未依法或未按约定负责修理、更换、退货或赔偿购买产品的消费者损失	6
	4.2 因产品存在缺陷造成人身、缺陷产品以外的其他财产损害的，未承担赔偿责任	9

这一赋值结果所显示的风险后果损失程度与法定的处罚或赔偿的严厉程度并不完全吻合。但企业完全可以根据自己的产品特征、目标客户、细分市场以及风险事件的递延后果，决定相关的风险值。

3.损失程度等维度的赋值

其他风险维度的赋值与前述做法类似，可根据需要增加。例如，当希望将理论上的全部损失进一步精细化以估算出实际损失时，还可以为损失程度赋值，也就是估算实际损失与理论损失之比。

实际损失小于理论损失的情况在现实中客观存在。例如，某些存在食品标签缺陷的产品依法不得销售，理论上的损失是100%。但实际上已经销量巨大，因此需要设定损失率评估，使风险后果更接近实际。其赋值评估可以如下方式进行：

表3-12 企业法律风险损失程度赋值表

类别	风险识别点	分值
1.质量缺陷	1.1 不具备产品应当具备的使用性能而事先未作说明	90%
	1.2 不符合在商品或者其包装上注明采用的产品标准	80%
	1.3 不符合以产品说明、实物样品等方式表明的质量状况	70%
	1.4 质量状况与广告宣传表明的不符	70%
	1.5 包装不合法定要求或无法有效保护产品	60%
2.产品违法	2.1 销售失效、变质产品	90%
	2.2 生产明令淘汰产品、销售明令淘汰并停止销售产品	90%
	2.3 产品不符合保障人体健康和人身、财产安全的国家标准、行业标准	90%
	2.4 无保障人体健康和人身、财产安全的国家标准、行业标准的产品，存在危及人身、财产安全的不合理危险	90%
	2.5 产品未经检验合格	70%
	2.6 产品中掺杂、掺假，以假充真、以次充好、以不合格品冒充合格品	80%
	2.7 伪造产品产地的，伪造或者冒用他人厂名、厂址的，伪造或者冒用认证标志等质量标志	80%

(续表)

类别	风险识别点	分值
3.表述不当	3.1 产品无质检合格证明,无中文产品名称、生产厂厂名、厂址	90%
	3.2 未根据产品的特点和使用要求,以中文标明产品规格、等级、主要成分的名称和含量	70%
	3.3 未预先提供资料或在外包装标明消费者需要事先知晓的产品的特点和使用要求	50%
	3.4 限期使用的产品,未在显著位置清晰标明生产日期和安全使用期或者失效日期	50%
	3.5 使用不当容易造成产品本身损坏或者可能危及人身、财产安全的产品,未有警示标志或者中文警示说明	90%
	3.6 易碎、易燃、易爆、有毒、有腐蚀性、有放射性等危险物品以及储运中不能倒置和其他有特殊要求的产品,包装质量不符合相应要求,未依照国家有关规定作出警示标志或者中文警示说明,未标明储运注意事项	80%
	3.7 对不完全具备应当具备的使用性能的产品,未对产品存在使用性能瑕疵作出说明	60%
	3.8 在广告中对产品质量作虚假宣传,欺骗和误导消费者	60%
4.服务不当	4.1 未依法或未按约定负责修理、更换、退货或赔偿购买产品的消费者损失	90%
	4.2 因产品存在缺陷造成人身、缺陷产品以外的其他财产损害的,未承担赔偿责任	90%

综合以上过程可知,主观赋值受个体因素影响较大,完全有可能与法定后果、与事实存在偏差,对损失率的估算更是如此。因此,许多数值仅供参考。

第五节 风险评估的模型与计算

建立风险评估数学模型、算出风险严重程度值,才可以使维度值不同的各个风险点按统一的标准排序,并使风险程度量化。当需要以多种维度衡量风险时,就必须建立数学模型、分配各维度的权重,运算可通过Excel等软件完成。

一、风险评估的计算种类

如果仍将风险评估分为风险分析、风险评价,则有一定技术要求的运算多发生在风险分析阶段,而风险评价过程中大多为统计等常规计算。简单的风险评估未必一定要建模、计算,但精确的数据更能说明企业的现实状况、更容易选定需要管控的目标。

(一)风险程度的度量[①]

法律风险、合规风险的评估与其他风险的估测完全一样,其最为基本的计算公式是"风险=损失×概率"。但对法律人来说,这一模型可能比较陌生。

1.最为基本的模型

风险评估中最为基本的计算公式是"风险=损失×概率",其中"风险"指的就是"风险程度"。但这一概念在不同的领域、不同的项目中有着不同的内涵和外延,包括实际损失与理论损失等。虽然到目前为止,对于未来事件的预测仍旧无法精准,但是这一计算公式仍是无可替代的方法。

这一计算公式在企业管理、运筹学中早有应用。例如,某产品每年的净利润为100万元。每次产品责任法律风险事件的损失是净利润的10%,该类事件平均4年发生一次。因此计算公式中的风险损失额为10万元,每年发生这类事件的概率为四分之一,即25%。二者相乘,每年的产品责任损失值为2.5万元。即:

$$风险 = 100000 \times 25\% = 25000$$

2.更多维度的模型

如果在此公式的基础之上细分某个维度或增加某些维度,则这一数学模型不仅会变得复杂,还要考虑在不同维度前设定权重,以使计算结果展现出管理者需要的信息,或指示出其倾向性的目标。

如果是细分某个维度,则细分后的次级维度的权重之和为1,这些维度共同组成公式中的同一个维度。例如,将"损失"维度细分为"影响范围""损失程度",且后者又细分为"财产损失程度""非财产损失程度",则计算公式为:

$$风险 = [x 影响范围 + y(a 财产损失 + b 非财产损失)] \times 概率$$

其中,x 和 y 之和为1,分别是"影响范围"和"损失程度"的权重;a 和 b 之和同样为1,分别是"财产损失程度"和"非财产损失程度"的权重。这种细分和权重的分配代表着关注的侧重点。例如,如果赋予"影响范围"和"非财产损失程度"较高的权重,则说明企业管理者更注重延伸的影响和声誉等影响,财产损失是次要

[①] 参见本书第一章第一节"风险及相关内容"之"三、风险的度量"。

问题。

如果是增加某个维度,一般只是在计算公式里增加一个系数。例如,当在模型中增加一个"损失程度"①维度时,就是为了让理论上的损失更加接近于实际可能发生的损失。这个系数一般小于1,但也有可能在特定情况下大于1,因为一个损失可能导致另一个连锁反应损失。因此,这时的计算公式为:

$$风险 = 损失 \times 概率 \times 损失程度$$

在这一模型中,"损失"一般只是理论上直接得出的损失值,"损失程度"则将其调整到更接近于基于经验判断而预测的实际可能的损失值。

(二)其他专业计算

由于同属风险行业,其他风险管理中所运用的方法在特定情况下也可以运用于法律风险评估,至少可以借鉴其方法、换一个角度理解法律风险,或与其他风险控制手段相配合。

1. 风险价值法(VaR法)②

风险价值法,也称风险价值模型、受险价值方法、在险价值方法。其英文缩写VaR,原意为 Value at Risk,可直译为"在险价值"。目前,该法已经被巴塞尔委员会规定为成员银行和金融机构必须采用的一种风险预测方法。

这是一种金融行业风险价值评估时广泛采用的风险评估和计量模型,主要通过对特定历史数据的模拟运算来预测未来的趋势。提供的结果是在一定的持有期和一定的置信水平内,一个投资组合最大的潜在损失是多少。计算时参照的对象越多则可供模拟的素材越多,计算结果也就越准确。其计算公式为:

$$P(\Delta P \Delta t \leqslant VaR) = a$$

其中,"P"代表 Probability(可能性),即资产价值损失小于可能损失上限的概率;"ΔPΔt"代表某一金融资产在一定持有期的价值损失额;"VaR"代表给定置信水平 a 下的在险价值,即可能的损失上限;"a"代表给定的置信水平。

目前,提及 VaR 的多为银行、保险行业的各类通知、公告和指引。例如,原中国银监会于2004年发布的《商业银行市场风险管理指引》、于2005年发布的《外资银行衍生产品业务风险监管指引(试行)》都提及了 VaR 法,此外在保险行业的一些管理规范中也有提及。

VaR 法一般被银行业用作市场风险的内部定量管理模型,而且其模型技术还包括其他的一些方法。但法律风险或合规风险的评估一般并不需要该方法。

---

① 参见本章第四节"评估时的风险点赋值"之"三、风险点赋值的实际操作"之"(二)"中"3.损失程度等维度的赋值"。

② 参见"VaR方法"词条,载智库·百科,https://wiki.mbalib.com/wiki/VaR方法,访问日期:2020年2月12日。

2. 压力测试法(Stress Testing)

"压力测试"在风险管理领域被较多提及。2006年,国务院国资委将其作为"风险管理常用技术方法"收录于《中央企业全面风险管理指引》的附录。2007年12月,原中国银监会将其列入《商业银行压力测试指引》。而经过2014年的修订后,《商业银行压力测试指引》继续作为金融企业压力测试的指导性文件,同时也被借鉴为其他行业的风险程度评估工具。

根据该2014年版指引第四条:"本指引所称压力测试是一种银行风险管理和监管分析工具,用于分析假定的、极端但可能发生的不利情景对银行整体或资产组合的冲击程度,进而评估其对银行资产质量、盈利能力、资本水平和流动性的负面影响。压力测试有助于监管部门或银行对单家银行、银行集团和银行体系的脆弱性做出评估判断,并采取必要措施。"因此,压力测试并非用于常规风险评估,旨在分析那些小概率的极端情况下的风险损失及不利影响,进而评估金融体系的脆弱性。

在技术方法方面,该指引第二十一条的描述为:"根据所考虑因素的复杂性,压力测试方法可分为敏感性分析和情景分析。商业银行应结合使用敏感性分析和情景分析进行压力测试。

敏感性分析旨在测量单个重要风险因子或少数几项关系密切的因子在假设变动情况下对银行风险暴露和银行承受风险能力的影响。在进行敏感性分析时,假设的变动程度应达到足够的波动幅度,以反映极端情况对银行的影响。

情景分析旨在测量多个风险因子同时发生变化以及某些极端不利事件发生对银行风险暴露和银行承受风险能力的影响。在进行情景分析时,应考虑不同风险因子之间的相关性。"

对于压力情景,该指引第三十条规定了其涵盖的风险类型,即:"压力情景设计涵盖的风险类型应主要包括信用风险(含集中度风险、国别风险)、市场风险(含银行账户利率风险)、流动性风险、操作风险和声誉风险等,并考虑不同风险之间的相互影响。"

在实际操作层面,该指引第十六条规定了测试的流程:"商业银行应建立完整的压力测试流程,包括以下步骤:定义测试目标,确定风险因素,设计压力情景,收集测试数据,设定假设条件,确定测试方法,进行压力测试,分析测试结果,确定潜在风险和脆弱环节,汇报测试结果,采取改进措施等。"

从实用的角度分析,压力测试的许多理念及方法可供风险评估时借鉴,尤其是掌握了定量分析技术并将其转换为风险评估工具之后。

(三) 常规的统计分析

常规的统计分析常被用来分析企业业已发生的风险事件并找出其中的规律。

其统计的内容主要有风险事件发生的数量、损失额,以及风险事件发生量在交易发生量中的占比、损失在应收款中的占比等。通过统计分析发生概率分布、风险类型分布等情况,对揭示企业的风险状况及锁定工作目标大有帮助。

1. 通过统计发现高发事件规律

统计可用于发现风险事件规律,使经营管理数据发挥更大价值。例如,某化工助剂企业虽每年统计逾期应收账款状况但未作进一步分析。因此经咨询后,建议其按照下表分析应收款与交易额之间的对应关系。分析用的汇总统计表如下:

表 3-13　客户采购金额与逾期应收款统计表

序号	单笔采购万元区间	逾期件数	交易件数	件数占比	累计天数	逾期金额	交易金额	金额占比	备注
1	≤10								
2	>10;≤20								
3	>20;≤30								
4	>30;≤40								
5	>40;≤50								
6	>50;≤60								
7	>60;≤70								
8	>70;≤80								
9	>80;≤90								
10	>90								

由于左侧的金额区间是均匀分布,因而逾期应收款的分布规律可以直观地展现。例如,可以通过统计表发现展示拖欠事件高发的区间、拖欠金额高发的区间。进一步研究两个高发区间企业的登记注册、年度报表等,可以发现更多拖欠企业的共同特征,从而为改进企业销售时的授信制度和额度提供依据。

2. 通过统计发现事件分布规律

统计的方法还可以用于更为精准的分析。又如,为了找出账款拖欠与管理缺陷之间的对应关系,排除买方无正当理由而拖欠货款的原因后,按下表列举的管理缺陷统计逾期原因,并得到各类管理缺陷在件数、金额上的占比:

表 3-14　逾期应收账款形成原因统计表

序号	拖欠原因	主要原因描述	件数比例	金额比例	备注
01	合同内容欠缺	约定不明、缺少制约	19%	8%	
02	交接程序缺陷	手续不齐、存在总量与金额差异	9%	12%	
03	销售违约	未按约定交货引起争议	16%	9%	
04	产品质量瑕疵	产品存在缺陷	21%	28%	
05	履行内容变更	合同内容变更造成混乱	8%	8%	
06	收款手续不齐	未能及时开发票或开票错误	7%	11%	
07	后期管理不善	未及时催款、对账或跟踪	9%	16%	
08	其他原因	经公司同意延期等	11%	8%	
	总　计		100%	100%	

这种统计从管理缺陷的角度入手,通过个例分析发现应收款逾期与管理缺陷的关联,而且细化为逾期应收款发生件数、逾期金额两个视角,进一步发现管理缺陷的改进重点、改进方向。

二、权重设置及风险计算

分配权重是计算风险值的前一道工序,也是决定风险程度值真实意义的重要一步。甚至可以说建立数学模型本身并不复杂,复杂的是维度的设置和权重的分配。至于最后结果的计算,大多通过软件即可完成。只是初步试算的结果可能会令人无法接受,因此往往需要一个修正的环节使之更符合实际或符合逻辑。

(一) 维度的权重设置

权重(Weight)并非法律术语,它首先出现在数学运算方面,并在统计、管理、决策过程中被大量使用。权重所体现的是某一数据在一组数据中的重要程度,以及在综合统计运算时对结果的影响程度。权重通常体现为某种系数,用以调整某个数据在一组数据中的重要程度,分配该数据在整组数据中所占的比例。

1. 权重决定计算结果

当只需要计算最为基本的"损失"和"概率"两个维度时,一般并不需要考虑权重问题,只有当维度增多时才会需要。尤其是将某一基本维度细分为不同部分时,就需要分配不同数据在总数据中所占的比例,因为这些数据需要共同组成"损失"

或"概率"维度。

为维度设定权重并不高深,只是为了确定被细分出来的各个数据的相对重要程度,以得到所需要的数据或结果。在各组基本数据完全相同的情况下,通过权重的不同分配方式可以产生不同的结果。

例如,甲、乙、丙三家公司参加投标,甲公司的优势在于设计、乙公司的优势在于技术、丙公司的优势在于成本。三家公司的评标分值分别如下:

表 3-15 评标分值表

	设计标得分	技术标得分	商务标得分
甲公司	9	6	6
乙公司	6	9	6
丙公司	6	6	9

由于三家公司的设计分、技术分、商务分的总分均为 21,采用简单的总分制或简单的平均制都无法确定哪一家企业中标。而在实际操作中,招标企业不设权重只看总分的情况也并不多。

如果企业在设计标、技术标、商务标中有最为看重的一项,并将其权重设定为 40%、其余两项的权重分别定为 30%,则拥有该项投标优势的企业将会取得更高的分数并中标。分别将每种标的权重设为 40%,得分情况见下表:

表 3-16 权重分配与中标结果关系表

权重分配	投标单位	计算公式	最终得分	中标单位
设计标占 40%	甲公司	40%×9 + 30%×6 + 30%×6	7.2	甲公司
	乙公司	40%×6 + 30%×9 + 30%×6	6.9	—
	丙公司	40%×6 + 30%×6 + 30%×9	6.9	—
技术标占 40%	甲公司	30%×9 + 40%×6 + 30%×6	6.9	—
	乙公司	30%×6 + 40%×9 + 30%×6	7.2	乙公司
	丙公司	30%×6 + 40%×6 + 30%×9	6.9	—
商务标占 40%	甲公司	30%×9 + 30%×6 + 40%×6	6.9	—
	乙公司	30%×6 + 30%×9 + 40%×6	6.9	—
	丙公司	30%×6 + 30%×6 + 40%×9	7.2	丙公司

由此可见,只要企业看中某种优势并将其权重定为 40%,该优势明显的企业

就会得到高分进而得到中标机会,招标方也因此可以找到最合适的合作商。在招标实践中,许多企业也正是采用提高某类分数的权重的方法,例如提供业绩分的权重、提高技术分的权重等,过滤掉仅有价格优势的投标企业,以确保项目质量。

2. 依据需求确定权重

从以上例子可以看出,漫无目标的结果统计缺乏实用价值,权重的分配才能使统计成为有意识的行为。同时也说明,尽管复杂的运算可以交由设计好的程序去完成,但权重设计往往需要结合实践经验或项目需求来设定,而这方面的工作又回到了主观判断的范畴。

通过细分基本维度而形成的一组维度分配不同的权重,体现了管理者希望了解的风险侧重点。例如将风险发生概率维度细分为外部监管力度、内部制度完善度、内部制度的执行力度、公司人员的法律素质等,说明已经考虑到了这几个要素对于发生概率均有不同程度的影响。因为监管力度强、内部制度完善、执行力高、法律素质高都会降低风险事件的发生概率,反之则会增加发生的概率。而进一步地分配权重,则会强化输出结果与该维度的关系,体现出各个风险点受该维度影响的程度。

例如,将50%的权重分配给"公司人员的法律素质"一项,则发生概率中的一半因素取决于相关人员的法律素质,二者属于正相关的关系。如果各风险点的赋值差距不大,则风险值的大小明显取决于人员法律素质的高低。而风险排序的结果以及解决方案的指向,都会偏向于提高企业人员的法律素质。

但权重分配有时也会处于两难之间。过于集中的权重可能只重一点而忽略其余,过于分散的权重虽使评估结果面面俱到,但却与任何维度的相关度都不明显,甚至毫无关联。

(二) 评估值的计算

通常情况下并不需要全手工计算风险评估值。如果可以熟练地操作 Excel 表格等工具软件,在这些应用程序的界面上输入各种数值、设定不同的计算公式和权重,由这些工具完成计算都可以比手工计算更快捷、更方便。

1. 风险评估赋值表

如果需要计算的风险点不多而且是相对简单的计算,则通过简单的 Excel 表格,甚至用 Word 图表都能完成。为了说明运算的过程,在此仍以产品责任风险赋值表为例,并假定该项风险评估的维度为发生概率、损失程度、损失率三项。在原有数据基础上,通过对损失率赋值,得到赋值表如下:

表 3-17 法律风险点及赋值表(节选)

类别	风险识别点	发生率	损失度	损失率
1.质量缺陷	1.1 不具备产品应当具备的使用性能而事先未作说明	1	9	90%
	1.2 不符合在商品或者其包装上注明采用的产品标准	3	9	80%
	1.3 不符合以产品说明、实物样品等方式表明的质量状况	2	6	70%
	1.4 质量状况与广告宣传表明的不符		3	70%
	1.5 包装不合法定要求或无法有效保护产品	2	3	60%
2.产品违法	2.1 销售失效、变质产品	1	7	90%
	2.2 生产明令淘汰产品、销售明令淘汰并停止销售产品	1	6	90%
	2.3 产品不符合保障人体健康和人身、财产安全的国家标准、行业标准	2	9	90%
	2.4 无保障人体健康和人身、财产安全的国家标准、行业标准的产品,存在危及人身、财产安全的不合理危险	2	9	90%
	2.5 产品未经检验合格	2	9	70%
	2.6 产品中掺杂、掺假,以假充真、以次充好、以不合格品冒充合格品	1	8	80%
	2.7 伪造产品产地的,伪造或者冒用他人厂名、厂址的,伪造或者冒用认证标志等质量标志	1	6	80%
3.表述不当	3.1 产品无质检合格证明,无中文产品名称、生产厂厂名、厂址	1	3	90%
	3.2 未根据产品的特点和使用要求,以中文标明产品规格、等级、主要成分的名称和含量	1	3	70%
	3.3 未预先提供资料或在外包装标明消费者需要事先知晓的产品的特点和使用要求	4	3	50%
	3.4 限期使用的产品,未在显著位置清晰标明生产日期和安全使用期或者失效日期	1	5	50%
	3.5 使用不当容易造成产品本身损坏或者可能危及人身、财产安全的产品,未有警示标志或者中文警示说明	3	5	90%

(续表)

类别	风险识别点	发生率	损失度	损失率
	3.6 易碎、易燃、易爆、有毒、有腐蚀性、有放射性等危险物品以及储运中不能倒置和其他有特殊要求的产品,包装质量不符合相应要求,未依照国家有关规定作出警示标志或者中文警示说明,未标明储运注意事项	3	6	80%
	3.7 对不完全具备应当具备的使用性能的产品,未对产品存在使用性能瑕疵作出说明	3	6	60%
	3.8 在广告中对产品质量作虚假宣传,欺骗和误导消费者	1	9	60%
4.服务不当	4.1 未依法或未按约定负责修理、更换、退货或赔偿购买产品的消费者损失	2	6	90%
	4.2 因产品存在缺陷造成人身、缺陷产品以外的其他财产损害的,未承担赔偿责任	1	9	90%

其中,第二个维度"损失度"是指理论上的损失程度,即该企业对某些行为完全依法承担法律后果后,某些行为导致企业损失的程度;第三个维度"损失率"是指该类风险行为由于未被追究、主动化解等而被降低后的实际值与理论值之比。

2. 评估值的计算与排序

基于前面讨论过的风险计算基本公式"风险=损失×概率","损失程度"其实是对"损失"值的修正,是实际损失值与理论损失值的百分比,因此二者是相乘的关系。因此,基于该赋值表的风险程度数学模型为:

$$风险=损失×损失程度×概率$$

依此计算,该企业消费者权益方面的法律风险点的严重程度值分别为:

表3-18 法律风险点综合重要程度评估表(节选)

类别	风险识别点	发生率	损失度	损失率	严重度
1.质量缺陷	1.1 不具备产品应当具备的使用性能而事先未作说明	1	9	90%	8.1
	1.2 不符合在商品或者其包装上注明采用的产品标准	3	9	80%	21.6
	1.3 不符合以产品说明、实物样品等方式表明的质量状况	2	6	70%	8.4
	1.4 质量状况与广告宣传表明的不符	1	3	80%	2.4
	1.5 包装不合法定要求或无法有效保护产品	2	3	60%	3.6

(续表)

类别	风险识别点	发生率	损失度	损失率	严重度
2.产品违法	2.1 销售失效、变质产品	1	7	90%	6.3
	2.2 生产明令淘汰产品、销售明令淘汰并停止销售产品	1	6	90%	5.4
	2.3 产品不符合保障人体健康和人身、财产安全的国家标准、行业标准	2	9	90%	16.2
	2.4 无保障人体健康和人身、财产安全的国家标准、行业标准的产品,存在危及人身、财产安全的不合理危险	2	9	90%	16.2
	2.5 产品未经检验合格	2	9	70%	12.6
	2.6 产品中掺杂、掺假,以假充真、以次充好、以不合格品冒充合格品	1	8	80%	6.4
	2.7 伪造产品产地的,伪造或者冒用他人厂名、厂址的,伪造或者冒用认证标志等质量标志	1	6	80%	4.8
3.表述不当	3.1 产品无质检合格证明,无中文产品名称、生产厂厂名、厂址	1	3	90%	2.7
	3.2 未根据产品的特点和使用要求,以中文标明产品规格、等级、主要成分的名称和含量	1	3	70%	2.1
	3.3 未预先提供资料或在外包装标明消费者需要事先知晓的产品的特点和使用要求	4	3	50%	6.0
	3.4 限期使用的产品,未在显著位置清晰标明生产日期和安全使用期或者失效日期	1	5	50%	2.5
	3.5 使用不当容易造成产品本身损坏或者可能危及人身、财产安全的产品,未有警示标志或者中文警示说明	3	5	90%	13.5
	3.6 易碎、易燃、易爆、有毒、有腐蚀性、有放射性等危险物品以及储运中不能倒置和其他有特殊要求的产品,包装质量不符合相应要求,未依照国家有关规定作出警示标志或者中文警示说明,未标明储运注意事项	3	6	80%	14.4
	3.7 对不完全具备应当具备的使用性能的产品,未对产品存在使用性能瑕疵作出说明	3	6	60%	10.8
	3.8 在广告中对产品质量作虚假宣传,欺骗和误导消费者	1	9	60%	5.4

(续表)

类别	风险识别点	发生率	损失度	损失率	严重度
4.服务不当	4.1 未依法或未按约定负责修理、更换、退货或赔偿购买产品的消费者损失	2	6	90%	10.8
	4.2 因产品存在缺陷造成人身、缺陷产品以外的其他财产损害的,未承担赔偿责任	1	9	90%	8.1

上述结果可能与人们的想象有着很大的不同,因为赋值和设置权重都会直接影响评估的结果。而赋值和分配权重的能力、建立的数学模型等都会由于认知不够而得出近似于荒谬的结论,因此对基于主观赋值的定量分析结果无需迷信。但作为一种分析问题的有力工具,这种方法在其他领域的应用更为成熟。

三、计算结果的修正与分级

修正与分级均为对风险评估值的后期处理。前者的目的是纠正赋值时的偏差并使评估结果更为恰如其分,后者的目的则是对不同的法律风险点进行筛选,以便确定工作目标的轻重缓急。

(一) 对计算结果的修正

几乎所有试算的初步评估值都需要人为修正,因为无暇细想的赋值过程会有诸多的考虑不周和难以平衡,所以试算出来的初步数据肯定会存在着不同程度、不同数量的谬误。风险点内涵与外延的不清晰、赋值方法的主观性、赋值及分配权重的"一刀切"等缺陷都会使试算结果偏离常识性逻辑。因此在发现某些极端不合常规的结论值时,需要重新检视赋值情况并进行调整、修正以使之"合理"。

虽然是在统一公式下"如实"计算而得出的结果,但是总会存在风险值过高或过低的情形。从上表的评估结论看,该企业最为重大的法律风险是"2.不符合在商品或者其包装上注明采用的产品标准",分值为21.6。而最为轻微的法律风险则是分值为2.1的"2.未根据产品的特点和使用要求,以中文标明产品规格、等级、主要成分的名称和含量"。是否合理,需要结合实际情况判断。

结合实际情况判断并非完全否定计算结果。出人意料的结果既有可能是由赋值不合理造成,也有可能是反映了企业的真实情况。因而"结合实际情况"是指:

1. 依据法律等规则判断

依据规则判断,在本例中是指对照法律规定的后果的严重程度进行条款间的"两两比较",去看所赋的值是否过高或过低,更严重的后果需要有更高的分值、更轻微的后果应该有更低的分值。

根据常规经验判断,"质量缺陷"的第2.项的评估结果有些畸高。因为"2.不符合在商品或者其包装上注明采用的产品标准"一般按质量不合格处理,而"4.质量状况与广告宣传表明的不符"则极有可能被视为欺诈或虚假宣传。因此这两个法律风险点的损失度赋值存在偏差,需要调整到后者高于前者的水平。对其他风险点存在的问题可采用同样的方式,但当风险点极多时往往很难一一比较。

2. 依据企业等情况判断

依据企业等情况判断,在本例中主要是依据企业实际情况、对企业适用的行业普遍情况,包括"两两比较"两个风险点的赋值情况,去判断风险的发生率、实际的损失率,以校正在这两个维度赋值上存在的过高或过低情况。

需要修正的试算值偏差大多是出于赋值上的偏差,因为参与赋值的小组成员大多是临时召集而来,并不具备熟练的赋值能力和不同领域的专业能力、熟悉程度,很难达到要求的精确程度。至于权重、维度上的偏差虽然也同样存在,但是调整起来工作量大,而且很容易解决了部分问题又产生了新的问题。

(二)计算结果的排序与分级

完成对计算结果的修正后,就可以按照分值的高低排序,包括排序时进行二次修正。排序最终完成后,有时还需要依据其自然形成的级差分布规律或设定的标准、百分比等划定风险的高、中、低区域,以便选择整改的目标。这些工作全部完成,即可将内容写入风险评估报告。

1. 风险值排序表

如果不对风险值加以修正,按上述方法处理后,其风险值排序表如下:

表 3-19 法律风险评估值排序表(节选)

类别	风险识别点	发生率	损失度	损失率	严重度
1.质量缺陷	1.2 不符合在商品或者其包装上注明采用的产品标准	3	9	80%	21.6
2.产品违法	2.3 产品不符合保障人体健康和人身、财产安全的国家标准、行业标准	2	9	90%	16.2
2.产品违法	2.4 无保障人体健康和人身、财产安全的国家标准、行业标准的产品,存在危及人身、财产安全的不合理危险	2	9	90%	16.2

（续表）

类别	风险识别点	发生率	损失度	损失率	严重度
3.表述不当	3.6 易碎、易燃、易爆、有毒、有腐蚀性、有放射性等危险物品以及储运中不能倒置和其他有特殊要求的产品，包装质量不符合相应要求，未依照国家有关规定作出警示标志或者中文警示说明，未标明储运注意事项	3	6	80%	14.4
3.表述不当	3.5 使用不当容易造成产品本身损坏或者可能危及人身、财产安全的产品，未有警示标志或者中文警示说明	3	5	90%	13.5
2.产品违法	2.5 产品未经检验合格	2	9	70%	12.6
3.表述不当	3.7 对不完全具备应当具备的使用性能的产品，未对产品存在使用性能瑕疵作出说明	3	6	60%	10.8
4.服务不当	4.1 未依法或未按约定负责修理、更换、退货或赔偿购买产品的消费者损失	2	6	90%	10.8
1.质量缺陷	1.3 不符合以产品说明、实物样品等方式表明的质量状况	2	6	70%	8.4
1.质量缺陷	1.1 不具备产品应当具备的使用性能而事先未作说明	1	9	90%	8.1
4.服务不当	4.2 因产品存在缺陷造成人身、缺陷产品以外的其他财产损害的，未承担赔偿责任	1	9	90%	8.1
2.产品违法	2.6 产品中掺杂、掺假，以假充真、以次充好、以不合格品冒充合格品	1	8	80%	6.4
2.产品违法	2.1 销售失效、变质产品	1	7	90%	6.3
3.表述不当	3.3 未预先提供资料或在外包装标明消费者需要事先知晓的产品的特点和使用要求	4	3	50%	6.0
2.产品违法	2.2 生产明令淘汰产品、销售明令淘汰并停止销售产品	1	6	90%	5.4
3.表述不当	3.8 在广告中对产品质量作虚假宣传，欺骗和误导消费者	1	9	60%	5.4

（续表）

类别	风险识别点	发生率	损失度	损失率	严重度
2.产品违法	2.7 伪造产品产地的,伪造或者冒用他人厂名、厂址的,伪造或者冒用认证标志等质量标志	1	6	80%	4.8
1.质量缺陷	1.5 包装不合法定要求或无法有效保护产品	2	3	60%	3.6
3.表述不当	3.1 产品无质检合格证明,无中文产品名称、生产厂厂名、厂址	1	3	90%	2.7
3.表述不当	3.4 限期使用的产品,未在显著位置清晰标明生产日期和安全使用期或者失效日期	1	5	0.5	2.5
1.质量缺陷	1.4 质量状况与广告宣传表明的不符	1	3	0.8	2.4
3.表述不当	3.2 未根据产品的特点和使用要求,以中文标明产品规格、等级、主要成份的名称和含量	1	3	0.7	2.1

2. 风险值条形图

单纯的排序表无法直观地显示出数据之间的比例关系。改用长条图展示,就会发现其自然形成的三个区域,10.8以上的为高风险区、低于4.8的为低风险区,二者之间的为中风险区。具体图形如下:

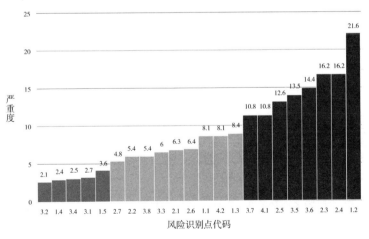

图3–12 产品责任风险点排序图

上述演示的赋值、计算中存在着许多细节不合理之处,因此仅为示范方法之用。这种处理未必精确,但有助于厘清风险点之间的重要程度关系,对选择应对方案和应对目标很有帮助。但事实上,是否采取措施并不完全看这个排序,这一问题将在下一章介绍。

第六节　合同风险的识别与评估

合同领域的风险是最为普遍的企业风险,而且该风险的产生原因是综合性的,解决方案也是综合性的。如何通过规章制度、操作流程的优化来应对管理风险,是本节讨论的主题。①

法律风险管理和合规管理都很少只从法律角度考虑问题,因为识别风险的目的是为了以管理手段控制各类风险,并不需要严格地区分风险与法律的关系是直接还是间接,何况任何风险后果都需要考虑用法律途径解决。因而无论是否涉及法律,风险识别、风险分析、风险评估往往都是一体化操作、一次性完成。

一、合同事务的风险领域

合同风险分为合同文本内容风险和合同签订履行风险两大组成部分,简称文本风险和管理风险,可细分为诸多内容。前者针对文本中存在的缺陷,后者针对签订、履行管理中的缺陷,并且是本节讨论的重点,包括合同的法律风险管理及合规管理。

(一) 相关的表述或要求

合同风险一直是企业风险管理的重中之重,风险管理、合规管理、内控等方面的指引、部门规章、国家标准等对此均有提及。这些信息有助于开拓合同风险管理的视野,并使风险管理既解决实际问题又满足管理要求、完成管理任务。

1. 全面风险管理领域

在全面风险管理领域中,国务院国有资产监督管理委员会于 2006 年印发的《中央企业全面风险管理指引》(2006 年)将"全面风险"分为战略风险、财务风险、市场风险、运营风险和法律风险五类,任何一类均与合同息息相关,但并未提及合同风险。而该委员会在《2013 年度中央企业全面风险管理报告(模本)》中将合同

---

① 合同文本风险管理涉及诸多内容,若欲系统学习,推荐阅读吴江水:《完美的合同——合同的基本原理及审查与修改》(第三版),北京大学出版社 2020 年版。

管理风险作为法律风险的组成部分。

但在涉及行业性风险管理的部门规章、各类指引中,则广泛提及合同及合同管理问题。例如,中国银行保险监督管理委员会于2018年发布的《商业银行流动性风险管理办法》,以及其前身中国银行业监督管理委员会于2004年8月印发的《商业银行房地产贷款风险管理指引》和于2010年6月发布的《银行业金融机构外包风险管理指引》等,都对相关业务的合同作了较为具体的要求。

2. 法律风险管理领域

由国家标准化管理委员会于2012年2月发布的《企业法律风险管理指南》(GB/T 27914-2011)中多处提及合同。例如:

> 3.1 企业法律风险
> 基于法律规定或者合同约定,由于企业外部环境及其变化,或者企业及其利益相关者的作为或者不作为导致的不确定性,对企业实现目标的影响。

> 5.3.2.2 构建法律风险识别框架
> 为保证法律风险识别的全面性、准确性和系统性,企业要构建符合自身经营管理需求的法律风险识别框架,该框架提供若干识别法律风险的角度,包括但不限于以下方面:
> ......
> ——根据法律领域识别,即通过对不同的法律领域(如合同、知识产权、招投标、劳动用工、税务、诉讼仲裁等)的梳理,发现不同领域内存在的法律风险。

3. 合规管理领域

国务院国有资产监督管理委员会于2018年11月印发的《中央企业合规管理指引(试行)》第四章"合规管理运行"的第二十条规定:"建立健全合规审查机制,将合规审查作为规章制度制定、重大事项决策、重要合同签订、重大项目运营等经营管理行为的必经程序,及时对不合规的内容提出修改建议,未经合规审查不得实施。"

同年颁布的《企业境外经营合规管理指引》将合同管理作为对外承包合同的合规管理要求之一。

4. 内控规则

原中国保险业监督管理委员会(以下简称"保监会")于2014年6月印发的《保险资金运用内控与合规计分监管规则》第十二条规定:

> 保险集团(控股)公司或者保险公司委托保险资产管理机构投资,并通过合同、协议等正式文件明确由该保险资产管理机构承担合规管控职责的,以该保险资产管理机构作为扣分主体,但保险集团(控股)公司或者保险公司提供

虚假数据导致委托投资出现违规的,以保险集团(控股)公司或者保险公司作为扣分主体;未通过合同、协议等正式文件约定保险资产管理机构承担合规管控职责的,保险集团(控股)公司或者保险公司作为扣分主体。

5. 行业规定

许多行业规定提及合同管理和合同风险。例如,深圳证券交易所、中国证券登记结算有限责任公司于2019年12月发布的《深圳证券交易所中国证券登记结算有限责任公司股票期权试点风险控制管理办法》中,反复提及对于经纪合同所涉事务的管理规定。

(二)合同风险的范围及深度

综合发生概率和损失程度,与合同相关的法律风险是对企业威胁最大的且普遍存在的法律风险。每个企业都会因合同管理缺陷而受到损失或减少收益、增加成本,但许多企业的合同管理却并未充分发挥作用。

1. 合同风险的管理范围

合同风险领域的文本风险、管理风险都有很多内容可以深度挖掘和细分,但所有的风险控制都需要付出控制成本,包括增加的支出和减少的收益以及降低的效率。因此合同风险同其他风险一样,需要的是在控制成本可接受的前提下,将风险控制在可接受的程度之内而非要求绝对安全。

实际操作中的风险控制范围远小于理论范围。例如,合同行为在理论上存在着单位犯罪等刑事责任风险。① 依据《刑法》(2020年)的相关规定,单位犯罪共分为二十余类、一百四十余种。但在主业明确、管理正规的大中型企业,尤其是国有企业中,这些风险中的许多犯罪行为几乎不可能发生。因此日常合同风险管理是以民事责任、行政责任及单方权益丧失以及法律规则以外的合规风险管理为主。

其中,合同文本风险管理基本上限定于刑事责任以外的合法、合规性管理以及合同技术问题导致的权益丧失风险管理。而合同管理风险则主要是通过规章制度和管理流程来规范合同的签订及履行,同样是以防范民事责任风险、行政责任风险和单方权益丧失风险为主。

2. 合同风险的管理深度

如果细分《民法典》合同编的强制性要求,则在理论上仅总则部分就有数百个风险点。但当下的法律风险环境和风险管理需求均达不到如此精细的程度,因此这种细分精度仅有理论研究价值。这表明合同风险管理仍有极大的提升空间。

在合同文本内容方面,因内容违法而足以引起合同全部或部分无效的情形相

---

① 参见本书第一章第八节"风险后果解析"之"一、刑事责任风险后果"。

对较少,较多的问题是足以引起单方权益丧失甚至民事责任的条款设置不当和语言表述不当,具体体现为约定的不明确和不充分,使得企业未充分使用法律所赋予的权利。

而在合同管理方面,虽然企业普遍设置了法律事务部等专门机构,但是其管理模式和管理深度并不足以从根本上降低合同签订及履行过程中的法律风险,其合同相关的管理制度、管理流程等也存在着极多的漏洞和管理要求不明。

二、合同文本风险的评估

如果仅从法律角度作狭义理解,合同文本的法律风险管理只要保证主体资格、合同标的、内容约定三方面均不违法即可。但这对于企业合法权益的保护几乎没有意义,能否满足交易目的、权利义务是否明确、功能模块是否完备、条款约定是否实用、语言表述是否精准等方面都需要采取措施才能有效防范各类风险。[①]

(一) 文本缺陷及由来

合同文本风险需要结合法律关系、应用场景、法律环境等方面综合评判。因为合同行为所涉及的法律关系只是一种抽象的存在,是否存在缺陷往往只有将合同文本置于真实的交易场景中才能发现,而且风险的大小还与法律环境有关。

1. 文本缺陷与风险环境

合同文本按其内容和功能细分,可分为交易主体、交易内容、交易方式、问题处理四类,或称为锁定交易主体、锁定交易内容、锁定交易方式、锁定问题处理四大功能模块。有了这样的细分,更有利于企业从结构、功能上识别文本风险、评估风险程度。

合同法律体系的复杂性使得合同法律风险管理任务艰巨。在法律适用方面,合同既可按照功能涉及散见于不同部门法的交易主体、交易标的、交易方式等方面的法律要求进行管理,又可根据涉及《立法法》所设定的不同法律层级,即法律、行政法规、地方性法规、部门规章、地方政府规章进行管理。除此之外,合同风险管理还要涉及虽不属于法律但至关重要的最高人民法院司法解释。

尤其是指向不确定的各部法律之间的交叉内容,更增加了文本风险管理的难度。例如,《民法典》(2021年)第一百八十六条规定:"因当事人一方的违约行为,损害对方人身权益、财产权益的,受损害方有权选择请求其承担违约责任或者侵权责任。"

此外,现实交易中存在大量无名合同,其法律适用更复杂、更具不确定性。无

---

① 参见吴江水:《完美的合同——合同的基本原理及审查与修改》(第三版)第一章第七节"合同质量原理解析",北京大学出版社 2020 年版,第 73—94 页。

名合同是《民法典》(2021年)合同编所列的十九种典型合同以外的其他合同,《民法典》为其规定的法律适用原则分别为:

> 第四百六十七条 本法或者其他法律没有明文规定的合同,适用本编通则的规定,并可以参照适用本编或者其他法律最相类似合同的规定。
>
> 第六百四十六条 法律对其他有偿合同有规定的,依照其规定;没有规定的,参照适用买卖合同的有关规定。

除此之外,许多企业并不知道任意性法律条款已经授权当事人自行约定或优先适用当事人的约定,因此未能充分行使其合法权利,从而导致权益的丧失。

由于审判机关越来越倾向于减少对合同无效情形的认定,能否结合法律的授权和交易目的、交易背景、交易利益最大化、交易风险最小化已经成为合同文本需要争取实现的目标。因此合同权利义务设置的实用性、明确性、精确性以及对交易目的保障、对语言歧义的避免等,均为新发展阶段识别、评估合同文本缺陷的新要求。

2. 典型的文本缺陷

中国现代合同的发展历史其实是从20世纪80年代才开始起步。加之诸多其他因素的影响,虽然高科技企业已在使用关于信息技术条件的合同,但是总体上仍旧缺乏对合同内在规律、实际应用的理解。较为普遍的情况有以下几点:

(1)法律调研不充分

如前所述,由于法律体系日益庞大且修订频繁,加上法律存在着不同的层级、部门,以及现行的合同管理体制混乱,都很容易使企业对合同所处法律环境的要求和变化熟视无睹,使得合同文本及合同管理既不能全面顺应法律要求,又不能充分行使法律授予的权利。

例如广告领域,除了《广告法》(2018年)和《广告管理条例》(1987年)以外,还有涉及行业管理的《医疗器械广告审查办法》(2018年)、《药品广告审查办法》(2018年)等,以及《广告发布登记管理规定》(2016年)、《互联网广告管理暂行办法》(2016年)、《公益广告促进和管理暂行办法》(2016年)等部门规章。这些还只是全国通行的法律,具体地域还会涉及当地的地方性法规、地方政府规章。

如果是合规管理,还要在此基础上涉及大量的行业规定、公司规章制度规定等,工作量更大。正因如此,几乎没有企业会全面了解交易的规则环境。

(2)合同约定不充分

合同约定不充分,意味着要么权利未能充分行使而造成浪费,要么因为约定内容不严谨而存在权利义务漏洞。法律虽然规定了约定不明确或没有约定时的处理原则,但是这些原则的适用结果极不确定,既能使一方受益又可能使之受损。

以最为敏感的违约责任为例,条款的作用是将不希望发生的情形约定为违约,并通过违约责任使得试图违约的一方要么遵守合同,要么承担给相对方造成的损失。但目前许多合同的违约责任条款要么笼统,要么只约定了部分违约情形,要么违约责任流于形式,并不足以达成前述目的。

再以附随义务、情势变更等法律或司法解释上只有笼统原则而无评判标准的情形,以及法律授权当事人自行约定的情形为例,只要对其加以约定即属于合同义务,无需面对第三方裁判的不确定性。约定不足则等于放弃了这些权利。

如果考虑交易的税务安排等事项,合同中还有需要约定之处。

(3)交易理解不充分

签订履行合同是为了实现合同目的,即得到自己需要的资源。但这个资源未必是标的本身,而是签订合同的真实动机和终极目标。为了实现交易目的,才去寻找合适的标的、合适的交易方、约定交易的方式,并为了顺利实现交易而约定出现违约等情形时如何处理。偏离了交易目的,合同便有形而无神。

例如,乙方本欲租用和独占性使用甲方的码头、道路和场地用以运输物资、装卸和堆放。但签约时甲方尚未取得码头的使用许可,故双方仅约定了乙方租用甲方的场地等而未言明租用码头用于运输。依此合同,乙方拥有了场地、附属设施及公用道路等方面的使用权,但甲方并无义务提供手续合法、功能完整的码头用于装卸货物。合同徒有其表,完全背离了交易目的。

(二)文本风险的评估角度

基于以上考虑并结合常见的民事、行政和权益丧失法律风险,合同内容的法律风险管理至少应包括以下内容:

1. 主体合格性

1.1 交易主体依法设立和存续

1.2 具备签订及履行本合同的许可、资格、资质等

1.3 瑕疵主体得到合法授权

1.4 符合企业规定的主体资格要求

2. 经办人员合格性

2.1 谈判人员具备合法授权

2.2 签约代表具备合法授权

2.3 履行人员具备法定资格

3. 标的合法性

3.1 标的非禁止流通物

3.2 交易方有权处置

3.3 样品与合同约定相符

3.4 储存及包装方式合法

4. 交易方式合法合规

4.1　定金等担保方式合法

4.2　保证金等定义明确

4.3　分期履行的内容、时间、地点及权利义务等明确

4.4　运输方式符合标准及需要

4.5　交接手续及验收方式明确

4.6　质量检验期限及不合规情况通知期限

4.7　支付方式及发票合法合规

4.8　有无"交易习惯"需要写成条款

5. 权利义务明确性

5.1　标的及其范围、数量等明确

5.2　质量标准、质量要求、约定标准明确

5.3　价款或者报酬明确

5.4　各类费用的数额、承担方明确

5.5　各项履行地点明确

5.6　履行期限明确

5.7　履行方式明确

6. 合同效力性

6.1　是否违反效力性法律、行政法规强制性规定

6.2　是否恶意串通，损害国家、集体或者第三人利益

6.3　是否因故意或者重大过失造成对方财产损失免责

6.4　是否以合法形式掩盖非法目的

6.5　是否损害社会公共利益

6.6　是否提供格式合同时免除自身责任、加重对方责任、排除对方主要权利

6.7　是否对格式条款中免除或者限制自身责任的内容采用足以引起对方注意的文字、符号、字体等特别标识

6.8　是否按照相对方的要求对格式条款予以说明

7. 违约责任条款

7.1　违约情形细分为违约条款

7.2　违约情形可识别、可判断

7.3　违约金比例符合规定

7.4　违约后需要继续履行、采取补救措施或赔偿损失的情形

7.5　赔偿损失的范围及赔偿标准或计算方法

7.6　因不可抗力不能履行合同时通知对方、提供证明的期限

7.7 合同约定解除的情形及解除权行使期限
7.8 禁止但未设定违约责任的情形

8. 合同表述问题

8.1 合同名称与合同性质是否相符
8.2 各级标题与内容是否一致
8.3 术语或关键词是否规范、一致、精确
8.4 语言表示的程度词是否可识别、可衡量
8.5 条款搭配有无冲突或重叠
8.6 有无足以影响权利义务的语言歧义

9. 其他检查项

9.1 现有约定是否与交易目的相符
9.2 生效条件是否符合法律规定
9.3 以前发生过的问题有无设定解决方案
9.4 管辖是否有利或可优化
9.5 合同格式等是否符合企业管理规定

三、合同管理风险的评估

合同的签订和履行过程是企业的"历险"过程,有多种因素可以触及风险事件并导致合同无法正常履行,甚至陷入旷日持久的争议处理之中。如果再从合规的角度加以衡量,合同文本质量是否符合标准、合同审查是否具有实际意义、合同履行异常是否处理,都在考验"规"的质量和管理的质量。

(一)风险管理的规则环境

合同的签订履行管理,是通过标准化的规章制度、操作流程、合同文本等手段,保障在签订履行过程中降低法律风险、杜绝失误风险。法律风险管理和合规管理对此都有提及,但要求相对笼统而未深入。

1. 合规管理的要求

合同是经营活动中最为重要的组成部分,因此各类合规管理的指引和部门规则、行业规则等都有提及。例如《中央企业合规管理指引(试行)》(2018年)中有如下规定:

第十三条 加强对以下重点领域的合规管理:
(一)市场交易。完善交易管理制度,严格履行决策批准程序,建立健全自律诚信体系,突出反商业贿赂、反垄断、反不正当竞争,规范资产交易、招投标等活动;

……

（三）产品质量。完善质量体系，加强过程控制，严把各环节质量关，提供优质产品和服务；

……

（七）商业伙伴。对重要商业伙伴开展合规调查，通过签订合规协议、要求作出合规承诺等方式促进商业伙伴行为合规；

……

第十七条　建立健全合规管理制度，制定全员普遍遵守的合规行为规范，针对重点领域制定专项合规管理制度，并根据法律法规变化和监管动态，及时将外部有关合规要求转化为内部规章制度。

第二十二条　开展合规管理评估，定期对合规管理体系的有效性进行分析，对重大或反复出现的合规风险和违规问题，深入查找根源，完善相关制度，堵塞管理漏洞，强化过程管控，持续改进提升。

由于该指引第二条解释的合规是指"中央企业及其员工的经营管理行为符合法律法规、监管规定、行业准则和企业章程、规章制度以及国际条约、规则等要求"，因此需要遵守的内容相当庞杂。所以"及时将外部有关合规要求转化为内部规章制度"是较为现实的做法。但规则范围十分广泛，工作量非常巨大。

2. 风险管理的要求

由于处在风险管理的最前沿，金融行业的各类风险管理的部门规章、指引等大量提及合同。这类内容虽然出现在风险管理领域，但是其内容却更适合用于企业的合规管理。

例如，中国银行保险监督管理委员会于2018年发布的《商业银行流动性风险管理办法》中大量提到合同的监管；原中国银行业监督管理委员会于2010年6月发布的《银行业金融机构外包风险管理指引》中对于外包合同的内容等有极为详尽的建议。

3. 金融管理法律

事实上，对于合同管理描述最多的并非部门规章或各类指引，而是金融领域的相关法律。《民法典》(2021年)合同编虽然提及"合同"次数最多，但是并不涉及合同管理，其对于合同签订、履行过程中的各类要求，包括约定不明确时的处理、权利义务的划分以及通知、协助义务等，均为法律风险管理和合规管理的重中之重。

在众多的相关法律中，《中华人民共和国保险法》(2015年，以下简称《保险法》)共有142次提及"合同"，而且很多要求直接可以作为合同管理的要求。例如：

第二章"保险合同"对于合同内容、合同签订、合同履行的规定，几乎使其成为

"保险合同法"。

第四章"保险经营规则"中,第一百一十六条"保险公司及其工作人员在保险业务活动中不得有下列行为"列举的事项有十三条之多,可直接作为对工作人员的合规管理要求。

第五章"保险代理人和保险经纪人"中,第一百三十一条"保险代理人、保险经纪人及其从业人员在办理保险业务活动中不得有下列行为"共有十条要求,可以直接作为对相关人员合规管理的行为规范。

除此之外,《中华人民共和国海商法》(1993年,以下简称《海商法》)、《劳动合同法》以及证券方面的法律等也都大量提及合同。其中的规则性要求都需要转化为企业的"内规"以得到有效的遵守,或采取措施避免不必要的风险。

(二) 风险管理的评估角度

合同签订履行管理并不是始于合同签订而是始于商务谈判,甚至始于交易需求的确定。而管理的结束时点既可能是合同履行完毕时,也可能是协商、诉讼等合同履行异常情形处理终结时,甚至可能是不了了之。

目前,企业的合同管理机构、模式、方式千差万别。但如果仅从其技术措施加以分析,就会发现许多企业的管理状况甚至并不足以防范常识性的风险,企业安全乃是基于幸运。

合同签订履行管理包括的环节、内容、事项众多,但按照交易流程分阶段分析、评价其风险则更容易理解和操作。依此评估,其签订履行流程环节如下:

1. 交易发起

重点在于交易需求由哪个部门发起、发起的依据、需求的确定、相对方基本情况、基本的交易设想,目的是从源头上控制风险。

2. 审查审批

这一阶段由相关部门审核合同相关的商务、技术、财务等事项,由法务部门审查主体、标的、约定的合法性等事项,决策层依据权限审批合同。

3. 签订管理

包括文本的签订标准管理、签署合同的授权管理,以及盖章、归档程序的管理等,均用于控制合同签订环节可能发生的文本风险。

4. 履行管理

包括各部门各司其职的依约履行,以及合同未能如约履行导致的履行异常情况处理,直至履行完毕或争议解决完毕、债权债务消灭。

5. 检查统计

这一环节是对合同风险的闭环管理,包括对合同文本、合同管理的检查、回顾,意在总结经验教训的基础上循环改进管理制度。

上述环节是对合同签订履行管理工作内容的基本划分,每个环节还可派生出许多的细节内容。但企业情况、需求各异,因而没有固定的精细度标准。

图3-13　合同签订履行管理主要事项示意图

四、合同风险评估的操作

合同风险评估重在发现管理上的缺陷,以便在后期工作中通过制度的完善和成熟做法的标准化、程序化,以及合同文本的标准化有效抵御合同风险。因此并不需要对合同文本咬文嚼字,而是需要透彻地审视其合同管理制度的缺陷。

(一) 风险评估的准备

合同风险评估的准备工作,包括了解企业的大致状况并准备初步方案;通过有效的沟通与企业共同确定项目内容;根据项目内容和企业情况设计尽职调查提纲;根据提纲开展尽职调查。

1. 工作方案的确定

由于合同风险管理涉及的专业内容超出常规的企业法律事务管理机构的职责范围,因此需要提供更多的工作内容细节并以"菜单"的方式供企业选择。而"菜单"的内容一方面来自风险管理的业务经验,另一方面来自与企业的前期沟通或浏览企业网页得来的信息,一般以《项目建议书》的形式提交给企业。

基于合同风险管理的自身规律、逻辑结构和工作细节,完全可以设计出合同风险管理的工作事项清单,而且细分到具体的工作目标、工作事项、成果功能。从这个角度出发,与客户的进一步沟通,尤其是通过那些产生了加强合同风险管理想法、提出具体目标和需求的企业决策层沟通的过程,企业在这一宏观"菜单"中"勾选"和"定制"了项目具体工作内容。专业素养需要围绕满足企业目标而展开并帮助其实现愿望,而不是要求企业削足适履。

表 3-20　示例：项目工作内容表（节选）

板块	内容大类	工作内容	具体工作描述	工作成果	备注
集团管理法律风险评估	集团管理模式法律风险评估	1.1.1 评估集团公司管理模式	识别集团组织结构、管理模式的风险	以集团公司各管理部门为主，通过访谈及资料分析提出管理性法律风险评估报告（详细到三级目录）	描述法律风险点为主，含简要应对措施
		1.1.2 评估集团公司决策流程	识别集团决策权限划分、程序等风险		
		1.1.3 评估集团规章制度体系	识别集团规章制度体系整体及逻辑性		
		1.1.4 评估规章制度执行情况	识别集团规章制度的执行及落地情况		
		1.1.5 公司的投资结构与章程	对下属公司的投资、控股及章程风险		
	集团法律风险控制模式评估	1.2.1 评估集团法务机构设置	识别集团法务管理结构资源投入风险		
		1.2.2 评估集团法务管理机制	识别集团法务管理的制度流程等风险		
		1.2.3 评估争议解决法律风险	识别集团诉讼纠纷等处理机制风险		
		1.2.4 评估合同管理法律风险	合同管理及文本风险，包括签订履行		
	集团重要职能法律风险评估	1.3.1 知识产权管理法律风险	商标、专利、技术方案引进等风险		
		1.3.2 人力资源管理法律风险	招聘及劳动合同管理、薪酬福利等		
		1.3.3 产品广告宣传法律风险	广告合作商管理、宣传内容等风险		
		1.3.4 产品安全责任法律风险	服务标准、表述、安全保障等风险		
		1.3.5 其他可能法律风险	（不介入财务等敏感部门）措施		

在项目工作内容确定后，即可有针对性地制作尽职调查清单、安排工作日程、

调配项目工作资源。这类项目的内核是基于法律风险意识的管理提升,因此尽职调查提纲及尽职调查工作是围绕风险、管理展开,而非围绕法律展开。

2. 尽职调查的实施

合同风险管理的尽职调查主要分为两个部分。

(1) 文档资料收集

这类调查主要是由企业按照尽职调查提纲提供企业注册登记情况、生产经营行政许可、企业的组织结构图、分支机构及投资关系图、企业的合同管理制度及管理流程、企业的合同文本体系等,以从档案角度了解企业经营合法性风险、制度风险、文本风险等。

(2) 管理人员访谈

展开对相关合同分管负责人、管理部门负责人或具体事务负责人员的访谈,了解各类规章制度、管理流程的实际执行情况以及文档资料以外的实际情况和其他情况,弥补文档资料信息量有限的缺陷并有效识别存在于文档以外的风险。

由于合同的签订履行涉及不同部门的配合,如果需要还可以组织不同部门业务人员的座谈,共同讨论各个部门在整个流程中的痛点、需求,更多地发现管理制度及流程中存在的风险。

A. 尽职调查阶段

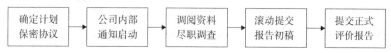

B. 提交方案阶段

C. 成果贯宣阶段

图 3-14　示例:项目阶段内容示意图

(二) 风险评估的实施

合同风险的评估大多通过文档资料、访谈记录的审核比对即可完成,一般并不需要通过小组工作会议讨论、赋值。因为合同管理项目的专业集中度高,风险识别结果大多只需要定性分析,并不需要为了定量分析而赋值、运算及排序。

1. 风险识别

风险识别可以如前所述分为合同文本风险识别和合同管理风险识别,而且都可以根据事先准备好的检查表①进行检查。

合同文本的风险识别并不等同于合同审查,其视角和目标并不是为了发现细枝末节问题而是发现方向性问题,尤其适合以检查表的方式检查样本合同。如果样本过多则往往按类抽检或只检验由企业指定或双方约定的样本。

合同管理的风险识别则更多的是基于法律风险、合规风险的问题思维、批判性思维查找管理环节、管理要求、部门配合上存在的问题。这种问题查找是以后果为导向,也就是只要会产生不利影响即视为风险点,而不论风险是直接还是间接基于法律等规则产生。法律、规则中对于合同行为的要求,均可作为检查项以确定是否符合、是否存在缺陷。

2. 风险分析

风险分析依据风险点的识别结果展开,内容包括其不利后果的类型、原因的类型、后果的影响程度、产生不利后果的规则依据,以及发生的概率等。检查可以用检查表的方式,检查结果可以用表格的形式。

如果是法律风险管理项目,还可参照《企业法律风险管理指南(GB/T 27914-2011)》中的"法律风险识别框架示例"②,将风险点归入法律风险的识别框架。该表格在横向上依据引发法律风险的原因,将风险点归入法律环境、违规行为、违约行为、侵权行为、不当行为和怠于行使权利六项,纵向则罗列企业所从事的各类经营管理活动,如下表:

表 3-21 法律风险识别框架示例

经营活动	法律环境	违规行为	违约行为	侵权行为	不当行为	怠于行使权利
经营管理活动1						
经营管理活动2						
经营管理活动3						
……						

---

① 参见本章第二节"评估的技术方法与表述方式"之"三、常用的表述工具"。
② 参见本书第二章第九节"风险清单的确定"之"一、风险清单的内容要求"。

3. 风险评价

风险评价是对风险点分析结论的表述,需按统一的项目、顺序、模式进行。一般只对相应风险点作不带任何褒贬的中性、客观描述。而总体性的评述和基本的、方向性的解决方案,则在评估报告中体现。

风险评估的更多细节及注意事项详见本章第九节。

第七节　决策风险的识别与评估

决策风险(Risk of Decision-making),是指在决策活动中,由于主、客体等多种不确定因素的存在,而导致决策活动不能达到预期目的的可能性及其后果。[①] 按层级、内容划分,决策风险有战略决策、授权决策、业务决策等层次,越是高层的决策影响越大、越深远,所以有"战略不能错"之说。

在中国的规则环境下,决策风险主要是合规风险,其对于国有企业十分重要。因为它涉及国有资产管理中的"重大决策、重要人事任免、重要项目安排和大额度资金运作(简称'三重一大')[②]"中"三重"之一的"重大决策",以及作为"一大"的"大额度资金运用"。

一、决策风险与决策要素

在风险管理领域中,全面风险、法律风险、合规风险的提法早已广为人知,而决策风险却知之者寥寥。但事实上决策风险一直是风险管理的重头戏、风险产生的源头,而且所有的风险行为都出自决策,包括发展战略决策、生产经营决策,以及企业组织机构设置、规章制度制定等。

(一)决策风险的相关规定

对于决策风险的管理早已纳入国务院行政部门制定的部门规章中,以及各省、自治区、直辖市一级政府及其以下行政层级的地方政府规章中,而且随着立法技术的不断提高,相关立法的质量也越来越高。

---

① 参见"决策风险"词条,载智库·百科,https://wiki.mbalib.com/wiki/决策风险,访问日期:2020年2月15日。
② 参见中共中央办公厅、国务院办公厅于2010年6月5日发布《关于进一步推进国有企业贯彻落实"三重一大"决策制度的意见》(中办发〔2010〕17号)。

1. 国有企业的"三重一大"

现行的"三重一大"内涵形成于2010年,但国务院国有资产监督管理委员会办公厅于2008年5月发布实施的《关于对央企执行"三重一大"集体决策制度情况进行督查的通知》已经将"三重一大"定义为"重大事项决策、重要干部任免、重要项目安排、大额度资金的使用",而且在"附件1"中,以"三重一大项"的方式细分了"重大事项决策",即:

一、重大事项包括以下主要事项
(一)企业的发展方向、经营方针,中长期发展规划等重大战略管理事项;
(二)资产损失核销、重大资产处置、国有产权变动、利润分配和弥补亏损、增加和减少注册资本、缴纳国家税费和国有资本收益等重大资产(产权)管理事项;
(三)年度生产经营计划、企业年度工作报告,财务预算、决算,从事高风险经营,以及内部机构设置、职能调整等重大生产经营管理事项;
(四)企业改制重组、兼并、破产、合并、分立、解散或者变更公司,国(境)外注册公司、投资参股、重大收购或购买上市公司股票,国有产权转让等重大资本运营管理事项;
(五)企业薪酬分配,以及涉及职工重大切身利益等重大利益调配事项;
(六)需要提交股东会、董事会审议决定的事项;
(七)其他有关企业全局性、方向性、战略性的重大事项。
……
四、大额度资金的使用事项包括以下主要事项
(一)年度计划的大额度资金使用;
(二)较大额度预算外资金使用;
(三)较大额度的非生产性资金使用,以及重大捐赠、赞助;
(四)其他大额度资金使用。

而对于"重大决策"和"大额度资金",表3-22中罗列的项目如下:

表3-22 "重大决策"及"大额度资金"调研表

项目名称		调研内容
重大事项决策制度	重大战略决策	企业的发展方向、经营方针
		中长期发展规划
		其他重大战略决策

(续表)

项目名称	调研内容		
重大事项决策制度	重大资产（产权）决策	资产损失核销事项	
		重大资产处置	
		国有产权变动	
		利润分配和弥补亏损	
		增加、减少注册资本	
		缴纳国家税费和国有资本收益	
		其他重大资产（产权）决策	
	重大生产经营决策	年度生产经营计划	
		企业年度工作报告	
		财务预算、决算	
		从事高风险经营	
		内部管理事项	内部机构设置
			机构职能调整
		其他重大生产经营决策	
	重大资本运营决策	企业改革	改制重组
			兼并
			破产
			合并
			分立
			解散
			变更公司
		国（境）外注册公司	
		投资参股	
		重大收购或购买上市公司股票	
		国有产权转让	
		其他重大资本运营决策	
	重大利益调配决策	企业薪酬分配	
		涉及职工重大切身利益事项	
	股东权力决策	需要提交股东会、董事会审议决定的事项	
	其他有关企业全局性、方向性、战略性的重大事项		

(续表)

项目名称	调研内容
大额度资金的使用制度	年度计划的大额度资金使用
	较大额度预算外资金使用
	较大额度的非生产性资金使用
	重大捐赠、赞助
	其他大额度资金使用

2. 地方政府规章

在地方政府规章中,也有大量法律涉及决策风险管理。其中,梧州市于 2011 年即已颁布《梧州市行政机关重大决策风险评估暂行办法》。较新的有安徽省人民政府于 2017 年 10 月颁布的《安徽省人民政府重大决策风险评估办法》,青岛市于 2018 年 11 月颁布的《青岛市重大行政决策风险评估办法》等。

以《青岛市重大行政决策风险评估办法》为例,其对于决策风险的主要规定如下:

第三条 ……

本办法所称重大行政决策风险评估(以下简称风险评估),是指行政机关依照法定职权和程序,运用科学、系统、规范的评估方法,对重大行政决策事项可能引发的各种风险进行科学预测、综合研判,确定风险等级,提出风险防范措施并制定相应的化解处置预案,形成风险评估报告的活动。

第七条 决策承办单位应当重点就决策事项可能给社会稳定、生态环境、经济等方面造成的风险以及风险的可控性进行评估:

(一)社会稳定风险,包括可能引发复杂社会矛盾、群体性事件或过激敏感等事件的情形;

(二)生态环境风险,包括可能造成重大环境污染、生态破坏或者次生自然灾害等不良影响的情形;

(三)生产安全风险,包括可能存在影响生产安全因素的情形;

(四)财政金融风险,包括可能造成大额财政资金流失、带来重大政府性债务、导致区域性或系统性金融风险隐患的情形;

(五)舆情风险,包括可能产生负面评价、恶意炒作舆论的情形;

(六)其他可能引发危及国家安全、公共安全、经济社会安全的风险。

第八条 风险评估应当按照下列程序进行:

(一)制定风险评估工作方案,明确评估目的、标准、步骤、方法、时限;

(二)采取公示、问卷调查、入户访问、调查研究、召开座谈会等方式,广泛听取相关部门和社会公众、利益相关方、专家学者等各方意见；

（三）全面排查重大行政决策的风险点和风险源；

（四）分析研判重大行政决策风险等级；

（五）提出重大行政决策风险防控措施和化解处置预案；

（六）形成风险评估报告。

第十条　风险评估报告应当包括以下内容：

（一）重大行政决策事项的基本情况；

（二）风险评估的主体、方式和过程；

（三）社会各方面对重大行政决策的反映和对决策风险的分析意见；

（四）重大行政决策的风险点、风险源；

（五）重大行政决策风险的影响；

（六）重大行政决策风险等级；

（七）重大行政决策风险防范和化解措施，以及应急处置预案等内容。

第十一条　风险等级分为高、中、低三级，具体划分标准如下：

（一）社会公众大部分有意见、反映特别强烈，可能引发大规模群体性事件，难以疏导、稳定，存在较大社会稳定、生态环境、财政或者公共安全风险隐患的，为高风险；

（二）社会公众部分有意见、反映强烈，可能引发矛盾冲突，但可以采取风险防范措施予以化解，存在一定社会稳定、生态环境、财政或者公共安全风险隐患的，为中风险；

（三）社会公众能够理解支持，少部分人有意见，存在较小社会稳定、生态环境、财政或者公共安全风险隐患的，为低风险。

决策方案存在高风险的，决策承办单位应当区别情况向市政府提出不提请决策、调整决策方案、降低风险等级后再行决策的建议；存在中风险的，采取防范、化解措施后再作出决策；存在低风险的，可以作出决策。

（二）决策风险的相关指引

正因为决策与各类风险的关系如此紧密，决策风险管理事实上早已被纳入全面风险管理要求之中，而合规管理也尤其强调决策管理的重要性。

1. 合规管理指引

《中央企业合规管理指引（试行）》（2018年）从组织机构、具体事项两个层面强调了决策风险的管控措施。主要内容有：

第十四条　加强对以下重点环节的合规管理：

（一）制度制定环节。强化对规章制度、改革方案等重要文件的合规审查，

确保符合法律法规、监管规定等要求;

(二)经营决策环节。严格落实"三重一大"决策制度,细化各层级决策事项和权限,加强对决策事项的合规论证把关,保障决策依法合规;

第十六条　强化海外投资经营行为的合规管理:

……

(三)定期排查梳理海外投资经营业务的风险状况,重点关注重大决策、重大合同、大额资金管控和境外子企业公司治理等方面存在的合规风险,妥善处理、及时报告,防止扩大蔓延。

第二十条　建立健全合规审查机制,将合规审查作为规章制度制定、重大事项决策、重要合同签订、重大项目运营等经营管理行为的必经程序,及时对不合规的内容提出修改建议,未经合规审查不得实施。

2. 全面风险管理指引

《中央企业全面风险管理指引》(2006年)着重从组织机构设置、组织机构功能两方面控制决策风险,分别规定了董事会、风险管理委员会、全面风险管理专职部门或指定部门、企业其他职能部门及各业务单位的决策风险管理职责。

(三)决策要素及相关风险

决策要素(Decision Element),是指决策作为一个动态过程和网络系统中主要的因素,是由多种相关因素所构成的有机整体。[①] 结合风险管理操作,决策要素分为以下五种:

1. 决策主体

是指作出决策的个人或机构、组织,通常情况下必须有合法依据或授权依据才能成为合规意义上的合规决策主体。

2. 决策客体

是指决策的事项及其实施的相关环境,如战略决策、生产经营决策等。同样,必须具有合法依据或合法授权,才有合规的决策客体。

3. 决策信息

是指决策所依据的用于分析决策客体的性质、规律以及决策涉及的不同事项的文字、图形、声音、影像等形态的资料、消息。

4. 决策路径

是指决策从开始到完成的过程中,所依据的理论、方式、程序、途径等方法、原

---

① 参见"决策要素"词条,载智库·百科,https://wiki.mbalib.com/wiki/决策要素,访问日期:2020年2月17日。

5. 决策结果

是指经过决策过程后针对决策客体所产生的包括形式和内容在内的结论、方案等。

上述要素中除了主体、客体以外,决策过程中的其他要素往往也涉及一定的法律等规则要求。例如,某些风险管理指引或部门规章等规定了信息收集的范围、决策的必备环节、决策结果的内容要求等。

由此可见,合规意义上的决策风险,是指在决策过程中,任何决策要素与相关的决策规则要求不符都有可能产生合法性、合规性、科学性等方面的不利后果,而这些可能性即为决策风险。

二、各决策要素涉及的风险

决策要素细分后,各要素涉及的法律等规则风险已变得比笼统的决策风险更容易识别。但不同要素的合规性背后都涉及众多的法律等规则要求,例如不同层级和领域的法律等规则以及国外的法律等规则。

(一) 决策主体风险

风险的识别是基于风险主体在特定风险环境下的特定风险行为,或者说是基于特定主体在特定环境下的特定行为。因此首先需要考虑的是决策主体的合法、合规性问题,主要是他们的权限问题。

1. 主体的合格性风险

决策主体合格性的风险来自决策主体的合法、合规性,或者说是其决策行为是否有明确、充分的法律或合同等方面的授权。同合同瑕疵类似,交易主体不合格则会使合同存在效力上的瑕疵。而在决策领域中,没有权限或权限不明确的决策不仅影响决策结果的有效性,甚至还会导致对决策主体的追责。

所谓主体的合法性,是指依据相关法律规定,以及依据符合相关法律规定的其他方式取得决策资格。或者说,是依据法定或约定取得主体资格。

例如,《公司法》(2018年)第一百五十五条规定:"公司以实物券方式发行公司债券的,必须在债券上载明公司名称、债券票面金额、利率、偿还期限等事项,并由法定代表人签名,公司盖章。"就属于法律直接授权法定代表人在其发行的实物券上签名。

又如,该法第十三条规定,"公司法定代表人依照公司章程的规定,由董事长、执行董事或者经理担任,并依法登记"。即属于法律授权投资人通过公司章程自行决策,由董事长、执行董事或经理担任公司的法定代表人。

所谓主体的合规性,在这里是指依据法律以外的其他规则取得"合法"的决策主体资格。例如,公司的《合同管理制度》规定生产设备的采购由生产部确定,则生产部便取得了生产设备采购方面的合规的决策主体资格。

2. 决策者的责任风险

决策责任风险既有法律责任风险①又有法律以外的其他合规责任风险。如果是经营决策,还要负担决策失败引起的经济损失等风险。作为企业的管理者,如果决策主体等方面均合法合规且没有其他的法律规定或合同规定,则一般并不需要自行承担决策错误导致的不利后果,反之则不然。

以法定代表人对公司的赔偿责任为例,合规设立的企业如果出现亏损一般无需法定代表人负责,但如果法定代表人绕过股东会、董事会直接设立下属公司从事经营并亏损,则很可能需要承担赔偿责任。

个人决策风险责任远不止个人的民事赔偿责任,还包括刑事责任、行政责任,以及按照各类主管部门规范性文件、企业规章制度等被降级、免职。

尤其是在刑事责任方面,当企业构成单位犯罪时,其"直接负责的主管人员"和"直接责任人员"很可能承担刑事责任。而当企业因违反相关安全管理、生产条件等规定导致重大伤亡事故时,相关决策者同样需要依照《刑法》(2020年)承担刑事责任。例如:

> 第一百三十四条　在生产、作业中违反有关安全管理的规定,因而发生重大伤亡事故或者造成其他严重后果的,处三年以下有期徒刑或者拘役;情节特别恶劣的,处三年以上七年以下有期徒刑。
>
> 强令他人违章冒险作业,因而发生重大伤亡事故或者造成其他严重后果的,处五年以下有期徒刑或者拘役;情节特别恶劣的,处五年以上有期徒刑。
>
> 第一百三十五条　安全生产设施或者安全生产条件不符合国家规定,因而发生重大伤亡事故或者造成其他严重后果的,对直接负责的主管人员和其他直接责任人员,处三年以下有期徒刑或者拘役;情节特别恶劣的,处三年以上七年以下有期徒刑。

(二) 决策客体风险

按照工作经验,决策的客体包括事项和环境两部分。其中,事项分为性质和范围两部分;环境主要是指决策事项所要实施的环境。决策客体的风险有时与决策主体的风险是一个问题的两面。主体不合格而作了决策,既导致主体的行为因存在着缺乏授权而带来的违规风险,也导致决策客体因缺乏合法合规性而带来的风险。

---

① 参见本书第一章第八节"风险后果解析"中的四大法律风险。

1. 决策事项风险

决策事项的事项、范围依据决策主体所得到的授权而定。尤其是在国有资产管理、公共事务管理方面，决策风险管理的重要内容是决策的事项和范围。

例如，《中央企业合规管理指引(试行)》(2018 年)第十四条所要加强的重点环节之一就是经营决策环节，强调"严格落实'三重一大'决策制度，细化各层级决策事项和权限，加强对决策事项的合规论证把关，保障决策依法合规"。

又如，《青岛市重大行政决策风险评估办法》第七条第一款规定，"决策承办单位应当重点就决策事项可能给社会稳定、生态环境、经济等方面造成的风险以及风险的可控性进行评估"，并列举了社会稳定风险等五种风险，这些便是对决策客体范围的授权。

而《公司法》(2018 年)对于公司组织机构各类权限的规定，也是各类组织机构的决策客体的规定，超出范围则有违法、违规的风险。例如，该法第四十九条规定：

> 有限责任公司可以设经理，由董事会决定聘任或者解聘。经理对董事会负责，行使下列职权：
> (一)主持公司的生产经营管理工作，组织实施董事会决议；
> (二)组织实施公司年度经营计划和投资方案；
> (三)拟订公司内部管理机构设置方案；
> (四)拟订公司的基本管理制度；
> (五)制定公司的具体规章；
> (六)提请聘任或者解聘公司副经理、财务负责人；
> (七)决定聘任或者解聘除应由董事会决定聘任或者解聘以外的负责管理人员；
> (八)董事会授予的其他职权。
> 公司章程对经理职权另有规定的，从其规定。
> 经理列席董事会会议。

2. 决策环境风险

决策环境，指的是决策事项实施所涉及的地域、领域等相关的各类法律规则、其他规则以及其他影响因素。主要涉及项目实施的目标市场的准入要求、经营规则等，是决策环境不可分割的重要组成部分。

例如，从《消费者权益保护法》和《产品质量法》两个方面考虑，各地有着不同的地方性法规、地方政府规章。向不同的地域销售产品就必须考虑产品及服务在不同法律等规则环境下的合法合规性。

又如，原建设部于 1998 年颁布的《商品住宅实行住宅质量保证书和住宅使用说明书制度的规定》，对正常使用情况下部分保修内容的规定为"墙面、厨房和卫生间地面、地下室、管道渗漏1年"。但浙江省人大常委会于2017年修订的《浙江省实施〈中华人民共和国消费者权益保护法〉办法》第十九条则规定,"商品房的屋面防水工程、有防水要求的厨房、卫生间、地下室和外墙面的防渗漏保修期限不得低于八年,保修期限自商品房交付消费者之日起计算"。因此如果是浙江省内开发房地产,相关部位必须保修八年。

(三)决策信息风险①

决策信息风险,主要是决策所依赖的信息由于其全面性、完整性、真实性、关联性、及时性等问题导致的无法准确、适当、及时判断的风险。越是复杂而又有前瞻性的决策,越需要对决策事项涉及的外部、内部信息有足够充分的了解,以充分实现决策目标并能提高资源效用、最大化占用资源。

1. 外部决策信息风险

决策更需要依据的是外部信息,这些信息直接影响着对决策事项的性质、内在规律、终极目标、复杂程度、环境要求、所需资源等方面的判断,更需要全面、完整、真实、关联、及时的信息。符合上述条件的信息越充分,则对决策事项的了解越充分、考虑越周到、决策越精准,实现决策事项目标的成功率也越大。

例如,并购项目往往会有详细的尽职调查清单和严谨的尽职调查,以确定目标公司的财务状况、资源状况、赢利水平、管理水平、发展前景、经营合规度等,有利于准确地确定应有的收购价格、收购步骤以及收购后的生产经营等计划。任何一个项目的遗漏或信息不完整,均有可能导致重大的收购损失。

无数的事例说明,决策信息不充分、不完整甚至失实,是决策失败的主因。正如《孙子兵法·谋攻篇》所说:"知彼知己者,百战不殆;不知彼而知己,一胜一负;不知彼,不知己,每战必殆。"

2. 内部决策信息风险

决策所需要的内部信息,是可用于实施决策的企业对已拥有的资源、未来可借助的资源等方面的信息,可以分为原始信息和加工信息,既包括资产、技术等"硬实力"信息又包括商业信誉、管理能力等"软实力"方面的信息。外部信息是用于"知彼",内部信息是用于"知己",二者结合才能相得益彰。

国务院国资委于2006年颁布的《中央企业全面风险管理指引》第二章详细列举了实施全面风险管理所要收集的信息,其中的财务风险信息和运营风险信息其实正是企业内部信息。通过分析这些信息,可以确定有多少资源可用于决策事项以及投入成本后对现有生产经营的影响。例如对于财务风险信息的列举:

---

① 参见"决策信息"词条,载智库·百科,https://wiki.mbalib.com/wiki/决策信息,访问日期:2020年2月19日。

第十三条 在财务风险方面,企业应广泛收集国内外企业财务风险失控导致危机的案例,并至少收集本企业的以下重要信息(其中有行业平均指标或先进指标的,也应尽可能收集):

(一)负债、或有负债、负债率、偿债能力;

(二)现金流、应收账款及其占销售收入的比重、资金周转率;

(三)产品存货及其占销售成本的比重、应付账款及其占购货额的比重;

(四)制造成本和管理费用、财务费用、营业费用;

(五)盈利能力;

(六)成本核算、资金结算和现金管理业务中曾发生或易发生错误的业务流程或环节;

(七)与本企业相关的行业会计政策、会计估算、与国际会计制度的差异与调节(如退休金、递延税项等)等信息。

(四)决策路径风险

经过管理学、运筹学等领域的大力发展,决策的理论和方法早已脱离了简单的根据工作经验甚至根据主观臆断的"拍脑袋",形成了以科学技术和数据信息为支撑的现代决策体系。其中的许多方法早已广泛地应用于风险管理,尤其是在自然风险的管理方面。

1. 决策的相关理论[①]

在 MBA 智库百科"决策方法"条目下,林林总总的决策方法有 198 个之多,包括"决策树""运筹学""层次分析法"等。有的用于孤立的具体事项的决策;有的用于全局性的系统性决策。而从决策理论来分,决策的性质可分为如下三类[②]:

(1)全结构化决策,是指那些决策事项、决策依据、决策过程、决策结果都相对特定化、模型化、程序化的决策。这类决策大多属于重复进行的"常规事项、常规处理"的决策,例如生产经营中经常重复进行的原材料采购等。

(2)半结构化决策,是指决策所涉及的事项只有一部分可以结构化,但还有大量事项无法按结构化方法进行的决策。这类情形属于需要按"常规事项、非常规处理"或"非常规事项、常规处理"的事项,结构化部分决策是其辅助性工作。

(3)非结构化决策,是指决策的事项涉及较为复杂的内容和过程,因而完全无法用标准化、程序化的方法解决的事项。这类决策没有一定之规,往往由企业的高

---

① 参见"决策方法"词条,载智库·百科,https://wiki.mbalib.com/wiki/决策方法,访问日期:2020年2月19日。

② 参见"决策支持系统"词条,载智库·百科,https://wiki.mbalib.com/wiki/决策支持系统,访问日期:2020年2月19日。

级管理层作为个案进行决策。

如果对决策过程中的思维活动加以分解,决策的过程可以大致分为以下三步:

(1)明确需求

是指对于某种正在面对或将要面对的问题,通过分析确定需要加以解决的事项。例如面对原料库存不足,需要明确立即采购即将涨价的原料。

(2)寻找资源

是指根据已经明确了的需求,寻找可以满足这种需求的资源。例如对于运输物资的需求,要寻找哪些企业、哪种运输工具、以何种方式才能满足。

(3)选择方案

是指在众多的可以满足需求的备选方案中,根据自己的资金、时限、需求等情况,选出最合适的解决方案。例如,从清单中选出最合适的供应商。

2. 决策技术应用案例[①]

以运筹学方法作为决策辅助已经属于相当成熟的决策方法并被广泛应用,这些案例有助于我们开阔眼界并借鉴其决策模式用于实践。例如:

某农夫拥有100英亩土地,希望取得最大化的收益。但因为涉及种植成本和销售收入而对种植玉米还是高粱犹豫不决。相关决策信息为:

灌溉成本为40美元/英亩,玉米需要3.9倍×40美元/英亩、高粱需要3倍×40美元/英亩;

化肥成本为25美元/100磅,玉米需要100磅/英亩、高粱需要150磅/英亩;

预计收成为:玉米125蒲式耳/英亩,高粱100蒲式耳/英亩;

预计售价为:玉米2.8美元/蒲式耳、高粱2.7美元/蒲式耳。

同时,灌溉每英亩玉米会流失地表土2.2吨、灌溉每英亩高粱会流失地表土2.0吨,农夫希望全年的地表土总流失量不超过210吨。

在给出上述复杂、多维度的约束条件后,农夫需要的结论是应该如何种植。通过建模、设立目标函数、优化,得出的最优可行解为应该种植22.2英亩玉米、77.8英亩高粱,才能在出售后得到最高总收益1.195万美元。

该案例能够成熟地借助运筹学的建模方式得出最优解,最为关键的是该过程具备一系列的量化数据并在借鉴后用于决策风险分析,难点只在于数据的采集。

3. 决策的合规规则

关于决策的法律或其他规则,如企业规章制度、行业协会的章程等,均为决策的合规规则。而除了专门制定的关于决策的法律或其他规则外,其他法律或规则中提到的决策权限、决策事项等,均为决策风险管理的合规规则。在相关规则的调整范围

---

① 参见〔美〕雅科夫·Y.海姆斯:《风险建模、评估和管理》,胡平等译,西安交通大学出版社2007年9月第2版,第33页。

内,决策的内容、程序等只有全面遵从了相关规则的各项要求,才算是决策合规。

在政府和国有企业层面,决策规则已越来越受重视。除了前面提到的部门规章、地方政府规章等以外,国务院还以行政法规的方式于2019年4月颁布了《重大行政决策程序暂行条例》。依据该暂行条例第二条,其内容为"县级以上地方人民政府(以下称决策机关)重大行政决策的作出和调整程序",表明作决策的主体范围有限。同时它也规定了"重大行政决策事项"的范围、决策草案的形成、合法性审查和集体讨论决定、决策执行和调整等。

在其他规则层面,除了前面提到的合规管理方面的《中央企业全面风险管理指引》外,中国证券业协会于2017年发布的《证券公司合规管理实施指引》中,共提及"合规"261次,其中许多内容是围绕着决策合规而展开。

(五)决策结果风险

决策结果是其他决策要素在决策过程中经过综合性的相互作用而产生的结论以及确定的方案、态度等。而作出决策结果的目的,是在可以满足自身不同需要的可能结果中选定一种结果,并通过决策结果本身或决策结果的执行实现自身的某种利益。这种利益可以是既得利益、长远利益,也可以是现实的经济利益或无形的道德利益等。

1. 决策结果的合规性

决策结果的合规性,是指决策结果符合法律等规则的要求而不是与之冲突甚至抵触。要达到这一标准,意味着合规管理需要介入从决策启动开始到决策结果形成的整个过程。甚至专门设置决策结果审查环节,确保决策结果的合规。

对于决策的合规性管理,《中央企业合规管理指引(试行)》(2018年)有着不同层面的管控措施。例如:

(1)合规管理体系原则(第四条)

坚持将合规要求覆盖各业务领域、各部门、各级子企业和分支机构、全体员工,贯穿决策、执行、监督全流程。

(2)监事会合规管理职责(第六条)

监事会的合规管理职责主要包括:

(一)监督董事会的决策与流程是否合规。

……

(3)合规管理重点环节(第十四条)

经营决策环节。严格落实"三重一大"决策制度,细化各层级决策事项和权限,加强对决策事项的合规论证把关,保障决策依法合规。

(4)海外合规风险关注点(第十六条)

定期排查梳理海外投资经营业务的风险状况,重点关注重大决策、重大合同、大额资金管控和境外子企业公司治理等方面存在的合规风险,妥善处理、及时报告,防止扩大蔓延。

(5)合规审查机制常态化(第二十条)

建立健全合规审查机制,将合规审查作为规章制度制定、重大事项决策、重要合同签订、重大项目运营等经营管理行为的必经程序,及时对不合规的内容提出修改建议,未经合规审查不得实施。

2. 决策结果的适合性

决策结果的适合性是指该结果对于所要实现的目标是恰当的。许多决策结果的合规性并无问题,但其具体方案却并不适合实现决策所要达到的目标。例如,决策合规但误判了未来趋势;决策合规但低估了产品开发的难度等。

在风险管理领域中,全面风险管理本身就包含了战略风险、财务风险、市场风险、运营风险、法律风险,因而决策适合性缺陷造成的损失也在其风险管理范围内。而合规管理本身并不强调决策的适合性,但合规管理职责本身往往也包含了提供决策适合性的要求,因此适合性问题在决策合规管理中仍旧不可忽略。

例如,某小企业以往只是代理国内某类五金机械配件出口美国,在熟悉了当地的法律环境后,他们特意调研了美国法律对于相关配件进口的相关规定、技术标准、材质,并充分了解了当地法律对于产品责任等方面的规定。在完成这些综合调研后,他们出口的产品在材质上与国外产品的质量水平相同、价格相对略低、质量认证证书齐全,并有了甚至比国外同行还要详细、全面的产品说明,使其产品不但有了自己的品牌而且价格也要高于国内同行。而与此同时,国内某输出美国产品的生产厂家却因一起美国公民提起的产品责任诉讼,在一夜之间倒闭。其原因就是其产品说明书过于简单,导致美国公民使用时受伤,其后援引美国的产品责任法提起的巨额索赔。

第八节 管理者个人风险的识别与评估

全面风险管理、法律风险管理的制度设计都是以降低企业风险为目标,而合规管理的制度设计的初衷则是遵守规则,但管理的有效性同样取决于企业的管理者。为了鼓励管理者加强合规管理,管理者完善了合规管理制度,如此可在一定程度上免除其管理者责任。

其实这种制度在合规管理制度之外也同样存在。如果员工的行为属于其个人行为而非企业行为,则由其个人而非企业承担责任。而界定员工行为性质的重要依据便是企业的规章制度。由于管理者对企业行为有重大影响,甚至有决定性影响,法律对管理者提出了更多的要求,也使之面临更多的法律风险。

一、管理者的职责及要求

管理者是企业行为的决策者、推动者,他们的行为直接决定了企业的行为。因而风险管理、合规管理都需要管理者,尤其是高级管理者的重视和努力。因而在国有资产管理领域中,尤其重视组织架构层面各级管理人员的管理职责。

(一) 风险管理中的管理者职责

国务院国资委于 2006 年印发的《中央企业全面风险管理指引》,为企业有效实施全面风险管理提供了全流程的指引,包括收集风险管理的初始信息、进行风险评估、制定风险管理策略、提出和实施风险管理解决方案、风险管理的监督与改进等。其中的许多内容涉及管理者的职责。例如:

> 第四十二条　企业应建立健全风险管理组织体系,主要包括规范的公司法人治理结构,风险管理职能部门、内部审计部门和法律事务部门以及其他有关职能部门、业务单位的组织领导机构及其职责。
>
> 第四十八条　企业总经理对全面风险管理工作的有效性向董事会负责。总经理或总经理委托的高级管理人员,负责主持全面风险管理的日常工作,负责组织拟订企业风险管理组织机构设置及其职责方案。
>
> 第六十三条　企业全体员工尤其是各级管理人员和业务操作人员应通过多种形式,努力传播企业风险管理文化,牢固树立风险无处不在、风险无时不在、严格防控纯粹风险、审慎处置机会风险、岗位风险管理责任重大等意识和理念。

但指引只是建议性的全面风险管理工作方案,管理者责任的追究需要依据该指引所提到的《公司法》和《企业国有资产监督管理暂行条例》,以及其他相关法律法规。例如,依据国务院已于 2019 年修订的《企业国有资产监督管理暂行条例》第三十八条:"国有及国有控股企业的企业负责人滥用职权、玩忽职守,造成企业国有资产损失的,应负赔偿责任,并对其依法给予纪律处分;构成犯罪的,依法追究刑事责任。"

(二) 合规管理中的管理者职责

由国务院国资委于 2018 年印发的《中央企业合规管理指引(试行)》特别强调企业的合规管理体系建设。尤其是各级管理者在合规管理中的职责,分别从合规管理体系建立健全原则、重点人员合规管理、合规管理运行、合规管理保障等层面设置了管理要求。例如:

> 第四条　中央企业应当按照以下原则加快建立健全合规管理体系:

……

（二）强化责任。把加强合规管理作为企业主要负责人履行推进法治建设第一责任人职责的重要内容。建立全员合规责任制，明确管理人员和各岗位员工的合规责任并督促有效落实。

第十五条　加强对以下重点人员的合规管理：

（一）管理人员。促进管理人员切实提高合规意识，带头依法依规开展经营管理活动，认真履行承担的合规管理职责，强化考核与监督问责；

第二十一条　强化违规问责，完善违规行为处罚机制，明晰违规责任范围，细化惩处标准。畅通举报渠道，针对反映的问题和线索，及时开展调查，严肃追究违规人员责任。

第二十三条　加强合规考核评价，把合规经营管理情况纳入对各部门和所属企业负责人的年度综合考核，细化评价指标。对所属单位和员工合规职责履行情况进行评价，并将结果作为员工考核、干部任用、评先选优等工作的重要依据。

同时，在"第二章　合规管理职责"中，分别规定了董事会、监事会、经理层、合规委员会、合规管理负责人、合规管理牵头部门、业务部门的合规管理职责，而且比以往的相关规定更为具体。

虽然该指引并不具备法律效力，但是就合规管理而言，其本身就是中央企业乃至国有企业需要遵守的"规"。

二、管理者的刑事责任风险[①]

管理者的刑事责任风险，是指企业人员在实施其职务行为时可能涉及的个人刑事责任。企业人员实施的与其职务无关的个人行为，如纯属个人行为的贪污、侵占行为等，不属于管理者的职务行为，不构成此类刑事责任风险。

(一)管理者刑事责任的特征

按照《刑法》(2020年)的表述，当管理者身为企业"直接负责的主管人员"或"直接责任人员"时，就会面临多种刑事责任风险。

这两种身份未在司法解释中见到相关规定，但可参照最高人民法院研究室于1994年1月27日回复公安部法制司的《关于如何理解"直接负责的主管人员"和"直接责任人员"问题的复函》去理解，其内容为：

所谓"直接负责的主管人员"，是指在企业事业单位、机关、团体中，对本单

---

① 参见本书第一章第八节"风险后果解析"之"一、刑事责任风险后果"。

位实施走私犯罪起决定作用的、负有组织、决策、指挥责任的领导人员。单位的领导人如果没有参与单位走私的组织、决策、指挥,或者仅是一般参与,并不起决定作用的,则不应对单位的走私罪负刑事责任。

所谓"直接负责人员",是指直接实施本单位走私犯罪行为或者虽对单位走私犯罪负有部分组织责任,但对本单位走私犯罪行为不起决定作用,只是具体执行、积极参与的该单位的部门负责人或者一般工作人员。

这类刑事责任多与单位犯罪相关。按照《刑法》(2020年)相关规定,对于单位犯罪既惩罚单位也惩罚直接的相关人员。即该法第三十一条的规定:"单位犯罪的,对单位判处罚金,并对其直接负责的主管人员和其他直接责任人员判处刑罚。本法分则和其他法律另有规定的,依照规定。"

但需要说明的是,"直接负责的主管人员"显然具有一定的职务,而"直接责任人员"则可能拥有职务,也可能完全不拥有任何职务。

(二)管理者刑事责任的种类

在《刑法》(2020年)中,"直接负责的主管人员"或"直接责任人员"大多同时出现,而且基本是与单位犯罪的情形同时出现。按照相关条文,"直接负责的主管人员"或"直接责任人员"需要承担刑事责任的情形如下:

表 3-23 管理者刑事责任分类表

类　别	罪　名	法　条
01 危害国家安全罪	资助危害国家安全犯罪活动罪*	第一百零七条
02 危害公共 安全罪	帮助恐怖活动罪	第一百二十条之一
	非法制造、买卖、运输、邮寄、储存枪支、弹药、爆炸物罪	第一百二十五条
	非法制造、买卖、运输、储存危险物质罪	
	违规制造、销售枪支罪	第一百二十六条
	非法出租、出借枪支罪	第一百二十八条
03 重大安全 事故罪	重大劳动安全事故罪	第一百三十五条
	大型群众性活动重大安全事故罪	第一百三十五条之一
	工程重大安全事故罪*	第一百三十七条
	教育设施重大安全事故罪*	第一百三十八条
	消防责任事故罪*	第一百三十九条

（续表）

类　　别	罪　　名	法　　条
04 生产、销售 伪劣商品罪	生产、销售伪劣产品罪	第一百四十条
	生产、销售假药罪	第一百四十一条
	生产、销售劣药罪	第一百四十二条
	生产、销售不符合安全标准的食品罪	第一百四十三条
	生产、销售有毒、有害食品罪	第一百四十四条
	生产、销售不符合标准的医用器材罪	第一百四十五条
	生产、销售不符合安全标准的产品罪	第一百四十六条
	生产、销售伪劣农药、兽药、化肥、种子罪	第一百四十七条
	生产、销售不符合卫生标准的化妆品罪	第一百四十八条
05 走私罪	走私武器、弹药罪，走私核材料罪，走私假币罪	第一百五十一条
	走私文物罪，走私贵重金属罪，走私珍贵动物、珍贵动物制品罪	
	走私国家禁止进出口的货物、物品罪	
	走私淫秽物品罪	第一百五十二条
	走私废物罪	
	走私普通货物、物品罪	第一百五十三条
06 妨害对公司、 企业的管理 秩序罪	虚报注册资本罪	第一百五十八条
	虚假出资、抽逃出资罪	第一百五十九条
	欺诈发行股票、债券罪	第一百六十条
	违规披露、不披露重要信息罪	第一百六十一条
	妨害清算罪	第一百六十二条
	隐匿、故意销毁会计凭证、会计账簿、财务会计报告罪	第一百六十二条之一
	虚假破产罪	第一百六十二条之二
	对非国家工作人员行贿罪	第一百六十四条
	对外国公职人员、国际公共组织官员行贿罪	
	签订、履行合同失职被骗罪	第一百六十七条
	徇私舞弊低价折股、出售国有资产罪	第一百六十九条
	背信损害上市公司利益罪	第一百六十九条之一

(续表)

类　别	罪　名	法　条
07 破坏金融 管理秩序罪	擅自设立金融机构罪	第一百七十四条
	伪造、变造、转让金融机构经营许可证、批准文件罪	
	高利转贷罪	第一百七十五条
	骗取贷款、票据承兑、金融票证罪	第一百七十五条之一
	非法吸收公众存款罪	第一百七十六条
	伪造、变造金融票证罪	第一百七十七条
	伪造、变造国家有价证券罪	第一百七十八条
	伪造、变造股票、公司、企业债券罪	
	擅自发行股票、公司、企业债券罪	第一百七十九条
	内幕交易、泄露内幕信息罪	第一百八十条
	利用未公开信息交易罪	
	编造并传播证券、期货交易虚假信息罪	第一百八十一条
	诱骗投资者买卖证券、期货合约罪	
	操纵证券、期货市场罪	第一百八十二条
	背信运用受托财产罪	第一百八十五条之一
	违法运用资金罪	
	违法发放贷款罪	第一百八十六条
	吸收客户资金不入账罪	第一百八十七条
	违规出具金融票证罪	第一百八十八条
	对违法票据承兑、付款、保证罪	第一百八十九条
	逃汇罪	第一百九十条
	洗钱罪	第一百九十一条
08 金融诈骗罪	集资诈骗罪	第一百九十二条
	票据诈骗罪	第一百九十四条
	金融凭证诈骗罪	
	信用证诈骗罪	第一百九十五条
	保险诈骗罪	第一百九十八条

（续表）

类　别	罪　名	法　条
09 危害税收 征管罪	逃税罪	第二百零一条
	逃避追缴欠税罪	第二百零三条
	骗取出口退税罪，逃税罪	第二百零四条
	虚开增值税专用发票、用于骗取出口退税、抵扣税款发票罪	第二百零五条
	虚开发票罪	第二百零五条之一
	伪造、出售伪造的增值税专用发票罪	第二百零六条
	非法出售增值税专用发票罪	第二百零七条
	非法购买增值税专用发票、购买伪造的增值税专用发票罪	第二百零八条
	非法制造、出售非法制造的用于骗取出口退税、抵扣税款发票罪	第二百零九条
	持有伪造的发票罪	第二百一十条之一
10 侵犯知识 产权罪	假冒注册商标罪	第二百一十三条
	销售假冒注册商标的商品罪	第二百一十四条
	非法制造、销售非法制造的注册商标标识罪	第二百一十五条
	假冒专利罪	第二百一十六条
	侵犯著作权罪	第二百一十七条
	销售侵权复制品罪	第二百一十八条
	侵犯商业秘密罪	第二百一十九条
11 扰乱市场 秩序罪	损害商业信誉、商品声誉罪	第二百二十一条
	虚假广告罪	第二百二十二条
	串通投标罪	第二百二十三条
	合同诈骗罪	第二百二十四条
	组织、领导传销活动罪	第二百二十四条之一
	非法经营罪	第二百二十五条
	强迫交易罪	第二百二十六条
	伪造、倒卖伪造的有价票证罪	第二百二十七条

（续表）

类　别	罪　名	法　条
	非法转让、倒卖土地使用权罪	第二百二十八条
	提供虚假证明文件罪	第二百二十九条
	逃避商检罪	第二百三十条
12 侵犯公民 人身权利、 民主权利罪	强迫劳动罪	第二百四十四条
	雇用童工从事危重劳动罪*	第二百四十四条之一
	出版歧视、侮辱少数民族作品罪*	第二百五十条
	私自开拆、隐匿、毁弃邮件、电报罪	第二百五十三条
	侵犯公民个人信息罪	第二百五十三条之一
	打击报复会计、统计人员罪	第二百五十五条
	虐待被监护、看护人罪	第二百六十条之一
13 侵犯财产罪	挪用特定款物罪*	第二百七十三条
	拒不支付劳动报酬罪	第二百七十六条之一
14 扰乱公共 秩序罪	非法生产、买卖警用装备罪	第二百八十一条
	非法生产、销售专用间谍器材、窃听、窃照专用器材罪	第二百八十三条
	非法侵入计算机信息系统罪	第二百八十五条
	非法获取计算机信息系统数据、非法控制计算机信息系统罪	
	提供侵入、非法控制计算机信息系统程序、工具罪	
	破坏计算机信息系统罪	第二百八十六条
	拒不履行信息网络安全管理义务罪	第二百八十六条之一
	非法利用信息网络罪	第二百八十七条之一
	帮助信息网络犯罪活动罪	第二百八十七条之二
	扰乱无线电通讯管理秩序罪	第二百八十八条
	非法集会、游行、示威罪*	第二百九十六条

（续表）

类　别	罪　名	法　条
15 妨害司法罪	虚假诉讼罪	第三百零七条之一
	泄露不应公开的案件信息罪	第三百零八条之一
	掩饰、隐瞒犯罪所得、犯罪所得收益罪	第三百一十二条
	拒不执行判决、裁定罪	第三百一十三条
16 妨害国(边)境管理罪	骗取出境证件罪	第三百一十九条
17 妨害文物管理罪	非法向外国人出售、赠送珍贵文物罪	第三百二十五条
	倒卖文物罪	第三百二十六条
	非法出售、私赠文物藏品罪	第三百二十七条
18 危害公共卫生罪	妨害传染病防治罪	第三百三十条
	妨害国境卫生检疫罪	第三百三十二条
	非法采集、供应血液、制作、供应血液制品事故罪	第三百三十四条
	妨害动植物防疫、检疫罪	第三百三十七条
19 破坏环境资源保护罪	污染环境罪	第三百三十八条
	非法处置进口的固体废物罪	第三百三十九条
	擅自进口固体废物罪	
	非法捕捞水产品罪	第三百四十条
	非法猎捕、杀害珍贵、濒危野生动物罪	第三百四十一条
	非法收购、运输、出售珍贵、濒危野生动物、珍贵、濒危野生动物制品罪	
	非法狩猎罪	
	非法占用农用地罪	第三百四十二条
	非法采矿罪	第三百四十三条
	破坏性采矿罪	
	非法采伐、毁坏国家重点保护植物罪，非法收购、运输、加工、出售国家重点保护植物、国家重点保护植物制品罪	第三百四十四条

(续表)

类　别	罪　名	法　条
	盗伐林木罪	第三百四十五条
	滥伐林木罪	
	非法收购、运输盗伐、滥伐的林木罪	
20 走私、贩卖、 运输、制造 毒品罪	走私、贩卖、运输、制造毒品罪	第三百四十七条
	非法生产、买卖、运输制毒物品、走私制毒物品罪	第三百五十条
	非法提供麻醉药品、精神药品罪	第三百五十五条
21 制作、贩卖、 传播淫秽 物品罪	制作、复制、出版、贩卖、传播淫秽物品牟利罪	第三百六十三条
	为他人提供书号出版淫秽书刊罪	
	传播淫秽物品罪	第三百六十四条
	组织播放淫秽音像制品罪	
	组织淫秽表演罪	第三百六十五条
22 危害国防 利益罪	故意提供不合格武器装备、军事设施罪	第三百七十条
	非法生产、买卖武装部队制式服装罪	第三百七十五条
	伪造、盗窃、买卖、非法提供、非法使用武装部队专用标志罪	
	战时拒绝、故意延误军事订货罪	第三百八十条
23 贪污贿赂罪	单位受贿罪	第三百八十七条
	对有影响力的人行贿罪	第三百九十条之一
	对单位行贿罪	第三百九十一条
	单位行贿罪	第三百九十三条
	私分国有资产罪	第三百九十六条
24 军人违反 职责罪	擅自出卖、转让军队房地产罪*	第四百四十二条
	遗弃伤病军人罪*	第四百四十四条

需要说明的是,《刑法》(2020年)中"直接责任人员"的罪名多于"直接负责的主管人员"的罪名,而"直接负责的主管人员"涉及的罪名也略多于单位犯罪涉及的罪名。因此在上图中,带"*"的罪名仅适用于"直接责任人员",不带任何标记的罪名对两类人都适用。

三、管理者的行政责任风险①

企业管理者的行政责任以企业法定代表人的行政责任为主,同时也涉及其他管理人员。行政法与刑法的分工,是对于同一种违法行为,情节较轻的予以行政处罚;情节较重的予以刑事处罚。

(一) 基于行政法律的行政责任

行政责任风险主要集中于行政法律体系中,但该法律体系十分庞大、分散,因而管理者的行政责任散见于诸多不同的部门法之中,如登记管理、行业管理等,甚至治安管理领域也有涉及。

例如,《中华人民共和国企业法人登记管理条例》(2019年)规定:

> 第二十九条　企业法人有下列情形之一的,登记主管机关可以根据情况分别给予警告、罚款、没收非法所得、停业整顿、扣缴、吊销《企业法人营业执照》的处罚:
>
> ……
>
> 对企业法人按照上述规定进行处罚时,应当根据违法行为的情节,追究法定代表人的行政责任、经济责任;触犯刑律的,由司法机关依法追究刑事责任。

又如,依据《广告法》(2018年)第七十条规定:"因发布虚假广告,或者有其他本法规定的违法行为,被吊销营业执照的公司、企业的法定代表人,对违法行为负有个人责任的,自该公司、企业被吊销营业执照之日起三年内不得担任公司、企业的董事、监事、高级管理人员。"

再如,依据《中华人民共和国治安管理处罚法》(2012年,以下简称《治安管理处罚法》)第十八条规定:"单位违反治安管理的,对其直接负责的主管人员和其他直接责任人员依照本法的规定处罚。其他法律、行政法规对同一行为规定给予单位处罚的,依照其规定处罚。"

(二) 基于其他法律的类似责任

除了行政管理法律体系,其他法律及最高人民法院的司法解释也规定了一些对管理者的处罚措施。这些处罚措施与行政处罚基本相同,但法律直接授权人民法院自行决定予以处罚,因而与行政处罚存在很大的不同。

例如,《企业破产法》(2007年)第一百二十七条有如下规定:

> 债务人违反本法规定,拒不向人民法院提交或者提交不真实的财产状况

---

① 参见本书第一章第八节"风险后果解析"之"三、行政责任风险后果"。

说明、债务清册、债权清册、有关财务会计报告以及职工工资的支付情况和社会保险费用的缴纳情况的,人民法院可以对直接责任人员依法处以罚款。

债务人违反本法规定,拒不向管理人移交财产、印章和账簿、文书等资料的,或者伪造、销毁有关财产证据材料而使财产状况不明的,人民法院可以对直接责任人员依法处以罚款。

又如,《民事诉讼法》(2021年)第一百一十四条有如下规定:

诉讼参与人或者其他人有下列行为之一的,人民法院可以根据情节轻重予以罚款、拘留;构成犯罪的,依法追究刑事责任:

……

人民法院对有前款规定的行为之一的单位,可以对其主要负责人或者直接责任人员予以罚款、拘留;构成犯罪的,依法追究刑事责任。

再如,该法第二百四十八条规定:

被执行人未按执行通知履行法律文书确定的义务,应当报告当前以及收到执行通知之日前一年的财产情况。被执行人拒绝报告或者虚假报告的,人民法院可以根据情节轻重对被执行人或者其法定代理人、有关单位的主要负责人或者直接责任人员予以罚款、拘留。

除此之外,某些司法解释也细化了诉讼法中的相关规定,同样可以作为行政处罚或强制措施的依据。例如,最高人民法院《关于适用〈中华人民共和国民事诉讼法〉的解释》(2020年修正)第四百八十四条第一款规定:

对必须接受调查询问的被执行人、被执行人的法定代表人、负责人或者实际控制人,经依法传唤无正当理由拒不到场的,人民法院可以拘传其到场。

四、管理者的民事责任风险[①]

管理者的民事责任风险,是指当管理者履行企业经营管理职责时,由于其职务行为不当而给企业带来经济方面等损失,而基于法律或公司章程、企业管理制度等为企业承担赔偿等民事责任。管理者实施的与其职务无关的个人行为属于个人民事责任风险,不属于这里所讨论的管理者民事责任风险。

(一)基于法律规定的民事责任

各类法律对于企业管理者的民事赔偿责任都有涉及,尤其是法定代表人的民

[①] 参见本书第一章第八节"风险后果解析"之"二、民事责任风险后果"。

事赔偿责任,不同的立法都有提及,具体的责任视行为归类而定。

1. 基本的民事赔偿责任

民法体系中最为基础性的管理者对于企业的民事赔偿责任设定于《民法典》(2021年),其具体规定为:

> 第六十二条　法定代表人因执行职务造成他人损害的,由法人承担民事责任。
>
> 法人承担民事责任后,依照法律或者法人章程的规定,可以向有过错的法定代表人追偿。

2. 公司法类的民事责任

如果企业的形态为公司,则多种身份的管理者存在着因其管理行为不当而需要依据《公司法》(2018年)的相关规定承担民事责任的风险。例如:

> 第二十一条　公司的控股股东、实际控制人、董事、监事、高级管理人员不得利用其关联关系损害公司利益。
>
> 违反前款规定,给公司造成损失的,应当承担赔偿责任。

又如,出于对一人有限责任公司债权人的保护,该法还有如下规定:

> 第六十三条　一人有限责任公司的股东不能证明公司财产独立于股东自己的财产的,应当对公司债务承担连带责任。

3. 其他法类的民事责任

在《公司法》以外,其他法律也会涉及管理者的赔偿责任,甚至涉及管理者对公司以外其他方的赔偿责任。例如,《企业破产法》(2007年)中有如下规定:

> 第一百二十八条　债务人有本法第三十一条、第三十二条、第三十三条规定的行为,损害债权人利益的,债务人的法定代表人和其他直接责任人员依法承担赔偿责任。

(二) 基于各类约定的民事责任

基于各类约定的管理者民事责任一般可分为基于企业章程和基于合同约定两个大类。其中,企业章程事实上是投资人对于相互间权利义务关系的约定,只是法律赋予公司章程的定位使其作用和影响更加巨大。而以各种方式达成的合同、协议等,则是承担管理者民事责任的另一种依据。

1. 基于企业章程的民事责任

依据《公司法》(2018年)第十一条的规定:"设立公司必须依法制定公司章程。公司章程对公司、股东、董事、监事、高级管理人员具有约束力。"因而,这几种身份的管理者都有可能涉及该法意义上的民事责任风险。

例如,该法第一百一十二条第三款规定:

> 董事应当对董事会的决议承担责任。董事会的决议违反法律、行政法规或者公司章程、股东大会决议,致使公司遭受严重损失的,参与决议的董事对公司负赔偿责任。但经证明在表决时曾表明异议并记载于会议记录的,该董事可以免除责任。

对于管理者责任,该法特别强调了忠实义务和勤勉义务,相关规定为:

> 第一百四十七条第一款 董事、监事、高级管理人员应当遵守法律、行政法规和公司章程,对公司负有忠实义务和勤勉义务。

与之相对应,当这些人员未能履行这类义务时即可能承担赔偿责任,即:

> 第一百四十九条 董事、监事、高级管理人员执行公司职务时违反法律、行政法规或者公司章程的规定,给公司造成损失的,应当承担赔偿责任。

2. 基于合同约定的民事责任

基于合同约定产生的管理者责任,是指基于承包合同、对赌协议、劳动合同等合法有效的约定,由管理者向企业承担赔偿等民事责任。相对而言,这种情况出现得比较少。但在这种情形下,管理者与企业之间属于合同关系,其民事责任基于合同而产生。

例如,《劳动合同法》(2012年)有如下规定:

> 第二十三条 用人单位与劳动者可以在劳动合同中约定保守用人单位的商业秘密和与知识产权相关的保密事项。
>
> 对负有保密义务的劳动者,用人单位可以在劳动合同或者保密协议中与劳动者约定竞业限制条款,并约定在解除或者终止劳动合同后,在竞业限制期限内按月给予劳动者经济补偿。劳动者违反竞业限制约定的,应当按照约定向用人单位支付违约金。

(三) 基于规章制度的民事责任

这类民事责任风险,是基于管理者行使其职务时因违反了企业内部的规章制度而产生的承担赔偿等民事责任的可能性。由于管理者大多都与企业签订了劳动合同,因而他们也都属于劳动者。

法律对于劳动者的保护相对较多,因而由员工承担责任的情形并不多但也有例外。例如,国务院于2008年发布的《中华人民共和国劳动合同法实施条例》对于劳动者违反劳动纪律有如下规定:

第二十六条 ……

有下列情形之一,用人单位与劳动者解除约定服务期的劳动合同的,劳动者应当按照劳动合同的约定向用人单位支付违约金:

(一)劳动者严重违反用人单位的规章制度的;

(二)劳动者严重失职,营私舞弊,给用人单位造成重大损害的;

(三)劳动者同时与其他用人单位建立劳动关系,对完成本单位的工作任务造成严重影响,或者经用人单位提出,拒不改正的;

(四)劳动者以欺诈、胁迫的手段或者乘人之危,使用人单位在违背真实意思的情况下订立或者变更劳动合同的;

(五)劳动者被依法追究刑事责任的。

五、管理者的其他责任风险

管理者其他责任风险,是指管理者因违反了前述法律外的其他法律或法律以外的其他规则而遭遇其他不利后果的可能性。其中,有些是按公务人员处理。

(一)按公务人员处分

企业的管理人员在《行政处罚法》范畴之外还导致了其他的不利后果风险,而且不同行业、不同工作内容的企业管理人员有可能适用不同的法律。

1. 按国家工作人员论处

由于法律另有规定,并非所有企业人员均按企业人员处理,尤其是国有企业人员。《刑法》(2020年)规定了三种情形下,特定人员按国家工作人员处理,即:

第九十三条 本法所称国家工作人员,是指国家机关中从事公务的人员。

国有公司、企业、事业单位、人民团体中从事公务的人员和国家机关、国有公司、企业、事业单位委派到非国有公司、企业、事业单位、社会团体从事公务的人员,以及其他依照法律从事公务的人员,以国家工作人员论。

2. 按公务员的方式处分

对于公务员的处分分为六种:警告、记过、记大过、降级、撤职、开除,但非公务员也同样可能被当成公务员加以处分。

因为,《公务员法》(2018年)第一百一十二条规定:"法律、法规授权的具有公共事务管理职能的事业单位中除工勤人员以外的工作人员,经批准参照本法进行管理。"而《行政机关公务员处分条例》第五十四条也规定:"对法律、法规授权的具有公共事务管理职能的事业单位中经批准参照《中华人民共和国公务员法》管理的工作人员给予处分,参照本条例的有关规定办理。"

(二) 按非公务人员处分

即使不按公务人员处理,某些行业、某些身份同样会由于相关法律或规则的不同而承担其他风险。

1. 按行业管理法规处分

某些行业的企业基于行政法规,对企业人员的处分方式类似于对待公务员。因此不同法律环境下的企业管理者有可能会面临并不相同的风险。

例如,国务院于1999年颁布的《金融违法行为处罚办法》第三条规定:"本办法规定的纪律处分,包括警告、记过、记大过、降级、撤职、留用察看、开除,由所在金融机构或者上级金融机构决定。"增设了"留用察看"作为处罚。

而国务院颁布的《医疗器械监督管理条例》(2017年)、《关于预防煤矿生产安全事故的特别规定》(2013年)等,仍旧规定了同样的警告、记过、记大过、降级、撤职、开除六类处分。

2. 按事业单位身份处分

某些行业并非企业,因而对其从业人员另有处分依据。如人力资源和社会保障部于2012年颁布的《事业单位工作人员处分暂行规定》,其处分种类为警告、记过、降低岗位等级或者撤职、开除,共有四类。

在此之外,还有一些涉及管理者个人责任的风险,如按照党纪处理的风险等,这里不再展开论述。

第九节 评估报告的原理与操作

提交风险评估报告意味着风险管理项目告一段落甚至是全部完成,因为有的企业只是需要风险评估。但它并非风险点的简单列举,风险评估报告需要完整、充分、真实地描述企业的风险状况,如风险点数量、分布,风险产生原因、不利后果、严重程度等,要有良好的行文结构以便于阅读和查找,同时也要有良好的表述以便于准确理解和接受。

一、评估报告的要求与功能

评估报告直接涉及后续的制定风险管理策略、确定优先处理的风险点、设计管理措施、分配管理资源等工作,起着承上启下的作用。因此各类指引、规章都提到过风险评估报告的结构、内容等要求。

(一) 评估报告的各类要求

对于评估报告的形式和内容要求,不同的风险领域要求不尽相同。甚至是同一风险领域,也会由于部门规章或行业性指引的不同而有所差异。因此首先要确认报告所属的领域、行业有无特别要求,再兼顾企业的需求。

1. 全面风险的相关要求

在众多指引中,由国务院国有资产监督管理委员会(以下简称国务院国资委)于2006年颁布的《中央企业全面风险管理指引》较早地规定了报告的内容等要求。相关规定为:

> 第四十一条 企业可聘请有资质、信誉好、风险管理专业能力强的中介机构对企业全面风险管理工作进行评价,出具风险管理评估和建议专项报告。报告一般应包括以下几方面的实施情况、存在缺陷和改进建议:
> (一)风险管理基本流程与风险管理策略;
> (二)企业重大风险、重大事件和重要管理及业务流程的风险管理及内部控制系统的建设;
> (三)风险管理组织体系与信息系统;
> (四)全面风险管理总体目标。

除此之外,该指引还规定了不同职能部门有义务针对特定领域提出评估报告。例如:

> 第四十九条 企业应设立专职部门或确定相关职能部门履行全面风险管理的职责。该部门对总经理或其委托的高级管理人员负责,主要履行以下职责:
> ……
> (三)研究提出跨职能部门的重大决策风险评估报告;
> ……
> 第五十一条 企业其他职能部门及各业务单位在全面风险管理工作中,应接受风险管理职能部门和内部审计部门的组织、协调、指导和监督,主要履行以下职责:
> ……
> (三)研究提出本职能部门或业务单位的重大决策风险评估报告;
> ……

而在这些要求之外,国务院国资委还提供全面风险评估报告模板,用于中央企业每年提供相关报告。其中,2018年发布的《2019年度中央企业全面风险管理报告(报送国资委模板)》如下：

一、2018年企业全面风险管理工作回顾

(一)总体情况。

简要介绍本企业2018年全面风险管理工作情况及董事会对此项工作的总体评价情况。

(二)工作亮点。

选择1-2个角度,介绍风险管理的做法、经验和成效。包括：决策层对风险管理的顶层设计、战略引领；风险管理融入企业经营管理；重大风险的识别、分析、评价和应对；风险管理思路和方法创新；风险管理的体制机制建设、组织保障、信息化建设；风险管理的队伍和文化建设等。或介绍1-2个防范应对重大风险的典型案例,反映风险管理工作对企业经营发展的积极作用(如应急管理、风险转移、风险分担、减少损失、拓展机会、促成合作等)。

(三)风险事件。

按照重大风险事件等级标准,按附表2格式填报本年内企业发生的重大风险事件,并说明相应的产生原因、造成影响、控制措施、事件进展等情况。

二、2019年企业重大风险研判

结合企业实际、行业特点和国内外形势,评估本企业2019年面临的2-3个重大风险,请在附表3中填报,类别请严格按照附表4填写。

三、2019年企业全面风险管理工作安排

四、当前的工作难点、存在问题及意见建议

附表：1.企业集团层面风险管理工作开展情况统计表

2.2018年重大风险事件情况表

3.2019年企业重大风险评估表

4.风险分类表

5.2018年企业专项风险检查情况统计表

6.中央企业风险管理工作组织情况统计表

2. 合规管理的要求

国家发展和改革委员会、外交部、商务部等于2018年印发的《企业境外经营合规管理指引》对于合规风险评估及其报告的撰写,提出了相对具体的要求：

第二十四条 合规风险评估

企业可通过分析违规或可能造成违规的原因、来源、发生的可能性、后果的严重性等进行合规风险评估。

企业可根据企业的规模、目标、市场环境及风险状况确定合规风险评估的标准和合规风险管理的优先级。

企业进行合规风险评估后应形成评估报告,供决策层、高级管理层和业务部门等使用。评估报告内容包括风险评估实施概况、合规风险基本评价、原因机制、可能的损失、处置建议、应对措施等。

(二)评估报告的基本功能

评估报告的主要内容,一般包括风险评价和风险清单两个部分,此外还需要对于报告内容及责任界限等方面的辅助性说明。其中,风险清单基本上属于对企业风险状况的客观描述,而风险评价则基本属于对风险状况的主观判断。

但评估报告一般至多只提供方向性的建议,或只是提出并纠正简单的缺陷,并不涉及复杂、具体的解决方案。这一点如同医院一样,诊断结论只描述诊断的结果,如何治疗属于下一个问题。

1. 评价风险功能

回顾本章第三节提到的内容。颁布于2012年的国家推荐标准《企业法律风险管理指南(GB/T 27914-2011)》,将风险评估分为识别、分析、评价三个组成部分,"分析"的内容为:

> 5.3.3.3 法律风险影响程度分析
> 对法律风险影响程度进行分析时,可以考虑但不限于以下因素:
> ——后果的类型,包括财产类的损失和非财产类的损失等;
> ——后果的严重程度,包括财产损失金额的大小、非财产损失的影响范围、利益相关者的反应等。

评价风险是报告的基本内容。虽然报告会基于项目类别、企业需求而有不同的内容,但是最为基本的内容却都包括风险类型、不利后果,再进一步还包括判断风险的规则依据、发生概率、严重程度以及方向性的建议等。至于相关的评价是基于定性分析还是定量分析,则视企业需求和基础数据情况而定。

在报告中之所以只对风险提出简单的方向性的解决方案建议,是因为尚不具备全面提供的条件。一是因为方案设计之前需要看到企业对报告的反馈,以使目标、方法更精准;二是系统化地设计解决方案才能使其效用最大化,同时需要考虑复杂的相互关系和各种要素,无法在评估阶段仓促完成。而且,有些风险只能评价而并无实际可靠的解决方案。

2. 列举清单功能

同样回顾该指南,里面提及的"风险评价"其实是列举风险清单。具体的要求为:

5.3.4 法律风险评价

法律风险评价是指将法律风险分析的结果与企业的法律风险准则相比较,或在各种风险的分析结果之间进行比较,确定法律风险等级,以帮助企业做出法律风险应对的决策。在可能和适当的情况下,可采取以下步骤进行法律风险评价;

——在法律风险分析的基础上对法律风险进行不同维度的排序,包括法律风险事件发生可能性的高低、影响程度的大小以及风险水平的高低,以明确各法律风险对企业的影响程度。

——在法律风险水平排序的基础上,对照企业法律风险准则,可以对法律风险进行分级,具体等级划分的层次可以根据企业管理的需要设定。

——在法律风险排序和分级的基础上,企业可以根据其管理需要,进一步确定需要重点关注和优先应对的法律风险。

风险评估阶段与风险识别阶段的风险清单大同小异,只是往往需要根据评估情况增加一定的内容,而且完全可以依据自身的需要增减相关内容,或对某些内容加以细化。对于风险清单本身的要求等,可参考前面章节。①

3. 项目说明功能

项目说明功能主要用于说明项目、工作、结论、责任范围等。报告如果没有这一功能而只有评价和清单,则不足以让人充分理解风险评价和风险清单的意义,甚至产生重大误解。同时,提交成果时履行告知义务也是《民法典》所规定的附随义务,更是律师职业操守和执业风险防范所需要的。

对于项目目标、实施过程、工作方法、判断标准、证据依据、评估结论等内容的说明,更有助于理解评价结论和风险清单。可以使阅读者在理解项目结论的同时,发现其中是否存在某种缺陷,包括其维度、方法、基础信息是否本身存在问题,或与结论的关联性是否存在问题等。

对于评价报告的工作范围、法律等规则依据的有效性区间、证据的证明范围、报告的适用范围等方面的说明,则可以严格限定报告在时间、领域的适用范围内,排除超范围理解和使用而产生的责任风险。尤其是作为外部专家出具评估报告时,更需要对其强化这方面的说明。

例如,如果项目内容是仅对相关规章制度做书面合规风险审查,在明确加以说明后,则无需对实际执行情况与制度要求不符而产生的风险后果负责。

---

① 参见本书第二章第九节"风险清单的确定"。

二、评估报告的结构安排

评估报告需要以专业的内容和形式描述工作情况、工作结果、风险原因、风险后果等内容。由于文字量大、专业程度高、阅读理解困难，报告首先需要考虑以良好的整体结构来为阅读、理解、使用者提供便利。例如以详细的目录、有序的主题、流畅的顺序等方式，使之易于阅读、核对和查找。

(一) 评估报告的结构原理

评估报告虽然没有专业论文那样有固定的格式要求，但是其结构设计必须遵守一定之规才能方便阅读、理解和使用。同所有结构良好的文章一样，报告需要将各个主题的内容按一定的模块、顺序和层级来安排，才能形成良好的结构并更好地描述风险评估中所发现的问题。

目录是结构的体现，能够如实反映报告内容中的大小主题在模块、顺序和层级上的安排，因而许多调整需要紧盯目录。而 Word 等文字处理软件的"文档结构图"功能能够充分显示不同层级的标题，并能方便地将标题连同标题下的内容拖到新的位置，可以方便地升降标题的级别，更能使目录的调整事半功倍。

要实现评估报告便于阅读、理解、使用的目标，需要在结构上做从主题的划分到顺序、层级的安排，并需要在设计上掌握几个实用原则。

1. 主题集中原则

主题集中原则，是指为了使人能够顺畅地"一次性"完成相关内容的阅读，应尽可能将相同、相近和相关内容集中在一起以完整的表述，或安排在相邻、相近的模块以便于阅读，以尽量避免因内容过于分散而不得不查看不同章节后才能了解评估报告的全貌的情形。反之，会干扰阅读的连续性、分散阅读者的注意力，使理解变得更为困难。

之所以是要"尽可能""尽量"地将相关主题集中在一起表述，是因为在实际处理中很难完全实现。内容如何分类、模块位置如何安置是每份评估报告都要考虑而且不得不做出取舍的问题。因为总有内容涉及不同的模块，将其放入任何一个模块都会给另一模块阅读带来不便，同时出现在不同模块又使报告内容不断重复，甚至因此而产生提法、表述上的冲突。

对于这类问题，一般用"有详有略"的方式解决。在两个不同模块中，选择关联最为密切的模块详细表述，而在关联度略弱的模块中则只是概括性地提及，并以注释的方式注明。例如，以"更详细的内容参见第××页'××××'标题下的内容"等方式指明相关内容的查找线索。

2. 分块分层原则

分块分层原则，是指将所要表述的整体内容归纳为几大主题并分别设为一级模块,其他主题在每一级模块下依照同样的方法层层展开。要掌握如下原则:各层级的主题内容既不遗漏也不重复,而且上下级标题之间、标题与内容之间要有足够的关联,而同级标题之间要内容界限清晰,以提高表述质量和阅读体验。

由于人的注意能力、记忆能力、阅读能力、工作时间都是有限的,"先见森林又见树木"的结构远比"只见树木不见森林"的结构更易于理解。例如,将报告分成"第一部分 项目基本情况""第二部分 整体性风险""第三部分 具体化风险""第四部分 风险清单及附件",然后再在每个部分之下安排不同的"章",远比直接从"第一章 采购部门风险""第二章 生产部门风险""第三章 销售部门风险"开始依次平铺直叙十几章的方式,更易理解局部在整体中的位置,更符合通常的阅读习惯,也更容易分别从整体和个体上加深分层理解。

模块划分的依据是主题。将报告内容按主题归纳为几个一级模块,远比随意的平铺直叙更便于阅读和理解。这一过程中需要关注上一级模块的内容被细分为若干个下一级模块后,该上级模块与各下级模块的主题及层级关系以及各个下一级模块之间的相互关系安排。

例如,在将报告内容划分为"第一部分 项目基本情况"等四个一级模块后,各模块虽相互独立但其外延之和等于整个报告内容。而在这四个模块之下的内容,还可根据需要以这种方式继续细分为更小的模块。又如,"第三部分 具体化的风险"之下区分采购风险、生产风险、销售风险等类别并加以依次细分,使得所包括的内容更容易归类、更容易查找、更容易理解。

层级和顺序的安排构成了内容的秩序,使不同类别内容不再杂乱无章地堆砌在一起,这就是报告或文章应当具备的质量水准。没有这种秩序安排,非常容易割裂企业风险的系统性特征,不利于看清其全貌和风险点之间的相互关系。

3. 顺序流畅原则

在按照前述要求建立了目录以后,还要精心调整报告各主题内容的层级、顺序,使阅读、理解得以顺畅地进行。

提高顺序的流畅性需要有"前置知识"的概念。人们对于事物的认知和理解程度取决于人们的知识储备,当人们具备了基础的"前置知识"后,就能顺畅地理解与之相关的"后置知识"。否则就需要先停下来去了解"前置知识"再继续阅读,或一知半解地继续阅读。这些情形要么妨碍阅读效率、要么妨碍对报告的切实理解,应尽力避免其出现。

在同级模块的主题顺序安排方面,一般可按时间先后顺序、前因后果顺序、频率高低顺序、重要程度顺序等加以安排。当这些层级关系和顺序关系以目录的形式体现出来,就形成了结构体系。因而目录不仅仅是个简单的检索工具,还是一个整理素材、安排内容、发现问题的有力工作方法。只要目录足够详细,就可以更为直观地发现是否存在主题的遗漏和内容的冲突。

例如,风险点的内涵、外延是前置知识,先行了解才便于理解后续的评价和解决方案,否则只能让人望文生义或满腹疑惑,无法再深入理解或使读者必须查找资料后才能理解。因此,前置知识一定要安排在报告前面的位置,或以注释的方式指明或补充前置知识。

4. 方便查阅原则

评估报告的多数阅读者需要反复查找、阅读、核对相关内容。企业的决策层要从全局的角度查阅关联性内容,或是直接查阅最关心的内容以供决策;各级管理者需要细致分析报告对于风险点的描述与实际情况是否属实,以及各个风险点之间的相互关联,以思考最适合的解决方案。为了使反复阅读、多次阅读更为方便,就需要使用目录、注释、序号和页码等方法。

为使内容的查找变得方便,详细的目录必不可少。前面所介绍的分块分层原则、顺序流畅原则最终都要体现在目录上。也就是同一层级的模块有序排列,不同模块下的内容进一步细分层级并有序排列,而这些大小模块的标题则需要详细地体现在目录中。从大模块到小模块的结构,或者说是从大标题到小标题的结构,是为了便于按问题的类别逐步缩小搜索范围,然后通过具体的标题直接查阅所要的内容。

以这种方式组织报告的结构和目录,序号的层级同样显得重要。如果读者的阅读偏好比较传统,可以用"一、""(一)""1.""(1)""①"的方式表示层级。但是需要注明,因为并不是每个人都知道这种层级关系。而用数字表示则简单得多,如"1.""1.1.""1.1.1.""1.1.1.1"表示层级,标题的大小就比较直观。但无论哪一种,最好是在目录甚至正文中安排一定的缩进值,以使层级关系更为明显,也更便于根据模块的排列顺序缩小查找范围。与之配套的,是必不可少的页码。

例如,某小型风险评估项目由于涉及面有限,其风险评估报告的目录层级及页码情形如下(更多细分内容略):

  第三部分 企业各部门面临的风险 025
  一、资产及财务管理风险(略) 026
  二、人力资源管理风险 041
  (一)招聘管理 041
  1.人力资源管理规划
  2.招聘流程管理
  (二)劳动合同管理 046
  (三)薪酬待遇管理 052
  ……

三、采购管理风险　　　　　　　　　　061

这类目录的结构完全依照企业的组织结构,便于企业将报告分发到各个部门并以"分进合击"的方式改进工作。

以上是从布局谋篇的角度阐述了评估报告的结构安排需要采取的方法,与之相互配合的是表述层面的技术方法,二者有机结合才能最大限度地使报告易于查阅和理解。

(二)评估报告的必备内容

风险评估报告主要包括风险评价、风险清单、项目说明三个部分,作为一个整体制作、提交。提交风险清单结束项目时的某些原则、内容要求①可与本部分的原则、要求合并以形成整体。评估报告的必备内容一般由如下几个部分构成。

1. 评估报告目录

风险评估报告一般都需要数万字,且大多数人只会阅读所关心的问题,或反复阅读、核对具体内容。为了便于阅读和查询,详细的内容目录必不可少。其内容安排、序号安排、页码安排等要求如前所述。

2. 报告内容说明

主要用于说明报告的组成部分、编排方式、涉及领域以及序号的层级、术语的解释等信息,起到导读、说明的作用。避免企业因误读、误解而产生不利后果。

在内容说明部分,如果有企业原因导致的内容缺失,包括项目计划不包括哪些领域、实施过程中做了哪些变更、企业未能提供某些信息等,均在此说明。例如,某些项目不包括企业较为敏感的税务风险等。

3. 起草者责任声明

事实上任何服务的责任范围都是有限的,涉及风险评价结论时同样需要界定起草者的责任范围。为此,需要明确作为判断依据的法律等规则的时间效力范围、证据资料的信赖程度等内容。有常规的免责声明,也有针对性的免责声明。

例如,某评估报告中特别申明:"依据双方的合同约定,本报告提出的结论基于贵公司所提供的书面资料以及贵公司人员在接受访谈时的记录,出具报告方不对上述信息的真实性、完整性负责。"

4. 项目情况概述

项目概况用于简单介绍项目的来源、内容要求以及实施情况等,以便阅读者了解项目原有设想和实施情况、结果情况。主要包括:

(1)开展项目的依据情况。包括所依据的合同或工作指令,及其中描述的工作

---

① 参见本书第二章第九节"风险清单的确定"。

目标、工作内容、工作方式、工作计划、工作成果、时间节点等要求或约定。

（2）项目实施的工作情况。包括项目实施的时间、地点、方式、参与人，尽职调查消耗的工作时间、获取文件量、访谈对象数量及时长量、工作会议次数及时长量等，也包括风险识别、风险评估的类似信息，及发生过的计划变更、细化等。

（3）风险评估的工作成果。包括识别、分析、评价的方法，以及审读的文件量、核实的信息量、分析及评价的风险点数量，还有判断依据、证据依据等。

5. 风险状况评述

这部分是对风险状况的分析和评价，是报告最为主要的部分。如果只是具体专业领域，可以不区分总体性风险和具体性风险，反之需要对多个部门普遍存在的总体性风险加以描述，如制度化水平低、实际执行率低、制度质量低等。

评价的方式可以多种多样。如果有足够的资源，可以按前面提及的各个要素以表格方式评价，也可以通过复杂的赋值和定量分析评价得出量化的结论，同时也可以只评价风险点、规则要求、不利后果、产生原因。

对于风险状况的评价必须进行体系完整且分类清楚的分析、评价。系统分析才能避免遗漏相关领域中的重大风险点；分门别类才便于排查且便于阅读理解。这些要点在报告的结构原理中已有详细讨论。

而为了增加这部分内容的直观度、可读性，作为成熟的分析和表述工具的线图、柱状图、饼图以及鱼骨图、流程图、思维导图等可以被大量采用。在增强视觉效果、提高表述质量的同时，也更加方便读者对报告的阅读和理解。

6. 风险点清单[①]

如果风险点数量有限且可以逐个分析、评价，则不需要单独列出风险点清单。当风险点数量多到无法或没有必要一一分析、评价时，一般只详细分析评价最需要优先采取措施的风险点，其余的风险点则以风险点清单的方式体现。

这种清单可以只是一张表，但可以有许多内容。例如列有各个类别、名称具体的风险点、风险后果、法律或其他规则上的依据、不利后果、危害程度、发生频率等信息的简单分析、评价等。

7. 评估报告附件

评估报告附件用于列举不需要写入报告或不宜写入报告的内容。这些内容往往离报告的主题相对较远，或其内容过细到偏离分析、评估风险的地步，因而才将其列为附件。

这些附件的使用功能，基本上是作为支持性的依据或证据。例如，某些风险的判断依据较为特殊，需要将其列为附件。为了支持对某些风险点的评价，相关的文

---

① 参见本书第二章第九节"风险清单的确定"之"二、风险清单的设计制作"。

件有时也需要作为证据。因而工作中收集到的文件清单、工作内容清单、提交文件清单、工作成果清单等,往往也是附件内容。甚至法律风险清单也可以以附件的形式出现。

报告内容的详略总体上取决于企业的需求。甚至某些企业的口号就是"一切看结果",因而并不关注过程而只在意结果。这种观念对于质量控制未必有利,针对这类需求确实可以压缩篇幅,但目录、内容说明、责任声明仍应内容齐全。

三、评估报告的语言表述

在精心安排报告结构的同时,还需要以得体、适当的方式表述报告内容,二者相辅相成、缺一不可。其目的同样是降低阅读难度、提升阅读体验,并有利于后续工作的开展。

(一)评估报告的内容安排

评估报告的表述原则,是围绕着满足评估需求、实现工作目标而取舍报告内容、发挥表述技能。其具体操作又涉及具体工作原则。

1. 围绕评估需求

企业的评估需求以风险管理项目合同的约定或企业的工作指示为准,也包括企业在项目工作中所进行的变更。通常,评估需求多为提示风险状况、列出整改目标,有的还包括后续的解决方案整体设计以升级其管理体系。

风险的产生和存在多与企业的管理制度体系缺陷有关,而风险管理项目正是要系统地发现这些缺陷。因而无论是直接引起不利后果的违法、违规等原因,还是间接产生不利后果的业务规范、个人行为规范、标准业务文本等方面的缺陷,只要没有特别要求或约定,都属于风险识别、风险分析、风险评价的范围。

2. 坚持客观公正

评估报告上的依据、结论都必须客观、充分、可靠且不带主观色彩,以事实为依据、以"法律"为准绳。规则依据、证据依据充分,才能下结论。包括对评估值的修正,也要具备一定的客观依据而不是主观臆断。

在某些个别情况下,会遇到企业内部意见不统一、部门之间存在利益冲突等问题。在这种情况下,应以在法律上能够代表企业的一方的意见为准。如果未发生法律上成立的变更,则以原合同、原工作指示为准。

3. 保守商业秘密

项目开始之前,包括律师在内的外部专家一般都与企业签订有保密协议,约定保密范围、期限等。而在评估阶段,尤其在风险评估涉及敏感领域时,可能接触到足以给企业带来严重损害的风险,这时保守商业秘密就十分重要。

对于这类风险的分析和评价并不适合在报告中详细地和盘托出,除了项目组内经授权人员可以阅读、接触外,应防止任何其他人接触以防泄露。同时可以采用一定的表述方式进行变更,确保企业能够理解的同时其他人即便看到也并不知情。

4. 列举"宁缺毋滥"

定性分析无法精确度量风险程度,因而对发生概率极低的风险的取舍模棱两可。在识别风险并制作风险清单时曾有一项原则被称为"宁缺毋滥",在评估阶段也是如此。也就是宁可将一个几乎不可能发生的风险点留存报告中只作简单描述也不要轻易删除,因为有些风险事件的发生并非主观意愿能左右。

例如,不可抗力影响虽然很少发生,但是其发生并非人力可以控制,因而其风险始终存在。而管理不当方面的风险则可通过改进管理而有效抵制。

(二)评估报告的表述技巧

表述评估报告的技术方法涉及语言文字的熟练运用,以及具体内容层面的表述技能。所涉及的不仅仅是将问题表述清楚、降低阅读难度,还要让人容易接受并便于后续工作中的配合。

1. 事实判断为主

事实判断和价值判断同为常用的命题体现方式。事实判断(Fact Judgement)依据客观事实或充分的证据中性地就事论事,价值判断(Value Judgement)则是依据个人的主观标准判断事物的好坏等。

例如,企业的管理行为与制度要求不一致的情形十分普遍。将其评价为"未按相关制度规定履行管理职责",是基于客观事实而无可辩驳的、中性的事实判断;而将其评价为相关人员"工作不负责任"则是基于主观标准、含有贬义的价值判断。两者相比较,后者在逻辑上难以成立。因为"不负责任"是主观心态,无法直接证明。而且事物往往一果多因,管理行为与制度要求不一致未必一定是由于"不负责任"。这种表述容易引发企业上、下级之间的矛盾,也容易使相关部门及管理人员产生抵触情绪并影响后续的工作配合,因而极不可取。

再如,以价值判断评估企业"规章制度管理混乱"有管理者失职之意,足以令其面上无光。而以事实判断评价为"规章制度的系统化和条理性不足"则只是表示程度欠缺,更容易令人接受。如果再进一步,将其归因为"企业对现行规章制度尚无具体质量要求",则更容易被企业的上下级管理人员普遍接受。

用事实判断来表述问题,也更符合商务礼仪。虽然评估报告需要揭示企业的管理缺陷、管理过错,甚至重大管理漏洞、致命风险,但是企业需要的是了解风险的客观状况而不是批评、批判,更不需要"外面人"指手画脚,因而以平和、客观的现状描述代替生硬的归责、指责,更能显出报告的成熟、尊重、得体。

另外,几乎所有的下级公司、企业部门都不希望向上暴露自己的管理缺陷、工作失误以免被批评为工作失职或被"秋后算账",而决策层、高管层则希望看到更多的真实情况。处于两难之间的评估报告,唯有表述基于客观事实判断得出的风险结论,才能让相关信息既不夸大又不掩饰地向上、向下传递,既能保证信息的有效传达又可避免由于表述不当引发的矛盾。而且企业存在的所有管理缺陷都可归因于决策层、高级管理层的管理缺陷,而迟迟未能解决又往往有着复杂历史发展等客观原因。因此,应将其归责于高层而非下层、归责于历史原因而非个人。

2. 引言衔接引导

许多文章在正文之前会用一段介绍性的文字"开场"。通过简略地介绍正文的主题、写作目标、理解方式、与其他主题的关系等,引导阅读者将思路聚焦到正文主题,方便其阅读、帮助其理解。这种介绍性的文字便是文章的"引言",也可称为导言等,是一种非常正式的表述方式,常用于科技性文章。本书各个章节"开场"部分的介绍性文字,正是采用的这种表述方式。

这种结构在以"分层分块"的方式表述复杂主题时,起着自上而下引导主题、说明主题间关系等作用,是切入主题之前的过渡。通过这种先整体后具体、先全貌后细节的注意力引导和事先说明,可以避免读者突兀地面对一无所知的具体信息时感到莫名其妙,非常有助于阅读和理解。

如果以读者为中心,所有的工作文章都应采用这种写作方式。评估报告更应该在各个模块的"开场"部分增加引言,作为各组成部分的衔接和引导。缺少引言的过渡,直接将下级标题连接在上级标题之下,会强迫阅读者一边阅读理解语句一边归纳主题,从而带来许多不便,细小主题内容的细分除外。

3. 首句体现主题

除了通过详细的大小标题方便阅读理解以外,以各段落的首句点明段落主题、末句补充和强调主题,是进一步方便阅读的措施,也是正式的论文体写作的要求。而且各标题下的段落,同样需要按照层级、顺序原理排列,标题应该包含的内容既不遗漏也不重叠,以使评估报告形成完整的风险信息披露体系。

在段落层面,应该按照"无关性原则"设定各段落的主题。即各段落的主题既能完整覆盖标题应有的内容,又能做到彼此间没有重叠、冲突。同时仍按重要性、因果关系、逻辑顺序等方式排列段落。

其中,句末语句对于主题的强调,可以通过转换角度、概括内容、反向归谬等方式表达,但不可以是简单的重复。以这种段落结构进行表述,主题更容易突出。

4. 善用现代方式

所谓的现代表述方式,是大量采用信息时代的各类图形、表格,简称图表。[①]

[①] 参见本章第二节"二、常用的分析工具"和"三、常用的表述工具"。

而传统的表述方式基本上只用文字。

现代图表功能丰富、用途广泛。由于图表表达信息时更为直观、形象,其可读性远胜文字表述,有"一图胜千言"之说。其中,思维导图、鱼骨图等非常适合分析,线图、柱状图、饼图等非常适合用来表述,而且彼此可以混用、一图多用。这些图表比文字更适合阐述风险分析、风险评价等内容,应当尽可能多地采用。

此外,还可以毫不吝惜地使用注释,以节省阅读者检索相关信息的时间。如果提交电子版的评估报告,在某些信息之间建立链接将更有助于提高阅读体验。

四、提交报告的注意事项

提交评估报告是评估阶段甚至整个项目的最后工作,但在提交的文档形式和交接方式上仍需"站好最后一班岗"。

(一)正式提交的文本准备

评估报告一般都会以电子文档的方式"预提交"部分甚至全部内容,以供企业的项目牵头部门作初步审查并指出问题,然后在补正、调整后提交正式版。为了避免版本混淆,一般都用区别明显的文件名并在封面主标题上注明"(基本稿)"等以示区别。

但"预提交"的文本需要完全按照正式提交的标准来控制质量。即提交前需要完成所有应完成的工作并经过认真的校对和排版,而不能将并未全部完成的中间文本或工作底稿交由企业去"批改"。因为预提交的文本同样代表工作态度和质量水平,不仅不能存在重大的遗漏和错误,连微小的低级错误也应避免,否则会令人产生水准或质量上的疑虑,也没有机会指出正本中才出现的问题。因此,向企业提交的任何文本都应该是"正品"而不是"半截子工程"。

同时,自"预提交"起就需要全身心地注意企业风险信息的安全。如果由外部服务机构完成文本的打印、装订,则更需要严密防范文本信息外泄。同时还要在正式提交时收回旧版本予以销毁,或通知企业自行销毁。

(二)提交报告的注意事项

正式提交评估报告时,一般同时提交书面版和电子版。此时不仅需要注意报告文本的安全,还要按项目合同约定或工作指令要求的方式提交。

对于报告的接收人,合同或指令中有所指定自不必说,在没有特别约定的情况下有着多种选择。法定代表人对外代表企业,是理所当然的接收人;在项目中负责接收文件的对口部门管理人员,也是理所当然的合格接收人员。如果内容足够敏感,最好先征求对方意见、确定接收人。

接收环节最为重要的还是信息安全问题。评估报告中列有企业许多不为人知的风险信息,甚至是极其敏感、一旦泄露足以带来灾难性后果的信息,比如某些企业极不规范的纳税情况信息。为避免带来严重后果,企业家或高级管理人员既担忧这些信息被公众知悉,又不希望被企业员工知悉。因而在正式提交时,经手人越少越好、管理层级越高越好、份数越少越好。而提交后因企业自身原因导致的扩散,则由其自行负责。

如果必要,还可以有进一步的保密措施。例如,将纸质的报告文本密封并注明由接收人"亲启",以及将电子文档加密并由高级管理者解锁密码阅读等。

第四章 风险应对与方案设计

本章提示

风险识别、风险评估尚属"诊断"阶段,解决方案设计才是风险管理中最具挑战性的"实战"性工作。为某个风险点就事论事地设计解决方案并不困难,困难的是兼顾、平衡各种因素后给出系统、实用、适合的解决方案体系。

风险点很少会孤立地存在,如何在种种限制条件下,或者是在充分考虑各种需要平衡的因素后,对症下药设计出最有效、最简捷、最经济的解决方案,甚至是最适合企业的系统解决方案,则需要更丰富的知识储备和更大的工作量。或者说,设计一套解决方案是门艺术。

基于资源的有限性、能力的局限性和措施的经济性等方面的考量,企业只能根据轻重缓急和投入产出比对不同的风险采取不同的措施。企业首先需要解决如何在激烈的市场竞争中生存、发展的难题,在这一阶段只能投入有限的资源采取那些成本不高、简捷有效的措施。唯有到了脚跟站稳、发展平稳且有了一定经济基础的阶段,才有可能花大力气升级包括风险管理在内的管理体系等"装备",以延伸企业发展的新高度。

法律风险管理、合规管理的精髓,都是将法律等规则中对企业影响最大的那些要求转换为企业必须遵守的规章制度,或者说是将避免带来风险的解决方案"嵌入"企业日常经营管理的制度体系、流程体系和文本体系,通过这"三驾马车"全力去实现企业合法权益的最大化、风险的最小化。

这一转换过程不是让企业削足适履,而是将外部规则要求与企业实际情况相结合,通过为企业量身定制管理系统,以优化、升级帮助其实现管理目标。同时,也是将解决方案工具化并交给企业投入实际使用的过程。企业可以始终无法理解其中的专业问题,但解决方案必须行之有效且有助于实现管理成本、效率影响的平衡。

第一节 管理制度体系基本原理

管理制度,是企业的章程、规章制度、规范、规程、标准、办法、守则等规范相关人员行为的规范性文件的总称,这些文件共同组成的体系便是企业的管理制度体系。企业制度化管理的进程,就是以各类规章制度为中心,不断梳理和固化所需要的秩序的过程。同时这也是在企业的经营管理活动达到了一定规模后,在事无巨细式的管理已经无法胜任后,企业不得不采用的管理方式。理解了这些内容,则更容易理解企业规章制度体系的设立及升级所应达到的目标。

一、制度的内容及管理目标

制度是将所需要的秩序加以固化所形成的规范体系。制度化则是根据企业的发展目标、发展战略,结合企业的实际情况和所需要的秩序设计出规范体系的过程。偏离了这些基本理念,制度就难以行之有效。

(一)制度的应有内容

每个制度都是用于规范某一领域具体行为的规则体系,而企业的所有制度又共同组成企业的制度体系。从质量要求来说,简单地将各种制度收集在一起的只能是制度汇编而非制度体系,而简单地将要求堆砌在一起,也难以成为合格的制度。

1. 管理制度的内容细节

从设定制度的目的出发,设计良好的制度需要包括几项基本内容才能良好地运行并达到管控目的。

(1)管理目标,即在该制度项下的管理活动所要实现的安全、效率、秩序等目的,如确保交易安全等。

(2)用语定义,即对制度调整范围、关键词内涵外延所作的定义或解释,以界定制度调整的范围,如是否涵盖下属公司等。

(3)责任主体,即对相关事项负有管理责任的主体,一般为某一具体的部门或若干个相关部门各司其职。

(4)管理职责,即各责任主体的管理职权范围、管理职责范围,如合同管理部门参与合同谈判、参与项目论证等职权、职责。

(5)责任客体,即责任主体所管理的事务、对象、关系等,主要是泛指的笼统内容而非具体细节,如合同管理、公章管理等。

(6)管理方式,即管理的主要流程、方法、形式、内容等,如建立、完善、监督及执行规章制度,或处理相关问题、抽查执行情况等。

(7)管理标准,即管理行为所应遵循的流程、方法、要求等,目的是以明确、详细的规定确保管理措施落实并达到管理目的。

(8)考核方法,即对管理职责履行情况的绩效考评,包括考核权的行使主体、考核方式、考核标准、结果处理等。

(9)附则信息,即将不适合列入正文的信息以附则的方式归一处,包括生效日期、解释权归属与原文本及其他制度的关系等。

2. 制度中的职责与程序

如果忽略各种制度化管理理论直接从内容实质上去分析规章制度,就会发现其主要内容无非是两大类:职责和程序。制度对于职责的界定包括了权力层级和各自行使权力的范围、承担责任的范围以及履行职责时的工作内容及质量标准等。而对于程序的界定则包括了处理具体事务时的流程、工作顺序,以及针对不同情况的不同处理方法等。或者说,制度的内容与法律的内容非常相似,其内容同样可以大致分为"实体"部分与"程序"部分。

对总体设计思路而言,规章程度的设定是为了从企业总体利益出发,自上而下调动各级、各部门员工的脑力和体力,去完成生产经营各个环节,实现企业目标营利等目标的过程。具体体现在制度中是对于权力和职责的一步步细化和分配,以及对于工作程序、配合责任等方面的要求。

因此,不同层级的权力分配是由上到下不断细化的过程:投资者将权力和职责授予董事长并借助董事长的脑力;董事长将部分权责分配给总经理并借助总经理的脑力;总经理将权责细化后分配给各部门经理并借助部门经理的脑力;各部门经理再进一步细化权责给本部门的管理人员,并依此类推直到最底层的执行者。对于底层员工,制度设计上需要他们完成的,主要是借助于他们不折不扣的执行,以实现生产、经营活动的目标。

(二)制度化管理的目标

对于制度化管理,企业的高层管理者和基层管理者往往会有不同认识。某些基层管理者认为制度的制定和执行增加了管理和完成工作的复杂程度,因而降低了工作效率、增加了工作成本。甚至一些民营企业的高层也坚信这一点,以至于其管理制度以简单、粗放为特征。但更多的企业尤其是需要精细化分工、高效率工作的大规模生产型企业,更赞同唯有制度化管理才能在生产的同时实现高产、高质且高效,并使企业具备其他优势。

1. 降低企业风险

设立管理制度的目的是希望企业员工按照规定的要求和程序完成其生产经营动作。这些内容要求和工作程序大部分并非生产所必需,却是产品质量、生产安全的保障。例如,某些行业的风浴环节与产品制造并无直接关系,但省略这一环节则无法保证产品的合格率。增加这一环节虽然降低了工作效率、增加了工作成本,但是省略这一环节则使产品质量得不到充分保障,产生高风险。同理,生产过程中的各类消防管理活动更与产品生产毫无关系,而一旦发生消防事故,则企业的原材料、厂房、设备、人员等损失远大于消防管理活动成本。

这些在基本的生产、经营行为之外以制度化的方式增加的活动,总体上是以额外增加的较低的成本,去降低风险企业安全、产品质量、交易安全等方面的风险,事实上属于一种有回报的投资。而在企业的各类规章制度中,如采购管理制度、生产运作管理制度、销售管理制度等,无不包括这类动机。

2. 提高整体效率

提高整体效率是比设立管理制度更为现实的目标。企业在具备了基本的生产经营秩序后,随之而来需要考虑的就是如何提高生产经营活动的局部效率和整体效率,节约人工、物料等成本,从而提高人力资源、物质资源的使用效率,并通过各环节、各部门相互配合实现整体效率的最大化。这种效率的提升有局部的也有整体的,但为了整体效率有时不得不牺牲局部效率。

例如,机动车不受限制地任意行驶似乎可以提高每辆车的局部运行效率,但会增加交通安全危险甚至互相妨碍。交通规则的出现使得每部车都按同一规则行驶,虽然牺牲了每辆车的效率,但是提高了城市交通的整体运行效率并降低了事故风险,从而提高了整个社会的通行效率。

现在管理学的发展一直都以提高效率为核心之一。泰罗制的管理模式就是从强调以标准的工具、标准的动作、标准的程序来完成工作为基础,通过对行为的合理约束和节奏安排提高工作的效率和质量,并减少体力浪费。

3. 稳定运行秩序

企业唯有在运行秩序稳定的前提下才能有条不紊地开展经营管理活动并降低管理成本。在稳定的运行秩序下,各类经营管理活动的结果可以充分预见、各项工作可以井井有条地安排,既可以有效地实施控制又能平稳地循环改进,这是制度化管理所具备的另一优势。直接由管理人员在现场以"耳提面命"的方式维持企业运营秩序虽然也并不少见,但是以这种方式建立的管理秩序缺乏明确性和稳定性,只适合粗放型经营管理。

这种秩序建设涉及诸多层次和环节。例如,企业的管理制度需要设定不同层级管理人员的管理职责以发动各层级的管理人员共同完成相关层面的管理职责,同时又要设定不同部门、不同工作环节间相互协同的"标准接口"使企业得以稳定、高效地运行。缺少这两方面的管控,其结果是管理制度的执行力不足、沟通不畅、人浮于事、相互推诿等,严重影响工作效率、加大管理成本和风险。而这些情况在企业中并不少见,是秩序设计缺陷所致。

制度管理是企业发展到一定规模后的必然选择,但最为适合的制度体系只能结合自身的实际情况量身定制而无法照搬。由于企业间组织机构、运行模式、人员素质、企业规模、发展阶段等方面差异较大,简单模仿的制度很难有效运行或达不到期望的结果,使得规章制度只浮在表面。

二、制度中的要素平衡

在制度化过程中,工作的难点不在于规章制度的成文,而是在设计成文过程中对于诸多问题的通盘考虑。

(一)制度的成本与收益

在制度化过程中,制度的执行成本与各类收益是无法回避的问题。制度的制定、执行都需要时间成本和设备成本等,伴随着制度复杂性增加而来的是更多的技术培训、更多的管理成本、更高标准的人力资源,以及不同程度上的效率损失。因此在设计制度时不得不权衡成本与收益之间的关系,包括简化某些管理流程、管理层级以减少效率损失、降低控制成本。

例如,某企业的办公用品采购管理采用的是与生产设备同样的到货检验流程,分为清点、小试、终试等环节。但办公设备技术成熟、普及率高、品牌云集,根本不需要以如此复杂的手段检验,只需要控制付款节奏、约定三包政策和质量责任条款即可。而且,企业事实上也无法承担如此复杂的检验。

管理方面的投入所带来的收益往往是多方面的。成品率的提升意味着利润总额的上升,安全系数的提升可以排除某些重大事故的影响,甚至某些制度本身追求的就是企业文化建设、企业形象建设、企业凝聚力提升等附加效应,无需取得直接的利益。因此制度的成本与收益需要多角度加以审视。

当然,对于可能存在刑事责任风险的高风险领域,企业的管理成本投入是必不可少的。例如,压力容器操作等特殊工种如果不按安全规范操作有时可能可以提高效率,但因风险巨大而得不偿失。如果因此导致责任事故则不仅会面临停工、事故处理、返修等一系列损失,还可能面临停业整顿、承担行政责任甚至刑事责任等严重后果,属于不可削减的管理成本。

(二)制度的刚性与柔性

制度中设定的规范既有刚性部分也有柔性部分。刚性部分是规章制度中需要不折不扣地执行、没有变通余地的内容,类似于体育比赛中的"规定动作"。例如某些强制性法规和强制性标准中所要求的"规定"动作,必须遵照执行。而柔性部分,则是制度中无法硬性规定,需要授权相关管理人员酌情处理的"自选动作"部分。

1. 刚性与柔性——标准化与个性化

刚性意味着标准化,柔性意味着个性化,其目标都是保持基本秩序与结果最优化之间的平衡。是否设定为刚性的、标准化的制度,取决于对事务的熟悉程度和解决方案的成熟程度。对于足够了解并有充分的处理经验的事务,可以识别出需要不折不扣执行的部分并以刚性化标准处理。而对于尚未充分了解、规律尚未摸清的事务,则只能暂时以柔性化的方式一对一地以非标准化的方式解决。

刚性化和柔性化都是为了实现管理利益的最大化。常规处理可以提高效率并降低成本;非常规处理低效率、高成本但可以实现局部最优。许多企业以职务说明书或操作手册的方式明确各级人员的职责范围、职权范围,尽可能实现标准化的秩序,将常规事务交由下一级管理人员处理,而上一级管理人员则可以因此集中精力着手处理那些非常规问题。

为了化繁为简,企业管理大量采用标准化的方式进行。例如,企业的合同管理涉及不同类别、不同金额、不同交易方式的合同,但并不需要每种合同都设定不同的管理方式,其合作商选择、合同审查、履行管理、争议处理有着共同的思路和方法,完全可以用刚性的程序加以管理,只需要在具体事项上增减相关"个性化"内容。

而且,企业为了提高标准化程度,有时宁可采用柔性化的方法处理具体问题。例如,房地产销售企业宁可提供价格或服务上的优惠,也不愿意与购房者一一签订带有个性化补充条款的合同。因为合同条款的不一致增加了合同履行管理的难度,并非常容易导致违约。

2. 刚性处理与柔性处理的区分

任何制度都是"刚柔相济"的设计,区别只在刚柔所对应的部分和设计的水平。太过"柔性"则等同于没有稳定的秩序,太过"刚性"又无法在处理不同问题时得到最好的结果。因此,"一刀切"是不行的,"不切一刀"也是不行的。二者之间的平衡在于事务及其处理的常规性与否。成熟的对于常规问题的常规处理方案可以刚性化以建立基本秩序,而对于非常规问题或需要采用非常规方式处理的则归入柔性部分,由各级管理人员依据实际情况作为个案处理。

基于这一基本思路,从是否属于常规问题以及是否需要常规处理两个维度出发,刚性和柔性一般按如下排列组合的矩阵区分:

表 4-1

处理 问题	a 常规处理——刚性部分	b 非常规处理——柔性部分
常规问题 A	Aa 常规问题+常规处理	Ab 常规问题+非常规处理
非常规问题 B	Ba 非常规问题+常规处理	Bb 非常规问题+非常规处理

矩阵中的上下两行按是否为常规问题排列,左右两列按是否采用常规处理方式排列,其中的 A 代表常规问题,B 代表非常规问题,a 代表常规处理,b 代表非常规处理,从而形成了 Aa、Ab、Ba、Bb 四种不同的排列组合。在这四种不同的排列组合中:

Aa 代表对于常规事务的常规处理,应当标准化后交由下级员工或管理人员去负责处理。例如常规的客户欠费和催款,是标准的常规问题、常规处理。

Ba 代表了某些非常规事务,同样可以常规处理。如特殊原因造成的客户计费错误虽属于非常规问题,但仍可按照常规的计费错误处理。

Ab 代表了常规问题的非常规处理,多用于常规处理可能有失公平,或特殊原因形成的常规问题的处理。例如不可抗力引起的欠费,应按非常规处理。

Bb 代表那些非常规事务的非常规处理,这些问题一般是非常见问题,无法按照既有的方案加以常规处理,多为一些重大、疑难问题,甚至需要借助外部力量才能得到有效处理。

(三) 制度的个体与整体

个体与整体是衡量企业制度化水平和程度的两个尺度。前者衡量具体的制度设计水准,后者衡量企业管理制度化的程度或是集成化的水平。只要具体管理制度尚不足以涵盖其具体业务的处理,对于某些情形既未规定如何处理又未授权由某一职位处理,便属于制度的个体缺陷。如果一个企业只有几个孤立存在的制度,则其制度整体体系还远未完善。在此情形下,许多工作是依靠约定俗成的默契完成,与常规有所不同的操作也并不违反规章制度。而无论是局部缺陷还是整体缺陷,都会使企业缺乏局部甚至整体上的安全保障。

尽管制度体系可以大致分为企业基本制度、管理制度、技术规范、业务规范以及个人行为规范五个大类,但每类规范都存在着与其他制度的对接问题。例如,合同管理制度会涉及采购部门的合同、销售部门的合同,以及其他部门依据职责需要而采购产品与服务的合同,同时其结算还要涉及企业的财务管理等内容,因此需要在制度中规定不同部门之间的"标准接口"。而规章制度的体系化,更是需要充分考虑各个流程间、各个部门间、上下管理层级间的匹配。因此,个体与整体两个尺度在设计具体制度或制度体系时都会遇到。

(四) 制度的并列与分层

为了实现有效的控制,企业管理制度一般将管理职责分入不同的层级和不同的部门。分层的目的是充分利用下级资源完成管理目标,使上一层级集中精力完成管理任务。分块的目的是将管理职责分配给不同的专业部门,由专业人员或专人负责相关事务以达到更好的管理结果。

1. 制度的并列问题

制度的并列基本是指按业务部门或责任部门设定制度、划分职责。这种职责分配方式以设定专门的部分并分配相关的管理职权、职责为依据,企业的部门设置即遵循这一规律。

例如,财务管理制度是基于财务部的管理职责而设定,而合同管理制度则多以法务部门作为主要责任部门,按照业务管理需要而设定。由于各部门的工作均与其他部门存在交集,即便是按分块的方法设定管理制度,也需要描述横向的部门配合的内容及程序。

分块的职能设置大多与工作的专业性相重叠。例如,财务管理部门会集中具有法定资格的财务人员,法律事务管理大多需要配置具有律师资格或通过司法考试的人员。

2. 制度的分层问题

而制度的分层则是按管理权层级划分、设定管理制度,以使管理制度存在层级之分。这种分层是为了保证管理制度在效力上的分级,使不同层级的员工或事务按照不同的规章制度要求行事。

划分层级的思路是,事务性的操作越是具体、越是交由下一层级去完成,而上一层级所要管理的主要是确定目标、设计方案、检查执行。下级超越了层级而自行其事会造成管理秩序的混乱和风险增加,上级对下级工作的亲力亲为则会抓小放大并浪费宝贵的管理资源,并因小而失大。

例如,参照《公司法》规定而设置的股东会、董事会、董事长、总经理、高级管理人员的职权职责,即是其中的一种分层结构。而公司内部其他人员所要遵守的规章制度,既有所有人都要遵守的个人行为规范,又有公司决策部门设定的企业管理制度,以及只有具体部门人员才须遵守的技术规范、业务规范等,这种分层结构是确保管理秩序的另一种手段。

具体的管理制度有时也需要按其内容分为不同的层级,但某些分层只是将部分内容作为其他部分的附件。例如,通过ISO9000质量管理体系认证的企业往往将管理文件区分为管理标准和工作标准,以便于直接与质量手册、程序文件接轨,成为质量管理体系中的第三层文件。其优点是:

(1) 与ISO9000质量管理文件完美结合,避免了管理制度与质量管理体系成为"两层皮共存"的局面;

(2) 无论是管理标准还是工作标准,都具有统一的格式和规范的表述语言,体系的整体性非常明显;

(3) 每一标准都会列举与其相关的或其引用的标准,因此查找相关信息非常方便,也便于理解制度间的关联性。

但这种编制形式也带来了 ISO 管理体系的缺点,其过于细节化的表述和过于频繁的相互引用使得文件量非常庞大且阅读理解碎片化,令人有"只见树林不见森林"的感觉,难以看清全貌。同时,内容上的相互引用也使人很难读懂某个具体问题,查阅和使用非常不便。

目前,仍有不少企业的各类规章制度由各部门自行制定和颁布,从而影响了制度体系的分层管理。从管理的角度来说,企业规章制度体系需要决策层来制定和颁布并监督实施,各业务部门作为具体业务的执行层,未经授权不能规定其他部门的配合义务。而且这种规章制度的产生模式严重影响规章制度的整体性以及资源分配的均衡性,需要改为由决策层统筹安排以确保权责平衡、配合顺畅。

(五) 制度的稳定与调整

法律建设的是管辖范围内的社会秩序,制度打造的是企业内部的生产经营秩序,二者都需要稳定性。但与此同时,二者也需要一定程度的与时俱进。法律需要随着社会的发展变化而废止、修改及颁布新法,制度也需要随着企业经营模式转变、技术进步等加以调整。如果没有稳定的秩序,则各类资源无法实现最为有效的利用、各类风险无法实现有效的控制,而不能及时调整秩序使之适应新环境、新挑战,也会产生同样的后果。

制度的变化是必然的,不变是不可能的,问题是怎样及时调整才能在二者之间取得平衡。现实中许多企业存在的两种极端情形也说明了稳定与更新的平衡的重要性。一种极端是企业长期没有修订过其管理制度,而是直接在实际操作时调整,其结果是制度规定与实际操作各不相同甚至实际操作人员根本不知相关制度的存在;另一种极端是企业的规则频繁变化,没人在意制度如何规定,因为永远跟不上变化。这两种情况都造成了制度规定与实际执行脱节甚至背离,失去了以秩序控制风险的意义。

这两种极端情况其实走入的是同样的误区,即没有区分出制度中需要相对稳定的部分和需要与时俱进的部分,并因此导致了某些制度表面上稳定,但事实上已被放弃、某些制度因频繁改动而失去了稳定性。而稳定与更新之间的平衡方式是维持基本秩序稳定的同时只调整某些事务的具体操作,以避免因巨大的管理体制调整或管理模式转换带来的冲击。

例如,企业并非设立了新的组织机构才能应对新情况、解决新问题,完全可以将管理相关事务的职责、职权等归入某个已经存在的部门或某个职位,以减少组织机构变动引起的混乱。同理,业务规范的调整也未必需要重新建立新的规范,完全可以延续其基本流程而只改动具体操作细节。

三、制度的决定性因素和要素

在事务层面,制度依据所需要的秩序进行设计。而在宏观层面,即便是技术规范也难免受到技术以外其他因素的影响,业务规则更为"个性化"。但与此同时,制度只有具备一定的要素才能充分实现管理目标。

(一)决定制度的各类因素

制度虽然体现为具体事务上的管理职责、工作程序等,但是其最终内容、形态却受诸多外在因素的影响。

1. 自身管控需求

企业自身的管控需求是建立管理制度最为直接的动因。通过制度建立所需要的秩序以提高企业效率、控制风险。随着企业内、外部环境的变化以及生产规模的扩大、交易金额的递增、生产组织的日益复杂化,风险始终存在。尤其是企业在蒙受重大损失后的亡羊补牢等措施,将始终围绕着企业的痛点、风险点展开。

但管理需求无时无刻不受企业自身条件的制约。企业的资源状况、管理者偏好、业务形态、赢利模式等,都影响着管理制度中的管理范围、管理模式、管理标准等。那些决策层重视、资源丰富的企业多会采取高标准、高投入的管理模式,而资源不足的企业往往考虑省钱、省时、省人工的简易方式。

事实上,由于企业风险意识不足或重视度不够,许多企业的管理制度无法满足基本的管理需求。例如,某企业因业务员未保留业务资料而使企业蒙受重大损失,但企业却因对此没有任何制度要求,只能不了了之。

2. 各类规则要求

合法、合规是企业管理制度必须达到的基础性标准。在合法性方面,管理制度的内容不能与法律强制性规定或强制性技术规范相冲突;而在合规性方面,制度还需符合法律以外的其他规则的要求。但违反前者的代价更高。

例如,最高人民法院于2001年颁布实施的《关于审理劳动争议案件适用法律问题的解释(一)》第五十条特别规定:"用人单位根据劳动合同法第四条规定,通过民主程序制定的规章制度,不违反国家法律、行政法规及政策规定,并已向劳动者公示的,可以作为确定双方权利义务的依据。"因此管理制度只有通过一定的程序转换为合法依据,才合法有效。

又如,企业并非行政机关,没有处罚权,因此不宜在管理制度中规定"罚款",只能追究侵权责任或违约责任,而且还有一定的额度限度。

在建立规章制度过程中,如果能够像合规管理所提倡的那样将企业所要遵守的各类规则转换为企业管理用的"内规",则制度建设将更为积极、有效。

3. 总体发展战略

企业的总体发展战略是企业面向未来的行动方向,决定着企业将以什么方式成为什么样的企业。企业的管理制度设定需要以此作为总方向、总原则。

例如,推行差异化产品战略的企业侧重于满足细分市场的差异化需求,更注重产品开发以及市场需求调查管理。而低成本战略则要以尽可能低成本的原料、劳动力、设备设施来创造利润,更注重生产成本管理。

由此可见,在企业有了明确的发展战略后,采购、销售、人力资源等方面的管理措施都会随之而动,甚至可以设定专门的管理部门和管理办法,以集中企业资源去实现其战略目标。

4. 企业管理机制

企业管理机制可以理解为企业管理的基本思路,主要受生产经营形态等因素的制约。例如,制造业有的自行生产零部件,有的采购零部件,有的甚至贴牌生产,生产经营形态、营利模式不同则管理机制也不相同。

同时管理制度本身也存在不同的管理机制,如及时发现问题的机制、系统解决问题的机制、持续循环改进的机制等。良好的管理机制必须"激活"员工积极性和创造力,并使企业能够标本兼治、不断自我完善,并能兼顾风险控制和效率、成本的管理以促进企业的良性发展。

除受资源状况制约外,管理机制也与对企业管理的认识深度、员工素质密切相关。如何实现管理层级的"扁平化"以提高管理效率,以及通过灵活的人力资源组合方式避免传统的直接职能式体制带来的机构臃肿、效率低下等"大企业病",是当前尤其是IT等前沿企业优先考虑的问题,同时也是管理学发展的新趋势,影响着管理制度的方方面面。

(二)管理制度的应有质量

规章制度的制定质量并不存在通用、统一的质量标准,但某些行业管理、企业管理在这方面的探索值得充分肯定。尤其是某些知名咨询机构给出的规章制度框架,更显示出体系的完整和考虑之周到。从实用角度考虑,制度的质量需要达到一定水平才能充分发挥作用。

1. 管理制度的内在质量要素

管理制度的内在质量要素,是衡量制度内容是否恰当的重要因素。作为一种规则体系,设定制度的目的是实现某种秩序。而为了实现这一目的,制度必须能够达到基本的水准。

(1)内容的合法性,管理制度设定的目标、工作内容、工作程序必须符合法律强制性规定及强制性标准的规定,否则不仅无效还可能导致法律责任。

(2)方法的实用性,制度设定的工作内容和工作方法需要能够切实解决实际问题而且兼顾管理成本和效率损失,使之具有有效性、适应性、可操作性。

(3)规则的明确性,对于职责、职权的描述需要清晰、明确、唯一并且准确和可执行,甚至可量化、可测量从而使职责分明、判断标准明确。

(4)责任的可溯性,即规定违反职责及造成损失均需视情节进行后果问责,以促进执行力的提高。这是许多制度缺失的内容,但也是可另行规定的内容。

2. 管理制度的形式质量要素

制度的外在质量要素,旨在评价其结构、表述方式等外在体现能否便于阅读理解和准确执行。在多数情况下,这与制度的内在质量同等重要。

(1)结构的清晰性包括不限于整个制度有清晰的逻辑结构;事项的安排按照相关工作的进程展开;各环节的工作内容等显而易见,易于从体系上理解。

(2)功能的完备性包括不限于对于相关事项的描述有周延的假设;尽可能设想到各种可能性并预设解决方案,以免遇到未加规定的情形时无所适从。

(3)规则的一致性包括不限于制度本身的条款之间、制度与配套制度之间应有的顺利的配合,避免因冲突或重叠造成的困惑或混乱。

(4)内容的易读性包括不限于语言表述需要尽可能地便于阅读理解,避免因表述问题导致的误读、误解、扯皮,同时版面安排也要便于查阅、领会。

第二节　风险应对策略辨析

风险是种永恒的存在,无时不在、无处不在。为了避免它所带来的不利后果,人们先是基于本能、后是基于理论方法,一直在发展应对风险的技术和战略等方法,并时常组合使用。而任何的解决方案都没有绝对的最优,只有基于决策时所依据的条件而选择的相对最优方案。

但从逻辑角度划分,风险应对策略的种类并不多,几乎所有的解决方案均为在此基础上结合需求产生的不同方式的应用。

一、风险应对策略的理解[①]

应对风险的策略,与介入的时机有关,也与自身拥有的资源有关。前者关系到对风险周期的了解,后者基于面对风险的审时度势。而正如前文提到的,应对风险时也需要考虑成本,从而做到"两害相权取其轻"。而应对风险的成本,既可能是需

---

① 详见本书第一章第二节"法律风险的概念与要素"之"五、法律风险的不同阶段"。

要支付的经济上的代价,也可能是商业机会、商业信誉等。

(一)风险周期与应对时机

在本书第一章第二节关于法律风险的讨论中,已经讨论过法律风险的发生、发展规律,分别为顺延的法律风险因素、法律风险、法律风险事件和法律风险后果四个环节。这些环节是从法律风险角度看待风险,但从广泛意义上的、通用的风险发生发展规律来看,这种阶段说仍旧能够成立。

图4-1 风险形成周期示意图

1. 风险因素

风险由各种因素共同构成,这些因素在尚未相互发生作用前,各自属于风险因素,只有它们相互发生作用时风险才真正形成。例如,公司设立尚未完成前,因公司原因造成的各类损失只是一种需要考虑的因素,而并非现实存在的风险。

在这一阶段,有多种方案可供选择以争取风险的最小化和利益的最大化,而且主动性、成功率相对较高,成本较低。

2. 风险形成

当风险因素相互作用,风险便已形成。例如,运输开始即有遭遇不可抗力因素的风险,公司注册成立则存在经营亏损的风险,以及违法行为可能受到制裁、违约可能受到追究等。

但风险形成后,风险事件可能发生也可能不发生。因而在这一阶段,仍有较高的主动性和成功率去阻止风险事件出现,成本也相对较低。

3. 风险事件

风险形成后,通常是由某种随机事件触发了风险事件的发生,从而使不利后果从抽象的可能性转变为现实的可能性。例如,交付的产品出现了质量问题、违法广告受到投诉等,都使不利后果变为现实。

风险事件出现后,虽然仍有机会去减少风险损失,但是这类努力已经属于事中控制,此时企业解决问题的主动性差、投入成本高、成功概率低。

4. 风险后果

风险事件的处理结果即为风险的不利后果。至此,风险发生、演变的过程已经完结。例如,由于不可抗力事件虽经努力但仍旧未能挽回的损失;虽经诉讼仍旧未能讨回的货款等。

但即便在这一环节,风险管理仍旧可以有所作为。针对违规行为的问责、对原有规章制度缺陷的评估、控制措施的亡羊补牢等均为风险管理内容。

从以上进程可以看出,风险控制措施介入越早,则主动权越大、成本越低、成功率越高。

(二)事前、事中和事后管理

按照应对风险措施的介入时机,参见企业管理方面的常见提法,风险管理又可以分为事前管理、事中管理和事后管理三类,而且均在管理领域被广泛使用。它们与各阶段的主要工作内容相关联,又被概括为事前预防、事中控制和事后评价。

1. 事前管理

事前管理,是指风险事件发生之前所采取的风险应对措施。这一阶段对应着风险周期中风险尚未形成的风险因素阶段,主要措施是分析风险形成的要素并从各类可能性中选取最优解决方案,或在风险形成前预设解决方案。

以合同事务为例。通常情况下,合同在尚未签订之前,各种签订、履行中的风险只是风险因素而非现实的风险。在这一情形下的事前管理,便是从多种可靠的交易模式中选择最为有利且风险最小的方案,也可以预见到合同签订、履行中可能产生的争议,预先在合同谈判过程中设定解决方案。两种事前采用的方法,都可以在合同生效后获得更多的交易安全。

2. 事中管理

事中管理是在已经现实存在风险事件时,为了减少风险损失而采取的风险管理措施。在这一阶段所采取的措施,一般是为了针对具体的风险事件而采取措施以防止损失扩大。

通常,这里的事前、事中是相对于风险周期而言,但在具体事务上这一概念往往具有一定的相对性。例如,相对于合同签订后才发现条款问题,合同审查固然是事前管理。但对于在合同谈判阶段介入并避免缺陷条款产生而言,对合同草稿的审查又算是事中介入。

发生争议后为解决争议而提起或参与的谈判、诉讼,以及合同签订后发现了合同条款中的漏洞而主动要求协商修订等,都属于风险的事中管理。

3. 事后管理

事后管理是指风险后果确定以后为避免同类风险损失的再次发生而从事的分析发生原因、评估管理的有效性、总结经验教训、改进管理措施等风险控制措施。

这类管理所对应的风险周期是风险后果确定之后。对于业已发生的风险损失,这一阶段的管理已经毫无意义。但在管理学上,事后管理以实际发生的案例为素材,能够更为清楚、真实地发现问题并考虑解决方案以实现风险管理的循环改进。同时,事后管理也是法律风险管理和合规风险管理中均有提及的工作要点。

(三)风险三要素与应对策略

风险的基本要素是主体、行为、环境,任何一个要素的变更都会直接影响到风险的种类及风险是否成立。因此,尽管有多种策略可用于应对风险,但其方法的最终本质仍旧离不开这三种要素的调整或其组合关系的变化。

1. 调整主体应对风险

调整主体应对风险,主要是指当某种风险与行为主体的特定身份相关时,某些风险可以通过变更主体的身份予以降低甚至消除。

例如,当主体超越经营范围从事某种未经许可的业务时,便会产生行政处罚方面的法律风险,但通过经营范围的变更取得相关许可即可合法经营。现实中的某些交易,便是通过可实际控制的具有合法许可的企业予以完成。

当然,主体身份的变更有可能是在降低甚至回避了一种风险的同时,又会产生其他的风险,实际上是风险的转换。因此,主体风险无法避免时,放弃也是一种选择。

2. 变更行为应对风险

行为风险的应对与主体风险的应对非常相似,甚至有时不过是一个问题的两面。因此,通过变更行为可以应对风险的策略一般是指除了变换风险主体身份能够降低或消除风险的情形外,并不变更主体而只是变更主体行为来降低或消除风险的应对方式。

例如,对于某些无法取得行政许可却又希望从事该领域的企业,在法律允许的情况下可以从事其产业链上游或下游的业务,从而间接介入经营或取得相关资源。某些行业还可通过入股、联营、行纪、居间等方式参与业务。

但这类应对法律风险的方式与应对主体风险的方式存在着同样的问题,即有时只能是风险的转换,以一种新的风险替代了原有的风险。但只要能够确保行为合法、风险降低,其仍是一种备选方案。

3. 变更环境应对风险

这种应对风险的方式同样与调整主体、降低风险相似,因为主体的调整意味着适用规则的变化,实际上是选择了风险更小的规则环境。为了明确区分二者之间的界限,变更环境应对风险的情形一般是指主体不加调整的前提下,主动选择环境或主动变更环境。

例如,许多分支众多的企业会根据各地地方性法规、地方政府规章及政策、税收等差异,在多个不同地区之间选择最为适宜的规则环境作为经营地点以充分利用各类政策性资源。而另一些企业,由于处于行业领袖地位,往往通过制定国家标准或行业标准、参与立法等方式,主动改变规则环境。

除上述介绍的策略外,还有多种策略分类方式。有的将风险应对策略分为规避、接受、减轻、转移四种;有的则分为主动、半主动、消极三种。除此之外,也可以分为依靠自身资源解决与借助他人资源解决,或完全承担责任、部分承担责任、完全不承担责任,以及决策层面的策略和战术层面的策略等。

二、决策层面的风险应对

决策层面的法律风险或合规风险应对,主要是指在相关具体事务之外通过风险主体、风险行为、风险环境的变化,从战略层面降低风险。从完全承受风险到完全不承受风险都是应对策略中的两极,中间的各种措施都是部分承受风险。这类方法在大型项目上采用较多,主要涉及交易模式的选择。

(一)完全承受风险

完全承受风险主要是指不采取任何风险控制措施地直接承受风险。最常见的原因可分为两种:一种是别无选择时的只能承受;另一种是几乎不需要应对。

由于别无选择而完全承受风险的情形十分普遍。企业经营管理总是面临着许许多多只要运营就会遇到的风险,而且是在当前的规则环境、技术环境、经济环境下无法克服的问题,企业别无选择唯有承受。其中,有些风险是行业性的;有些是企业自身性的、历史性的,但依靠企业自身资源及力量无法克服。

上述情形也包括由于商业成本上的无法承受而只有选择完全承受风险的情形。例如,通信企业长期面临着极个别客户假冒身份办理业务的问题,甚至还有一部分客户属于无民事行为能力,但这些企业不可能因此而对所有客户进行严格的身份甄别,也不可能核查每个客户是否具备完全的民事行为能力。

还有一种情形是基于较高的安全系数,根本无需采取措施而选择完全承受的策略。商业信誉好、经济实力雄厚的企业之所以不缺客户,正是因为与他们交易的安全成本低,基本上不需要采取风险控制措施。

但完全承受风险并不等于完全放任而无所作为。在选择这一策略的同时,企业仍需关注各类风险因素的变化,以期找到成熟的解决之道或预防意外发生。

(二)部分承受风险

部分承受风险是指在具体事务之外,通过主体、行为、环境的变化去降低风险,具体方式多种多样。

1. 分割风险

分割风险,是指将一个主体的风险分割给不同的主体共同承担,或者将风险责任分割为不同的组成部分并只从事其中风险较小的部分。这些是经济领域或管理领域的常见做法,也是常见风险控制手段。

利用增加风险主体的方式来分散风险的做法,在投资领域极为平常。共同投资不仅是聚集资金的方式,还是分散风险的方式。"合资"的英文术语Joint Venture的直译就是"共同冒险"。只要增加了风险承担主体,无论是共同投资还是合作、合伙、联营等其他方式,均能分散风险。当然,分散风险的同时也往往意味利益的分散。具体选择取决于风险偏好。

只涉足相对安全的领域,也是一种常见的降低风险策略。其具体做法是分解整体性的风险,并只从事其中合法合规部分以降低法律风险或合规风险,其他部分则交由其他方处理。在交易风险控制环节中,这种方法常被用于某些存在资质资格限制的交易领域。其特点是拆分合同签订履行的主体和行为,只经营自己一方可以合法经营的部分,其他部分外包给其他方完成。

例如,某企业订制的电信充值卡上带有该企业的广告,但发行充值卡的电信公司并无广告经营资格,因此将刊发广告的环节交由具备资质的第三方企业完成,自己仅向客户提供白坯并按客户指定交由第三方完成后配送至企业。这一增加的环节虽减少了企业利润,但回避了广告经营许可违规的风险。

2. 转移风险

转移风险,主要是指基于法定或约定的安排,通过直接或间接的方式将风险的不利后果转给其他方承担。当利用法律规定转移风险时,需要使风险主体、风险行为履行法定要件、符合法定形式等要求。而当通过约定来转移时,往往是占有优势交易地位的一方通过约定来完成风险向弱势方的转移。

风险的直接转移,是通过法律允许的合同约定,将不愿承担风险的财产、业务、责任转给交易相对方。例如,整车制造商经常直接在采购合同中约定因零部件质量问题所造成的损失由供应商负责,因而4S店在保修期内提供给消费者的免费服务实际上是由上游的零件供应商承担损失。而各类产品的经销商也时常依法或依合同将产品责任风险转移给制造商。

最为典型的风险转移常常出现在霸王条款或格式合同中。在交易中占有强势地位的一方往往通过合同条款直接约定某些风险由相对方承担,甚至导致其只有大量的权利却很少有义务。这类以加重对方责任、减轻或免除自己责任的方式转移的风险,有的属于无效条款、有的仍旧全部有效。

风险的间接转移往往是通过所有权、占有权、业务模式等方面的安排,在未直接约定的情形下使某种风险依法转移给其他方。例如,债权人通过索取担保的方式将风险转嫁给担保人;通过购买保险的形式将风险转移给保险公司,都是司空见惯的风险间接转移。

3. 替代风险

替代风险是指通过转换经营主体、经营模式或业务模式等,以另一种较小的风险替代更大的风险,属于标准的"两弊相权取其轻"。这种降低风险的策略常见于交易模式的主动选择,也用于选择法律环境、政策条件更佳的地区投资。

例如,完整地收购目标企业可以对其进行有效控制,避免过度竞争或被对手赶超的风险。但仅收购资产则可以避免目标公司的债务风险、员工安置风险。而提供居间服务则可以用居间风险替代产品销售者的责任风险。

总之,替代风险的基本模式,就是以较轻或较容易控制的风险替代原有的风险,从而降低风险发生概率。

(三) 完全不承受风险

完全不承受风险是风险控制中的另一种极端情形。体现在由于高度自律或风险偏好,以及风险掌控能力的不足而放弃风险行为,或通过利益交换由其他主体去实施风险行为。在不具备足够的风险管控能力或资源投入时,知难而退虽然消极但是也不失为一种明智的选择。

例如,20 世纪 90 年代,曾有一家塑胶产品生产企业冒着技术风险接单生产充气橡皮艇。在大量购入原料后由于技术水平达不到相应标准,导致产品无法达标。由于原料浪费和外贸公司要求索赔,使得明星企业自此倒闭。如果当初放弃机会回避风险,本可有其他机会平稳发展。

放弃难以掌控的经营管理行为可以使物质资源与更为优质的机会资源匹配,以取得更为稳妥的收益,至少可以避免重大损失。尤其是当违法、违约的理论后果接近了企业能够承受或掌握的限度,任何随机事件的加入都足以令企业难以维系,因而设定风险限度、及时发出风险预警,对于企业极为重要。

三、操作层面的风险应对

操作层面的风险应对策略,是指在具体事务层面采取降低风险的措施。如果以交易为例,则选择交易模式属于决策层面的风险应对措施,而如何安排具体的合同内容则是操作层面的风险应对措施。

(一) 以合法化的方式降低风险

以合法化的方式降低风险,是指通过合法性或合规性审查等方式纠正行为中或即将实施的行为中的违法、违规等行为,使主体、行为等符合法律规则或其他规则要求的风险管理策略。这种策略在法律风险管理及合规管理中都是基本的操作,在合同管理中尤其具有代表性,更是大型项目、战略决策等影响深远的事务的"标配"。

合同事务管理过程中的合同审查等管理措施,也正是以合法化的方式确保合同在主体、内容、形式等具体内容上符合法律等规则的要求。这些措施包括但不限于保证交易主体在经营资格、经营资质、行政许可等方面的完全合法,以及交易条件、交易内容、交易方式等方面的合法,以避免规则风险损失。

但这种合法化方式并非机械地依据法律等规则决定行为的取舍,在某些场合下完全是积极地促进行为目标的实现。例如,在合同中约定承租企业的设施及营业执照从事经营便存在合法性问题,因为营业资格不能租赁。但如果约定承包该企业的部分业务则一般属于合法行为。两份合同的履行方式并无本质区别,交易目的也都是利用企业的生产条件及合法经营资格从事经营活动,但前者存在合法性问题,后者则经过合法化后解决了这一问题。

除了这些实质内容上的合法化问题,表述方式的合法化也同等重要。关键术语表述的不合法、权利义务表述的不精确、语句中存在语言歧义等,均有可能影响合同条款的准确理解甚至被理解为完全不同的法律关系,同样需要通过"合法化"的方式加以解决。

(二) 以分散化的方式降低风险

以分散化的方式降低风险,是指以降低风险在时间、空间上的集中度的方式,将同一主体、同一事务的风险分散至不同的时间段、不同的领域,从而在不同的时间或空间跨度上只承担部分风险的应对策略。经过这种处理,虽然理论上的风险总量未变,但是一般只会实际承担部分风险。

1. 分散时间降低风险

利用时间安排来分散风险,是将一次性的行为分散为多次行为,从而将整体的一次性风险分为不同阶段的多次风险,并因此使每次面临的风险都只是整体风险的一部分。这种风险分散方式,在合同条款中被简称为"分散履行"。

例如,买卖合同中如果买方先付清货款,则存在着因对方不履行而丧失全部货款的风险。如果将付款方式改为买方分期付款,则买方付足先付款后,如果卖方未依约履行,买方可以行使抗辩权暂不履行,至多损失先付部分的货款而不是全部。卖方的分期交付也是同样的道理。

2. 变更顺序降低风险

调整某些行为的先后顺序也可以分散风险。同样以合同履行为例,由于合同法上有后履行抗辩权、同时履行抗辩权的规定,将履行方式设定为同时履行或自己一方的主合同义务后履行,则有充分的理由在对方无法同时履行时或未能先履行时,暂停履行以降低风险。例如,买方通过谈判将付款条件设定为先交货后付款,即便是一次性付款也没有货未到手却损失货款之忧。

3. 细分领域降低风险

将风险划为不同领域,同样可以分散风险。例如,将电梯安装项目风险分为运输风险、安装风险、质量风险、延期风险等并分别设定违约金,等于将全额的违约金分散在不同领域中,则每个领域出现违约只需要支付相应部分的违约金,避免了为一项过错而承担"一揽子责任"。

(三)以分担规则降低风险

以分担规则设定降低风险,是指通过章程、公约、规则、合同等界定与相关方的责任范围和各项权利义务的归属,并以此为手段降低风险。这是最常见、最简便的控制风险的方式,电子商务中对于规则的确认、合同中的权利义务约定等,均为这一方式的具体运用。但这种运用更多地被用于处在优势地位的一方将更多的义务划归弱势方,而将更多的权利划归自己一方。

除了交易方式、问题处理类的权利义务分配,约定管辖权也是一种降低风险的措施。不同地区的地方性法规、地方政府规章差异,以及执法理念和执法环境差异,都会影响到风险的严重程度。在诉讼与仲裁之间选择、在不同地区的审判机构和仲裁机构间选择,都有助于降低风险发生概率。

另外,在设定的规则之外,有些外部规则也可用于消除风险。例如,在产品交易中通过披露标的物的缺陷并削减价格的方式,既舍去销售存在缺陷的产品又避免承担相关产品缺陷方面的责任。

四、风险管理体系及环境风险应对

在针对具体事务的策略之外,企业常设的风险控制体系是对具体事务处理策略的重要补充。甚至可以说,只有企业风险控制体系不能完全处理的问题才会应用决策层面、操作层面的策略去处理。因而企业的常设风险控制体系是基础,在从总体上降低风险危害、提高风险管理水平等方面,有着更大的作用。

(一)以风险管理体系应对风险

相对于针对具体事务采取决策层面、操作层面的风险控制措施,企业拥有完善的风险管理体系更有意义。因为这些体系可以充分吸收各类风险管控策略的优势,将成熟的解决方案转换为广泛应用的风险管控措施以解决企业的实际问题。这才是风险管理体系的真正意义。

从风险管理手段的介入时机区分,风险管理分为事前管理、事中管理、事后管理,而将三者融合成全覆盖体系的,则是全面风险管理。但企业很难达到全面风险管理的水平,因而还是法律风险管理和合规管理更容易实现。

1. 事前管理体系

事前管理体系,是企业为了控制风险而设立的,用于在风险形成之前通过提前干预降低风险的风险管理体系。在问题出现后才进行事中或事后管理是粗放型企业的风险管理常态,而具备前瞻性、系统性的事前管理体系则是精细化管理的标准配置。这类体系依据管理者设定的范围和方法、流程管理某类事务,以标准化、高效率、流程化的方法排除常见的低级错误、规避常见风险。

在合同管理领域中,企业对于合同签订、履行而制定的通用性的管理制度、管理流程、业务规范、标准文本等,其主要内容便是基于经验的总结和合理的预见而设定的合同管理方面的风险事前管理体系。这个体系中的合同审查、审批等过程,也是依照设定好的工作内容和工作程序提前介入合同的生命周期,通过事前干预以规避合同签订、履行风险的过程。

2. 事中管理体系

事中管理体系的作用,是在风险事件爆发后、风险后果确定前,通过解决相关问题、防止损失扩大的措施降低风险引发的损失。当事前管理未能充分发挥作用或未能解决问题时,及时、有效的事中管理是必不可少的止损措施。

需要事中管理的事务有常规、非常规之外,事务处理方式也有常规与非常规之分,但总体上以常规处理为主、非常规处理为辅。企业日常经营管理所涉及的事务大多会重复发生,因此大多只需要以标准化的方式按照常规方式处理,甚至许多非常规事务也与常规事务大同小异,只需要标准化的常规处理。只有少量非常规事务需要以非常规的方式处理。

例如,合同履行期间发生争议相对于正常履行而言固然是非常规事务,但具体的处理方式,例如证据的收集、保存,以及双方过错的评估、社会舆论不利影响的处理等,仍旧可以作为标准化的处理方式列入常规处理范畴中,以提高效率、降低成本。

其中,危机事件的产生原因、不利后果等各不相同,但这并不妨碍企业设立标准化的危机处理预案,使企业在应对形形色色的突发事件时,以最为合理的方式干预其进程和结果,如风险事件的影响面、影响程度等,以降低企业风险损失、争取最为有利的结果。而许多心存侥幸的企业之所以在这方面损失惨重,正是因为毫无章法地匆匆上阵,反而因处理不当扩大了不利影响。

但许多事中管理措施需要事先设定。例如,合同履行期间对于不安抗辩权、同时履行抗辩权、先履行抗辩权的行使,大多需要事先在安排交易模式时进行交易模式方面的设定,才能在需要时充分、有效地行使相关权利以维护自身的合法权益。

3. 事后管理体系

事后管理体系相对简单,主要工作是在规则环境、管理要求发生改变后,及时更新相关的风险管理规章制度,以及定期开展风险管理措施有效性的回顾评估,并且对重大项目、重大事件做常规性总结、回顾。法律风险管理和合规管理的相关指引、指南,都大力提倡这种主动循环改进、不断完善的管理手段。

这种管理策略简单、有效,但大多数企业的管理体系中并不具备这一功能,因此导致规章制度与实际执行严重脱节,甚至使风险管理功能失效。

4. 规则风险管理体系

对事前、事中、事后的风险管理体系进行整合,便可形成企业的法律风险管理或合规风险管理的完整规则风险管理体系,属于企业规章制度体系的升级换代。这种体系基于对企业经营管理所涉及的主体、行为、环境的主动、系统的分析,在识别风险、评估风险的基础上结合成本和效率等因素,有目标、有重点地设计综合解决方案,并将其嵌入企业的规章制度体系中,使企业的常规经营管理具备风险管理功能,进而提高管理效率、节约管理成本。

这种体系的最大优势是可以有效消除那些低成本甚至零成本就能管控的常规风险。事实也证明,企业高发的风险事件绝大多数并不复杂、高深,甚至足以定义为低级错误。只是由于企业的熟视无睹或从未进行系统排查,才使得这些风险最终造成了损失。

例如,某些管理粗放的企业在高管离职后任其带走所配车辆,给车辆过户处留有很大的车主责任风险。又如,企业将公款打入业务员私人银行卡用于采购,但没有证据能够证明该款归属。消除这些低级管理缺陷能够避免许多重大损失。

当然,这种管理体系的实际作用远不止于此,而是深入到生产经营的各个环节,包括企业在战略管理、重大决策管理方面发挥其风险管理的作用。

(二) 通过改变风险环境应对风险

在风险的三大要素中,通过改变主体或行为来规避风险较为常见,但改变环境的方法实施起来则比较困难。尤其是法律环境,远非前两种要素那样可以自主改变。但在特定情况下,仍有机会通过法律环境的选择和改变来降低风险。

1. 以环境的选择降低风险

企业作为以经营活动为主的法律主体,既受其注册登记地法律的属人管辖,又受经营活动所在地法律的属地管辖。由于国与国、地区与地区之间要么存在国家法律的差异、要么存在地方法律的差异,而资本有权选择最为有利的地点投资,因此有了选择最合适的经营活动地点以降低法律风险的可能性。

事实上选择最为有利的法律环境投资一直存在。目前,中国企业不仅会选择国内不同的证交所上市,还会选择在不同国家和地区的证交所上市。这些选择的背后是更高的商业利益和其代表的更具优势的法律环境,至少可以通过跨国避税等措施降低经营成本、规避风险。即便同在中国境内,由于各地地方性法规、地方政府规章以及经济政策等差异,甚至不同经济开发区的政策差异,均为通过选择环境而降低成本、规避风险提供了机会。

但这类选择无法改变法定的属人管辖状况,企业的分支机构仍受企业登记注册地的法律管辖。甚至选择在美国上市的公司,无论其投资者的所在地和国籍为何,均受《萨班斯法案》《反海外腐败法》等法律的管辖,美国法律可以管辖这些公司在海外的违法行为。

2. 以身份的改变降低风险

改变主体身份同样是一种改变法律环境的选择,而且也是一种常见的选择。投资方式有设立法人和非法人组织之分,即便是投资设立企业也可通过投资方式的调整,选择股份有限公司、有限责任公司、一人公司、合伙企业等不同的身份,以获得最为有利的风险环境。

但在总体上,最为普遍的情形仍是投资人在其所在地投资设立企业形态相对普遍的有限责任公司,以充分利用投资人所熟悉的环境和社会资源。

3. 改变外部环境降低风险

主动改变外部法律环境以降低风险,是风险管理中最具突破性的操作,也是难度最大的操作。在规则风险中,最具刚性的规则是各级法律的强制性规定,以及各类标准化法项下的强制性标准。改变这两个规则就能改善企业所处的外部风险环境。

目前,这类努力一方面是推动质量标准的制定来规范市场以保护同等质量水平下的公平竞争;另一方面则是推动地方立法甚至全国性立法,创造有利的法律环境以规范市场、界定企业责任。这两方面的努力都有助于外部法律环境的优化。

第三节　可借鉴的风险管理思路

风险管理的解决之道,是根据风险的构成要素在具体环境下通过主体和行为在时间、空间等方面的安排,使需要控制的风险无法形成或降低,从而实现不利后果的最小化。除了那些需要个案处理的风险外,常见风险的解决方案仍需以标准化、制度化的方式融入企业的规章制度,从而使经营管理活动兼具风险控制功能。

一、制度化管理的理念与要素

制度化管理与风险管理之间并无冲突,最好的解决方案是合二为一,通过制定各种行为规范将业务、生产、管理等过程中的秩序固化,并以此使各类员工行为同时符合常规企业管理和风险管理的要求。

在本质上,制度是对秩序的固化,但能够固化秩序的并不仅仅是制度。习俗、传统、企业文化等可以通过传承、流行甚至拟制的方式形成相对松散的秩序,以作为制度的补充。但制度更明确、更稳定并更有强制力,因此上到国家法律、下到企业规章制度,都以制度固化秩序。

(一)制度化管理的相关理论

制度化管理伴随着近现代管理学的崛起而得到充分发展,但人类历史上的制度化管理却早已开始。管理学意义上的制度化管理又随着工业化大生产、现代企业经营管理的发展而得到了极大的丰富和提高。

1. 行政组织体系说[①]

德国著名学者马克斯·韦伯(Max Weber)被学界誉为"组织理论之父",他提出"行政组织体系"学说:任何组织都必须以某种形式的权力作为基础,没有某种形式的权力,任何组织都不能达到自己的目标。其与制度设计有关的理想组织体系包括以下特点:

(1)存在明确的分工:把组织内的工作分解,按照专业化对成员进行分工,明文规定每个成员的权力和责任。

(2)等级体系:按等级原则对各种公职或职位进行法定安排,形成一个自上而下的指挥链或等级体系。每个下级都处在一个上级的控制和监督下。

(3)员工选拔与任用:根据经过正式考试或教育培训而获得的技术资格来选拔员工,并完全根据职务的要求来任用。

(4)管理人员专职化:行政管理人员是"专职的"管理人员,领取固定的"薪金",有明文规定的升迁制度。

(5)管理者是工作人员:行政管理人员不是他所管辖企业的所有者,只是其中的工作人员。

(6)管理人员行为规范:行政管理人员必须严格遵守组织中规定的规则、纪律和办事程序。

(7)理性关系准则:组织中成员之间的关系以理性准则为指导,不受个人感情的影响。组织与外界的关系也是如此。

这些理论要点强调了依靠外在于个人的、科学合理的理性权威实行管理,因而可以归结为组织的运转应依赖规章制度,而这正是目前大中型组织"标准"的组织管理模式。

2. 制度的精英设计说[②]

制度的形成既可能是基于自然而然的习惯,也可能是出自有意识的人为设计。但制度的可设计性无论是从理论上还是从实践上都足以被证明。甚至有西方学者称,"制度是为人类设计的,构造政治、经济和社会相互关系的一系列约束。是人类

[①] 参见"韦伯理想组织体系"词条,载智库·百科,https://wiki.mbalib.com/wiki/韦伯理想组织体系,访问日期:2020年2月27日。

[②] 参见〔美〕R.H.科斯:《财产权利与制度变迁——产权学派与新制度经济学派译文集》,三联书店上海分店、上海人民出版社1994年版,第64页。

设计出来的形塑人们互动行为的一系列约束"。

正如前面所说,人类的社会行为和社会的发展都需要有相对稳定的秩序保障,来保证行为方式和结果的确定性,以及社会资源的有效分配和利用,否则就不得不付出沉重的效率成本、安全成本等社会成本。而自从人类进入社会化大分工时代,制度的复杂程序已经远远超过其自然能够形成的上限,只有经过精心设计才能实现人们所需要的质量目标。

(二) COSO 的风险管理方案

COSO 是在美国反欺诈财务报告全国委员会(The Committee of Sponsoring Organization of the Tread-way Commission)的倡议及赞助下建立的一个专门研究内部控制问题的委员会,具有民间性质。该委员会旨在研究舞弊性财务报告产生的原因及其相关领域,并且研究涉及内部控制不健全的问题。因此,由美国会计师学会、内部审计师协会、金融管理学会等专业团体成员组合而成的 COSO,便顺理成章地发挥了这一方面的职能。

1992 年,COSO 提出了《COSO 内部控制整体框架》报告,并在 1994 年进行了增补。这一报告是对风险管理内核的总结和推荐,使内部控制的理论和实践都更具可操作性和实用性,并因此被广泛采纳。而伴随着 COSO 于 2004 年 9 月所提出的《企业风险管理——整体框架》,无论是在内涵界定、目标体系还是在构成要素等方面都超越了原有的框架,成为内部控制及风险管理的重要方法论依据。

1. 整体框架的内容①

《企业风险管理——整体框架》(以下简称《框架》)提供的实施风险管理的方案,主要包括相互关联、相互作用的企业目标、风险管理要素、企业管理层级三个维度。各维度的细节关系如下:

(1) 企业目标

①战略目标;②经营目标;③报告目标;④合规目标。

(2) 风险管理要素

①内部环境;②目标设定;③事项识别;④风险评估;⑤风险应对;⑥控制活动;⑦信息与沟通;⑧监控。

(3) 企业管理层级

①管理决策层;②职能部门;③业务单位;④分支机构。

当将三个维度以立方图的方式直观表示②,维度间的关系便非常容易理解。或者说,风险管理包括了上到企业战略下到各项操作,以及从决策部门到执行机

---

① 参见本书第二章第一节"项目实施的坏节及原则"之"一、对风险管理的相关表述"。
② 摘自中央财经大学美国萨班斯法案内控体系高级研修班资料。

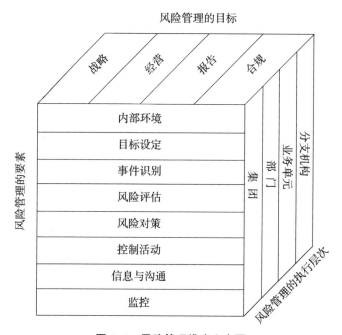

图 4-2 风险管理维度立方图

构、从内部环境管理到外部环境监控的多维度控制措施的组合,包括了从制定目标到实现目标的各个管理环节。而每个具体的控制措施,理论上都是从三个维度综合考虑的结果。

2. 风险管理的八个要素

COSO 所提出的企业风险管理八个要素具有普遍意义,可以作为全面风险管理、法律风险管理、合规管理的所需步骤,广泛地用于不同行业。

(1) 内部环境

企业的内部环境可理解为企业管理人员对于风险管理的理解和价值观。这种理解程度和价值观决定了风险管理措施的设计及实施方式。在某些情况下,企业必须首先完成内部环境的营造,才有可能成功地实行风险管理。

(2) 目标设定

基于资源的有限性和成本的考虑,风险管理均需设定工作目标、工作内容,并以层层分解、落实的方式解决问题、实现目标。为此,所设定的目标及实现路径必须能帮助充分发挥自己的资源等优势。

(3) 事项识别

在实际工作中,设定的目标往往还只是笼统的愿景,其实现则需要落实到具体事项层面。而事项识别的步骤则正是用于完成第一步工作,识别出问题所在才能使风险管理行为具备明确的指向。

(4) 风险评估

风险评估是对所识别出的各个风险点加以分析评价,基本的评估基于发生的概率、可能的损失,进一步的评估大多还包括应对的成本与收益、措施导致的效率损失等,以便确定是否采取措施及应对方法。

(5) 风险应对

风险应对其实是根据评估结果选定应对策略的过程,比如针对风险采取规避、承受的方针还是降低风险程度、分担风险等措施。应对策略的成本与收益、措施导致的效率损失等影响,也可以在这一阶段评估。

(6) 控制活动

控制活动可以理解为应对方案的具体实施,既包括了具体的应对行为也包括了策略的实施。这类活动多会同时在企业的不同层级、不同部门间展开,当然也包括对管理制度的修改。

(7) 信息与沟通

信息与沟通贯穿着风险管理的全过程,甚至是所有的良好管理的必备条件。它包括企业内部、企业外部的有效流动和及时获得、传递,或者说信息的上下沟通和平行沟通。基于有效信息的沟通,还能使企业有机会及时调整应对策略。

(8) 监控

监控是指对于风险管理八大要素的具体措施及执行情况的持续关注和及时的总结提高。其目的是使应对措施落地执行,并根据执行情况及时修正具体举措和实施程序,以实现总体目标。

总的来说,COSO 所建立的这一方法体系相当严谨,具有实用意义。但许多措施需要细化,才能更好地落实,因而对于管理者的素质要求较高。

二、全面风险管理的制度及方案

国务院国有资产监督管理委员会于 2006 年 6 月 6 日发布的《中央企业全面风险管理指引》虽然只是指导意见,而且其发文通知也说明是为了"指导企业开展全面风险管理工作"并"请结合本企业实际执行",但是其给出的方法却具有普适性。尽管发文对象是中央企业,但对其他企业的全面风险管理均有指导意义。

(一) 全面风险管理的制度要求

由于任何的管理手段最后都只有固化为规章制度才会发挥作用,所以《中央企业全面风险管理指引》对于企业的制度建设有着非常明确、细致的建议。

第三十四条 企业制定内控措施,一般至少包括以下内容:

(一)建立内控岗位授权制度。对内控所涉及的各岗位明确规定授权的对象、条件、范围和额度等,任何组织和个人不得超越授权做出风险性决定;

(二)建立内控报告制度。明确规定报告人与接受报告人,报告的时间、内容、频率、传递路线、负责处理报告的部门和人员等;

(三)建立内控批准制度。对内控所涉及的重要事项,明确规定批准的程序、条件、范围和额度、必备文件以及有权批准的部门和人员及其相应责任;

(四)建立内控责任制度。按照权利、义务和责任相统一的原则,明确规定各有关部门和业务单位、岗位、人员应负的责任和奖惩制度;

(五)建立内控审计检查制度。结合内控的有关要求、方法、标准与流程,明确规定审计检查的对象、内容、方式和负责审计检查的部门等;

(六)建立内控考核评价制度。具备条件的企业应把各业务单位风险管理执行情况与绩效薪酬挂钩;

(七)建立重大风险预警制度。对重大风险进行持续不断的监测,及时发布预警信息,制定应急预案,并根据情况变化调整控制措施;

(八)建立健全以总法律顾问制度为核心的企业法律顾问制度。大力加强企业法律风险防范机制建设,形成由企业决策层主导、企业总法律顾问牵头、企业法律顾问提供业务保障、全体员工共同参与的法律风险责任体系。完善企业重大法律纠纷案件的备案管理制度;

(九)建立重要岗位权力制衡制度,明确规定不相容职责的分离。主要包括:授权批准、业务经办、会计记录、财产保管和稽核检查等职责。对内控所涉及的重要岗位可设置一岗双人、双职、双责,相互制约;明确该岗位的上级部门或人员对其应采取的监督措施和应负的监督责任;将该岗位作为内部审计的重点等。

同样,在《中央企业合规管理指引(试行)》(2018年)和《企业境外经营合规管理指引》(2018年)中,制度也是最为根本的解决之道。但因内容较为分散,在此不再引用。

(二)全面风险管理的应对要点

该指引没有单独列出全面风险管理的要素,但所规定的风险管理基本流程、总体目标、三条防线等与COSO的三个维度的内容非常相似甚至基本对应,可视为全面风险管理的要素。

1. 全面风险管理的基本流程

该指引中的风险管理基本流程与《框架》中的要素基本对应,而且其第二章至

第六章都是在分述这五个基本方面,分别为:

(1)收集风险管理初始信息;

(2)进行风险评估;

(3)制定风险管理策略;

(4)提出和实施风险管理解决方案;

(5)风险管理的监督与改进。

2. 全面风险管理的总体目标

该指引列出的全面风险管理总体目标与《框架》中的企业目标非常相似,但所加载的中央企业使命使之更为复杂,分别为:

(1)确保将风险控制在与总体目标相适应并可承受的范围内;

(2)确保内外部尤其是企业与股东之间实现真实、可靠的信息沟通,包括编制和提供真实、可靠的财务报告;

(3)确保遵守有关法律法规;

(4)确保企业有关规章制度和为实现经营目标而采取重大措施的贯彻执行,保障经营管理的有效性,提高经营活动的效率,降低实现经营目标的不确定性;

(5)确保企业建立针对各项重大风险发生后的危机处理计划,保护企业不因灾害性风险或人为失误而遭受重大损失。

3. 全面风险管理的三道防线

除了前两项相似外,该指引第十条还规定:"企业开展全面风险管理工作应与其他管理工作紧密结合,把风险管理的各项要求融入企业管理和业务流程中。具备条件的企业可建立风险管理三道防线,即各有关职能部门和业务单位为第一道防线;风险管理职能部门和董事会下设的风险管理委员会为第二道防线;内部审计部门和董事会下设的审计委员会为第三道防线。"因此,可以理解为指引给出的风险管理职责分为以下三层:

(1)内部审计部门和董事会下设的审计委员会;

(2)风险管理职能部门和董事会下设的风险管理委员会;

(3)有关职能部门和业务单位。

根据指引中以上三个方面的描述,并参照COSO的立方图,可将全面风险管理的维度归纳于一个立方图。其中,顶部对应的是指引中描述的五个总体目标、右侧对应的是指引中描述的三道防线、正面是全面风险管理的基本流程。

通过比较描述指引的立方图与描述《框架》的立方图,可以看出二者逻辑相似但侧重面不同。《框架》更重逻辑严谨,而指引更重简捷明了、重点突出。而对于内部环境以及风险的识别、评估、应对等,虽然表述不同但是实际功能上却是异曲同工。但两种体系的最终落实和体现,仍旧要靠规章制度体系。

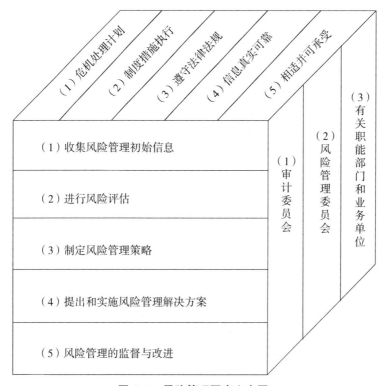

图 4-3　风险管理职责立方图

三、法律风险管理的要素及方案

法律风险是企业风险的一部分,有特定的风险属性和风险管理范围。因此其主题更为集中,需要围绕着因法律问题可能带来的不利后果展开。比较实用的处理方法是将解决方案最终融入企业的生产经营管理方面的规章制度。但单独分析法律风险管理,仍有其特有的规律。

(一)法律风险管理的基本要素

借用前述风险管理制度建设维度的思维模式,建立法律风险管理制度的工作要点,同样可以用简洁的方式加以表述。

1. 法律风险管理目标

法律风险管理最为直接的工作目标固然是规避企业经营管理中的法律风险,但法律风险管理对于企业而言只是整个企业经营管理中的一部分,不可能在企业经营管理事务之外独立存在。因而在整个企业经营管理活动中,它通过建立具有法律风险管理功能的企业规章制度体系、确立符合法律风险管理要求的秩序,以提高法律等资源的利用效率并以综合手段促进企业经营管理目标的充分实现。

因此,法律风险管理的目标可分为如下几点:

(1)建立法律事务管理秩序;

(2)法律风险损失最小化;

(3)企业合法权益最大化;

(4)促进企业经营目标实现。

2. 法律风险管理要素

法律风险管理的关键环节是其法律方面的风险识别、风险评估、风险应对,因而其工作领域和工作内容都少于全面风险管理,但同样无法一蹴而就、是一个需要持续循环改进的工作。因此,法律风险管理的要素分别为:

(1)法律风险识别;

(2)法律风险评估;

(3)法律风险应对;

(4)随时循环改进。

3. 法律风险管理层级

法律风险管理所涉领域的深度、广度往往令企业体会到仅凭自身力量很难充分实现,因而律师等外部专家的支持必不可少。同时,风险管理职责也无法仅由企业法务部门独自完成,需要上下级部门和其他部门的密切配合。因此,法律风险管理的层级应分为以下几级:

(1)高级管理部门;

(2)法务管理部门;

(3)外部专家;

(4)企业各部门。

将以上三个维度的结论以立法图的方式体现,顶部所对应的是法律风险管理的目标、右侧对应的是法律风险管理的层级、正面对应的是法律风险管理要素。法律风险管理中的每一个具体事项都需要从三个维度综合考虑。

(二)制度等相关解决方案

由于对现象与原因、措施与目标的分析能力存在巨大差异,管理制度失效导致风险失控的情形并不罕见。许多企业连员工都能预见到肯定要出事,问题只是什么时间出什么事,但风险状况的持续甚至恶化却未能被有效遏制。尤其是那些管理秩序尚未稳定就开始迅速扩张的企业,往往会"大而不强",甚至更加脆弱。

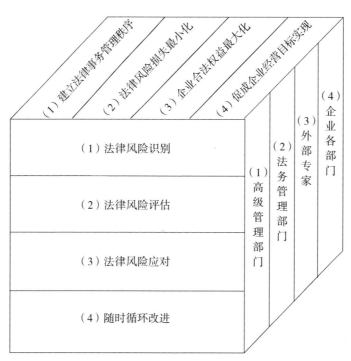

图 4-4 法律风险管理立方图

1. 综合性的应对措施

对此,《企业法律风险管理指南》(GB/T 27914-2011)给出了法律风险管理制度建设等方面的综合建议:

5.4.4 制定和实施法律风险应对计划

企业法律风险应对措施通常包括以下几种类型:

——资源配置类,即设立或调整与法律风险应对相关的机构、人员,补充经费或风险准备金等;

——制度、流程类,即制定或完善与法律风险应对相关的制度、流程;

——标准、规范类,即针对特定法律风险,编写标准、规范等文件,供相关人员使用;

——技术手段类,即利用技术手段规避、降低或转移某些法律风险;

——信息类,即针对某些法律风险事件发布预警信息;

——活动类,即开展某些专项活动,规避、降低或转移某些法律风险;

——培训类,即对某些关键岗位人员进行法律风险培训,提高其法律风险意识和法律风险管理技能。

在法律风险应对措施确定之后,需要制定应对措施的实施计划。实施计划中至少包括以下信息:

——实施法律风险应对措施的机构、人员安排,明确责任和奖惩机制;
——应对措施涉及的具体业务及管理活动;
——报告和监督、检查的要求;
——资源需求和配置方案;
——实施法律风险应对措施的优先次序和条件;
——实施时间表。

上述建议的体系性、实用性非常强,除了制度建设以外还提供了落地执行时需要采取的其他应对措施。同时还在后半部分强调了应对措施的实施计划,为针对具体事项采取具体措施时需要考虑的内容提供了方向性的思路。

2. 法律风险管理与经营管理

上述应对措施中所提及的"制度、流程类""标准、指引类",正是通常所说的规章制度建设的内容,其目标也正是建立所需要的经营管理秩序。而对于这类内容与企业经营管理规章制度的关系,该指南还有下述解释:

6.1 概述

法律风险管理流程的组织实施需要一个法律风险管理体系,包括企业法律风险管理的方针、组织职能、资源配置、信息沟通机制等基础设施。

使法律风险管理嵌入到组织的所有活动和过程中是指将解决方案嵌入日常管理规章制度体系中,从而使两个体系合二为一。唯有这样处理,解决方案才方便落实。反之,独立于企业经营管理之外的法律风险管理会大大增加管理的难度、降低管理效率,难以充分发挥实际作用。

3. 制度流程的设计思路

对于具体的规章制度设计环节,该指南也给出了许多切实可行且较为全面的思路,而且还包括了制度流程的更新修订,以及阐述了法律风险管理措施与其他风险控制举措之间的关系。

6.4 企业法律风险管理的制度流程

企业应根据法律风险管理的目标,建立完善适当的配套制度和行为规范,确定法律风险管理的工作程序,同时结合企业内部控制管理工作,将法律风险纳入到流程控制中,确保法律风险管理工作切实融入到企业的日常管理工作中,确保法律风险管理在企业内部的统一理解和执行。具体要考虑:

——本企业法律风险管理工作的范围和内容;

——法律风险管理制度、规范的制定要考虑企业的制度体系,特别是风险管理制度,确保一致性;
　　——形成对制度规范的定期更新,确保时效性;
　　……

从成功的案例来看,成功的法律风险管理制度体系的定位,应该是在将其嵌入经营管理规章制度体系后,规章制度管理体系的执行难度略高于企业现有水平但能被企业接受,并设有自我完善机制。该定位既要提出更高的管理要求又要确保其能够执行。尤其是自我完善机制的植入,可使企业成为学习型组织,不断发现潜在问题并通过循环改进来适时自我修复。

四、合规风险管理的要素及方案

同样是将规则作为判断标准,合规风险所涉及的规则远大于法律风险管理所涉及的规则,既包括了法律规则又包括了法律以外的其他规则。因而在理论上,合规管理比法律风险管理有着更多的工作要落实,但由于合规管理中最为基础的是合法性问题,因而合规管理完全可以借用法律风险管理的思路和方法。

由于合规方面既有相关指引又有作为国家推荐标准的指南,因此对于合规风险的应对及制度管理存在着不同的表述。

(一)合规管理指引中的要素及方法

《中央企业合规管理指引(试行)》(2018年)和《企业境外经营合规管理指引》(2018年)都对合规管理中的制度设计和运作有着相对充分的描述,许多方法具有通用性。

1. 中央企业的合规管理

《中央企业合规管理指引(试行)》(2018年)第四章"合规管理运行"和第五章"合规管理保障",实际上是关于合规管理如何操作的主题,但以前者为主。第五章列举的六条内容是实施合规管理所要开展的六项工作。

(1)建立健全合规管理制度(第十七条)

包括制定全员遵守的合规行为规范、重点领域合规管理制度,并及时将外部合规要求转化为内部规章制度。

(2)梳理发现合规风险并预警(第十八条)

包括全面系统梳理经营管理活动中的合规风险,分析风险的发生可能性、影响程度、潜在后果等,及时预警典型性、普遍性和可能导致后果严重的风险。

(3)风险预案及重大合规风险协同处理(第十九条)

对已知风险制定预案,及时有效应对处置。对于重大合规风险事件,由各级合规管理职能机构协同配合,最大限度化解风险、降低损失。

(4)建立健全合规审查机制(第二十条)

将合规审查作为规章制度制定、重大事项决策、重要合同签订、重大项目运营等行为的必经程序,及时建议修改不合规内容、未经合规审查不得实施。

(5)完善和强化违规问责机制(第二十一条)

明晰违规责任范围,细化惩处标准。畅通举报渠道,及时调查反映出的问题和线索,严肃追究违规人员责任。

(6)持续评估改进合规管理(第二十二条)

定期分析合规管理体系的有效性,深入查找重大或反复出现的合规风险和违规问题及其根源,完善制度、堵塞漏洞、持续改进提升。

尽管内容较多,但是事实上最为重要的是六点:一是合规方面的规章制度需要做到全员覆盖;二是外部的法律等规则要求需要及时转换为内规,即规章制度;三是合规审查、纠正机制需要嵌入到规章制度的各个层面;四是需要主动排查合规风险并制定预案;五是以违规问责作为督促合规措施落实的手段;六是合规管理体系需要持续改进、不断完善。

由于其合规管理职责从董事会到业务部门共分为七层,且有重点领域、重点环节、重点人员之分,因而在设计管理制度时需要更为精细的职责分配及设定。

2. 境外经营的合规管理

《企业境外经营合规管理指引》(2018年)对于应对措施和合规管理运行的表述,虽然与《中央企业合规管理指引(试行)》(2018年)形式上不同但是逻辑类似。其第三章"合规管理架构"尤其强调了结构上的职责配置。

该规定第十条"合规治理结构"强调了决策、管理、执行三个层级各自的合规管理责任,同时还在第十一条"合规管理机构"里将合规管理机构分为合规委员会、合规负责人、合规管理部门三层并划分了每层机构的管理职责。

例如,第十条中对于三个层级的管理职责的描述分别为:

(一)企业的决策层应以保证企业合规经营为目的,通过原则性顶层设计,解决合规管理工作中的权力配置问题。

(二)企业的高级管理层应分配充足的资源建立、制定、实施、评价、维护和改进合规管理体系。

(三)企业的各执行部门及境外分支机构应及时识别归口管理领域的合规要求,改进合规管理措施,执行合规管理制度和程序,收集合规风险信息,落实相关工作要求。

同理,第十一条的内容推荐了三层合规管理机构中每一层的具体分工,尤其以合规管理部门的职责最为具体且门类繁多,其内容包括:

(1)关注合规规则变化；
(2)制定合规计划；
(3)评价管理制度的合规性；
(4)组织合规培训；
(5)主动识别合规风险；
(6)评估和测试合规风险；
(7)调查合规事件；
(8)建立合规绩效管理；
(9)设立合规报告和台账；
(10)跟踪和评估落实情况。

而这些职责,也只有通过规章制度化才能落实合规管理措施并将合规管理转变为经营管理中的常态行为。这也正是合规管理所提倡的工作方式。

(二)合规管理体系指南中的要素与方案

2017年底颁布的《合规管理体系指南》(GB/T 35770-2017/ISO 19600:2014,ISO 19600:2014《合规管理体系指南》已被 ISO37301:2021《合规管理体系 要求及使用指南》取代)实际是对国际标准 ISO 19600:2014 的等同采用,这在其前言部分已经注明。其提出的合规管理体系如图 4-5 所示。

尽管其编排方式和表述逻辑与汉语的通常方式有着很大的不同,但是提供了更具细节的多方位的操作建议。其中的"4.3 组织的角色、职责和权限"可视为对于合规管理组织架构的专门描述,分为"4.3.2 组织内合规职责的分配""4.3.3 治理机构和最高管理者的角色和职责""4.3.4 合规团队""4.3.5 管理层职责""4.3.6 员工职责",并对各层的具体职责进行了细分和描述。

除此之外,该标准对于信息沟通、绩效管理、建立控制和程度、外包管理等均有详细的内容。例如,其中对于合规报告的内容要求非常具体。内容为:

8.1.8 合规报告的内容
合规报告能包括：
a) 组织按要求向任何监管机构通报的任何事项；
b) 合规义务变化及其对组织的影响,以及为了履行新义务,拟采用的措施方案；
c) 对合规绩效的测量,包括不合规和持续改进；
d) 可能的不合规数量和详细内容和随后对他们的分析；
e) 采取的纠正措施；
f) 合规管理体系有效性、业绩和趋势的信息；

g）对监管部门的接触和关系进展；

h）审核和监视活动的结果。

合规方针宜促进常规报告时间表范围之外的实质性重大事件的立即报告。

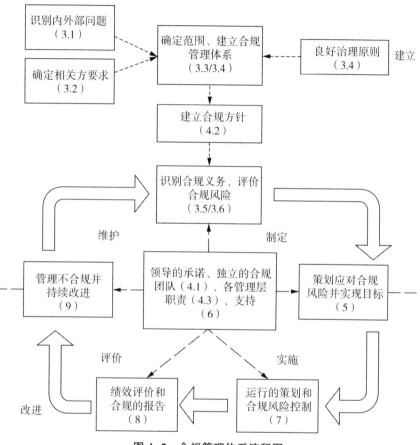

图 4-5 合规管理体系流程图

近十年间,企业的身价早已动辄数以亿计,风险损失的绝对值也在同步攀升。致命的法律风险如产品质量、财务造假等,已使许多企业遭受了灭顶之灾。法律法规数量的猛增和更新速度加快,以及自媒体的传递、放大效应日益明显等,更使企业面临着越来越多的前所未有的严重法律风险。但随着人们对法律风险的认知能力、预见能力和防范手段的不断提升,通过管理制度的提升来尝试"无险化经营",已经成为一个呼之欲出的风险管理理念。

第四节　方案设计与企业状况

解决方案提供者与企业之间的关系是前者为后者提供量身定制服务,而不是提供"标准化解决方案"后令后者削足适履。只有管理能力相当强悍的企业才能仅凭样本或建议就能完成自身的管理体系设计。因此,无论是制度、流程还是文本都需要建立在了解企业管理需求、解决实际问题的基础之上,包括引导企业避开误区,基于系统的调研和设计为自己量身定制解决方案。

一、企业管理目标的确定

企业提出的管理目标一般都比较直接、笼统,很难直接用于管理制度、管理流程、标准文本等具体解决方案的设计,需要通过沟通以及《项目建议书》、分解项目目标、细化工作内容等方式最终明确管理目标。

(一)管理目标的识别[1]

许多企业提出风险管理需求是因为受到某一重大损失事件的触动,或是基于对某类风险状况的长期担忧,也有少量企业仅是为了回应主管部门或上级企业的管理要求。根据其动机识别、锁定其需求,才能既解决问题又满足其需求。

1. 目标推动型的管理动机

事件触动型或长期担忧型的风险管理动机都属于目标推动型的动机,即管理是为了控制风险。虽然其目标只是解决具体问题,而且问题越是具体就越好分析、越好解决,但是大多数现象的出现都存在着综合性的诱因,简单的就事论事的解决方案可能只是解决了部分问题,并没有解决根本问题。

例如,某企业的一名业务员居然绕过了多重审批、审查环节而直接在一份合同上加盖了公章,故企业应加强印章管理。

但相关部门是按照"惯例"为该业务员盖章,因此需要加强的是制度管理而不仅仅是印章管理。而且盖章也只是最后一环,其他部门也都是按"惯例"在运行,仅仅控制盖章环节并不足以堵住立项、审批等环节的管理漏洞。

2. 任务推动型的管理动机

为了遵从主管部门或上级公司的管理要求而实施风险管理,其动机属于任务推动型,是为了完成任务而不是为了控制风险。这类企业大多是多年没有经历过

---

[1] 参见本书第一章第九节之"二、企业的法律风险管理实践"。

严重的风险事件,或是管理问题因市场上的业务顺利推进而被掩盖,因而认为风险管理是多此一举。

例如,某些业务情况良好的企业认为诸多管理要求会降低管理效率,影响发展,企业应当将主要精力放在经营上,如果遇到问题,通过沟通、协商解决即可。而且从决策层到执行层,持这种观点的管理人员不在少数。

但从风控成本与风险损失的角度来看,常规错误所导致的风险损失远大于控制成本,这不利于投资人利益的实现。而且,在采取标准化、流程再造等措施降低效率损失、降低控制成本后,风险控制与企业发展并不矛盾。

(二)需要实现的管理目标

企业的管理目标是指企业希望在特定的时间范围内实现的管理体系建设和管理秩序建设。企业管理目标一般都会分为不同的阶段,各个阶段的目标服务于更大的目标,例如短期目标服务于中期目标,中期目标服务于长期目标等。

1. 管理目标的内涵

管理目标可以分为抽象管理目标与具体管理目标。抽象管理目标只是一个方向性的、无法直接执行的目标,需要执行者按照自己的理解将目标具体化后执行,但往往会在转换过程中产生巨大的偏差,并常常导致最终以形式主义的方式去实现管理目标,使得目标有其表而无其里。而具体的管理目标则多是细化为不同层级,有具体细节的工作目标,不但可被识别甚至可被测量,而且能准确地踏踏实实实现管理目标。

管理目标既是制定管理计划的依据,又是实施计划的内容。通常情况下,往往是首先确定总体性的目标,再将目标根据内部资源、外部资源的状况层层划分为具体的计划,以通过各个具体目标的实现来完成整体目标。与此同时,需要对计划的实施过程进行不断地检查、纠正、考核,以确保管理目标的实现。

2. 管理目标的细分

管理目标具体体现为管理计划,而管理计划则体现为管理层级及管理行为的细分。例如,"加强生产安全管理"只是一个抽象管理目标,必须细分为物质资源、管理职责、管理目标、员工培训、监督考核等多项具体管理目标,且将目标下分到各个层级,管理行为才能真正落实。

管理职责上的细分是为了建立授权上的保障。法律风险管理、合规管理方面的各类指引都提及了不同管理层级的管理职责,例如理事会的职责、总经理的职责、部门经理的职责等,从而避免具体事务的管理成为空谈。

管理目标上的细分是为了确保具体管理行为的逐级实现,同时也是为了重点管理目标的实现,以促进整体管理目标的达成。其基本原理,是将为实现目标所要完成的工作分解给各个部门,各个部门再逐层分解目标和措施,通过不同部门、不同层级的协作实现管理目标尤其是重点管理目标。

(三) 常见的项目需求类型

企业的规则风险管理需求包括了前面所提及的管理目标,由于大多企业对管理方案设计并无太多实际经验,往往需要以提供工作成果表、成果样本等方式与企业人员共同明确具体的需求。但风险管理需求可大致分为以下几类:

1. 单项管理咨询

这类需求往往是针对某一具体问题征集见解、思路,或针对某一方案、某一报告征求专业的解释、评价等咨询意见。其既涉及法律风险管理领域又涉及合规管理领域。通过咨询,企业管理人员可以确定工作思路是否正确、解决方案是否专业,以及项目设计、评估报告是否周全、合理,或是直接征集专业的解决方案设计。

2. 单项风险管理

这类需求一般为单项的,仅针对具体范围内的法律风险管理或合规管理。例如,某些企业仅要求对《劳动法》《劳动合同法》相关的人力资源管理实施有效的风险管理,内容也仅涉及劳动合同、人事管理、劳动制度等核心制度。此类需求还有知识产权专项、标准合同文本体系、合同管理专项等单项。

3. 法律风险管理

企业的法律风险管理往往需要完整、广泛地完成尽职调查、风险评估报告、解决方案设计等过程,但有时也仅涉及企业的部分领域。其中,合同法律风险管理的内容几乎包括了企业的方方面面,如合同文本、合同管理制度、合同管理流程以及采购、生产、销售、财务等,规模仅次于全面的法律风险管理项目。

4. 合规风险管理

合规风险管理是近年来央企、国企或上市公司等越来越重视的风险管理活动,通常需要以借助外脑完成内部项目的方式完成。就其工作程序而言,更像是扩展了规则的法律风险管理,但合规风险管理更注重组织机构上的职能保障以及解决方案的系列性。加之许多企业在努力以信息技术来辅助完成合规管理,其技术含量已越来越高。

二、解决方案的调整范围

解决方案的调整范围,是指在风险管理解决方案所要管理的具体事务的领域内,主要为设计解决方案而确定所要管理的事务、人员和行为。

(一) 解决方案的基本调整范围

风险管理解决方案主要是针对内因性风险、可管理风险。外因性风险和不可管理风险因难以实施有效的管理,均非风险管理的主要调整范围。

1. 内因性风险与外因性风险

内因性风险是指风险主体因自身行为,如违法、违规、违约、侵权等导致的遭受不利后果的可能性。而外因性风险则是指风险主体由于非自身原因而遭受不利后果的可能性,如其他方的违法、违规、违约、侵权等。这些可能带来不利后果的可能性既可能基于作为又可能基于不作为,但并不包括自然灾害、不可抗力等导致的不利后果。

规则风险管理所侧重的是风险主体因自身的作为或不作为引发的自因性风险。外因性风险固然常见,但既难确定其是否发生又难以有效阻止其发生,只能通过一定的措施或方案抑制其发生以及尽量避免更大的损失。

例如,生产型企业的风险管理主要是侧重于自身原因引起的产品质量责任、违约责任,而买方违约的风险既不是其控制对象又不是其能够控制得了的。尽管款到发货可以有效控制买方违约风险,但并不是所有企业、所有产品都可以做到。

2. 常见风险与非常见风险

常见风险,是指企业界多次出现风险事件且任何企业都可能出现的"通用"型风险,以及本企业、本行业反复出现过的"个性化"风险。前者如任何企业都会存在的经营许可风险,后者如各个行业因其专业领域而固有的风险,以及企业由于其历史、管理偏好等原因而自有的风险。

非常见风险,多是指理论上存在但在正常经营管理情况下很少发生风险事件的情况。例如,只要是企业,理论上就都存在着单位犯罪的风险,但像走私武器、弹药和走私核材料之类的犯罪,绝大多数企业几乎不可能发生。

因此,理论上每个企业都会面临行政责任、民事责任、刑事责任风险,但大多属于非常见风险。企业生产经营中的常见风险只是部分行政责任风险、部分民事责任风险以及个别刑事责任风险,这些才是风险管理的主要目标。

3. 可管理风险与不可管理风险

可管理风险,是指通过效率、成本等方面实际可行的管理措施,尤其是标准化管理措施有效降低风险发生概率或风险损失幅度。不可管理风险,是指因技术上无法实现或管理成本过高等原因,无法预测其发生、无法有效降低发生概率或损失幅度。规则风险管理既然是一种管理行为,当然以可管理风险为其主要工作目标。

例如,侵犯知识产权风险既包括侵犯他人也包括被他人侵犯,企业能够实施有效管理来杜绝侵犯他人,却无法通过管理杜绝他人的侵犯,但仍可采用降低发生概率、减少风险损失的方式维护自身权益。

随着认识水平和技术水平的进步,两种风险间的界限已经变得模糊。尽管有效降低不可管理风险的方法已经越来越多,但是后者仍旧更难预见和控制。

(二) 管理目标的进一步甄别

因违反规则而引发的内因性风险、常见风险、可管理风险是规则风险管理的主要目标。但在具体事务处理上,还可以再进一步地分析、明确管理目标。

1. 事件发生概率

风险管理意义上的事件发生概率,是指在同等条件下单位时间内或单位数量内发生风险事件的次数,如平均每月出现多少次产品质量瑕疵、每万件产品中存在质量瑕疵的数量等。高概率发生的风险向来是风险管理的目标,但有时需要与危害程度一并评估才能最终决定是否采取措施。

企业自身的风险概率统计数据对企业的风险管理最有价值。对于本企业尚未发生过风险事件的风险,虽可借鉴外来数据但该类数据很有可能并不实用。

2. 后果严重程度

后果严重程度,是指风险事件发生后给企业造成的不利后果的影响程度。对于严重程度的理解,与企业的承受能力和主观标准有关。一家企业的"小额损失"很可能远远超过另一家企业的承受能力。甚至许多本身涉及金额不大却足以引起连锁反应的风险,例如三鹿奶粉事件和三株口服液事件,都足以令企业倒闭。

另外,严重程度大多同样需要结合发生概率来判定是否需要采取措施。许多风险的后果虽然极为严重,但是事实上几乎不可能发生,而许多频繁发生的问题却有可能并无严重后果,完全处于企业正常的承受能力范围之内。因此是否"严重",需要企业按照自己的偏好和标准去定义。

3. 管理措施成本

规则风险管理的实施既有管理措施也有技术措施,但二者都要付出成本。管理措施的成本主要体现在规则的制定和监督执行,以及执行制度可能产生的培训成本、效率损失等,而后者主要是相关设备、工具等投入。通常的解决方案设计,只需要考虑解决方案带来的效率损失并尽可能降低其影响。

企业的本能反应是首先对低成本甚至零成本就能控制的风险采取措施。而对于需要较高投入才能有效管理的风险,则需要反复权衡成本与收益情况,只有综合收益远高于控制成本,才有动力积极采取控制措施。

4. 可标准化程度

具体的规则风险管理可分为标准化管理与非标准化管理,而标准化管理的低成本和高效率无疑更适合企业。

标准化管理有明确的工作内容及工作流程,因而管理效率高、管理结果的可预见性强,且并不需要高素质、高成本的管理人员就能完成管理工作,对管理人员的要求低、管理人员的可替代性强。

非标准化的管理由于无法标准化,只能交由具备一定专业能力或业务经验,或是具备一定职级的管理人员才能有效管理,因而存在着路径依赖且管理效率相对较低、管理成本相对较高的问题,只适合无法标准化的事务管理,不宜大量采用。

(三) 管理活动的相关方

风险管理的相关方,是风险管理所要涉及的内部和外部相关人员或相关组织。这些相关人员或相关组织或是受到风险管理的影响,或是影响风险管理的实施结果,因而在设计解决方案或执行时需要加以考虑。

1. 内部直接、间接相关方

内部直接利益相关方,是指直接参与风险管理措施的执行而使其行为或利益受到影响的各级企业内部人员,包括各级管理人员和普通员工。管理要求的提高、管理标准的提升、管理环节的增加、绩效考评的调整等,都会增加他们的工作难度、加大他们的责任,甚至减少他们的收入。

内部间接利益相关方,是指并不直接承担风险管理措施的执行,但为相关活动提供上游或下游的支持、配合活动,并因此而受到影响的企业内部人员。这些人员的配合、支持是管理措施的外围保障,同样影响管控的效果。

正因如此,解决方案应尽可能减轻他们的压力,或以其他方式平衡他们的利益,以便管理措施的顺利落实、执行。

2. 外部直接、间接相关方

外部直接利益相关方,主要是指受企业风险管理活动直接影响甚至本身就是风险管理对象的各类供应商、分销商等与企业活动直接相关的自然人或组织。这些相关方直接参与到企业经营管理的上游或下游活动中,与企业进行着商品或服务的交易,既为企业运转所不可或缺,又是企业的重大风险源。

外部间接相关方则是一个种类比较多的群体,主要是那些并不参与企业的生产经营活动,但基于法律的规定或授权而有可能影响企业行为的其他方。主要包括:

(1) 政府行政部门

政府部门是企业行为的监管者、行政许可的审批者,也是行政法律规范的执法者,而企业的各类行为都需要考虑不同行政部门的监管要求。

(2) 审判仲裁机构

这些机关或机构是企业法律责任的定性者、裁决者,他们只有在企业起诉或被诉时才会审视企业行为的性质和责任,因而企业需要考虑他们对于法律的理解。

(3) 各类媒体

传统媒体和自媒体都可以迅速、大范围地传播信息,并严重影响企业自身或企业与产业链上下游的正常秩序,企业行为需要考虑这种影响因素。

(4) 同业竞争企业

同业竞争企业之间既有竞争也有合作,既可以相互提携、共同发展,又可以形成垄断等不正常竞争关系,风险管理措施需要管理同业关系类风险。

(5) 各类社会组织

行业协会、消费者协会等对企业行为存在着一定的制约和影响,而且行业协会的规则也属于合规管理的范围,因而许多规则可以考虑转为企业内规。

三、解决方案与企业状况

在考虑管理目标、调整范围之余,还需要在设计之前考虑企业的实际情况。因为所处行业、历史背景、管理模式、企业文化等差异决定了解决方案只有"个性化"才能切实有效。

(一) 企业的管理基础

企业的管理基础,是指企业的管理偏好、管理水平、管理人员素质、员工素质、管理手段等方面的整体状况。结合这些实际情况设计解决方案,才能尽可能减少转型期的压力,顺利实现有效的管理。

1. 风险严重程度

企业风险的严重程度大致体现着企业的风险水平,涉及企业所处的行业、产业链位置、经营状况、承受能力等。风险水平高的企业需要更多、更细致的努力去考虑解决方案的范围和深度,但具体方案还要视其管理基础情况而定。

例如,食品生产企业的风险远高于日用轻工产品生产企业、夕阳产业的风险高于朝阳产业、经营困难的企业的风险高于经济效益良好的企业、大中型企业的风险高于小微型企业等,各自需要不同的解决方案范围和工作深度。

2. 企业管理水平

对于企业管理水平的判断主要是其制度体系的完整度和成熟度、规章制度的执行情况,以及决策者对制度体系建设、执行的重视程度。制度体系不完整,或规章制度由于制定技术不成熟而难以执行、缺乏实际意义,都会影响执行。加上执行力的欠缺,更是严重影响企业的风险管理水平。

尤其是决策层、高管层对于制度体系建设、执行的态度,更会直接影响体系的建设和执行。这方面的观念不扭转,企业的风险控制水平很难提升。

3. 管理人员素质

管理人员的素质包括他们的专业程度、工作经验、工作能力等,既影响着企业的管理水平又决定了对风险管理解决方案的可接受程度。作为承上启下的管理者,规章制度体系有赖于他们去建立、健全以及执行,他们的局限性决定了企业管理能力的局限性。

曾有一家民营企业巨资聘请管理学院专业人员,耗时数月完成了厚厚两大本人力资源管理报告、表格、制度体系。体系虽然完整,但是却因各部门无力理解、执行而最终被束之高阁,足见解决方案与管理人员素质的对接非常重要。

(二) 企业的需求倾向

考虑企业的接受程度,是为了使解决方案最大化满足企业的需求且能够得到有效的执行,从而使解决方案具有实际意义。除了涉及前面提及的管理目标、工作范围等,还涉及内容上、重心上、形式上以及操作性、实用性等方面。

1. 解决方案的实用性

解决方案是否实用是检验风险管理措施设计质量的根本标准。所谓实用,是指在确保企业实现其经营管理目标的前提下,解决方案能够切实降低风险事件发生概率或降低风险损失,且所付出的代价在企业可承受的范围之内。因而这必然是一种积极的措施,既达到经营管理目标又能控制风险。

以交易风险为例,放弃交易固然可以彻底排除风险,但这并非控制风险的常态化操作。有效、实用的解决方案,既实现了交易目的又控制了风险,且其成本在可承受范围之内。当然,只要有交易就会有风险,所谓风险控制只是将其控制在可承受或可掌控的范围之内,完全杜绝风险几乎没有可能。

由于成本或技术等原因,并非所有的风险都存在有效的解决方案。但可以尝试组合运用决策层面、操作层面的应对策略①,以综合的方法解决问题。

2. 措施的可操作程度

措施的可操作性所要评价的是具体的解决方案是否切实可行。即除了方案的实用性外,解决方案越是可以直接用于操作且便于操作,则越受企业欢迎。

笼统的解决方案均缺乏可操作性,需要细化到直接可操作性的程度。例如,法律风险管理的解决方案是"严格依法办事",对于企业毫无意义。企业既不知道有哪些法律需要遵循,也不清楚怎样的行为才符合相关法律的要求。企业设计解决方案时,需要遵循《中央企业合规管理指引(试行)》(2018 年)第十七条所提倡的,"及时将外部有关合规要求转化为内部规章制度"。

采用"信息技术+标准化"的手段将复杂的操作转变为标准化的简单操作是提高可操作性的高级解决方案,许多企业正在尝试这种终极的解决方案。

---

① 参见本章第二节"风险应对策略辨析"。

3. 对工作效率的影响

法律风险管理、合规风险管理都是管理学上的一个专业分支,同其他管理理念一样服务于企业的经营管理活动,也同样需要考虑管理措施对于效率的影响。因此在设计解决方案时,尤其是在将其整合进原有的制度、流程、文本时,必须充分考虑如何少降低、不降低工作效率,甚至通过标准化、流程再造等手段提高工作效率,至少部分抵消由于增加管理措施而降低的效率、增加的工作量。

影响解决方案执行效率的另一因素,是其可理解、可操作的程度。这涉及与原有体系的衔接,以及解决方案的表述是否易读易懂。对于前者,可以考虑在原有基础上提高并尽可能与原来的体系保持一定的重合度,使之更便于接受、理解和执行。而对于后者,最简单的方法是以流程图加流程说明的方式表述。

4. 管理措施的系统化

风险管理措施必须充分系统化才能有效地管控风险,因为风险管理需要各管理层级、各企业部门的共同参与。以看似简单的合同管理为例,合同签订、履行的风险涉及采购、技术、生产、储运、销售等部门,以及业务员、部门经理、总经理甚至董事长层级,几乎波及了企业的所有管理层级和企业部门。只有将各层级、各部门的职责全部纳入解决方案、形成管理体系,才能充分发挥作用。

为了顾及系统性,设计解决方案往往需要按企业的组织架构分配职责,因此准确的组织结构图能够提供很大的帮助。同时,合同管理之类涉及不同管理层级且存在特有顺序的风险控制措施,更适合以流程图的方式加以表述。

上述管理基础、需求倾向等信息,是为企业量身定制解决方案时所必需的。以此为基础才能更好地满足企业的风险管理需求,并切实解决实际问题。

四、解决方案的设计过程

着手设计解决方案时遵循一定的方法可以事半功倍。前期的识别、评估以及对企业需求、管理基础等调研的结果,经由这一过程转换为企业可理解、可执行的应对风险的方法和路径。其背后是复杂的从现象到原因、从目标到方法的逻辑过程。再将解决方案嵌入企业现有的管理体系,阶段工作便告以完成。

(一) 基础资料与基本思路

设计解决方案时最需要关注的是风险评估报告以及风险点清单,里面有必须解决的问题以及问题的轻重缓急排序。企业的基础情况、管理偏好等则是安排细节时需要考虑的内容。

1. 评估报告与风险清单

评估报告的内容动辄数万字,风险点也动辄成百上千个,需要将问题分为不同层次、顺序。一方面,对于不需要资源投入即可控制的风险可以直接处理,需要资源投入的则集中资源首先解决重大问题、主要问题,因为企业都需要考虑管理成本;另一方面,如果报告中已经有了风险点排序则可依排序一一处理,如果没有则依企业强调的重点内容以及业务经验判定哪些属于必须解决的首要问题。

尤其需要强调的是,风险排序与企业的应对措施时常并不同步。例如,某企业在经过法律风险评估后,立即采纳的解决方案是纠正产品包装上说明文字的不规范,而生产环境的改善却因需要大量资金而被搁置。而在另一个法律风险评估项目中,由于企业的不规范行为比较严重,足以从企业的行政责任上升为企业家的刑事责任,因而也立即采取了纠正措施。

2. 企业需求与管理基础

虽然许多企业希望达到"无险经营"的境界,但是现实中的风险只可降低、无法完全排除。甚至有些问题无法找到现实的解决方案,只有留待技术进步或交易模式、社会背景变化后解决。企业绝大部分的风险损失都来自并不高深的低级错误,排查后通过制度、流程、文本的组合绕开或降低这些低级错误风险,对于企业已经是莫大的进步。

解决方案的设计原理是针对具体的综合运用风险应对策略,并最终将其融入制度、流程、文本,但实际效果则受到企业管理基础的制约。某些企业的管理基础过于薄弱,原有管理机构的人手、职权和管理人员素质、管理制度体系都难以支撑新体系的运行,需要在降低期望值与改变体制之间做出选择。

3. 秩序更迭与平稳过渡

风险的主体、行为、环境三要素无时无刻不在发生变化,企业也因此需要不断推陈出新以适应这些变化。企业从有限公司到股份有限公司、到上市公司甚至海外上市公司,主体的变化引起了所适用的法律变化;新的主营业务、经营模式创新,其行为的变化同样引起规则适用上的变化;法律法规的不断更新、各类规则的不断涌现甚至人们价值观的演进,同样在导致风险环境的不断变化。而针对风险设计解决方案,本身也是一种以变应变。

但这种管理体制的变更需要"变"与"不变"相结合,以便企业平稳过渡。"变"是根据经营管理及规则环境的变化去调整解决方案以适应变化,"不变"是以成熟、稳定的管理流程、管理层级、部门设置等维护基本秩序的稳定性,以避免秩序更迭造成的紊乱,从而导致风险增加。

4. 路径选择与方案组合

从多种可能方案中选择最为适合的路径,需要在设计技术层面以外的解决方案时流畅、反复地沟通。包括了解企业原来、现在选择某一解决方案的原因以判断是否存在误区;了解各种解决方案涉及的企业资源、权力分配、管理偏好、利益相关方等因素,以免解决方案引起企业内部矛盾等。

在解决方案之间建立有效的衔接,是决策层面和操作层面两种风险管理策略的综合运用。有些无法直接实现的管理目标,可尝试以其他方式实现。例如,聘请高素质专业人才管理合同事务固然是大中型企业的必需,但将相关事务处理的制度、流程、文本分别标准化也是一种解决路径,而且可以使企业的风险控制水平脱离对个人能力的依赖。

(二)工作内容及工作流程

设计解决方案与起草合同类似,有一定的工作方法可以遵循。尤其是需要高度标准化、系统化的解决方案体系设计,更需要从方法论层面提高解决方案设计的质量和效率。

1. 先搭架构再建方案

体系性的设计最先需要确定的是体系的架构,包括多少个制度、多少个流程、多少个文本,以及相互的层级关系、内容关联,同时要注明是新增、修订,以及企业原有文档情形以便对照。如果工作成果早已确定,则可以按计划进行。

搭建体系架构时,通常是按照事务划分并落实到职能部门、配合部门。例如,仓储风险管理以仓储部门职责为主、其他部门配合为辅,而合同风险管理以多部门共管为主、合同主管部门牵头负责。

2. 统一格式优化资源

具体的解决方案同样需要先确定。功能完整的制度应当包括:(1)管理目标;(2)定义解释;(3)责任主体;(4)管理职责;(5)责任客体;(6)管理方式;(7)管理标准;(8)考核方法;(9)附则等内容。[①] 这些内容齐备才能确保规章制度职责分明、内容准确无误。

对于原有的制度、流程、文本中的成熟内容,可分解到新设定的构架再按新的标准补充、完善。

3. 分工完成分项设计

方案设计有时难以一步到位,需要先完成各个具体制度、流程、文本的设计,然后再统一整合。在工作团队中,通常是分项设计由团队成员各取所长,总协调人分配任务、提出要求、指明方向,特别是要对不同分项之间的衔接提出明确的要求,并最终审查相互配合的部分是否设计合理。

这一阶段的工作需要通过工作标准、质量标准和工作记事控制秩序、质量和进度。工作标准包括统一的排版、统一的文件命名方式、统一的模板等,避免文本的错用、混乱,并争取一次性达到基本质量要求以提高整体效率。同时需要以工作记

---

① 参见本章第一节"管理制度体系基本原理"之"一、制度的内容及管理目标"。

事本、修订后采用新标准等方式,确保相关事项无遗漏并及时提升标准。

4. 梳理整合形成体系

分项设计完成后,关联性比较强的设计成果之间,需要像合同审查一样核对有无冲突及接口问题。这一工作并不轻松,甚至需要反复修改、沟通才能完成。如果条件允许,由团队成员相互检查对方的工作成果则更容易发现问题。

例如,某企业为提高与分销商之间的结算效率,准备采纳某银行的新业务模式。但首先发现该结算模式与分销合同中的约定不符,在准备与分销商签订新合同时又发现与企业合同管理制度的要求不符,完成了合同管理制度的修订后发现与管理流程不符。这类协调性整合并不鲜见,属于体系化过程中的典型工作。

5. 后续工作拾遗补缺

设计解决方案时,需要记录、整理某些遗留问题、相关问题用于项目说明。这种说明是提交工作成果时的义务,也是宣贯解决方案时的必备内容,包括不属于制度能够解决的问题、相关联但不属于项目工作范围的事项、一时无法解决的问题、关联性不大但需要企业另行注意的事项等。系统地告知这些情况,可有效地消除误解、避免不必要的责任。

另一项需要完成的工作是对项目的工作总结。包括对项目的计划、组织、实施,以及分工协作接口标准化、工作文档标准化等。分享工作经验、总结经验教训远比简单地重复劳动对提高业务水平更为有效。

第五节 解决方案中的制度设计

法律风险管理、合规风险管理的解决方案,最终都将落实为制度体系、流程体系、文本体系。其中,制度体系以规定管理职责、管理要求为主;流程体系以规定事务处理的程序及分工为主;文本体系以规定合同、表单等标准文本为主,三大体系共同建立起完整的风险管理秩序,规范经营管理中的各类行为。

构建制度体系是风险管理解决方案设计中的主要工作,涉及交错的纵向管理层级和横向部门配合等关系,而且以文字表述为主,因此难度大、工作量大。尽管许多设计会参照原有元素,但全面改写的工作量和难度仍旧较大。

一、规章制度的几类缺陷

由于发展历程中的各种原因,多数企业的规章制度质量从技术上看并不乐观。不仅体系性差,内容缺陷也比较多。加上多数企业的执行力并不乐观,规章制度的风险控制作用未能充分发挥,因此从体系到内容都有大幅度提升的空间。

(一) 一般性制度缺陷

一般性制度缺陷,是指不涉及规章制度具体内容的合法合规问题而仅从制定技术角度分析时所存在的缺陷。这种缺陷是外在的,但体现了制定规章制度时在制定目标和制度的体系性、逻辑性、实用性方面的不足。

1. 目标上的缺陷

目标上的缺陷,是指规章制度偏离了应有的目标,甚至设定了容易在实施中引发更大问题的规章制度。正如前面分析过的那样,规章制度所要规范的行为主要包括内因性风险、常见风险、可管理风险[①]的标准化管理。除此以外的风险,一般只是作为非常规问题以非常规处理的方式处理。如果偏离了这个大前提,例如设立了专门的管理制度甚至管理部门去管理发生概率极低或严重程度极低的风险,如果不是为了达到其他目标,则会造成管理资源的浪费。

同时,规章制度的作用是建立秩序,以保证企业人员能够按照要求的方式完成工作,从而平衡企业的效率和安全、实现企业利益的最大化。如果只是设定了职能部门、分配了管理职责而并未实现标准化、制度化管理,或是规章制度并未覆盖足够的范围、并未有足够的标准化要求,则仍有许多行为处于没有行为规范要求的状态,仍旧达不到企业管理的应有目的,更谈不上风险管理。

2. 体系上的缺陷

体系上的缺陷,是指企业的规章制度并未形成完整的体系,存在覆盖范围上的缺陷或规章制度间彼此孤立、冲突等情形。这种缺陷的典型表现是当某些问题出现时各个部门均无明确的职权或责任处理,因而各个部门可以互相推诿,而且企业也缺乏明确的问责机制和问责依据。

企业风险由于涉及面广,无法仅依靠某一部门进行有效的管理。而各个部门"齐抓共管"的依据就是制度体系上所明确的分工和职责,并以综合手段实施全过程、全方位的风险控制。由于体系缺陷而导致的职责划分、部门配合要求上的重复或遗漏,既影响工作效率又会产生管理上的漏洞,从而出现企业中"无法可依""有法不依""执法不严"等情况。

例如,某企业面向消费者的合同风险控制原来由合同文本、业务表单、业务说明三大体系共同构成但未制度化,而后来的管理人员并不知道三大体系之间的关系,以至于经常由于体系间的冲突产生服务质量问题并受到客户投诉。

3. 内容上的缺陷

内容上的缺陷,是指规章制度存在足以影响其有效执行或导致管理目标无法

---

① 参见本章第四节"方案设计与企业状况"之"二、解决方案的调整范围"。

实现的内容缺失或规章制度的操作性、明确性、实用性等方面的不足。如果规章制度并未描述某种情形如何处理、描述的管理要求相冲突，或其内容可以有不同的理解、不知如何理解，以及存在管理目标不明、管理成本过高等情形，均属规章制度内容上的缺陷。

这些缺陷可以分布在各个方面，管理层级上的职能或职责的细节缺失或不明；部门职责及部门间配合上的细节缺失或不明；具体业务操作方面的细节缺失或不明等都是其缺陷的具体表现。如果企业的新员工无法通过阅读《员工手册》以及相关的业务管理规定等了解自己的职责、工作标准等要求，即说明规章制度内容上存在缺陷。这些企业往往既非常繁忙又非常低效，因为大量无固定标准的工作所导致的返工、窝工使许多工作成为无效劳动。

(二) 合法合规性缺陷

合法合规性缺陷，主要是指规章制度的内容或形成过程与法律规定、合规要求不符，或是这些规定、要求并未体现在企业的规章制度中。这种情形本身就存在着巨大的法律风险或合规风险，也是风险管理中特别需要关注的缺陷。

1. 内规未能体现外规

将外部规则转变为企业的规章制度等内部规则，是法律风险管理和合规管理都大力提倡的做法。只有通过这种做法，才能使企业的管理行为不仅满足经营的需要还符合法律规则或合规规则的要求。既不会因为对外部规则要求一无所知而违法、违规，又不会因为风险管理与企业管理的"双轨制"而影响风险控制。

但这只是一种最为理想的状态，基本上没有哪个企业能够真正实现。在法律风险管理和合规风险管理两种规则风险管理中，法律风险管理可以仅考虑最为基本的有明确处罚规定的法律规则、强制性标准，范围远比合规管理所要考虑的规则范围小。但即便如此，将所有的强制性要求整理出来并与经营管理活动挂钩也远非企业可以独立完成，甚至连常见的相关要求也未能引入。因此这方面的缺陷乃是一种普遍的常态，也是制度设计过程中需要考虑的问题。

2. 规章制度违法违规

规章制度的违法违规多是由于制定者只考虑了企业的管理需要或利益，而未考虑法律法规等外部规则的要求。从董事会议事规则与《公司法》相冲突到具体的业务规范、技术规范、个人行为规范与其他法律相冲突，这种情形普遍存在。包括某些行业使用出处不明的"行规"，也与法律强制性要求相悖。

例如，原信息产业部于2005年颁布的《电信服务规范》，在其附录2《电信服务规范——数字蜂窝移动通信业务》第2.1.7条中规定，"移动电话号码冻结时限最短为90日"。但在移动通信业务增长高峰期，某些企业内部技术规范所规定的期限为60日，并因此导致客户索赔。

又如,《浙江省实施〈中华人民共和国消费者权益保护法〉办法》(2017年)属于不折不扣的地方性法规,对于"三包"有如下规定:

> 第二十六条 国家和省规定实行三包的商品不符合质量要求的,自商品交付之日起七日内,经营者应当根据消费者的要求予以退货、更换或者修理;自商品交付之日起十五日内,经营者应当根据消费者的要求予以更换或者修理。
>
> ……
>
> 经营者按照三包规定承担修理责任的,应当自收到消费者要求修理的商品之日起五日内修复,并不得收取材料费、人工费等任何费用。经营者应当在三包凭证上如实记录每次接受修理的日期、维修所占时间、修理部位、故障原因等情况,在三包有效期限内不得删除修理记录。经营者未在五日内修复的,应当为消费者提供同类相应规格的商品在维修期间使用。
>
> ……

由于许多企业只关注法律法规和部门规章,因而忽略了地方性法规和地方政府规章的规定,尤其是许多企业跨省经营,更容易发生此类问题,因而经常出现服务上的违法行为。

此外,规章制度的生效程序不合法,或是与司法解释不符,也是容易被忽略的问题。

例如,许多企业的规章制度在制定完毕后就马上颁布实施。但依照《劳动合同法》(2012年)第四条的相关规定,"用人单位在制定、修改或者决定有关劳动报酬、工作时间、休息休假、劳动安全卫生、保险福利、职工培训、劳动纪律以及劳动定额管理等直接涉及劳动者切身利益的规章制度或者重大事项时,应当经职工代表大会或者全体职工讨论,提出方案和意见,与工会或者职工代表平等协商确定"。

而最高人民法院《关于审理劳动争议案件适用法律问题的解释》(2020年)第五十条也规定:"用人单位根据劳动合同法第四条规定,通过民主程序制定的规章制度,不违反国家法律、行政法规及政策规定,并已向劳动者公示的,可以作为确定双方权利义务的依据。"因此,规章制度违法违规的风险也时有发生。

二、理解制度的应有质量

建立健全规章制度本是个建立规则体系、塑造企业秩序的过程,但某些企业几乎将其当成了写作任务,将收集来的各类样本糅合、梳理后便将其束之高阁。许多企业的规章制度清理,也不过是进行简单地拆分、合并以及文字修饰,并不涉及制度的目标和整体框架，导致制度归制度、行动归行动。

事实上，规章制度相当于企业的内部立法，通常分为企业基本制度、企业管理制度、企业业务规范、企业技术规范、个人行为规范五类，各有各的功能。

(一) 企业基本制度

企业基本制度主要是投资人设立、经营、变更、终止企业等行为所必须遵守的管理制度，基本上由法律来规定、少量授权给投资人自行约定，其余部分由投资人在企业内设立的组织机构自行设计制定。

《公司法》等企业法是这类制度的典型代表。这些法律确定了投资设立不同形态企业时的出资方式、组织形式、责任承担方式、企业章程内容，董事会、监事会、高级管理等人员的大致职责和权利义务范围，以及企业的财产所有关系、分配方式等，属于企业的根本制度。

本质上，企业基本制度的内容绝大部分不属于通常意义的企业管理制度。因为企业管理的对象是企业内部人员的各类行为以及企业的对外投资行为，一般并不包括投资人设立该企业的行为。

但在企业基本制度层面，企业仍有一些制度需要建立。例如，《公司法》将许多事务授权给投资人并通过公司章程等形式自行处理，同时公司章程对公司、股东、董事、监事、高级管理人员均有约束力。而公司章程本身又不可能包罗万象，所以涉及公司事务层面的会议程序、议事规则等制度仍需在法律授权的范围内自行设定。

这类制度设计的主要工作，是依照设立企业的相关法律要求、企业章程和企业实际情况，以拾遗补缺的方式细化或补充相关规则，但一般不涉及组织机构的设置或调整，而且这类制度一般并不涉及企业的经营管理活动，也与普通员工行为的管理无关。

(二) 企业管理制度

这里所说的企业管理制度是狭义的、规章制度分类意义上的企业管理制度，属于制度的第二个层级。它相当于《公司法》中董事会及经理职权中的"基本管理制度"，属于在业务规范、技术规范、个人行为规范之上建立企业运行管理秩序的各类制度，包括对部门职责的分配、部门协同配合要求等。

这一层级的规章制度设立了企业的基本管理秩序，包括企业目标、发展战略、主营业务，组织机构设置、部门职能划分配合、岗位职责，以及生产经营管理活动中的基本规则、流程、准则等。通过设定这些生产经营活动中的基本规则，员工的独立行为便被转化为有基本秩序的协同行为。在此基础之上遵照业务规范、技术规范、个人行为规范完成具体工作，能更好地实现企业目标。

这类制度设计的主要工作内容是调整组织机构、明确部门职能、确定管理职责，具体视规则要求和企业需求而定。例如，国有公司可依照《公司法》、国有资产管理等相关规定及合规管理的要求设置相关的管理部门及管理职责，并按相关要求建立健全相应的管理制度。

这一层面的规章制度最能体现设计水平的差异。科学、系统、合理的管理制度体系，不仅仅是为企业人员提出一整套的完成其职务时的行为、配合等要求，还能通过与人力资源制度的配合充分释放出企业人员的潜力，从而提高工作效率和质量，使企业充满活力和进取精神。反之则容易发展停滞，或陷入效率低下的"大企业病"。

(三) 企业业务规范

企业业务规范是企业为了使各类非技术性的常规事务的处理有章可循而设定的各类规范，其要点是规定处理具体业务时的工作内容、工作程序以及不同情况下的处理措施等。企业中经常性、非技术性的人力资源管理、采购销售管理、生产运营管理、资产及财务管理等制度，是这类规范的典型。

这类规范的主要功能和设立目的，是基于日常事务处理的规律、解决方案和对企业理念、目标的理解，对于非技术性事务设定标准化的处理方式，以确保处理的质量和效率，而同类事务中的特殊事务、偶发事务则授权相关部门管理人员作为个案处理。例如，企业的采购、销售、广告宣传、售后服务等具体事务处理均非技术性问题，但都需要一定之规，包括哪些应当作为、哪些应当不作为，因而以业务规范的方式加以固化。

企业经营管理环节涉及的合法、合规性问题种类繁多，解决方案必须遵从其要求。基本的底线是必须符合强制性法律的要求、强制性标准的要求，并考虑充分使用法律任意条款所授予的权利。合规管理可以以此为底线，扩展考虑是否需要符合其他规则。

在这一层面，法律风险管理和合规管理都推荐将外部规则转换为企业内部规章制度，以便更好地执行。例如，无论是法律风险管理还是合规管理都需要在广告业务管理规范中加入禁用广告语的审查，同时对于合作商的合规管理需要审查合作商履行合规义务的情形等。

(四) 企业技术规范

企业技术规范是企业控制生产经营环节的一系列技术要求，尤其是那些需要按照一定的量化标准控制质量、安全性的指标要求。这些技术规范大多来自于强制性或推荐性的技术标准、技术规程、操作规程等，所调整的内容多与生产安全或质量控制密切相关。

技术规范一般不属于法律风险管理或合规风险管理的范畴,但界限交叉部分的除外。某些技术要求中包含着大量的非技术性的管理要求,甚至有些技术规范、强制性标准属于对法律或其他规则的细化,其本身就是识别风险的依据。例如,《GB 7788-2011 食品安全国家标准 预包装食品标签通则》属于预包装食品标签方面的强制性标准。但其内容中仅有少量的技术性的物理指标,例如其中的"4.1 直接向消费者提供的预包装食品标签标示内容"项下内容分为:

  4.1.1 一般要求

  4.1.2 食品名称

  4.1.3 配料表

  4.1.4 配料的定量标示

  4.1.5 净含量和规格

  4.1.6 生产者、经销者的名称、地址和联系方式

  4.1.7 日期标示

  4.1.8 贮存条件

  4.1.9 食品生产许可证编号

  4.1.10 产品标准代号

  4.1.11 其他标示内容

尽管是技术规范,但是这部分内容并无量化指标,仅凭感观即可识别,因而是识别食品标签合法性或合规性的直接依据。

这类技术规范可以理解为业务规范中的技术要求,对于确保产品的合法合规至关重要。因为任何一种产品的标签不符合强制性标准的要求,均属于不合格品,同样需要承担一定的行政责任或民事责任。因此,这类技术规范同样需要转换为企业的规章制度,确保企业产品的合法合规。

除此之外,《特种设备安全法》(2014年)等专门法有着更高的技术要求。该法第二条规定:"特种设备的生产(包括设计、制造、安装、改造、修理)、经营、使用、检验、检测和特种设备安全的监督管理,适用本法。本法所称特种设备,是指对人身和财产安全有较大危险性的锅炉、压力容器(含气瓶)、压力管道、电梯、起重机械、客运索道、大型游乐设施、场(厂)内专用机动车辆,以及法律、行政法规规定适用本法的其他特种设备。"这类立法的相关要求尤其需要转换为企业的安全技术规范。

(五)个人行为规范

个人行为规范是企业对员工职务行为的基本要求体系,包括其权利义务、工作期间或在工作场所、企业区域内的个人行为要求等,多以《员工守则》《员工手册》等方式体现,属于企业人力资源管理的一部分。这类规范并不涉及具体业务或具

体工作,只是规定员工在工作过程中所应当遵守的一系列规则,例如对员工的考勤、着装、办公室秩序、文明礼貌、电话语言等方面的规定等,属于与企业员工最为直接和紧密的制度规范体系。员工除了遵守这类基本规范,在从事具体工作时还要遵守相应的业务规范、技术规范和各类企业管理制度。

个人行为规范对于企业的影响相当大,因为它建立的秩序是基础中的基础。这类制度通常并不单独运行,而是与人力资源管理类的规章制度配合使用,并通过执行来确定企业招聘、培训、考核、激励等方式,以此不断提高员工的工作能力、个人素质和创造力、工作激情,在员工实现自我的同时也促进企业的发展。

这类规范需要与企业的劳动合同、人力资源管理制度挂钩,并符合相关法律、政策的要求。即内容上要符合法律、行政法规、地方性法规、地方政府规章、部门规章以及当地人力资源管理政策的要求,包括但不限于《劳动法》《劳动合同法》等法律以及政策的要求,而且作为一种规章制度,除了内容合法,其生效还需要经过司法解释中的"民主程序"①。

从广义上说,任何企业管理都是对人的管理,而这五类企业规章制度也都是针对相关人员的行为规范。但人类毕竟不是输入程序即可做出所需行为的机器,因此仅靠规章制度来规范企业人员行为还远远不够。在守法遵纪之外,还需要通过企业文化的构建、团队建设、激励机制外的其他机制等综合途径,促进和保障工作关系的和谐和对规章制度的严格遵守。

三、从框架设计到嵌入制度

设计解决方案时,部分制度的设计往往直接通过修改原有制度的形式完成,并在提交工作成果里做出说明。但这一过程通常不是简单地将解决方案嵌入原有制度中,而是同时审查、修改原有制度体系的缺陷并补足其他欠缺的内容,同时将解决方案嵌入制度中。

这一过程与合同修改非常相似,甚至同样需要通过"三个比对"发现并解决问题②,包括顺便修订制度中发现的其他缺陷。

(一)管理机制与制度框架

制度设计首先需要有一个内容安排合理的框架,这样可以大大节省排查遗漏项、设计内容安排的时间。而在这之前,需要由企业确定制度的管理机制。管理机制决定着管理效能、安全系数等,可以直接作为制度的重要条款。

---

① 见本节"一、规章制度的几类缺陷"中的"(二)合法合规性缺陷"。
② 即约定与法定的比对、现实与理想的比对、条款与条款的比对。参见吴江水:《完美的合同——合同的基本原理及审查与修改》(第三版),北京大学出版社2020年版,第201—205页。

1. 管理制度框架

在设计管理制度之前先设计管理制度框架,可以使后续工作简单到直接将原来制度的有用内容拆分后,直接移入框架中的相应条款,并根据框架补充所欠缺的内容,但前提是这个框架经过仔细推敲。

按照前面讨论过的内容,制度包括:管理目标、定义解释、责任主体、管理职责、责任客体等。[①] 但这些内容在具体制度里需要分入不同的组成部分,各个部分构成了制度的框架。简单的制度框架及内容一般可按以下方式设定:

1. 总则
1.1 管理目标
1.2 用语定义
1.3 管理责任主体及概括性职责
1.4 管理原则
1.5 制度适用范围
2. 机构及职责
2.1 各级管理机构职责
2.2 各管理部门职责
2.3 协调机构
3. 具体事务管理
3.1 整体管理方式
3.2 事务管理程序
3.3 各环节事项管理标准
3.4 各层级的管理要求
3.5 各部门的配合要求
3.6 特殊情形的处理
4. 特别或重点事项的管理
4.1 事项的范围及管理原则
4.2 事项的管理主体
4.3 层级上的管理职责
4.4 相关部门的管理职责
4.5 管理的程序
5. 监督检查
5.1 监督检查机构

---

① 参见本章第一节"管理制度体系基本原理"之"一、制度的内容及管理目标"。

5.2 机构职权及工作方式
5.3 具体事务处理程序
5.4 处理的原则及要求
5.5 监督检查结论及后续工作
6. 考核与激励
6.1 绩效考评方式方法
6.2 不同考评结果的激励方式
7. 附则
7.1 未尽事宜处理
7.2 解释部门
7.3 生效日期
8. 附件

2. 风险管理机制

管理机制是指整个管理系统的构成以及运行原理。建立风险管理机制需要考虑风险的严重程度、希望达到的管理目标以及可投入的管理资源。这三个因素和其他要素的不同组合,决定了不同的管理机制各具特色。

例如,中国保监会于 2010 年印发的《人身保险公司全面风险管理实施指引》中,设置了三道防线和三个层次的风险管理。

第二十六条 通过对上述相关职能机构进行科学的设置,公司应该建立以风险管理为中心的三道防线或三个层次的管理框架:

(一)第一道防线由各职能部门和业务单位组成。在业务前端识别、评估、应对、监控与报告风险;

(二)第二道防线由风险管理委员会和风险管理部门组成。综合协调制定各类风险制度、标准和限额,提出应对建议;

(三)第三道防线由审计委员会和内部审计部门组成。针对公司已经建立的风险管理流程和各项风险的控制程序和活动进行监督。

上述三道防线其实是按照管理层级分工控制风险。第一道防线负责一线处理;第二道防线负责分析和决策;第三道防线负责监督制度的有效性和执行。直接将管理机制写进制度,更便于员工理解和执行。

(二)内容重组与制度再造

升级旧的管理制度并嵌入风险管理措施,是按新的架构和标准对旧制度的重组和再造。企业规章制度的内容、形式和质量均"五花八门",还时常来源不明、意图不明且长期未经修订和得到认真执行,简单的修补难堪大任。结合评估报告发现其体系、内容上的问题需要大刀阔斧地重组、再造，才能满足风险管理的要求。如果在风险识别时已对问题点作了标注，则工作效率可以提高许多。

1. 拆分重组原文

拆分主要是针对那些结构或表述比较随意的制度。当原有架构、内容无法满足风险管理需求时，大多只能通过拆分重组才能使其场景更详细、内容更充实、措施更有力、表述更准确，并更容易使风险管理措施以最和谐、最便捷的方式融入经营管理方案。这种处理尤其适合企业的管理制度本身也需要的升级，如果企业有良好的制度框架和内容安排则可以简单地直接嵌入控制措施。

例如，某集团公司《合同管理办法》的附件《合同专用章管理》规定："公司、各职能部门对外订立合同，必须加盖合同专用章。未盖合同专用章的合同造成经济损失，由责任者个人承担。"由于并未规定只能使用合同专用章且该管理制度本身对于申请使用、使用管理、携章外出、回收登记等环节的规定不够明确，因而仍旧存在着使用其他图章签订合同的风险。而且该集团公司的诸多部门拥有部门图章，而在司法层面认定产生合同效力的印章也不仅限于合同专用章，因而在制度内外均存在设计缺陷，需要拆分成图章类别及使用、图章的刻制及申领、图章的保管及使用、特殊情况下的图章使用、报废与回收等环节分别加以明确。这些新增内容既是风险控制的需要又是图章管理的需求。

由以上实例也可以看出，企业的经营管理措施大多也是风险控制措施。而风险控制措施的落实方式正是将具体的管理职责、管理细节、管理程序落实到具体的管理岗位上，使相关管理行为符合风险管理的要求。如果能与措施有效评估、绩效考评、信息技术相结合，则会更有成效。

2. 细化具体措施

在具体管理措施层面，做出的解决方案越是具体明确就越有可操作性，也越容易避免因操作不当引发的次生风险。因而笼统的、方向性的管理措施对于实际操作而言缺乏实际意义。

例如，中国银监会于2009年印发的《商业银行声誉风险管理指引》对于具体措施的规定即非常明确。相关条款为：

第六条 商业银行应积极稳妥应对声誉事件，其中，对重大声誉事件，相关处置措施至少应包括：

（一）在重大声誉事件或可能引发重大声誉事件的行为和事件发生后，及时启动应急预案，拟定应对措施。

（二）指定高级管理人员，建立专门团队，明确处置权限和职责。

（三）按照适时适度、公开透明、有序开放、有效管理的原则对外发布相关信息。

（四）实时关注分析舆情，动态调整应对方案。

（五）重大声誉事件发生后12小时内向银监会或其派出机构报告有关情况。

（六）及时向其他相关部门报告。

（七）及时向银监会或其派出机构递交处置及评估报告。

略加分析可知，这些措施包括了风险应对程序启动、处理措施、事件上报三个组成部分，基本涵盖了所要开展的主要工作。

制度体系的相互衔接也是如此。例如在人力资源管理活动中，某企业的员工守则将不当行为分为三级，并规定三个丙级不当行为相当于一个乙级不当行为；三个乙级不当行为相当于一个甲级不当行为。而甲级不当行为的结果则表明企业有权援引员工严重违反劳动纪律的合同条款解除劳动合同。由于制度设计环环相扣，使得违纪处理不仅有凭有据，还堵住了规定不明确的管理漏洞。

3. 确保合法合规

许多企业的规章制度只是一种"拿来"规定，或是纯粹经验性的管理上的要求，并没有经过合法性审查，对于存续年代较久的企业更是如此。这些制度由于时过境迁早已不适应现实的社会环境和法律要求，需要对制度管理内容、相关企业行为进行合法化处理。

例如，某企业集团为了便于员工生活和生产经营，设有职工食堂、幼儿园、保安队等机构，但相关管理制度由于年代久远而与国家或地方的法律、政策要求存在较大差距。基于该企业的法律风险管理需求，除了修订相关制度外还建议通过补办手续、增配设备等方式使之合法化。

对于该企业自办的幼儿园，按当时的法律环境，根据《幼儿园管理条例》（1990年）第十二条的相关规定"由所在区、不设区的市的人民政府教育行政部门登记注册"，且其设施、人员等均需符合众多要求，因而该幼儿园存在着违法开办和不符合人身安全标准的风险。故在全面修订《幼儿园管理制度》时，将人员配置、设施配置及维护、饮食、卫生等法定要求转换为制度内容的同时，建议企业补办法律手续、增加设施、设备以确保安全、合法化。

对于该企业自办的职工食堂，因其属于《食品安全法》（2018年）第二条中的"食品销售和餐饮服务"，必须符合该法及《餐饮服务食品安全操作规范》（2018年），以及《消防法》（2019年）等法律法规相关要求。因此在修订《职工食堂管理制度》时，针对食品安全和消防安全等隐患引入相关的强制性规定则作为必备的工作要求，并建议企业改进设施配备、人员配备、食品安全要求等项目，使食堂管理规范化。因改进措施有利于企业全体人员，因而受到拥护并得以顺利执行。

对于该企业自行成立内部保安队的问题，由于该机构是基于改制前的保卫科设立职责并不对外而只是企业内部的守护巡逻等,因而属于国务院《保安服务管理条例》(2010年)中"从事的本单位门卫、巡逻、守护等安全防范工作"的内部保安服务,且当地的实际做法是到相关政府部门备案,而且人员必须在经过专门培训、取得资格证书后才能工作,因此在修订《保安管理制度》时明确了从保安公司获得保安服务以及自行招聘时的不同规定;明确了安全守护巡逻等法律赋予的权利和禁止的行为,使之规范化、合法化运行。

除此之外,还有大量通过管理制度或管理机制进行的合法化和制度优化,不再一一列举。

第六节　解决方案中的流程设计

随着信息技术和管理现代化的发展,流程化管理凭借其直观、易读的优势已越来越为企业"喜闻乐见",并逐渐从规章制度体系中独立出来。甚至作为一种行之有效的工作方法,用于分析制度中存在的问题。

在现代的风险管理解决方案中,规章制度侧重于解决宏观的静态问题,流程侧重于解决具体的动态问题,二者之间取长补短、相得益彰。法律风险管理或合规管理的许多解决方案同样如此,而且更善于揭示问题、表述解决方案。

一、流程图的原理与应用

完善工作流程与传统的法律工作相去甚远,但不完善企业的管理流程就无法提供全面的解决方案,而且也很难满足企业的需求。许多企业不仅要求尽量以流程图的方式说明工作成果,还直接要求完成工作流程的设计、优化。

(一) 流程图的功能原理[①]

流程图的优势在于按照时间顺序不可逆地一步步地推进到各个事项,并在某一事项面临不同的可能性时,根据结论的"是"或"否"而进入不同的下一环节,因而环节、事项清晰。而流程图在管理上的运用正是基于这一特性。

1. 流程图的关键原理

流程图是用特定的图形、线条、逻辑及说明性文字显示处理事务相关活动内容及过程的图形。在典型的带有选项的流程图中,需要区别对待的情形被归纳为

---

① 参见本书第三章第二节"评估的技术方法与表述方式"之"二、常用的分析工具",及第二章第八节"制度与流程的风险识别"。

"是"和"否"两类,不同的判断结果有着不同的处理方式,从而完整、标准化地表述整个事务处理过程。①

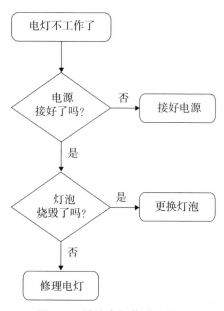

图 4-6　排除电灯故障流程图

正因如此,流程图才不仅仅是对流程的图示,还能成为专业管理工具甚至思维工具。流程是处理事务各环节中客观存在的基于因果关系、先后顺序和解决方案的实际过程,流程图则是对流程中存在的工作事项、决策事项、解决方案的顺序流向的高度概括。

尤其是现代企业已经越来越重视流程管理,流程再造的理念也已成为提高企业运营效率或实现其他管理目标的标准工作理念,原本用文字表述的规章制度也开始大量采用流程图加以表述,总体上大有与传统的规章制度平起平坐之势。

2. 流程图的说明功能

流程图的通常功能是以图表和文字展示某一流程的工作顺序、工作内容及不同情况的不同处理等。其中最为合适的被称为"带部门的流程图"也就是下文中的"合同管理流程图",左侧为参与该流程管理的各相关部门、顶部视需要增加各个环节的名称、右侧是针对各个环节的说明(说明中的序号代表流程中的相关步骤),底部则一般作为备注栏用以说明某些事项。

---

① 参见本书图 4-6,图片来源 https://commons.wikimedia.org/wiki/File:LampFlowchart.svg,访问日期:2020 年 4 月 27 日。

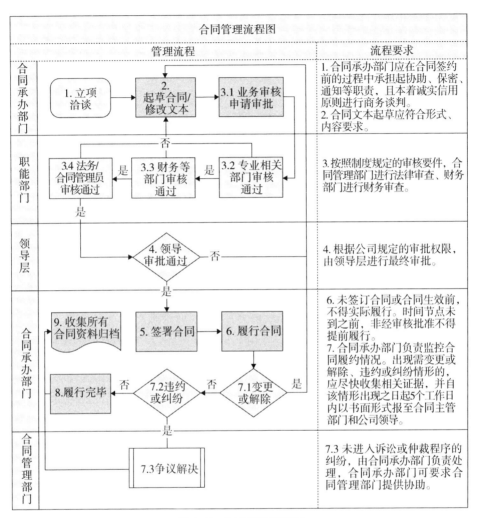

图 4-7 合同管理流程图

以这种方式表述流程会比较直观、正式,而且简单明了、易读易懂。某集团公司《合同管理办法》共计数千字,但用一张带部门和说明的流程图已能表明总体工作环节。而且流程图以统一的图形和箭头体现管理活动的各个组成部分及先后顺序关系,以及需要判断的事项、流程中遇到问题应该如何处理,只需要一般文化水平即能读懂、理解,远比文字表述更有操作性和可执行性。

3. 流程图的分析功能

法律风险管理、合规风险管理,都大量涉及流程管理。从风险因素到风险后果是外部因素不断参与事物的发展、变化的过程,而风险管理则在这一过程中不断地阻止风险事件的发生。以合同风险损失为例,交易损失既可能是由于合同条款约定不当,也可能由于履行管理不当。而合同风险管理则是尽最大努力避免这两种情形的出现以降低风险损失。疏理合同的签订流程、履行流程,则可以分析出风险产生的环节、事项,从而以技术或管理的方法排除风险。

基于流程图所显示的经营管理流程,整个过程及各环节责任主体、工作内容等是否明确、是否适当得以直观地判断。而绘制、优化的过程,也是对流程进行抽象概括、提炼、加工的过程。在规范地绘制、表述流程内容过程中,如有主体不明、工作程序紊乱、工作事项不明确、问题分类不当等问题,会导致流程图根本无法完成。

例如,某公司的《合同管理办法》中的《附件五:合同专用章管理》共有 7 个条款、475 个字,分别规定了对外签订合同必须使用合同专用章、专用章由公司统一管理、下属公司的专业章自行管理、合同专用章的台账管理、携带专用章外出签订合同、携带盖有合同专用章的空白文本、合同专用章遗失七项内容。

由于相关规定的表述主题随意、内容零散,因而很难直接发现问题。为了透彻、直观地展现问题,根据制度内容并结合企业图章从产生到销毁的周期性规律,得出合同专用章管理流程如下:

这类立体流程图(图 4-8)的左侧为该公司《合同管理办法》中涉及专用章的管理部门,顶部标题栏从左到右是合同专用章从产生到结束使用的顺序过程。其中标注了问号的部分,均为没有规定或规定不明确而需要调整之处,制度缺陷一览无余。

而在另外一个针对合同管理制度所作的流程分析中,某一管理部门虽有合同管理职责但并无具体的管理环节,以至于成为并不介入合同管理事务的"孤岛",在流程中根本与具体活动无关,可见流程分析的有效性。

(二)流程图的绘制规范[①]

流程图虽在各界被广泛运用,但尚未形成统一、通用的标准。现在不同领域使用的流程图,其基本图形和规则源于美国标准或国际标准。中国颁布的标准中,有直接采用国际标准的,即:《GB/T 1526-1989 信息处理 数据流程图、程序流程图、系统流程图、程序网络图和系统资源图的文件编制符号及约定》,除此之外也有采用自行制定的标准,如《GB/T 24742-2009 技术产品文件 工艺流程图表用图形符

---

① 参见《画了多年的流程图,你真的画规范了吗?》,载知乎起点学院专栏,https://zhuanlan.zhihu.com/p/67533900,访问时间:2020 年 4 月 27 日。

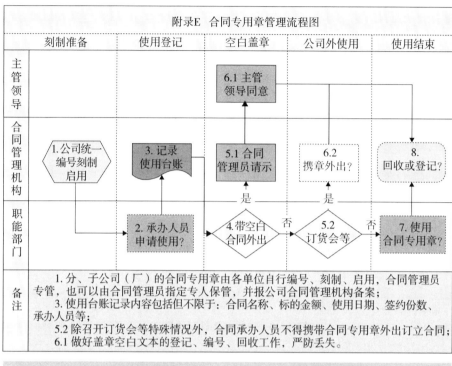

图 4-8　合同专用章管理流程图

号的表示法》等,但都是用于特定领域而非企业管理领域。

尽管如此,遵守一定的基本规则可使流程图更加规范。

1. 流程图的三种结构

流程图的基本结构分为顺序结构、选择结构和循环结构三类,所有流程图均由这三类基本结构构成。其中:

顺序结构是最为简单的结构,各个步骤按先后顺序排列,完成上一个操作才能进行下一个操作,如图 4-9。

选择结构又称分支结构,选择了不同的判断结果就会进入不同的操作,其中一种的选择结果可能是不需要进一步的操作,如图 4-10。

循环结构又称重复结构,分为当型结构和直到型结构。前者会反复执行到条

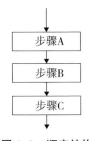

图 4-9 顺序结构

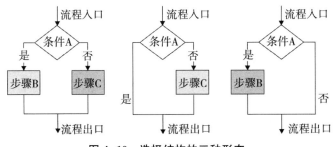

图 4-10 选择结构的三种形态

件不成立,后者则是反复执行直到条件成立,如图 4-11、图 4-12。

其中,循环结构针对给出的判断条件存在"是"和"否"两个选项,分别执行不同的操作。先判断后执行、不符合不执行的为当型结构,先执行后判断、不符合则不再进入下一步的为直到型结构。

2. 流程图的绘制守则

流程图上的符号、箭头和"是""否"需要按照一定的规则安排其位置和顺序,才能使流程图明确无误且得体、大方。

(1)逻辑顺序

流程应以开始符起始、以结束符结束,全流程的表述顺序为从左到右、从上到下。开始符只能出现一次,结束符则视情况可出现多次,如果顺序本身比较清晰则二者皆可省略。

(2)判断符号

菱形的判断符号必须有"是(或 Y)"和"否(或 N)"两种处理结果,因而必须有两条箭头流出。其中,从上下端流入、流出的一般用"是(或 Y)",左右端流入、流出的用"否(或 N)"。

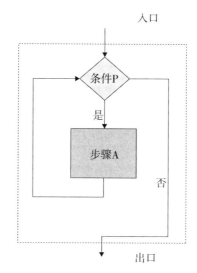

图 4-11　循环结构中的当型结构

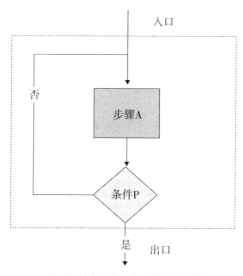

图 4-12　循环结构中的直到型结构

(3) 符号排列

流程图的符号应大小一致,处理并行关系的流程应将符号放在同一高度。

(4) 连线和箭头

处理流程须以单一入口和单一出口绘制。同一路径的指示箭头应只有一个,且连接线不能交叉、不能无故弯曲。

(5) 标注说明

需要以标注更清晰地说明流程时,需要使用专门的标注符号。

(6) 关联流程

流程图中涉及其他已有流程时,直接用子流程符号"▯"而无需重复绘制。

二、流程优化的方式方法

企业管理流程中普遍存在的问题,既包括流程制作的技术问题也包括管理流程的体系性问题,二者都会影响企业风险管理的效率和效果。流程及其体系的优化与法律工作不属同一学科,但都在严谨地运用逻辑规律,二者的有机融合可以大大提高风险管理解决方案的实用价值。

(一) 流程的规范化

流程的规范化是指将企业随意绘制的流程图改用规范的方式表述,包括其结构、内容等。由于历史沿革原因和投入的不足,大多数企业的管理流程图存在不规范、不明确甚至根本未予认真执行的情形。而流程管理不受重视,又与流程图的不规范、令人费解有着极大的关系。

例如,图 4-13 是某企业合同管理制度的配图,从其结构、外在形式到内容,均存在较大问题。

1. 结构需要优化

该流程图以顺序结构为主,仅在左右两处增加了条件未满足时的处理,大致属于循环结构。但合同签订前管理的审核、审批环节遇到的实际情况有多种,涉及的选择项也远不止这两种情形,需要加入更多的选择结构才能使流程的各个环节更加明确。

此外,流程图如果仅作示意之用,确实不必完全覆盖管理制度的方方面面,但应当覆盖主要工作内容,并尽可能以工作提示信息代替"未通过"之类无法判断工作方向的信息,以便于直接从流程图上理解管理意图。

例如其中的循环结构,所要表达的是审查如果未能通过则重复修改、提交直到通过审查。但并非所有未通过的交易都必须重新送审,许多交易会由于风险过大或经济性不佳而被放弃。即使需要重新送审,也应尽可能以"补充修改"类的工作提示代替简单的"未通过",以便于工作配合。

而财务等部门更是需要及时了解所有未通过审查的项目、最终放弃的项目,以

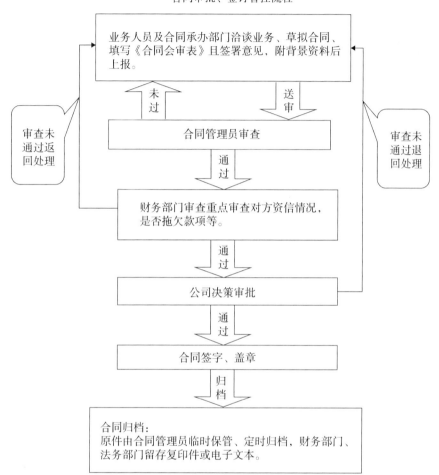

图 4-13　某企业合同管理制度流程图

便于风险管理,因此需要及时得到通知。

2. 形式需要规范化

该流程图的线条连接方式不规范。由于最顶部的方框中既包括了开始部分也包括了提交审查部分,因此当提交审查的任何一个环节不通过则回到该环节,使整个流程看上去没有开始部分,与逻辑和实际工作均存在差距。事实上,仅就方框中的内容而言,顶部方框的事项可以分为两部分,一项是项目启动且无需提交审查的"启动及洽谈";另一项是"提交合同稿、会审表及背景资料",需要循环的箭头应当在二者之间的连接线上。

图中的符号使用同样不够规范。中间部分的向下箭头并非流程图上所用,箭头上加文字说明更非流程图的注释方式。带有选择结构的"财务部门审核对方资信情况、法务部门审核资格资质等情况"和"公司决策审批"均应使用菱形符号,并各自分出"是"和"否"两个线条,一个用于连接到下一操作、一个用于返回第一步。

顶部及底部的方框中的文字内容太多,方框内只需要简化后留下标题性的内容,具体内容可以以注释的方式另加说明。

3. 流程必须符合制度

该流程图为合同管理制度的附件,但其内容与制度存在较多差异,不仅容易造成混乱还容易产生误导的风险。例如:

该企业《合同管理办法》中称该附件为"7、订立合同的程序(见附录F)",而流程的标题为"附录F 合同审批、签订管控流程"。

该企业《合同管理办法》中的起始流程为"7.1 职能部门、业务员提出订立合同的要求,草拟合同文本,填写《合同会审单》,合同起草后应先走内部审批程序,主要包括业务承办人、职能部门意见、合同管理员意见、财务部门意见等"。但流程图中并未提及"业务承办人、职能部门",环节不符。

流程图中仅有"财务部门审查重点审查对方资信情况,是否拖欠款项等",而实际管理办法中规定"7.2 监审部审查、修改公司三重一大制度及公司其他文件规定内容的合同条款,防范法律风险"以及"7.4 公司职能部门按审核出具的意见或协商后的意见进行修改后,根据会签程序进行会签,送交各相关部门及主管领导、公司领导审核签批",因此缺失了管理办法中重要的风险管理措施。

这类问题实际已经远远不是流程是否规范的问题,而是流程与制度的背离。究其原因,当属流程未经仔细推敲,也未随着《合同管理办法》及时修改的问题。

(二) 流程的优化

流程的优化,是指从内容上改善原有流程,包括提高其精细度、简化毫无必要的复杂流程等,以增强风险管理的效果并尽可能平衡风险管理的效率损失。这一工作强调的是对实际风险管理效果的改善,而非外在表现形式方面的提升。

1. 流程的精细化

流程的精细化是面向管理需求和实际情况,针对具体问题精细地增设管控措施或细分不同情形的应对策略,从而使风险管控措施落实到位或对不同情况都能采取最为适宜的应对策略。

许多流程之所以精细化程度不足,有的是对可能存在的风险缺乏足够精细的预见;有的是对已经发生的问题未能及时亡羊补牢。此外任何一种解决方案都需要考虑发生的概率以及后果的严重程度,因此从风险控制理论角度考虑,未必每类发生过事件的风险都需要采取措施。

例如,某房地产公司在开始预售前由于规划、设计等事项变更而多次变更楼书文本,预售开始前他们仔细核对了楼书文本、销售合同文本。但由于在预订合同中并未注明楼盘的具体情况以楼书的最后文本为准,部分客户持以前的楼书以欺诈为由发起投诉和索赔。这类投诉未必能够成立,但文本匹配性检查的缺失毕竟给企业带来许多风险,属于应当通过细化流程予以杜绝的低级错误。

又如,另一房地产开发商所售的个别商铺由于局部层高未达法定标准,准备将未达标部分的面积赠送给业主用于货物存放,并在销售合同所附的平面图中以虚线隔开销售面积和赠送面积,但在交房时仍被业主以平面图误导为由索赔。事后查明,原施工图合同中、所附平面图的电子文稿中均有虚线标明计入销售面积部分的界限,而实际平面图中未出现虚线系打印软件不兼容、校对时只核对了电子图稿所致。这一情况实属罕见,但仍属细化流程即可解决的低级错误。

上述风险事件均源自核对阶段的低级错误,前者未校对匹配性问题、后者未校对实际文稿,都属于流程精细化所要解决的问题。

2. 流程的简约化

流程的简约化,是指在不降低风险管理效果的前提下,通过简化流程来节约管理资源、提高工作效率。实际使用中的流程许多未经仔细推敲或因时过境迁,已经不再符合实际需求却仍旧占用着大量的管理资源。减少不必要的管理环节和动作、简化这方面的流程,可节省管理资源并提高经营、管理的效率。

例如,某大型企业的《办公设备采购合同》明显由工业设备采购合同转换而来,采用了复杂的验收、交付程序。其验收程序如图4-14:

图4-14 办公设备采购验收程序图(复杂)

但办公设备所包括的复印、打印、装订、投影、音响等设备毕竟与工业生产设备不同,技术成熟、使用门槛低、标准化和通用化水平高、法律保障充分,并不需要特别复杂的验收程序来确保产品质量,企业事实上也并不具备足够的能力和资源去进行如此复杂的验收。因此,完全可以省略部分环节而直接投入使用,为保障质量而采取的反复验货等手段则以各种"三包"等条款的约定解决,例如扩大"三包"范围、质保期延长、故障期间提供备用设备等。精简后的流程如图 4-15：

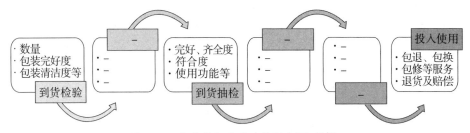

图 4-15　办公设备采购验收程序图(精简)

这种简约化并未降低安全系数,只是将无需分开的环节一步完成,并约定强化售后服务以让用户得到更好的质量、服务保障,对双方都更加简便易行。

另外一个实际应用中的案例也同样如此。某家房地产开发企业因开发精装修、带设备的商品房需要,准备采购数百套商品房所需的空调、冰箱、灶台、消毒柜、油烟机、一体厨房等。通常情况下从到货到验收通过的流程分别有到货清点、货品保管、领用管理、现场安装管理、安装后设备保管、验收等环节,周期长、管理难度大。

由于开发商既无精力又无意愿管理这类事务,于是约定,除了进出工地放行和提供水电等基本设施外一切均由卖方自行解决,而且一切以安装后的现场验收为准。也就是每完成一套商品房装修,由开发商与卖方共同检验,合格后锁门封存、不合格则及时整改,具体的运输、安装、保管等全由卖方负责。

但这两个案例中的买方均得益于买方市场下的大批量采购所带来的优势交易地位,所以才能成功地简化采购流程而又控制风险。而在没有交易优势的情形下,一般难以实现。

3. 流程的最优化

整体最优化,是指当一个流程分为若干个环节时,为了达到整体上系统安全的最大化或整体上最高的效率等目标而在具体环节上有所妥协。以每个环节的最优化得到结果的最优化只是一种理想,现实中往往难以实现,甚至局部的最优反而影响了整体的最优。

这在技术上其实不难理解。某些新产品仍旧采用成熟、稳定、经过检验的技术而不是最新技术,是为了减少不确定性、提高稳定性并树立良好的质量口碑。而在管理流程上有所妥协,有时是为了降低管理成本、有时是为了提高效率、有时是为了符合企业的某种现有条件。

例如,简化版的合同管理流程中的各环节管理内容如下图所示,但这一流程更适合大中型企业中的买方。只有针对不同的管理体制和不同的交易进行调整,增加或减少管理项目、措施,才能达到企业的最优状态。

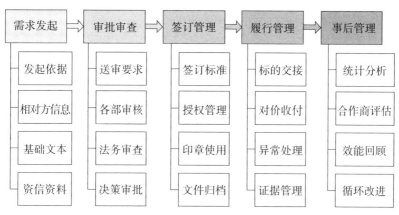

图 4-16 简化版合同管理流程图

三、风险管理流程的设计

尽管企业自行绘制的流程图存在许多问题,但是还有许多企业根本没有流程图或流程图数量远远不够。这时便需要结合企业的管理目标和实际状况为其绘制流程图,以使流程管理体系带有风险管理功能并涵盖最为主要的经营管理行为。

(一)流程深度甚于长度

目前企业实行的最为简单的法律风险管理措施便是设立法律事务管理部门,作为经营管理中的一个环节进行风险控制。这一机构职能的加入,可使企业的规则风险管理从"不设防"状态到专职部门管理状态,管控能力得到很大的提升。但法律风险管理、合规管理都需要全员参与才能最大化地发挥作用,也就是需要将管理职责转换为具体要求分配到不同部门、不同职位、不同事务之中,否则仅凭单独的专业部门和管理流程仍旧难以充分发挥作用。例如合同风险管理,相关部门分工负责才会落到实处,单一部门的管理措施往往力所难及。

1. 合同文本风险

许多企业的合同文本由业务人员草拟,文本源于先例文本、网上获得的文本,甚至直接来自交易相对方。由于他们大多并未受过专门的培训并以完成交易为目标,因而往往寄希望于审查、审批环节去确保合同文本质量。

2. 部门审核风险

部门审核大多由部门负责人完成。他们大多较有经验,能够增加内容、调整条款以使合同更具可执行性、更容易实现交易目的。但他们的工作重点是部门管理职责,具体业务需求和法律风险管控方面需要由业务人员和法务人员完成。

3. 法务审查风险

法务部门的审查重点是法律问题,而合同中的商务条款、技术条款、财务条款理应由各相关部门审查,加之合同审查并无特定标准、外部律师更关注法律问题,因此如无特别要求则这一部门不会特别关注法律以外的条款。

4. 交易审批风险

交易决策往往由经理层面做出。但他们的管理职责一般是企业的宏观运营和各类事务管理,具体业务细节应该由业务部门把控、法律风险控制应由法务部门处理,后续工作往往基于前两个部门的工作而批准交易、签订合同,但风险也因此形成。

5. 合同履行风险

合同履行过程的监管本身就是企业管理中的难题。甚至在如今的信息技术时代,也会由于管理模式、技术投入等原因导致合同履行陷入监管盲区。尤其是分、子公司的合同改造管理,更是由于信息无法联通而处于无法管理状态。

通过以上分析可知,如果未能明确各个环节的具体管理范围和职责,则各个环节间都存在管理上的漏洞,已经通过了审查、审批的合同仍旧可能被"带病"签订。加之合同履行本就处于盲区,从而导致整个管理流程形同虚设。因而合同管到细节的"深度",远比管到环节的"长度"更有意义。

(二)具体流程的设计

具体流程的设计往往从企业实际流程的识别开始。这些已在事实上形成,而实际执行的流程远比规章制度规定的流程更能代表企业的管理习惯,以这些流程为基础进行优化,会使设计和执行人员都感到顺畅。

1. 基本结构及拓展

实际流程的识别往往由各相关部门共同参与的小组会议进行。最有效率的方式是边询问边在白板上绘制,并通过讨论来最终确定实际流程的环节、流向和控制点等。有些项目的这一步骤在风险识别过程中已经完成,实际流程中的缺陷也已载入评估报告,但在设计过程中有时仍需进一步与企业各部门沟通,以了解和尽量满足其流程功能、环节需求。

如果实际流程比较复杂,可先理清顺序结构,也就是排出最基本的管理流程、形成最基本的流程图。然后在各个管控环节视不同的可能性加入选择结构,设定需要判定的问题并依"是"和"否"分别进入不同的环节。这时的一个常见错误是除了"是""否"有时还有第三种选择,这是分类方式不够严谨所致,一般将其分为两次选择结构即可消除这一错误。

某些流程会存在循环结构,即循环到条件变化时才进入另一选项。例如,某些合同文本被反复审核、审查,直到完全符合各种要求才进入审批环节;还有一些交易可以一直持续,直到某种情形出现时才停止等。这种结构也是一种客观存在,但最好以某种方式说明需要符合的审核、审查标准,或明确退回补充、修改时应有明确的工作指示要求,尽可能减少不必要的管理资源浪费。

流程中表示开始和结束、工作内容、判断等符号中所用的说明性文字应当尽可能简洁。其作用仅是标示该步骤的内容或抽象的管理动作,并不需要完整的句子。如果使用带部门的流程图,甚至不用标注行为主体。

通过这些结构的逐级、逐步识别,在确定流程的必备环节、不同情形的处理、各部门的职责、环节间的配合要求、工作的前后顺序等之后,即可结合管控要求、评估报告和相关管理制度等,制作出规范的实际流程图并加以优化。

2. 流程图内容的表述

以前的流程图可以用"一图一表"的方式比较充分地体现内容。其中的"图"用来体现工作的内容、顺序、选择项等;"表"则用于描述图中各环节的具体信息,如责任部门、工作内容、工作要求等。由于信息相对完整可以独立使用,"一图一表"甚至可以取代文字表述的规章制度,而且更加简洁、明确。

例如,经过识别,某食品生产企业的基本物料采购流程及其说明图表如下:

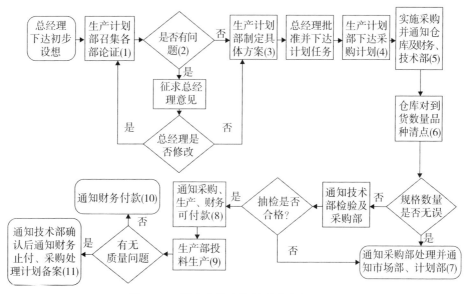

图4-17 某企业基本物料采购流程图(1)

表 4-2　某企业基本物料采购流程说明表

项目序号	项目工作内容描述	工作目标
（1）	生产计划部综合各部的资金、采购、销售、生产设备能力等对总经理的初步设想进行论证	确定是否要调整设备、资金等
（2）	需报告总经理,如需调整,提出设备、资金、技术能力等哪些方面需要具体调整、调整后应达到的状况	为总经理的决策提供依据
（3）	根据总经理最后决策编制具体的实施方案、生产计划等,包括按季、按月的采购计划,以便执行	制定全年的统筹安排
（4）	生产计划下达各部门并根据库存制定具体的采购计划,向采购部下达具体的计划、提供合格供应商名录	统筹安排采购的资金、日程
（5）	采购部按公司制度实施采购,并将约定的到货时间、数量、价款支付计划等通知相关的仓库、财务、生产技术	使各部门早有准备、统筹安排
（6）	仓库根据采购合同核对到货的品种、品牌、数量、规格等,并根据真实情况记录和签收	使收到的货物与采购的相符
（7）	仓库将实际收到货物的情况如实通知采购部,如有误差通知采购部处理并通知相关部门	通知各部门协调行动
（8）	抽检合格后由生产技术部通知各相关部门准用并进入下一程序,但在投料使用后付款	确保质量与合同相符
（9）	除特殊原因外,生产部门应当尽可能在质量异议期内投料生产以确认是否有质量等问题	尽可能在付款前发现问题
（10）	如协调得当则可在试用合格后通知财务付款	尽可能降低索赔难度
（11）	发现问题及时通知其他各部门共同处理以尽可能减少损失	避免损失或防止损失扩大

特别说明:本流程强调各部门在阶段性活动中应与上下游部门的工作衔接好,及时发现问题并解决,但对外的索赔事宜由采购部统一处理,其他部门在需要时给予协助。

但"一图一表"的表述方式按当下的标准已经显得过时,如果转换为比较流行的"带部门的流程图"并附以说明,可使流程图更加规范且易读、易解。经整理、转换,"采购流程图"如下:

以这种方式表述后,流程图信息直观、完整,已经可以代替规章制度而独立使用。其中,责任主体流程符号内的责任主体移到流程图的左侧,流程的进程列在流程的顶部,整个流程从左向右按流程动作的先后顺序展开,具体的管理动作体现在

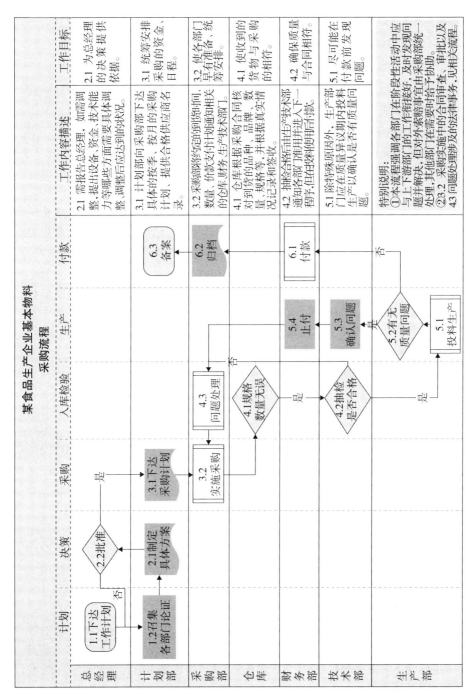

图4-18 某企业基本物料采购流程图（2）

部门和进程的交叉点,说明文字则按照符号内标注的序号,如此一来无需对照管理制度即可明确工作内容及顺序。

(三)流程中的技术问题

流程图在直观地显示出管理流程的同时,也可以直观地显示出流程中可能存在的技术性问题或结构性问题。这些问题在流程图完成后通过简单的回顾就足以发现,其中有些属于简单、容易纠正的表述方法问题,另外一些则不然。

1. 流程中的高频现象

如果某种程序或动作在流程图中高频率地出现,需要考虑这种重复是否属于流程设计缺陷或是流程的执行受到某种条件的限制,如有可能应予排除。

例如,某管理流程中反复出现向其他部门发出通知的情形,反映了该企业由于信息化程度低,不得不通过主动通知的方式告知其他部门已经发生的情况,并借此推动其他部门实施特定的管理行为或进入特定的管理程序。这类企业所需要的,是通过技术手段提高发出通知的及时性和标准化程度。

而在另一管理流程中,事项的审批、决策反复经过某一职位,说明该企业集权化程度高,很容易由于关键管理人员的原因而影响到企业的管理效率,甚至由于某种原因而引发企业管理的停摆。这里便需要考虑提高送审资料的标准化程度,以及适当分权减轻管理压力过于集中的问题。

2. 串行审批与并行审批

串行审批是指按先后顺序,一个审批环节完成后才进入下一个审批环节,包括同级之间以及上下级之间的按顺序审批。其优势是后一环节可以总览前面环节的全貌,便于做整体打算,但缺点是审批周期长。

并行审批是同时进行审批,然后再进入下一审批环节,多用于同级部门针对同一事务。例如各职能部门在同一期限内各司其职分别审查合同中的商务条款、法律条款、技术条款、财务条款等。这种方式可以大大提高层级管理效率,但缺点是横向沟通差、缺乏整体考虑。

两种审批方式各有优劣,适用范围也不尽相同,很难做出非此即彼的选择,组合使用相对更好。如果能够提高审批过程的标准化,适度减少非常规处理事项的范围,则无论哪一种审批方式均可实现质量与效率的平衡,但并行审批更有技术挑战性。

3. 环节间的标准接口

流程最主要的用途是协调横向、纵向的管理关系,共同完成对具体事务的管理。而同级的不同部门之间、上下级部门之间,唯有设立标准的"工作接口"才能保证上一工序为下一工序提供及时、对口的成果,减少因标准不合而造成的返工或毫无效率和意义的等待。

而这种工作接口需要有明确的责任人、明确的工作标准、明确的工作时限,以及足够的权限、足够的资源等,确保配合工作可以顺利地从一个环节进入下一个环节。而在此之外,往往还需要绩效考核等推动工作的及时衔接。

除上述问题外,还有许多流程涉及结构、节点、管理等问题,这里不再逐一介绍。

第七节　解决方案中的文本设计

除了以制度、流程管控的行为风险,企业经营管理活动中常用的文本、表单体系尤其是合同文本体系,是另一重大风险源。只有在制度、流程、文本三大体系全部预备好风险管理解决方案,而且三者之间相互配合,才能构成完整的风险"防线"。

一、文本体系与风险管理

文本、表单的风险管理既要梳理其内容又要理顺与管理制度、管理流程间的关系。前者是为了尽可能消除其本身存在的风险,后者是为了避免因协调不足、管理不到位、相互冲突等产生的风险。只有实现文本、表单体系的标准化,才能实现上述目标。

(一) 文本解决方案与标准化

文本、表单的标准化,是指对于经常使用的合同文本及合同所附表单、工作表单,通过合法性、合规性、实用性、明确性等方面的审查、修订后作为相关事务处理的标准文本使用,以文本内容和使用程序的标准化排除各种不确定性,提高风险管理水平和工作效率。

1. 管理制度化原理

制度化管理的设计原理,是将专业的、行之有效的工作方法固化为规定的工作内容及程序,且使并不十分专业的人员也能执行。这样处理使管理效果更依赖普通员工对于制度的执行而不是个别管理者的专业水准,并使管理活动更具稳定性。

理论上,制度、流程、文本三大体系交互作用的理想模式,是三者之间的相互作用和有机融合、相互匹配的结果,即维恩图的中心部分。任何其他体系未能覆盖之处,都会缺乏体系性保障甚至因不够兼容带来法律风险。

制度、流程及文本都不能单独解决所有的风险管理问题,因此需要充分配合才能最大限度地提升风险管理能力。制度一般只规定组织机构、职权分配、工作要求

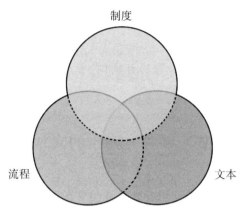

图4-19 制度、流程、文本结合维恩图

等基本秩序和行为准则;流程则侧重于将各类需要多部门或多层级配合的事务通过工作的顺序、内容以及不同情形的处理方式等要求固化、标准化;文本则以对外签订的合同等为主要目标,控制对外权利义务关系设置上的风险,因此只有三者之间相互配合才能有足够好的控制效果。

例如人力资源管理,除了合法有效的管理制度、管理流程,还需要有配套的合同、表单作为工作安排、岗位调动等环节的有效依据,才能避免无谓之争。

2. 文本标准化原理

标准化的理念最早用于工业生产,其目的是为重复性的同类产品生产设定统一的、可测量的技术标准,以提高产品的质量水平和生产效率。同时也用于增强不同厂家同规格产品的可互换性,以提高资源的利用率。企业管理领域里的标准化,则更多是通过统一的技术规范或业务规范,使重复发生的行为按规定的要求完成,从而提高工作质量和管理效率。

文本体系的标准化也是基于同样的考虑。由专职人员逐个控制文本风险是企业普遍采用的管理手段,律师的常年法律顾问业务便是以合同审查为主。但这种管理方式工作效率低、质量控制不稳定,且有大量的时间消耗在类似甚至相同的重复劳动中。如果将大概率重复使用的文本加以标准化,则可省略许多审查审批环节,从而简化流程、提高效率,而且还可以使安全系数不变甚至更高。原来必须由专业人员处理的复杂风险事务,也转变为低成本的按照标准流程使用标准文本的做法。

甚至连专业人员也需要以这种方式简化操作,以提高效率、减少失误。例如,最高人民法院《关于审理买卖合同纠纷案件适用法律问题的解释》(2020年)第十三条规定:"买受人在合理期限内提出异议,出卖人以买受人已经支付价款、确认欠款数额、使用标的物等为由,主张买受人放弃异议的,人民法院不予支持,但当事人另有约定的除外。"这意味着买方即使提出异议后双方达成了谅解且买方使用了标的物,也仍可继续主张赔偿。而卖方为保护其利益,必须在合同中约定如有异议则不得使用标的物否则视为放弃异议,才能避免处理异议时的失误。

这类专业性的规定很少为非专业的业务人员所知悉,甚至专业人员也可能在处理时出现疏忽。而将其列为合同的标准条款后,即使非专业人员也不会因此失误。

(二) 适合标准化的文本

解决争议过程中使用的证据材料,都是在交易过程中"例行公事"的文本。文本风险管理,则正是针对这些业务上的文本、表单。但大部分企业对于合同文本的审查、修改等均为"一事一审"的方式,而不是采用标准化合同文本免审的方式,经常性使用的合同也是类似文本的反复使用,因而不断重复着低效劳动。

而文本标准化所要解决的,正是这些类似合同的重复交易。尤其是当企业处于优势交易地位时,使用自己一方的标准化文本签约可以省去合同审查环节以提高工作效率,只是处于弱势交易地位的企业较难使用自己的标准化文本。因此,可以标准化的文本有以下特征:

1. 具有优势交易地位

具有优势交易地位,是指在具体的交易中由于相对方进行资源交换的愿望更为强烈而产生的足以影响交易条件的态势。这种交易优势是动态的,主要因供需关系的变化而不断改变,但在具体交易中其他条件也可形成交易优势地位。

例如,买方市场下的买方可以有多种选择,因而相对于卖方具有优势地位。但在具体交易中,如果卖方具有质量、价格等优势,也可处于优势地位。

2. 同类交易经常发生

为经常发生的同类交易制定标准化文本,对企业的交易安全、交易效率更有帮助。很少发生的交易也可以制作标准化文本,但为使用率极低的交易制作标准文本几乎就是一种浪费,而且企业很难熟悉极少发生的交易中的规律。

通常情况下,劳动合同、采购合同、销售合同是企业经常使用的文本,因为这类交易发生得最为频繁,也是最需要标准化的文本。

3. 了解充分且模式成熟

之所以选择充分了解和模式成熟的交易,是因为标准化的合同文本是用于反复使用,如果对交易的法律关系、行业规律等没有充分了解或是对交易模式并不熟悉,则制作出的标准化文本可能因带有缺陷而导致更大的风险。

因此,如果为并不熟悉的行业、领域、交易模式制作标准合同文本,则需要更多的行业信息、法律调研才能确保安全。

二、文本标准化的实施过程

解决方案中的文本设计主要是合同、表单等文本的标准化,其中尤以合同文本的标准化最为重要。而合同文本的标准化涉及诸多细节问题的处理,包括结构、体例、表述等,由于篇幅所限这里仅介绍风险管理层面的方案设计,操作层面内容不再展开探讨。①

(一)基本定位与体系设计

文本体系的误区,是许多人不假思索地将其等同于"霸王合同"和"格式条款"。如果企业具有足够的交易优势地位,固然可以将合同、表单都制作成"霸王合同"和"格式条款"。但设计文本体系的初衷只是为了在文本中植入风险管理解决方案并使文本标准化,确实需要"格式"但未必需要"霸王"。

1. 标准文本需要格式

标准化的合同、表单需要有一定的格式才能便于阅读、使用,以及包含风险管理措施的安排。格式的作用,是通过将文本内容按照一定的规律安排,包括主题和段落的层级、顺序等,使文本内容更适合于阅读和理解,同时也更便于审查和修改。而在风险管理层面,通过合理安排的格式更容易发现风险环节和安排风险管理措施。例如清晰地按照时间顺序排列符合人们阅读习惯的合同条款,更易于发现问题并嵌入管理措施中。

语言文字是文本内容的载体,同样需要一定的"格式"。任何一个领域的专业语言,都只有采用特定的方式表述才能有更清晰的权利义务边界、更明确的内涵外延、更简单有效的安全保障,以及更有权威感和庄重感的氛围,而无关其主题及篇幅。表述方式与文本格式相配合,可有效地提高管理效能、提高风险管理的安全系数。只是许多企业并未认识到这一点,因而难以准确、方便地阅读理解其文本,也不利于风险的排查和解决方案的安排。

但标准文本并不等同于格式条款。按照《民法典》(2021年)第四百九十六条,"格式条款是当事人为了重复使用而预先拟定,并在订立合同时未与对方协商的条款"。这类条款以移动通信服务等消费合同最为典型,因为庞大的客户群体使得一一协商成为不可能完成的任务,只能采用标准化文本。但毕竟企业使用的商务合同数量要少得多,因而可以作为商务洽谈的基础文本使用且只调整非实质内容。即使每次只审查对标准化文本进行的修改,也足以减少工作量、提高工作效率。

---

① 参见吴江水:《完美的合同——合同的基本原理及审查与修改》(第三版),第四章"合同的设计与起草",北京大学出版社2020年版,第377—475页。

2. 文本内容无需"霸王"

"霸王合同"通常是指排斥相对方权利、加大相对方义务,但扩大自己一方的权利、减轻自己一方的义务,甚至语言表述上盛气凌人的合同。这种合同可以是格式条款也可以不是,但基本上都是滥用了在交易中的优势地位,用强加于人的方式推卸因管理能力不足可能带来的责任。这类合同的某些条款可能并不会因此而无效,但整个合同缺乏对平等主体的尊重,且不能公平地承担自己所应承担的责任,难以形成融洽稳定的伙伴关系。

尽管许多企业的标准合同文本体系是名副其实的"霸王合同文本体系",但这并非标准合同文本体系的本来面目。设计良好的合同需要充分体现出对相对方的人格尊重,以及对于自身责任的勇于承担,这些都是良好的商业信誉的有机组成部分。权利义务可以明确、违约情形可以细分、违约责任可以强化,但没有理由和必要无视相对方的尊严,以及推卸自己的过错责任。标准合同文本可以严格但不必"霸王"。

(二)文本设计的操作过程

标准文本的设计包括合同和表单但以合同为主,是结合企业原有状况、管理需求量身定制,并将风险管理解决方案嵌入文本并全面梳理原有文本或设计新的文本的过程。在这一过程中,工作越是精细则工作成果越能满足企业需求。沟通、调研虽然耗时、低效,但能充分实现风险管理目标。以标准合同文本为例,设计标准文本的过程一般需要如下过程:

1. 确定质量标准

标准文本能否满足需要不仅取决于风险管理水平,还取决于能否满足客户的审批、交易、管理等一系列需求。加之文本质量并无统一标准,因此最实际的做法是以客户满意为准。同时,标准文本作为一种风险管理的解决方案,本身也要考虑企业经营管理上的需求。

因此,需要讨论、分析企业在各个方面的需求和管理目标,以及定位文本的使用场景和篇幅、精细度、实用性、经济性、操作性等基本质量要求。

2. 收集背景信息

文本设计中最为复杂的是合同文本的设计,收集交易文本是必备的交易环节。风险评估报告中已经谈及的内容只是所需背景信息的一部分,企业希望如何管理、出过哪些问题、担心会出哪些问题,以及各类合同文本使用中有哪些不便、遇到过哪些争议或异议,甚至投诉记录的统计分析等,都是发现问题、完善文本的宝贵素材,可以为修订设计新文本提供依据。

3. 调研相关法律

经常使用的合同条款一般很少存在法律瑕疵,但调研相关法律规定可发现更多可以利用但尚未利用的资源,并避开已经发生过的风险事件误区。尤其可以通过法律调研明确权利义务的边界、发现有法律授权的任意性条款,以及了解法律之外的行政法规、地方性法规、各类规章的相关规定等,就可以充分利用已有的定论性要求完善条款,而对没有法定要求的权利义务则充分通过约定加以解决。

4. 起草基础文本

起草基础文本,以合同文本起草为例,首先需要安排文本内容的模块分布及层级分布,然后再逐步细分出具体内容。有时需要先将所需的条款全部列入,然后再排除法律已有明确强制性规定的内容、合并条款,以精简合同的内容。

有些合同看似可以通过修订的方式起草,但改变结构的"修订"实际上属于将原合同内容作为基础素材的重组,仍旧属于合同的起草,操作上并无不同。

5. 深化细节设计

这一阶段需要先就基础稿与企业进行深度沟通,针对反馈的具体问题举一反三发现更多的问题来对条款的编排方式、具体内容进行精细化调整,包括调整各级标题、调整表述顺序、关键词一致化等方式,提高阅读理解的便利性。

同时还需要解决文本内容与规章制度、管理流程方面可能存在的冲突,以及管理的便利性等,并经过再次讨论、调整后才能定稿投入使用。

6. 持续跟踪改进

持续跟踪改进未必在每个项目中都可以做到,但这是提高文本质量和适用性所必需的环节。因为文本所依据的法律等规则无时不处于变化之中,而经济环境、企业状况也不无时不在发生变化,与时俱进才能实现文本效用的最大化。交易、管理、法律等方面的变化都可能需要对条款进行适应性调整。

当然,其更大的作用是积累设计经验、提高设计水平,包括考虑问题的周延性和解决方案的精准度,以及管理的便利性、权利义务的平衡性等。

总结这一过程可知,设计文本的过程需要不断与企业沟通,不仅要满足风险管理需要还要满足交易、交易管理等各方面的需要。

三、合同文本的设计质量

标准化合同文本最受企业欢迎,因其同时满足企业经营管理和风险管理的需要,其内在、外在质量都要优于企业以前使用的文本。这类设计并无统一的质量标准,但按一定的思路和方法工作,可以确保具有更高的质量水平。

(一)合同文本的内在质量

合同文本的质量可以分为内在质量和外在质量两部分,各有五个方面因素需要考虑,同时还根据交易需求、交易习惯的不同而分为四个不同层面。① 但由于篇幅和题材所限,本部分只讨论相关设计思路。

1. 成熟文本的标准化

由于简单的培训无法使企业人员达到法律专业水平,而事无巨细地审查每一份合同又效率过低、成本过高,因此许多企业要求律师结合企业的具体情况起草全套标准合同文本,从而使后续工作限于审查修改标准文本的改动部分,以提高效率、降低成本。这类全套标准合同文本,也被称为标准合同文本体系。

通常能够顺利建立起标准合同文本体系的,都是企业占有优势交易地位且经常性发生的成熟交易的成熟文本,尤以经常性的原材料采购为代表。这些经营所需的常用原材料以及部分设备,如果既是买方市场又有企业的大额采购,则企业就会占尽优势要求供应商以自己要求的方式供货,包括对交货时间的准确性、产品质量、检验过程、产品责任等方面的要求。

其中最为典型的是"零库存"的生产模式。以这种模式生产的企业确实自己没有库存原材料,但并不是真的没有库存,因为那样不太现实。真实情况是,他们严格要求供应商在指定的时间向指定的地点按指定的数量供货,本应由生产企业完成的库存管理被转嫁给了供应商。

在技术方面,这类合同一般设计成持续履行合同,且强调履行过程及违约责任。所谓的持续履行合同,是指在一定期限内持续有效,但具体交易量、交易价格等以实际交易为准的合同。这类合同相当于约定了双方的交易条件、权利义务,但由于交易经常发生且未来的价格、需求量一时难以确定,因此需要在实际交易时另行确定。而对履行过程,包括交付、检验、结算等过程的强调,则是为了更好地确保质量和供应的稳定性,甚至以某种机制确保价格的合理性。

同样是由于具有一定的优势交易地位,企业设定有利交易条件、决定合同形态的主动性强,也会使其容易走入误区。合同文本并非越长、越复杂越好,而是越精细越好。不仅是具体条款需要足够精细以解决实际交易中遇到过的问题和可能遇到的问题,还需要针对不同的情况设计出适合不同交易方式的标准化文本。

2. 成熟模式的标准化

成熟模式的标准化,是指将风险控制能力更强或风险更小的交易模式固化、标准化为标准合同文本。这类标准化与企业的合同管理体制、管理流程相关,往往仅通过交易模式的变化来提高效率、降低风险。许多标准化文本同时具有成熟文本和成熟模式两种特征,但成熟模式大多是基于有意识的专业设计而来。

---

① 参见吴江水:《完美的合同——合同基本原理及审查与修改》(第三版)第一章第七节"合同质量原理解析"及第二章第二节之"四、合同质量层面及审查方向",北京大学出版社 2020 年版,第 73—94 页、第 143—146 页。

例如，主体资格问题一般只对卖方不利，但个别情况下也会给买方带来不利后果。按照《民法典》第一百六十七条的规定："代理人知道或者应当知道代理事项违法仍然实施代理行为，或者被代理人知道或者应当知道代理人的代理行为违法未作反对表示的，被代理人和代理人应当承担连带责任。"因此委托合同的双方均应了解另一方行为的合法性，以避免因对方违法而蒙受损失。

又如，标准程序下的采购往往审批流程复杂、周期较长，可以设置小额采购或应急采购快速解决应急问题。而同类合同有时会有不同的履行方式，可以分别设立普通采购合同、包送货采购合同、包送货及安装的采购合同等，在调研不同的混合合同的法律适用问题之后，将各类履行方式都制作成标准化合同文本，可确保不同场景下的运用都能实现风险的最小化和利益的最大化。

3. 标准文本的体系化

标准文本的体系化：一是指合同文本需要共同形成体系；二是合同文本与配套表单要形成体系；三是文本与其他表单、说明等需要形成体系。尤其是风险管理体系，往往需要合同、表单、说明共同组成。其中，合同是相对稳定的对权利义务的明示约定，表单是随时根据市场等情况调整、补充的合同组成部分，说明则是对企业产品或服务的说明体系。

例如，在电信服务领域，合同、表单、说明之间应有的协调关系如下：

（1）合同

合同是服务商与消费者之间长期稳定的、基础性的权利义务设定，其内容基于《民法典》中关于合同的基本原则、原理，以及《电信条例》等法规、规章中的授权。主要用于规定双方间基本性的和通用于各类业务的电信服务权利义务界限，解决变更、违约等情形下的权利义务分配，不涉及服务项目及资费具体业务内容。

（2）表单

用于登记接受服务方的个人身份事项、服务类型及计费方式、缴费方式等特定权利义务，并可附带约定某些合同条款中未予设定或未加细化的细节，使之可以灵活地随着技术、业务的变化而调整所需要的内容，但一般并不重复合同中已有的内容。事实上，表单才是真正的合同，这个体系中的合同只是其附件。

（3）说明

说明包括业务说明和广告内容。业务说明会随着技术进步而不断变化、广告会根据经营状况不断变化，都不适合写入表单中固化，但又必须与合同、表单相配合。业务说明一般包括功能、特性、技术实现方式、资费标准等内容，相当于服务产品的"说明书"，也是客户知情权的保障。而广告则只是一种要约邀请，具体的权利义务还要以表单内容为准。

(二)合同文本的外在质量

合同文本也是企业管理水平的外在体现,因而需要同对待CIS(企业识别系统)一样对待文本的外在质量,使之成为形象良好的企业名片。合同文本语言文字的应用另行讨论,更为直观的排版问题更容易影响企业形象。

1. 页边距

页边距是版面的文字区域(又称"版心")离纸张四面边缘的距离,文字处理软件大都设置了默认的页边距,以留下一定比例的空白部分并借此保持页面的美观。页边距过于偏离默认的合理范围,或页边距左右不同、图表超出版心等,都会影响版面的外观质量。

2. 字体与字号

合同名称、合同编号、条款标题、合同正文等可以分别有不同的字体或字号,但必须保持用法上的统一,如正文中中文字体、字号以及英文、阿拉伯数字的字体、字号用法上的一致。又如,所有正文中的标题使用同样但与正文不同的字体,或相同字体但加粗等,字体、字号可以自选,但同类内容需要用法一致。

3. 行间距与字间距

行间距是行与行之间的距离,字间距是字与字之间的距离。合同中一般都采用标准的字间距,而行间距则可以根据内容需要有所变化。例如,在大标题前空出半行的段前距离,可加大标题与前一段落最后一行的间距,使标题更加醒目。而且正文行间距一般不宜小于1.25倍,否则会使行与行之间的文字显得拥挤。

4. 条款序号

条款序号的编排有多种,各有优缺点。传统上是以"第×条"的方式按顺序罗列,较方便和体系化的是带小数的阿拉伯数字,如"3.1　承诺与保证"等。条款序号的编排往往与标题体系一起使用,形成统一的标题风格和编号方式,使文本看上去外观整齐。体系内文本的版面一致,则是文本体系化的基本要求。

5. 标题体系

合同的标题体系由各级标题构成,层级多少视篇幅而定,但标题相对于正文内容应当突出、易于识别。在形式上,同一层级的标题必须使用统一的字体、字号、段前距离,以确保标题体系的统一。而在划分标准上,也应当有大致的层级之分,除为了拆分内容的需要外,尽量避免不同层级的主题并列为同一级。

除文本内需要保持外观一致,还应保持体系内各文本之间在结构安排、表述风格、版式等方面的一致性,使所有文本更像一个体系而非一个汇编。

四、表单等文本的设计

除了合同文本,企业常用的文本还有与合同配套的表单、事务处理表单、与产品或服务配套的业务说明。对于这些,只要是有可能多次发生就有必要制作成标准的文本并以此来控制风险,其设计原理与合同体系的设计基本相同。

(一) 常用表单的文本设计

企业常用的表单包括交易中使用的以描述细节、变化或记录事件等为主的表单,以及企业在处理各类业务过程中使用的固定格式的表单。这些表单的文字量不大、内容简洁明了,便于在工作中频繁使用。

1. 作为合同使用的表单

某些独立对外使用的表单设定或证明了双方的权利义务关系,符合《民法典》对于合同的定义,实际上属于合同的一种体现形式。有些交易中代替合同的"订货单""提货单"类的表单,其实就是简单的合同。这类表单大多用于简单、金额小、履行期短的交易,多以标的、数量、金额等列表内容为主,基本没有交易方式、争议处理条款,至多简要注明某些特别提醒或说明事项。

这类表单适合特定的交易,习惯上只关注交易内容的简单、明确,基本上可等同于货权凭证,但可以通过简单的说明划清双方的权利义务边界、解决曾经发生或易于发生的问题。

2. 配合合同使用的表单

某些合同以表单的形式描述交易双方的身份事项,以及交易标的的品种、数量、金额、交付期限、支付期限等操作性细节,其他的双方权利义务条款则放在合同正文中体现。这种表单是合同不可分割的组成部分,并无额外的法律意义。

这类表单还用于在特定期间内多次履行的持续履行合同,只是情况略有区别。这类表单在合同签订时并不存在,只在发生交易时才约定具体的品种、数量、金额、交货期等细节,并不改变原合同中的权利义务,属于交易时才产生的"合同附件"。这类表单需要界定表单内容与合同内容间的关系,确保二者可有效衔接。

3. 履行合同使用的表单

在合同履行阶段,有时使用表单作为记录或确认某些过程、事项的依据,或作为合同的补充、变更。例如,《商品房买卖合同》签订后对于买受人退房情形的处理、交房时补充了质量瑕疵方面的补偿条款,多以协议或表单作为处理完结的依据。

设计这类表单时:一是要指明涉及的原合同,以明确处理的是哪一份合同中的哪类事项;二是明确双方所达成一致的内容是对哪些约定进行了补充或变更;三是明确处理结果之外其他权利义务是否按原约定执行,以避免产生新的风险。

4. 其他事务处理表单

在商务合同相关表单之外,在部门与部门之间、企业与员工之间、企业就非经营性事务与外界之间,也会使用其他表单。这类表单都需要内容明确、信息完整,以减少信息不完整引起的反复沟通或内容不明确产生的误解等风险。

例如,部门之间的工作联系单需要明确目标、原因、内容、质量以及时间、地点、联系人等,使之清晰、明确并责任分明。

(二) 产品说明类文本设计

在当前的法律环境下,产品的说明、标签和广告无一不处于多部法律的强制性要求之下,稍有失当即有可能受到严厉的处罚或承担巨大的责任,且已有许多企业因此蒙受巨大损失,因此极有必要列在风险管理文本体系中。

1. 产品说明或标签

产品的说明或标签基本上都处于强制性法律规范或强制性标准的规定之下,且相关要求广泛、严格。

在法律层面,《产品质量法》《广告法》《消费者权益保护法》等多部法律从不同的角度、层面对产品的说明、标签等提出了类似但又侧重面不同的强制性要求。其中,《产品质量法》适用于所有的工业产品,但许多工业产品由于行业具有特殊性而由特别法调整,此外还有食品行业的《食品安全法》、药品行业的《中华人民共和国药品管理法》(2019 年)、原农业部的《农药标签和说明书管理办法》(2017 年)、原卫生部的《消毒产品标签说明书管理规范》等。相关产品的说明或标签,有的还需要同时符合特别法的规定和普通法的规定。

在强制标准层面,与具体产品或服务相关的强制性国家标准、行业标准等也对产品说明或标签提出了具体要求。但这些强制性标准因其并非传统意义上的法律专业工作内容,因而在风险管理过程中更容易被忽略。

例如,《GB 5296.1-2012 消费品使用说明:总则》规定了消费品使用说明书的编制方法、《GB 7718-2011 预包装食品标签通则》规定了食品标签所必须具备的项目等。即使是已经从原来的强制标准升级为推荐标准的《GB/T 9969-2008 工业产品使用说明书 总则》,从风险管理角度看也不能只将其作为一种建议对待。

2. 产品广告内容

产品或服务的广告受《广告法》《消费者权益保护法》等法律的调整,尤其受到《广告法》严格、强制性的限制。但通常情况下,许多广告只是在短时期内一次性使用,因而不属于表单等文本设计风险管理的范围。

广告方面的法律有着复杂的规范体系。从纵向层级来看,除顶端的《中华人民共和国广告法》(2018 年)和国务院的《广告管理条例》(1987 年),大量的地方性法规、地方政府规章、部门规章也涉及广告内容和形式的管理。而从横向部门法来看,《反不正当竞争法》《证券法》《药品管理法》等近百部法律均涉及广告管理。因此广告文本风险环境复杂,全面管理的工作量巨大。

第八节　组织风险管理的设计思路

组织风险(Organizational Risk),是指包括企业在内的组织机构在运行过程中因组织的决策、组织、协调和实施等方面行为失当导致损失的可能性,其核心是决策风险。[1] 但在决策风险之外,组织管理风险与企业的关系更为紧密。

前面讨论的各类风险几乎都与组织风险有关,而风险管理解决方案设计与风险识别、评估完全为一体化操作,因此值得专题讨论。

一、组织管理风险及解决思路

组织管理风险是组织风险中的一类,特指组织因其机构设置、职能安排等存在组织职能缺陷而导致的企业风险。企业因制度不健全、制度执行不力、监管不到位等制度缺陷导致的直接、间接风险损失,均与组织管理风险有关。因而这类风险不仅是一切管理风险的主因和关键控制点,还是一种普遍存在的风险。

(一)组织管理风险原理

组织管理风险的产生,大多与法律上的规定无关,而与组织机构设置不合理、组织管理制度设计不合理、管理职能安排不合理,或因资源投入不足、缺乏与内部和外部的沟通、协调等妨碍组织正常发挥职能的情形相关。

1.组织管理风险的地位

组织管理风险首先与组织机构设置相关。按照《公司法》(2018年)的功能划分,公司的组织机构可以理解为以股东会、董事会为代表的决策机构,由高级管理人员组成的具体负责公司经营管理的执行机构,以监事会为代表的防止决策权和管理权被滥用的监督机构,即公司的机构分为决策、执行、监督三大部分。

组织管理风险还与组织管理体制相关。在现行法律环境下,在公司章程没有其他约定的情况下,董事会的职权有"(八)决定公司内部管理机构的设置""(十)制定公司的基本管理制度",而经理的职权则为"(三)拟订公司内部管理机构设置方案;(四)拟订公司的基本管理制度;(五)制定公司的具体规章",因而这两级机

---

[1] 参见王粤主编:《企业经营管理》,清华大学出版社 2006 年版,第 182 页。

构均需为组织管理风险负责。①

由此可见,组织管理风险主要出现在机构设置缺陷、职责划分缺陷、规章制度缺陷中。

组织管理风险普遍存在,但很少引起企业的注意。决策、执行、监督三个机构的分立,主要是为了避免因权力过于集中而被放大的战略性风险造成企业或者说是股东的损失。而《公司法》所关注的是"违反法律、行政法规、公司章程或者股东会决议"②的风险,既不涉及组织管理风险又不涉及战略风险。

2. 常见组织机构管理模式③

而这里需要讨论的组织机构,是上述三机构中的执行机构。按照管理模式划分,组织机构分为以下几种:

(1) 直线制结构

这种结构历史悠久,也较为传统和典型。这种结构权力高度集中、职位隶属关系明确,各部门只对直属上级负责,缺乏横向沟通。

(2) 直线参谋型结构

该结构作为基于前一种结构在管理规模上的扩大结构,参谋作为专家顾问协助经理应对复杂的管理事务,主要是提供有效管理所需要的建议等。

(3) 事业部制结构

这种结构是在总部之下,按主营业务或地区等设立若干个自主经营的事业部。其结构与直线制相似,但事业部权限更大且相对独立。

(4) 模拟分散化结构

这类结构介于直线参谋制与事业部制之间,以充分利用资源。结构中的组成单位并非独立的事业部门而是模拟的独立经营、单独核算的"事业部"。

(5) 矩阵型组织结构

这种结构通常用于以项目为中心,通过项目组的形式调配资源。这种模式是固定的职位加暂时性的项目组成员,适合项目多、节奏快的企业。

组织机构的层级、分工、运行模式等设计都应当有利于顺应发展战略、实现组织目标,但不同的组织机构、运行模式需要不同的风险控制手段。

对组织机构最为直观的表述是组织结构图(Organization Chart)。这是一种树状的用于表示企业的治理结构等内容的图表。它通过图表中各组成部分之间在层

---

① 参见《公司法》第四十八条、第四十九条。
② 《公司法》第五十三条规定的有限责任公司监事会职责,即"对董事、高级管理人员执行公司职务的行为进行监督,对违反法律、行政法规、公司章程或者股东会决议的董事、高级管理人员提出罢免的建议"。
③ 参见"公司组织机构",载智库·百科,https://wiki.mbalib.com/wiki/公司组织机构,访问日期:2020年5月4日。

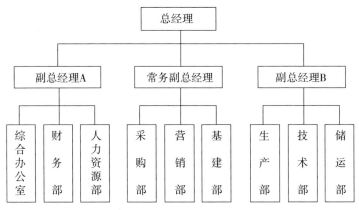

图 4-20 典型的直线职能式的组织结构图

级等方面的关系,直观而且简单明了地展示企业内部的等级、部门及功能、职责方面的状况,有助于人们便捷地了解和分析企业。

3. 相关的合规要求

法律风险管理和合规管理中均未提及"组织管理风险"这一措词,但其内容均强调了机构设置、职责到位的重要性。

例如,《中央企业合规管理指引(试行)》(2018年)第四条所强调的合规管理原则之一便是"强化责任",即"把加强合规管理作为企业主要负责人履行推进法治建设第一责任人职责的重要内容。建立全员合规责任制,明确管理人员和各岗位员工的合规责任并督促有效落实"。

其第二章"合规管理职责"所包括的第五条至第十一条,围绕着从上到下的组织机构及职责设置展开,分别规定了董事会、监事会、经理层、合规委员会、合规管理负责人、合规管理牵头部门、业务部门的合规管理职责,为合规管理的到位提供了制度保障。其第七条对于"经理层的合规管理职责"还直接规定为"根据董事会决定,建立健全合规管理组织架构"。

因此,组织管理风险对特定企业而言同时也是合规风险。国有企业、集团公司及其所投资的下属企业等,由于主管部门或上级公司有着组织机构设置、运行方面的要求,未予充分执行则会同时面临组织管理风险和合规风险。

(二)常见组织管理风险状况

组织管理风险与决策、执行、监督三类机构都有关联,但以执行机构、决策机构的责任为主。理想状态下的组织机构中,各类事务均由分工明确的不同部门按照制度、流程各司其职处理,而且他们方法娴熟、配合流畅。

尽管已有许多现代企业打破了传统的直线式管理模式而代之以更灵活、更高效的模式,但仍有许多企业对于组织管理缺陷未有清醒认识甚至毫无意识。其代表性的缺陷有以下几类:

1. 机构设置随意

这类问题体现在机构设置并未认真考虑其事务管理需求以及管理幅度、深度是否合理,部分企业的机构设置因违反主管部门或上级公司要求而不合规。

2. 部门职责不明

许多企业从未有过书面的部门职责要求,以至于某些事务没有部门负责,各部门只是按习惯完成手头事务。

3. 制度建设滞后

规章制度是企业的"基础设施",需要统筹安排并归类管理。但某些企业的规章制度建设无规划、无要求且"各自为政",以至于缺乏权威、清晰的秩序。

4. 部门配合不畅

许多企业没有明确的部门配合流程,部门之间是否配合、如何配合、工作接口等均不明确而带有随意性,难以预料效果和效率。

5. 基本秩序多变

组织机构、规章制度虽然均需适时调整但是都需要一定的稳定性。某些企业的组织机构、规章制度变动频繁甚至没有正式的文件,整个企业缺乏基本秩序。

6. 风控功能欠缺

企业管理本身也是一种风险控制,但企业需要专门的机构或职能负责从风险管理角度进行管理,例如监督、审计等,从而提高风险管理效能。

(三)组织管理风险的解决思路

组织管理风险管理的立足点是组织的机构设置、职责分配和制度建设,但这类解决方案的设计往往涉及相关法律、企业章程中的相关规定,同时还须遵守主管部门或上级公司对于机构及职能或规章制度的要求。甚至需要考虑同一部法律对不同类型企业的不同规定,例如《公司法》(2018年)规定中有限责任公司和股份有限公司的不同。

在有限责任公司,经理的职权只是"拟订公司内部管理机构设置方案"和"拟订公司的基本管理制度",董事会的职权为"决定公司内部管理机构的设置"和"制定公司的基本管理制度",因此这两项事务的决定权和风险责任均在董事会。只有"制定公司的具体规章"的职权完全归经理所有,由其负全责。[①] 而组织管理风险

---

① 参见《公司法》(2018年修正)第四十八条、第四十九条。

中的经营管理风险,也主要体现在经理这一执行层面。

1. 组织机构职能欠缺

组织机构的有无涉及责任主体的有无。涉及企业需求管理的事务有很多种,但不可能设置太多的管理机构,因此需要根据事务的工作量和重要性来决定是否设立机构以及资源的投入规模。但机构设置上的问题非常容易被忽略,因为这一般属于董事会、经理层面的考虑范围,其他部门人员只需关注本职工作。

例如,某些民营企业的顺利发展是因为赶上了历史机遇而非其经营管理能力。因而更需要紧盯时代的变化,深入考虑企业的战略规划、战略调整、战略回顾、投资论证等并与时俱进。但许多企业对此只有零星的临时性的工作任务,并不具备常设机构或相关职位,以此从事常态化的战略发展研究。

排查出管理所需要的功能作为日常性工作,明确责任主体、指定专人负责且定期提交工作成果,是解决职能缺失问题的基本做法。许多企业将工作量不多的各种事务归入行政部或办公室之类的部门统一管理,便是成熟的做法。尤其是集团公司,更需要战略发展研究之类的职能,为整个集团提供发展方向。

2. 部门管理职责不清

即使有了机构或职位的设置,也只是有了明确的责任主体。然而普遍存在的情况是,管理上仍旧存在职责分配不到位的情形。

例如,某大型国有企业的组织管理结构中,行政部承担资产管理、企业行政、法律事务、信息管理、公关、信息化六项职责。由一个部门充当"不管部"去总管其他部门职责之外的职能并无问题,问题是各项工作的职责并不明确且管理人员数量有限,不足以对各项事务实施高精度的管理。

同时,该企业的十三项管理职能中有十一项分在不同部门,各自管理。例如,信息收集分析职能分属行政部、战略发展部、产业发展部、投资部等四个部门,虽然信息收集的侧重点不同,但是各自为政、互不沟通影响了信息的利用价值。而知识产权管理分散在产业发展部、技术部、人力资源部等三个部门,横向沟通少、没有统一的责任主体,无法形成统一的知识产权战略体系。

对于这两类情形,前者需要根据管理目标界定责任主体的职责范围、工作内容和工作目标等;后者则需进一步建立横向沟通协调、资源共享机制,并确定该领域的总协调人。

3. 管理制度亟待完善

包括各类流程在内的管理制度体系是对机构功能及工作职责的进一步具体化,起着保障管理措施到位、管理目标落实的作用。以某企业的风险评估为例,企业这方面的问题主要如下:

(1) 职责笼统流于形式

这类情形普遍存在,体现为在规章制度中只有原则要求,甚至只有部门职责划分而无更多要求,导致如何实现管理目标、如何改造职责没有确定的规则。

例如,股权投资论证尚无明确的制度或流程规定其内容及程序,只能依赖所聘请的有经验的第三方机构的尽职调查报告。但对于调查的侧重点、报告应涵盖的内容等尚无明确的标准。

(2) 横向沟通配合不足

传统企业多采用直线职能制的组织结构,各职能部门只对上级负责。这类结构的权力向上集中,便于资源的集中管理和利用,但影响部门间沟通协调的效率和质量,导致许多问题只有通过共同上级才能协调。作为补充,由各部门人员组成项目组的"网格状结构"可极大地解决横向沟通、协作问题,但又带来小组成员对项目工作的责任分配及在本部门的绩效考核等问题。

因此,无论哪种结构都需要明确横向配合的内容、质量、时间等要求而不是依赖于人际关系紧密度,方可减少配合不当导致的各类风险。

(3) 分、子公司管理松懈

集团公司对于下属分公司、子公司的管理是基于投资关系,但在法律没有规定、公司章程没有约定的情况下,只有权通过股东会和任命股东等方式间接管理。由于信息互不流通,经营各自独立,许多集团公司对下属公司并无有效的统一管理。

如果希望纳入统一管理,既需要以管理制度建立起管理秩序,又需要有对接的职能部门设置、统一信息管理平台等,而不能仅通过业绩考核和文件下发。

(4) 制度建设尚无要求

某些企业的管理制度起草、发布等均无规则,甚至由各部门自行制定、发布,因而制度的质量、体例、正当性、协调性、权威性等都存在问题。作为企业的"基础设施",管理制度的制定、发布、执行、修订、废止等本身也要建立起基本秩序,包括但不限于将管理制度的建立健全规定为各部门的标准管理职责。

除此之外,企业需要设立主管部门统一制度的体例,平衡各部门的权责,理顺其管理目标,所有制度需以企业名义而非部门名义发布和解释,以提高制度的质量并确保其体系性、协调性、权威性。

4. 监督考核作用有限

对于企业经营管理情况的监督首先体现在监事层面的监督和其工作情况,其次是企业管理层面的监督考核,而后者才是经营管理中的更为常态化的工作。

(1) 监事层面的监督

在监事层面,《公司法》(2018年)第五十三条规定了"监事会、不设监事会的公司的监事"所行使的职权,其中最为重要的是"(二)对董事、高级管理人员执行公司职务的行为进行监督,对违反法律、行政法规、公司章程或者股东会决议的董事、高级管理人员提出罢免的建议;(三)当董事、高级管理人员的行为损害公司的利益时,要求董事、高级管理人员予以纠正"。而"高级管理人员",按《公司法》第二百一十六条第一款第一项的规定,"是指公司的经理、副经理、财务负责人,上市公司董事会秘书和公司章程规定的其他人员"。这种制度设计是代表股东利益对董事会、高级管理人员经营管理行为的监督,是企业最高层面的纠错机制。

而在合规管理的层面,监事制度是企业合法合规运营的制度保障。《中央企业合规管理指引(试行)》(2018年)对此也有规定:

第六条 监事会的合规管理职责主要包括:
(一)监督董事会的决策与流程是否合规;
(二)监督董事和高级管理人员合规管理职责履行情况;
(三)对引发重大合规风险负有主要责任的董事、高级管理人员提出罢免建议;
(四)向董事会提出撤换公司合规管理负责人的建议。

许多企业的监事会职能行使得并不充分。其中既有监事会受大股东影响的原因,也有法律规定相对笼统、章程约定不够精细的原因。企业需要通过修改公司章程或做出补充决议的方式,或是把某些职责写入规章制度,才能充分发挥监事会的作用。

(2)管理层面的监督考核

管理层面的监督考核,是指由企业所设的审计部、风控部、内控部、合规部之类的部门监督规章制度、管理流程的执行情况,并由人力资源管理部门根据监督结果以及自身的监督,考核企业人员的绩效并使之与企业的奖惩挂钩。这种在企业经营管理功能之外加设的监督、考核机制,可以督促员工认真遵守企业的规章制度、管理流程等要求并有效地加快企业的执行进度,形成合规遵纪的企业文化。但许多企业并未设立监督考核机构,或是相关机构从未起到应有的作用而仅被用于处理重大违规事件。

这种监督、考核机制,首先需要在规章制度中予以明确,并通过人力资源的绩效考核和激励机制设计与之配套执行,通过正、反方向的激励加大企业执行力度。这种方法行之有效,因此在风险管理、合规管理类的指引中也一再强调以监督、考核机制来确保管理措施的落实,包括对管理制度适用性的监督检查。

5. 管理机制仍需优化

管理机制是管理系统的结构及其运行机理[①]，既包括机构设置又包括运行方式。理想化的管理机制必然是最适合企业向其目标发展的机制。而对于管理机制的反思，如下几个角度可供参考：

（1）结构的合理性

结构的合理性强调的是管理人员与其职位、职责的匹配程度。个人能力不足、管理幅度过宽、权力过于集中等，都会造成管理效能的不足。

例如，某集团公司实际运行的组织结构图（图4-21）中设有一位常务副总经理，其管理幅度与总经理完全相同，但同时还越级直达底层的一家分公司和综合部。由于对高级管理人员的管理与对下属企业、具体部门的管理差异巨大，理论上无法有效管理跨幅如此之大的事务。后经调研，该常务副总经理也确无精力全面管理。

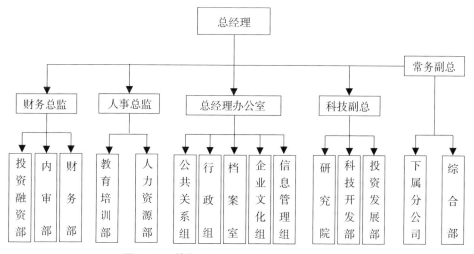

图4-21 某集团公司实际运行的组织结构图

由此可见，管理幅度过宽超出了管理人员的极限便难以实施有效的管理，需要分散权力或增加助手才能完成。但企业管理人员属于企业管理机器的组成部分，虽然更容易发现机制问题但是未必有能力解决，因为那属于董事会、经理层面的职责。

---

① 参见"管理机制"，载智库·百科，https://wiki.mbalib.com/wiki/管理机制，访问日期：2020年5月6日。

(2) 机制的条理性

机制的条理性,是指机构设置和规章制度体系均有清晰、简洁的结构和条理,容易理解且运行顺畅,且在具体事务上有足够多的细节。

例如,某中型企业的管理制度(图 4-22)分为员工手册、部门管理制度、企业管理总则三个层面,分别对应个人行为规范、业务及技术规范和企业管理制度。所有员工均需遵守员工手册和所在部门的管理制度,所有管理者在此基础之上遵守企业管理总则,整个企业管理制度体系简洁明了。而且管理制度体系同时也是各部门的职务说明体系,员工只需读懂员工守则和所在部门的管理制度;而管理人员多读一份企业管理总则,即可明确自己的职责。

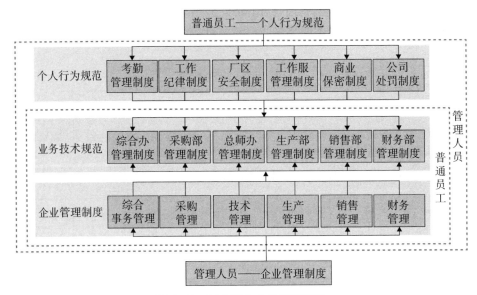

图 4-22 某中型企业的管理制度

(3) 机制的效率性

管理效率的提升是企业管理、风险管理始终追求的目标,而企业早已习惯了的许多管理模式都存在大量的提升空间。过于复杂的机构、过多的环节,都会影响效率,因此现代企业管理有着"扁平化管理(Flat Management)"[1]的口号,以减少管理层级、压缩职能部门、扩大管理宽度的方式提高工作效率。

文本标准化所采用的是同样的原理。当企业建立了标准的合同文本体系,采

---

[1] "扁平化管理",载智库·百科,https://wiki.mbalib.com/wiki/扁平化管理,访问日期:2020 年 5 月 6 日。

用标准文本拟订的合同内容已经不需要再次审查而可直接签订,减少了复杂、漫长的中间环节。法律事务管理资源可集中用于文本体系的更新、优化,以及重大项目、非标准文本项目,能够有效提高管理的效率和资源利用率。

除上述思路外,管理机制在变与不变之间始终需要平衡。极度稳定与极度不稳定是两种极端,前者因循守旧、后者"日新月异"。二者都较为少见,且都无法充分利用内部、外部资源。而有意识地识别、评估管理环节中的风险,并通过制度、流程、文本的组合升级加以控制,基本不改变体制的同时升级管理内容,实属现代企业投入少、收益多的风险管理投资。

二、企业决策风险及解决思路

决策风险,是指在决策活动中由于主、客体等多种不确定因素的存在,而导致决策活动不能达到预期目的的可能性及其后果。[①] 从作用原理来看,组织管理风险是发生频率最高的风险,但决策风险是通常意义上最为重要的组织风险。[②]

导致决策目的未能实现的原因既有决策者主观上的原因,又有其无法控制的客观原因。管理学上的决策风险管理关注如何减少失误,如信息失真、程序缺陷、目标错误、内容瑕疵等。而法律风险管理和合规管理所关注的,则侧重于决策的合法、合规性。

(一) 常见决策风险类型

基于决定因素产生的时间阶段,决策目标未能实现的原因可分为决策前因素和决策后因素引发的风险。按风险原因的归类又可分为主体、客体、依据、程序、结果等方面的风险,在此仅列举与合法、合规有关的风险类别。

1. 决策主体风险

决策主体(Decision-maker),是指参与决策并做出决定的个人或组织。参与决策的有做出决定者,也有参与决策但只提供信息或参考意见者。有的是代表其本人,有的是代表赋予其决策权力的组织,如企业、事业单位、机关等。

而在规则风险视角下的决策主体风险,则多与决策者得到的授权是否充分、有效相关。无权代理、超越代理权,便是典型的决策主体授权方面的风险,需要被问责的也是决策者自身。如果代表组织所做的决策是职务行为,则由组织承担风险后果,非职务行为则由决策者个人承担风险后果。

决策主体风险也与个人的决策能力有关。决策者的认知能力、价值观、专业程

---

① 参见"决策风险",载智库·百科,https://wiki.mbalib.com/wiki/决策风险,访问日期:2020年5月6日。

② 参见本节引言部分。

度、教育培训经历等均对决策质量有重大影响,因此授权者也有决策风险。

2. 决策客体风险

决策客体是指决策的对象,多指决策的事项而非具体的事务,类似于刑事犯罪的客体是指被其侵害的社会关系而非受害者。

而决策客体风险,则多指在决策事项范围上存在瑕疵而引发不利后果的可能性。这类风险所强调的是决策范围的合法合规性,在某些问题上与决策主体是同一问题的两个侧面。

此类风险的指向是决策范围是否合法合规。即是否在法律允许的范围内,以及是否在公司章程、管理制度等授权的决策范围之内。

3. 行为主体风险

行为主体风险,涉及某一风险主体是否具备针对某一事项作为或不作为的合法资格,也就是法律领域中的主体身份是否合格的问题。如果行为主体取得了相关的各类行政许可,即为合格主体。

例如,由于《中华人民共和国矿产资源法》(2009年)(以下简称《矿产资源法》)第六条规定,"(二)已取得采矿权的矿山企业,因企业合并、分立,与他人合资、合作经营,或者因企业资产出售以及有其他变更企业资产产权的情形而需要变更采矿权主体的,经依法批准可以将采矿权转让他人采矿"。该企业拟收购某企业以获得其探矿权和采矿权。

这一问题涉及《探矿权采矿权转让管理办法》(2014年)对于探矿权人或采矿权人,即《矿业权出让转让管理暂行规定》所称的矿业权人的转让资格、受让人的资格的规定,以及《矿产资源开采登记管理办法》(2014年)对于转让程序的规定。只要符合相关规定以及其他法律规定,即属于合法行为。

如果还需要考虑合规问题,则还要审核该收购是否符合包括上级公司要求在内的各类规则,以满足法律以外其他规则的要求。

4. 决策信息风险

决策信息风险是指决策所依据的信息因真实性、完整性、充分性等缺陷而带来不利后果的可能性。在规则风险领域中,决策前往往需要通过不同内容的尽职调查,来从第三方调取、核实相对方的信息,而不是仅接收相对方提供的信息,甚至需要亲自到现场观察以了解实际情况。经过分析、整理、补充,这些资料便是作出决策的依据。

例如,有限责任公司的收购涉及诸多与资产价值相关信息的调查,其尽职调查清单[①]上的内容包括：

  第一部分 目标公司及其子公司的基本情况
  第二部分 目标公司资产与负债状况
  第三部分 与资产相关的附属文件
  第四部分 人力资源管理情况
  第五部分 企业经营状况
  第六部分 其他影响资产总值情况

但这只是调查内容的分类，每个部分还有更细的清单内容，可见信息完整性、真实性、充分性的重要意义。

5. 决策技术[②]风险

决策技术，是指决策者在决策过程中所应用的手段、方法和组织程序的总和，大致有定量决策技术和定性决策技术之分。前者基于一定的数学方法，后者则主要依据主观判断。管理学上早已开始使用定量分析技术来决策，其原理是通过数学模型以及"风险＝损失×概率"的公式，计算出相关数值用于决策。

例如，某物资仓库临近河岸。如果发生50年一遇的洪水将会造成20万元的经济损失，但物资搬到其他仓库需要2万元、加固堤坝到能够抵御50年一遇洪水则需要1万元。如果定性分析，结论基本上是加固堤坝。但使用运筹学上的风险公式计算，则损失为2万元、概率为1/50，风险＝200000×1/50＝4000元。因该值低于搬迁或加固堤坝，最终的结论是既不搬迁也不加固。

但这种定量分析只是一种参考，在没有法定的测量标准的前提下使用会存在决策技术风险。同理，其他决策技术也各有优缺点，决策技术风险始终存在。

6. 决策瑕疵风险

决策瑕疵风险，在规则风险领域中是指因决策结论存在合法、合规等缺陷而带来不利后果的可能性。就决策技术而言，如果有科学、严谨的决策机制，包括决策要点和决策程序，许多明确的决策失误完全可以避免。

例如，某企业在能源紧张时期未经合法性调研即开始投资兴建属于垄断行业的能源厂。但在进行了土地、厂房的安排且设备到场后，由于无法获得相关政府部门的批准，被告知所产能源只能供企业自身配套使用，致使投资失去意义，只得退还设备并赔偿供应商损失。

[①] 参见《律师承办有限责任公司收购业务指引》，载北大法宝网，https：www.pkulaw.com/chl/63f561f639bcda66bdfb.html，访问日期：2020年5月6日。

[②] 参见"决策技术"，载智库·百科，https：//wiki.mbalib.com/wiki/决策技术，访问日期：2020年5月6日。

7. 不确定性风险

不确定性风险是指决策结论本身并无重大瑕疵,但在实际执行决策的过程中由于各类不确定性因素影响决策目标实现的风险。

例如,在著名的云南白药收购案[①]中,从业绩实际增长来看当初收购其部分股权无疑是正确的决策。但收购方于 2009 年支付了高达 22 亿元人民币的转让款后,转让合同终因有关部门未予批准而未生效。最高人民法院的终局裁决也只是由出让方归还其本金及同期贷款利息,投资人远未实现其投资与股票市值的同步增长,因而在该案中其决策目标未能实现。

8. 决策机制风险

决策机制风险,是指由于决策机构的设置和决策运行的模式存在某种缺陷而引发的蒙受不利后果的可能性。建立起清晰、明确、科学、合法、合规的决策机制,包括决策权的范围及使用限定、权力的分散与监督、决策程序的标准化等,可使决策按照规定的范围、方式等进行,即可有效降低这类风险。

这方面的典型例子是公司僵局(Corporate Deadlock),即公司因股东会或董事会等原因而无法依据既定规则作出有效决定的状态。例如,某公司两大股东各持有公司 40% 的股权并分别任董事长、总经理,另外两个小股东各持有 10% 的股权,公司章程规定重大事项需经过三分之二表决权的股东同意。但在两大股东无法达成一致时,即使小股东全部支持其中一方也无法达到所需的三分之二表决权,因而无法做出重大事项决策并导致公司难以正常运营。

这种情况如果无法通过协商加以解决,最终的结局只有依据《公司法》(2018年)第一百八十二条的规定:"公司经营管理发生严重困难,继续存续会使股东利益受到重大损失,通过其他途径不能解决的,持有公司全部股东表决权百分之十以上的股东,可以请求人民法院解散公司。"但处理这类问题的最好方式是在制定章程时,通过股权或投票权的调整避免这种情形的发生。

再进一步,如果企业能够建立决策风险预警机制,由专门的部门提供决策风险审查、决策支持等职能,则可以进一步降低决策风险。

(二)决策风险的合法合规性管理

规则风险视角下的决策风险管理并不复杂,决策法律风险管理的重点是确保决策合法,决策合规风险管理的重点则还要符合法律以外的其他规则。

[①] 参见最高人民法院(2013)民二终字第 42 号"陈发树与云南红塔集团有限公司股权转让纠纷上诉案"判决书,载北大法宝网:https://www.pkulaw.com/pfnl/a25051f3312b07f3220b3fd9903ccfbedbc6dc83f2adbaf7bdfb.html,访问日期:2021 年 2 月 22 日;最高人民法院(2015)民申字第 1 号"陈发树与云南红塔集团有限公司股权转让纠纷申请再审案"判决书,载北大法宝网:https://www.pkulaw.com/pfnl/a25051f3312b07f36cfe4919/af2bbf73420bda0ada82c8ebdfb.html,访问日期:2021 年 2 月 22 日。

1. 决策风险中的法律风险

决策风险中的法律风险，主要包括企业执行决策而招致需承担行政责任、民事责任、刑事责任风险的可能性，以及决策者、责任人因决策上存在的程序、内容瑕疵而导致的承担上述责任的可能性。

这方面的基本衡量尺度，是依据《公司法》《刑法》等相关法律由企业承担的责任，以及由决策者承担的个人赔偿责任等。如果涉及国有企业，还要适用国有资产管理、国有企业管理方面的相关规定。其中，法律、公司章程等方面的授权是决策合法性的基本依据。

例如，《公司法》中的决策权分为股东会、董事会、经理等层面，除明确的法律规定外还可通过公司章程以及股东会或股东大会决议、董事会决议、监事会决议等方式形成。有了这些合法依据，决策者的决策行为则属于合法的职务行为，结果由企业承担。

总之，决策的合法性所强调的是决策内容、决策依据、决策程序、决策结果等方面的合法性。

2. 决策风险中的合规风险

决策风险中的合规风险，除了前述必须包括的合法性风险外，还包括符合政府的政策性要求、上级公司的管理要求、行业协会的要求等规则。尤其是国有企业，必须符合政府主管部门对国有企业的一系列要求和各类指引中列明的导向性建议，如"三重一大"决策事项的合规性要求等。

在这一方面，《中央企业合规管理指引（试行）》（2018年）的规定较为详尽，其"第二章 合规管理职责"中分别规定了监事会、合规管理负责人在决策方面的责任，并在后续章节中提出了市场交易决策、经营决策、重大事项决策、海外重大决策方面的合规要求。

而《中央企业全面风险管理指引》（2006年）中也有类似规定。如对于董事会、风险管理委员会、全面风险管理部门、企业其他职能部门及各业务单位在决策方面的职责。法律风险管理方面的国家标准等对决策风险也有提及。

尤其值得一提的是，许多地方政府都提出了决策风险管理的地方性法规或地方政府规章等。如《安徽省人民政府重大决策风险评估办法》（2017年）、《青岛市重大行政决策风险评估办法》（2018年）、《武汉市公安局重大决策风险评估实施办法（试行）》（2016年）等，属于这些地方政府部门决策时必须遵守的要求。

第九节　非企业组织的风险管理

前面所讨论的规则风险管理均以企业为目标,因为企业不但数量庞大、活动积极而且极易受到规则的影响。但企业以外的法人、非法人组织,包括政府机关、社会团体等,在开展活动时也同样面临着各类规则风险。

这些非企业组织的风险同样需要依据主体、环境、行为来识别,但由于行为不同、规则不同,在风险控制方面各有不同之处。

一、非企业组织的基本特征

组织(Organization)[①],泛指按照一定的宗旨和目标建立起来的集体,如工厂、机关、学校、医院、各级政府部门、各个层次的经济实体、各个党派和政治团体等。组织的范围相当于法律上的法人与非法人组织的总和,在管理学、社会学等领域中被广泛采用。例如质量管理体系认证,其对象包括但不限于企业,因而通常将认证对象表述为"组织"而非"企业"。

相对于组织,还有非正式组织,是指人们在共同劳动、共同生活中,由于相互之间的联系而产生共同感情,进而自然形成的一种无名集体,并产生一种不成文的非正式的行为准则或惯例,要求个人服从,但没有强制性。[②] 这类组织不在讨论范围之列。

(一)非企业组织的范围

按照《民法典》(2021年)的分类,民事主体除自然人外分为法人和非法人组织。该法第五十七条给出的定义为,"法人是具有民事权利能力和民事行为能力,依法独立享有民事权利和承担民事义务的组织"。第五十八条规定的法人成立条件是,"法人应当依法成立。法人应当有自己的名称、组织机构、住所、财产或者经费。法人成立的具体条件和程序,依照法律、行政法规的规定"。

而根据该法第一百零二条所给出的定义,"非法人组织是不具有法人资格,但是能够依法以自己的名义从事民事活动的组织"。并补充说明,"非法人组织包括个人独资企业、合伙企业、不具有法人资格的专业服务机构等"。该法第一百零三条还规定,"非法人组织应当依照法律的规定登记"且"设立非法人组织,法律、行

[①] 参见"组织",载智库·百科,https://wiki.mbalib.com/wiki/组织,访问日期:2020年5月9日。
[②] 参见"非正式组织",载智库·百科,https://wiki.mbalib.com/wiki/非正式组织,访问日期:2020年5月9日。

政法规规定须经有关机关批准的,依照其规定"。

借用该法的分类方式,除了企业类的营利法人和非法人组织外,非企业类组织共有以下几类:

1. 非营利法人

按照该法第八十七条的定义及类型分别为:"为公益目的或者其他非营利目的成立,不向出资人、设立人或者会员分配所取得利润的法人,为非营利法人。非营利法人包括事业单位、社会团体、基金会、社会服务机构等。"

但事实上,按照该法第九十二条对于捐助法人的规定,"具备法人条件,为公益目的以捐助财产设立的基金会、社会服务机构等,经依法登记成立,取得捐助法人资格"。可见,该法将基金会、社会服务机构统一列为捐助法人。

2. 特别法人

特别法人是营利法人之外的另外一种法人组织。依据该法第九十六条,"本节规定的机关法人、农村集体经济组织法人、城镇农村的合作经济组织法人、基层群众性自治组织法人,为特别法人"。

这些法人均可从事民事活动,但机关法人、基层群众性自治组织法人一般不从事经营活动,而"农村集体经济组织法人、城镇农村的合作经济组织法人"则会从事不同程度的经营活动。

3. 不具有法人资格的专业服务机构

根据《民法典》(2021年)第一百零二条第二款所描述的"非法人组织包括个人独资企业、合伙企业、不具有法人资格的专业服务机构等",非企业性的非法人组织便是"不具有法人资格的专业服务机构等"。

依据国务院于1998年颁布的《民办非企业单位登记管理暂行条例》第二条,民办非企业单位"是指企业事业单位、社会团体和其他社会力量以及公民个人利用非国有资产举办的,从事非营利性社会服务活动的社会组织"。其中,符合法人条件的可登记为法人,不符合法人条件的即为非企业的非法人组织。

由此可见,非企业组织都需要依法成立、具有一定的组织机构、以自己的名义从事活动。最大的区别是法人独立承担民事责任,而非法人组织则按《民法典》(2021年)第一百零四条的规定,"非法人组织的财产不足以清偿债务的,其出资人或者设立人承担无限责任。法律另有规定的,依照其规定"。

(二)非企业组织的风险特征

非企业组织都属于非营利性质的机构,但这并不等于不从事经营活动,更不等于不与外界存在经济往来。这类组织所要遵循的,一类是从事民事活动时与企业组织一样需要遵守的法律;一类是其设立、活动、变更的专属法律。

1. 基本民事活动

任何组织都会存在基本的民事活动。例如，机关法人依法设立后，除了其职务活动需要依据特别法进行，其从事的普通民事活动，如办公场地租赁、物品或服务的采购、人员的雇佣等，同样需要承担普通的民事责任法律风险。

又如，基金会的财产来源和去向都与赠与合同有关。依照《基金会管理条例》(2004年)的规定，基金会在接受捐赠、资助受助人时都需要签订捐赠协议约定数额、用途和使用方式，属于赠与合同法律关系。当受助人未按协议约定使用资助或者有其他违反协议情形时，基金会还有权解除资助协议。这些内容与《民法典》合同编中对于赠与合同的规定完全一致，同时也构成了基金会在财产来源和去向方面的特有风险。

2. 行业专属活动

这类活动与其所属行业性质紧密相关，依据特别法律规定进行。例如，《基金会管理条例》对于基金会的设立条件、设立程序、分支机构、变更及注销登记等均有明确规定，作为或不作为与这些规定不符便面临不同程度的行政责任、民事责任甚至刑事责任风险。

二、非企业组织的经营风险

非企业组织从事经营性活动的为数不少。尽管其法律定位是非营利性组织，但是他们与营利性组织的不同主要体现在经营性活动的目标以及资产的分配，而且其中的某些组织还营利丰厚。但这里所讨论的只是其经营风险，而且以非营利法人、不具法人资格的专业服务机构为主。

依据前面已经引述过的《民法典》(2021年)第八十七条，"非营利法人包括事业单位、社会团体、基金会、社会服务机构等"。

(一) 事业单位的经营风险

事业单位，依据国务院《事业单位登记管理暂行条例》(2004年)第二条："本条例所称事业单位，是指国家为了社会公益目的，由国家机关举办或者其他组织利用国有资产举办的，从事教育、科技、文化、卫生等活动的社会服务组织。事业单位依法举办的营利性经营组织，必须实行独立核算，依照国家有关公司、企业等经营组织的法律、法规登记管理。"由此可见，事业单位本身是非营利性的，但可以依法举办营利性的经营组织从事营利性活动。

对于事业单位的分类，《事业单位登记管理暂行条例实施细则》(2014年)第四条规定："本细则所称事业单位，是指国家为了社会公益目的，由国家机关举办或者其他组织利用国有资产举办的，从事教育、科研、文化、卫生、体育、新闻出版、广播电视、社会福利、救助减灾、统计调查、技术推广与实验、公用设施管理、物资仓储、监测、勘探与勘察、测绘、检验检测与鉴定、法律服务、资源管理事务、质量技术监督事务、经济监督事务、知识产权事务、公证与认证、信息与咨询、人才交流、就业服务、机关后勤服务等活动的社会服务组织。"

事业单位法人不以营利为目的,但同样参与经营活动,只是其收益的来源、使用方式等受到法律的限制。依据该条例第十五条:"事业单位开展活动,按照国家有关规定取得的合法收入,必须用于符合其宗旨和业务范围的活动。事业单位接受捐赠、资助,必须符合事业单位的宗旨和业务范围,必须根据与捐赠人、资助人约定的期限、方式和合法用途使用。"

(二) 社会团体的经营风险

社会团体,依据国务院《社会团体登记管理条例》(2016年)第二条:"本条例所称社会团体,是指中国公民自愿组成,为实现会员共同意愿,按照其章程开展活动的非营利性社会组织。国家机关以外的组织可以作为单位会员加入社会团体。"

社会团体的成立需要登记,但该法规定了例外情况:

第三条　成立社会团体,应当经其业务主管单位审查同意,并依照本条例的规定进行登记。

社会团体应当具备法人条件。

下列团体不属于本条例规定登记的范围:

(一)参加中国人民政治协商会议的人民团体;

(二)由国务院机构编制管理机关核定,并经国务院批准免于登记的团体;

(三)机关、团体、企业事业单位内部经本单位批准成立、在本单位内部活动的团体。

该条例修订后仍未提及对社会团体的分类,但已经失效的民政部《关于〈社会团体登记管理条例〉有关问题的通知》中曾将社会团体根据性质和任务分为学术性、行业性、专业性和联合性四类。而现行有效的由上海市民政局颁布的《上海市社会团体分类规定》(2019年)第三条规定,"按照社团的性质和任务,本市社团分为学术性、行业性、专业性、联合性四类"。可见其分类方式相同,具体为:

1. 学术性社团

学术性社团主要是指专家、学者、科研工作者和相关科研机构自愿加入,为促进哲学、社会科学和自然科学的繁荣和发展,促进科学的普及,促进人才的成长和进步,促进科学与经济社会发展相结合,维护自身合法权益而开展工作的社团组织。

2. 行业性社团

行业性社团主要是指由同业企业以及其他经济组织自愿组成、实行行业服务和自律管理的非营利性社会团体。其主要功能是为会员单位提供服务、反映需求、维护会员单位的合法权益;制定行业标准,进行行业统计,开展行业培训,加强行业协调,促进行业自律;承接政府转移的职能,协助政府部门加强行业管理。

3. 专业性社团

专业性社团主要是指单位会员和个人会员自愿加入,围绕相关领域的专业知识开展活动,发挥专业人员、专业组织的专长为经济、社会服务的社团组织。其主要功能是为单位会员提供专业化的服务,提高个人会员在科学技术、教育、文化、艺术、卫生、体育等方面的能力和技巧。

4. 联合性社团

联合性社团主要是指相同或不同领域的法人组织或个人为了横向交流而自愿组成的联合体。其主要功能是对内联合法人组织或个人,研究产业政策、协调行业关系,促进相关产业、行业或个人的交流和合作;对外代表他们与其他会员组织进行协商,以维护其利益和实现其诉求。

对于其资产来源及使用,该条例第二十六条第一、二、三款有如下规定:

第二十六条 社会团体的资产来源必须合法,任何单位和个人不得侵占、私分或者挪用社会团体的资产。

社会团体的经费,以及开展章程规定的活动按照国家有关规定所取得的合法收入,必须用于章程规定的业务活动,不得在会员中分配。

社会团体接受捐赠、资助,必须符合章程规定的宗旨和业务范围,必须根据与捐赠人、资助人约定的期限、方式和合法用途使用。社会团体应当向业务主管单位报告接受、使用捐赠、资助的有关情况,并应当将有关情况以适当方式向社会公布。

(三) 捐助法人的经营风险

捐助法人包括《民法典》(2021年)第九十二条的规定,"为公益目的以捐助财产设立的基金会、社会服务机构等"。其中,社会服务机构主要是民办非企业单位,可以是法人也可以是非法人,将在下一部分讨论。

依据国务院颁布的《基金会管理条例》(2004年)第二条:"本条例所称基金会,是指利用自然人、法人或者其他组织捐赠的财产,以从事公益事业为目的,按照本条例的规定成立的非营利性法人。"

在分类上,《基金会管理条例》(2004年)第三条规定:"基金会分为面向公众募捐的基金会(以下简称公募基金会)和不得面向公众募捐的基金会(以下简称非公募基金会)。公募基金会按照募捐的地域范围,分为全国性公募基金会和地方性公募基金会。"

基金会从事的设立、募捐、捐赠、信托等活动,尤其是其资产的管理,在遵守上述条例规定的同时还要遵守《中华人民共和国慈善法》(2016年,以下简称《慈善法》)的相关规定。

例如,《基金会管理条例》(2004年)第二十五条规定:"基金会组织募捐、接受捐赠,应当符合章程规定的宗旨和公益活动的业务范围。境外基金会代表机构不得在中国境内组织募捐、接受捐赠。公募基金会组织募捐,应当向社会公布募得资金后拟开展的公益活动和资金的详细使用计划。"

而第二十九条还规定:"公募基金会每年用于从事章程规定的公益事业支出,不得低于上一年总收入的70%;非公募基金会每年用于从事章程规定的公益事业支出,不得低于上一年基金余额的8%。基金会工作人员工资福利和行政办公支出不得超过当年总支出的10%。"

又如,《慈善法》(2016年)第五十二条规定:"慈善组织的财产应当根据章程和捐赠协议的规定全部用于慈善目的,不得在发起人、捐赠人以及慈善组织成员中分配。任何组织和个人不得私分、挪用、截留或者侵占慈善财产。"

而对于基金会从事慈善活动时的财产支配,《慈善法》(2016年)第六十条明确规定为,"慈善组织中具有公开募捐资格的基金会开展慈善活动的年度支出,不得低于上一年总收入的百分之七十或者前三年收入平均数额的百分之七十;年度管理费用不得超过当年总支出的百分之十,特殊情况下,年度管理费用难以符合前述规定的,应当报告其登记的民政部门并向社会公开说明情况"。

此外,《基金会管理条例》(2004年)虽未明确基金会可否从事非营利经营活动,但在第二十八条规定了"基金会应当按照合法、安全、有效的原则实现基金的保值、增值"。

(四)民办非企业单位的经营风险

民办非企业单位是社会服务机构管理的主要对象,包括法人与非法人。这种法律主体的出现,似是为了与性质类似但出资方不同的事业单位相区别,因为事业单位属于"由国家机关举办或者其他组织利用国有资产举办的"。《民办非企业单位登记管理暂行条例》(1998年)第四条还特别强调"民办非企业单位不得从事营利性经营活动"。

特别是在罚则部分,该暂行条例第二十五条特别规定了非企业单位从事营利性的经营活动所要面临的处罚,包括没收违法所得、"可以并处违法经营额1倍以上3倍以下或者违法所得3倍以上5倍以下的罚款"。

根据中国社会科学院大学等机构公布的《中国社会组织报告》(2019年)蓝皮书,2018年全国民办非企业单位(社会服务机构)总量为44.3万个,年度增长率为10.8%。

三、机关法人的特有风险

机关是特别法人中最为重要的一种。特别法人是《民法典》(2021年)中营利法人、非营利法人之外的第三种法人,也是一种非企业组织。依据该法第九十六条规定:"本节规定的机关法人、农村集体经济组织法人、城镇农村的合作经济组织法人、基层群众性自治组织法人,为特别法人。"

在人们的主观印象中,机关应该是严格遵守法律、政策等规则的典范。而事实上,机关行为同样需要进行法律风险管理和合规管理。

(一) 基本活动风险

机关,是行使公权力的部门或机构,包括了作为权力机关的全国人民代表大会和地方各级人民代表大会,以及各级政府行政机关、审判机关、检察机关等。按照《民法典》(2021年)第九十七条的规定:"有独立经费的机关和承担行政职能的法定机构从成立之日起,具有机关法人资格,可以从事为履行职能所需要的民事活动。"而其设立和基本活动都存在着合规性风险。

1. 机关设立的风险

机关法人的设立、组成、职权范围等,一般是依照各类组织法设定。如《中华人民共和国全国人民代表大会组织法》(1982年)、《中华人民共和国国务院组织法》(1982年)、《中华人民共和国地方各级人民代表大会和地方各级人民政府组织法》(2015年)、《中华人民共和国人民法院组织法》(2018年)、《中华人民共和国人民检察院组织法》(2018年)等。

各部组织法都会对特定机关有明确的定位,并确定其基本的组织结构、人员产生方式等,视具体机关组织法而定。

例如,现行《中华人民共和国地方各级人民代表大会和地方各级人民政府组织法》(2015年)分别在第四条、第五十四条明确了不同机关的性质,即"地方各级人民代表大会都是地方国家权力机关",和"地方各级人民政府,是地方各级人民代表大会的执行机关,是地方各级国家行政机关"。在此之外,该法还分别明确了各级地方人民代表大会和各级地方政府机关的人选产生方法、工作部门设置,以及各级工作职权等。

2. 履行职权的风险

各类组织法还同时规定了不同机关的职权范围、履行职责的要求等。而且越是专业性强的活动,其规定也越是详细、明确。

例如,《中华人民共和国人民法院组织法》(2018年)除在第二条规定"人民法院是国家的审判机关"外,还使用大量的篇幅详细规定了各级人民法院的设置和职权、审判组织、人员组成等。

甚至对于某些日常性工作,也存在专门的规定。例如,2017年修订的《行政法规制定程序条例》,就是国务院对于自身职责范围内制定、发布行政法规的行为所做的内容及程序要求。

由此可见,组织法是机关法人的设立和组织、活动等均需遵守的"基本法"。而在履行法定职责的同时,各机关还要依据具体事务类法律的规定。

3. 职务行为的风险

机关法人是通过工作人员来履行职责的。由于机关工作人员在履行职责时的后果由机关承担,有时还会由于具体工作人员的职务行为给机关带来赔偿责任。在这一方面,《中华人民共和国国家赔偿法》(2012年)第七条规定,"行政机关及其工作人员行使行政职权侵犯公民、法人和其他组织的合法权益造成损害的,该行政机关为赔偿义务机关"。

而且,《民法典》(2021年)第一百七十条还规定:"执行法人或者非法人组织工作任务的人员,就其职权范围内的事项,以法人或者非法人组织的名义实施的民事法律行为,对法人或者非法人组织发生效力。法人或者非法人组织对执行其工作任务的人员职权范围的限制,不得对抗善意相对人。"这一条款是针对法人的普遍性规定,也适用于机关法人。

除此之外,当机关作为民事行为主体时,其在日常事务管理上也会面临某些普通的民事风险。如,机关在购买办公设备、采购服务、实施内部基建项目等方面,也会遇到普通的民事责任风险。

(二)行政机关风险

行政机关风险是最为频繁发生的机关风险,因为行政机关的职权范围大、行为涉及面广、行政行为频繁。因而作为政府体系的行政机关,最需要进行履行职责行为的风险管理。

1. 行政行为风险

按照当前的学理解释,行政机关的具体行政行为分为行政征收、行政征用、行政给付、行政奖励、行政裁决、行政处罚、行政确认、行政许可、行政强制措施、行政监督检查,共十种。这些行为显然是行政机关的工作范围,涉及不同的法律领域。

行政机关在行使职权时往往要同时适用多部法律,偏离相关法律的作为或不作为都有可能产生合法性风险甚至导致行政诉讼。而适用的这些法律不仅涉及其职权范围及工作内容,还涉及一些通用型的程序性规范。

例如,公安机关在处理社会治安事件时,既涉及处罚依据上的《治安管理处罚法》,又涉及与履行职责时的身份相关的《警察法》,还涉及行政处罚程序方面的《行政处罚法》。

市场监督管理机关也是如此,其工作职责有行政许可、监督检查、行政处罚等职责,但履行职责时还需要考虑行政复议、行政诉讼等方面的责任风险。

2. 行政许可风险

行政许可是常见的行政行为,也是可诉的具体行政行为之一。按照《行政许可法》(2019 年)第二条的规定:"本法所称行政许可,是指行政机关根据公民、法人或者其他组织的申请,经依法审查,准予其从事特定活动的行为。"而其第四条尤为关键,即"设定和实施行政许可,应当依照法定的权限、范围、条件和程序"。可见作为经常性事务的行政许可涉及诸多规则。

行政许可是行政主体对外行使行政管理职权的要式行政行为。不同于行政处罚、行政强制等事后或者事中的应对手段,行政许可属于事先抑制公益危险或社会秩序紊乱发生的事前控制手段。但其"事前性"使之面临更多的不确定性、更多的风险,因此才有诸多的"权限、范围、条件和程序"要求。

例如,该法第五条规定:"设定和实施行政许可,应当遵循公开、公平、公正、非歧视的原则。有关行政许可的规定应当公布;未经公布的,不得作为实施行政许可的依据……符合法定条件、标准的,申请人有依法取得行政许可的平等权利,行政机关不得歧视任何人。"

又如,第七条规定:"公民、法人或者其他组织对行政机关实施行政许可,享有陈述权、申辩权;有权依法申请行政复议或者提起行政诉讼;其合法权益因行政机关违法实施行政许可受到损害的,有权依法要求赔偿。"

为了规范实际操作,该法规定了许多行政许可过程中的细节。例如,第三十二条详细规定了接收行政许可申请时不同情况的不同处理。具体操作与此规定不符即有可能导致申请人的投诉。例如,某原工商行政管理部门误将变更登记中的确认行为当成了许可行为,不当地实施了许可及撤销,并最终导致了败诉。

由于行政机关管理范围广泛,行政许可既要遵守《行政许可法》又要遵守相关领域的其他法律规定,非常容易出现疏漏。

对于管理范围,仅《地方各级人民代表大会和地方各级人民政府组织法》(2015 年)第五十九条第五项的简单列举即有"经济、教育、科学、文化、卫生、体育事业、环境和资源保护、城乡建设事业和财政、民政、公安、民族事务、司法行政、监察、计划生育等行政工作"。

而对于管理结果,《行政许可法》也有专门规定,即:

> 第三十九条 行政机关作出准予行政许可的决定,需要颁发行政许可证件的,应当向申请人颁发加盖本行政机关印章的下列行政许可证件:
> (一)许可证、执照或者其他许可证书;
> (二)资格证、资质证或者其他合格证书;

(三)行政机关的批准文件或者证明文件;
(四)法律、法规规定的其他行政许可证件。
行政机关实施检验、检测、检疫的,可以在检验、检测、检疫合格的设备、设施、产品、物品上加贴标签或者加盖检验、检测、检疫印章。

因此,行政许可风险情形比较复杂,需要基于具体行政行为才能展开进一步讨论。

3. 行政决策风险

行政决策风险泛指任何原因导致的行政决策未能达到预期结果,或是行政决策程序上存在重大合法、合规性缺陷。超越职权范围、违反法律或规则、违背客观规律、超出资源承受能力、思维严谨度不足等,都有可能导致这类风险。虽然这类决策行为一般不属于具体行政行为,但是其影响程度往往甚于具体行政行为,甚至会酿成具有重大影响力的公共事件。

对于行政决策,国务院于2019年颁布的《重大行政决策程序暂行条例》是重要的参考依据。根据其第二条规定:"县级以上地方人民政府(以下称决策机关)重大行政决策的作出和调整程序,适用本条例。"而对于"重大决策",该条例的定义为:

第三条 本条例所称重大行政决策事项(以下简称决策事项)包括:
(一)制定有关公共服务、市场监管、社会管理、环境保护等方面的重大公共政策和措施;
(二)制定经济和社会发展等方面的重要规划;
(三)制定开发利用、保护重要自然资源和文化资源的重大公共政策和措施;
(四)决定在本行政区域实施的重大公共建设项目;
(五)决定对经济社会发展有重大影响、涉及重大公共利益或者社会公众切身利益的其他重大事项。

法律、行政法规对本条第一款规定事项的决策程序另有规定的,依照其规定。财政政策、货币政策等宏观调控决策,政府立法决策以及突发事件应急处置决策不适用本条例。

决策机关可以根据本条第一款的规定,结合职责权限和本地实际,确定决策事项目录、标准,经同级党委同意后向社会公布,并根据实际情况调整。

尤其是《行政法规制定程序条例》(2017年修订)第四章"审查"中的规定,实为重要的风险管理措施。具体为:

第十八条 报送国务院的行政法规送审稿,由国务院法制机构负责审查。

国务院法制机构主要从以下方面对行政法规送审稿进行审查：

（一）是否严格贯彻落实党的路线方针政策和决策部署，是否符合宪法和法律的规定，是否遵循立法法确定的立法原则；

（二）是否符合本条例第十二条的要求；

（三）是否与有关行政法规协调、衔接；

（四）是否正确处理有关机关、组织和公民对送审稿主要问题的意见；

（五）其他需要审查的内容。

由于政府机关超越职权范围、超越法定范围而引发的风险不但属于低级错误而且影响较大，因此许多地方政府早已将行政决策的合法性审查作为标准程序。与公民、法人或其他组织利益密切相关的重大行政措施，在出台前都必须进行合法性审查。

而更为系统、可靠的解决方案则是通过地方立法将决策风险评估、管理作为标准化的决策程序。例如《安徽省人民政府重大决策风险评估办法》（2017 年）、《合肥市人民政府重大行政决策风险评估办法（试行）》（2014 年）、《青岛市重大行政决策风险评估办法》（2018 年）等。

(三) 行政诉讼风险

行政诉讼风险是机关法人的一种常见风险，行政处罚、行政许可等具体行政行为都可能引发该风险。与此同时，行政诉讼也是对行政行为风险管理水平的检验。

依据《行政诉讼法》（2017 年）第十二条第一款规定的"人民法院受理公民、法人或者其他组织提起的下列诉讼"共有十二类之多，而第二款还规定"除前款规定外，人民法院受理法律、法规规定可以提起诉讼的其他行政案件"。因而可诉范围不仅包括行政处罚、行政许可、行政强制、行政决定、行政补偿、行政不作为、行政侵权、滥用行政权力、违法要求履行其他义务、没有依法支付、不依法履行或未按约定履行行政合同等，还包括其他法律法规规定可以起诉的行政案件，但总的范围仍在具体行政行为之列。

例如，《中华人民共和国政府信息公开条例》（2019 年）第五十一条即规定："公民、法人或者其他组织认为行政机关在政府信息公开工作中侵犯其合法权益的，可以向上一级行政机关或者政府信息公开工作主管部门投诉、举报，也可以依法申请行政复议或者提起行政诉讼。"

而根据最高人民法院关于适用《行政诉讼法》（2018 年）的解释，人民法院排除了一部分受案范围，具体内容为：

第一条　公民、法人或者其他组织对行政机关及其工作人员的行政行为不服，依法提起诉讼的，属于人民法院行政诉讼的受案范围。

下列行为不属于人民法院行政诉讼的受案范围：

（一）公安、国家安全等机关依照刑事诉讼法的明确授权实施的行为；

（二）调解行为以及法律规定的仲裁行为；

（三）行政指导行为；

（四）驳回当事人对行政行为提起申诉的重复处理行为；

（五）行政机关作出的不产生外部法律效力的行为；

（六）行政机关为作出行政行为而实施的准备、论证、研究、层报、咨询等过程性行为；

（七）行政机关根据人民法院的生效裁判、协助执行通知书作出的执行行为，但行政机关扩大执行范围或者采取违法方式实施的除外；

（八）上级行政机关基于内部层级监督关系对下级行政机关作出的听取报告、执法检查、督促履责等行为；

（九）行政机关针对信访事项作出的登记、受理、交办、转送、复查、复核意见等行为；

（十）对公民、法人或者其他组织权利义务不产生实际影响的行为。

但以上只是诉讼范围的规定，具体行政诉讼中涉及的诸多证据问题及法律依据问题更为复杂。尤其是《行政诉讼法》第三十四条规定了被告举证原则"被告对作出的行政行为负有举证责任，应当提供作出该行政行为的证据和所依据的规范性文件"，第三十五条更是规定了"在诉讼过程中，被告及其诉讼代理人不得自行向原告、第三人和证人收集证据"。因此行政诉讼的应对十分复杂，如果未将风险管理纳入行政行为过程，则进入诉讼阶段会面临更多的困难。

根据最高人民法院的年度工作报告，2018年全国累计行政诉讼收案659248件，而2017年的数据为618355件，仍呈上升趋势。行政机关已经比往日更需要进行"依法行政"方面的风险管理。

四、其他特别法人的风险

"机关法人、农村集体经济组织法人、城镇农村的合作经济组织法人、基层群众性自治组织法人"是《民法典》第九十六条中所列举的特别法人，也是营利法人、非营利法人之外的第三类法人。

机关法人因内容较多已在上一部分讨论过，本部分只讨论"农村集体经济组织法人、城镇农村的合作经济组织法人、基层群众性自治组织法人"三类。

(一) 经济组织法人风险

"农村集体经济组织法人、城镇农村的合作经济组织法人"同属经济组织法人,二者事实上属于同一个类别,是另一类非企业组织。两个术语虽然一再出现于法律中,但是却未有明确的定义也未有专门的法律。

对于"集体经济"最多的描述出现在《中华人民共和国宪法》(2018 年)第八条,即"农村集体经济组织实行家庭承包经营为基础、统分结合的双层经营体制。农村中的生产、供销、信用、消费等各种形式的合作经济,是社会主义劳动群众集体所有制经济。参加农村集体经济组织的劳动者,有权在法律规定的范围内经营自留地、自留山、家庭副业和饲养自留畜。

城镇中的手工业、工业、建筑业、运输业、商业、服务业等行业的各种形式的合作经济,都是社会主义劳动群众集体所有制经济"。

而最为接近的立法则是《中华人民共和国农民专业合作社法》(2017 年)。该法第二条规定:"本法所称农民专业合作社,是指在农村家庭承包经营基础上,农产品的生产经营者或者农业生产经营服务的提供者、利用者,自愿联合、民主管理的互助性经济组织。"因此其性质与传统的"集体经济组织"有所不同。

正因如此,这类组织的风险需要相关立法出台后才更容易分析。

(二)基层群众性自治组织法人风险

依据《民法典》(2021 年)第一百零一条的规定,"居民委员会、村民委员会具有基层群众性自治组织法人资格,可以从事为履行职能所需要的民事活动。未设立村集体经济组织的,村民委员会可以依法代行村集体经济组织的职能"。因此,居民委员会、村民委员会是典型的基层群众性自治组织法人。这两类法人的特有风险也正是体现在是否遵从了这两部法律。

1. 设立依据

两种组织均为自治性质,但其设立、撤销、规模调整等,要么由政府决定,要么需要政府批准。

居民委员会的法律地位,依据《中华人民共和国城市居民委员会组织法》(2018 年,以下简称《城市居民委员会组织法》)第二条,"居民委员会是居民自我管理、自我教育、自我服务的基层群众性自治组织"。而其成立则需要依据该法第六条,即"居民委员会的设立、撤销、规模调整,由不设区的市、市辖区的人民政府决定"。

村民委员会的法律地位,依据《中华人民共和国村民委员会组织法》(2018 年,以下简称《村民委员会组织法》)第二条,"村民委员会是村民自我管理、自我教育、自我服务的基层群众性自治组织,实行民主选举、民主决策、民主管理、民主监督"。其设立、调整等则依据该法第三条的规定,"村民委员会的设立、撤销、范围调整,由乡、民族乡、镇的人民政府提出,经村民会议讨论同意,报县级人民政府批准"。

2. 活动范围

由于存在的环境不同,两种自治组织的使命、活动范围存在着较大的区别。村民委员会的自治权则更大一些。

依据《城市居民委员会组织法》(2018年)第三条,居民委员会的任务为:

(一)宣传宪法、法律、法规和国家的政策,维护居民的合法权益,教育居民履行依法应尽的义务,爱护公共财产,开展多种形式的社会主义精神文明建设活动;

(二)办理本居住地区居民的公共事务和公益事业;

(三)调解民间纠纷;

(四)协助维护社会治安;

(五)协助人民政府或者它的派出机关做好与居民利益有关的公共卫生、计划生育、优抚救济、青少年教育等项工作;

(六)向人民政府或者它的派出机关反映居民的意见、要求和提出建议。

该法还对其经营行为和财产作了规定,即:

第四条 居民委员会应当开展便民利民的社区服务活动,可以兴办有关的服务事业。

居民委员会管理本居民委员会的财产,任何部门和单位不得侵犯居民委员会的财产所有权。

相比之下,村民委员会的产生、职责和权力监督等要复杂得多,而且村民、村民委员会有更多的自治权。不仅可以下设各类委员会管理相关事务,村委会的工作职责还包括《村民委员会组织法》(2018年)第八条所规定的"支持和组织村民依法发展各种形式的合作经济和其他经济,承担本村生产的服务和协调工作";"管理本村属于村农民集体所有的土地和其他财产",以及第十条规定的"遵守并组织实施村民自治章程、村规民约,执行村民会议、村民代表会议的决定、决议"等。

尤其是该法第三十条规定的"村务公开制度"、第三十二条规定的"村务监督委员会"制度、第三十四条规定的"村务档案制度"、第三十五条规定的"离任经济责任审计",以及第三十六条关于村民有权通过法院撤销村民委员会或其成员侵犯村民合法权益的规定,更是起到平衡权利的作用。

第五章 风险管理的实施与提高

本章提示

规则风险管理解决方案的宣贯,是其落地执行的第一步。但从解决方案到企业的风险管理能力的全面改善,如果提出更高一点的要求,则从语言表述到管理机制以及新技术的应用,都要跨过更高的门槛。

执行力是中国各类企业中普遍存在的问题,也是企业管理能力的晴雨表。前面的内容已经一再强调设计解决方案时必须考虑人的因素,也就是如何简化操作、简化说明以使之容易理解、容易操作,以提高执行的力度和质量。这同样是个系统工程,甚至包括了新技术的应用等方方面面的内容,而且同样需要通过持续的循环改进才能实现。

设计解决方案的初衷,是通过由制度体系、流程体系、文本体系交织而形成完整的风险管理系统,使并不具备很高专业素养和理解能力的员工只需按照制度、流程使用规定的文本即可。这对员工已是最简化的解决方案,甚至并不需要员工理解设计意图和法律依据。而这又涉及制度的表述方式、三大体系的整体设计,因而本章设置了对表述方法的讨论并以合同管理方案设计作为解说。

从风险管理解决方案落地实施时起,企业将开启更高效、更安全的运营模式。原设计中的缺陷,以及由于内部、外部环境变化引起的问题,也会随着循环改进机制的持续运行得以消除。这也是企业必须时常回顾解决方案的有效性,并随时结合变化升级管理体系的原因。但这一循环永无止境,企业需要不断地识别、评估、设计、检验和提高。

随着信息技术、互联网技术、人工智能技术的不断发展,法律界、风险管理界都在发生着深刻的变化。规则风险同样需要了解和跟上时代的技术发展,借助技术手段实现以往根本无法实现的效率和安全目标。

第一节 解决方案的宣贯与培训

宣贯,可以简单地理解为宣传、贯彻。在管理领域中,通常是指通过一定的形式和内容将某种理念或行为规范等宣讲给企业员工,以帮助员工提高认识、充分理解并按照要求进行实际操作。在广义上,宣贯是一种在特定阶段针对特定目标的培训。

风险管理解决方案的宣贯,同样是为了及时将解决方案的设计原理、操作方法等介绍、演示给企业员工,以帮助其充分理解和掌握要领,并顺利地按照新的管理体系从事生产经营活动。

一、企业的宣贯与培训

在功能方面,宣贯是一种有组织的管理行为,其目的是及时提高员工的某类水平以适应新的规则,多用于企业管理模式、运作模式的转换阶段。同时,它也是培训的一种,通过传播各种工作规范、工作方法、管理理念等方式提高员工的认知水平和工作能力,并从整体上提高企业的质量水平、安全水平和工作效率。

培训,可以理解成为了实现统一、规范、标准化的作业,通过规划目标、传递知识和信息、演练技能,以及评测、考核等技术手段和辅助工作,让员工达到预期的认知水平和执行能力。[①]

在现代企业中,培训的作用不容忽视。在ISO9001质量管理体系认证的过程中,首先需要展开的便是培训工作,其强调建立完善的管理体系是一个"始于教育、终于教育"的过程。而培训本身可以同时惠及企业和员工双方。

(一)对于培训的管理要求

在法律风险管理和合规管理活动中,包括宣贯在内的培训都是重要的风险控制措施之一。相关的规范性文件等多有提及。

1. 合规管理中的相关要求

《中央企业合规管理指引(试行)》(2018年)中大量提及培训方面的管理要求,甚至直接将"合规培训"作为合规管理的有机组成部分。在第二条的定义中,"本指引所称合规管理,是指以有效防控合规风险为目的,以企业和员工经营管理行为为对象,开展包括制度制定、风险识别、合规审查、风险应对、责任追究、考核评

[①] 参见"培训",载智库·百科,https://wiki.mbalib.com/wiki/培训,访问日期:2020年5月12日。

价、合规培训等有组织、有计划的管理活动"。

其他部分也多次提到培训要求。例如,第二章"合规管理职责"中描述了合规管理牵头部门和业务部门的合规管理培训职责,第十五条"重点人员的合规管理"中提出了对重要风险岗位人员、海外人员的培训要求,在第二十五条中提到了对"合规管理队伍"的培训。

尤其是在第二十六条,强调培训的制度化和常态化,即"重视合规培训,结合法治宣传教育,建立制度化、常态化培训机制,确保员工理解、遵循企业合规目标和要求"。

2. 风险管理中的相关要求

全面风险管理、法律风险管理分别以《中央企业全面风险管理指引》(2006年)和《企业法律风险管理指南》(GB/T 27914-2011)为代表,也都把培训当作落实管理措施的重要手段。

(二) 培训促进企业成长

培训是企业的战略性管理举措,其意义远不止满足企业发展所需的人力资源需求。企业的内部环境、外部环境一直处于变化之中,企业只有与时俱进地调整其发展战略和经营目标,并以培训促进转变来适应环境变化。

1. 适应外部环境变化

企业的外部环境包括经济环境、法律环境、行业趋势、同业竞争、科学技术发展等,无时不处于变化之中,并会最终影响到企业的发展战略、营利模式、管理模式等。企业需要对外界变化有足够的认知,并以新思维、新方法应对未来的变化,甚至作好调整产业结构、经营模式、主营业务等方面的战略规划,这些战略性的安排需要以培训的方式加深员工对环境变化的理解。

例如,每当税收政策发生变化,许多企业都会及时培训以快速适应这种变化并充分利用该变化实现风险最小化、利益最大化。而在20世纪90年代的增值税制度出台之初,由于未能理解具体的操作方式而且缺乏相关培训,许多企业索性在一段时间内暂停结算,成为当时非常滑稽的一种现象。

2. 适应内在发展需要

企业的内部也无时不在变化之中。企业的发展思维、企业规模、经营模式等变化会引起管理制度的变化;企业的人员流动、企业文化等也在引发员工价值观的变化,适应这些变化需要通过宣传、讲解新的规定、新的工作模式,并指定专门的机构负责监督、检查执行情况,才能促进新旧体制的更迭。

这些方面的培训包括了企业管理制度、业务规范、技术规范、个人行为规范,而且技术规范的变化有时还必须通过反复的训练才能实现。如果涉及法定资格等要求,还需要通过一定的专业资格认证等程序才能告以完成。

3. 提升员工整体素质

企业主动开展的培训，其目的主要都在于直接或间接地提升员工的工作能力，包括接受某种理念、掌握某些技能、遵守某些规则等，培训旨在建立一种企业发展所需要的新秩序。而通过培训减少的失误、降低的浪费、提高的效率、增加的收益，可为企业带来直接的利益。

而随着员工素质和工作能力的提高，企业所需要的创造力、工作效率、安全性、盈利能力、员工的归属感以及公共形象等也会逐渐达到新的水平，企业的竞争力和综合素质也在同步提高。

除此之外，培训制度往往与激励机制挂钩。许多企业都会有计划地为业绩突出或更有发展前景的员工提供"深造"型的培训，既作为一种激励、鼓励，也作为员工升迁和获得更大发展空间的路径，以更好地激励其他员工。在促进员工潜力充分发挥的同时，也为企业带来更大的发展空间。

(三) 培训促进员工成长

培训也是企业与员工的利益共同点。通过培训，在企业得到更高素质的员工、更强的竞争力的同时，员工也通过培训提高了自身的工作能力，因而拓宽了自己的发展空间。

1. 提升工作能力

按照入职阶段区分，培训可分为入职培训、岗位培训、转岗培训等，以个人行为规范、工作技能和业务规范、技术规范为主。每种培训都是为了使员工的工作技能从生疏到熟练、从初级到高级的过程，使员工能够更好地适应相关工作，也大大减少了因员工业务不熟练、操作不规范、工作失误等带来的风险。

这些培训多以短期、系统、规范的培训为主，可以快速满足员工所在岗位的工作需要，避免了师傅带徒弟模式的周期长、不规范等弊端，有利于员工个人素质的提升。

2. 满足成长需求

新员工进入企业是一个社会化的过程。面对从未有过的体验，他们不仅需要学习工作技能，还要学习沟通技能、人际关系处理技能，甚至是生活技能。而通过各类培训为他们提供新方法、新思维、新视角的同时，他们的个人阅历也在不断增长，在社会化的过程中日益迈向成熟。

尤其是在人力资源管理到位的企业，员工的个人发展前景与其工作业绩、个人能力等息息相关。通过培训掌握更多的工作技能、知识储备的同时，员工也获得了更多凭借业绩升迁等个人发展的机会。

二、宣贯和培训的技术原理

宣贯的效果,即宣贯对象对所需内容的理解掌握程度和对宣贯结果的满意程度,均取决于宣贯的技术方法。宣贯与在校教育的区别在于,它并不强调宣贯对象掌握培训知识并通过相关的考试,而是强调宣贯对象能否理解和掌握相关的解决方案并予以正确地执行。

培训是人力资源管理活动中的重要内容。如果不仅仅是为了完成培训工作而是希望切实达到培训效果,则培训涉及许多对于交易和方法的考虑。

(一) 决定效果的技术细节

宣贯、培训的效果取决于对策略、对象、方法等因素的充分考虑和细致安排,培训方拥有主动权。受训者基本处于被动接受地位,甚至连提前预习、专心受训及时复习等也需要督促。

从培训方的角度而言,增强培训效果的基本规律是通过内容和形式上的安排来吸引受训者关注、加深其对知识的印象。

1. 设定培训目标

培训目标的设定,主要是在培训之前设定培训活动的目的和预期成果,包括开展系列培训的总目标、预期成果与每次培训的目的、预期成果以及顺序安排,使培训的细节安排以目标为导向。

具体的培训目标,是建立在企业决策层的安排、整体战略,以及整体与部门的需求之上。通过对这些决策或需求的分析,可以进一步确定培训的目标是提升理念、扩展知识、掌握技能还是推行新的行为规范等,从而使日程、内容、师资、方式等安排具有方向性的标准。

宣贯是阶段性、目的性明确的培训,用于解决方案完成后启动项目实施。因而其目标是通过培训加快员工对知识的理解和掌握,以及推进解决方案的实际执行。以此为目标、方向,可以进一步细分对象、批次、内容、形式等。

2. 细分受众主题

由于工作的内容、性质不同,不同级别、岗位的员工对于培训内容有着不同的需求。每个受训人员都只会重点关注自己需要负责的部分,而对其他内容掉以轻心甚至加以回避。因而培训内容需要考虑参加人员的管理层级和岗位分工,因人施教满足需求以达到预期效果。

例如,在通常情况下,管理层不太关心操作层的内容,操作层更不关心管理层的内容。因此,如果将这两个层面的人员或内容合在一起,往往难以令受训人员保持足够的关注度和兴趣。而分为两个层面分别培训不同重点的内容,对管理层着重介绍管理、对操作层侧重介绍操作,效果往往会更好。

又如,ISO9001质量管理体系认证的培训分为三个层次、三种内容。其中,领导层需要了解该质量标准体系、知道自己应当参与的工作;文件的编写人员、内审员等骨干人员准确掌握标准要求、掌握审核的技巧和方法;操作人员结合体系文件的宣传和贯彻清楚本岗位的职责及相关工作重要性。

3. 安排生动内容

解决方案的具体体现是各类规则、条款,这些内容抽象、枯燥,远不足以在培训中引起学习的兴趣。因而更需要以贴切的内容来吸引受训者注意力,以活跃的气氛来激发受众的活跃度,以生动的案例加深印象,以具体的分析帮助理解。即以内容的趣味性克服主题的枯燥性、以事例的形象性克服主题的抽象性,才能起到远比受训人员自行阅读理解更有成效的作用。

而且,在目的性明确的培训中,有利害关系的内容优于无利害关系的内容,有解决方案的问题优于无解决方案的问题,本企业的素材优于其他企业的素材,本行业的信息优于其他行业的信息,内容与受训人员越近也就越有参考意义。

4. 营造感观效果

受训人员对于培训的感观印象会在很大程度上影响到培训的效果。因而培训场所的场景是否有权威、庄重感,以及是否有浓厚的学习氛围等,均需在培训前加以关注并尽量争取理想的环境。

在培训时的视觉效果方面,视频、图形等不仅可以活跃培训气氛,还可以使内容更易理解。因而总的培训效果规律是:有视觉成分的优于仅有口头讲述的,有PPT的优于无PPT的,有白板的优于无白板的,彩色画面优于黑白画面,因为这些视觉成分可以更简单、形象、直观地展现甚至连复杂的语言都无法描述清楚的内容。而画面与注意力之间的规律主要有:有动物画面强于无动物画面,有人画面强于无人画面,面孔画面强于身体画面,眼睛画面强于面孔画面,此外则是运动的画面强于静止的画面,富有变化的场景优于一成不变的场景等。

在培训时的听觉效果方面,同样有注意力规律值得了解,即:有声场景优于无声场景,人声场景优于其他声音场景,充满激情的场景优于毫无感情的场景,突然出现的声音优于连续不断的声音,断断续续的声音优于持续不断的声音等。这些客观规律都可结合具体的内容及需要而借鉴、运用。

5. 强化授课技能

培训的传统方式是培训师在讲坛上宣讲内容、学员们在下面听课,培训的效果取决于培训师的学识和授课方式、技巧。但授课技能有其自身规律,掌握和使用相关技能就能充分提高授课效果。

在技术层面,即使是抽象、枯燥、专业的内容,也完全可以用形象、生动、通俗的方式讲解。尤其是以企业、同行业发生的案例、故事,或以答疑、比喻等方式讲解,由于更贴近企业实际、更引人关注而容易取得更好的效果。当培训以轻松愉快、通俗易懂的方式并带有一定趣味性的语言、技巧、内容讲授,受训人员置身于相对轻松的环境中,更容易理解和掌握培训内容。

而从培训时课堂的活跃程度来说,同样有几个规律可供借鉴。即:有课堂提问比没有课堂提问更为活跃,上下互动的授课模式优于单向授课,有课堂讨论的效果优于单纯讲课的,有作业的效果优于讲完结束的,有答疑的效果优于没有答疑的。除此之外,受训后有考核安排的优于没有考核、利益与成绩挂钩的。

除此以外,还有许多方法可以吸引受训人员的注意力、活跃现场气氛、提高趣味性、提升理解程度,进而提升宣贯效果、提升员工执行力。

(二)影响效果的受众规律

如果希望宣贯或培训产生深远的影响,还需要考虑如何通过运用记忆规律使员工产生长期的记忆。周到的细节安排对培训效果有直接影响,而产生长期效果则需要考虑记忆科学揭示的客观规律,而这往往更容易在培训中被忽略。

1. 过度学习效应①

过度学习效应,是德国著名的心理学家赫尔曼·艾宾浩斯(Hermann Ebbinghaus,1850—1909)以实验研究出的人类高级心理过程的规律,主要含义是人们需要通过反复练习才能巩固所学的知识。而且当人们初步掌握所学内容并形成了初步的记忆后,如果再用原来所花时间的一半去巩固、强化,使学习程度达到150%,则会使记忆得到强化。简言之,人们只有通过反复的接触而不断地加深记忆,才能巩固学习成果。

这一结论并不高深,几乎与常识性的理解相同,却很少有企业在培训安排中用到。这也是许多企业存在的问题,许多培训内容由于没有及时重温而被员工淡忘,未能产生实际作用。

2. 两种记忆原理②

记忆力是指能记住事物的外形和名称,以及该事物与以前学过的某事物的异同之处。而记忆则是人们过去的经历在大脑中的反映,心理学家将其分为短期记忆力、中期记忆力和长期记忆力。短期记忆力的存在是基于大脑中的即时生化反应,经过一定的重复或反复刺激而产生中期和长期的记忆力,这两类记忆是基于大脑细胞间建立的结构性联系。一旦形成长期记忆,就难以忘记。

---

① 参见"过度学习效应",载智库·百科,https://wiki.mbalib.com/wiki/过度学习效应,访问日期:2020年5月13日。

② 参见"记忆力",载智库·百科,https://wiki.mbalib.com/wiki/记忆力,访问日期:2020年5月13日。

同时,记忆又可分为概念记忆和行为记忆。前者是指对于概念、事物、事件存在的记忆,后者则是转换为动作能力的记忆。正因如此,规则、知识等需要反复培训以形成长期的概念记忆,而技能、操作方法等则需要反复练习而成为永久性的下意识动作。这也是两种不同的记忆在培训中的分野,前者需要培训、后者需要训练,而且都需要重复进行。

参加培训的人员在整个培训过程中基本上都处于被动地位,因而对于记忆规律的运用需要由培训方来组织安排。在宣贯过程中,对于理念、知识性的解决方案需要强调、重温,使之转换为员工的长期概念记忆。而对于技能性的内容则需要反复训练,使之成为长期存在的行为记忆。而无论哪一种记忆,都需要在宣贯结束后的一段时间内重复提及或练习,形成牢固的理念或实际行动。

(三) 企业的培训制度设计

在现代企业中,培训应该是由人力资源管理部门负责的常态化工作,而且是提升企业内部凝聚力和对外竞争力的综合手段的一部分。因而企业培训制度本身也需要风险识别、评估和改进、提高,使之适应企业发展的需要。

1. 打造学习型组织[①]

1990 年,美国学者彼得·圣吉(Peter M. Senge)所著的《第五项修炼:学习型组织的艺术和实务》一书中提出了学习型组织(Learning Organization)这一管理观念。这一理念的基本价值在于解决实际问题,而非像传统组织那样只关注效率。其更注重以新的信息和观念来发现机会、解决问题、实现价值。

该书所提及的五项修炼分别为:自我超越、改善心智模式、建立共同愿景、团队学习、系统思考。在其中所提到的学习型组织中,每个人都要参与识别和解决问题,使组织能够进行不断的尝试,改善和提高它的能力。

由于这本书在管理学界的突出贡献,其作者被誉为"学习型组织之父""十大管理大师之一",该书也被评为"21 世纪的管理圣经"。作者在书中提出,企业应当建立学习型组织,通过精简、扁平化、弹性因应、终生学习、不断自我组织再造等,维持组织的竞争力,应对剧烈变化的外在环境。

越来越多的事例证明,具有强大创造力和竞争力的现代企业,多以不同形式建立了内部的学习型组织。那些经常性甚至定期组织员工集体讨论的企业,不但信息沟通方式非常便捷,而且学习的氛围也很浓厚;企业创新意识强、员工素质提升快,能够有效地化解矛盾,提高企业的整体工作效率。

将企业打造成学习型组织并不容易,而一旦成型则使培训、沟通交流、团队建

---

① 参见"学习型组织",载智库·百科,https://wiki.mbalib.com/wiki/学习型组织,访问日期:2020年5月16日。

设等都变得轻而易举,这尤其适合科技创新型企业的发展。

2. 建立常态化培训机制

如前所述,知识的牢记需要一定时间节奏的重复以形成永久性的长期记忆,而技能的熟练掌握在于持续不断的训练而形成下意识动作。为配合这些记忆、技能的形成,许多企业都需要转换其培训机制,将各类一次性的培训转换成为企业发展、提供人才基础储备的常态化培训。

企业的许多培训之所以收效有限且不久后便被淡忘,除了与企业的培训管理有关也与培训制度设计有关。广泛执行的基础,首先是规则意识的形成和对于规则的长期性记忆。而规则培训的目的则正是为了使人们牢记规则、遵守规则,或是熟练掌握技能、运用技能。但短期培训只有少部分内容能够转换为长期记忆和熟练技能,这就需要在培训制度的设计上融入重复规则以形成长期记忆,重复演练以养成技能。

这些培训功能设计需要综合运用,并且需要持之以恒。事实上,许多企业对于规则有入职、在职等重复性的培训,并可以通过分期考试、定期总结、周期性回顾等方式强化对制度的认知和掌握。对于技能的培训,也会以定期演练等方式反复加强。

3. 形成综合激励机制

如果常态化培训机制再进一步,则是要形成与培训相关的综合性激励机制。将精心打造、需要落实为行动的管理秩序,尤其是涉及重大管理机制转换的宣贯内容纳入综合激励机制,是一种常见而且行之有效的培训解决方案。同时,这也是提高执行力的解决方案。

这种解决方案的关键,是将接受培训后的掌握程度、实际执行程度与个人绩效考评挂钩、与企业的激励机制挂钩,围绕培训形成闭环的激励机制。这种机制最终只能是以标准化的制度、流程、表单的方式体现。

例如,拓展培训管理制度的深度和精度,对于重大培训的学习成绩进行事后考试或考评以提高员工对培训内容的关注度和掌握度;对宣贯培训后的制度执行情况进行考评、检查或考核并与激励机制中的升职、津贴等挂钩。前者作为反复的训练使各类人员牢记相关的规则要求,后者则对执行力强的人员予以不同方式的奖励。两种措施并举,鼓励参训人员认真学习、掌握并认真贯彻、执行。

三、解决方案的宣贯与培训

未经宣贯而直接推行的解决方案,可能会面临制度体系的消化周期长、转换效率低,甚至无果而终的局面。而为了提高效率,许多企业采取了成果汇报与体系宣贯合二为一的做法,由项目团队介绍设计思路、逻辑体系、操作要点等,同步完成向中高层管理人员的汇报和宣贯。

(一) 宣贯的层次与需求

由于宣贯的对象常常属于不同的管理层级，内容的安排往往面临两难的选择。在宣贯对象中，高级管理人员虽只是少数但对项目的实施有着决定性的影响，而满足他们需求的同时又难以满足人数众多的执行层管理人员的需求。

1. 决策层的宣贯需求

决策层一般是指董事长、总经理、副总经理所处的管理层级。他们的职责是依据法律、股东会、董事会的授权，在其职责范围内对企业的经营管理事务作出决策。因此他们关注的是战略层面的目标和结果，细节事项的落实等并非这一层面的工作内容，如何具体操作更非他们的职责。

这一层面的管理者更需要了解的是整个项目的工作目标、能够解决的问题、基本工作原理、设计思路、实现的路径、控制成本与收益。而他们最需要树立的观念是企业时刻处于风险之中，因此需要具备足够的风险管理意识以及将法律风险管理、合规管理与企业经营管理合二为一的意识等。同时，他们需要对项目管理给出足够的支持和信心。

2. 管理层的宣贯需求

管理层是负责将决策转化为现实的中间过渡层，包括从决策层以下大致到中层为止的管理人员，其职位如财务总监、法务总监，各部门的经理、副经理等。他们的职责是把决策层做出的决策转化为可执行的具体方案，并组织、管理和协调所需要的资源，然后交由执行层去实际完成。

这一层面的管理人员处于承上启下的地位，最需要掌握的是上一层级的管理意图，以及本层级所要完成的事务和需要协调的事务。同时还需要对解决方案的内容、原理、目标、解决思路、控制方法等有更为充分的了解，以便于履行管理职责、指导管理活动。因此他们更需要了解作用机制、本部门面临的风险和工作职责以及给企业、部门带来的益处或便利等，以便于分配落实措施和管理。

3. 执行层的宣贯需求

执行层包括企业的基层管理人员及普通员工，大致从部门副经理之下的层级到具体的无职务工作人员。他们的职责是按照管理层的要求，通过各种实际行动或技术手段，把管理要求、管理目标、解决方案等转化为实际操作的行动。

这个层面的人员只负责实际操作，因此并不需要了解高深的风险理论。他们只需要简要介绍基础知识、工作原理、实施目的以便于员工理解，更需要的则是介绍各个制度、流程、文本的设计背景、设计思路、具体操作方法以及操作中的各类问题如何处理。因此这类宣贯主题是技术培训，强调具体操作对象、如何操作、如何解决等。

从以上规律可知,宣贯对象的职务级别越高越需要理解原理、理念,越是基层则越注重如何操作,因此需要结合宣贯的对象、目的调整培训内容。

(二) 宣贯的内容与重点

制度体系、流程体系、文本体系中的具体解决方案有着不同的防控目标和设计思路,大多并非正常经营管理所需,因此需要稍加解释以使企业明白其用意及操作的规律、原则,即说明"怎么做"以及"为什么",以提高其执行率。

1. 制度体系的宣贯

通常情况下,优化设计后的制度体系大多会延续至少一部分原有的做法,以维系秩序的延续性,避免跨度过大。因此只要点破新旧制度之间共同的主要的区别,不难理解和掌握。

其中,制度体系的构成、覆盖面、设计思路,以及治理结构的调整、职责范围的划分、规章制度的分层和分类思路等,更适合决策层、管理层理解和掌握。而业务规范、个人行为规范类与流程体系、文本体系交织的规章制度,则更需要结合起来向管理层和执行层介绍。

除了另有指定工作内容,制度方面重点需要介绍的是合同管理类与生产经营直接相关的管理制度。特别是合同签订履行所要涉及的各部门工作,以及相关的配合工作、配套文本。

2. 流程体系的宣贯

流程的宣贯由于其直观、形象的特性,相比制度体系要轻松许多。尤其是制作规范和带有部门、标有阶段、随有说明表的流程图,员工只要了解相关符号的含义和流程图的规律就非常容易阅读和理解。而流程体系的构成往往也同样直观,围绕主要的经营管理事务或经常性事务处理展开,其中某些流程还是其他主流程的配套流程,因而用图片表述比用文字表述的制度容易理解。

通常情况下,最简单的增加了风险管理措施的流程只是加入了法律风险或合规风险管理的程序,使得环节略微复杂化。但综合设计解决方案的流程可能反而比原来的简单,并以过程、文本的标准化取而代之。但所有流程宣贯的重点都是不同部门的交接环节。

3. 文本体系的宣贯

文本体系所涉及的部门一般较少,主要是采购、销售和合同主管部门。其他部门参与的只是局部、各司其职的部分。由于文本的种类、内容较多,很少需要每个文本逐一介绍。

因此,首先需要宣贯整个文本体系的构成、分类及适用的交易,并结合管理制度、管理流程介绍合同签订、履行环节中各节点的风险控制内容。其次才是最常用合同的设计思路、特定条款的设计用途、整个文本的模块构成及功能分类等,以便一线业务部门及合同主管部门使用和管理。

(三) 宣贯后的管理措施

宣贯属于一次性的、导入式的培训,如果需要强化效果或内容则相对复杂,可以同其他培训一样从培训制度、培训措施、后续管理等方面共同加强。而这些宣贯解决方案,同时也是日常培训的解决方案。

1. 以培训管理提高掌握度

企业常见的提高培训掌握程度的方法,是事先告知事后考试或利用考评督促参训人员认真参与宣贯培训,并通过事后的考试或考评检测实际掌握程度。许多企业有例行培训制度,但由于并无考试、考评要求,以至于经过了多年的培训仍旧收效不大,其根本原因正是缺乏这样的督促机制。

理想状况下,各个部门、各个岗位都需要经过培训并通过考试或考评后才上岗工作。新员工的入职、调整至新的工作岗位等,均应以这种方式督促员工快速掌握相关规则或技能。但这需要有强大、完整的培训管理体制,一般企业并不具备这样的能力。

宣贯培训的学习成绩与其掌握程度相关,以这类考评结果作为后续激励政策的基准,其做法成熟、有效,能充分提高培训效果。例如,某些企业对于脱产培训有费用分摊比例、个人升迁机会等规定。全部员工接受培训且成绩良好,费用由企业全部承担,反之费用按比例由受培训人员分担甚至全部自费。

2. 以激励机制提高执行率

除了对学习成绩的激励,对于宣贯培训内容的执行率也需要纳入考核机制、激励机制。经过考核,对新规则执行率高的予以正激励,对执行率低的则予以负激励,借此提高规则意识,以此督促遵守、提高执行率。

某些企业还有另外一种方式,即结合培训内容委以工作任务,促使受训人员为了未来的工作需要而全身心地投入到宣贯培训内容的学习之中。例如,某些企业以如下方式激励员工认真学习、执行:

(1) 培训后负责传授培训中的收获、经验;
(2) 培训后负责部分内容的后续宣贯;
(3) 培训后负责相关技能的训练;
(4) 培训后负责相关事务管理。

这些措施除激励员工认真参训外,还会进一步提高宣贯、执行的整体效果。

第二节　风险管理执行力的提高

执行力(Execution)[1],是指贯彻战略意图,完成预定目标的操作能力。它是企业竞争力的核心,是把企业战略、规划转化成为效益、成果的关键。

执行力是所有企业都需要的一种能力,也是几乎所有企业都存在的问题,中国企业也不例外。良好的执行力可以使企业迅速地将资源运用到其战略、计划的实施上,有效地提高包括机会在内的各种资源的利用率。但执行力的影响因素存在于多个方面,同样需要综合手段介入才能提升。

一、影响执行力的各类因素

企业的执行力不足可能有多种原因,并非简单的员工工作态度问题。因为企业的制度设计、执行监督对员工行为有导向作用而员工处于被动地位,因而执行力不足问题甚至可以归结为管理问题。

(一) 被管理者的原因

执行力不足的具体体现是被管理者未能充分执行管理者的工作要求。但这一现象的背后却另有复杂的原因。

1. 被管理者的不同利益[2]

每个企业都只是外在意义上的整体,内部的拥有者、管理者、被管理者分属不同的阶层。不仅不同的阶层间存在着不同的利益,即使是同一阶层中也会存在不同的个体利益,因而对于执行事项的利益并不相同,态度也就不尽相同。

其中,股东以公司章程等作为契约而形成拥有者阶层,管理者、被管理者因为与企业之间的劳动合同而形成劳动关系并分属不同的阶层。因而企业是由不同阶层组成的共同体,其共同的利益平衡点是通过企业这一平台达成资源的交换。拥有者通过支付薪酬获取利润,劳动者通过劳动获取薪酬。

2. 被管理者的素质差异

即使同为与企业签订劳动合同的管理者、被管理者,其个人素质的差异也影响着执行的力度。由于每个个体的受教育水平、个人经历等不同,企业人员个人素质、理解能力、工作态度也不尽相同。

---

[1] 参见"执行力",载智库·百科,https://wiki.mbalib.com/wiki/执行力,访问日期:2020年5月18日。
[2] 参见本书第二章第五节"项目组及项目实施"之"二、项目的内部、外部相关方"。

作为劳动合同项下的一种契约义务,管理者、被管理者都应当按照劳动合同的约定完成工作任务。其中,管理者需要服从拥有者的决策和管理要求,被管理者应服从管理者的管理要求。但对于工作目标、工作指令的理解程度以及工作态度、价值观的不同,决定了其工作方式、工作结果的实际情况与期望值的差距。

(二) 管理制度的原因

在前面章节中已经讨论过,企业建立包括流程在内的规章制度体系是为了建立某种秩序以提高运营效率和风险控制能力。但规章制度在与执行力相关的质量水平上的差距,会极大地影响执行力。

1. 制度体系存在漏洞

绝大多数企业的规章制度体系未经系统梳理,因而其未加规定、表述不明的部分便属于"无法可依",无疑会影响执行力。

尤其是许多规章制度体系仅有禁止事项但并无配套的后果规定,致使违纪处罚"于法无据",强行处罚则很可能使企业在劳动争议中败诉。

除此之外,许多企业在办理各类手续时缺乏标准的流程和工作表单,这同样属于存在隐患的规章制度要求不明的情形。

2. 激励机制赏罚不明

赏罚分明是企业激励机制的基本原理。由于制度的执行、业绩的提升都会以增加员工付出为代价,对于表现优异者予以奖励,对于违反者予以处罚也就顺理成章,否则等同于鼓励员工放弃更多的努力。

如果健全管理制度是基于职业道德驱动,则完善激励机制是基于利益驱动。将工作表现与个人的升迁、薪酬等挂钩,既能鼓励员工继续勤勉尽职又能打造令行禁止的企业文化。

3. 规章制度不切实际

执行力受企业的员工素质、企业形态、管理水平、发展阶段等因素制约,脱离这些基础性条件而"拿来"或一厢情愿,既妨碍执行又影响制度的权威性。

例如,某些企业在不假思索地施行了某生产管理制度后发现,如果按照新规操作,原有岗位上的正常工作根本无法按时完成,最终只好不了了之。

4. 规章制度频繁变动

制度体系必须具有一定的稳定性,才能在被充分理解、消化后有条不紊地执行,这本身就涉及稳定性要求。如果制度频繁发生变化,则会使员工丧失认真理解和执行制度的积极性。

某企业由于组织机构、规章制度朝令夕改而且管理要求下达随意,被员工称为"计划没有变化快、变化没有电话快"。其结果是无人关注规章制度内容,一切只依据管理者的直接指令和个人判断,经营管理活动充满了不确定性。

5. 制度缺乏培训宣贯

工作技能、业务规范、技术规范和个人行为规范的培训本应作为从事具体工作前的必备环节,使员工具备胜任工作的技术水平并遵守相应的管理要求。但许多企业存在着培训制度不健全、培训未能融入常态工作机制、培训流于形式而不注重内容、只注重工作技能培训而不注重基础素质培训等情形,使员工根本无法理解、掌握,甚至无法知悉存在这些规章制度要求,也就无从认真遵守。

即使企业有了常态化培训,但如果长期重技能轻素质,也同样无法充分发挥培训的价值观导向作用。只有全面提升企业员工的综合素质,才能使培训富有成效。

6. 制度人文关怀不足

管理制度虽是用于规范经营管理行为,但仍旧需要体现人文关怀以激发员工的工作潜能、减少员工流失,从而节约招聘、培训、效率及质量等成本。

例如,某企业的薪酬制度缺乏对熟练工作的人文关怀。熟练工人的流失导致了废品率的上升,废品率的上升又导致了企业的原料损失。经过测算,适当提高薪酬以留住熟练工人,其合格品率上升带来的收益远远大于增加的薪酬。

(三) 管理者的原因

企业的各级管理人员是制度、工作指令的落实者、监督者,他们自身的执行力对于企业整体执行力的影响更为巨大,并且对执行力问题承担着主要的责任。曾有一些著名企业在快速扩张过程中因管理措施无法有效执行而终于失控并崩溃,这便是执行力问题的极端表现。

1. 管理者指令不明

企业管理的基本原理,是执行层从上至下逐级分解、细化上一层级的工作指令,直到最低的层级直接按照具体工作指令完成具体工作。因而从工作指令下达时起,每一个下属层级都是通过智力活动使工作指令从抽象到具体、从笼统到详细,以便下一层级能够最终完成工作。因而每一层级的理解能力、工作能力、工作态度、业务熟练程度等都会影响到工作指令的执行结果。

在这一系列的脑力劳动过程中,从指令下达到任务分解,如果任何一个环节无法正确理解上一层级的意图和目标,都会导致执行的力度和方向问题。这个问题一部分应该由管理制度加以规定,即令工作流程和工作内容标准化以明确常规事务应当如何处理;另一部分则是要对工作指令提出"质量要求"并加强沟通、磨合机制以使工作指令得以准确无误地执行。

2. 管理者执行不力

企业规章制度的最大破坏者往往是规章制度的制定者本身。许多企业家及企业管理人员虽然倾向于制度化管理,但是由于管理理念以及制度质量存在问题,往往在具体执行时带头突破制度的束缚而走了捷径,因而破坏了制度的严肃性和权威性。而这类情形的延伸,则是各级其他管理人员对于制度执行态度的松懈,并使执行力受到更大的影响。

而执行力强的企业,往往存在由上至下以身作则带头执行的氛围,加之监督、考核等措施的实施形成了良好的企业文化,执行力才得到大力提升。例如,某些企业从上到下严格地执行一些细节性的规章制度,其目的就是树立制度的权威性。在塑造良好的对外形象之余还为企业带来了令行禁止的企业文化氛围,加之赏罚分明的后续措施,企业的执行力得到了充分的保障。

3. 管理者缺乏威信

企业家或高级管理人员的威望、信誉,能够影响员工是否认真执行的主观态度。良好的威望更能令管理人员和被管理者产生信服感,并认真对待、认真执行企业制度。而威信的产生包括业绩上的成功、业界的个人声誉、企业内部的信誉等。

管理者对下级管理人员、员工诚实守信,能使员工切实相信其管理承诺以及激励方案,并确信通过认真执行能够得到相应的回报,从而勤勉尽职地达到工作目标。反之,缺乏威信或对内无信誉,就会削弱员工努力完成工作任务的动力。

个人威信还体现在对各级员工的态度方面。在同等条件下,管理人员尊重员工,则员工有动力以更高的执行力完成工作,反之对员工粗暴、缺乏尊重的管理行为则足以令员工"出工不出力",因此大大降低执行力。

4. 缺乏共同利益点

管理者与被管理者的利益共同点是执行力的另一因素。如果管理者与被管理者存在利益共同点,则更容易齐心协力解决问题、认真执行。如果不存在利益共同点,则个体的利益倾向容易导致其首先选择对自己最为有利的方式行事,而对其他方的利益则只是一种"兼顾"。

如果在薪酬分配或激励机制上存在无法多劳多得的情形,则很容易造成执行力的下降。如果努力工作并无相应的回报,被管理者与管理者缺少共同利益,则被管理者会缺乏认真执行的动力,企业会增加消耗、效率下降,被管理者注重的只是完成工作而不论其目标、结果。

此外,激励机制也并不仅限于薪酬、职位。员工在获取劳动报酬以供其生活所需之余,还需要有社会交际、得到尊重、自我实现等方面的需求,这一点在马斯洛的需求层次论中已经有了非常深刻的概括。增强下级管理人员、被管理人员的业绩荣誉感和工作成就感等方式,同样也能形成利益共同点,能够激励员工的执行力。

二、技术层面的执行力提升

对于执行力的影响,以管理制度和管理方法最为直接。员工在管理活动中处于被管理者地位,而管理人员大多数既是员工的管理者又是上级的被管理者,并对员工起着督促和示范作用,因而对管理的成效更有影响力。

(一)提升管理者的执行力

如前所述,执行力的根本改善需要通过制度设计、管理监督、员工培训等系统工程和综合措施才能实现。但在技术层面,提高管理者包括那些既是被管理者也是管理者的中级及基层管理人员的执行力是根本,尤其是提高他们与执行力相关的工作质量,就可以解决许多具体问题。

1. 建立提升执行力的体系

提高执行力,首先需要将制度体系转变为用以落实执行决策或规则、实现工作目标的体系,而非仅仅以完成工作为目标的制度体系。通过组织机构的层层督促、环环相扣,提高整体执行力。主要包括:

(1)日常经营管理行为最大限度规范化、制度化;

(2)无法制度化、规范化的事务责任落实到人;

(3)确保管理制度与工作指令具有可操作性及配套资源可供实现;

(4)对于规则或工作任务的执行情况有明确的衡量标准;

(5)设有具体的部门或职位负责监督、考核部门、员工的执行情况;

(6)各执行情况的考核结果与职位升迁、经济利益等挂钩;

(7)兑现员工福利及奖罚,树立制度及管理者的威信;

(8)培育敬业精神等能够提升企业执行力的企业文化;

(9)通过培训、训练提高员工执行力的技能及意识。

上述工作基本上只有中层以上管理人员完成,某些内容还需要上升到董事会甚至股东会层面。但制度、流程的内容需要清晰、明确。

2. 提高具体工作指令质量

要提高具体工作任务的执行力,最为基本的保障是工作任务本身的质量。下达的工作任务明确、具体并具有明确的衡量标准,才便于理解和执行。有人将这方面的要求归纳为 SMART 原则[①],具体要求为:

---

① 参见"SMART 原则",载智库·百科,https://wiki.mbalib.com/wiki/SMART 原则,访问日期:2020 年 5 月 24 日。

(1)目标必须具体(Specific)——明确性;
(2)目标必须可以衡量(Measurable)——可衡量性;
(3)目标必须可以达到(Attainable)——可实现性;
(4)目标必须和其他目标具有相关性(Relevant)——相关性;
(5)目标必须具有明确的截止期限(Time-based)——时限性。

以上五点其实是对管理者下达工作任务时的要求,概括起来就是具体的工作任务必须在特定的时限内以特定的方式、按特定的标准完成。只有这样才便于工作目标的实现、才便于衡量员工的工作质量和效率,并为后续的奖惩提供依据。

3. 检验执行力并持续改进

执行力的提升需要长久的不懈努力。这需要在完成前两项工作之余,关注并时常检验每个工作任务的执行情况,督促整个执行环节都以实现工作目标为导向,认真按照工作指令完成任务。

同时,还需要通过执行情况的检查来检验制度在提升执行力方面的实际作用,如参与执行力问题的回顾、分析和总结,并落实管理措施的持续改进,继续在制度层面提高企业员工的执行力,确保企业步入正轨。

总的来说,提升一个新设企业的执行力往往要比提升旧企业的执行力来得容易,因为它只需建立一种氛围和体制。而对那些经营多年的企业,由于已经有"惯性"存在并有多种因素束缚,提升其执行力往往需要更多的努力。

(二)提升被管理者的执行力

员工的工作结果只是执行力问题的体现,但执行力问题的主要责任在于管理者。而在员工层面,如果能够提升他们的工作能力和工作意识,使之既能充分理解又能认真遵守企业制度,同时还有足够的技能,则执行力的提升显而易见。

1. 树立秩序意识

现代化大生产需要一定的秩序才能维系其效率和安全,而这种意识并非人人与生俱来。秩序意识薄弱,体现在工作等活动中有章不循、有法不依等违反社会秩序和工作秩序的情况。许多新进员工由于缺乏现代化大生产环境的经历,加之成长背景等原因,其既有价值观及知识结构并不适合现代城市生活和企业社会化大生产,因而在遵章守纪、服从管理等意识方面需要以培训、企业文化影响等方式强化。

这种基于个人理解而违反操作规范的事例并不罕见。例如,某企业的投料环节存在着粉尘污染,但仍有员工明知操作规范有强制性要求,仍因呼吸不便而拒用防尘口罩,损害自身健康的同时也提高了企业的职业病防治成本。而这类事例的存在,与企业的管理制度和现场管理有失严格均有关系。

2. 培育敬业精神

敬业精神,是人们基于对一件事情、一种职业的热爱而产生的一种全身心投入的精神,是社会对人们工作态度的一种道德要求。低层次的即功利地敬业,由外在压力产生;高层次的即发自内心的敬业,是把职业当作事业来对待。[①] 这种精神的体现是高度自律、恪尽职守地履行职责的职业道德意识。可以是出于对职业或工作的热爱,也可以是出于职业荣誉或职业尊严。

这种精神更可以理解为契约精神的一种体现。劳动者入职是基于个人与企业之间的契约。这份契约或许对于劳动者的个人境遇而言并非最为理想,但毕竟是其能够达成的最佳选择或"最不坏"的选择。而契约精神的基本体现,便是一旦达成便应守约,必须尽心尽力按照契约的要求、管理者的意图完成工作,而无论其对该工作的性质、薪酬等是否满意。

契约精神或敬业精神的缺乏会严重影响执行力,只注重以最低的成本完成工作而漠视工作目标能否实现便是缺乏契约精神的典型表现。契约精神不足会使整个社会付出昂贵的成本,但产生问题的社会学原因比较复杂。相对于通过技术等手段解决工作效率和质量问题,敬业精神或契约精神的树立更有利于从根本上解决问题而且并不需要昂贵的成本。

3. 提高基本素养

理解能力和操作技能是影响执行力的另外两种因素,需要通过人力资源方面的培训管理来提升。现代企业事实上并不需要所有员工都具备高学历,但需要通过人力资源管理选择那些具备一定的基本素养,能够准确地理解操作规范的要求,理解工作任务并在执行过程中以其主动性弥补工作任务细节上的不足,并通过自己的努力和与其他人的沟通、协作而达成工作目标的员工。

这也是现代企业特别注重人力资源管理的重要原因。一方面,企业需要通过细致的招聘管理来选取具备所需素质或应有素质的人才;另一方面,企业需要通过入职教育和在职培训提升员工的基本素养和工作能力。其中最为基本的方式是以培训来提升员工对于各类规范的理解能力以及对各类所需技能的操作能力,使劳动者既知道规则又具备遵守规则的能力。但许多企业由于能力不足或意识缺乏,使得问题长期未能得到解决。

三、体制层面的执行力提升

技术层面之外,还可以通过体制的转变来提升企业的执行力。既包括与执行

[①] 参见"敬业精神",载智库·百科,https://wiki.mbalib.com/wiki/敬业精神,访问日期:2020年5月24日。

力有关的考核、绩效、薪酬甚至劳动合同体系的优化,又包括通过运营模式或管理模式的变革来最大化地提升企业执行力。

(一) 经营管理系统①与执行力

这里所说的经营管理系统,是指基于现代信息技术以管理软件的形式体现的办公及经营管理系统。该系统能够实时显现经营管理各方面、各环节的信息,并以在线办公、信息共享等方式实时展现生产经营过程、处理相关事务,从而将企业的人力、设备、资金、材料、信息、时间等有限资源有效、合理地组织起来,发挥其最大效用、促进经营管理目标实现。

1. 经营管理系统的原理

随着信息管理技术的突飞猛进,这类管理软件已经非常之多。有的侧重于行业管理,有的侧重于生产管理、销售管理、财务管理等具体领域的管理。由于这类软件的设计都有资深专家参与,因而其实用性大大提高,管理的人性化和实用性甚至远远超过一般业内企业的水平。

这些管理软件给企业带来的好处是其实时显示的信息省去了了解信息并核实数据的环节,以在线的方式办公使得管理行为不受时间和地域的限制;工作环节的标准化和程序化使得经营管理行为必须按设定的标准进行,从而大大提高了各级人员的执行力。甚至每个环节的管理活动全部留有记录,非常便于人力资源部门主导绩效考核。

例如,ERP②(Enterprise Resource Planning)是"企业资源计划"或"企业资源规划"的简称,由美国著名管理咨询公司 Gartner Group Inc.于 1990 年首次提出并定义为应用软件。但随着该软件的理念被企业界接受,目前的 ERP 已经不仅仅是一种软件,而是包括了工程信息管理、生产管理、项目管理、客户服务管理、物料管理、财务管理六大核心内容,且即时、可视、高效的企业管理平台。目前,世界 500 强企业中有 80%的企业都在使用 ERP 软件作为其管理和决策的工具,并成为现代大型制造业的"标准"资源管理手段。

2. 执行力的强制性提升

企业经营管理系统的建立和运用是一个庞大、复杂的系统工程。在企业建立该系统的过程中,通过行业专家的参与将先进的管理理念与企业的实际情况、管理需求相结合,实现了对企业的人力资源、财力物力、信息资源、影响力等各类资源的协调和优化配置。这一过程将会整合企业的业务流程、基础数据、人力资源管理、

---

① 参见"企业经营管理系统",载智库·百科,https://wiki.mbalib.com/wiki/企业经营管理系统,访问日期:2020 年 5 月 24 日。

② 参见"ERP",载智库·百科,https://wiki.mbalib.com/wiki/ERP,访问日期:2020 年 5 月 24 日。

资金管理、物料管理、生产运作管理等方面的资源和需求,可充分提高企业的管理效率和企业状况的透明度,进而提高资源利用率、提高竞争力。

相对于以三令五申的方式提高执行力,以管理系统提高执行力的方法更容易成功地解决大部分问题。因为无法满足系统所设定的条件或未经规定的审批流程,则根本无法进入下一步骤,从而强制性地提高了企业的执行力。而且管理措施的改进、管理流程的优化大多只需升级管理系统即可实现,大大提高了循环改进的效率。

实施这类系统的过程同实施风险管理一样,也是梳理管理思路和管理流程的过程。完成后的系统有着更为严谨的工作思路和管理流程,可以兼顾工作效率和风险控制,也是未来企业发展的必然趋势。但这类项目涉及面广、内容复杂、影响程度深,多需要决策层的大力参与以明确其实施目标并提供足够的资源。

(二)绩效考核[①]体系与执行力

绩效考核(Performance Assessment),通常也称为业绩考评或"考绩",是针对企业中每个职工所承担的工作,应用各种科学的定性和定量的方法,对职工行为的实际效果及其对企业的贡献或价值进行考核和评价。业绩考评的目的是通过考核提高每个个体的效率,最终实现企业的目标。

1. 绩效考核的起源

绩效考核最早起源于英国的国家文官(公务员)管理制度。19世纪中叶,为了改变文官的"大锅饭"现象和人浮于事、效率低下的状况,英国改按工作表现和工作才能的考核结果确定对文官的奖罚和职位的升降。这一制度充分调动了文官的积极性并大大提高了政府行政管理的有效性,提高了廉洁度和工作效能。在西方各国争相效仿之后,企业界也开始纷纷效仿并使之成为重要的现代企业管理手段。

绩效考核是以工作业绩为核心并兼顾员工的多项其他指标。例如,不仅要考核员工的表现和业绩还要考核员工的工作能力等情况,以此作为未来奖惩、职务、培训、解聘等处置的依据。而设计这些综合评价所用指标及评价结果的计算,其基本原理与风险评估过程中设立维度、综合计算的理念、方法基本相同,是定性分析与定量分析的有机结合。绩效考核与激励手段的综合运用,可在优存劣汰过程中激励优秀者发挥出更大的主观能动性,促进企业目标的实现。

2. 绩效考核的操作

绩效考核的设计往往要考虑企业的战略目标。通常情况下,需要根据企业的战略目标分析出所需的员工素质,并以此衡量员工的实际表现,再根据评价结果设

---

① 参见"绩效考核",载智库·百科,https://wiki.mbalib.com/wiki/绩效考核,访问日期:2020年5月24日。

定配套的激励手段,以激励员工完成企业设定的工作目标。

在整个绩效考核体系中,绩效指标(Key Performance Index,缩写为 KPI)的设定是关键。因为它对员工行为起着导向作用,指标的高低、评价方法直接影响到评价的结果及激励的效果。指标的种类越多、体系越科学,就越是能够充分避免员工的短期行为,越有助于企业目标的实现。

相对于"狂风暴雨"式的企业变革,企业的绩效考核体系能够以利益导向的方式在潜移默化中改变员工的行为。但绩效考核具有一定的技术含量,需要具备非常专业的相关知识和经验才能充分运用。

(三) 企业文化[①]建设与执行力

企业文化(Corporate Culture),是一个组织由其价值观、信念、仪式、符号、处事方式等组成的其特有的文化形象。通常情况下,企业文化是在企业的生产经营过程中逐步自然形成的、占企业主流的价值观和文化氛围,包括使命感、愿景、宗旨、价值观和经营理念等。

1. 企业文化的由来

企业文化是企业个性化的文化现象,可以将其理解为一种亚文化现象。企业文化的形成与企业的生产经营模式、管理制度体系、管理风格等密切相关,但它并非企业规章制度类的强制性规范,而是在那些规范之外由各种因素交互作用而形成的带有道德约束力性质的行为规范,是企业精神和企业价值观的体现。

作为一种管理理念,"企业文化"一词的历史并不长。20 世纪 80 年代初,美国哈佛大学教育研究院的教授泰伦斯·迪尔(Terrence E.Deal)和麦肯锡咨询公司的顾问艾伦·肯尼迪(Allan A.Kennedy)通过为期六个月的详尽企业调查,写成了《企业文化——企业生活中的礼仪与仪式》一书。该书很快成为畅销管理学著作,并被认为是 20 世纪 80 年代很有影响力的十本管理学专著之一。

按照该书的观点,杰出而成功的企业都有强有力的企业文化,也就是为全体员工所共同遵守,并有各种方式强化相关的价值观念,其往往是约定俗成的而非书面的行为规范。企业文化越是强有力就越能深入影响员工的行为并进而影响企业的发展。目前,企业文化管理的理念已在中国企业中大力推广,许多企业还形成了非常强势、鲜明的企业文化。

2. 企业文化的提倡

风险管理领域同样重视企业文化的积极作用。

在全面风险管理领域,国务院国资委于 2006 年颁布的《中央企业全面风险管

[①] 参见"企业文化",载智库·百科,https://wiki.mbalib.com/wiki/企业文化,访问日期:2020 年 5 月 24 日。

理指引》中分别有如下规定：

> 第五十九条　企业应注重建立具有风险意识的企业文化，促进企业风险管理水平、员工风险管理素质的提升，保障企业风险管理目标的实现。
>
> 第六十条　风险管理文化建设应融入企业文化建设全过程。大力培育和塑造良好的风险管理文化，树立正确的风险管理理念，增强员工风险管理意识，将风险管理意识转化为员工的共同认识和自觉行动，促进企业建立系统、规范、高效的风险管理机制。

而被反复提及的"风险管理文化"，也为企业文化的一部分。

在合规领域，国资委印发的《中央企业合规管理指引（试行）》（2018年），以及由国家发改委、外交部、商务部等印发的《企业境外经营合规管理指引》，都以"合规文化"的方式提及企业文化。后者更是明确规定：

> 第二十九条　合规文化培育
>
> 企业应将合规文化作为企业文化建设的重要内容。企业决策层和高级管理层应确立企业合规理念，注重身体力行。企业应践行依法合规、诚信经营的价值观，不断增强员工的合规意识和行为自觉，营造依规办事、按章操作的文化氛围。

3. 企业文化的建设

根据迪尔和肯尼迪的论述，企业文化有着复杂的理论系统。其构成要素可分为企业环境、价值观、榜样人物、文化仪式和文化网络五个方面，并包括了企业的经营哲学、价值观念、企业精神、企业道德、团体意识、企业形象、企业制度七个方面。如果细分还可分为企业物质文化、企业行为文化、企业制度文化、企业精神文化等文化形态。

企业文化是一种自然形成的文化，并非组织人手进行文字编纂就能形成。但在当前，许多企业为了加快企业文化建设，常以项目组的方式完成企业文化建设。这类行为更类似于确定企业口号之类的价值观塑造行为，并非真正意义上的企业文化建设。但企业确实可以通过企业规章制度、激励机制、企业愿景、企业口号等促进或塑造企业文化的形成，使之在规章制度之外起到引导被管理者积极进取、提高执行力的实际作用。

第三节　解决方案的循环改进

由于外部环境和内部环境都在不断发生变化，企业的管理制度和流程、文本只可能在特定时期、特定背景下适合企业的经营和发展,因而除了适时升级、调整外别无选择,也就是需要解决方案的循环改进。

一、制度化管理之弊

制度化管理是现代大中型企业的必经之路,但同时也是别无选择的非尽善尽美的方法。制度化对员工行为有重大影响,由于企业内部、外部环境处于不断变化之中,因而制度脱离实际的情况时有发生。

(一)对企业的不利影响

制度化的弊端直接作用于员工,却更明显地反映于企业。尤其是那些本身就存在缺陷的制度设计,甚至可能使制度的实施结果走向其设计目的的反面。包括"大企业病",也是制度化之病之一。

而大企业病[1],是指企业发展到一定规模之后,由于管理机制和管理职能等方面的缺陷而产生的信息不畅、思想僵化、机构庞大、决策复杂、行动缓慢、协调困难、墨守成规等不利于企业发展的现象。

1. 降低员工主观能动性

制度化管理中为提高效率和安全系数而采取的标准化、规范化的方法,会使许多工作环节和职位变得"机械化"。员工个人并不需要对制度的合理性有过多的质疑,只需要准确地理解规则和按照规定行事。如果没有其他制度作为补充,则会消磨员工的负责精神、主动精神和工作积极性。

"大企业病"的病因之一,就是因为职责上的条块分割使得各个环节的员工只处理自己负责的事务,既不关心整体目标又不关心工作目标而只是按规定完成工作,从而造成整体上的人浮于事、效率低下等不利局面。

2. 降低效率并增加成本

为确保整体安全、整体效率而增加的管理措施会丧失部分工作效率、增加管理成本。制度的建设、宣贯、培训、监督执行等都需要成本。如果事无巨细都用制度加以规范,阅读、理解整个体系本身也需要许多时间成本。

例如,小企业的合作商选择、合同签订及履行只由一个人完成,但大中型企业必须由采购、生产、销售、仓储、财务等部门相互配合,周期长、环节多、要求复杂,都会增加管理成本。

3. 制度异化而失去功能

"异化(Alienation)"源于德国古典哲学术语,是指主体发展到一定阶段以后开

---

[1] 参见"大企业病",载智库·百科,https://wiki.mbalib.com/wiki/大企业病,访问日期:2020年5月25日。

始发生变化,脱离原来的性质或目标而演变成为名不副实的另外一种事物。简言之,异化就是从形神合一转化为形神不一。

制度的异化,则是由于制度产生的背景及适用的环境等发生了变化后,制度已失去原有的目标和作用而仅流于形式。例如,项目投资前的调查、论证等本是为了投资安全,但在某些企业中却只是一种形式流程,偏离了原有目标。

4. 因标准化而扩大风险

制度化管理在"标准化"的同时,也同批量生产瑕疵产品一样批量制造企业风险。虽然每类风险管理项目都是对原有管理水平的重大提升,已经大大降低了企业遭遇同类风险损失的几率,但是仍旧存在批量生产企业风险的可能性。

例如,面向消费者的格式合同、面向劳动者的标准化劳动合同,都可能导致因内容统一、使用量大而使文本缺陷放大为批量化产生的企业风险,哪怕有一起诉讼切中其要害就足以引起雪崩效果而造成经营者的重大损失。

(二) 对员工的不利影响

员工在企业管理中总体上处于被动地位,激励员工的参与精神和创造力是人力资源管理的高阶目标。如果制度化管理中没有融入提高员工参与感的管理策略,以简单粗暴的方式进行制度化,便会严重挫伤员工的积极性和创造力。

1. 被动执行需求创造

制度化管理的作用原理是员工行为模式的标准化,以按规定的程序、规定的方式完成规定的工作,从而形成稳定的秩序并提高整个企业的效率和安全度。而其负面影响则是员工的某些对企业有益的潜力无处发挥。

出于管理秩序的需要,企业往往更需要员工对管理要求遵照执行而不是质疑,而且不可能事事征求员工的意愿。而正如马斯洛的需求层次论描述的,员工也有获得尊重及自我实现的高阶需求,制度化则极大地限制了满足这类需求的机会,因而极大地浪费了员工的创造力。

作为执行者,尤其是基层的执行者,员工对制度、流程、文本的优缺点有着切身体会,也更了解实际执行中存在哪些不便。因而他们是解决方案、不断完善方案的意见反馈者、创新需求的提供者,甚至能够发现已被人们熟视无睹而又客观存在的问题。因此在严格要求员工按照规定操作的同时,应建立一定的机制鼓励员工发挥创造力,促进循环改进的落实。

2. 增加负担受到抵触

制度化首先考虑的是企业的安全与效率,换言之它更代表企业管理者的利益或意愿,这也是企业雇佣劳动者完成其工作的初衷。但企业的管理措施大多会使员工的工作变得更为繁琐、复杂,甚至有将员工"机械化"的倾向。

例如,在管理学发展史上以弗雷德里克·泰罗(Frederick Taylor)为代表的制度学派十分注重管理的制度化、规范化。泰罗制度的实行虽然使企业收获巨大并验证了其理论的成功,但是却由于所规定的工作内容和工作程序过于繁琐而且完全将工人当成了操作设备,因而最终受到工人的抵制,工人们无法直接消极怠工则以破坏设备等行为缓解工作压力。

这是一个需要平衡的企业难题。现代化大生产需要整套的规则体系以使过程复杂、技术要求高的生产能够顺利进行,但同时也在进行一系列的简化操作以降低操作者的技术或技能门槛。现代企业的员工也需要具备现代社会的工作理念,以符合时代的价值观、契约精神去看待工作任务和工作要求。

(三)制度滞后的不利影响

风险三要素的内在、外在方面均处于不断的变化之中。包括企业为了生存和发展而重组、改变经营范围和主营业务,以及法律环境、经济环境、社会环境的变化等。所有这些变化,都会造成制度滞后。

1. 制度滞后于主体的变化

近三十年来,随着经济、社会的发展,作为风险主体的中国企业已经发生了翻天覆地的变化。企业形态从全民所有制、集体所有制为主,到民营有限责任公司、股份有限公司、上市公司等,不但新型企业形态不断涌现,而且法律对于各类企业的要求也日益详尽,风险主体本身已经随着规则的变化而有了巨大的变化。

而企业以外风险主体的类型、数量等也在不断增加。这既有非营利法人方面的变化,也有非法人组织的变化,而其中大量的主体也会参与到经济活动之中。同时许多非营利法人、非法人组织本身的性质、法律要求也在发生变化,甚至出现了与传统的经营主体迥异的虚拟企业,其组成模式和行为模式不断发展。

除了上述变化外,企业在知识产权、物权、经营许可、用工模式等方面的变化也对企业风险解决方案产生了深远的影响,使得企业难以用一成不变的模式实施有效的管理。

2. 制度滞后于环境的变化

自20世纪80年代开始,中国的立法数量、立法水平也发生了翻天覆地的变化,不但法律、行政法规、部门规章日益丰富,而且地方性法规、地方政府规章也日益成为各地结合具体情况提高治理有效性的重要手段,甚至部分地方立法走在了法律和行政法规的前面。而在《立法法》理顺了法律体系的层级和条理之余,《民法典》的颁布更是标志着立法水平的突飞猛进。

在法律环境发生巨大变化的同时,经济环境也发生了巨大的变化。企业的数量及规模不断壮大;国民生产总值也以原来的内贸为主发展成为外贸占有重要比例。而以前处于卖方市场状况的商品凭票供应,也很快由于经济活力的释放和市场竞争的充分而迅速发展成买方市场。而新技术革命带来的互联网等新技术,以及其他技术方面的进步,则更是加快了产业的升级换代,整个国民经济可谓处于日新月异的变化之中。

正因如此,企业经营、交易所要遵循的规则已经变得越来越多、越来越复杂。包括合规要求的提出,更是要求企业的经营管理不仅要遵循法律,还要遵循行业相关的其他规则,提高了企业经营管理的门槛。

3. 制度滞后于行为的变化

风险行为的变化主要体现在企业由于生产规模、生产方式、生产内容、市场范围等发生变化而引起的企业行为的变化。而这些行为上的变化也引起了企业风险类型、风险性质、发生概率、风险后果等方面的变化。

传统的企业运营模式是由企业自行完成采购、生产、销售。但一些新的运营模式,如定牌生产、业务外包、虚拟企业、网店、控股企业等非传统型企业的纷纷涌现,带来了更简捷、更高效的经营模式。这些模式的变化同样在深远地改变着企业行为,包括其运营模式、生产模式、管理模式等,甚至持续不断变化的企业经营模式还推动了相关立法的完善。

落实到具体的交易领域中,非常重要的合同签订环节也早已开始颠覆传统模式。通过大型交易平台进行的线上交易,已经可以在任何时间和地点进行,其签订的合同也早已不是纸质,也无需双方在物理意义上的同一地点签字、盖章,而是通过对交易内容的在线确认、对交易规则的在线确认,以点击的方式完成交易。通过注册进入交易平台时的责任设定、担保等难度以及交易成本、交易风险也相比传统模式大大降低。

二、风险要素变化与循环改进

风险管理是针对动态的活动所进行的动态管理。风险的主体、环境、行为三大基本要素都在不断的变化之中,因而循环改进不仅是一种管理上的需要,还是在环境不断变化情形下的无奈之举。

(一)风险管理的改进要求

由于持续改进是企业管理中的一项基本原则,因而在风险管理领域同样也将其作为一种行之有效的基本工作方法,并在各类管理指引、标准中被广泛提及。

1. 合规管理指引中的要求

国务院国资委于2018年印发的《中央企业合规管理指引(试行)》强调了"持续改进"在合规管理中的作用,例如:

> 第十条　法律事务机构或其他相关机构为合规管理牵头部门,组织、协调和监督合规管理工作,为其他部门提供合规支持,主要职责包括:

......

（二）持续关注法律法规等规则变化，组织开展合规风险识别和预警，参与企业重大事项合规审查和风险应对；

（三）组织开展合规检查与考核，对制度和流程进行合规性评价，督促违规整改和持续改进；

......

第二十二条 开展合规管理评估，定期对合规管理体系的有效性进行分析，对重大或反复出现的合规风险和违规问题，深入查找根源，完善相关制度，堵塞管理漏洞，强化过程管控，持续改进提升。

2. 法律风险管理指南中的要求

2012年颁布的《企业法律风险管理指南》(GB/T 27914-2011)也将持续改进作为一种重要的工作方法。在"4 企业法律风险管理原则"中特别强调了其作用：

h）持续改进

企业法律风险管理是适应企业内外部环境变化的动态过程，其各步骤之间形成一个循环往复的闭环。随着内外部环境的变化，企业面临的法律风险也在不断发生变化。企业要持续不断地对各种变化保持敏感并做出恰当反应。

另外在"5 企业法律风险管理过程"中，也强调了与之配套的监督检查与持续改进的关系。即：

5.5 监督和检查

企业应实时跟踪内外部法律风险环境的变化，及时监督和检查法律风险管理流程的运行状况，以确保法律风险应对计划的有效执行，并根据发现的问题对法律风险管理工作进行持续改进。

3. 全面风险管理指引中的要求

由国务院国资委于2006年颁布的《中央企业全面风险管理指引》中，虽然只在收集运营风险信息时提及企业的"持续改进能力"，但是其广泛地将"改进"作为管理措施并纳入管理范围。

(二) 循环改进的原理及策略

持续改进、循环改进虽然强调的行为方式不同，但是其主要内容和方式相通，都是通过总结前面的经验教训来改进管理。循环改进或持续改进的方式、理论多种多样，但最为基本和广为人知的是戴明循环和ISO的质量管理体系。

1. 戴明循环①的原理

戴明循环(Deming Cycle)又被称为 PDCA 循环、PDSA 循环,是一个简单明了、广为流行的质量持续改进模型。由美国统计学家威廉·爱德华兹·戴明(William Edwards Deming)连同一些统计方法和质量管理方法在"二战"后一道带到日本。这一理论的诞生与"二战"后的日本迅速成为制造业大国并促生全面质量管理(Total Quality Management)理论有非常直接的关系。日本天皇于 1960 年为戴明授勋,以表彰他为日本企业所做的服务与贡献。

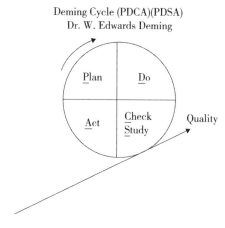

图 5-1 戴明循环

这一循环包括持续改进与不断学习的四个循环反复的步骤。即:

(1) P(Plan)——计划,分析问题、找出原因并制定方针和目标,确定活动计划;

(2) D(Do)——执行,实地去做,实现计划中的内容;

(3) C/S(Check/Study)——检查,总结执行计划的结果,注意效果,找出问题;

(4) A(Action)——行动,总结成功经验并推广和形成标准,总结失败教训、亡羊补牢,新问题和未解决的问题则放入下一循环。

从以上解读可以看出,戴明循环通俗易懂、简单实用,其要旨是有计划、有步骤地按照一定的章法行事,通过持续的循环而不是天才的设想使事物日趋完美。操作时还可大环套小环、一环套一环,分解目标后将问题各个击破并在循环往复中呈阶梯状上升。这一理论可以用于任何领域,无论是专业活动还是非专业活动,也无

---

① 参见"戴明循环",载智库·百科,https://wiki.mbalib.com/wiki/戴明循环,访问日期:2020 年 5 月 28 日。

论是工作还是生活。这一方法通过知识、经验的不断积累来解决问题并持续因应变化提升质量管理水平,将一时的管理转变为持之以恒的努力,使管理的提升不只依靠专家的天才设计,也可依靠扎扎实实的认真工作。

2. ISO 质量管理体系原理

ISO 是国际标准化组织(International Organization for Standardization)的英文缩写,由该组织制定的标准均以 ISO 冠名。该组织的成员来自世界上一百多个国家的国家标准化团体,是全球最大的国际标准化组织。ISO 是非政府机构,是否采用其标准全凭自愿。由于该组织制定的标准实用性强而且非常优秀,以至于全球的诸多企业乐于采用并使之成为一种通用的标准。

1987年,ISO 正式颁布了 ISO 9000 质量管理质量保证国际标准,并随后不断优化、完善。该标准并非单一标准而是一套标准,包括由 ISO/TC176 制定的所有国际标准。对于企业是否符合这些标准,多由第三方组织提供认证。如果企业在产品上标注其已经通过了 ISO 9001:2000 管理体系认证,则说明该企业的质量管理体系已经达到相应的标准,且其质量水准更具公信力。

目前,ISO 9000 标准仍包括四个核心标准、一个支持性标准、若干个技术报告和宣传手册。中国的国家推荐标准对这些标准进行了等效引用,包括:

(1)GB/T 19000-2016/ISO 9000:2015《质量管理体系 基础和术语》;
(2)GB/T 19001-2016/ISO 9000:2015《质量管理体系 要求》;
(3)GB/T 19004-2011/ISO 9004:2009《质量管理体系 业绩改进指南》;
(4)GB/T 19011-2013/ISO19011:2011《质量和(或)环境管理体系审核指南》。

在 ISO 9000:2015 标准中列举了七项质量管理原则。分别是:

2.3.1 以顾客为关注焦点

2.3.2 领导作用

2.3.3 全员积极参与

2.3.4 过程方法

2.3.5 改进

2.3.6 循证决策

2.3.7 关系管理

对于"2.3.5 改进",主要的表述有:

2.3.5.1 概述
成功的组织持续关注改进。
……
2.3.5.4 可开展的活动包括:

——促进在组织的所有层级建立改进目标；
——对各层级员工在如何应用基本工具和方法方面进行培训，以实现改进目标；
——确保员工有能力成功的策划和完成改进项目；
——开发和展开过程，以在整个组织内实施改进项目；
——跟踪、评审和审核改进项目的计划、实施、完成和结果；
——将改进考虑因素融入新的或变更的产品、服务和过程开发之中；
——认可和奖赏改进。

3. 风险的控制自我评估[①]

控制自我评估（Control Self Assessment）缩写为 CSA，也被称为管理自我评估、控制和风险自我评估、经营活动自我评估以及控制、风险自我评估，是指企业内部为实现组织目标、控制风险而对内部控制系统的有效性和恰当性实施自我评估的方法。

这种工作方法是欧美国家广泛采用的内部审计技术和工具之一，共有三个基本特征：关注业务的过程和控制的成效；由管理部门和职员共同进行；用结构化的方法开展自我评估。

目前，CSA 这一工作方法虽然在理论上已经有二十余种评估方法，但是其基本形式主要有引导会议法、问卷调查法和管理结果分析法三种。

（1）引导会议法

由管理当局将员工召集起来就特定的问题或过程进行面谈和讨论，有四种主要形式：以控制为基础的、以程序为基础的、以风险为基础的和以目标为基础的。

（2）问卷调查法

利用问卷工具使得受访者只要做出简单的"是/否"或"有/无"的反应，控制程序的执行者则利用调查结果来评价他们的内部控制系统。

（3）管理结果分析法

指除上述两种方法之外的任何 CSA 方法，由管理当局布置工作人员学习经营过程。CSA 引导者（可以是一个内审人员）把员工的学习结果与他们从其他方面如其他经理和关键人员处收集到的信息加以综合、分析，然后提出一种分析方法，使得控制程序执行者能在他们为 CSA 做出努力时利用这种分析方法。

目前，许多企业已经通过了 ISO 质量管理体系认证，并有意识地将闭环的循环改进作为改进企业管理水平、提高绩效的重要手段。但从许多问题并未得到实际

[①] 参见"控制自我评估"，载智库·百科，https://wiki.mbalib.com/wiki/控制自我评估，访问日期：2020年5月28日。

解决的情况来看，此类工作还有一定的改进空间。

例如，PDCA 和 ISO 之类的管理理念需要具备一定的管理基础才能理解，加之文件内容频繁相互引用的表述方式与汉语习惯大相径庭，使得 ISO 文件既不利于理解也不利于掌握。有些企业为了解决上述问题，将包括风险管理方案在内的制度体系作为质量管理体系中的第三层文件，即质量管理文件，以解决单纯的质量手册或程序文件抽象难懂的问题，从而提高执行力。

三、管理方案的循环改进

由于法律环境、经济环境和企业状况的不断变化，许多企业的风险管理解决方案的"保质期"甚至无法超过一年。为了取得管理实效，必须加速贯彻实施并保证实时"维护"。

(一) 循环改进的制度保障

循环改进属于管理改进方面的技术处理，唯有形成制度后，以制度保障其自身的运转且解决重点问题，才能使工作更有成效。

1. 以制度固化循环改进

目前，许多企业的风险管理部门或职位的作用并未充分得到发挥。究其原因是其作用和重要性不取决于制度而只取决于管理者的风险偏好。如果希望风险管理充分发挥作用，决策层的支持和风险管理部门的权威缺一不可。而将风险管理的内容、地位制度化，则可以使其不再受决策层的影响，以便成为日常的管理工作，有助于充分发挥其作用。

除了风险管理部门总体定位的制度化，各部门的风险职责和分工同样需要制度化。一方面，企业的风险管理涉及各个部门的职责，需要以各司其职的方式分散管理压力，并以全员参与的方式管理风险；另一方面，风险管理部门本身的职责、工作内容、工作目标，包括循环改进的周期或其他启动方式等，均需具体地以制度加以明确。

2. 风险信息的收集报告

风险信息的收集是了解企业风险状况的基础性工作。《中央企业全面风险管理指引》(2006 年) 的第十一条要求将收集风险管理相关信息的职责分配到各个部门，并在第十六条列举了所需收集的信息，即：

> 第十六条 在法律风险方面，企业应广泛收集国内外企业忽视法律法规风险、缺乏应对措施导致企业蒙受损失的案例，并至少收集与本企业相关的以下信息：
>
> (一) 国内外与本企业相关的政治、法律环境；

（二）影响企业的新法律法规和政策；
（三）员工道德操守的遵从性；
（四）本企业签订的重大协议和有关贸易合同；
（五）本企业发生重大法律纠纷案件的情况；
（六）企业和竞争对手的知识产权情况。

根据实际需要以及对各类指引的归纳，实施风险管理的企业至少需要收集与企业投资、经营活动有关的以下信息：
(1) 国内外法律环境及其变化信息；
(2) 所在地地方性法规、地方政府规章、规范性文件的信息及变化；
(3) 本行业的各类统计信息及发展、变化、法律问题以及相关解决方案类信息；
(4) 本企业产业链上游、下游行业的法律环境、经营环境及变化的信息；
(5) 与本企业有经济往来的相关企业经营状况、对外争议等信息；
(6) 有可能使本企业蒙受损失的违约、侵权或被侵权及权益可能丧失等情况；
(7) 被员工或其他方投诉、曝光，或被政府部门立案调查、处罚等情况；
(8) 风险管理措施的执行情况。

这些工作属于对外部法律环境、经济环境变化的监控，收集和报告的目的是及时了解规则变化并及时交由决策部门和风险管理部门制定对策加以利用或及时回避，或为战略调整提供前瞻性依据。

3. 企业风险的监控功能

建立风险的监控机制，是根据风险达到的不同程度提出不同级别的预警提示，以便根据实际情况及时、适度地加以干预。这种机制依企业的风险偏好、机构分工、资源状况等情形而定。

而风险等级的划分则可以借用风险评估时的风险分级。但需要有固定的制度或以信息技术实现风险事件的上报、公布，以及固定期间的上报、公布，并确定未按要求上报所应承担的责任，同时对内的风险则采取监控实时化、常态化方式。

通过风险预警和分层管理，企业可以集中资源解决重大风险，并在需要时集中资源用于解决问题。例如，只有当风险达到某种程度时风险管理部门才介入，达到了更高程度时才接手管理，其他情形则由不同的业务部门处理。

4. 风险信息的沟通共享

大型企业风险信息的横向、纵向沟通较为困难，甚至还存在着分公司、子公司等下属机构隐瞒不报的情形，并最终导致失去了最佳的介入时间而不得不付出更大的代价解决问题。

这类沟通困难与企业管理层级和管理部门的设置相关，但更与相关信息管理机制的设置相关。尤其是采用直线职能制设置的组织机构，体制已经决定了横向沟通的困难。但信息的流通可以通过设置信息的分类、阅读权限、责任范围、信息流向等方式明确,而风险管理的经验、方法等更应由相关部门共享。

企业信息的有效沟通可双向提升风险管理的效果。它一方面可以使风险管理部门及时了解企业中潜在的风险并及时介入采取措施;另一方面可以及时通过风险要素的调整、主体的调整等方式削弱甚至排除某类风险,双向提高企业的安全性。

(二) 循环改进的实施策略

循环改进以先前的经验教训为基础,但改进的幅度则有大有小,转型期有长有短。因而在落地实施时,可参考一些成功经验以实现平稳的过渡。

1. 以循序渐进代替休克疗法

新的风险解决方案大多通过循序渐进的方式实施,以保证顺利执行和平稳过渡。甚至某些举措需要分步实施,在具备了前置条件后再实施后续改进,使企业以"小步快跑"的方式演进,避免"休克疗法"引发的混乱。

例如,某大型企业曾实施过人力资源管理规范化的项目,但由于变化过大而未能实施。企业内的管理专家也曾针对管理缺陷提出过一系列的解决方案,但也因超出了企业的经验范围而一直未被采纳。

同时在风险管理等管理项目中,其生产运作管理、安全生产管理等风险也被反复提及,企业最终高薪吸纳了管理经验丰富的团队对企业既有的设备、生产流程、作业模式等进行大力调整。通过步步为营、小步快跑式的过渡,成品率得以上升,质量有所提高,设备无故障运行时间延长并且企业工作效率显著提高,生产、运营焕然一新。

2. 以宣贯辅佐代替通知执行

对于新的风险管理解决方案体系,某些企业只是以下发文件的方式要求各个部门予以执行。这种方式虽然简便、快捷,但是其落实的效果远不及通过宣贯讲解、辅助执行的方式。

宣贯既可以加深理解,也可以使新制度体系的落实具有庄重感、仪式感,利于提高其权威性。而由设计方提供一定期限的辅佐执行,则可以更好地帮助企业实现平稳过渡。

设定辅佐期,可以有效加速企业员工从陌生到充分理解和熟练掌握风险管理解决方案的过程,同时也提供了针对问题及时微调的机会。尤其是在宣贯期间发生了外部法律环境等方面的变化时,更是需要及时调整以确保解决方案的适用性。

例如,在某商品房项目的开发过程中,政府调整了住宅面积测量方式以及商品房预售标准、环保标准、交付标准和商品房买卖示范文本,这些都需要及时修正方案才能确保"新规"合法有效。

第四节　风险管理中的文字表述

制度、流程、文本三大体系均离不开文字表述,其中非常容易被忽略的也是文字表述。而且,这一问题已经变得越来越突出,以至于不得不加以讨论。

文字表述问题大致可分为行文和布局两类。常见的错别字、标点符号不规范、语法错误等尚属小问题;语义不明的表述、内涵外延不清晰的表述、表述存在语言歧义等,都会使执行者无所适从并因其自行其事而偏离管理意图。而结构上的表述层级不明确和内容顺序上的布局混乱,同样会造成阅读理解上的困难,甚至导致"失之毫厘,谬以千里"。

一、专业表述的基本原理

表述,可以理解为表达、陈述,其目的是传播一种信息或观点。风险管理中的三大体系都需要人们的准确理解和执行,因此更需要充分考虑如何易于员工阅读、理解和查找内容。

由于使用目的存在着这些不同,风险管理中的文字表述必须从结构和语句两个层面采用有别于日常表述的标准,以促进管理措施的有效执行。

(一) 管理规范的表述特征

企业管理活动经常涉及文字表述的主要有管理制度、管理流程、文本表单、工作指令等,每种题材的使用目的、功能及表述的需求和特征各不相同。

1. 管理制度

传统的管理制度都是以文字来表述,文字使用量比较大。由于要涉及管理的主体、客体以及管理职责、工作方法等管理要素,因而各条款设定的秩序之间相互关联、错综复杂。正因如此,管理制度在结构和表述上都不同于会议纪要、通知之类的企业内部文件。

对于管理制度的使用,一般涉及阅读理解、核对内容、查找相关条款。因此在行文结构上一定要有主题分类。也就是管理制度内容要分成不同的组成部分并加上标题,使不同主题的条款分别集中于不同的标题之下,以便于查找和阅读、理解。如果篇幅较长,则还需要设置诸如编、章、节之类的内容分割单位,同时还要加设目录,以使概览和条款查找更为方便。

而为了提高管理要求的明确性,企业常常借鉴"5W1H"分析法。[①] 该分析法源于 1932 年由美国政治学家哈罗德·拉斯维尔(Harold Lasswell)提出的"5W"传播模式,后经人们的不断运用、总结逐步形成了成熟的"5W+1H"模式。原意是指对于选定的项目、工序或操作,都要从原因(Why)、对象(What)、地点(Where)、时间(When)、人员(Who)、方法(How)六个方面提出问题加以思考。由于其具有普适性,因而被广泛用于具体方案的分析。

这一理念也被称为"六何法"或"6W 分析法",即何人(Who)、何事(What)、何时(When)、何地(Where)、何解(Why)及如何(How)。虽然人们对其内涵存在着不同的解释,但是其基本理念是锁定具体工作事项的主体、客体、时间、方法等,以此提高处理结果的确定性。

2. 管理流程

管理流程的表述方式是以流程图为主,因而文字说明仅用于对图形中某些环节的注释。因为流程符号中只能置入有限的文字,为避免望文生义或明确其操作细节,就必须使用文字注释。

对于流程的文字表述比较简单。流程图本身已经确定了管理活动的顺序、内容、处置方式等,本身已经具备了直观、形象的结构。但流程的设计及注释性文字,同样可参考"5W1H"分析法以明确责任主体、管理目标、管理对象、管理行为、评判标准等。

3. 文本表单

文本表单以合同文本及作为合同附件使用的表单为主,但也包括交易中所用的联系单等表单以及企业管理活动中使用的内部表单。合同文本以文字表述为主,有时还辅以表达描述某些细节。表单内容则以栏目及栏目内的相关信息为主、配套的注释性文字说明为辅,相互补充说明某一事项。

合同文本的表述同管理制度类似,同样需要按照一定的结构和方式。但合同牵涉到外部关系的处理,因而更需要慎重。在其结构方面,只要篇幅稍大即要遵循结构原理,可以分主题、分层级、分顺序地表述并按主题设立标题,使合同文本便于阅读、理解和查找内容。而其条款则也可以参照"5W1H"的方式分析并选择所需内容写入合同。但合同是用于规范企业与他方的交易行为,因此主题集中于交易主体、交易内容、交易方式、问题处理,强调权利义务界限的明确性和行为可能性分析的完整性。

表单则有不同情况。那些被用作合同附件的表单往往是用于描述标的的细节、验收环节的技术要求等细节化和局部化的内容,只需要描述得足够充分即可,

---

[①] 参见"5W1H 分析法",载智库·百科,https://wiki.mbalib.com/wiki/5W1H 分析法,访问日期:2020 年 6 月 8 日。

一般并不需要从法律角度进行过多的分析。但某些表单实际上是简化后的合同，并在实际运用中替代了合同的使用，这类表单已经属于合同范畴，但由于其文字量少、篇幅有限，因而往往比对合同的要求还要严格。

同时企业对内办理人力资源管理手续的表单和在合同履行期间对外联系业务用的表单，均有可能构成劳动争议或合同争议的证据。因此人力资源管理方面的表单需要符合法律规定、劳动合同约定以及企业合法有效的规章制度。而履行合同的表单则需要符合法律、司法解释的相关规定和合同约定，以免带来不利后果。而且，两种表单均需纳入证据管理范围。

(二)文字表述的基本原则[①]

制度、合同均属于"功能性"文书，其语言特征是正式、庄重、严谨。由于语言基础教育方面的不足以及语言向随意化的发展趋势，语言表述质量整体上有下降的表现。其中的一些常见表述问题，直接影响着制度的理解和执行。

1. 采用正式语体[②]

用语是最为基本的表述元素。尽管表述同一事物可以使用多种措辞和语法，但是基于表述的内容、对象、目标的不同，许多事物只能以特定的措辞和语法来表述，这就是语体问题。

语体，是指为了适应不同的表达需要而产生的表述方式。制度、合同均可归入书面语体中的公文语体或科技语体，在制定规章制度、起草合同过程中，为了适应使用场合的氛围，其措辞、语法均与日常语言有所不同。不仅要使用正式、庄重的用语还要使用较为严谨的语法，以精确地表述职责或权利的范围和界限，随意、笼统的口语语体则应杜绝。

2. 选择恰当用语[③]

在语体问题之外，出于实用和精确的考虑，制度和合同中一般使用中性词、精确用语、专业用语等。例如，表述合同中双方权利义务时不应使用"炒作"而应使用"宣传"，也不应使用无法度量的"立即"而应使用"两个小时之内"等可度量用语。

尤其需要强调的是，由于规章制度、合同都与法律有着共同的逻辑关系甚至遵从关系，因而除非另有定义或在表述时加以强调，否则必须遵照相关术语的使用规范。

例如，全国人民代表大会常务委员会法制工作委员会曾于 2009 年印发《立法技

---

① 参见吴江水:《完美的合同——合同的基本原理及审查与修改》(第三版)，北京大学出版社 2020 年版，第 94-107 页。
② 参见吴江水:《完美的合同——合同的基本原理及审查与修改》(第三版)，北京大学出版社 2020 年版，第 478-487 页。
③ 同上注。

术规范(试行)(一)》,分别给出了法律条文表述规范、法律常用词语规范。2011年印发的《立法技术规范(试行)(二)》,则再次在其第二部分设立了法律常用词语规范。这些规范提供了许多词语的标准用法,在表述涉及法律时均应参照执行。

3. 规范标点符号

标点符号是语句中标明语句性质、分隔语义范围的工具,在精确表达时不但必不可少而且必须规范使用。按照中华人民共和国国家标准《标点符号用法》(GB/T 15834-2011)第2.1条,"标点符号(Punctuation)"是"辅助文字记录语言的符号,是书面语的有机组成部分,用来表示语句的停顿、语气以及标示某些成分(主要是词语)的特定性质和作用"。

同样按照该标准的第3条,标点符号分为点号和标号两种。其中第3.1条,"点号的作用是点断,主要表示停顿和语气。分为句末点号和句内点号"。第3.2条,"标号的作用是标明,主要标示某些成分(主要是词语)的特定性质和作用"。

包括风险管理在内的管理领域,书面语言文字中的标点符号有着更为重要的作用。对于规章制度来说,标点符号意味着职责、行为的界限;对于合同文本来说,标点符号意味着权利义务的界限。因此,标点符号的使用不规范足以改变管理行为的界限或权利义务的边界。

例如,个别管理文件和合同中存在着"一逗到底"的现象,使得本该井井有条、界限分明的职责范围和权利义务混在一起。因而在这类表述中,不仅要严格按照语义使用逗号、分号,必要时还要以另起一行的方式进一步区分。

4. 确保语法正确[①]

法律、管理制度、合同等规则性的专业语言在符合通用语法的同时还存在着本领域内的特定语法,即有其专用的术语、语法等。这些特有的语法可使语句达到行业文本所需要的精度,并使之具备足够的庄重感。

在提升表述精度方面,最为典型的是定语、状语、补语的运用。这些句子成分有修饰性与限制性之分。修饰性的定语、状语、补语可使中心词更加生动、形象,大部分修饰成分是为中心词增加信息量。而限制性的定语、状语、补语则将中心词的内涵、外延变得更精确,大多是缩小其适用范围而使表述更为严谨、明确,因而在制度、合同中大量采用限制性成分精确锁定中心词的性质、范围等。以这种方式调整条款的适用范围远比用定义的方式更加灵活。

(三) 布局谋篇的简单方法

规章制度或合同文本的布局谋篇作为专业的工作方法之一,其目的首先是便

---

① 参见吴江水:《完美的合同——合同的基本原理及审查与修改》(第三版),北京大学出版社2020年版,第488-499页。

于行文时对内容的安排和问题的排查,同时也便于阅读和理解。这些目标可以通过最简单的方式实现。

1. 理顺结构布局

管理制度、合同文本都需要按照一定的"章法"安排内容,才能使文本虽然字数多,但是仍旧有条不紊。而清晰的结构与条理不仅便于阅读和理解,同时还是一种行之有效的工作方法。

任何内容稍多的文本,如果只是简单机械地从第一条列举到最后一条而不是按条款主题区别成不同的组成部分,则会令人"只见树木不见森林",既不便于看清文本全貌又难以判断条款间的关系。而按照制度或合同的组成部分、功能模块等将条款分为不同主题、不同层级的章、节、条、款等,并根据行为的发生顺序或事物的发生、发展顺序排列这些组成部分,则非常便于阅读、理解和查找,且利于员工正确理解和执行。

这也是制定规章制度和起草合同所必不可少的工作方法。同时也是一种平衡手段,既保持足够的篇幅和复杂程度,又能让人快速地阅读、理解,也便于核对条款间的关系和查找具体的条款。

2. 细化标题目录

在合理布局的基础上,各级标题是其结构体系的直观体现。这些按主题、层级、顺序展现的标题形成了制度或合同的标题体系,其积极作用如下:

一是将读者的注意力引到条款主题上,以避免阅读注意力的分散;

二是便于通过标题来检查制度或合同的结构,尤其是内容有无缺失以及条款之间是否存在冲突、重叠或遗漏;

三是提供检索上的便利,便于快速地通过标题查找到所需要的内容。

在建立了标题体系的基础之上,如果篇幅较长则还需要增设目录,以便于阅读前通过对目录的概览了解其结构、主题,或在阅读时直奔主题。

二、结构布局原理解析

结构布局是对表述内容的整体安排,最为基本的方式是内容划分和设立标题,并在必要时设置目录。这些基本方法并不高深,但在规章制度、合同文本的结构布局中缺陷却比比皆是,值得结合实例加以探讨。

(一)结构布局基本原理[①]

通过布局谋篇使制度或合同具有良好的结构,其理论依据是任何制度或合同

---

① 参见本书第三章第九节"评估报告的原理与操作"之"二、评估报告的结构安排"。

都由不同的主题内容构成,而且各个主题之间还有层级关系、顺序关系。而结构布局的基本原理,就是正视和利用这些客观规律去组织内容,使其更便于阅读、理解、执行和查找,也更利于发现问题、排除缺陷。

1. 表述的模块原理

制度、合同所要表述的内容一般都分为若干个大主题,每个大主题之下有时还分为若干个中等主题、小主题。表述的模块原理,是有意识地识别出这些主题并将其视为模块,且按客观存在的顺序、层级规律表述,从而使表述的内容有清晰的结构,以便于检查其是否存在缺陷,同时也便于阅读和理解。

不同的主题在合同、制度乃至所有书面语表述中都是一种客观的存在。例如,合同内容可分为交易主体条款、交易内容条款、交易方式条款、问题处理条款,如果换个角度则也可分为商务条款、技术条款、财务条款以及法律条款等,因而从不同维度可划分出不同的主题。

故而用模块原理表述事物并非一种人为的干预,只是在充分意识到这种客观存在之余有意识地加以利用,以达到更好的表述效果。其基本过程是根据主题识别、划分出不同的模块,并按照一定的规律排列其层级和顺序。这一过程的输出结果是带有直观的结构的合同或制度,各组成部分之间有明确的逻辑关系,并使得所有的后续工作变得容易。

2. 表述的层级原理

主题之间大多存在层级关系,即大主题项下的内容分为不同的中等主题,中等主题的内容可分为不同的较小主题等。顺应这种关系并依照纵向层级规律安排内容的表述,可使主题层次分明而不至于平铺直叙成"一锅粥"。

例如,生产设备买卖的交易内容,或称之为交易标的,可以细分为设备本身、备品备件、安装服务、培训服务、运营指导、应急响应、软件升级、零部件供应等诸多内容。而且许多内容可以进一步细分,如安装服务中可能包括基础准备、设备内容、试车、小试、中试等。

按照这种逻辑关系去思考和安排内容,可以顺理成章地推导出需要约定的内容,也便于其他人通过这种结构来检查条款是否准确、能否满足需要。

3. 表述的顺序原理

许多主题之间还会存在某种顺序关系,包括时间上的先后顺序或是逻辑上的前因后果关系。顺应这种关系可使思路更为流畅,便于条款的设定和"顺藤摸瓜"式的审查。

例如,常规的交易首先需要确定标的,然后才是提出交付的时间、地点、方式等要求,而且只有到货后才有可能进行质量检验,这是一个客观存在的过程顺序。同时在制度设计中,也是先有授权才有职责,有了职责才有绩效考核,有了绩效考核才有奖惩措施。

当然,并非所有的主题之间都存在这种时间上的顺序或因果的关系,但对于存在这类顺序的内容按照这类顺序去表述,既便于"顺理成章"地进行条款设计,又便于他人依此逻辑阅读理解或进行制度、合同的审查。

4. 表述的取舍原则

合同、制度的内容都是用于设定实际执行时的行为规范,因而其内容重在目的性、明确性、可执行性而不在于篇幅的长短。尤其是在制度中,强调目的性可以为规定之外的相关事务的处理提供判断的标准;强调明确性可以使管理要求清晰、明了,便于理解和执行;强调实用性则可以让解决方案直奔主题,解决实际问题。

例如,在企业的《合同管理制度》里大可不必加入深远意义、文化发展之类的内容,而是应该在介绍每部分的管理要求的同时顺便提及其管理目标,并进一步细化合同审核、合同审查、合同审批的目的、依据、标准,使管理措施落实到各个具体岗位、环节,且足以用客观标准衡量具体岗位的管理职责有无依照规定履行并与配套的激励机制挂钩,才能切实起到提高执行力的作用。

(二) 规章制度的结构原理

规章制度的功能与立法非常相似,属于公开的、面向不特定人员、关于相关事务处理的行为规范。因而当规章制度以一定的结构来鲜明地展示其制定目的、责任主体、职责范围、工作要求等内容时,可以起到更好的效果。

1. 整体框架

管理制度并无标准的框架结构,各企业的制度框架大同小异。综合其应有的功能,基本可参照如下框架进行取舍①:

1.总则
1.1 管理目标
1.2 用语定义
1.3 责任主体及概括性职责
1.4 管理原则
1.5 制度适用范围
2.机构及职责
2.1 各级管理机构职责
2.2 各管理部门职责
2.3 协调机构

---

① 参见本书第四章第五节"解决方案中的制度设计"之"三、从框架设计到嵌入制度"。

3.具体事务管理

3.1 整体管理方式

3.2 事务管理程序

3.3 各环节事项管理标准

3.4 各层级的管理要求

3.5 各部门的配合要求

3.6 特殊情形的处理

4.特别或重点事项的管理

4.1 事项的范围及管理原则

4.2 事项的管理主体

4.3 层级上的管理职责

4.4 相关部门的管理职责

4.5 管理程序

5.监督检查

5.1 监督检查机构

5.2 机构职权及工作方式

5.3 具体事务处理程序

5.4 处理原则及要求

5.5 监督检查结论及后续工作

6. 考核与激励

6.1 绩效考评方式方法

6.2 不同考评结果的激励方式

7.附则

7.1 未尽事宜处理

7.2 解释部门

7.3 生效日期

8.附件

2. 管理目标

制度的目标有总体目标也有具体事务上的目标。总体目标如前所示,是整个规章制度的目标。这类总体目标的设定取决于决策层或总经理层的管理意图,主要是所要达到的结果或是想要形成的秩序,但一般无外乎规范经营管理行为、维护企业安全和提升运营效率。

例如,合同管理制度的目标往往是"规范合同签订、履行过程管理,提升交易安全、提高管理效率"。如果有未明事项,应按这个目标和制度中规定的管理原则等判断应当如何管理。

而在具体的管理事项上,有时也需要简要描述该管理事项上的管理目标,使管理行为的指向性更强。但这些细节性的管理目标往往并不另设条款,而是在描述时简单地附加相关信息。

例如,在关于合同发起管理的规定中,可以简单地描述为"各部门负责人应对本部门发起的合同进行审核,以确保交易符合公司做出的生产经营决策并杜绝违规交易"。

3. 责任主体

责任主体是具体负责该制度管理事务的管理责任部门。虽然每项事务的管理都有可能上升到经理层,而且大多由不同的平级部门共同分管,但是必须有具体的责任部门牵头管理以协调不同部门之间的分工协作事项,并就管理事项直接向经理层负责。

在合同管理事务中,这一部分基本由法律事务管理部门负责,在风险管理、合规管理中如果没有专门设立管理部门则仍由法务部门负责。

(三)合同文本的结构原理①

合同是特定的交易方为实现资源交换而做出的商务及法律安排。这些安排经过固化,便成为包含锁定交易主体、交易内容、交易方式、问题处理四大基本功能的各类合同条款。尽管交易按照其复杂程度、金额大小等可区分为营业层面、商务层面、专业层面、专家层面②四个不同层面,但除了以现货交易即时结清为主的营业层面,其他交易所使用的书面合同均完整包含这四大功能。

这四大功能其实是对《民法典》中合同基本条款的归类,相关规定为:

> 第四百七十条 合同的内容由当事人约定,一般包括下列条款:
> (一)当事人的姓名或者名称和住所;
> (二)标的;
> (三)数量;
> (四)质量;
> (五)价款或者报酬;
> (六)履行期限、地点和方式;
> (七)违约责任;

---

① 参见吴江水:《完美的合同——合同的基本原理及审查与修改》(第三版),北京大学出版社2020年版,第389—401页。
② 参见吴江水:《完美的合同——合同的基本原理及审查与修改》(第三版),北京大学出版社2020年版,第143—145页。

(八)解决争议的方法。

当事人可以参照各类合同的示范文本订立合同。

而这些条款完全可以归入前述四大基本功能,其对应关系如下:

表 5-1　四大功能对应条款

四大功能组成部分	相应合同基本条款
(1)交易主体	①当事人的姓名或者名称和住所;
(2)交易内容	②标的;③数量;④质量;⑤价款或者报酬;
(3)交易方式	⑥履行期限、地点和方式;
(4)问题处理	⑦违约责任;⑧解决争议的方法。

这些条款是以买卖合同为基础所做的总结,许多交易还会增加知识产权、保密等条款,但另行增加的条款仍可归入合同的四大基本功能模块。而在实际交易中的合同基本模块,又往往会根据文字量、重要程度、合同类型等对前述条款进行归并或分拆。

例如,"交易内容"功能经常被拆分为包括型号、数量、质量、单价、总价的"标的"条款,及包括付款方式、付款时间、发票等"结算"条款。

三、语言文字运用要点

语言文字是书面语的基本组成单位,是管理要求或交易方案的最终体现,也是管理职责或权利义务的最终形态。由于语言文字十分具体,一个不当的用语甚至标点符号都足以带来巨大的风险,需要从不同的层次控制表述质量。

(一)文字表述的规范化

制度、合同中出现的表述问题远远超过法律问题,而且颇具"多样性"。但二者都在设定行为规范、划定权责边界,不仅需要表述清晰、明确,还要表述庄重、正式。

1. 借鉴法律用语[①]

合同行为属于经济上的交易行为,但同时也属于法律上的民事行为,并且还受行政法、刑法的约束。而且一旦通过第三方解决争议,法院或仲裁机构更倾向于以法律语言理解合同。因此,合同语言在用语和语法上必须向法律语言靠拢。

这种"靠拢"分为用语和语法两部分。在用语方面,优先选用语义明确的法律

---

① 参见吴江水:《完美的合同——合同的基本原理及审查与修改》(第三版),北京大学出版社 2020 年版,第 478-487 页。

用语、行业术语,以及庄重、正式的双音节词、正式名称和客观中性、表达精确的用语等,使合同语境与权利义务的严肃性相对应。包括一些日常用语在表述法律问题时,其语义要更为明确。例如,《民法典》(2021年)附则中有如下规定:

第一千二百五十九条　民法所称的"以上"、"以下"、"以内"、"届满",包括本数;所称的"不满"、"超过"、"以外",不包括本数。

制度的设立和执行属于企业内部行为,大部分是面向员工在企业内部使用,涉及法律规范的内容远少于合同领域,本身也很少直接引起诉讼。但设计制度时应运用法律思维、借鉴部分法律用语,可以在表述和内容方面大幅度提升其严谨度和合法性。

2. 借鉴法律语法[①]

在语法方面,合同、制度都需要采用正式的书面语体,尤其是法律书面语的表达方式,以使语句凝练、正式、庄重。除了使用限制性的定语、状语、补语外,许多条款的表述唯有法律语言的语体才能胜任,甚至是唯有采用法律语言的句法才正式、庄重且主体明确。例如:

(1)完整句

语句中有完整、明确的主语和宾语,能够确保管理职责或权利义务的主体与客体明确。

(2)长单句

在单句中通过增加定语、状语、补语而形成的"长单句",可以简单、准确地明确所要表达的语义。

(3)否定句

当肯定性表述较为复杂或无法严谨时,往往可以使用否定性的表述使语句更为简单、明确、严谨。

(4)但书条款

这种句式属于标准的法律语言表达方式,先概括性地设定某种权利义务再用"但书"从中排除不适用的部分。

(5)被动句

当某一主体既存在施动情形也存在被动情形时,为了表述顺畅可以使用被动句,以一个主语表述其施动和被动的情形,使语句简洁明了。

还有许多其他的句式问题,这里不再一一列举。

---

① 参见吴江水:《完美的合同——合同的基本原理及审查与修改》(第三版),北京大学出版社2020年版,第499-509页。

3. 内涵外延调整

调整语句内涵外延的基本方法是通过定语、状语、补语。增加这三种限制性的句子成分,可以扩充语句的内涵、减少其外延,也就使权利义务的适用范围缩小从而更加明确。同时,也可以通过定语、状语、补语的调整,反向扩大权利义务的适用范围,以重塑权利义务的边界。例如:

在定语方面,从"产品""乙方生产的产品"到"乙方生产的新型号产品"。随着内涵不断增加外延不断减小,指向也越来越明确。

在状语方面,从"支付""按时支付"到"按时如数支付"的语法特征如出一辙,随着要求的不断增加,履行的方式也越来越特定。

在补语方面,从"修复"到"修复至原有状况",使得"修复"不仅是种行动,还必须达到相应的判断标准,可使管理职责或权利义务更为明确。

(二) 语言歧义①的消除

语言歧义是所有专业语言的大敌,却是一种常见的语言现象。汉语语法中没有时态、格、性等区分且组词、组句方式灵活多变,更容易导致同一语句因符合不同的语法而产生不同的理解。这些不同的理解会直接导致合同、制度执行时出现偏差,需要多角度、多层次地发现不同类型的歧义并加以纠正。

1. 语义歧义

一词多义最容易出现不同的理解,需要通过变换词汇或与其他词组合的方式消除歧义。例如,"借给""借到"远比单独的"借"更明确。

2. 结构歧义

语句可用不同的语法来解释,即由于语法产生的歧义,需要变换表述的语法来解决。例如,"追究乙方的客户"可理解为某客户追究了乙方,也可理解为追究了乙方拥有的客户,"向乙方的客户发起追究"则比较明确。

3. 标点歧义

在应该停顿之处没有使用标点符号,或滥用标点符号、使用不规范的标点符号都可以引起歧义。例如,"甲方同意支付运费,装船费,保险费乙方承担。"由于逗号割裂了与前后文的关系,使"装船费"变得归属不明。

4. 语音歧义

这种歧义由于读音或重读不同而引起不同的理解,同样基于词汇的多义性,需要改变用词来解决。例如,"还欠款4000元"的"还"既可理解为"仍旧"也可理解为"归还",如何理解全凭读音。

---

① 参见吴江水:《完美的合同——合同的基本原理及审查与修改》(第三版),北京大学出版社2020年版,第300-310页。

以上只是简单的介绍,事实上文字表述规范化方面的问题远不止这些。更为基本的用词错误、序号错误、关键词不统一等也是常见的表述问题。例如,"中止"与"终止"不分、带括号的序号加了逗号、有禁止性要求但无相应处罚等均比较常见。但由于篇幅所限,这里不再展开。

第五节 体系设计的合同管理实践

深入设计及相互贯通的制度、流程、文本三大体系,是风险管理解决方案的具体体现。这种体现在合同风险管理中尤其典型。所有企业都需要通过商务合同实现正常的经营,因而合同风险管理是法律风险管理或合规管理的重中之重。合同事务同时涉及对内、对外的风险管理,而且涉及面广、管理复杂、影响深远,足以上升到战略层面,因而也是三大体系深化设计和贯通的样本。

一、合同风险管理的基本思路

企业签订、履行合同是其经营活动的开始和结束。他们需要通过采购获取生产资料,并通过销售实现利润。而企业的投资行为、资本运作行为、扩张行为、营销行为、人力资源管理行为等,无不以一系列的合同来告一段落。把握住了合同方面的风险,也就把握住了大部分的企业风险。

(一)风险来源和管理主题

风险管理意义上的合同管理,并不仅仅是合同盖章管理、合同归档管理。这些非常基本的管理措施只能控制很小部分的风险,管理的宽度和深度还处于非常初级的阶段。

1. 合同风险的两类来源

最为初级的合同法律事务管理只是看一下合同中有无违法条款、哪些术语表达不当,如同老师批作业。这类常规的工作方式无法深入解决企业的利益最大化问题,企业的发展需要将法律与经营和管理融合。

如果对各类合同诉讼归类,除了那些本就无意履行或无力履行的情形,合同纠纷的主因:一是合同内容约定本身出了问题;二是合同履行行为出现了问题。前者体现为合同约定不明确、自相矛盾、难以履行,甚至合同条款将自身置于进退两难的境地;后者则是约定本身没有问题,但在合同履行过程中由于管理不善等原因导致了违约、侵权等行为发生。

因而合同的达成只是实现了商务意义上的成交,如果没有适宜的权利义务设定,没有良好的履行管理,其最终的结果很容易是前功尽弃。或者说,合同风险的管理主要是实现有效的合同文本管理与有效的合同事务管理,合法权益的最大化最终将通过这两方面的风险管理加以实现。

2. 合同风险的两类管理

对应合同风险的两大来源,合同事务的风险管理也可分为两类工作。一类是合同文本风险的管理;一类是合同签订履行行为的管理。目前,前者已受到普遍的重视但后者尚无特别有效的解决方案,因而许多企业的合同履行管理处于"盲区"。

(1)合同文本的风险管理

合同文本风险,是指由于合同的交易主体、交易内容、交易方式、问题处理条款约定不当而带来不利后果的可能性。这些风险体现在合同条款的设置上,但有些会与文本以外的工作相关。

这方面的工作主要体现在交易机制的设计、交易的定性、权利义务边界的设定等,从交易机制层面规避法律风险或将其不利后果、发生概率抑制在可实现或可承受的程度之内;另外还要通过针对合同文本中具体问题的处理,从主体合格性、内容合法性、权利义务明确性,以及对合同生效及解除条件的控制、抗辩权和违约责任的设置等控制合同风险。

文本风险管理的工作内容其实也会涉及文本以外的工作质量。例如,为了确保交易主体合格、交易标的合法、交易方式合法,有时需要进行法律调研和尽职调查。

(2)合同行为的风险管理

在合同文本之外,合同签订履行中的各类行为是合同风险的另一来源。例如,在业务洽谈阶段的不当行为引发的缔约过失责任、要约与承诺的控制不当等;在合同履行阶段可能出现合同义务履行不当、证据保存不当、各类抗辩权行使不当、违约责任的追究不当等。这类问题大多是由于管理措施不到位、管理不善、工作失误、工作经验不足等引发,与合同文本的约定并无直接关联。

合同行为风险的管理远比合同文本风险管理复杂,尤其是许多企业仅仅将合同管理作为业务活动来管理,因而加大了各个环节中的风险。这类风险的解决方案是通过明确分工、规范行为的方式综合治理合同管理制度体系、合同管理流程体系、标准合同文本等体系。

合同文本风险管理和合同行为风险管理均为高度专业化的行为,甚至许多举措需要复杂的法律调研才能确定,而且这两类风险管理均是系统工程,不能单独依靠一招一式解决。

(二)合同风险管理的机制

"原生态"的合同管理是粗放的、随意的,相关的文本都只是以实现交易为目标，因而并不足以防控以法律风险为主的文本风险和行为风险。甚至许多企业的规模、交易量等虽然已经在行业内名列前茅，但是其合同管理模式的防范风险水平还处于相对初级的阶段。而在管理水平方面，尽管每个企业的合同管理模式各有千秋，但是仍旧可以从几个方面衡量其实际水平。

1. 能否降低风险

风险管理的目标是降低风险的发生概率、损害程度，或是以低风险替代高风险。正如前面所提到的，许多企业虽然有复杂的管理流程但是具体的风险控制点并无明确、具体化的要求，以至于经历了整个流程的合同仍旧存在明显的应当且可以控制却实际并未控制的风险。

许多降低风险的方法并不高深，关键在于其实际效果，以及能否想到及做到。例如，卖方将一次性的交付改为分期交付、分期收款，可以分散货款损失风险；主合同义务的后履行，可以避免先履行后相对方违约带来的损失；通过交易主体的分散、变更，可以回避或分散风险。还可以通过解除权的约定，为合同建立可以承受的退出机制，以便在不利事件发生后可以较小代价全身而退。

2. 成本是否适宜

合同首先是经济行为然后才是法律行为，因此风险管理中的成本核算问题贯穿始终。交易中的成本除了交易对价，还会涉及获得成本、安全成本、税务成本、风险替换成本、解决争议成本等。

例如，违约成本过低，则某些企业会为了利益而以违约的方式获取更多的利益。而且，不同的违约责任追究方式还存在举证成本的不同。按约定的违约金比例追究违约责任几乎不需要举证成本，而主张赔偿损失则需要艰难地收集证据、组织证据以及质证。甚至某些经营活动在不同的交易模式下有着不同的税率，因此产生了税务成本以及能否合法避税的问题。

3. 有无形成体系

风险管理很难通过单一的应对方式达到整体目标，大多需要通过制度体系、流程体系、文本体系的建立，以及体系间的良好配合解决。由于某些具体事务同时涉及多部法律，因而更需要从多维度考虑系统的解决方案。

例如，产品责任除了可以在合同中通过约定来排除某些不必要的风险外，安装不当、使用不当的风险还需要以产品说明书等方式解决，甚至产品内在质量的控制需要原料控制流程、生产管理流程、广告宣传内容等加以控制。这些环节相互配合才能实现全方位的风险管理。

合同文本同样需要考虑体系问题，其中最为关键的是合同文本的分类。这是精细化管理的需要。按照企业的实际经营所需将合同文本按不同的业务、用途、性质等分为不同的类别，便于业务部门使用，也便于体系的优化。

4.是否便于交易

流程贵在管到实处而不在于简繁,文本在于实用有效而不在于长短。合同管理环节越多、越复杂,则越难以操作、越容易出错、越影响效率。特别是那些并不具备相应素质水平和管理水平的企业,复杂的合同管理流程往往流于形式,复杂的合同文本更容易在履行时出错。

从实用角度衡量,管理模式、管理成本需要与企业实际的规模、风险状况、人员素质等相适应,用复杂的流程去控制几乎不可能发生的风险或损失轻微的风险,都是管理资源的浪费。适应企业的状况和需求,且尽量不增加管理成本,提高管理效率的方案,才是最适合企业的解决方案。

二、合同文本风险管理的思路

合同文本风险管理的目标是尽可能消除合同文本中存在的风险。之所以"尽可能",是因为许多风险能否消除取决于文本以外的因素,其中最主要的是交易相对方能否接受。同时,还有许多涉及文本内容的事务需要文本以外的制度配合才能更为有效。

(一)需要制度化的内容

某些在交易中需要强调的事项虽可在合同中约定,但更适合通过相关的管理制度来实现风险的控制。例如,合法性问题虽可通过合约来明确责任,但以合同签订管理的方式控制风险会更为有效。

1.交易主体风险管理

交易主体风险,主要是指交易中的任何一方缺乏从事交易所必备的法定资格或实际履行能力,从而带来交易违法或履行违约等不利后果的可能性。前者主要包括未取得生产或销售的行政许可、对标的物无处分权、无权签订该合同、无权履行该合同、代理人无权代理、实际履行人员不具备法定资质资格、交易主体不符合法律特别规定等;后者主要包括不具备履行交易所必需的物质条件等。

合法性是交易主体问题的核心,如是否具备法人资格、经营资格、经营资质、生产及经营许可等。不具备合法性的交易主体最容易导致合同的无效,以及政府主管部门的行政处罚,甚至涉及刑事犯罪。同时,主体资格不符合法律规定,也是违约的有力借口。这些情形的发生都会严重影响交易目的的实现。

而不具备实际履行能力的主体,签约的结果必然是违约。合同条款可以增加其违约责任,却无法阻止其违约。因而通过审查甚至调查去排除这类不具备实际履行能力的相对方,远比合同约定可行。而当前越来越多的企业信息可以通过公开、便捷的方式获得,包括失信企业名单、失信被执行人名单等都可以提供排查所需要的线索。因而建立合作商审查制度可以取得更好的风险控制效果。

例如,设立供应商管理制度,严格审查供应商的法律主体是否合格、是否具备足够的履行能力,唯有合法性、履行能力、商业信誉等均符合条件才能列入可签约供应商范围,远比通过合同约定解决交易主体风险更为稳妥有效。

2. 交易内容风险管理

交易内容风险,是指交易因标的存在合法性等问题而带来不利后果的可能性。这类风险的产生主要是某些商品、物品等存在着特别的法律规定,其中以产品责任为主要风险。违反这些规定同样会面临合同无效、行政处罚,甚至刑事责任等法律风险。例如,《产品质量法》对于生产者、经营者的责任设定,以及更为严格的《食品安全法》对于生产、经营者的责任设定,既是设定卖方尤其是生产者的责任,同时也设定了这些产品所必须达到的要求。产品如果不能满足强制标准要求,则不得生产和销售。与之相对应,法律往往还会设定关于生产资格的行政许可方面的要求。

此外,某些物品属于禁止流通物,某些属于限制流通物,交易前者属于违法,交易后者只能向特定主体进行。例如,《中华人民共和国文物保护法》(2017年)有如下规定:

第五十一条 公民、法人和其他组织不得买卖下列文物:

(一)国有文物,但是国家允许的除外;

(二)非国有馆藏珍贵文物;

(三)国有不可移动文物中的壁画、雕塑、建筑构件等,但是依法拆除的国有不可移动文物中的壁画、雕塑、建筑构件等不属于本法第二十条第四款规定的应由文物收藏单位收藏的除外;

(四)来源不符合本法第五十条规定的文物。

但企业涉嫌交易禁止流通物的概率非常之低,因而不需要也不可能通过标准合同文本加以控制,只能通过制度的方式解决,即规定对陌生标的交易需要进行合法性审查,以确保交易主体、交易内容、交易方式的合法性。

3. 交易方式风险管理

交易方式风险,是指当法律对于交易方式另有明确规定时,因违反相关规定而带来不利后果的可能性。这类规定同样是针对那些相对特别的交易,而且往往同时出现在规范交易主体、交易内容的相关法律之中,以进一步规范交易行为。

例如,《广告法》(2018年)对于广告内容有如下规定:

第九条 广告不得有下列情形:

(一)使用或者变相使用中华人民共和国的国旗、国歌、国徽、军旗、军歌、军徽；

（二）使用或者变相使用国家机关、国家机关工作人员的名义或者形象；

（三）使用"国家级"、"最高级"、"最佳"等用语；

（四）损害国家的尊严或者利益，泄露国家秘密；

（五）妨碍社会安定，损害社会公共利益；

（六）危害人身、财产安全，泄露个人隐私；

（七）妨碍社会公共秩序或者违背社会良好风尚；

（八）含有淫秽、色情、赌博、迷信、恐怖、暴力的内容；

（九）含有民族、种族、宗教、性别歧视的内容；

（十）妨碍环境、自然资源或者文化遗产保护；

（十一）法律、行政法规规定禁止的其他情形。

除此之外，该法对某些行业的广告内容还有更为明确的进一步要求。而这些要求都需要通过制度的方式明确，并在每次设计、审查广告时以标准化的方式加以审查。如果不加审查而只将这些要求写入合同，则属多此一举。

4.问题处理风险管理

问题处理风险，是指合同中关于违约责任、合同解除、不可抗力等用于处理合同履行中发生的非正常情况的条款因与法律规定不符而产生的风险。这类风险的起因，是相关交易中对于问题处理条款的约定与法律相关规定存在冲突，从而产生无法依据相关条款得到司法救济的可能性。

较为常见的这类风险体现在约定的违约金过高、过低等情形，以及使用格式合同加重相对方责任、减轻甚至免除自己一方的责任等情形。如果法律对于某类问题的处理已有强制性规定，则自行约定的内容与之冲突的部分无效。如果法律授权由当事人自行约定，或当事人自行约定的优先执行，则不会产生此类问题。

例如，《食品安全法》(2018年)对于消费合同中的赔偿责任有如下规定：

第一百四十八条　消费者因不符合食品安全标准的食品受到损害的，可以向经营者要求赔偿损失，也可以向生产者要求赔偿损失……

生产不符合食品安全标准的食品或者经营明知是不符合食品安全标准的食品，消费者除要求赔偿损失外，还可以向生产者或者经营者要求支付价款十倍或者损失三倍的赔偿金；

……

正因为有着这类强制性的规定，如果当事人之间的合同约定低于这一标准，则低于的部分无效。因而企业的问题处理条款，同样最好通过制度化解决，即规定违约责任时遵循法律规定的原则。

5. 合同标准文本管理

合同标准文本虽然属于独立的文本体系，但是这个体系本身也需要以管理制度来建立秩序。

一方面，合同标准化文本的起草、定稿、发布、修订、废止等行为或过程需要规章制度，其目的是规范标准文本全生命周期的管理，包括业务部门的使用方式等，同时也为了更好地控制合同标准文本的质量；另一方面，还需要为标准化文本建立一个适合本企业需要的分类。法律方面的典型合同分类并不适合企业，因为许多合同企业根本没有使用的可能性。企业需要按照其使用频率、使用方式、交易特点、业务特征等自行建立文本分类，才便于业务人员使用和进行有效的管理。

(二)需要文本化的内容

需要文本化的内容，是指在合同文本中需要按目标性更强、实用性更强且表述更规范的方式加以约定的各类合同条款。这些内容很难通过统一的管理制度来明确，只能在具体合同中结合实际情况进行个案处理。

1. 基本功能是否完备

合同条款尽管千变万化，但是主要可归入锁定交易主体、锁定交易内容、锁定交易方式、锁定问题处理四大基本功能。缺少前三种功能之一的合同无法进行交易；缺少第四种功能的合同难以处理履行中的异常情况。如果交易的所有事项都被这四大功能锁定，则合同的基本功能完备、合同权利义务明确、异常情况处理有根有据。合同的四个基本功能分散在合同不同层级、不同主题的条款中，但即使内容复杂、篇幅庞大的合同也同样符合这样的基本规律。

这四个基本功能还只是对合同所需内容的外在分析，具体的落实可以参照《民法典》合同编第四百七十条中的八个合同基本条款等。这些是企业每份合同都需要具备的起码要求，只有具备了这些内容，才能以此为基础达到更高的水准。

2. 条款内容是否实用

合同条款的实用性，是指在满足了四大基本功能之余，结合交易目的和自身的状况，审时度势约定"个性化"条款以争取更多的交易利益。这些交易利益有的是用于提高交易的确定性，如详细设定标的物的质量、材质、参数等以确保到货质量；有的是用于解决此前发生过但法律并无明确规定、合同也未明确约定的内容，如清点的时间、方式、质量异议的处理以及数量误差的处理等。

提高条款实用性可采用多种渠道、多种方法。其中，对于交易方式的选择、交易地位的利用、同行企业的经验教训、本企业在交易中遇到的问题、争议管辖地的确定、违约的识别标准及违约责任设置等，都可以选取最优方案实现成本最小化、风险最小化和利益最大化。盲目地套用文本反而让交易因小失大，根本无法实现有效的风险管理，尤其是丧失权益方面的风险管理。

3. 条款设计是否严谨

条款设计是否严谨,一是体现在其合同架构及条款的布局是否逻辑清晰,二是体现在权利义务是否界限分明。在合同框架方面,需要有合同条款的内容模块设计以及内容的层级、顺序安排。而在权利义务方面,必须以严谨的逻辑保证条款之间无冲突、无重叠、无遗漏。

要使合同严谨,首先必须保证假设的严谨,也就是假设出各种可能发生的情况或可能存在的漏洞,才能使合同条款环环相扣、滴水不漏。例如,对违约责任的设定首先需要完整地分析出违约的各种可能情形,才能有针对性地根据需要设定违约责任,以排除被相对方既违约又逃避违约责任的漏洞。

而在更为细节的层面,还要考虑条款之间的配合是否严谨、得当,避免因严谨性问题而导致的条款间关系不明、缺乏配合、相互冲突等情况。例如,术语或关键词是否前后统一、禁止的行为是否设定了相应的违约责任、不同条款中的同一术语是否引起概念内涵及外延的变化等。

在理想状态下,一份严谨的合同应当包括合同履行中可能出现的各种情况,并约定相应的解决方法,使履行中遇到的问题在合同条款中都有解决方案。但一般只有重大的投资项目及长期合作的项目才会有达到这一水准的约定。

4. 权利义务是否明确

权利义务是否明确,是指合同中的双方权利义务边界是否清楚,能否仅凭条款清楚地判断是否违约以及违约应当承担的责任。这涉及对判断标准的表述问题,从措词的选择到语句的表述都会影响到权利义务的明确性。而缺乏明确性的条款有时根本无法判断义务归属和责任归属,约定的违约责任也就难以实现。

而要实现权利义务的明确可辨,就需要按照"可识别"甚至"可测量"的标准表述合同权利义务。

例如,以"及时"来表述的权利义务由于并无统一标准,因而很难判断是否"及时"。但用具体可辨的时间单位表述,如将时间要求表述为"24小时之内",则对于是否依约履行可以简单地判断出结论。同理,对于可能产生不同理解的关键词,以定义的方式说明其内涵外延,更有利于义务、责任的判断。

5. 交易文本的专用化

企业所要使用的是能够充分满足其具体需要并嵌入了风险管理措施的标准化专用合同文本。其所需要的不仅是文本的标准化,还有专用化,也就是针对具体交易的不同设计而使用不同的专用合同文本。

如果不降低质量标准,则合同文本不可能存在广泛的通用性。"通用性"的基础,是省略了不同具体交易中必然涉及的细节性条款、专用性条款,它们虽然在同类交易中都可以用,但是大多是隔靴搔痒。看似没有什么问题,却又不解决实际问题,通用性越强反而实用性越差。

专用于特定标的、特定方式下具体交易的合同文本则与之相反,针对标的、交易的特点增加了特有的条款,因而非常适合企业的相关交易。但其缺点是无法适用于其他交易,专用化程度越高则通用化程度越低。

例如,企业的房屋租赁合同可以细分为用于营业场所、办公场所、宿舍、库房、场地的租赁等,不同的用途有不同的质量要求和违约特点,交易文本只有进行专用化设计,使用起来才会得心应手。

三、合同行为风险管理的思路

由于许多合同风险损失是由合同签订履行过程中的不当行为而引发,对相关行为实施风险管理就可以有效地控制除合同文本风险以外的另一大风险源。这类风险管理措施的工作范围更为广泛,需要从企业的管理机制着手,通过设计相关的制度体系、流程体系并使二者与文本体系相互融会贯通来实现。

(一) 合同管理制度体系

企业合同风险管理体系包括所有与合同相关的管理制度,但也可以专设一部合同管理制度规范包揽所有相关事务。由于合同的签订履行牵涉面广,因而合同管理所涉及的范围及工作量几乎已经等同于企业风险管理。

目前,大部分企业的合同管理制度存在着责任不明、内容宽泛、结构随意、管理粗放等问题,这些都使其合同管理流于形式或低质低效。

1. 体系与结构[①]

理论上,合同管理制度体系需要涵盖从交易的发起到交易的完成或争议处理终结的所有事务。这一过程涉及各个部门间的分工配合,包括采购、生产、储运、销售,以及知识产权、技术研发、广告宣传、人力资源管理等企业的方方面面。对此,有的企业设定各个部门的规章制度,有的则将具体事务作为合同管理制度的附件。

在具体内容方面,按以前所做的讨论,规章制度的内容大致可以细分为:(1)管理目标;(2)定义解释;(3)责任主体;(4)管理职责;(5)责任客体;(6)管理方式;(7)管理标准;(8)考核方法;(9)附则信息。但这还只是理想化的理论上的内容安排,企业需要根据自己的需求加以增减。

2. 分工与职责

合同的签订与履行涉及多个部门的分工协作,分别管理其中的商务条款、技术条款、财务条款、法律条款等。无论是风控部门、法务部门还是合规部门,仅以一个

[①] 参见本书第四章第一节之"一、制度的内容及管理目标"。

部门之力都难以实现整体的管理目标。

因此,合同管理制度一般都会明确不同的管理层级、不同的业务部门的职责,如经理层与部门层的分工,以及业务、法务、审批、财务等部门的职责范围、工作时限等,尽可能标准化处理。其中,那些非标准化的工作内容或需要以非常规的方式处理的情形,则交由管理者或外部律师作为个案加以解决。

3. 签订与履行

合同的签订管理以管控合同文本风险为主,合同履行管理除了规范合同履行行为外还涉及合同履行异常情况下的问题处理。

在签订管理方面,企业可以通过供应商管理制度、印章管理制度、归档管理制度,以及合同审查、审核、审批管理要求等,实现合同文本及签订环节的风险控制。例如,需要明确交易发起方式、业务与法务的分工,以及财务、技术等部门的分工、具体工作内容及配合事项等,避免因功能性漏洞而产生风险。

在履行管理方面,为应对合同履行涉及的众多部门和诸多变数,需要以生产运作管理相关制度保障合同的正常履行,而以法律事务管理为主的履行异常管理制度来应对违约、变更、解除、诉讼等风险。而异常情况的处理并不仅仅是诉讼,还包括从合同签订之日起的证据管理等措施,以及外部律师管理等。

(二) 合同管理流程体系

合同管理流程最初只是用于图示管理制度中的管理过程,但其直观、简练的特点使其越来越独立于管理制度,甚至被企业以流程管理代替制度管理。在合同领域中,许多事务需要由不同的部门按一定顺序介入管理,因此合同管理往往涉及多个流程并因此而形成了体系。其中最为重要的是合同签订和合同履行处理。

1. 合同签订管理流程

合同签订管理流程包括合同签订前围绕交易和文本展开的所有行为。需要纳入管理范围的,包括对于要约、要约邀请、承诺的操作,以及合作商的选择和合同的审查、审核、审批,担保、资信调查等。但要从源头控制风险,则首先应确定交易的发起是否符合规定。

管理流程强调的是各部门介入管理时的工作顺序及职责分工,而且强调不同情况的不同处理,因而比管理制度更强调"动态"的合同事务处理。而管理流程中的主要内容,包括通过管理层级、管理职责的设定来明确合同审批事项;通过明确合同发起部门,设定从业务员到部门经理的职责审核事项;通过明确合同管理部门对于合同合法性、风险管制措施的工作职责,设定审查事项等。

此外一些交叉性的内容,如主合同义务的后履行、生效条件的设定以及避免缔约过失责任的措施等,则属于制度管理或文本管理中的内容。

2. 合同履行管理流程

合同履行管理流程既包括合同正常履行的管理又包括履行异常的管理。前者主要包括企业内部的运营管理,如生产指令的下达、生产流程的安排、仓储及物流的安排等;后者则以异常情况的处理为主,包括用于分析异常情况的信息收集、证据收集和保存、权利义务的转让及终止、必要安全措施的采取以及协商、诉讼、仲裁的管理等。

由于合同履行异常情形的严重程度不同,最终后果有时也难以预测,因此流程难以直接规定一些具体措施的采用情况。如不安抗辩权、同时履行抗辩权、先履行抗辩权的行使,代位权、撤销权的应用,不同违约情形的处理等,但事实上这些可以作为子流程中的标准化管理手段。而对于合同履行期间所必须实施但在合同条款中并未明确规定的通知、协助、保密等附随义务,则应以合同管理制度来解决。

制度、流程、文本三大体系的建立健全是一项长期、持续的工作,而且每次升级都需要协调三大体系之间的关系。只要本企业或同行业企业出现的问题在三大体系中没有解决方案或控制手段,就需要结合现实情况设计解决方案并嵌入三大体系,以使其充分发挥实际作用。

第六节　风险管理的发展趋势

风险管理作为企业管理的组成部分,自 20 世纪 50 年代从美国兴起至今已经有近七十年的发展史。在这期间,每隔数年就会有新的思想被充实到其理论体系之中。

而信息技术的发展、互联网的运用、人工智能的崛起、新型企业的实践、全球化的浪潮,都在不断在为这一学科注入新的活力,新形态下的风险管理趋势已经形成。

一、时代变化与风险管理

风险管理源于 20 世纪 50 年代美国几家大公司的重大事故损失。尤其是 1953 年通用汽车变速箱厂火灾后,风险管理受到重视并开始形成一门独立学科。而 1979 年美国三里岛核电站爆炸,1984 年美国公司的印度农药厂毒气泄漏,1986 年苏联的切尔诺贝利核电站事故等,都推动了全球风险管理的发展。[1]

---

[1] 参见"风险管理",载智库·百科,https://wiki.mbalib.com/wiki/风险管理,访问日期:2020 年 6 月 12 日。

如今,经济、科技、文化、管理等方面的深远变化,也在推动重塑风险管理的理论与方法。风险管理已在信息科技进步的影响下,变得更具系统性、综合性、前沿性,并将成为一种全新的管理模式。

(一)经济的全球化[①]

全球化(Globalization)并无确切定义,但从其语境及"全球化"带来的各类活动归纳,其内涵是人口、资源、资本、技术等在全球范围内流动、整合所形成的全球性社会化大生产,以及文化、价值观的全球性传播和融合。从相关要素的跨国流动开始,到局部国际化和广泛国际化,整个世界的政治、经济、文化等方方面面都在交流、冲突、融合中发生了巨大的变化。

而规则风险管理的关注对象,也从关注国内规则变成了必须关注国外规则。但有学者认为,目前仍在进行的只是深度的国际化,真正的全球化尚未开始。因为全球化需要更多的统一规则、更紧密的合作和更开放的管理。

1. 全球化扩大了风险范围

虽然地理大发现、国际贸易的大发展都可被称为"全球化"的一部分,但是当下意义的全球化始于20世纪80年代的口号。直到现代交通手段、移动通信技术得到充分发展,且互联网应用得到普及,全球化趋势才开始真正成熟。而信息技术、通信技术的大发展,本身就给人类社会带来了深远的变化。

全球化的最大赢家是全球资本。发达国家由于劳动力成本上升、利润率下降,日益雄厚的剩余资本力量需要从发展中国家寻找成本更低、利润更高的投资机会,并利用发展中国家需要外来资本推动其经济发展的时机获得了丰厚的回报。

发展中国家得到的是国际资本带来的新技术、新产品、新思路,以及更多的就业机会、财政收入,并打开了世界的窗口、促进了国际间的文化交流。而且在熟悉了规则之后,发展中国家也可以通过全球化获得所需的设备、技术等资源。

伴随全球化而来的其他方面的交流也日益广泛。各国家、地区在政治、文化、科技、军事、价值观等方面的多元交流、融合,也为各国提供了更为广泛的相互了解、理解的机会,也使规则风险管理加入了对不同法律环境、文化背景下的风险的考量,扩大了风险管理的要素范围。

2. 全球化使问题更为复杂

在带给国际资本更为丰厚的利润、发达国家更为廉价的消费品、发展中国家经济发展的同时,全球化也给世界带来了更为复杂的风险。

以全球化的名义将产业链转移至发展中国家之后,发达国家的制造业严重空洞化,工薪阶层日益丧失维护权益的话语权并越来越多地失去工作。而接受国际

[①] 参见"全球化",载智库·百科,https://wiki.mbalib.com/wiki/全球化,访问日期:2020年6月12日。

资本的发展中国家,也产生了环境污染、贫富分化、城市化等社会问题。

尤其是对全球化起到了巨大促进作用的信息化,使得资本、技术、资源可以在全球范围内快速整合,产品的价格、质量在互联网上一览无余,更容易形成"强者通吃""快鱼吃慢鱼"的格局,优存劣汰的速度越来越快。所有这些都加剧了竞争、增大了生存压力和风险,也提高了风险管理的难度。

3. 全球化的规则风险管理

于2019年年底暴发并在全球蔓延的新冠病毒疫情,是对全球化的一次检验,并引起了人们对于全球化的深刻反思。疫情打乱了全球的生产、供应秩序,造成物资供应的混乱和紧缺。尤其对于那些医用物资主要通过全球采购实现的国家,更是在蒙受了巨大损失后对全球化的弊端有了新的认识。

可以想见的是,当疫情得到有效控制之后,许多国家会将部分关系到国计民生的产业转回本土,以确保再次发生紧急状态时能够有足够的生产能力满足关键物资的供应。但全球化中最为重要的国际贸易部分并不会因此而停止,企业仍有跨国交易的商业机会。

另外,这次疫情在全球范围内各个领域所发起的挑战,其背后也存在着风险管理的方式和能力、策略的问题。在疫情方面,它包括对于疫情风险的识别、评估、解决方案设计、执行等。而在规则风险领域中,这类挑战来自法律、合同对于企业的生产、经营、出口的规定和约定,尤其是其中关于受不可抗力影响无法正常履行合同时的权利义务等。一系列在疫情期间所暴露的、无法解决的问题,势必会通过法律的修订、合同条款的完善来加以解决。

同时,法律和合同对于风险管理都会提出更高的新要求。

(二)社会的信息化[①]

"信息化"概念发源于日本,由日本学者梅倬忠夫于1963年在《信息产业论》一书中描绘"信息革命"和"信息化社会"的前景而产生。依据他的预见,信息技术的发展和应用将会带来全面、深刻的社会变革,人类也将因此而进入"信息化社会"。此后,日本政府的一个研究小组借鉴"工业化"的概念,于1967年正式提出了"信息化(Informatization)"概念。

经过五十余年的发展,信息化所改变的不仅是信息产业,还包括风险管理在内的所有人类社会生活。

1. 无所不在的信息化

信息化(Informatization),按照字面理解,是指将现代信息技术应用到企业、社会各个领域的过程。这个过程不是简单地将信息技术作为一种辅助工具,而是要

---

① 参见"信息化",载智库·百科,https://wiki.mbalib.com/wiki/信息化,访问日期:2020年6月14日。

促成产业结构、业务模式、管理方式以及社会生活方式等方面的全面升级。

这与美国未来学家阿尔文·托夫勒(Alvin Toffler)于1980年提出的"第三次浪潮"[①]的概念不谋而合。在《第三次浪潮》一书中,该学者把人类历史上发展农业、建立封建制度称为"第一次浪潮",把产业革命、建立资本主义制度称为"第二次浪潮"。而基于信息、知识且将在几十年内波及全球的人类社会最为深刻的变革,则称为"第三次浪潮"。这次浪潮的基础便是"信息社会""智力和知识社会"。

细分信息化的构成和体现,信息化分别包括了信息的产业化、产业的信息化、产品信息化、企业信息化,以及国民经济信息化、社会信息化等。而所有这些领域的信息化目前已经达到了相当高的水平而且进程在不断加快。

法律行业也是如此。20世纪90年代早期的法律查询还需要通过纸质的活页资料,而到了中后期已经出现了专业的数据库可通过电脑查询,如今的法律信息提供已经进入智能化、综合化的时代。

2. 风险管理的信息化

在包括法律风险管理、合规管理在内的规则风险领域中,信息化的引入同样改变了风险识别、风险评估、风险管控的工作方法和操作模式。甚至只是风险信息取得方式、处理方式上的信息化,也已带来了质的飞跃。

风险识别需要风险点数据库的支撑,而风险点的确定有时需要综合分析不同法律的相关规定。在没有信息化手段之前,根本没有这方面的尝试。因为信息是否全面不确定、是否准确不确定,风险点是否重叠不确定、是否遗漏不确定,对风险的分级同样难以处理。而借助信息手段,不仅可以形成门类齐全、层级明确的数据库,还可供多方位查询、调用,连评估风险的数据计算也可自动完成。

在交易主体风险识别方面,社会信息化水平的提高也使企业信息的查询可以足不出户地完成。例如,通过专业的应用软件可以瞬间查询到企业详细的登记、变更、资质资格等信息,以及是否因失信而被列入黑名单、是否属于失信被执行人、是否受到行政处罚等,从而方便判断其资信状况。这类应用软件甚至可以依据关注点而设置提醒功能,以便及时了解企业发生的变化。

信息化带来的风险管理领域中的变化还远不止这些。但所有变化的共同点,是人们可以从耗时耗力的信息收集、调取中解放出来,通过现有信息技术成果便捷地取得所需要的外部信息,并通过与预设的风险数据库信息进行比对,以此识别风险、评估风险和设计解决方案。而这些风险管理信息技术与企业管理信息技术的整合,则更是可以为企业的风险管理带来质的飞跃。

---

① 参见"第三次浪潮",载智库·百科,https://wiki.mbalib.com/wiki/第三次浪潮,访问日期:2020年6月14日。

(三) 管理的扁平化①

扁平化管理(Flat Management)是指通过减少管理层次、压缩职能部门和机构、裁减人员,尽可能减少企业决策层和操作层之间的管理层级,以使企业决策快速地延伸至生产、营销最前线,从而提高企业效率的新型管理模式。在风险管理领域中,扁平化管理也是有着深远影响的变化之一。

1. 扁平化的基本原理

相对于传统的直线职能式②的"宝塔"形组织结构,扁平化管理增加了管理的内容、减少了管理的层级,将组织结构"压缩"成扁平状,并以此克服了决策链过长引起的决策缓慢,解决了层级过多带来的沟通困难和信息失真。而信息技术的发展、信息实时共享的实现,也为扁平化提供了强有力的技术基础。其中包括:

(1) 管理幅度(Span of Control)

管理幅度是指管理者所管辖的下属人员或部门的数目。管理幅度取决于诸多条件,合理有效的管理幅度是组织结构设计的重要内容。

(2) 管理层次(Layer of Management)

管理层次是组织内纵向管理系统所划分的等级。它代表了管理的层级分工,而每个层级也有并行的部门分工负责不同的事务管理。

(3) 科层结构(Hierarchy Model)

科层结构也称"宝塔形"结构,是典型的垂直管理层次较多、管理幅度较小的组织结构。采用直线职能式组织结构的大型企业,多为这种结构。

扁平化对"宝塔形"结构的层次压缩和幅度增加只是表象,其背后是信息化手段的有力支撑和风险管理机制、管理流程的再造,因而是由内至外的系统工程。

2. 扁平化的实际运用

最早的"扁平化管理"实践来自美国通用电气公司,由杰克·韦尔奇(Jack Welch)于1981年就任通用公司CEO后推行。他将公司从董事长到现场管理员之间的管理层级从24~26层削减至5~6层,不仅大幅提高了管理效率和企业效益,还为企业节省了大笔的开支。

随着新经济时代的到来,企业经营模式已经发生了深刻的变化。由于信息传播的速度越来越快、涉及面越来越广,社会资源的发现、整合频率也越来越快,市场竞争的激烈也引起外部环境的瞬息万变,企业越来越需要快速、灵活反应的能力。

信息化时代的到来、人工智能等技术的运用,分担了许多信息的梳理、处理工

---

① 参见"扁平化管理",载智库·百科,https://wiki.mbalib.com/wiki/扁平化管理,访问日期:2020年5月6日。

② 参见第四章第八节之"一、组织管理风险及解决思路"。

作并大大提高了管理效率、简化了管理动作,许多信息已经不再需要众多管理人员的层层管理、层层上报,而是可以直接到达决策层、直接分享。而决策层也根本不必亲自赶到办公室,完全可以在任何时间、任何地点做出决策。

正因如此,在信息化加扁平化的时代,企业管理已不再需要动辄增加管理层级、增设管理机构,只要增加管理幅度即可。这与规则风险管理的原理完全一致。管理手段的价值在于其有效性,而不在于层级的增加和流程的长度。

3. 扁平化的转换要点

管理扁平化的目的,是将企业各部门、各层级充分动员起来形成一个目标一致、信息共享、配合紧密的整体,完全属于立体的系统工程。

(1)组织机构的扁平化

组织机构的扁平化意味着管理层级的减少、决策职能的浓缩,这就必然需要分散部分决策权至下一管理层级,才可进一步提高决策效率。因此,扁平化的过程也是从集权到分权的过程。

分权,是下放管理决策权以减少层层请示而引起的信息失真和机会丧失。集权,则是将关键决策权收归上一层级以便于风险的监控。因此扁平化是以分权为主、集权为辅的"有控制的分权",以发挥各层级、各部门的本职功能。

(2)管理流程的扁平化

管理流程的扁平化,其实就是进一步的"分权"和"分责"。将管理职权、职责准确地分配到不同的环节,并通过明确工作目标、操作事项、工作标准等使各环节工作一步到位,才能减少环节、简化流程并达到同样的管理目标。

这也给中间管理层级带去更大和更多的管理幅度、管理内容要求,以避免因管理要求不明确、管理目标难落实而引起的层层复核、检查所导致的效率损失。

(3)信息流动的扁平化

增加管理幅度、提高管理要求意味着工作量的增加,采用信息化办公手段则可以有效地降低工作难度、减少管理动作,从而减少效率损失。

信息化可使标准化的生产经营管理信息直接分享给相关各部门、各层级,省略了调取数据、核实数据的过程。工作环节的标准化加信息化,可以充分保障管理措施的落实到位、管理部门及时反应,使扁平化落到实处。

(4)管理职责的前置化

管理职责的前置化,是指由处于经营管理活动最前端的执行层或管理层,利用其身处"第一线"的优势按照规定完成信息的收集、整理、上报工作,使后续的决策等工作的质量和效率得到充分保障。

扁平化的转换,不可避免地要将原来属于上一层级的工作职责分散、前置给下一层级,并要求他们按照规定的动作和质量完成工作,并以此缩短流程、提高效率。

这种各环节"一步到位"的理念,也正是"零缺陷管理"所提倡的理念。

在上述领域扁平化的同时嵌入兼顾效率和安全的风险管理措施,可使风险管理有效地与企业管理相结合,实现管理效能的最大化和企业风险的最小化。

二、新技术与风险管理

当前,将信息技术、互联网技术、人工智能技术融入企业管理系统以提高管理效率和工作质量是许多企业正在进行的工程。法律领域早已进行了这类尝试并形成了术语"法律科技",即"Legal Technology"或"Law Tech"。这些技术正在延伸到规则风险管理领域,并为其发展指明探索和发展方向。

(一)国外法律科技的发展

以人工智能为代表的高新技术产业在美国发展较快。Apple、Google、Amazon、Microsoft、Facebook等科技公司早已将其开发成果用于客户服务等领域。其人工智能接线员已能流畅地同客户对话,更高水平的人工智能机器人甚至可以与人漫无边际地闲聊。

而在法律科技方面,智能解答法律问题、智能化法律大数据分析、诉讼材料准备系统、纠纷调解系统、智能合同审查等也都已有过尝试。

1. 法律检索领域

法律检索的技术基础是对数据文件关键词的检索。在引入人工智能技术后,这一"古老"领域的工作效率和准确性大大提高。

律商联讯(LexisNexis)是美国规模巨大的法律信息供应商,提供法律检索和商务检索、风险管理等服务。他们的数据库可提供跨行业、跨领域的法律检索以及美国的法律及案例检索,并可检索各类知识产权信息、专业实务解决方案等。主打法律分析的Lex Machina,是其旗下的一个品牌企业。

2. 法律咨询领域

基础性的法律咨询在大众之中有着广泛的需求。其基本原理是将具体问题概括为本质性的抽象行为,并与相关法律规定进行比对,再依据法律规定得出结论、设计解决方案。人工智能具有更高效的检索能力和持续不断的学习能力,往往比人类更容易胜任这类工作。

在这一领域,DoNotPay号称"世界上首个机器人律师"。其最早的功能是处理停车罚单,已经处理了数十万件。目前其服务范围已扩大到其他的个人权益保护领域,包括免费取消订阅服务等。

除此之外,还有更多的处理专业领域法律事务的科技公司同样成功,许多是以成熟的人机对话技术为基础实现语音咨询。

3. 文件生成领域

法律文件有其特有的语言及内在逻辑、表述方式,结合法律检索、文档分析技术很容易完成法律文件的起草。这类技术已有多家公司在开发和运营。

其中,美国的 LegalZoom 公司的核心产品有:互动法律文书(Interactive Legal Documents)、订阅法律计划(Subscription Legal Plans)、订阅注册代理服务(Subscription Registered Agent Services)。这些产品主要针对个人和中小企业并不复杂的需求,但由于需求众多且不像律师费用那么昂贵,所以很有市场。

4. 合同审查领域

合同审查是法律人最为普遍的合同业务。在这一领域,以色列 LawGeex 公司所开发的技术较为领先,已经具有智能审查及提示问题点、个性化合同内容审查、合同批准流程自动化、合同撰写智能化引导等功能。

在该公司于 2018 年 2 月举行的技术测试中,对于分析五份共包含 153 段法律条款的保密协议,软件用时 26 秒、准确率高达 94%;20 名律师用时近九十二分钟、平均准确率为 85%,最高准确率为 94%、最低准确率为 67%。人工智能高速运算、无限学习、无限存储的优势一目了然。

这一结果显示了人工智能的优势。人工智能的合同审查原理,是依据设计设定的程序进行关键词的检索、比对并按设定的程序给出结论。依托既定的程序和数据库对电子文档进行机器检索、比对、评述,其阅读速度、标准化水平、程序化水平、质量稳定性当然远超律师。尤其是这类程序的设计参照了行业专家的思路和视角、专业化水准,且完全不受人类无法避免的情绪、随机性影响,在特定领域内的专业化程度必定远远超过律师的平均水平。

但人工智能只是按照程序、数据库得出结论,事实上并不理解合同的内容。

5. 数据分析领域

信息的收集、分析一向费力耗时,而人工智能技术如今已被广泛用于收集、分析综合信息并提供订阅服务,所提供信息的针对性和有效性也越来越强。

例如,彭博法律(Bloomberg Law)公司基于客户的订阅提供数据分析和人工智能在线法律研究,服务对象主要是律师、法学院学生和其他法律专业人士。该公司除提供法律、案例信息和法律简报外,还提供法律相关的新闻事件、破产信息等。此外还利用人工智能技术进行诉讼分析,包括案例、法官、律师、企业的分析等,为法律事务处理提供了内容丰富而又主题集中的信息资源。

6. 争议解决领域

在线解决争议包括人工智能自动处理和人工裁判,以泰勒科技公司(Tyler Technologies)的智能化在线纠纷解决平台 Modria 最负盛名,被媒体称作"世界范围最为成功的在线纠纷解决系统"①。它的前身是电商平台 eBay 和 PayPal 的在线纠纷解决系统。按其网站 www.tylertech.com/products/Modria 上的内容,这公司宣称已成功处理超过百万起纠纷。

这一领域以处理简单、小额纠纷为主,可有效节省司法资源并提高争议解决效率。当事人在线申请并提交证据后,平台会基于大数据分析给出案件的胜算率以及时间等成本。如果双方有异议还可在线讨论,协商不成还可以由第三方进行在线调解。调解成功后可由法院确认,从而产生法律效力。

(二) 中国的法律技术实践

中国法律科技界的人工智能等运用较国外为晚,但也进行了许多类似的尝试并取得了不同程度的成功。

1. 法律信息检索

新技术为传统的法律信息检索市场带来了新的气象。这一市场早已进入激烈竞争的时代,目前已有多家科技公司提供各有特色的法律检索工具。而检索技术本身,也已经发展到了智能检索阶段,可以更快速、更完整地检索出相关信息。

同时,面向特定专业领域的技术开发也在不断进行。例如,有多家企业提供智能执法、智能司法等人工智能法律科技辅助产品或服务。

2. 互联网法庭

该技术由 2018 年成立的共道科技公司开发,其中的在线诉讼平台早已投入实际使用,具备起诉、缴费、调解、立案、举证、开庭、判决等诉讼全流程管理功能。目前,已有杭州互联网法院等法院诉讼平台在实际使用。

此外,并有用于处理消费者投诉的在线调解平台已投入使用。

3. 文本智能审查

当前的文本识别技术参差不齐,但技术领先的识别系统声称已能识别情绪语言和专业语言②,而对文本的机器阅读能力是其他法律科技深入发展的基础。

在这一领域,最为成熟的是广告审查技术,即通过输入文本便可判断广告内容有无违法、违规内容并给出解决方案建议。

4. 合同智能审查

合同审查由于需求量巨大且尚无统一的质量标准,同样也是中国法律科技企业开发的目标。目前的技术开发主要集中在合同文本审查和合同文本生成,但尚

---

① 参见王禄生、阮晨欣等:《域外法律人工智能的典型应用及其启示》,载《世界司法信息化研究院专刊》(第四期)。
② 参见周明、段楠等:《NLP 将迎来黄金十年》,载知乎,https://zhuanlan.zhihu.com/p/50900094,访问日期:2020 年 6 月 15 日。

无通用的产品问世。而从各公司对产品的介绍和演示、测试情况来看,这些技术的成熟和商品化尚需时日。

随着人工智能科技成果的不断涌现,人工智能不仅能够完胜棋类大师,还能坐进演播室与人类侃侃而谈。如同一个视频上说的那样,它们同人类相比只缺一个灵魂。人工智能没有生物的生理极限、不受情绪影响,可以持续学习、持续标准化地操作,且每个行为都有诸多行业专家的智慧或经验作为支撑,这是个人所无法拥有的优势,也是需要将其引入风险管理的原因。

(三) 风险管理的技术运用

上述技术进步成果都与规则风险管理有着千丝万缕的联系,而针对企业法律事务管理、风险管理所开发的技术,以及众多企业正在依托自身的实力开发的技术,都对企业的风险管理更具直接意义。

1. 法务信息系统

企业的法律事务处理涉及大量各类信息的查询,如交易相对方的企业登记注册信息、企业资信情况、商标权和专利权归属、企业信息收集等。这类信息已有多家平台可以提供服务而且技术相对成熟、信息相对准确,为风险管理提供了充分的信息支持,也大大提高了管理的效率。

2. 交易管理系统

早已有多家企业在不同领域开发面向市场的商用交易管理软件,而且财务管理软件、医院管理软件等也已经非常成熟。软件所覆盖的公司管理的成熟度也在不断加强,能在很大程度上控制交易风险、提高交易效率。

与此同时,还有许多大中型企业在结合本集团或本公司的需要开发、完善集交易管理、合同管理、风险管理于一身的交易管理系统。许多企业将全新的管理理念和技术方法结合,取得了巨大的成功。

3. 风险管理系统

专用于企业风险管理的法律风险管理系统早有开发和推广,但未见市场产生重大反响。合规管理系统的开发自2018年两部合规管理指引出台后也有不少企业介入,但目前许多产品仍旧停留在提供合规管理基础数据阶段,因而其实用性还有待突破性提高。

而且在企业的生产经营管理系统之外并列运行企业法律风险管理或合规管理系统对于企业而言较难实现,因此需要有更好的解决方案。

4. 其他综合支撑

围绕着法律事务管理、风险管理,有着诸多原有产业的重新包装、上线以及新产品、新服务。例如人力资源、代理记账、税务处理、公司注册、资质办理、知识产权、社会保险、电子取证、电子签名等。而新产品、新服务仍在不断涌现。

总体趋势是这类业务已越来越专业化、越来越借助线上技术得以实现。但无论是相对成熟还是探索中的业务,由于大多缺乏风险管理视角下的通盘考虑,因而对企业整体的风险管理只能起到有限的辅助作用。

三、发展的趋势及反思

毫无疑问,将实用的解决方案标准化、制度化、工具化后嵌入企业的经营管理体系,并借助现代信息技术、互联网技术、人工智能技术提高管理的效率和执行力,是规则风险管理的未来发展方向。

但这类方法的推广和采用又往往涉及管理的原点——人的问题。

(一)风险管理的工具化

风险管理的成果是标准化和制度化,而标准化和制度化的质量往往取决于理论功底和工作经验。经验不足难免百密一疏,没有经验更是无从下手。如果能将其中的规律性内容及成熟的方法转换成工具,使工作人员具备一定基础知识即可操作,无疑会大大推动风险管理水平的提升、降低管理成本。

1. 工具化(Instrumentalization)

工具化,是指将方法、技术、理论等转化为工具。这种工具可以是有形的器物,也可以是无形的方法、流程、标准等。工具化的目的,就是可以使其他人如同使用工具一样,以更高的效率和质量实现其目标。

以美国的工具化程度为例,从各式各样的专用工具、不同功能的专用材料到各种功能的管理软件,都是成熟的技术、经验、方法的工具化。没有相关经验的人,也可以借助于专业的工具和材料、软件创造出质量令人满意的工作成果。

2. 风险管理手段的工具化

风险管理手段的工具化,是将法律风险管理或合规风险管理的理论、方法设计成管理工具,使企业通过使用这类管理工具即可达到满意的管理水平。

这类工具应当包括工作计划的制定、调查清单的制作、风险清单数据库的建立、评估模型的设计、评估报告的起草、风险清单的编制,甚至解决方案的要点提示及设计。从而通过软件的形式为规则风险管理的实施提供技术指导、完成辅助工作,提高风险管理的可操作性。

目前,许多企业希望提高其规则风险管理水平,但却缺乏具有相关工作经验和相关的专业知识储备的人才,又缺乏相关的专业数据库。只有采用现代技术创造出管理工具,才能解决这一矛盾并使规则风险管理得以大力推广。

(二) 制度管理的人性化

管理制度、管理流程其实都是对人的管理,而不仅仅是对职权、对流程的管理。正因如此,任何管理脱离了对人的因素的考虑,都难以充分实现目标。

1. 制度设计的人性化

由于企业人员由不同的利益群体构成,因而在制定具体的行为规范之余,往往需要从机制上考虑不同群体的利益,以通过分享利益来实现目标。

例如,某企业废品率的上升给其带来不小的损失。经分析发现,70%至90%的废品率上升是由于熟练工人的流失,而熟练工人流失的主因是由于没有职位或薪酬的上升空间。每产出一吨废品会给企业带来50万元以上的损失,而且还不包括企业重新招聘、培训等成本,但相比之下提高薪酬水平挽留熟练员工的支出可以忽略不计。

这一事例足以说明,与员工分享利益、与员工形成利益共同体远比以生硬的制度来规范员工行为更重要。

2. 表现形式的人性化

同样是在规范员工的行为,管理制度的表述方式、管理措施的体现方式也会影响管理的效果,尤其是在对管理对象的尊重方面。

例如,完全相同的薪酬标准,一种表述为出现某些行为要按不同的金额"罚款",一种表述为没有某些行为就可以得到最高额薪酬,后者比前者更有亲和力。

又如,某企业的生产经营在管理者与员工关系融洽时工作效率高、原料浪费少,而在管理者简单生硬、态度粗暴时的生产效率低、原料浪费严重。

因此,顾及员工的感受、创建和谐的氛围,是包括风险管理在内所有制度化管理都要考虑的问题。

主题词索引

风险
  规则风险 36,70,225,549
  法律风险 19,54,103,277,402
  合规风险 24,130,255
  风险因素 39,184,385
  风险要素 70,517
  风险概率 10,414
  风险事件 3,23,43,282,385
  风险后果 22,44,81,294
  风险损失 10,101,282
  刑事责任风险 19,51,81,344
  行政处罚风险 51,96
  民事责任风险 21,50,91
  单方权益丧失风险 99,317

风险管理
  合规管理 29,73,103,343,464
  法律风险管理 104,403,518
  全面风险管理 118,139,399
  规则风险管理 77,394,548
  风险主体 46,185
  风险行为 58,278
  风险环境 70,100,335
  合规规则 75,340
  法律规则 76,139,423
  COSO 116

管理过程
  风险识别 115,201
  风险评估 122,246,301
  解决方案 142,412,451,492,513
  宣贯 153,247,495
  循环改进 123,517
  管理职责 131,379,552
  重点风险 134,213
  运行风险 136,213
  保障风险 137,213
  初始信息 139,343,401
  管理策略 141,357,420
  组织体系 145,224,396
  信息系统 118,148,556
  管理文化 149,343,513

管理方法
  尽职调查 121,157,208,327
  问卷调查 172,211,290,521
  规则调研 150,205
  流程风险 224,229
  风险清单 229,237,360
  管理缺陷 246,305
  制度性风险 256
  分析工具 259,303
  表述工具 267,366
  维度 251,272,284
  赋值 252,288,295
  模型 300,339
  权重 252,305
  评估报告 357,418,557

风险策略　142,278,389
管理体系　178,343,392
流程图　190,225,43
培训　123,202,492
执行力　211,503

具体风险
合同文本风险　318,540
合同管理风险　322,328
决策风险　329,471,486
制度体系　67,224,374,545
组织管理　94,462

后 记

在近乎独行的漫漫长路中蓦然回首,不知不觉中又过了十年,是像远去的飞雁般只留下背影和低鸣,还是像雪地上踏踏实实行走般留下心路和足迹?我决定选择后者——远离红尘、殚思极虑以留下我的思考和回顾。

尽管科技发展已深刻地改变了人类的生活,但是人们所要面对的不确定因素反而有增无减。人类探索得越多,就越会涉足更多的领域和更深层次的问题,同时不得不面对更多的已知和未知变量。而这种不确定性,正是风险管理的永恒主题和魅力所在。

虽然人们依旧在用发生概率和损失额度来度量风险,但是在法律风险、合规风险等人为风险领域中,风险却随着法律等规则的变化而不断变化。法律的变迁、管控要求的变化以及侧重点转移,都使得企业规则风险的管理日益复杂,以至于企业几乎无法独自完成。

中国式的合规管理包含法律风险管理的同时,也强调将其融入生产经营管理、可持续改进且更接地气、更适合理解和执行的企业运营中,其底线仍旧是法律风险管理,方法也如出一辙。因此笔者花费了巨大的精力重写本书以完成向合规管理的华丽转身。

风险点之数量庞大令人望而生畏,识别、评估、应对越来越多的风险点会面临更多的压力,唯有借助现代信息技术、人工智能,才能事半功倍,这也涉及未来十年法律科技领域有所突破。笔者寄希望于未来法律科技领域有所突破并希望能够参与其中,有所建树。

如何系统地发现潜在风险、如何预设行之有效的解决方案并平衡成本和效率,是个长期难解且令人着迷的主题。同时也是我在法律和管理两个专业的跨界结合,在此分享这一跨界总结更是荣幸。

而本书其实与其姊妹书——《完美的合同》一道,探讨的是一个共同的主题——如何基于约束条件结合工作目标设定秩序。而秩序,则是个更为复杂、有趣的主题,或许也是下个希望探讨的主题。

吴江水

二〇二一年一月五日 于密歇根湖畔